柬埔寨

本书作者
尼克·雷（Nick Ray）　杰西卡·李（Jessica Lee）

中国地图出版社

计划你的行程

金边，铁棉市场（见86页）
CHRISTOPHER GROENHOUT / GETTY IMAGES ©

巴戎寺（见154页），身穿传统服装的人
TIM HUGHES / GETTY IMAGES ©

在路上

目录

了解柬埔寨

生存指南

特别呈现

欢迎来柬埔寨

在吴哥窟攀上神之国度，在监狱博物馆坠入人间地狱。柬埔寨的历史辉煌与苦难并存，正因如此，这个国家令人沉醉不已。

庙宇之国

当代柬埔寨的前身是强大的高棉帝国，在吴哥王朝统治时期，它的领土包括现属老挝、泰国和越南的部分地区，辉煌的吴哥庙宇和东南亚最雄伟壮观的纪念碑都是该王国的遗址。吴哥窟是高棉帝国艺术的终极典范，让人一眼即为之折服，世界上只有秘鲁的马丘比丘或是约旦的佩特拉等少数几个地方才能与之媲美。

都市风景

正如吴哥并非只有吴哥窟，除了庙宇，柬埔寨也有精致高雅的城市景观。混乱却又魅力十足的首都金边活力再现：迷人的河畔风光、文化的复兴和世界级的餐饮场所引人瞩目。第二大城市暹粒有着现代时尚的咖啡馆和丰富多彩的夜生活，吸引来的人潮和附近著名的吴哥寺庙群一样汹涌。新崛起的马德望让人联想起旅游热潮兴起前的暹粒，优雅的法式建筑和繁荣的当代艺术充满魅力。

腹地探险

暹粒和金边是最具分量的目的地，但从某种意义上讲，它们与柬埔寨的乡村完全是两个世界。只有在柬埔寨的腹地，才能感受到乡村生活的节奏和时间驻留的田园风光，欣赏令人目眩的稻田和摇曳多姿的糖棕树。南部海岸被热带岛屿所环绕，沙滩上点缀着零星小屋。内陆绵延起伏的豆蔻山脉是一大片热带荒野，也是刚刚兴起的生态旅游探险的必经之地。宽阔的湄公河贯穿全国，是这一地区仅存的江豚的栖息地。东北部地区是重峦叠嶂的荒野，也是柬埔寨少数民族的家园。

柬埔寨精神

尽管拥有世界第八大奇迹，但柬埔寨人民才是最宝贵的财富。高棉人经历了流血、贫穷和政治上的动荡，忍受了太多的辛酸痛苦，但他们仍然凭着百折不挠的精神和乐观的态度微笑地面对生活。所有到访的游客都会尊敬并喜爱居住在这个神秘王国中的居民。

我为什么喜欢柬埔寨

尼克·雷（Nick Ray），本书作者

从何说起呢？我第一次来柬埔寨是在1995年，那时我还是个年轻的背包客，这个国家令人震撼的历史吸引了我。不过在我的第一次柬埔寨之旅中，最令我回味的还是这里的人们，还有他们脸上极具感染力的微笑。吴哥壮观而又独特，不管你去多少次，总能有所收获。海岸线风景优美，开发程度很低，不过也因此更赏心悦目。对于骑摩托车旅行来说，从西南部的豆蔻山脉向东北部的蒙多基里和腊塔纳基里出发仍是一片新领域。尽管柬埔寨正在发展，这个国度仍是探险者们的乐园。

了解更多作者信息，可参见399页。

上图：塔布隆寺（见161页）的僧侣

柬埔寨亮点

柏威夏寺
众山间寺庙之祖(270页)
吴哥寺庙群
全世界最迷人的考古遗址(137页)
暹粒
柬埔寨时髦的新面孔(101页)
马德望
殖民时代的珍宝，由此开启真正的柬埔寨之旅(244页)
贡布
悠闲迷人的小城，探索乡村和海岸(216页)
南部诸岛
绝佳的海滩，充满天堂般的幻想(207页)
西哈努克市的海滩
拥有白沙碧水的海滩之都(189页)
THAILAND 泰国
Dangkrek Mountains (Chuor Phnom Dangkrek)
扁担山脉
Chong Chom
Smach
Choam Srawngam
Choam
Prasat Preah Vihear
柏威夏寺
Preah Vihear Protected Forest
ODDAR MEANCHEY
奥多棉吉
Samraong
Anlong Veng
安隆汶
Sra Em
Choam Ksant
Banteay Chhmar Protected Landscape
Banteay Chhmar
Kulen Promtep Wildlife Sanctuary
Ang Trapeng Thmor Protected Forest
Thmor Pouk
Ang Trapeng Thmor Reserve
SIEM REAP
暹粒
Preah Vihear C (Tbeng Meanche
Phnom Kulen National Park
荔枝山国家公园
Koh Ker
Kulen
Srayong
Aranya Prathet
亚兰
Poipet 波贝
BANTEAY MEANCHEY
班迭棉吉
Kralanh
Angkor Protected Landscape
Phnom Kulen
荔枝山
(487m)
Beng Mealea
Beng Per Wildlife Sanctuar
Sisophon
诗梳风
Mongkol Borei
Svay Leu
Khvau
Ta Seng
Roneim Daun Sam Wildlife Sanctuary
Temples of Angkor
吴哥寺庙群
Siem Reap 暹粒
Preah Khan
Tonlé Sap Multiple Use Area
洞里萨多用途地区
Me Chrey
Dam Dek
Phnom De
Prek Toal Bird Sanctuary
普列托尔鸟类保护区
Daun Lem
Kamrieng
Battambang
马德望
Floating Village of Chong Kneas
空尼水上村庄
Kompong Khleang
Kamping Poy
闵波平湖
Tonlé Sap Biosphere Reserve
Ban Pakard
Reang Kesei
Tonlé Sap
洞里萨湖
Stoeng
Sambor Prei Kuk
Psar Pruhm
Pailin
Treng
KRONG PAILIN
拜林
Samlaut Multiple Use Area
三洛多用途地区
Moung Russei
Boeng Tonlé Chhmar Wildlife Sanctuary
BATTAMBANG
马德望
Kompong Luong
空邦龙
Kompong Thom
磅同
Phnom Krapang (1711m)
Pursat
菩萨
Krakor
Tonlé Sap River
洞里萨河
Trat
Phnom Samkos Wildlife Sanctuary
戈山野生动物保护区
Pouthisat River
菩萨河
Kompong Chhnang
磅清扬
Ko Chang
Phnom Samkos
松戈山(1717m)
Central Cardamons Protected Forest
中豆蔻保护林
PURSAT
菩萨
Romeas
12° N
Cardamom Mountains (Chuor Phnom Kravanh)
豆蔻山脉
Phnom Aural
奥拉山(1813m)
KOMPONG CHHNANG
Phnom Knang Trapeang (1213m)
Phnom Aural Wildlife Sanctuary
奥拉山野生动物保护区
Udong
乌栋
Khlong Yai
Ko Kut
Hat Lek
Southern Cardamons Protected Forest
南豆蔻保护林
Cham Yeam
Krong Koh Kong
PHNOM PENH
金边
KOMPONG SPEU
Peam Krasaop Wildlife Sanctuary
Takhmau
Gulf of Thailand
泰国湾
KOH KONG
戈公
Kompong Speu
Koh Krong Conservation Corridor
Kirirom National Park
基里隆国家公园
Koh Kong
戈公岛
Chi Phat
Ta Moa Protected Forest
Botum Sakor National Park
波顿沙库国家公园
Sre Ambel
Elephant Mountains (Chuor Phnom Damrei)
象山山脉
KAMPOT
贡布
Angk Tasaom
Takeo
茶胶
11° N
Gulf of Kompong Som
Bokor National Park
波哥国家公园
Phnom Da
Koh Samit
Chhuk
Veal Renh
Koh Rong
龙岛
Kbal Chhay Protected Forest
Bokor Hill Station
Tani
KRONG KEP
Kampot 贡布
Tuk Meas
Sihanoukville
西哈努克市
PREAH SIHANOUK
Kep
白马
Kep National Park
白马国家公园
Tinh Bi
Prek Chak
Xa Xia
Ha Tien
Koh Thmei
密岛
Koh Tonsay
空东萨岛
Ream National Park
利阿国家公园
Phu Quoc Island
102° E
103° E

50 km
25 miles
LAOS 老挝
Preah Vihear Protected Forest
Muang Khong
Siem Pang
暹邦
Virachey National Park
维拉差国家公园
Voen Sai
文塞
Nong Nok Khiene
Ko Chheuteal Thom
Trapaeng Kriel
Anlong Seima
PREAH VIHEAR
柏威夏
STUNG TRENG
上丁
RATANAKIRI
腊塔纳基里
Boeng Yeak Lom
波伊龙
Stung Treng Ramsar Site
Tonlé Kong
公河
Tonlé San
Ban Lung
班隆
O'Yadaw
Le Tanh
Bokheo
Thala Boravit
Sen River
Stung Treng
上丁
Lumphat
隆发
Rovieng
Lomphat Wildlife Sanctuary
蒙多基里
野生动物的家园(304页)
Mekong River
湄公河
Koh Nhek
空恩
Phnom Prich Wildlife Sanctuary
普利奇山野生动物保护区
KOMPONG THOM
磅同
MONDULKIRI
蒙多基里
Mondulkiri Protected Forest
蒙多基里保护林
Sambor 三波
Sandan
KRATIE
桔井
Kratie
桔井
Nam Lear Wildlife Sanctuary
Baray
Sen Monorom
森莫诺隆
Spoe Tbong
Snoul Wildlife Sanctuary
Stung Trang
Chhlong
川龙
Sre Khtum
KOMPONG CHAM
磅湛
桔井
寻找湄公河里稀有的江豚(288页)
Snuol
Kuon
Trapaeng Sre
Kompong Cham
磅湛
Suong
Loc Ninh
Chub Krau
Memot
Trapaeng Plong
Xa Mat
Prey Veng
波萝勉
VIET NAM 越南
PREY VENG
SVAY RIENG
柴桢
金边
"亚洲明珠"回来了(44页)
Neak Luong
乃良
Ba Phnom
Tay Ninh
西宁
Tonlé Bassac
Svay Rieng
柴桢
Bavet
Moc Bai
Banteay Chakrey
Chiphu
Kaam Samnor
Khanh Binh
Vinh Xuong
海拔高度
1500m
1000m
500m
250m
0
T.P.Ho Chi Minh
胡志明市
Chau Doc
SOUTH CHINA SEA
南海
107° E
108° E

柬埔寨
Top 10

1

暹粒和吴哥寺庙群

1 作为世界上最壮观的景观之一，吴哥寺庙群（见137页）无与伦比。你可以参观世界上最大的宗教建筑吴哥窟（左下图，见149页），有着巨大石雕面孔的奇妙建筑巴戎寺（Bayon），或湮没在丛林中的塔布隆寺（Ta Prohm）。热闹的暹粒（见101页）有无数餐馆和酒吧，是前往吴哥的大本营。除了欣赏洞里萨湖（Tonlé Sap）的水上村庄之外，你既可以尝试一些刺激的运动，如驾驶四轮摩托车或玩高空滑索，也可以选择一些文雅的娱乐，如学习烹饪或观鸟。

金边

2 柬埔寨首都金边是一座混乱而又魅力十足的城市，它已经走出了过去的阴影，正在迎接一个更加光明的未来。金边号称拥有这一地区风光最旖旎的河段，出人意料地精致时尚。时髦的酒店、美味的餐馆和波希米亚情调的酒吧，等待着城市探索者的到来。令人振奋的柬埔寨国家博物馆（下图，见50页）和令人压抑的监狱博物馆（见51页）分别展示了柬埔寨最好和最坏的历史阶段。如今，曾经拥有“亚洲珍珠”美誉的金边正在迅速崛起。

WAJ / SHUTTERSTOCK ©

2

MARCEL TOUNG / SHUTTERSTOCK ©

3

4

西哈努克市的海滩

3 西哈努克市以享乐主义闻名，它真正的吸引力在于热闹的海滩（见189页）。距离西哈努克市中心海滩咫尺之遥的欧特斯海滩仍然优美诗意，但正遭到过度开发的威胁。位置更加居中且全城最美的索卡海滩（Sokha Beach）狭窄的东端少有人问津。深受游客喜爱的情缘海滩以及与之相连的奥克提尔海滩（上图，见189页），白天是当地人的休闲场所，晚上则是彻夜狂欢者的天堂。

马德望

4 这里是真实的柬埔寨。位于桑岐河畔的马德望（下图，见244页）是柬埔寨国内保存最完好的殖民地时期的城镇。街道上林立的法式商业建筑里，从价格公道的咖啡馆到艺术品画廊五花八门。城外是柬埔寨的乡野和古代寺庙群，尽管比不上吴哥窟，但这里不那么拥挤。这里还有竹车，一种当地独一无二手工制作的交通工具。如果用两个字来形容马德望，那便是“迷人”。

贡布省

5 贡布省（见216页）既有独具情调的城镇，也有国家公园、洞窟宝塔和海滩这样的名胜。在悠闲的贡布城中，你可以挑选一家民宿、河畔度假村或是精品酒店，体验法式建筑风情，也可以驾着桨板或是小艇探索风光秀丽的河流。在安静的白马，你可以参观著名的螃蟹市场（Crab Market），去白马国家公园和附近的空东萨岛（兔岛，上图；见226页）徒步。乡间活动则包括爬上波哥山避暑地或是造访贡布著名的胡椒农场。

蒙多基里

6 这里没有无边的稻田和糖棕树这些标志性的柬埔寨风光，只有连绵的群山和蒙多基里（见304页）野性的东部，这里是勇敢的普农人（下图）的家园，他们仍然奉行泛神论和祖先崇拜。野生动物是这里最具吸引力的亮点，你可以与象群一起散步，寻找白臀叶猴或长臂猿，或是在塞玛保护林中徒步。除了游览轰鸣的瀑布外，还可以玩丛林飞索或驾驶四轮摩托车，多样的活动让你体验到真正的冒险。

7

8

ALEKSANDAR TODOROVIC / SHUTTERSTOCK ©

南部诸岛

7 柬埔寨逐渐变得热门的南部诸岛（见207页）让人想起20世纪80年代的泰国。位于西哈努克市沿海的龙岛（左上图；见208页）和龙桑洛恩岛能满足你对亚洲天堂的种种幻想。龙岛是个派对中心，嬉皮一族聚集在Koh Tuch村中；更为幽静的龙桑洛恩岛上的热带度假村和清浅温柔的海湾更适合家庭度假。海岸边还有更多岛屿可以探索，例如空斯达群岛和面积很大却尚未开发的戈公岛。

桔井

8 桔井（见286页）是观赏稀有的湄公河淡水伊洛瓦底江豚的必经之路。它是金边和柬埔寨东北部或老挝南部的一个忙碌的陆路交叉点。这座城市有着一种衰落殖民地的氛围，还有据称是全国最美的湄公河日落景观。附近的空登岛是休闲的好地方，你可以住在当地人家里，或者骑自行车四处转转。桔井北面的湄公河发现之路有各种围绕着这条母亲河的探险和体验活动，例如住民居、骑自行车出游和乘船观光。

柏威夏寺

9 柏威夏寺（见270页）是所有山寺的始祖，它高踞扁担山脉之巅，在柬埔寨和泰国之间形成了一个有争议的边境地区。寺庙的基石就在悬崖的边缘之上，从此处眺望柬埔寨北部，风光无限。它的建造工期历时300年，可以让你看到吴哥时期雕刻工艺的演变。当然，柏威夏寺最主要的看点还是它的位置，没有比这更有吸引力的了。

9

高棉烹饪

10 虽然尚未引起美食家们的重视，但高棉风味也会让你喜出望外。Amok（以柠檬草、辣椒和椰子为配料的烤鱼）是一道国菜，此外，还有种类丰富的海鲜和淡水鱼，包括用贡布胡椒烹制的白马螃蟹。在这里就要尝尝街边小吃，从面条和粥，到油炸狼蛛和烤蟋蟀，柬埔寨无所不有。在暹粒的美食游中就可以尝到不少。

GUENTER FISCHER / GETTY IMAGES ©

10

行前参考

更多信息，请参考“生存指南”章节（见357页）

货币

瑞尔（Riel，r），美元（US$）也通用。

语言

高棉语、英语和汉语广泛使用，部分地区可用法语。

签证

中国公民只要持有往返机票和护照即可办理落地签证（US$30）。如果想免除排队之苦，也可上网申请电子签证。

现金

自动柜员机分布广泛，覆盖所有主要旅行目的地和省会城市。大城市里的许多酒店和餐馆接受信用卡。

手机

可漫游但收费昂贵，当地的SIM卡和未加锁手机很方便购买。

时间

柬埔寨使用东七区时间，与北京有1小时时差，当北京时间为12:00时，柬埔寨时间为11:00。

何时去

旺季

（11月至次年3月）

➡ 凉爽，多风，温度与地中海地区接近。总的来说是来此旅游的最佳季节。

➡ 在圣诞节和新年的高峰期间，要提前预订住处。

平季

（7月和8月）

➡ 柬埔寨的大部分地区都处于雨季，虽然非常潮湿，大地却是一片青翠。

➡ 这是南部海岸最忙碌的时节，西方游客趁着学校放假来此度暑假。

淡季

（4月至6月、9月和10月）

➡ 4月和5月是最热的季节，最高气温能达到40℃，游客要忍受炙烤。

➡ 9月和10月也是雨季，可怕的暴风雨会形成洪水。

网络资源

Lonely Planet（www.lonelyplanet.com）湄公河地区旅游的权威网站。

金边邮报（*Phnom Penh Post*；www.phnompenhpost.com）柬埔寨的报纸。

Travelfish（www.travelfish.org）有一些很有主见的文章和评论。

Move to Cambodia（www.movetocambodia.com）富有洞见的柬埔寨生活及工作博客。

Cambodia Tribunal Monitor（www.cambodiatribunal.org）对红色高棉审判的详细记录。

重要号码

从国外往柬埔寨打电话，须将地区（城市）代码中的"0"去掉。

柬埔寨国家代码	☎855
国际电话接入码	☎001
报警	☎117
火警	☎118
救护车	☎119

汇率

人民币	CNY1	KHR577
新台币	TWD1	KHR132
港币	HKD1	KHR510
澳门币	MOP1	KHR496
美元	USD1	KHR3975
欧元	EUR1	KHR4327
英镑	GBP1	KHR5090

了解实时汇率，请参见www.xe.com。

每日预算

经济：US$50以下

- 便宜的客栈房间：US$5~10
- 当地餐食和街边小吃：US$1~3
- 当地长途汽车：每100公里US$2~3

中档：US$50~200

- 带空调的酒店房间：US$15~50
- 不错的当地餐馆的一餐：US$5~10
- 当地团队游向导：每天US$25

高档：US$200以上

- 精品酒店或度假村：US$50~500
- 美食配饮品：US$25~50
- 四轮驱动车租车费用：每天US$60~120

营业时间

营业时间全年不同，以下是旺季的营业时间，淡季营业时间也许会缩短。

银行 周一至周五8:00~15:30，周日上午

酒吧 17:00至深夜

政府部门 周一至周五7:30~11:30和14:00~17:00

餐馆 7:00~21:00或就餐时间

商店 每天8:00~18:00

抵达柬埔寨

金边国际机场（Phnom Penh International Airport，见368页）机场位于金边市中心以西7公里处。有正式营运执照的出租车和三轮摩的（remork moto，突突车）前往市内任意地点，费用平均为US$12和US$9（0.5~1小时）。

暹粒国际机场（Siem Reap International Airport，见368页）机场距城中心7公里。出租车费用为US$9（15分钟）。乘摩托车（摩的）至城中心费用约为US$3。市内许多酒店和客栈提供免费的机场接机服务，需预订。

陆路边境 与老挝、泰国、越南接壤，进入柬埔寨可以申请落地签证。大多数边境口岸的开放时间是7:00~17:00。泰柬边境收费过高现象很普遍，波贝（Poipet）和戈公（Cham Yeam）两个口岸尤甚，因此有些旅行者喜欢提前办理电子签证。

当地交通

长途汽车 大多数旅行者最普遍的选择，汽车往来于所有主要市镇之间。

小汽车 对于重视时间、不那么计较金钱的旅行者来说，私人小汽车或四轮驱动车是个不错的选择。

摩托车 有经验的骑手是不错的选择。

飞机 国内航班往来于金边和暹粒之间。

船 与从前不良的道路状况相比，船已不再是普遍使用的交通工具，不过从暹粒至马德望或金边的水路仍是人气很高的旅行线路。

了解更多**当地交通**信息，请参见371页。

如果你喜欢

寺庙

吴哥窟 独一无二的众寺之祖，无与伦比，有着史诗般的浅浮雕和代表性的飞天形象，令人印象深刻。（见149页）

塔布隆寺 自然之力在这里肆虐，树根与古老的石头纠缠在一起，简直就是《夺宝奇兵》的场景再现。（见161页）

柏威夏寺 高踞扁担山脉的悬崖之上，在柬埔寨的所有寺庙中，它的地理位置最为独特壮观。（见270页）

三波坡雷古 前吴哥时代的都城伊奢那补罗（Isanapura）曾经是湄公河地区的第一座寺庙之城，是当时通往吴哥的中转站。（见276页）

岛屿和海滩

西哈努克市 柬埔寨海滩度假胜地中的佼佼者，碧蓝的海水、踩上去吱吱作响的白沙环绕着海岬。（见188页）

龙岛和龙桑洛恩岛 西哈努克市附近两座新兴的岛屿，有着绵长而幽静的白沙滩，受背包客们欢迎的度假村，还可以潜水。（见208~215页）

戈公岛 荒无人烟的戈公岛并不缺乏梦幻般的沙滩，波顿沙库国家公园（Botum Sakor National Park）附近就有一串岛屿。（见182页）

白马 柬埔寨最早的海滩度假胜地，经历战争破坏后得以恢复，有精品度假村、美味海鲜和背包客喜欢的空东萨岛（兔岛；见226页）海滩。

体验美食

金边 就餐的同时做出自己的贡献，金边的很多餐厅为弱势群体提供培训。（见71页）

暹粒 到老市场（Old Market）地区加入一个美食体验团，或是自己挑一家人气餐馆，你可以选择异国风味的烧烤、现代高棉美食或市场的摊档小吃。（见116页）

西哈努克市 在柬埔寨最好的海滩度假胜地品尝美味的海鲜，包括用贡布胡椒烹制的新鲜螃蟹、大虾和鱿鱼。（见200页）

马德望 在这座轻松的河畔小镇，上一堂便宜、有趣的烹饪课，从中发现烹饪柬埔寨美食的乐趣。（见251页）

水上特色

湄公河发现之路 观赏罕见的淡水江豚，骑车环绕偏远的湄公河岛屿或借住在当地人家。（见292页）

洞里萨湖 乘船游览柬埔寨的大湖，发现水上村庄、高高的竹楼、沼泽森林和珍稀的鸟类。（见133~135页）

波伊龙 位于腊塔纳基里省中部，虽然不大，但形态完美，这座湮没在丛林中的火山湖是柬埔寨最诱人的天然游泳池。（见297页）

布萨瀑布 是柬埔寨最大的瀑布之一，气势磅礴，位于偏远的蒙多基里省丛林之中，现在还有惊险刺激的马约拉滑索（Mayura Zipline）项目。（见310页）

市场和购物

俄罗斯市场和铁棉市场 柬埔寨的大部分市场都集中在金边，比如标志性的铁棉市场和购物胜地俄罗斯市场。一头扎进那些日用品店铺、设计师品牌丝绸精品店和人头攒动的购物中心，你可以买到逛不动为止。（见86页）

老市场 庙宇之城暹粒也是一处重要的购物地，城中的老市场（Psar Chaa）尤其受欢迎。城中分布着不少有设计感的服饰精品店以及为社区项目提供支持的店铺。（见125页）

马德望的画廊 艺术品市场在新兴的马德望方兴未艾，城中有几家售卖本地艺术家作品的画廊。这里还有一座纳特市场（Psar

上图：吴哥寺庙群，充满神秘氛围的塔布隆寺（见161页）
下图：暹粒，热闹的酒吧街（见122页）

Nath），从法国殖民时期起就是标志性的市场。（见245页）

欧特斯市场 与其说是购物点，不如说是一座海滩小镇，西哈努克市的欧特斯村（Otres Village）每周都会举办集市，比起其他柬埔寨市场来，这里更像是卡姆登市场（Camden），周六晚上很好玩。（见202页）

夜生活

金边 柬埔寨在这里沸腾。你先去河边感受一下"欢乐时光"作为热身，再去Bassac Lane一带的酒吧泡泡吧，最后找家夜店作为结束曲。（见81页）

暹粒 老市场周围有许多酒吧，素有"酒吧街"之称，附近的街巷里还有一些比较低调安静的酒吧。你可以在这里待到凌晨，正好看吴哥日出。（见122页）

西哈努克市 享乐主义者的乐园，情缘海滩和奥克提尔海滩向来是沿海地区的派对中心，而欧特斯海滩也不逊色。（见202页）

每月热门

最佳节庆

中国春节 1月或2月

高棉新年 4月

亡人节 9月或10月

送水节 10月或11月

吴哥窟国际半程马拉松赛 12月

1月

这是柬埔寨的旅游旺季，金边、暹粒和南部海岸人头攒动。中国和越南的春节有时也在1月。

中国春节

这里的华人会在1月末到2月中旬之间欢度春节——越南人将之称为"Tet"。金边的生意主要由华裔经营，春节期间会逐渐停业，全市都有舞狮表演。许多生活在柬埔寨的越南人要回到家乡待一个星期或更长时间。

2月

仍是一年中游客最多的时间，中国和越南的春节也经常在2月。

木偶大游行

木偶大游行（Giant Puppet Parade; www.giantpuppetproject.com）这个多姿多彩的筹款活动每年都在暹粒举办。当地的组织、孤儿院和企业一起制作动物、神灵和当代人物的巨大木偶，然后沿着暹粒河（Siem Reap River）游行，场面类似狂欢节（Mardi Gras）。

4月

在高棉人的日历中，这是最重要的月份，因为每年的4月中旬是柬埔寨的新年。对于游客来说，尽量不要在4月前往柬埔寨，因为此时的气温会高达40℃。

柬埔寨新年

柬埔寨新年（Chaul Chnam Khmer）举国欢庆3天，就像圣诞节、春节和生日庆典三合一。柬埔寨人要去寺庙献供品、打扫房屋、交换礼物。如果你此时来到柬埔寨一定会感受到那种欢快的氛围。在乡村，人们互相泼水庆祝节日。新年期间，柬埔寨人纷纷涌向吴哥参加桑克兰塔庆祝活动（Sangkranta Festival），多数寺庙都陷入疯狂，所以如果你想安静地细细品味吴哥，最好避开这段时间。即便如此，柬埔寨也远没有泰国或老挝的人多，相比之下还算清静。

5月

随着季风的到来（一直持续到10月），旅游开始进入淡季，但炎热的季节仍然不甘心退出舞台，发起了最后的"攻势"：芒果和其他美味的水果正将成熟。

御耕典礼（御耕节）

御耕典礼（Chat Preah Nengkal）是一个由皇室领头的例行农业节日，它标志着水稻播种季的开始。每年5月初在金边皇宫附近的国家博物馆前举行，据说"神牛"能够预卜这年庄稼收成的好坏。

佛诞节

佛诞节（Visakha Puja）是庆祝佛祖诞生、开悟和涅槃的日子。庆祝活动主要集中在寺院，日期是农历四月初八（公历5月或6月）。如果你届时在吴哥窟的话，就能看到僧人们的烛光游行队伍。

9月

传统上，9月是柬埔寨雨水最多的季节，湄公河流域不时会洪水泛滥。第二重要的节日——亡人节——通常也在这个月。

亡人节

亡人节（P' chum Ben）类似天主教的万灵节，人们向寺院奉献供品以表达对亡者的敬意。供品包括纸钱、蜡烛、鲜花、香、食物和酒。所有的供品都以僧人为媒介传递给亡者。亡人节持续数天，在此期间，虔诚的佛教徒要拜7座寺庙。可以去Vihear Sour的村庄观看正宗的无鞍骑牛赛跑和传统的柬埔寨摔跤，这个村庄在干丹省，距离金边东北约35公里。

10月

雨季经常会延续到10月，致使暹粒近年来发生了几次大洪水，然而此时的乡村格外青翠。

送水节

送水节（Bon Om Tuk）是庆祝阇耶跋摩七世（Jayavarman Ⅶ）打败占族（占族曾在1177年攻占吴哥）。这一节日也标志着洞里萨河会出现河水倒流这一奇特的自然现象。在高棉人的历法中，这也是最重要的节日之一，此时的金边或暹粒非常热闹。洞里萨河和暹粒河都会举办龙舟比赛，船只被装饰得五彩缤纷，每条船上有40名划手。届时会有200万人涌向首都参加狂欢，所以需要提前预订住处。遗憾的是，2010年在连接金边和附近钻石岛（Koh Pich）的一座桥上发生了踩踏事件，导致350人丧生，给庆典蒙上了阴影。这一事件导致庆典中断了3年，直到2014年才得以恢复。

11月

11月干燥、多风，标志着最佳季节的开始（将一直延续到次年1月或2月）。送水节也经常是在11月。

吴哥摄影节

常驻暹粒和附近地区的摄影师将前往寺庙，与当地的年轻人合作并传授他们摄影技巧（www.angkor-photo.com）。届时全市到处都有摄影作品展。

贡布作家与读者节

贡布作家与读者节（Kampot Writers & Readers Festival; www.kampotwritersfestival.com）于2015年发起，节日为期4天，内容有文学研讨、诗歌朗读、艺术展览、音乐会，以及贡布的创意产业参观。

12月

在吴哥和主要的海滩度假胜地，圣诞节和新年是旅游旺季中的高峰期，要提前很长时间预订。如果你想为慈善做些事情，可以报名参加半程马拉松或自行车比赛。

吴哥窟国际半程马拉松赛

举办超过15年的半程马拉松赛（Angkor Wat International Half Marathon）已成为吴哥的一项固定赛事。参赛者可以选择21公里的半程马拉松、10公里的欢乐跑（Fun Run）或各种自行车骑行比赛。大概不会有比辉煌的吴哥寺庙群更好的公路赛场地了。该赛事开启于2014年，现在8月还会举办全程的吴哥帝国马拉松赛（Angkor Empire Marathon; www.angkorempiremarathon.org）。

旅行线路

2周 柬埔寨速览

这是一次极致之旅，途经寺庙、海滩和首都。你可以选取任意方向游览，不过最好还是遵照以下路线：先到首都，再去海岸探索，最后前往世界上最为动人的吴哥寺庙群。

去**金边**参观非凡的国家博物馆和迷人的银塔。这里有柬埔寨最丰富多彩的美食，既有精致的高棉餐厅，也有各国风味食肆和安全卫生的街头小吃。俄罗斯市场（Psar Tuol Tom Pong）是购物天堂，夜生活同样丰富多彩。

乘快艇前往**达山**上历史可追溯至前吴哥时期的山顶寺庙，然后向南前往殖民地时期的城镇**贡布**——一处适宜探索周边区域的中转站。从贡布出发，游览海滨城镇**白马**[以及近岸岛屿兔岛（Rabbit Island）]和附近的洞穴塔。也可以绕一点路前往**波哥山避暑地**或者胡椒种植园。

向西前往柬埔寨的海滩之都**西哈努克市**

吴哥王城，巴戎寺（见154页）

品尝海鲜，在附近水域潜水或浮潜，也可以仅仅享受一下日光浴。从派对中心情缘海滩、悠闲的欧特斯海滩，或者人气渐旺的龙岛和龙桑洛恩岛中做个选择吧。原路返回，经金边前往**磅同**，参观前吴哥时期的砖结构寺庙**三波坡雷古**。

最后到达吴哥，体验无与伦比的震撼——**吴哥窟**，完美的石头；**巴戎寺**，古怪的石头；**塔布隆寺**，被自然战胜的石头。然后，去更远处的**高布斯滨**或被丛林覆盖的**奔密列**。

留出一些时间感受**暹粒**，在这座柬埔寨最多姿多彩的城市可以参加各种活动，从烹调课程到小摩托车旅游团应有尽有，它们是参观寺庙行程之间很好的调剂。

以一般的速度走完这条线路需要2周，慢的话则要3周，大部分路程可以利用公共交通，不过有些需要绕路的行程需要包车或骑摩托车。

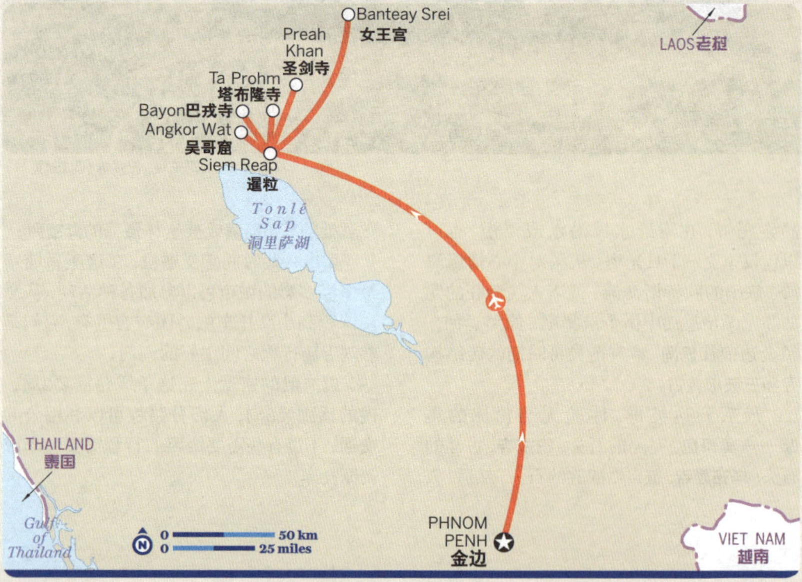
Banteay Srei
女王宫
Preah Khan
圣剑寺
Ta Prohm
塔布隆寺
Bayon巴戎寺
Angkor Wat
吴哥窟
Siem Reap
暹粒
Tonlé Sap
洞里萨湖
LAOS老挝
THAILAND
泰国
Gulf of Thailand
0 50 km
0 25 miles
PHNOM PENH
金边
VIET NAM
越南

AMIR GHASEMI WWW.FOCALFANTASY.COM / GETTY IMAGES ©

MARCUS LINDSTROM / GETTY IMAGES ©

上图：吴哥寺庙群，女王宫（见169页）
下图：金边，独立纪念碑（见53页）

1周 双城记

如果时间有限，那就专注于金边和暹粒这两处重点，后者是吴哥寺庙群的门户。在金边停留2晚，在暹粒停留3晚或4晚，就可以领略柬埔寨古代和现代的魅力。

从**金边**开启旅程，先了解柬埔寨古今对比强烈的历史。在国家博物馆沐浴历史的辉煌，那里有全球最为精美的吴哥时期雕塑；然后去参观皇宫，皇宫中收藏的无价之宝熠熠生辉；之后再去监狱博物馆和钟屋杀人场探访柬埔寨历史上黑暗的过往，这两处沉重压抑，却是了解柬埔寨现代政治图景的必到之地。

除了历史，金边还代表了柬埔寨最酷的一面，虽然有些混乱，但充满活力。城中有时尚的精品酒店，入时的风潮，现代风格的咖啡馆，兼收并蓄的餐馆和情调浓郁的酒吧，值得花上两晚时间领略一番。

从首都向西北飞往**暹粒**的航班只需半小时，如果想看看柬埔寨的乡村风光也可以花上1天时间坐车前往。重中之重是用几天时间游览附近的吴哥寺庙群，包括鼎鼎大名的**吴哥窟**、**巴戎寺**和**塔布隆寺**。此外，一定要留出一些时间去看看周边景点，比如美丽的**女王宫**和规模庞大的**圣剑寺**。此外还可以去体验一下惊险的吴哥飞索（Flight of the Gibbon Angkor），或是骑着四轮摩托车穿行在稻田间。

你也可以悠闲地享受暹粒城中的美食和热闹的酒吧。不管是正宗的高棉农家菜还是讲究的法式大餐，暹粒的美食体验不容错过。夜里不妨去探访酒吧街（Pub St）附近的大街小巷，城中豪华的水疗中心也能让你的旅程更为圆满。

如果打算走陆路往来于两城之间，7月至12月植被繁茂葱郁，是最合适的时间段。

4周 细细品味

虽然路况有时不太好，而且旅行速度有时很慢，但柬埔寨毕竟只是一个小国家，因此1个月的时间足够看遍大部分主要景点。

从时尚的首都**金边**出发，一路经过熙熙攘攘的湄公河畔小镇**磅湛**。前往**桔井**，在那里邂逅珍稀的伊洛瓦底江豚。然后在东北部地区的美景中做出艰难的选择。你可以前往**腊塔纳基里省**，去看波伊龙（Boeng Yeak Lom）的火山口湖，或者去**蒙多基里省**参观象谷项目（Elephant Valley Project），二者择一，这样可以保证最大限度地利用时间。这两条路线都能让喜欢看猴子的游客有目睹灵长类动物的机会。如果时间充裕，可以将两条线连起来走大环线，现在森莫诺隆和班隆间的路况还不错。

接下来，向南部海岸进发。不用急着赶路，可以考虑在**白马**或附近的岛上住几宿，还可以从**西哈努克市**出发乘船前往新兴的沿海岛屿。回到内地，前往**基里隆国家公园**去看松树、黑熊和豆蔻山的秀美风光。

该向西北出发前往迷人的**马德望**了，它是柬埔寨保存最完好的殖民地时期城市之一，同时也是探索乡村生活的基地。乘坐著名的慢船前往**暹粒**，欣赏桑岐河（Sangker River）沿岸的迷人风光，然后把你的注意力转向著名的**吴哥寺庙群**。

看完吴哥及其周边的所有重要景点之后，如果还有时间，就去进一步探索被浓密的丛林覆盖着同样迷人的都会**贡开**，或者**柏威夏寺**——高踞柬泰边境、危险悬崖上的一座寺庙。

陆路旅行的游客可以反向走这条路线，即从暹粒出发，通过水路离开柬埔寨、进入越南或老挝。如果是从老挝入境，先向东前往腊塔纳基里，然后再向南。四处游览很方便，因为大路上有公共汽车，小路上有出租车，河里也有往来不断的船只。

DAVID HANNAH / GETTY IMAGES ©

GRANT DIXON / GETTY IMAGES ©

上图：马德望附近，水上村庄（见237页）

下图：蒙多基里省，象谷项目（见307页）

LAOS老挝
THAILAND
泰国
VIET NAM
越南
Prasat
Preah Vihear
柏威夏寺
Temples of
Angkor
吴哥寺庙群
Koh Ker
贡开
Siem
Reap
暹粒
Battambang
马德望
Ratanakiri
Province
腊塔纳基里省
Mondulkiri
Province
蒙多基里省
Kratie
桔井
Kompong
Cham
磅湛
PHNOM
PENH
金边
Kirirom
National
Park
基里隆
国家公园
Phnom Da
达山
Gulf
of
Thailand
泰国湾
Sihanoukville
西哈努克市
Kep白马
SOUTH
CHINA
SEA
南海
0
200 km
0
100 miles

另辟蹊径：柬埔寨

柏威夏
柏威夏寺以其悬崖顶部的绝佳位置成为山中寺庙之最。贡开和圣剑寺也有一些吴哥式景点值得到访。（267页）
普列托尔鸟类保护区
探秘偏远的普列托尔，访问世界一流的鸟类保护区。这里是世界稀有大型水禽的避难所，其中包括南美鹳和斑嘴鹈鹕。（133页）
戈公保护走廊
豆蔻山是探险之旅的绝佳选择。可以参加芝柏附近社区的旅游活动，或深入丛林加入Thma Bang附近的新型生态游览。（183页）
空斯达群岛
柬埔寨的离岛开发水平低于泰国。你可以认为这是一种优势，去探索西哈努克市和戈公岛之间的偏远岛屿。（215页）
THAILAND
泰国
Prasat Preah Vihear
柏威夏寺
Choam Ksant
Anlong Veng
安隆汶
PREAH VIHEAR PROVINCE
柏威夏
Koh Ker
贡开
Preah Vihear City
柏威夏市
Sisophon
诗梳风
Siem Reap暹粒
Preah Khan
圣剑寺
PREK TOAL BIRD SANCTUARY
普列托尔鸟类保护区
Chong Kneas
空尼
Battambang
马德望
Tonlé Sap
洞里萨湖
Pailin
拜林
Moung Russei
Kompong Thom
磅同
Pursat
菩萨
Romeas
PHNOM PENH
金边
Ko Kut
Gulf of Thailand
泰国湾
Koh Kong
Chi Phat
芝柏
KOH KONG CONSERVATION CORRIDOR
戈公保护走廊
Koh Samit
Gulf of Kompong Som
KOH SDACH ARCHIPELAGO
空斯达群岛
Koh Rong
龙岛
Veal Renh
Takeo
茶胶
Phnom Den
Sihanoukville
西哈努克市
Prek Chak
Koh Thmei
特梅岛
Phu Quoc Island
富国岛
Koh Tonsay
空东萨岛

0 50 km
0 30 miles
腊塔纳基里
参与保护国际先锋生态旅游项目，去发现居住在文塞–暹邦保护区的珍稀红颊长臂猿，或走进维拉差国家公园深入探索。（295页）
LAOS
老挝
Virachey National Park
维拉差国家公园
Veun Sai-Siem Pang Conservation Area
文塞–暹邦保护区
RATANAKIRI PROVINCE
腊塔纳基里
Voen Sai
文塞
Trapaeng Kriel
Ban Lung
班隆
Sen River
Stung Treng
上丁
MEKONG DISCOVERY TRAIL
湄公河发现之路
Mekong River
湄公河
Koh Nhek
空恩
MONDULKIRI PROVINCE
蒙多基里
Elephant Valley Project
象谷项目
Kratie 桔井
Baray
VIET NAM
越南
Chhlong
川龙
Sre Khtum
Snuol
蒙多基里
大象在这里漫步，至少在象谷项目中，旅行者可以与象群一起散步。在偏远的地区，还可以看到少数民族普农族的村庄、美丽的瀑布以及丛林中的长臂猿和叶猴。（304页）
Prey Veng
波萝勉
Moc Bai
Kaam Samnor
T.P.Ho Chi Minh
胡志明市
湄公河发现之路
这项先锋社区生态旅游项目位于桔井省和上丁省，通过家庭寄宿和各类活动便于旅行者与湄公河沿岸的社区亲密接触。（292页）
SOUTH CHINA SEA
南海

空邦鲁（见135页），洞里萨湖岸边的吊脚村

计划你的行程

户外探险

柬埔寨正在追赶它那些更发达的邻国，如今这里也有了比以往更多的让肾上腺素飙升的户外探险活动。金边和暹粒活动种类丰富，南部海岸以水上运动闻名，东北部则是进行荒野徒步的好地方。不管是徒步、骑车、爬山，还是潜水，柬埔寨都有适宜之地。

HUGO / GETTY IMAGES ©

何时去

11月至次年2月

这时是凉爽的旱季，也是进行徒步和骑行等耗费体力活动的最佳时期。海拔较高的蒙多基里省和腊塔纳基里省则在任何时候都值得前往，因为长年都很凉爽，夜间可能还会有些冷。

3月至5月

热季里气温经常达到40℃，也是去南部海岸参加水肺潜水、桨板或航海等水上运动凉爽一下的好时候。

6月至10月

雨季暴雨如注，丛林地区到处是蚂蟥，不适合徒步或骑行，但同时也是在柬埔寨广阔的河流水网上乘船游览和玩皮划艇的好时机。

乘船游览

这个国家有这么多水，难怪乘船游览深受来访者青睐。有些乘船游览路线兼具实际功用，例如，从金边的洞里萨河逆流而上至暹粒的航程，或是从暹粒沿桑岐河（Sangker River）到马德望的水路。柬埔寨水域辽阔，尤其是到了雨季，湄公河水量充沛，洞里萨湖水面涨至最大。所以，在柬埔寨，不如和当地人一样乘船旅行吧。

去何处

芝柏 （Chi Phat）在这个丛林中的基地（见185页）探索豆蔻山脉中那些桀骜不驯的河流，还有可能见到珍稀的暹罗鳄。

贡布 在河畔城市贡布（见216页）乘船游览，上行可达红树林，下行可达开放海域的僻静沙滩。

湄公河 沿湄公河发现之路（见292页）航行，在这条贯穿柬埔寨全境的母亲河上，时不时会有发现幽谧岛屿和宁静民宿的惊喜。

洞里萨湖 乘船游览大湖，走访水上村庄（见135页）、空邦鲁的洪泛林（见135页）和鸟类保护区（见133页）。

骑自行车

对富有冒险精神的骑行者来说，柬埔寨是个非常棒的国家。鉴于这里有名的坑坑洼洼的道路，最好选择山地车。许多道路路况很差，但旁边通常都有平坦的土路可走。慢悠悠的车速让你有更多的机会与当地人交流。皮卡车后面和小巴车顶部都可以放自行车，可把车带到全国各地。

环吴哥骑行会让你不虚此行，使你真正感受到这个寺庙建筑群的大小和规模。蒙多基里和腊塔纳基里两省有非常精彩的骑行路线，以后这里的山地车运动也许会风靡起来。柬埔寨各地的客栈和酒店租用自行车的价格大约为每天US$2，进口品牌则要US$7~15。

去何处

马德望 没有比骑车探索马德望（见244页）周边美丽的乡野风光更完美的选择了。

芝柏 从这个位于豆蔻山脉中的生态游集散地，可以骑山地车沿丛林小道去探索偏远的瀑布。

蒙多基里省 “与山相会”是对这个多山的省份恰如其分的称呼。这里有几条非常棒的骑行路线去往普农族村庄（见311页）和丛林中的瀑布（见310页）。

四轮摩托车

由于全国密布的土路，四轮摩托或是ATV（全地形车）越来越流行。暹粒有3家公司（见108页）提供寺庙周边的乡野游。金边有一家四轮摩托装备店（见64页），可以给你带来与城市生活迥异的体验。北部的蒙多基里有一家新公司（见306页），可以带你去探索森莫诺隆周边的山顶和观景点。骑四轮摩托车游览的价格从每小时US$25到全天US$100以上。

吴哥寺庙群 旅游旺季时寺庙群（见137页）游人如织，不如远离人群去探索当地的丛林小径。可参加有组织的团队游。

泥地摩托

对于老练的摩托骑手，柬埔寨堪称全球最值得一去的越野摩托骑行目的地。这里的道路也许是全亚洲最差劲的（对于狂热的摩托骑手，或者又可以说是全亚洲最好的）。精彩的路线遍布全国，柏威夏、蒙多基里、腊塔纳基里等省和豆蔻山脉尤其令人兴奋，但最好避开主要公路，汽车尾气和灰尘会呛得你喘不过气。骑摩托车旅行的好处在于行动上完全自由，你可以进入少有游客到访的小村庄。骑摩托游内陆是可行的，但只有“老司机”才能骑着泥地摩托上路。

金边和一些热门旅游目的地可以租到摩托车。暹粒禁止出租摩托车，因此想去西北部骑车的人得想办法在别的地方租辆车。一辆100cc的摩托车租金是每天US$5~10，250cc的泥地摩托车租金是US$10~25。

去何处

豆蔻山脉 需要一颗强大的心脏，豆蔻山脉有几条沿丛林山道往北去拜林或菩萨的艰苦路线。需要找经验丰富的组织者（见373页）带领。

贡布 贡布（见216页）风光丰富多彩，周边有稻田、盐田、胡椒农场、喀斯特山峰和波哥山避暑地（见225页）。

蒙多基里省 蒙多基里的连绵群山是骑泥地摩托车的理想场所，沿着塞玛保护林（见311页）去往森莫诺隆（见305页）的道路令人惊艳。

柏威夏省 去探索柬埔寨的66号公路（NH66），从奔密列（见172页）到偏远的圣剑寺（见273页），或是上山到柏威夏寺（见270页）探访天神的领地。

徒步和步行

由于地雷的长期存在，大多数人并不会想在柬埔寨徒步旅行。但其实这里还是有不少可以享受步行乐趣的安全地区的，例如各个新兴的国家公园。东北部的蒙多基里省和腊塔纳基里省拥有野生动物、自然风光、众多瀑布和少数民族，现在已逐渐成为全国最主要的徒步游目的地。

柬埔寨正在逐渐建设一个游客设施齐全的国家公园网。波哥国家公园、基里隆国家公园和利阿国家公园都有开发徒步道路的潜能，而腊塔纳基里的维拉差国家公园则有多日徒步路线，芝柏和豆蔻山脉也都具备野外徒步的潜力。

吴哥也是步行游的好地方，在寺庙间步行游览相对不会太累。在游客人数连年冲高的今天，这也是体验安宁和独处的办法。

去何处

戈公省 作为通往豆蔻山脉的沿海门户，戈公有几家徒步公司组织塔太（Tatai，见183页）周边的丛林徒步游。

蒙多基里省 凉爽的气候、寻访普农族人（见304页）和雷鸣般的瀑布让这里成为柬埔寨最值得一去的徒步目的地，更不用说还可以去找大象（见307页）或长臂猿（见311页）了。

腊塔纳基里省 可以选择游览少数民族村庄的轻松路线，或是进入维拉差国家公园（见303页）核心区的艰苦路线。

吴哥寺庙群 从集散地暹粒出发，可以步行游览吴哥王城（见154页），或是上到高布斯滨（见169页）探访千林迦河。

水上运动

西哈努克市沿海可以进行浮潜或水肺

上图：吴哥王城北门（见154页）
下图：普列托尔鸟类保护区（见133页）

潜水，虽然景观可能不像印度尼西亚和菲律宾的那么壮丽，但深蓝的海面下也有丰富多彩的景观。最好去唐岛（Koh Tang）、普林斯岛（Koh Prins）这些比较偏远的潜水点，并在船上过夜。戈公和西哈努克市之间还有大片未经探索的海域，也许某天会让柬埔寨跻身亚洲潜水地图之列。

随着柬埔寨沿海的开发，水上运动项目也越来越多，西哈努克市的海滩上可以乘船，可以玩帆板，还可以玩风筝冲浪。在贡布，桨板项目蓬勃发展，成为欣赏河景的绝佳方式。

去何处

白马 走进位于海滨的Sailing Club（见227页），租一艘双桅帆船或一条帆板去探索平静的沿海水面。

贡布 驾一块站立桨板（见217页）去探索河流和红树林。如果觉得难度太高，也可以选择悠闲的轮胎漂流。

西哈努克市 柬埔寨的水上运动之都（见191页）。可以体验潜水、浮潜、帆板、滑水和摩托艇等运动。

南部诸岛 想要寻找大鱼的严肃潜水者可以以新兴的龙岛和龙桑洛恩岛（见212页）作为基地。

柬埔寨的高空滑索

滑索最近在柬埔寨流行起来。吴哥飞索（Flight of the Gibbon Angkor，见105页）是全国最长的滑索项目，共有10条线，还有可能看到在野外环境中生活的长臂猿。马约拉滑索（Mayura Zipline，见310页）是蒙多基里省架在Bou Sraa瀑布之上的新项目，极其刺激。如果你在海滩上觉得无聊，龙岛（见208页）上也有滑索。这里的滑索项目价格不低，吴哥飞索大约每人收费US$109，马约拉滑索大约每人US$69。

攀岩

和邻国老挝、泰国和越南相比，这里的攀岩运动还处于萌芽状态，但在喀斯特山峰星罗棋布的贡布省有一家攀岩机构。Climbodia（见217页）在贡布以南5公里处的Phnom Kbal Romeas山上有几条开发成熟的路线，收费为半天US$35起。

寻找野生动物

柬埔寨的野生动物在过去几十年席卷全国的巨变中幸存下来，今天仍然丰富多彩。大型猫科动物、小型猫科动物、象、灵长类动物和若干种稀奇的小动物都以柬埔寨的丛林为自己的家园，在全国都能找到它们的身影。柬埔寨是秃鹳、鹳鸟和鹈鹕等一些本地区最珍稀的大型水禽的栖息地，因此特别适合观鸟。

去何处

桔井省 在柬埔寨的桔井（见288页）和老挝边境之间的湄公河水域生活着极为珍稀的淡水江豚。

蒙多基里省 与象谷项目（见307页）的象群同行，或是在塞玛保护林（见311页）中寻找长臂猿和白臀叶猴。

他茅山野生动物救助中心 远不只是动物园，这个野生动物保护区还组织深度游，可以看到动物。（见98页）

普列托尔鸟类保护区 柬埔寨世界级的鸟类保护区，可以看到斑嘴鹈鹕、黑头朱鹭和白头鹮鹳等珍稀水鸟。（见133页）

腊塔纳基里省 这个偏远的丛林之省正在开发一个寻访长臂猿的项目。（见295页）

暹粒 体验一下吴哥飞索（见105页），或是探访吴哥保护生物多样性中心（见170页），这里可以看到大朱鹭、穿山甲、银叶猴和豹猫等珍稀动物。

地区速览

复兴中的柬埔寨首都金边是一个感受现代生活脉搏的地方。暹粒是通往宏伟的吴哥寺庙群的门户，它以精致的餐馆、时尚的酒吧和漂亮的精品店开始对首都构成挑战。世界遗产吴哥古迹有世界上最壮观的寺庙。

南部海岸有几个新兴的海滩度假胜地和为数不多的热带岛屿，与邻国相比，才刚刚得到开发。在柬埔寨西北部，马德望地区还保持着较为传统的生活方式，有几座偏远的寺庙湮没在丛林中。荒凉的柬埔寨东部是大象的家园，在那里，你能看到轰鸣的瀑布和稀有的江豚。

金边

就餐
酒吧
购物

创意菜式

各式法国小餐馆和出色的创意餐馆融合了最佳的柬埔寨风味和欧洲口味。随处可见的柬埔寨烧烤为你提供更加丰富的当地体验，时尚餐馆中也可品尝到精致的高棉美食。

欢乐时光

早早地选择一家能够俯瞰湄公河的酒吧，边乘凉边品酒，然后换一家有现场音乐表演的酒吧，最后去夜店跳舞到天亮。昼夜无休的金边是最活跃的亚洲国家首都之一。

时尚精品

去多姿多彩的当地市场体会讨价还价的乐趣，或者看看很不错的当地设计师的作品。另有许多支持公平贸易和慈善事业的商店，你的消费将帮助柬埔寨的发展。

见44页

暹粒

寺庙
就餐
活动

神灵的启示

吴哥并非只有吴哥窟。确实，吴哥窟是世界上最著名的标志性建筑之一，但它附近还有有着神秘面孔的巴戎寺和湮没在丛林中的塔布隆寺。

五花八门的美食体验

现代高棉美食、街头风味小吃、讲究的法国菜以及形形色色的佳肴，暹粒是一个真正的美食目的地。夜晚可以在酒吧街或者旁边更为高雅的街上度过。

吴哥之外

乘坐直升机升上天空，从不同的角度欣赏吴哥，挂在高空滑索上穿越丛林或是驾驶四轮摩托车在稻田间穿行，还可以上一堂烹饪课或是做个按摩彻底放松。

见101页

南部海岸

海滩
活动
就餐

热带天堂

你可以独享一整片沙滩，也可以去海滨酒吧放松。你可以选择融入西哈努克市的快节奏街巷，也可以在悠闲的白马度日，或者干脆躲到岛上，把一切俗事抛到脑后。

陆地或海洋

许多国家公园和保护区分布在这一地区，旅行者可以选择徒步、山地自行车、划船、攀岩或风筝冲浪。水上运动种类丰富，还可以选择水下冒险，去体验水肺潜水或浮潜。

海鲜特产

每个沿海城市都有自己的特产：白马的特产是美味的螃蟹；茶胶的特色是龙虾；在贡布，无论什么菜都离不开这一地区著名的胡椒；西哈努克市则有海鲜盛宴。

见176页

柬埔寨西北部

寺庙
城镇
乘船游览

远离人群

看够了吴哥窟？不要忘记前吴哥时期的都城三波坡雷古（Sambor Prei Kuk），还有隐藏在柏威夏省丛林之中的寺庙，以及富有情调的班迭奇马（Banteay Chhmar）。

真正的柬埔寨

马德望的河畔有全国保存最完好的法式建筑。而磅清扬和磅同都不在热门旅游点之列，能够让你领略真正的柬埔寨风光。

水上村庄

乘船沿桑岐河在马德望和暹粒之间游览的航程是柬埔寨最佳的水上游览路线之一。去洞里萨湖最大的水上村庄空邦龙（Kompong Luong）探秘吧。

见236页

柬埔寨东部

野生动物
文化
河岸生活

野生动物

去桔井周边观赏罕见的淡水江豚，在蒙多基里省与象群同行，抑或在蒙多基里、腊塔纳基里参加以社区为基础的森林徒步，观看灵长类动物。

与世隔绝

柬埔寨东北部生活着一些少数民族。在蒙多基里偶遇普农人（Bunong），或深入腊塔纳基里的丛林河流，参观偏远的部落墓地。

壮观的湄公河

湄公河贯穿这一地区的中心，沿途的“湄公河发现之路”是一个以社区为基础的旅游项目。还有《现代启示录》（*Apocalypse Now*）中的那条斯雷博河（Tonlé Srepok），它是湄公河的支流。

见279页

在路上

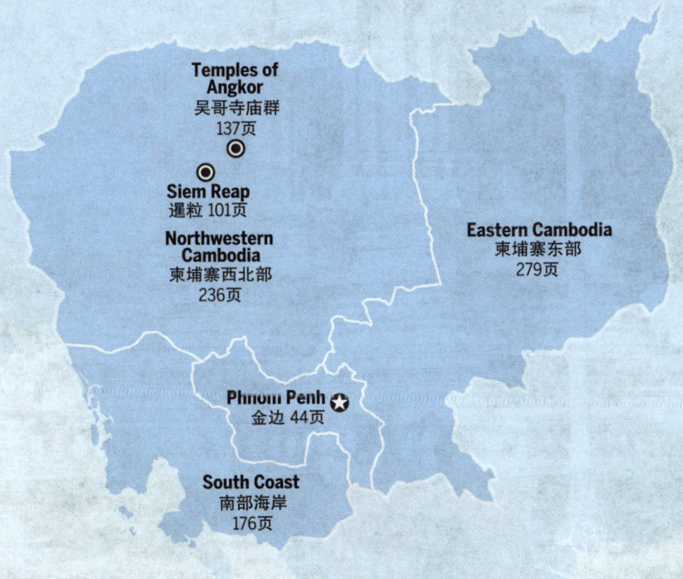

Temples of Angkor
吴哥寺庙群
137页
Siem Reap
暹粒 101页
Northwestern Cambodia
柬埔寨西北部
236页
Eastern Cambodia
柬埔寨东部
279页
Phnom Penh
金边 44页
South Coast
南部海岸
176页

金边

柬埔寨的首都对每一个来到这里的游客展现着魅力。王宫金碧辉煌的尖塔、优雅的法国式建筑、街边摊档飘来的柠檬草香味，或者熙熙攘攘、咖啡馆林立的河边，金边总有一处可以深深打动你。

1

TOM COCKREM / GETTY IMAGES ©

BEN PIPE / ROBERTHARDING / GETTY IMAGES ©

1. 王宫（见48页）

僧侣在国王寝宫前的院落行走。

2. 金边的街道

在繁华的街道上骑摩托车的一家人。

3. 市场（见77页）

金边到处是售卖新鲜食物的热闹市场。

4. 君王殿（见49页）

曾用来进行国王的加冕和其他重要仪式，传统高棉屋顶，装饰华美。

STUART DEE / GETTY IMAGES ©

暹粒

暹粒被认为是通往吴哥寺庙群的门户，不过，城镇和周边本身也有许多地方值得游览。附近洞里萨的水上村庄是一个绝佳选择，汇聚着餐厅、酒吧、一流的购物场所、上等烹饪课程，还组织大量其他的活动，包括观鸟、摩托车观光等。

1

MAROZNC / GETTY IMAGES ©

PETER STUCKINGS / GETTY IMAGES ©

1. 老市场（见125页）

老市场的农产品区极富氛围，值得游览。

2. 空邦鲁（见135页）

空邦鲁是一座由吊脚楼构成的水上村庄。

3. 街头食物（见116页）

在老市场品尝炒面，那里的食物便宜、美味，能够填饱你的肚子。

4. 女王宫蝴蝶中心（见132页）

东南亚最大的封闭式蝴蝶中心，为当地人提供了一种可持续发展的生活方式。

LEONID SEREBRENNIKOV / ALAMY STOCK PHOTO ©

吴哥寺庙群

柬埔寨是亚洲无可争辩的寺庙之都，我们可不仅仅是在说最神圣的地方——独一无二的吴哥窟。吴哥是人间的天堂，但在暹粒这个佛国之都，其实到处都散落着寺庙，反映着高棉文明的荣耀历史。

1

MARTIN PUDDY / GETTY IMAGES ©

WIBOWO RUSLI / GETTY IMAGES ©

1. 塔布隆寺(见161页)

在这座吴哥最具氛围的遗迹里，寺庙群掩映在丛林之中。

2. 皇家浴池(见163页)

在这座宁静的盆地中，只剩下曾经耸立于此的寺庙的石基遗迹。

3. 巴戎寺(见154页)

这里雕刻有超过210尊观世音菩萨的头像，其面容和柬埔寨最著名的国王相似。

4. 女王宫(见169页)

这是一座印度教风格的寺庙，装饰着绝美的石雕，被誉为吴哥的艺术画廊。

TRAVELSTOCK44 - JUERGEN HELD / GETTY IMAGES ©

吴哥寺庙群

三日游

吴哥寺庙建筑群堪称巨大，哪怕是最精美的语言也不足以将其准确形容。这里是世界上最大的宗教建筑遗址，拥有众多的寺庙和一座早已被抛弃的巨大城市。该城市被城墙包围，可能是东南亚的第一座大都市，比曼谷和新加坡的历史要早很多。

以罗洛寺庙群作为起点，这里是吴哥最早的都城，接着继续向大圈线路前进，其中包括融佛教与印度教于一体的❶圣剑寺（Preah Khan）以及华丽的水上寺庙❷盘蛇寺（Preah Neak Poan）。

第二天，缩小到小圈线路，清晨先去探访❸塔布隆寺（Ta Prohm），接着继续前往金字塔寺庙塔高寺（Ta Keo）、佛寺班迭哥迪（Banteay Kdei），以及巨大的❹皇家浴池（Sra Srang）。

接下来继续前往更远的女王宫（Banteay Srei），这是吴哥艺术之冠，以及更远处位于丛林中的寺庙奔密列（Beng Mealea）。

将最大也最好的一处寺庙留到最后，可去❺吴哥窟（Angkor Wat）欣赏日出，然后到寺庙中用早餐，以避开拥挤的人群，探索其中令人惊艳的建筑。下午去探索❻吴哥王城（Angkor Thom），这座巨大的建筑群中有神秘的❼巴戎寺（Bayon）。

3天游完吴哥？这还只是个开始。

独家贴士

➡ **避开人群** 为了避开人群，可以在皇家浴池观赏日出，之后再去吴哥窟，然后到女王宫用午餐。

➡ **延长旅途** 三日通票可在一周内不连续使用，但是一定要准备通票。

MICK ELMORE / GETTY IMAGES ©

巴戎寺

在传奇君主阇耶跋摩七世修建的这座给人以不真实感的国家寺庙中，有216尊菩萨头像在俯瞰朝圣者，尽显宗教和皇室的威严。

吴哥窟

世界上最大的宗教建筑。可在最神圣的场所欣赏日出，然后探索其中在石头上蚀刻的浅浮雕祭品。

JOHN BANAGAN / GETTY IMAGES ©

吴哥王城

高棉帝国最后一座大型都城，其中隐藏有大量的寺庙，其史诗般宏大的规模既令人思绪万千，也让人敬畏。

ANDERS BLOMQVIST / GETTY IMAGES ©

圣剑寺

一座融合型的寺庙，献给佛陀、梵天、湿婆和毗湿奴，其中漫无边际的廊道就像是一座无穷无尽的镜像大厅。

ANDERS BLOMQVIST / GETTY IMAGES ©

盘蛇寺

如果说拉斯维加斯曾经采用过吴哥主题，那么一定是借鉴了这里的游泳池。湖中有一座小塔，周围环绕着4个小湖。

塔布隆寺

昵称为“古墓丽影”寺，“印第安纳·琼斯”也很适合。植物已经生长得很茂盛，只留下树根组成一个个图形，缠绕在幸存的石块上。

ARIADNE VAN ZANDBERGEN / GETTY IMAGES ©

皇家浴池

这座浴池曾经是皇室浴池，令所有的浴池都相形见绌，是欣赏日出或日落的好去处。

金边

☎023 / 人口200万 / 面积290平方公里

包括 ➡

最佳餐饮

- Boat Noodle（见76页）
- Chinese House（见73页）
- Deco（见79页）
- Malis（见78页）
- Romdeng（见72页）

最佳住宿

- Eighty8 Backpackers（见65页）
- 外国记者俱乐部（见65页）
- Pavilion（见68页）
- 皇家莱佛士酒店（见68页）
- Rambutan Resort（见69页）

为何去

金边（ភ្នំពេញ，Phnom Penh）——这个名字本身就充满了异国风情。王宫的尖顶闪闪发光、僧袍摩擦沙沙作响、湄公河宽阔奔腾——这就是千里之外的人们想象中的亚洲。

柬埔寨的首都能让游客的感官得到充分的刺激。摩托车旁若无人地呼啸而过，市场里异香扑鼻，喧哗声、叫卖声和呼喝声此起彼伏——它们是金边魅力的一部分。

战争和革命为曾经号称"亚洲之珠"的金边带来了阴影。如今东山再起的金边，咖啡馆和酒吧林立，美食达到世界水平，已然成为东南亚最有嬉皮精神的首都之一。

何时去

金边

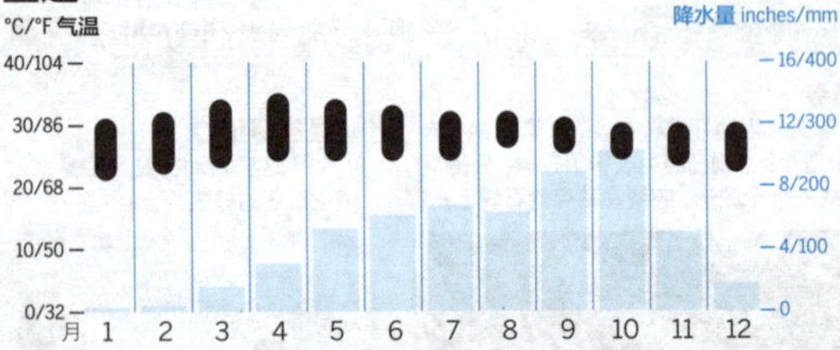

1月和2月 节日的欢快气氛已经结束，河边吹拂着怡人的东北风。

9月和10月 大雨缓解了阳光带来的炽热，许多酒店提供大幅淡季折扣。

10月和11月 送水节（Bon Om Tuk）到来，河岸边会举行规模宏大的街头派对。

金边亮点

❶在艳惊四座的**柬埔寨国家博物馆**（见50页）观赏全世界最棒的高棉雕塑展。

❷在**监狱博物馆**（见51页）和**钟屋杀人场**（见52页）了解柬埔寨那段黑暗的历史。

❸**银塔**（见49页；王宫的一部分）令人眼花缭乱的5000块银地砖。

❹先喝上一杯"欢乐时光"的特价鸡尾酒，再游走在各家不同的酒吧，深夜前往传奇的迪斯科舞厅，享受金边狂热的**夜生活**（见81页）。

❺在令人目不暇接的**俄罗斯市场**（见86页）"血拼"到筋疲力尽。

❻日落时分登上**游船**（见58页），一边喝鸡尾酒，一边欣赏浩瀚的湄公河。

历史

传说有位名叫"Penh"的老妇，在湄公河边发现了4座佛像。她把4座佛像搬到附近的山上供奉起来，周围逐渐发展出一个城镇，即金边（Phnom Penh意为"Penh的山"）。

15世纪30年代，吴哥古都被弃，金边被选作新王朝的都城。吴哥的地理位置不利于贸易往来，而且经常遭到暹罗王国（今泰国）大成王朝（Ayuthaya）的攻击。金边位于高棉领土内比较中间的位置，是经湄公河三角洲（Mekong Delta）与老挝和中国进行贸易的绝佳位置。

16世纪中期，贸易的兴盛使金边成为该

Greater Phnom Penh 大金边地区

0 1 km
0 0.5 miles
E
F
G
H
1
2
3
4
5
6
7
去Kingdom Brewery (1km);
Prek Pnov Bridge; (11km);
Prek Kdam Bridge (30km);
Udong乌栋(35km)
Tonlé Sap Rd
Sisowath Quay
见金边北部地图(60页)
见金边南部地图(54页)
见俄罗斯市场地图(66页)
Tonlé Sap
洞里萨河
Mekong River 湄公河
Phnom
Penh
金边
火车站
Monivong Blvd
Charles de Gaulle Blvd
Psar O
Russei
Norodom Blvd
Sihanouk Blvd
GOLDEN
ST AREA
金街地区
BOENG
KENG KANG
DISTRICT
奔坑康地区
TONLÉ
BASSAC
DISTRICT
洞里巴萨克地区
BOENG KENG
KANG DISTRICT
奔坑康地区
Samdech Sothearos Blvd
Mao Tse Toung Blvd
去2Cycle
Cambodia (2km);
Smango (17km)
Koh Pich
(Diamond
Island)
钻石岛
Tonlé Bassac 洞里巴萨克河
去Neak Luong (60km);
Vietnam Border
柬越边境(140km)
St 82
St 75
St 86
St 47
St 88
St 90
St 92
St 93
St 94
St 96
St 102
St 106
St 108
St 110
St 13
St 118
St 130
St 67
St 51
St 136
St 144
St 148
St 107
St 53
St 154
St 172
St 137
St 139
St 164
St 63
St 174
St 178
St 107
St 184
St 200
St 208
St 19
St 198
St 240
St 244
St 246
St 258
St 7
St 141
St 214
St 222
St 228
St 240
St 51
St 242
St 254
St 264
St 143
St 242
St 252
St 276
St 278
St 282
St 288
St 29
St 21
St 9
St 280
St 292
St 300
St 304
St 310
St 320
St 105
St 85
St 302
St 63
St 57
St 310
St 322
St 51
St 360
St 380
St 376
St 386
St 71
St 390
St 396
St 398
St 400
St 410
St 426
St 432
St 428
St 422
St 436
St 440
St 454
St 460
St 468
St 436
St 63
St 99
St 466
1
2
4
6
7
8
9
10
12
13
14
15
16
18
19

Greater Phnom Penh 大金边地区

景点

1 法国大使馆 E1

活动、课程和团队游

2 游船 F1
3 Long Beach Plaza Hotel C1
4 O Spa E1
5 金边皇家大学 B3

住宿

6 Sangkum E1

就餐

7 Chinese House F1
8 Exchange E1
9 Koh Pich H5

饮品和夜生活

10 Tonle Sab Sky Bar H3

娱乐

11 Apsara Arts Association A2
12 Doors E1

信息

13 Calmette Hospital E1
法国大使馆 .... (见1)
14 印度大使馆 F7
15 印度尼西亚大使馆 F7
16 日本大使馆 G7
17 金边皇家医院 A4
18 泰国大使馆 G7
19 英国大使馆 E1

交通

20 Olympic Express C5
21 Psar Dang Kor出租车停车场 C5

地区的一个繁华城市，吸引了大批来自印度尼西亚和中国的商人。然而，一个世纪后，这个被封锁了海路的王国越来越孤立，成了夹在日益强大的泰国和越南之间的一个充当缓冲地带的弱国，直到1863年被法国占领。

我们今天看到的金边城市格局是在法国殖民地时期确立的。城市被划分为几个部分（或称quartier，法语，意即"部分"），法国人和欧洲商人住在Monivong Blvd和洞里萨河（Tonlé Sap River）之间，沃翁（Wat Phnom）北侧。直至1953年撤离金边，法国人为这里留下了许多重要的地标性建筑，如王宫、国家博物馆、铁棉市场（Psar Thmei）和很多宏伟的政府设施。

独立后，在西哈努克执政的和平时期城市发展得很快。1970年西哈努克被推翻之前，金边人口达到约50万。随着越南战争的战火蔓延至柬埔寨，大批难民涌入金边。1975年年初，金边人口接近300万。1975年4月17日，红色高棉夺取该市，立刻将所有人口迁至郊区——这是他们激进改革计划的一部分。"解放"初期，许多家庭骨肉分离。

民主柬埔寨时期，成千上万的前金边居民被杀害，其中包括大部分受过教育的知识分子。红色高棉时代，金边人口从未超过5万，只有级别较高的党员、工厂的工人和受信任的军官住在这里。

1979年，越南人的到来带来了人口增长的复苏，尽管刚开始时新政府对人口的数量控制得很严。几乎整个20世纪80年代，首都的街道上都是牛比汽车多。20世纪90年代是局部地区经济高速增长的时期，因为联合国驻柬埔寨过渡权力机构（UN Transitional Authority in Cambodia，简称UNTAC）的成立带来了20亿美元的经济援助（其中大部分用于支付外籍雇员的工资）。

金边真正发生变化的还是过去的15年：修缮道路、铺设污水管道、新建公园、加固河堤。商业在城市的大部分地区蓬勃发展，摩天大楼初见端倪，时尚餐馆纷纷开业，曾为曼谷和河内投资的商人瞄准了金边，更大的变化即将到来。

景点

相对而言，金边是个小城市，而且采用了街道序号坐标系统，因此不容易迷路。最重要的文化景点都位于河滨附近，步行即达，这里也是城中最美丽的地方。其他景点相距也不远，可以从河滨步行或乘坐短途三轮摩的（tuk tuk）前往。

★ 王宫 宫殿

（ព្រះបរមរាជវាំង，Royal Palace；见50页地图；Sothearos Blvd；门票含照相25,000r，导览游每小时US$10；⏲7:30~11:00和14:00~17:00）王

宫位于河边，与曼谷王宫非常相似。经典的高棉式房檐和装饰性鎏金尖顶使之成为小城金边最耀眼的建筑。

它是西哈莫尼国王（King Sihamoni）的正式寝宫，占地面积广阔，部分不对游客开放，游客只能参观君王殿和其周围的建筑。毗邻王宫的银塔建筑群则对公众开放。

游客需注意穿着：裤子长度不能短于膝盖，T恤或衬衫袖子应盖过肘部，否则就必须租符合要求的衣服。每周日有许多外地的高棉人到这儿来表达敬意，所以可能会非常拥挤——但跟当地人挤在一起游览也是个有趣的体验。

➡ 王宫院落

所有的游客都要从检阅台（Chan Chaya Pavilion）附近的入口进入王宫院落（Palace Compound）的东部区域。这个亭子曾是表演古典柬埔寨舞蹈的舞台。逢年过节，这个亭子都会彻夜灯火通明。

王宫院落内最具魅力的是君王殿（Throne Hall），房顶有一座仿吴哥窟巴戎寺（Bayon）而建的59米高的塔，1919年由西索瓦国王（King Sisowath）主持开光。

君王殿是举行国王加冕和外国使节递交文书等仪式的场所。许多原来摆放在殿内的物品都被红色高棉破坏了。

君王殿以南有座古怪的铁制拿破仑三世阁（Napoleon Ⅲ Pavilion），它是法国拿破仑三世赠送给诺罗敦国王（King Norodom）的——设计者肯定没考虑到柬埔寨潮湿炎热的气候。

➡ 银塔建筑群

从王宫院落的北门可以进入银塔（Silver Pagoda；见50页地图；Samdech Sothearos Blvd；含在王宫门票内；⏲7:30~11:00和14:00~17:00），银塔因覆盖其上的5000多块银砖（每块1公斤）而得名，也就是说，塔内有5吨纯银。你可以走进塔内，看看入口旁边的部分银地砖。大部分地砖被保护性地覆盖了起来。该塔又名"玉佛寺"（Wat Preah Keo）。这座木塔于1892年诺罗敦国王在位时建造，而1962年曼谷建造的玉佛寺显然是受到该塔的启发。

红色高棉将银塔保护起来，目的是向外界显示他们关心柬埔寨文化遗产。虽然塔内半数以上的物品已经丢失、被窃或被越南入侵者毁坏，但残存的部分仍很壮观。这里是柬埔寨国内为数不多的几个能够展示出高棉文化灿烂和丰富的地方之一。

通往银塔的台阶由意大利大理石制成。塔内的玉佛佛像（Emerald Buddha）——据说是由巴卡拉水晶雕刻而成——高高地放置在镀金的基座上。基座前面站立着一尊真人大小的、镶嵌着2086颗钻石的金色佛像，最大的一颗钻石在佛冠上，重达25克拉。金质佛像于1907年前后在王宫的雕刻工坊内完成，重量为90公斤。

银塔外墙周围放置的物品能够充分体现出高棉艺术的精湛，其中包括表演古典舞使用的珠宝面具和几十座纯金的空心佛像。与如此华丽的高棉艺术品相比，陈列在旁边的一些由外国首脑赠送的珍贵礼物都显得毫无生气。注意，银塔内禁止拍照。

金边两日游

早早起床，去河畔看人们跳舞，抓紧时间吃完早餐后去王宫（见48页）探险一番。接下来去国家博物馆（见50页），这里收藏着全世界最精美的高棉雕塑。在Friends（见72页）吃完午餐后，到铁棉市场（见86页）去看看那里富有特色的建筑，但要留出足够的时间去俄罗斯市场（见86页）购物。之后在河畔的外国记者俱乐部（见81页）享受"欢乐时光"饮品，边喝边回忆今天的见闻。晚上再去城里找乐子。

第二天步行游览市中心，或者只在沃翁（Wat Phnom，见52页）周边转转——那里是高棉人祈祷好运的地方。在河畔吃午餐，然后穿过街道去发人深省的监狱博物馆（见51页）看看。之后再去参观钟屋杀人场（见52页）。整个下午你的心情都会非常沉重，但只有这样才能了解柬埔寨的那段历史。最后在湄公河上乘坐日落游船，同时远眺夕阳下的王宫美景。

Royal Palace & Silver Pagoda 王宫和银塔

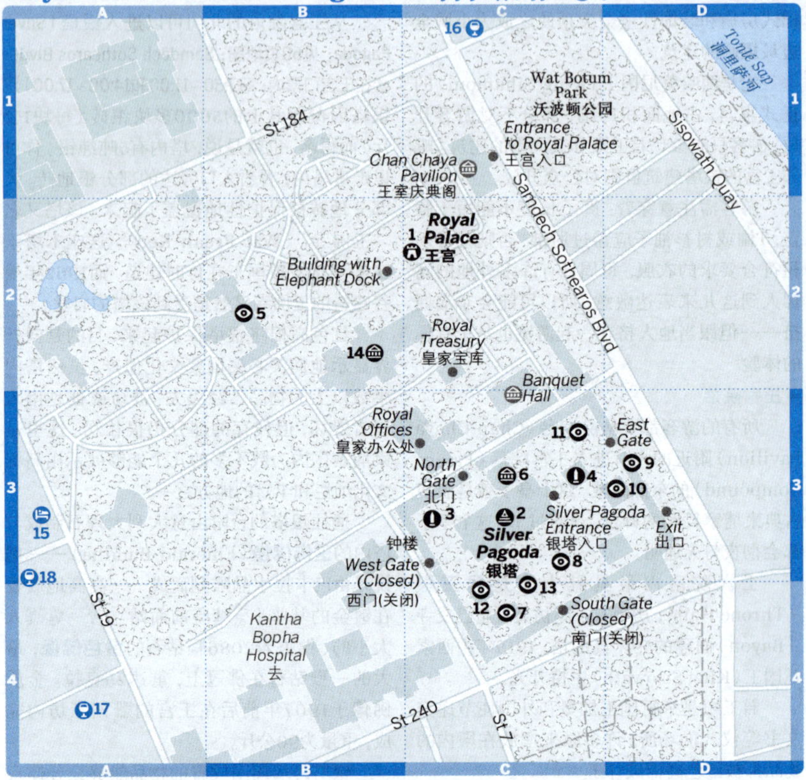

银塔建筑群的围墙上，有一幅宏大的**壁画**，描述了经典印度史诗《罗摩衍那》[*Ramayana*；在柬埔寨称为《罗恩可》(*Reamker*)]的故事。故事从东门南边开始展开，上面兰卡之战(battle of Lanka)的场景栩栩如生。壁画在1900年前后创作，有些部分看上去也确实印证了其年代之久远。

院落内其他建筑包括(从北门开始沿顺时针方向)：收藏大量书写在棕榈叶上的金色经文(为保护文物，现在已经被送到有空调的仓库里)的**藏书室**(mondap)、**诺罗敦国王祠**(诺罗敦国王1860~1904年在位)、**诺罗敦国王骑像**、**安东国王祠**[(安东国王(King Ang Duong)1845~1859年在位]、佛足印亭、内有来自斯里兰卡的铜质佛足印的**假山**(Phnom Mondap)、供奉西哈努克一个女儿Kantha Bopha的**公主祠**、皇室成员举行庆典用的**王室庆典阁**、**诺罗敦·苏拉玛里特国王祠**[诺罗敦·苏拉玛里特(King Norodom Suramarit，西哈努克之父)1955~1960年在位]和**钟楼**，钟声会向人们宣告开门和关门时间。

★ 柬埔寨国家博物馆 博物馆

(សារមន្ទីរជាតិ，National Museum of Cambodia；见60页地图；www.cambodiamuseum.info；St 13和St 178交叉路口；门票US$5；⏲8:00~17:00)柬埔寨国家博物馆位于王宫正北一座传统风格的优雅陶瓦建筑内(建于1917~1920年)，室外花园很怡人。该博物馆拥有一千年里全世界最精美的高棉雕塑以及技艺精湛的高棉艺术精品。博物馆由4个院落组成，每个院落都面向漂亮的花园。大多数游客会从左侧的院落开始，沿顺时针方向(同时也是按时间顺序)游览。

你首先看到的一个大型"雕塑"其实是

Royal Palace & Silver Pagoda 王宫和银塔

重要景点

1	王宫	C2
2	银塔	C3

景点

3	钟楼	C3
4	诺罗敦国王骑像	C3
5	国王寝宫	B2
6	藏书室	C3
7	王室庆典阁	C4
8	假山	C3
9	《罗摩衍那》壁画	D3
10	安东国王祠	D3
11	诺罗敦国王祠	C3
12	诺罗敦·苏拉马里特国王祠	C4
13	公主祠	C4
14	君王殿	B2

住宿

15	Aura Thematic Hostel	A3

饮品和夜生活

16	Blue Dragon	C1
17	Strangefruit Bar	A4
18	Vito	A3

一块残片，它是仅余的相对完好的头部、双肩和双臂——属于1936年在西梅奔寺（Western Mebon temple；吴哥窟附近）发现的一尊毗湿奴卧像。走进左侧院落，那里有许多吴哥王朝之前的艺术品，清晰地展现出5~8世纪从印度雕塑到高棉雕塑的演变脉络。亮点包括一尊高大的公元前6世纪的八臂毗湿奴像（达山出土）和一尊来自磅同省巴塞安德（Prasat Andet）的圆睁双目的诃里诃罗（Harihara，湿婆和毗湿奴的结合体）像。吴哥时期艺术品包括9~11世纪的诸多湿婆像、一对摔跤的猴子（Ko Ker，10世纪）、一块奥多棉吉省出土的刻有湿婆生活场景的美丽石板和一座头部略微低垂、做沉思状的阇耶跋摩七世（Jayavarman Ⅶ，1181~1219年在位）坐像（吴哥王城，12世纪晚期）。

馆内还藏有许多陶器和铜器，它们分别属于吴哥之前的扶南（Funan）和真腊王朝（Chenla，4~9世纪）、因陀罗跋摩时期（Indravarman，9~10世纪）和吴哥时期（10~14世纪）。此外也有不少近现代作品，例如一艘美丽的皇家木船。

中央庭院里可以照相，但禁止拍摄馆内藏品。馆中提供由英语、法语和日语讲解员领队的导览游（US$6）。博物馆前台出售介绍性读物《国家博物馆新指南》（*The New Guide to the National Museum*；US$10），开本稍小的《高棉石刻艺术》（*Khmer Artin Stone*；US$2）含有一些最精美的石刻艺术品图片。

★ 监狱博物馆 博物馆

（សារមន្ទីរប្រល័យពូជសាសន៍，Tuol Sleng Museum of Genocidal Crimes，也称吐斯廉屠杀博物馆；见54页地图；St 113和St 350交叉路口；门票US$8，含一个语音导览器，导游US$6；⌚7:00~17:30）1975年，波尔布特（Pol Pot）的卫兵占领了Tuol Svay Prey高中，并把它改建成21号保安监狱（Security Prison 21，即S-21）。不久之后，这里就成了全国最大的拘禁与拷打场所。1975~1978年，S-21内有超过17,000人被带到钟屋杀人场（见52页）。S-21已经被改建成监狱博物馆，成为红色高棉罪行的见证。

与纳粹一样，红色高棉的领导人将自己的残暴行径都小心翼翼地记录了下来。监狱博物馆的每个囚犯都被拍了照，有的还是在受刑前后分别被拍照。博物馆里每间囚室的墙壁上都挂着黑白照片，照片里所有的男女妇孺后来都被杀害了。你可以根据囚犯胸口的号码牌得知照片的拍摄年份。来自澳大利亚、新西兰和美国的几位外国人在被杀害之前也关在这里。请一位讲解员是值得的，因为他们能告诉你照片背后的故事。

当红色高棉的"革命"达到完全失去理智的程度，它就开始了自我毁灭。一代代在这儿工作的施刑人和刽子手被取代他们的人杀掉。1977年年初，当时红色高棉肃清东区干部的运动如火如荼，这里平均每天有100人被害。

1979年年初越南军队解放金边的时候，S-21里只有7个囚犯还活着。他们都是依靠绘画或摄影等技术而得以活命。越南军队逼近城区的时候有14名囚犯被折磨致死。他们死状悲惨的照片就挂在当时发现尸体的房间里，尸体被肢解。他们的坟墓就在附近的院子里。

游览监狱博物馆让人极度压抑。平淡无奇的外表反而使这里显得更加恐怖：地处郊区，朴素的校园建筑，杂草丛生的操场（那是孩子们曾经踢足球的地方），生锈的铁床、刑具和一间又一间房间内惨无人道的照片。它反映了人类内心最阴暗的一面。神经脆弱的人不宜到此参观。

监狱博物馆后面是**柬埔寨文献中心**（Documentation Center of Cambodia）。这个文献中心是在耶鲁大学**柬埔寨大屠杀项目组**（Cambodian Genocide Program）的帮助下于1995年建立的，目的是研究和记录红色高棉的罪行。1997年它成为一个独立机构，研究者花费多年心血去研究监狱博物馆内发现的悔过书和文件，勘定坟墓位置，以及保存红色高棉罪行的相关证据。

法裔柬埔寨籍导演礼德·潘（Rithy Panh）于1996年拍摄的电影*Bophana*讲述了一个真实的故事：一个叫Hout Bophana的姑娘和红色高棉地区领导人Ly Sitha相恋，但她为此付出的代价是被投入S-21监狱，然后被杀害。馆中每天10:00和15:00会播放这部长达1小时的纪实片。另外，礼德·潘还拍摄了《红色高棉杀人机器》（*The Khmer Rouge Killing Machine*），片中有对前监狱看守的采访。周一和周五的14:00及周三的9:00有柬埔寨文献中心的幻灯片放映。

钟屋杀人场

博物馆

（វាលពិឃាតជើងឯក，Killing Fields of Choeung Ek；门票含语音导游 US$6；⏲7:30~17:30）1975~1978年，被关押在S-21里的大约17,000名男女妇孺被转移到钟屋杀人场绝命营。为了避免浪费珍贵的子弹，他们一般都是被棍棒打死。

1980年，在这个曾经是龙眼种植园的地方，人们从一处万人坑中挖出了8985副遗骸，其中许多死者是被捆绑并蒙眼的。129个万人坑中有43个还未被挖掘。坟坑里到处都是人骨和衣服碎片。1988年修建了一座纪念塔，透明玻璃板后面按性别和年龄排列了8000多个头骨。今天这里平静安宁，完全看不出几十年前曾经发生过的罪行。

钟屋杀人场的门票包含非常出色的多语种（可选）语音导游，位于首都以南约7.5公里处，有清楚的英文标志。乘坐三轮摩的的费用大约US$10（司机可能开高价）。

游客可以通过语音导游听到幸存者讲述的故事，以及钟屋卫兵兼行刑人Him Huy讲述他们如何花样百出地杀死无辜的囚犯和手无寸铁的妇孺。这里还有一座陈列红色高棉领导层以及审判资料的博物馆。每年5月9日都会在钟屋杀人场举行悼念仪式。

在金边可以乘坐**随上随下穿梭巴士**（Phnom Penh Hop On Hop Off；☎016 745880；www.phnompenhhoponhopoff.com；1/2名乘客，不含门票车资 US$15/25）前往，提供的服务含8:00或13:30至酒店接客。

去献血吧！

柬埔寨人对献血有偏见，然而当地地中海贫血症高发，因此柬埔寨的血浆严重短缺。如果想帮忙，就去**国家输血中心**（National Blood Transfusion Centre；见60页地图；Preah Ang Doung Hospital, Norodom Blvd和St 114交叉路口；⏲8:00~17:00）做点贡献吧。献血非常安全，还可以得到一件纪念T恤。

沃翁

佛教寺庙

（វត្តភ្នំ，Wat Phnom；见60页地图；寺庙门票US$1，博物馆门票US$2；⏲7:00~18:30；博物馆7:00~18:00）沃翁坐落于一座27米高的青翠土丘之上，这也是市内唯一的一座“山”。据传，这里的第一座佛塔是1373年建造的，目的是安放一位名叫Penh的妇人发现的、被湄公河水冲来的4尊佛像。沃翁的主要入口是东侧的台阶，两边的栏杆上有狮子和那伽（神话中的蛇）图案。

今天，许多人到这里来祈求自己有好运、学习成绩优异或生意兴隆。许愿者的愿望实现后，会来还愿：献上一束茉莉花或是一把香蕉（据说神明特别喜欢）。

神祠（vihara）分别于1434年、1806年、1894年和1926年进行了整修。神祠西侧是保存着奔哈·亚国王（King Ponhea Yat，1405~1467年在位）骨灰的大佛塔。在通道的右侧，神祠和佛塔之间有一个亭子，里面摆放着笑容满面、体态丰满的Penh造像。

神祠北侧稍远的地方是一个供奉Preah Chau的混合风格神庙——Preah Chau特别受越南人尊崇。入口通往中央神坛的过道两侧各有一尊托着铁棒的守护神。神像右边的室内有一幅孔子以及两位中国贤人Thang Cheng（右）和Thang Thay（左）的画像。

从神祠往山下走，在西北角处有个博物馆，馆内有一些古老的雕塑和古代文物，但如果你已经去过国家博物馆了，就不必参观这个博物馆。

注意，沃翁有点像个大杂院，里面有乞丐、街头混混，还有兜售饮料和卖鸟的人。这些笼中鸟都经过训练，就算你买来放生它们也会飞回来。

沃乌隆

佛教寺庙

（វត្តឧណ្ណាលោម，Wat Ounalom；见60页地图；Sothearos Blvd；⌚6:00~18:00）**免费**沃乌隆是柬埔寨佛教总部。它建于1443年，有44座建筑。它在波尔布特时代曾饱受蹂躏，但今天重新焕发了生机。全国佛教领袖和大批僧人住在这里。

主建筑第2层、基座左侧的胡塔特长老（Huot Tat）雕像是被波尔布特杀害的柬埔寨第4任佛教领袖。该雕像是1971年领袖80岁时雕刻的，曾被红色高棉扔进湄公河以示佛教在柬埔寨失去影响力。1979年后雕像被打捞上来。基座右侧是Thummayuth分支前任领袖的雕像，皇室就是该分支信徒。

基座后方左侧有台阶通往3层，那里有一个玻璃匣，内有一尊源于缅甸的大理石小佛像，红色高棉将其打成了碎片，后来被重新黏合。在3层可以俯瞰湄公河的美妙景色。

主建筑后面是一座佛塔，里面供奉着佛祖的眉毛。入口处有巴利语（一种古印度文字）铭文。

奥林匹克体育场

地标

（ពហុកីឡដ្ឋានជាតិអូឡាំពិក，Olympic Stadium；见54页地图；Sihanouk Blvd和Monireth Blvd交叉路口附近；⌚6:00~22:00）**免费**这个体育场被大众称为国家体育场（National Sports Complex），是一个典型的20世纪60年代的新高棉建筑，里面有跑道，还有拳击、健身、排球等运动设施。建议17:00之后来这里，可以看到很多当地人在这儿踢足球、玩法式滚球或者打羽毛球。清晨和黄昏时，这里也是市民跳广场舞的健身场所。

沃莫门特里

佛教寺庙

（វត្តមហាមន្ត្រី，Wat Moha Montrei；见54页地图；Sihanouk Blvdat St 161）在奥林匹克体育场附近，名字是为了纪念莫尼旺国王的一位大臣Chakrue Ponn。他是最初力主建立佛塔的人（moha montrei意即“伟大的臣子”）。水泥的神祠顶端是一座35米高的塔，1970年竣工。1975~1979年，红色高棉在塔里储存大米和谷物。

注意看神祠墙壁上融合柬埔寨各种风格的壁画，壁画内容是佛本身的故事。陪伴佛上天的菩萨穿着古典的高棉舞者服装，而聚集的官员则身穿西哈努克时期的白色军队制服。

独立纪念碑

纪念碑

（វិមានឯករាជ្យ，Independence Monument；见54页地图；Norodom Blvd和Sihanouk Blvd交叉路口）于1958年仿吴哥窟中央塔而建，目的是庆祝1953年柬埔寨脱离法国的殖民统治，同时它也是纪念柬埔寨战争中死难者的地方。在一些国定假日，人们会到这里敬献花环。公园内纪念碑的东侧有一座雄伟的**雕像**（见54页地图；Sihanouk Blvd），刻画的是传奇政治家、前国王兼首相、国父诺罗敦·西哈努克（Norodom Sihanouk），他被视为民族英雄，于2012年去世。

附近，位于**沃波顿公园**（ឧទ្យានវត្តបុទុម）内的沃波顿（Wat Botum；见54页地图；St7和St19之间）风景如画，对面是1979年建造的**柬越友谊纪念碑**（Cambodia-Vietnam Friendship Monument；见54页地图），是越南式的设计风格（或者说是共产主义设计风格）。公园内经常举办音乐会，17:00之后来跳广场舞、踢足球和藤球（takraw）的人使公园里热闹非常。

凡纳美术馆

美术馆

（Vann Nath Gallery；见54页地图；Kith Eng Restaurant, 33B St 169）**免费**已经过世的柬埔寨艺术家凡纳（Vann Nath）因刻画红色高棉在金边臭名昭著的S-21监狱犯下的罪行而蜚

South Phnom Penh 金边南部

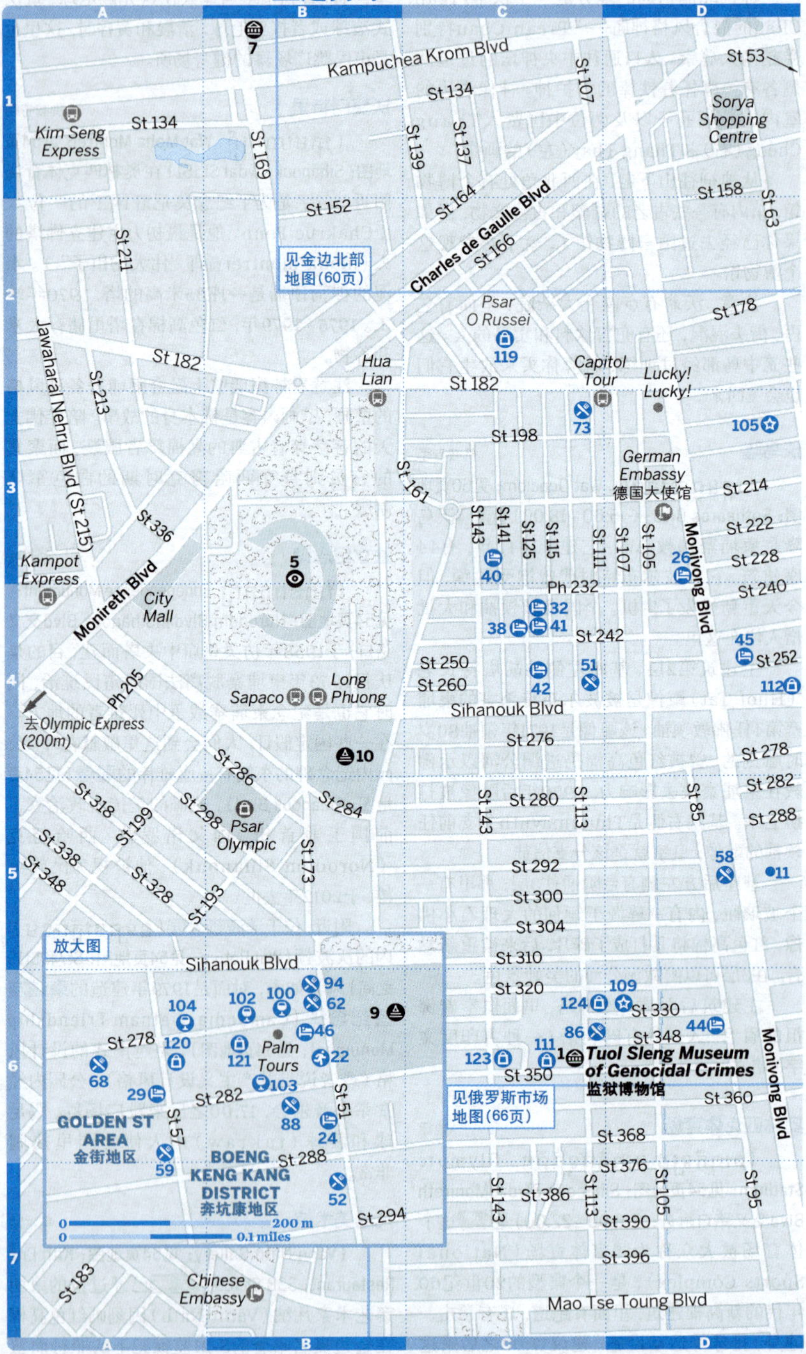

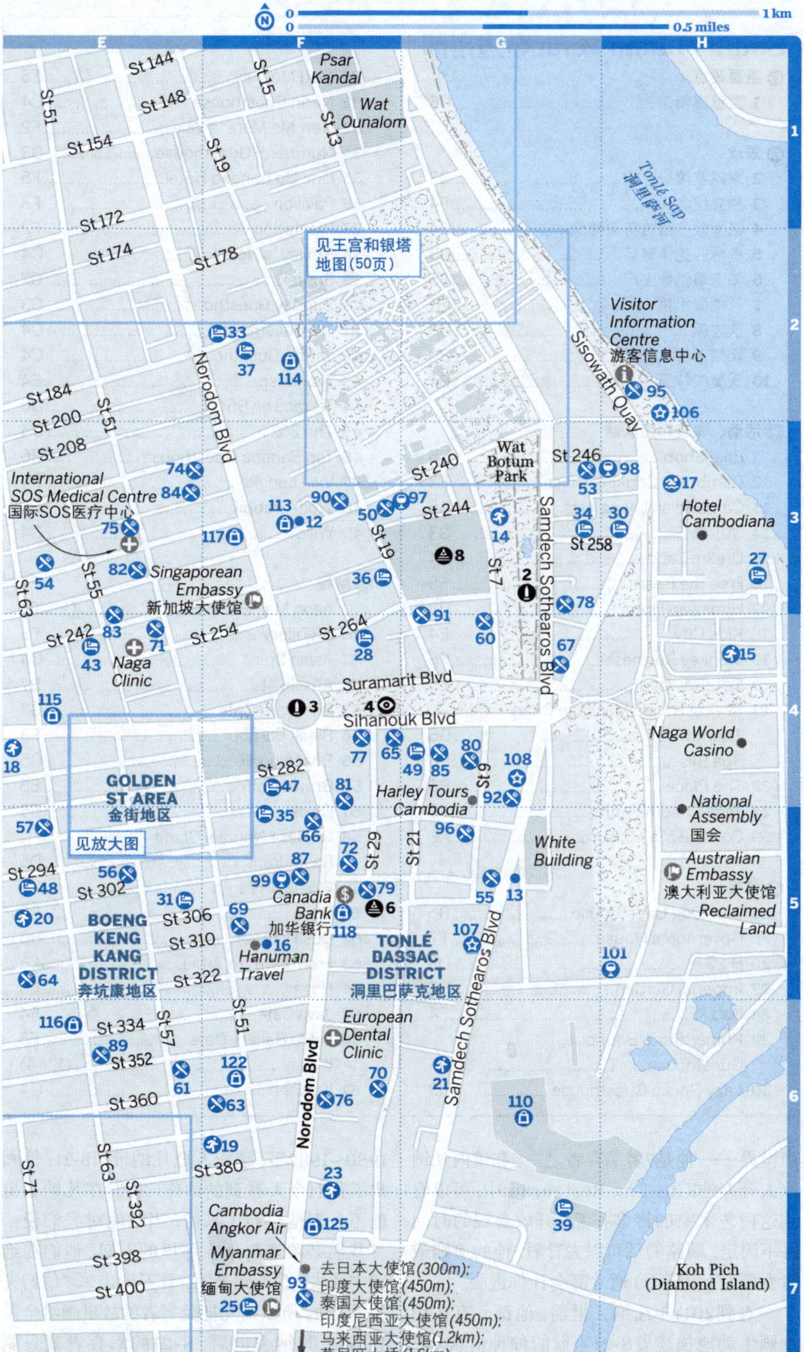
0
1 km
0
0.5 miles
E
F
G
H
1
2
3
4
5
6
7
Psar Kandal
Wat Ounalom
Tonlé Sap
洞里萨河
见王宫和银塔地图(50页)
Visitor Information Centre
游客信息中心
Sisowath Quay
Wat Botum Park
Samdech Sothearos Blvd
Norodom Blvd
International SOS Medical Centre
国际SOS医疗中心
Singaporean Embassy
新加坡大使馆
Naga Clinic
Hotel Cambodiana
Suramarit Blvd
Sihanouk Blvd
Naga World Casino
Harley Tours Cambodia
National Assembly
国会
White Building
Australian Embassy
澳大利亚大使馆
Reclaimed Land
GOLDEN ST AREA
金街地区
见放大图
BOENG KENG KANG DISTRICT
奔坑康地区
Canadia Bank
加华银行
Hanuman Travel
TONLÉ BASSAC DISTRICT
洞里巴萨克地区
European Dental Clinic
Cambodia Angkor Air
Myanmar Embassy
缅甸大使馆
去日本大使馆(300m);
印度大使馆(450m);
泰国大使馆(450m);
印度尼西亚大使馆(450m);
马来西亚大使馆(1.2km);
莫尼旺大桥(1.6km)
Koh Pich
(Diamond Island)
St 144
St 148
St 154
St 172
St 174
St 178
St 184
St 200
St 208
St 15
St 13
St 19
St 51
St 55
St 63
St 240
St 244
St 246
St 258
St 242
St 254
St 264
St 7
St 282
St 9
St 29
St 21
St 294
St 302
St 306
St 310
St 322
St 334
St 352
St 360
St 380
St 57
St 71
St 392
St 398
St 400
2
3
4
6
8
12
13
14
15
16
17
18
19
20
21
23
25
27
28
30
31
33
34
35
36
37
39
43
47
48
49
50
53
54
55
56
57
60
61
63
64
65
66
67
69
70
71
72
74
75
76
77
78
79
80
81
82
83
84
85
87
89
90
91
92
93
95
96
97
98
99
101
106
107
108
110
113
114
115
116
117
118
122
125

South Phnom Penh 金边南部

声世界——他是7名幸存者之一。在馆内凡纳家人开办的Kith Eng Restaurant中，可以看到这位艺术家的许多作品。开放参观的时间并不固定，顺路的话可以去看看，他的遗孀或者女婿（会说英语）通常都会让你进去。

直到2011年凡纳去世前，他都一直在用油画生动地描述着S-21监狱的种种情状。监狱博物馆展出了凡纳最为著名的几幅作品，1980~1982年，越南人把凡纳带回S-21，他画出了我们今天看到的画作。我们在凡纳去世前不久对他进行了采访，当时他对我们说："我们必须理解死在那里的人们。他们在绝望中死去，看不到光明，看不到未来。他们失去了生命。所以我要把受害者的故事画给全世界看。"凡纳去世后，S-21的幸存者就只剩Chum Mey和Bou Meng两位了。

68	La Plaza	A6
69	Le Lotus Blanc	F5
70	Lost Room	F6
71	Magnolia	E4
72	Malis	F5
73	Mama Restaurant	C3
	Mama Wong's	(见79)
74	Mara Metro	E3
	Meat & Drink	(见79)
75	Mercy House Coffee Restaurant	E3
76	My Burger Lab	F6
77	Ngon	F4
78	Origami	G3
79	Piccola Italia Da Luigi	F5
80	Psar Kabco Restaurant	G4
	Public House	(见50)
81	Red Cow	F4
82	Sleuk Chark	E3
83	Sonivid	E4
84	Sonoma Oyster Bar	E3
85	Sovanna	G4
86	Spider Restaurant	C6
87	Sushi Bar	F5
88	Taste Budz	B6
89	Thai Huot	E6
90	The Shop	F3
91	The Vegetarian	G4
92	Tiger's Eye	G4
93	Topaz	F7
94	Vego Salad Bar	B6
95	Yi Sang	H2
96	Zino Wine Bar	G5

饮品和夜生活

97	Bar Sito	G3
98	Bouchon	H3
99	Che Culo	F5
	Cicada Bar	(见79)
	D-22	(见26)
100	Duplex	B6
	Eclipse	(见26)
101	Epic	H5
	Hangar 44	(见79)
	Harry's Bar	(见79)
	Library	(见79)
102	Liquid	B6
	Red Bar	(见79)
103	Score	B6
	Seibur	(见79)
104	Zeppelin Bar	A6

娱乐

105	Bophana Centre	D3
106	Chatomuk Theatre	H2
107	CLA's Yike Class	G5
	Flicks	(见44)
	Major Cineplex	(见110)
108	Meta House	G4
109	Showbox	D6

购物

110	Aeon Mall	G6
	Bliss Boutique	(见90)
111	柬埔寨手工艺品协会	C6
	Couleurs d'Asie	(见90)
112	DAH Export	D4
113	D's Books	F3
114	Estampe	F2
115	International Book Center	E4
116	Lost 'N' Found Vintage Shop	E6
117	Monument Books	F3
	Open Book	(见90)
118	Paperdolls	F5
119	Psar O Russei	C2
	Rehab Craft	(见46)
120	Smateria	A6
121	Spicy Green Mango	B6
	Subtyl	(见90)
122	Tabitha	F6
123	Tuol Sleng Shoes	C6
124	Villageworks	C6
	Waterlily	(见90)
125	Watthan Artisans	F7

法国大使馆

地标

（French Embassy；见46页地图；1 Monivong Blvd）位于Monivong Blvd北端，在1975年4月17日金边沦陷时扮演过重要角色。当时大约800名外国人和600名柬埔寨人逃亡至大使馆避难。不到48小时，红色高棉通知法国副领事：不承认外交特权，如果大使馆不交出躲在这里的柬埔寨人，那么连使馆内外国人的性命也难保。

与外国人结婚的柬埔寨女人可以留下，但娶外国人的柬埔寨人不可以。仆人、同事、朋友、恋人和配偶被送出使馆大门的时候，外国人哭声震天。月底，外国人坐在卡车里被驱逐出境，许多柬埔寨人从此失踪。如今的法国大使馆被一道雪白的高墙围起来，法国人大摇大摆地回到他们曾经的殖民地推广法语和法国文化。

国家图书馆 地标

（បណ្ណាល័យជាតិ，National Library；Bibliothèque Nationale；见60页地图；St 92；⏲周一至周五8:00~11:00和14:00~17:00）图书馆在沃翁附近一栋建于1924年的古老而优雅的建筑内。红色高棉统治期间，将该建筑变成马棚，毁掉了大部分书籍。许多书被扔到大街上，有些被人捡起来，1979年后又归还图书馆，也有些就被人撕下书页包食物。如今馆藏书目中包含一些英语和法语的旧书，还有一些Lonely Planet从前出版的书籍。

帕玉翁佛像工厂 佛教

（សិប្បកម្មកសាងព្រះពុទ្ធរូប ព្រះយុវង្ស，Prayuvong Buddha Factories；见54页地图；St 308和St 310之间）为了仿制不计其数的被红色高棉毁坏的佛像和宗教器具，帕玉翁地区发展出一片（一条街道）私人作坊，制作水泥佛像、那伽和小佛塔。毫无生气的水泥佛像被涂上美丽的颜料之后也算不上是什么艺术品，但那是柬埔寨人民为恢复佛教原有的地位而做出的努力。工厂位于独立纪念碑南侧300米处。

活动

广场舞

每天清晨和黄昏，柬埔寨人都聚集在城里的几处地方，开始跳起奇特而又花样繁多的广场舞。通常有个领舞者，设备包括大喇叭音箱和麦克风，追随者们则摆好阵形，跟随震耳欲聋的音乐声跳起20世纪80年代苏联风格的"健美操"。参加者以中年妇女居多，但男女老少皆有，而且也欢迎游客加入。

你可以跟人们一起跳，也可以旁观。奥林匹克体育场（见53页）可能是最好的地方，参加者众多。几个领舞者还会为了吸引"追随者"施展浑身解数。大喇叭音箱放出的音乐声此起彼伏，十分刺耳。

在St 144尽头，Blue Pumpkin（见71页）对面的河边空地上，经常有许多人在跳广场舞。Sothearos Blvd上的沃波顿公园（见53页）里也有成群结队的广场舞参与者。

游船

在洞里萨河和湄公河上乘船游览是非常受游客欢迎的项目。最好是在日落时分乘坐游船，你将看到金色的太阳慢慢消失在王宫的金色尖顶后面。河边在游船码头以北约500米处有游船（见46页地图），随到随租，根据你的砍价水平和乘船人数，租金大约每小时US$20。你可以自带饮品，也可以上船后购买啤酒和软饮料。

另外一种选择是乘坐公共游船。17:00~19:30每30分钟在游船码头（见91页）发船，行程约45分钟（每人US$5）。

Kanika Boat Tour 游船

（见60页地图；☎089 848959；www.kanika-boat.com；日落/晚餐游 US$7/20）Kanika是每晚（周一除外）航行在洞里萨湖和湄公河上的白色双体大船。你可以选择17:00出发的日落游（US$15含畅饮生啤或小食拼盘），或是航程较长的19:00出发的晚餐游。

骑自行车

你可以租辆自行车，然后孤身上路——独自去丝岛（Koh Dach，见96页）完全没问题。也可以在Imperial Garden（见59页）酒店后面乘坐当地渡轮（1000r，含带自行车上船的费用），渡过湄公河在河对岸沿乡间小路骑行，或者参加下列公司组织的带/不带导游的团队游。Vicious Cycle每天都有去往乌栋（见97页）或丝岛的骑车团队游，8:00前出发。

Bike Shop 自行车出租

（见54页地图；☎089 834704；www.bicycletourscambodia.com；31 St 302）出租高档的山地自行车和公路自行车（US$10~30），专门组织在乡间的多日团队游（双人出行，每人每天US$80起）。

Vicious Cycle 自行车出租

（见60页地图；☎012 430622；www.grasshopperadventures.com；23 St 144；公路/山地自行车每天US$4/8）优质山地自行车和其他自行车都数量充足，山地车可加幼儿座椅，费用US$3。该公司是Grass-hopper Adventures的当地代理。

健身中心和游泳

本章中列出的是顶级酒店提供的收费健

身房和泳池。其中**Sofitel**（见54页地图；☎023 999200；www.sofitel.com；26 Sothearos Blvd）和**Imperial Garden**（见54页地图；☎023 219991；www.imperialgarden-hotel.com；315 Sisowath Quay）还有网球场。

在有些酒店，花数美元买食物或鸡尾酒就可以使用他们的游泳池，可以到**Teahouse**（见69页）或是**The 252**（见54页地图；☎023 998252；www.the-252.com；19 St 152）碰碰运气。

但要记住：这些旅馆的游泳池相当小，最多只能在里面泡一泡、凉快凉快罢了，想游个几圈几乎不大可能。大多数的中档精品酒店泳池收费US$5。

Himawari Hotel 游泳

（见54页地图；☎023 214555；313 Sisowath Quay；门票平日/周末US$7/8）有带泳道的大泳池。

Long Beach Plaza Hotel 游泳

（见46页地图；☎023 998007；3 St 289；US$1）游泳池面积不算小，很划算，但是距市中心很远。

Muscle Fitness 健身房

（见66页地图；St 95和St 386交叉路口；每节课US$3.50；⏲6:00~20:00）考虑到设备的种类，堪称物美价廉。不过空调不太好使。

带孩子游金边

交通混乱、绿地不多、景点压抑可怕，乍一看，金边绝非最适合儿童游玩的城市。不过再仔细想想，金边也有很多地方可供你带着孩子们打发时间。而且，哪个孩子不喜欢乘坐三轮摩的呢？

另外一项经验之谈，孩子们也会喜欢佛教寺庙——特别是像色彩缤纷的寺庙沃朗卡（Wat Langka，见63页）和沃乌隆（见53页），位于山坡的沃翁（见52页），或者城外的乌栋（见97页）。金碧辉煌的佛像、光彩熠熠的佛塔、动物雕像和偶尔会看到的猴子让孩子们目不暇接（别让他们看那些恐怖的妖魔雕像）。王宫（见48页）里也有大量的佛教画像。

也可以考虑租辆自行车。从Imperial Garden（见本页）酒店后面的码头乘渡轮穿过湄公河，河对岸的道路和小径平坦，绵延约15公里，向北到达**Smango**（☎016 994555；www.smangohouse.com；泳池门票US$5），这家客栈有一个清凉的泳池，也供应可口的食物。具体方位最好上网查询。

金边有几处不错的公共游乐场地，一座**游乐场**（见54页地图；Samdech Sothearos Blvd）位于沃波顿公园的柬越友谊纪念碑西北方向，另一座**游乐场**（见60页地图）就在沃翁以南。在这个炎热无比的城市，游泳池总是很受欢迎，许多带泳池的酒店收取一定费用，或是达到最低消费标准就可以让外面的客人游泳。如果愿意稍稍走远一点，离城区6公里**Kingdom Resort**（☎023 721514；www.thekingdomresort.net；紧邻NH1；成人/儿童 US$5/3）也是上佳之选，它有一个巨大的泳池和几个滑梯。

想躲避炎热（或雨水）的话，**Kids City**（见54页地图；www.kidscityasia.com；Sihanouk Blvd；1小时US$5起；⏲8:00~21:30）提供巨大的室内玩乐空间，这里有一流的室内攀岩场，精致的格子爬梯、科学馆，还有一处溜冰场。其他的室内游乐场（带上袜子）有滑道、充气城堡和类似的娱乐设施，比如**Dream Land**（见54页地图；www.dreamland.com.kh；8 Sisowath Quay；门票US$6；游乐场2000r；⏲9:00~21:00），这里还有摩天轮和其他的游乐设施；另外还有更适合幼儿的**Monkey Business**（见54页地图；St 370at St 57；儿童US$2~4，成人免费；⏲9:00~19:00），大人可以在这里享受无线网络和咖啡馆。大部分餐厅和咖啡馆都接待儿童。

最有趣的景点在郊区，你可以带孩子一日游，去看看旨在救助柬埔寨野生动物的他茅山野生动物救助中心（Phnom Tamao Wildlife Rescue Centre，见98页）。

North Phnom Penh 金边北部

The Place

健身房

(见54页地图; ☎023 999799; 11 St 51; 散客US$15; ⏲6:00~22:00)特别好的地方，健身机器数量充足，游泳池大，心肺锻炼课程种类多。

卡丁车

Kambol Kart Raceway

卡丁车

(☎012 232332; 每10分钟US$12)位于金边郊区的乡村，有专业卡丁车赛道。价格含头盔和赛车服。与通往西哈努克市的公路相距2

公里。在距离机场8公里的地方注意看一个很不起眼的路标——走到收费站就是走过头了。

高尔夫

如果你无高尔夫不欢，金边有几家18洞的高尔夫球场，但大部分都离城大约30公里甚至更远。

Grand Phnom Penh Golf Club 高尔夫

(☎081 822226; www.grandphnompenhgolf.com; Hanoi Rd; 工作日/周末 US$85/129，加球童和车 US$40）首都附近最便捷的18洞高尔

North Phnom Penh 金边北部

重要景点
1 柬埔寨国家博物馆 G6

景点
2 国家图书馆 D2
3 沃乌隆 G5
4 沃翁 E2

活动、课程和团队游
5 Betelnut Jeep Tours B1
Bodia Spa ...... (见56)
6 游乐场 E2
7 Cyclo Centre D6
Daughters ...... (见75)
8 Kanika Boat Tour F1
9 Nail Bar G5
10 Pras Khan Chey Bokator School B4
Vicious Cycle ...... (见28)

住宿
11 11 Happy Backpacker F4
12 Amanjaya Pancam Hotel H4
13 Artist Guesthouse G6
14 Billabong D6
15 Blue Lime F6
Bougainvillier Hotel ...... (见27)
16 De Art Hotel F2
17 DoDo Guesthouse E1
18 Eighty8 Backpackers D1
19 外国记者俱乐部 H5
20 Frangipani Royal Palace Hotel H5
21 La Maison D'Ambre E3
22 Mama Veary's Guesthouse G5
23 Me Mate's Place E1
24 Monsoon Boutique Hotel G3
25 皇家莱佛士酒店 C2
26 Sundance Inn & Saloon G5
27 The Quay H4
28 Velkommen Backpackers G4
29 Velkommen Guesthouse G4

就餐
30 iViva! G3
31 Anjali/Karma Cafe G4
32 Armand's F3
33 Blue Pumpkin G4
34 Bopha Phnom Penh Restaurant G2
35 Boston F5
36 Dim Sum Emperors D4
37 Dine in the Dark F5
38 Feel Good Cafe F4
39 Fish G3
40 Friends G5
41 Grand River H5
42 Happy Herb Pizza H5
43 Kandal House G4
La Croisette ...... (见33)
44 La Patate G3
45 Laughing Fatman G5
Lemongrass ...... (见55)
46 Limoncello F2
47 Lone Star F5
Master Suki ...... (见82)
48 Metro G4
49 Noodle House G3
50 Pop Café H5
51 Psar Kandal G4
52 Restaurant Soksan E4

夫球场，由杰克·尼克劳斯（Jack Nicklaus）亲自设计。在Airport Rd往北转入Hanoi Rd，行驶5公里即可在路右边看到堂皇的大门。

按摩和水疗

金边有许多按摩院，但有些按摩院提供"低俗"的按摩服务。不过，合法的按摩和水疗中心也有不少，能为你提供细致的身体呵护。

Spa Bliss 水疗

（见54页地图；☎023 215754；www.blisspacambodia.com；29 St 240；按摩US$22起）市里最有名的水疗中心之一，在St 240街上一栋古老的法式房子里。

Bodia Spa 水疗

（见60页地图；☎023 226199；www.bodia-spa.com；Sothearos Blvd和St 178交叉路口；按摩US$26起；⊙10:00~23:00）应该是城里最好的水疗中心，装修颇有禅意，位于河岸边。

O Spa 水疗

（见46页地图；☎023 992405；www.ospaccambodia.com；4B St 75；按摩US$20起；⊙11:00~22:00）静谧安宁，热石按摩令人神清气爽。此外还有巴厘岛风格和泰式按摩。

Daughters 足疗

（见60页地图；☎077 657678；www.daughtersofcambodia.org；65 St 178；1小时足疗US$10；

⊙周一至周六9:00~17:30）这家手部和足部按摩院是一个非政府组织的妇女职业培训机构。也有15~30分钟的短时按摩。

Nail Bar 按摩

（见60页地图；www.mithsamlanh.org；Friendsn' Stuff store, 215 St 13；30分钟/60分钟按摩US$4/7；⊙11:00~21:00）指甲护理、修脚、足部按摩、手部按摩和美甲的服务都很便宜，Mith Samlanh将全部收入用于流浪儿童的技能培训。

Seeing Hands Massage Chan Tharith 按摩

（见54页地图；☎092 260910；www.seeinghandmassage.com；77 Sothearos Blvd；按摩US$5~7.50；⊙7:00~22:00）让客人减缓疼痛的同时也能帮助盲人按摩师自食其力。市区性价比最高的按摩院之一。

禅修和瑜伽

每周一、周四和周六18:00以及每周日8:00，沃朗卡（见54页地图；St 51和Sihanouk Blvd交叉路口）在中央神祠提供免费的1小时"内观"禅修课程。如果你之前没有禅修的经历，1小时会让你感到无比漫长，因此待上二三十分钟也可以。

城中的瑜伽教室提供定期课程，具体安排请见各自的网站。有些会针对参加多门课程的人提供折扣。

NaţaRāj Yoga 瑜伽

（见54页地图；☎090 311341；www.yogaca

mbodia.com；52 St 302；课程 US$9起）人气很高，课程种类多。

Yoga Phnom Penh 瑜伽

（见54页地图；☎012 739419；www.yogaphnompenh.com；172 Norodom Blvd；课程 US$8起）

跑步

Hash House Harriers 跑步

（www.p2h3.com）被人们简称为"Hash"，参加它组织的跑步活动，你能认识许多当地的外国侨民。每周日举办跑步/步行活动。参加者于14:00在金边火车站（见94页）集合。费用US$5，包括到达终点后发放的饮料（主要是啤酒）。

课程

Cambodia Cooking Class 烹饪课程

（见54页地图；☎012 524801；www.cambodia-cooking-class.com；预约处67 St 240；半/全天US$15/23）通过Frizz Restaurant学习高棉烹饪。授课地点在俄罗斯大使馆附近，需要提前预约。

团队游

金边城内城外都有一些有意思的团队游项目。如果你想参加有组织的市区团队游，大多数客栈和旅行社都能组织，收费为每人US$6左右，不含各景点门票。

高棉建筑团队游 文化游

（Khmer Architecture Tours；www.ka-tours.org；团队游US$10~55，依人数而定）对柬埔寨王国时期（1953~1970年）的新风潮高棉建筑感兴趣的人可以来看看。2~3小时的团队游全程步行或乘三轮车（cyclo），沿途将欣赏市里最著名的建筑，通常每月里有两三个周日的8:30会发团。网上有最受欢迎的步行团队游的DIY地图。

要想更好地了解这种建筑风格，可以买一本《独立文化》（*Cultures of Independence*；2001年）或《柬埔寨建筑物：1953~1970年新高棉建筑风格》（*Building Cambodia: New Khmer Architecture 1953~1970*；2006年）。

Cambodian Living Arts 文化游

（简称CLA；见54页地图；☎017 998570；www.cambodianlivingarts.org；128 Sothearos Blvd）支持老一辈柬埔寨乐师对年轻和处于危险中的柬埔寨人进行传统音乐、舞蹈和其他艺术的培训。通过CLA组织的"Living Arts Tours"可以参观许多培训课程。其中最有趣的当属在破旧的现代主义建筑"白色大厦"中进行的Pinpeat ensemble课程（⊙周一至周五10:45~12:15），学生们学习演奏吴哥王室用于仪式、舞蹈和化妆戏剧的乐曲。

CLA在金边、暹粒、茶胶和其他省份还组织许多团队游，详情可见CLA网站。

Cyclo Centre 团队游

（见60页地图；☎016 785286；95 St 158；每小时/每天US$3/12起）这个团队游致力于支持金边的三轮车夫，给他们带来多一点的活计，而乘三轮车团队游也是游览景点的绝妙方式。另有"酒吧"或"文化"主题游。

Kingdom Brewery 团队游

（☎023 430180；1748 NH5；团队游US$6；⊙周一至周五13:00~17:00）参观王国酿酒厂（Kingdom Brewery），价格仅US$6，含两杯啤酒，无须预订，直接去就能参加。出发地点在NH5沿线上日本桥（Japanese Bridge）以北正好1公里处。

Nature Cambodia 摩托车团队游

（☎012 676381；www.nature-cambodia.com；团队游每90分钟/半天/全天 US$25/55/110）组织客人乘坐四轮摩托车游览金边郊区的乡村。四轮摩托车是自动挡的，所以初学者也能很快掌握（每辆车最多2名乘客）。全天游程里包含洞里巴帝（Tonlé Bati）和他茅山（Phnom Tamao）。尽管离市区并不远，但还是能领略柬埔寨乡村的美丽风光。还可提供更长距离的四轮摩托团队游和吉普车团队游。

沿着路标前往钟屋杀人场（见52页），公司就位于钟屋入口外约300米处。每团人数有限制，所以需要致电提前预订。

住宿

无论你的预算是哪一档，金边（以及柬埔寨其他城市）的住宿都堪称高性价比，何况有数以百计的客栈和酒店供你选择。

柬埔寨的搏击俱乐部

泰拳和跆拳道一样世界闻名，但源于柬埔寨的格斗术却鲜为人知。Pradal serey（字面意即“自由搏击”）是柬埔寨本土的“跆拳道”，有时在金边能看到。收视率很高的柬埔寨电视台CTN会在每周五、周六和周日14:00直播搏击比赛。比赛场地在National Hwy 5旁边、日本桥（Japanese Bridge）以北约4公里处。免费入场，场内人头攒动，人们暗中下赌注。比赛大多以一记猛烈的肘击结束，与其他自由搏击术相比，柬埔寨拳术在避闪和摔跌方面有更多技巧。

高棉拳（bokator，又称labokatao）是一种更古老的武术，有人说其历史可以追溯到吴哥时代。这套拳法直译为“拳打狮子”，起初用于在战场上和敌人打斗。武器包括竹竿和短棍，某些情况下头巾（krama）也能当武器用。金边的**Pras Khan Chey Bokator School**（见60页地图；☎095 455555；www.bokatorcambodia.com；10 St 109；⊙8:00~10:00和18:00~20:00）提供单次的课程（每小时US$5）或完整的高级别课程（US$1500）。提前致电以确保有讲英语的拳师指导。

市中心北部（河边）

住在河边听起来很诱人，但河边旅馆的性价比却不如别处。记住：河边的旅馆都比较吵闹，而且大多数经济型旅馆客房没有窗户，或者有窗户但背对河面。河边有几个高级旅馆相当不错，但经济型或中档旅馆的合适选择非常少。

★ 外国记者俱乐部 精品酒店 $$

（Foreign Correspondents' Club，简称FCC；见60页地图；☎023 210142；www.fcccambodia.com；363 Sisowath Quay；标准/豪华 含早餐US$59/79起；❄📶）在这家老牌旅馆里，你能重温战时记者兴奋而忙碌的感觉。客房有精致的木质装饰，室内摆放着艺术品和高级家具，墙上贴有旧时的《金边邮报》（*Phnom Penh Post*）。豪华房的阳台清风拂面，能看到美丽的河景。

Bougainvillier Hotel 酒店 $$

（见60页地图；☎023 220528；www.bougainvillierhotel.com；277G Sisowath Quay；房间无河景/河景含早餐US$55/90起；❄📶）宽敞的河景套房装修得很有品位，带独立阳台。还可以上到屋顶酒吧（见82页）赏景，但没有电梯。

Amanjaya Pancam Hotel 精品酒店 $$$

（见60页地图；☎023 214747；www.amanjaya-suites-phnom-penh.com；1 St 154；房间含早餐US$135~175；❄@📶）拥有绝佳的河景位置，房间宽敞，有奢华的深色木地板、优雅的高棉图案窗帘和热带风格装饰品。屋顶有Le Moon（见82页）酒吧，底层有时尚的咖啡馆**KWest**。

The Quay 精品酒店 $$$

（见60页地图；☎023 224894；www.thequayhotel.com；277 Sisowath Quay；房间/套含早餐US$50/90起；❄@📶）酒店就在河边，现代建筑风格。最好选择带大阳台的全景河景套房，比后面那些虽然精致但采光不良的房间宽敞得多。可以登上屋顶去Chow（见82页）酒吧观景乘凉。

市中心北部（非河边）

如果你想住在河边附近而又不想支付临河住宿的价格，这一区域的选择很多。不过要小心，从河边向西的St 104至St 144街区有些地方乌烟瘴气。几家讨人喜欢的新精品酒店表明这块上佳地段正在逐渐高档化。与此同时，St19和St13之间的St 172已经成为金边人气最高的背包客区域。

★ Eighty8 Backpackers 青年旅舍 $

（见60页地图；☎023 5002440；www.88backpackers.com；98 St 88；铺 US$5.25~7.75，房间US$18~26；❄@📶🏊）带泳池的青年旅舍意味着欢乐派对——这家旅馆每月的第一个星期五都会举行一次大型聚会活动。这座带泳池的大别墅有各种类型的宿舍和私人房

Russian Market 俄罗斯市场

间。庭院中央有一间酒吧，泳池周边有台球桌和大片休闲区域。

宿舍分带空调和带风扇两种，另有一个女生宿舍。

DoDo Guesthouse 客栈 $

（见60页地图；☎023 999912；http://dodoguesthouse.wordpress.com；2B St 90；房间US$15~25；❄📶）这家令人难忘的小客栈位于沃翁北面，客房清洁宽敞，性价比高，卫生间足有其他地方的小房间那么大。楼下是一间时尚的咖啡馆兼酒吧。

Me Mate's Place 客栈 $

（见60页地图；☎023 5002497；www.mematesplace.com；5 St 90；铺US$6~7，标单/双US$18/20起；❄@📶🏊）这家小小的客栈兼酒吧位于沃翁安静的北侧。六床宿舍有双人床宽度的上下铺和凉爽的空调。私人客房有点相形见绌，条件简陋，有些没有窗子。房客可以免费使用Eighty8 Backpackers（见65页）的泳池。位于St 184的新店**New Me Mate's Villa**（见54页地图；☎012 795961；21A St 184；铺US$6~10，房间US$20~25；❄📶）更高档一些。

Mama Veary's Guesthouse 客栈 $

（见60页地图；☎023 989696；www.mamavearyguesthouse.com；26 St 172；铺/标单/双US$4/15/20；❄@📶）花客栈的房价享受酒店标间的水准，这使Mama Veary's在背包客聚集的St 172街上大受欢迎。宿舍房间干净且有空调，床位费也属于全城最便宜的一档。

Velkommen Backpackers 客栈 $

（见60页地图；☎077 757701；www.velkommenbackpackers.com；17 St 144；铺US$5，房间

Russia Market 俄罗斯市场

US$8~30; ❄📶）人气很旺的Velkommen已经为旅行者提供优质服务10年之久。客栈宿舍房间装有空调，有多种形状和大小的房型可选择。楼下有酒吧兼餐馆，并提供丰富实用的旅行资讯。马路正对面的**Velkommen Guesthouse**（见60页地图；☎077 757701；www.velkommenguesthouse.com; 18 St 144; 房间US$18~45; ❄📶）房间更时髦一些。

11 Happy Backpacker
青年旅舍 $

（见60页地图；☎0887777421; happy11gt@hotmail.com; 87 89 St 136; 铺US$5，房间US$8~15; ❄@📶）位于金边原来的背包客聚集区，宽阔的屋顶酒吧兼餐馆有供乘凉的座椅，还有台球桌。白天悠闲，夜间欢快。铺着白色瓷砖的房间平淡无奇，不过倒也干净适用。楼下的**Flicks 2电影院**对于观影来说非常方便。

★ Blue Lime
精品酒店 $$

（见60页地图；☎023 222260; www.bluelime.asia; 42 St 19z; 房间含早餐US$50~85; ❄@📶🏊）极简主义的客房小巧精致，游泳池四周林木葱郁，让人留恋。价格比较高的房间带独立小泳池、四柱床和时髦的水泥双人椅。位于主客房楼楼上的客房价格虽然比较便宜，但同样迷人。谢绝儿童入住。

Monsoon Boutique Hotel
精品酒店 $$

（见60页地图；☎023 989856; www.monsoonhotel.com; 53 55 St 130; 房间含早餐US$30~45; ❄@📶）在嘈杂的St 130，一不留神就会错过这个小小的绿洲。藏在建筑内部的是迷人的客房，有着光亮的水泥墙壁和漂亮的壁画。考虑到其精美的设计和离河边很近的位置，这里的性价比非常高。

De Art Hotel
精品酒店 $$

（见60页地图；☎016 393998; 9 12 St 106; 房间US$30~70; ❄@📶）De Art Hotel是城中时尚住宿地中新添的一家精品酒店。这里的房间都别具特色，价格便宜。花二星级酒店的钱就可以享受四星级酒店的舒适，房间装饰极为时尚，墙上挂着当代艺术作品。但由于邻近公共汽车站，可能会有些吵。

Billabong
精品酒店 $$

（见60页地图；☎023 223703; www.thebillabonghotel.com; 5 St 158; 标单/双/标三含早餐US$36/60/75起; ❄@📶🏊）虽然在铁棉市场附近，但与附近的其他旅馆相比相当安静。有一个很大的露天庭院，41间时尚的客房分布在游泳池四周。最好住在底层能看到游泳池的房间，这些房间带私人阳台，比后面的房间宽敞许多。

Sundance Inn & Saloon
客栈 $$

（见60页地图；☎016802090; www.sundancecambodia.com; 61 St 172; 房间US$23~38; ❄@📶🏊）凭借客房中的大床、精心设计的浴室、小厨房和配有平板显示器的电脑，Sundance在St 172一带出类拔萃。周一有自由献唱、平时常有现场音乐表演，全时段US$1的鸡尾酒，再加上一个后院的泳池，不失为一个派对的好去处。全天免费去机场接机。

Artist Guesthouse

客栈 $$

（见60页地图；☎023 213930；www.the-artist-guesthouse.com；69 St 178；US$28~58；）这家民宿风格的客栈小而精致，可以眺望到国家博物馆。前排房间带阳台，值得多花些钱。楼下是新开张的餐馆Jay' s Diner。

Sangkum

精品酒店 $$

（见46页地图；☎023 987775；www.thesangkum.com；35A St 75；房间US$55~85；）位于沃翁北面的一幢别墅里，酒店的名字是在向柬埔寨所谓的黄金时代，即西哈努克和他领导的民盟党致敬。房间装修现代而花哨，探索城市归来可以在小游泳池里清凉一下。

★皇家莱佛士酒店

历史酒店 $$$

（Raffles Hotel Le Royal；见60页地图；☎023 981888；www.raffles.com/phnompenh；Monivong Blvd和St 92交叉路口；房间US$250起；）早在柬埔寨旅游业的黄金时期就开业了，跟曼谷文华酒店（Oriental）和新加坡莱佛士酒店一样，一直是亚洲酒店中的"华美贵妇"。古典的殖民地时期建筑在金边无人不知，服务和风格与酒店豪华的外表十分相称。设施包括两个游泳池、一个健身房、一个水疗中心、数个豪华酒吧和餐厅。1970~1975年，许多在金边工作的著名记者曾下榻于此。近年接待的名人则有巴拉克·奥巴马和安吉莉娜·朱莉。

★La Maison D' Ambre

精品酒店 $$$

（见60页地图；☎023 222780；www.lamaisondambre.com；123 St 110；套含早餐US$100~190；）由于与大牌时装精品店Ambre的关系，这座酒店非常适合追求时尚的人。各种主题套房以惊人的当代艺术、硕大的灯具和精心设计的厨房为特色。屋顶的迷幻酒吧The Fifth Element拥有时尚的家具，还可以远眺沃翁的无敌景观，让这里成为吃早餐或者晒太阳的好去处。

Frangipani Royal Palace Hotel

精品酒店 $$$

（见60页地图；☎023 223320；www.frangipanipalacehotel.com；27 St 178；US$80~135；）Frangipani是一家本土连锁精品酒店，在金边和暹粒都有分店。这家是他们的旗舰店，可以看到王宫。建议选择高级房，并记得要求住楼上。屋顶泳池可以眺望王宫，17:00~19:30是skybar的"欢乐时光"特价时段。

St 240及周边

这个地区的酒店位置不错：步行即可到达河边，离王宫很近。这里有多家带泳池的舒适精品酒店。没有预订的背包族可以直奔St 258，那里有好几家廉价客栈。

Number 9 Guesthouse

舒适客栈 $

（见54页地图；☎023 984999；www.number9hotel.com；7C St 258；房间US$15起；）首家由金边老派青年旅馆改建而成的舒适客栈，因其提供好的汇率、屋顶泳池和气氛活跃的酒吧兼餐厅越来越受欢迎。对从柬埔寨乡野回到城里的背包客来说，很值得来此享受一把。

Aura Thematic Hostel

青年旅舍 $

（见50页地图；☎023 986211；www.aurahostel.com；205A St 19；铺 US$8~12；）一家位于王宫后面的时尚新旅馆。房间分"沙漠""丛林""海洋"主题，虽然这些实际上不过是贴在墙上大幅风景照，但房间非常干净，卫生间也很精致。去屋顶那富有情调的Eluvium Lounge放松一下吧。

Lazy Gecko Guesthouse

客栈 $

（见54页地图；☎078 786025；lazygeckocafe@gmail.com；1D St 258；房间带风扇US$6~10，带空调US$14~20；）与客栈相比，这里的咖啡馆更为人所熟知，房间优缺点并存。空调双人间平淡无奇，不过有平板电视，而且非常宽敞，而风扇房偏小。不过，客栈在背包客常出没的St 258街，地理位置还不错。

★Pavilion

精品酒店 $$

（见54页地图；☎023 222280；www.thepavilion.asia；227 St 19；房间含早餐US$50~100，公寓US$110~120；）客房楼是一栋优雅的法式别墅，众多的回头客和浪漫的气氛使之成为金边精品酒店中的佼佼者。所有房间都有非常诱人的四柱床、漂亮的家具、个人电脑和iPod基座。一些新客房带独立冲浪泳池。住客可以免费使用竹制自行车。谢绝儿童入住。

Teahouse 精品酒店 $$

（见54页地图；☎023 212789；www.theteahouse.asia；32 St 242；房间含早餐US$33~89；❄@📶🏊）这家新开的酒店是其姐妹酒店Plantation更小、更便宜的版本，时尚的装修让它非常超值。位于中式凉亭的开放式前台有舒适的座椅和免费互联网。

Kabiki 精品酒店 $$

（见54页地图；☎023 222290；www.thekabiki.com；22 St 264；房间含早餐US$50~80；❄@📶🏊）在市内接待家庭客人的旅馆中，这家服务最好。花园很大，花木繁茂。游泳池附设一个儿童戏水池。家庭房配备上下铺。大多数房间带独立花园露台。

Plantation 精品酒店 $$$

（见54页地图；☎023 215151；www.theplantation.asia；28 St 184；房间含早餐US$85~298；❄@📶🏊）这座酒店是无与伦比的Pavilion集团规模最大也最具雄心的产业。每间房都有挑高屋顶、高雅的家具和设施，以及开敞式的浴室和阳台。酒店有两个泳池，美丽的庭院前台定期举办艺术展。

奔坑康和洞里巴萨克（Boeng Keng Kang & Tonlé Bassac）

位于独立纪念碑西南侧的奔坑康（Boeng Keng Kang，简称BKK）和洞里巴萨克（Tonlé Bassac）地区受到非政府组织员工和外国侨民的喜爱，如今已经成为时髦的背包族聚集之地，除了多家中档旅馆以及大量的时尚酒吧和餐馆，也有几家青年旅舍。许多旅馆集中在St 278上，由于这里很多店铺的名字里带有"金色"（Golden）字样，使这条街得名"金街"（Golden St）。

★ Mad Monkey 青年旅舍 $

（见54页地图；☎023 987091；www.phnompenhhostels.com；26 St 302；铺US$4~7，房间US$14~30起；❄@📶）这座色彩缤纷、活力十足的青年旅舍的高人气有着充分的理由。宽敞的宿舍有空调，可睡6~20人；小点儿的宿舍有宽如双人床的上下铺，可以睡两人；私人房间物超所值，不过没有电视，很多房间还没有窗户。位于St 302上的**屋顶酒吧**每周一18:00~20:00供应免费啤酒。

Top Banana Guesthouse 青年旅舍 $

（见54页地图；☎012885572；www.topbanana.biz；9 St 278；铺US$5，房间US$8~18；❄@📶）开业15年后，这里客房条件都大为改善，另外新增了3个宿舍，包括一间4张铺位的女性宿舍。旅舍最大的卖点就是其战略位置，可以俯瞰沃朗卡和"金街"，另外还有可供乘凉的露天区域。需提前预订。升级版的舒适型客栈**One Up Banana Hotel**（见54页地图；☎023 211344；www.1uphotelcambodia.com；Z9 132 St 51；标单/双US$33/39起；❄@📶）就在附近。

White Rabbit 青年旅舍 $

（见54页地图；☎023 223170；www.whiterabbitguesthouse.com；40A St 294；铺带风扇/空调US$3/5，房间US$6~15；❄📶）这座社交气氛浓厚的青年旅舍是一个尚未被发现的珍宝，底层有迷人的酒吧，还可以用大屏幕看这里提供的上千部电影或是玩索尼的PS3电动游戏。私人客房性价比很高，不过大多数人都选择带干净浴室和宽敞双层床的舒适的宿舍。

Blue Dog Guesthouse 青年旅舍 $

（见54页地图；☎012658075；bluedogguesthouse@gmail.com；13 St 51；铺US$5~6，房间US$9~22；@📶）位置不错，价格合理，楼下有舒适的公共区域和人气很高的酒吧，所以你没必要总是待在条件简陋（尽管干净）的房间里。酒吧兼餐馆出售的主菜含一杯免费饮料。

★ Rambutan Resort 精品酒店 $$

（见66页地图；☎017992240；www.rambutanresort.com；29 St 71；房间含早餐US$55~150；❄📶🏊）20世纪60年代的复古风，可接待同性恋旅行者，管理完善，这座引人注目的别墅曾经是美国大使馆的产业。原来的高耸建筑加上新增的侧楼遮蔽着靴形的泳池。混凝土地面为19个房间增添了工业气息，房间内家具品质一流。

★Villa Langka
精品酒店 $$

（见54页地图；☎023 726771；www.villalangka.com；14 St 282；房间含早餐US$50~120；）第一批带游泳池的精品酒店之一，尽管竞争激烈，这里一直都是金边的热门旅馆。48间房间充满后现代气息，但房间大小和风格相差很大。

Palm Tree Boutique Hotel
精品酒店 $$

（见66页地图；☎023 229933；www.palmtreeboutiquehotel.com；7 St 398；US$42~96；）这家崭新的精品酒店位于奔坑康（BKK）的一幢大别墅内。房间铺有光亮的木地板和藏红花色的丝绸陈设品。最棒的是他家的迷你酒吧，供应啤酒和软饮料。可免费借用自行车。

Khmer Surin Boutique Guesthouse
精品酒店 $$

（见54页地图；☎012 731909；www.khmersurin.com.kh；11A St 57；房间含早餐US$40~65；）这家客栈位于豪华别墅内，旁边是一家同名餐厅。19间客房配备平板电视，阳台上摆放着郁郁葱葱的植物，房间里摆放着古董家具，浴室更是能让四星级酒店都相形见绌。

Willow
精品酒店 $$

（见54页地图；☎023 996256；www.thewillowpp.com；1 St 21；房间含早餐US$40~70；）这家嬉皮风的小精品酒店位于一栋20世纪60年代的豪华大别墅内，有12个宽敞的房间，如今还多了一个小泳池。四柱床、现代艺术装饰、实木家具、淋浴花洒和平面电视都营造出一种迷人的气氛。自制三明治和周三夜晚的夜店趣味问答也很出名。

Governor's House
精品酒店 $$$

（见54页地图；☎023 987025；www.governorshouse.net；3 Mao Tse Tung Blvd；房间含早餐US$75~185起；）豪华的房间摆放着拥有数百年历史的欧式家具（部分是酒店的比利时古董商老板的私人收藏），Governor's House绝对令人惊叹。建筑本身是整修过的殖民时期建筑，也令人印象深刻。套房（US$185）符合比利时王室标准。

万谷"湖"的命运

背包客酒店曾经集中在万谷湖（Boeng Kak），过去这里堪称金边位于湖畔的考山路（Khao San Rd；位于曼谷）。但作为一个大规模公寓地产项目的一部分，2011年万谷湖被沙子填埋了。如今这里一片荒凉，大部分客栈都已经南迁至St 172或St 258。一些居民仍然指望能够得到政府的补偿，也有零星几家客栈仍在营业，但大多数人前来都是为了参观这里的街头艺术，被废弃的建筑墙上留下了许多班克西（Banksy）风格的涂鸦。

俄罗斯市场和监狱博物馆（Psar O Russei & Tuol Sleng）

万谷湖一带衰落之后，俄罗斯市场以南的区域开始成为经济型旅行者的热门选择。这里既有高级酒店，也有以背包族为目标客户的客栈。

Narin Guesthouse
客栈 $

（见54页地图；☎099 881133；www.naringuesthouse.com；50 St 125；房间带风扇/空调US$12/17；）金边的"老字号"客栈（我们第一次住这儿还是1995年），房间精致，浴室小巧，房价合理。要想打发时间的话，可以去气氛悠闲的开放式露台餐厅。

Smiley's Hotel
酒店 $

（见54页地图；☎012 365959；smileyhotel.pp@gmail.com；37 St 125；标单带风扇US$6，双US$15~20；）这家酒店是从暹粒搬过来的。客房楼有7层，40个房间都很大，也还算时髦。US$20的房间有大屏平板电视。有电梯。

Sunday Guesthouse
客栈 $

（见54页地图；☎023 211623；gech_sundayguesthouse@hotmail.com；97 St 141；双/标三US$7/11起；）真正的客栈，位于一栋3层楼的建筑，没有电梯，经营客栈的家庭亲切友善，提供餐食，也帮助安排游览。

Tat Guesthouse
客栈 $

（见54页地图；☎012 921211；tatcambodia@yahoo.com；52 St 125；标单不带浴室US$4，房间US$7~15；❄@📶）老板一家很友善。凉风习习的屋顶是打发时间的好去处。房间不会令你感到惊喜，但设施很实用，花US$12就可以住空调房。附近的Tattoo Guesthouse（见54页地图；☎011 801000；62A St 125；房间US$5~10；❄📶）也属于这家客栈，店名更酷，房间也更漂亮。

Terrace on 95
精品酒店 $$

（见54页地图；☎023 996143；www.theterraceon95.com；43 St 95；房间US$35~45；❄📶）这家酒店有着民宿一般的亲切氛围，6间布置精美的客房位于一栋修复得无可挑剔的传统房屋内，楼上有家可供应素食的K' nyay（见80页）餐馆。楼下的房间有共用户外露台。

H 22
胶囊旅馆 $

（见54页地图；☎023 964020；www.d22h22.com；22nd Floor，Phnom Penh Hotel，445 Monivong Blvd；胶囊房US$29，房间US$60~110；❄📶）胶囊房的设施几乎和旅馆的名字一样简略，狭小的空间里挤进了一个铺位、一张桌子和一套紧凑的盥洗设施。普通房要贵很多，但可以眺望发展中的城市景观。

就餐

对吃货来说，金边令人喜出望外：这里有提供各种美味的餐厅，供应绝佳的高棉美食，此外你还能吃到来自中国、越南、泰国、印度、法国、意大利、西班牙、墨西哥等国的异域美食。如今，来金边的游客就快被这丰富的选择给宠坏了。

市中心北部（河边）

Blue Pumpkin
咖啡馆 $$

（见60页地图；245 Sisowath Quay；主菜US$3~7；⏲6:00~23:00；📶）健康早餐、意面和三明治是其招牌，另有几款金边最美味的冰激凌。晚上还可以边吃饭边看人们在河边跳广场舞。城中还有两家分店，一家在Kids City（见59页），另一家在Monument Books（见89页）。

Anjali/Karma Cafe
咖啡馆 $

（见60页地图；273 Sisowath Quay；主菜US$3~6；⏲7:00至深夜）位于同一个屋檐下的两个姊妹店。以这片城区的物价标准而言，价格相当亲民。Anjali出品一些印度菜肴，但菜单都是两店共享，主打酒吧小吃和一些亚洲美食。

Kandal House
各国风味 $

（见60页地图；☎012 525612；239B Sisowath Quay；主菜US$4~6；📶）这家河岸餐馆店面小得一不留神就错过了。店内供应美味的蕉叶烤鱼（amok）和其他柬埔寨特色食物，另外还有自制意面、沙拉和汤。桶装的力加啤酒（Anchor）按品脱出售。

¡Viva!
墨西哥菜 $

（见60页地图；139 Sisowath Quay；菜肴US$4~6；⏲10:00~23:00；📶）这家河岸餐馆看着不起眼，却让墨西哥菜在金边流行开来。一大杯玛格丽塔鸡尾酒才US$5。餐馆位于一片混杂着各国风味餐厅的美食区，可以一路逛逛。

★ Yi Sang
中国菜 $$

（见54页地图；Sisowath Quay；US$6~20；⏲18:00~23:00；📶）全城唯一真正能在河岸上进餐的地方，日落时分在这里悠闲地享受一杯鸡尾酒再合适不过了。菜式中包括摆盘精美的柬埔寨街头美食，例如咖喱米粉（nam ben choc），另外还有种类繁多的点心和一些国际美食。

Pop Café
意大利菜 $$

（见60页地图；☎012 562892；371 Sisowath Quay；意面菜肴US$6~9；⏲11:00~14:00和18:00~22:00）意大利食物口感正宗，而且老板Giorgio像迎接自家人一样热情接待就餐者，所以自然成为一家火爆的餐馆。薄边比萨、家常意面和美味马铃薯团子让人觉得仿佛身处罗马。

Grand River
各国风味 $$

（见60页地图；☎023 220244；357 Sisowath Quay；US$3~12；⏲7:00至午夜）河边的新餐馆之一，是看人潮来来往往的好地方。菜单上的

柬埔寨和各国风味菜式价格便宜，还有大杯饮品。

La Croisette 各国风味 $$

（见60页地图；☎023 220554；241 Sisowath Quay；主菜US$5~18；⊙7:00至次日1:00；📶）位于河边，颇有个性，生意火爆。烹制家常意面和马铃薯团子，以及分量十足的牛排和羊腿，甚至还能做一些柬埔寨菜肴。

Limoncello 意大利菜 $$

（见60页地图；81 Sisowath Quay；比萨US$5.50~8；⊙11:30~14:00和17:30~22:00；❄📶）这里的比萨确实出众，堪称全城最可口。餐馆位于河边，特别适合小酌，甜品也相当好。就着一杯柠檬酒大快朵颐吧。

Fish 海鲜 $$

（见60页地图；☎023 222685；St 108和Sisowaty Quay交叉路口；主菜US$6~17；⊙7:00~23:00；📶）一眼就能看出这家餐馆的特色是什么：制作精良的小吃和主菜，还有异常美味的法式鱼汤。多利鱼和薯条是全城最棒的。

Happy Herb Pizza 比萨 $$

（见60页地图；☎012 921915；345 Sisowath Quay；中型比萨US$6~8.50；⊙8:00~23:00；📶）店名里的"Happy"并非指比萨上面的馅儿免费，而是指比萨的馅料里加有大麻。不加大麻的比萨也很好吃，但不免费喔。哪怕只是喝杯便宜啤酒看看河岸上的人来人往也不错。

Bopha Phnom Penh Restaurant 柬埔寨菜 $$

（见60页地图；Sisowath Quay；主菜US$5~10；⊙6:00~23:00；📶）就在河边，号称"泰坦尼克号"。外观、吴哥风格雕刻和高雅的藤条家具会给人留下深刻印象。出品充满异国情调的菜肴——尤其是水牛肉。对于不想尝新的人，还有西餐可以选择。

吃晚餐、献爱心

城里有几个由援助组织开办的餐馆，收入用来资助他们在柬埔寨设立的社会项目。既能吃到美食、帮助柬埔寨发展，又能让餐馆员工得到宝贵的工作经验，所以何乐而不为呢？

市中心北部

Veiyo Tonlé（见60页地图；237 Sisowath Quay；主菜US$3.50~6.50；⊙7:00~23:30；📶）这家小餐馆位于河边。菜肴以高棉特色为主，也有意大利美食，比萨尤其美味。这是一家非营利的餐馆，利润用于资助当地一所孤儿院。

Romdeng（见60页地图；☎092 219565；74 St 174；主菜US$5~8；⊙11:00~21:00；📶）位于一栋带小游泳池的美丽殖民地别墅内，柬埔寨美食是其特色，如著名的蕉叶烤鱼、双色柚子沙拉和咖喱老虎虾。胆子够大的话，可以尝尝油炸蜘蛛和树蚁罗勒炒牛肉。是Friends所在组织的一部分，员工是以前的街头青年和他们的老师。

Friends（见60页地图；☎012 802072；www.friends-international.org；215 St 13；西班牙小吃US$4~7，主菜US$6~10；⊙11:00~22:30；📶）最受金边人喜爱的餐馆之一，你必须来尝尝美味的西班牙小吃、香滑的冰沙和独创的鸡尾酒。这里为那些曾经流浪街头的儿童提供了在服务行业中领先于大多数人的工作机会。

Sugar'n Spice Café（见60页地图；www.daughtersofcambodia.org；65 St 178；三明治US$3.50~7；⊙周一至周六9:00~18:00；📶）这家迷人的咖啡馆位于Daughters游客中心顶层，招牌食物是汤类、冰沙、现磨咖啡、纸杯蛋糕和创意主菜。侍者以前是非法贸易的受害者，在Daughters接受培训后重新融入社会。

市中心南部

Café Yejj（见66页地图；www.cafeyejj.com；170 St 450；主菜US$3.50~6；⊙8:00~21:00；📶✍）这家看似小酒馆的咖啡馆位于拥挤的俄罗斯市场楼上，空调让刚才还汗流浃背的人感到心旷

★Chinese House 创意菜 $$$

（见46页地图；☎023 991514；45 Sisowath Quay, St 84路口；主菜US$12~20；⊙周一至周六17:00~22:30）位于一栋真正堪称殖民地建筑瑰宝的建筑内，所以光是为了建筑本身，也值得来一趟。全新的菜单供应当代亚洲风味菜式。三道菜的午市套餐价格为US$12.50。楼下Doubles是一家时尚的鸡尾酒吧，定期举办音乐表演。

Metro 创意菜 $$$

（见60页地图；☎023 222275；271 Sisowath Quay；小份US$4~8，大份US$8~24；⊙9:30至次日1:00；📶）吸引眼球的装修和大胆创新的菜单使其成为河边地带最时髦的餐馆。小份菜品仅够品尝，例如红蚂蚁牛肉和龙舌兰酒焗黑椒虾。大份菜品包括牛排和酱油炖鸡。此外，他家的水煮荷包蛋也很出色。另外新开张的休闲吧**Mara Metro**（见54页地图；☎092 776552；www.mararestaurant.com；16 St 214；主菜 US$4.80~13.70；⊙周一至周五10:00至次日1:00，周六和周日 17:00至次日1:00）也是位于St 214的优质选择。

市中心北部（非河边）

Feel Good Cafe 咖啡馆 $

（见60页地图；79 St 136；主菜US$2~5）城中唯一一家自己烘焙并研磨咖啡豆的咖啡馆，供应搭配了来自柬埔寨、老挝和泰国咖啡豆的混合咖啡。菜式从地中海式到墨西哥式五花八门，既有卷饼也有汉堡。

Noodle House 亚洲菜 $

（见60页地图；☎077 919110；32A St 130；主菜US$3.50~5.50；⊙6:00~22:00）位于一幢经修复的法国统治时期的漂亮建筑中，价格却并不像外表看起来那么昂贵。菜单看上去就像一场汤面的“亚洲之旅”，“停靠站点”从柬

神怡。用有机原料制成意面、沙拉、卷饼，以及摩洛哥炖羊羔肉和墨西哥辣味牛肉等高档菜肴。收入用于促进市场公平贸易和合理就业。

Jars of Clay（见66页地图；39B St 155；蛋糕 US$1.50，主菜US$3~5.50；⊙周一至周六7:30~21:00；📶）不仅是蛋糕房，还提供正宗的高棉菜，如黑椒牛肉（lok lak，是一种当地传统的用牛肉烹制的菜），解渴的饮品和开放的空调，在炎热的日子里格外受欢迎。该店10%的收入将提供给从人贩走私中获救的妇女和其他需要帮助的人。

Hagar（见54页地图；44 St 310；午餐/晚餐自助餐US$6.50/11；⊙周四至周六7:00~14:00和18:00~21:00，周日至周三7:00~14:00；📶）收入全部用于帮助贫困或被虐待的妇女。菜肴通常是亚洲创意菜或烧烤，周三午餐和周四晚餐是意大利自助餐。

Le Lotus Blanc（见54页地图；152 St 51；主菜US$4~8.50；⊙周一至周六7:00~22:00；📶）这也是个培训中心，培训对象是从前的那些城市游民，创建者是法国非政府组织“为了孩子的笑容（Pour un Sourire d' Enfant）”，有经典的法式和高棉美食，也有午市套餐。

Restore One Cafe（见66页地图；☎016 302727；http://restoreone.org；23 St 123；汉堡包US$5.75~6.50；⊙11:00~21:00；📶）位于俄罗斯市场附近一幢漂亮的木屋内，看上去并不像个吃汉堡的店。你可以选择“美国呼噜（American Oink）”或是“沧桑牛仔（Rugged Cowboy）”等主题汉堡，另外还有鱼和鸡肉可选，每个都配上酱汁和炸薯条。卖汉堡的收入被用来提供培训，以及资助极度贫困的村民。

Craft Peace Cafe（见58页地图；www.facebook.com/craftpeacecafe；14 St 392；US$2.50~4.50；⊙8:00~19:30；📶）耶稣会经营的咖啡馆，供应冰沙、鲜榨果汁、公平贸易的咖啡、沙拉和美味的口袋三明治，也销售由残疾员工制作的手工织品。舒适、迷人、空调凉爽。

埔寨米线汤(kyteow)到马来西亚叻沙(laksa)都有。

Sorya Food Court 亚洲菜 $

(见60页地图; 11 St 63; 5000~10,000r; ⌚9:00~21:00)顶楼的美食广场是可以品尝比较卫生的各种当地风味的去处,里面有柬埔寨、中国、越南、马来西亚和韩国的美食摊,品种丰富,价格便宜。需要先购卡。

Special Pho 越南菜 $

(见60页地图; 11 St 178; 主菜US$2.50~4.50; ⌚8:00~21:00)占据了河岸附近的绝佳位置,是能吃到美味河粉的好去处。河粉堪称越南的"国菜",还有超级便宜的炒饭和炒面。

Laughing Fatman 柬埔寨菜 $

(见60页地图; 63St 172; 主菜US$2.50~6.50; ⌚7:00至午夜)气氛友好的背包客咖啡馆,过去叫Oh My Buddha,但我们来此就餐时,胖老板开玩笑地说这就是"新瓶装旧酒,换汤不换药"。

Restaurant Soksan 柬埔寨菜 $

(见60页地图; 30 St 136; 主菜4000~10,000r; ⌚5:30~21:00)路边的当地餐馆,距铁棉市场一步之遥,这里的黑椒牛肉(loklak)、辣味炸鸡和汤面很受欢迎。

Sam Doo Restaurant 中国菜 $

(见60页地图; 56 58 Kampuchea Krom Blvd; 主菜 US$2.50~15; ⌚7:00至次日2:00; ❄)许多华裔声称这家位于铁棉市场附近楼上的食肆里的中餐是全城最佳。推荐他们的招牌菜Sam Doo炒饭、清蒸鱼(trey chamhoy)、海鲜、火锅和点心。

Boston 柬埔寨菜 $$

(见60页地图; 54 St 172; 主菜US$3~10; ⌚7:30~23:00; 📶)有点像高端的背包客咖啡馆,在外国侨民中很受欢迎,供应多种柬埔寨和国际风味菜肴。背景音乐动听,提供各种酒水,装饰也颇花心思。餐馆在繁华的St 172街,离其他餐馆咫尺之遥。推荐招牌菜惠灵顿牛排。

Exchange 各国风味 $$

(见46页地图; ☎023 992865; 28 St 47; US$5~15; ⌚10:00至午夜)这间优雅的法式小馆兼酒吧位于城中最宏伟的一幢法式大宅内。菜单包含各国风味,可分享的地中海式和海洋主题菜式非常出色,还有顶级进口牛排。

La Patate 比利时菜 $$

(见60页地图; 14 St 5; 主菜US$4~15; ⌚7:00至次日2:00; 📶)来这儿品尝分量十足的比利时大菜吧,肉菜上浇着好几种丰厚的酱汁。如果你真的饿了,就点个1英尺长的"火箭炮汉堡"(bazooka burger),再配上超大份全金边最好吃的比利时炸薯条。

Dim Sum Emperors 中国菜 $$

(见60页地图; ☎023 650 7452; 48 St 130; 点心 US$2~3, 主菜 US$5~15; ⌚7:00~21:00; 📶)无论是点心还是强劲的空调都广受欢迎,在附近的铁棉市场血拼后可以到这里来好好休息一下。

Lemongrass 泰国菜 $$

(见60页地图; ☎012 996707; 14 St 130; 主菜US$4.50~9; ⌚9:00至午夜; 📶)一家比较高级的泰国风味餐馆,但也能制作不少经典高棉菜肴。装修虽然奢华,但价格相当合理。好好享用红咖喱老虎虾吧。

Sher-e-Punjab 印度菜 $$

(见60页地图; ☎023 216360; 16 St 130; 主菜 US$3~7; ⌚11:00~23:00; ✎)金边的印度人推崇这里为最棒的咖喱餐馆,唐多里(tandoori)菜式尤其棒。点一份大虾也只要US$6。

Lone Star 得克萨斯–墨西哥菜 $$

(见60页地图; 30 St 23; US$4.50~7; ⌚7:00~23:00; 📶)想念"孤星州"了? 早上来这里看一场卫星转播的橄榄球赛,再痛快地摄入点高热量主菜,如烘肉卷和巴哈鱼肉卷(Baha fish tacos)。熏猪排和鸡翅都称得上是全城最可口的。

★ Van's Restaurant 法国菜 $$$

(见60页地图; ☎023 722067; www.vans-restaurant.com; 5 St 13; 主菜US$16~43; ⌚11:30~14:30和17:00~22:30; ❄)所在的建筑是城里最美丽的建筑之一,前身是印度支那银行(Banque Indochine)。往楼上餐厅走的时候,你还能看到从前的金库门。菜肴的摆盘很讲究，招牌菜肴包括小龙虾肉意大利饺（langoustineravioli）、小牛肉（tenderveal）和脱骨鹌鹑（bonelessquail）。午市商务套餐（US$15），含一杯红酒和一杯咖啡。

Armand's 法国菜 $$$

（见60页地图；☎015 548966；33 St 108；餐US$12~25；⏲周二至周日18:00开始）这家法式小馆以店主的名字命名，供应城里最好的古法火焰牛排。牛排的确无与伦比，黑板上写着的其他菜式也各有亮点。餐位有限，要提前订座。

Dine in the Dark 各国风味 $$$

（简称DID；见60页地图；☎077 589458；www.didexperience.com；126 St 19；套餐 US$18；⏲18:00~23:00）绿意葱茏的庭院白天是茶园（8:00开始营业），提供特制散茶。夜幕降临后，灯光熄灭，楼上就变成了Dine in the Dark。食客可以在高棉菜、西餐或素食菜肴中挑选，然后在弱视向导的帮助下在黑暗中进餐，是非常有意义的体验。

自炊

Thai Huot 超市 $

（见60页地图；103 Monivong Blvd；⏲7:30~20:30）想家的法国游客可以来这儿购物，因为这家超市有许多法国产品，如Bonne-Maman牌果酱、Hénaffpâté牌调料酱和全市最好的奶酪柜。在BKK也有一家分店（见54页地图；St 63和St 352交叉路口；⏲7:30~20:30）。

市中心南部

The Vegetarian 柬埔寨菜、素食 $

（见54页地图；158 St 19；主菜US$1.75~2.50；⏲周一至周六10:30~20:30；✎）或许是金边性价比最高的素食餐馆。所有菜肴都不超过US$2.50——价格虽低，但并不缺斤少两。面条和炒饭是招牌。餐馆坐落在紧邻Sihanouk Blvd中段的一处安静角落，枝繁叶茂的环境也是一大加分项。

★ The Shop 咖啡馆 $$

（见54页地图；☎023 986964；39 St 240；主菜US$3.50~6；⏲7:00~19:00，周日至15:00；✎）如果你喜欢西方熟食的口味，就来这家咖啡馆吧。店里的三明治和沙拉（用野扁豆、野蘑菇和羊肉等健康且独特的原料制作）经常推陈出新。糕饼、蛋糕和巧克力很美味，你不妨放纵自己一回。

Mercy House Coffee Restaurant 亚洲菜、素食 $

（见54页地图；157 St 51；主菜7500~15,000r；⏲7:00~18:00；✎）这家户外素食餐馆供应的日本菜肴已经根据柬埔寨人口味改良了。可以试试铁板烧，滋滋作响的素肉配鸡蛋和米饭，或者糖醋"排骨"。

ARTillery 咖啡馆 $$

（见54页地图；St 240½；主菜US$4~6；⏲周二至周日7:30~21:00，周一至17:00；📶✎）这家创意餐馆位于紧邻St 240的一条艺术气息浓郁的小巷，供应健康沙拉、三明治、奶昔，以及鹰嘴豆泥、豆丸子等小吃。菜式以素食居多，种类不多的主食包括比萨。每日特色菜值得一试。

Public House 创意菜、酒吧小食 $$

（见54页地图；☎017 770754；St 240½；主菜US$5~8；⏲周二至周日11:30~23:00；📶）这是时尚的St 240½街上最为时尚的餐馆，老板是新西兰人，这个餐馆吸引着追逐时尚的外国侨民，这里有长长的吧台和线性设计。食物是亮点，有创意菜肴（麦粉烤鸭胸）和高档的酒吧小食（炸鱼和薯条）。15:00~17:30供应下午茶，需提前预订。

Backyard Cafe 严格素食 $$

（见54地图；☎078 751715；www.backyardeats.com；11b St 246；主菜 US$4~7；⏲7:30~16:30；📶✎）一家风格很酷、提供高品质潮流食物的咖啡馆，也是领略金边素食风景的好地方。生鲜食物包括酿牛油果和素食大杂烩。就连令人垂涎的甜品也是纯素的。

Sleuk Chark 柬埔寨菜 $$

（见54页地图；☎012 979199；165 St 51；主菜 US$3~10；⏲10:30~15:00和17:00~22:00；📶）从外表上看这家店很一般，但不妨走进去尝一尝热辣的青蛙腿和砂锅黑胡椒棕糖鹌鹑蛋，或者挑战一下味蕾，尝尝炸蜘蛛或是红蚂

蚁牛肉吧。

Magnolia

亚洲菜 $$

（见54页地图；☎012 529977；55 St 51；主菜US$3～8；⏰18:00～22:00；📶）位于一幢优雅的修复过的老建筑内，供应价格实惠的午市自助餐，还有越南薄煎饼（ban xeo）和各种河内、西贡的经典菜式。

Sonoma Oyster Bar

海鲜 $$

（见54页地图；☎077 723911；sonomaoyster@gmail.com；159 St 222；6只牡蛎US$7.50～9；⏰17:00～23:00；📶）店主为高档酒店大量供应进口的高级牡蛎，也经营餐馆，以低廉价格飨客。喜欢生牡蛎的一定要来这里尝尝。其他菜肴也不错，比如扇贝和牛排。

Kravanh

柬埔寨菜 $$$

（见54页地图；☎012 792008；112 Sothearos Blvd；主菜US$3～8；⏰11:30～22:00；📶）一个富有格调的高棉菜餐厅，由一个法裔柬埔寨人经营着。亚麻桌布和饰品布置都让这家店在周围一众餐厅之中格外与众不同，出品的菜式包括传统的沙拉、香喷喷的汤和一些当地特色菜。

Black Bambu

创意菜 $$$

（见54页地图；☎023 966895；www.black-bambu.com；29 St 228；US$3.50～21.50；⏰周二至周日8:30～23:00）高雅的Black Bambu位于一处当代风格建筑中，餐厅与柬埔寨儿童基金会合作帮助培训弱智儿童学会招待客人。菜式有美味的多人分享菜，比如家常香茅羊肉香肠和黑胡椒焦糖猪肚等。

Origami

日本菜 $$$

（见54页地图；☎012 968095；88 Sothearos Blvd；寿司套餐US$25起；⏰周一至周六11:30～14:00和18:00～22:00；📶）这家一流的日本餐馆将日本饮食艺术提升到一个新的高度。价格非常昂贵，不过真正的寿司爱好者肯定不满足于价格低廉的敷衍之作。套餐含精心摆盘的寿司、生鱼片和天妇罗。

奔坑康和洞里巴萨克

★ Boat Noodle

泰国菜 $

（见54页地图；☎012 774287；57 Sothearos Blvd；主菜 US$3～7；⏰7:00～21:00；📶）这家开业已久的泰-柬餐馆搬到了Sothearos Blvd，店中一些当地菜堪称城中性价比最高。就餐环境可以选择采用传统装饰的当代空间或是后面的传统木屋。汤面很美味，还有琳琅满目的当地特色食品。

Aeon Mall Food Court

亚洲菜 $

（见54页地图；132 Sothearos Blvd；US$1～6；⏰9:00～22:00；📶）走进全国最时尚的购物中心寻觅廉价美食广场这种事实在是让人惊讶，但这里的两个美食广场里囊括了亚洲和其他地区的各种美味。楼下的那个更当地化，有汤面、炒饭和新鲜寿司供应。2楼的全球美食广场（World Dining Food Court）则有精致的家具和现场音乐。

Brown Coffee

咖啡馆 $

（见54页地图；St 294和St 57交叉路口；主菜US$2～5；⏰7:00～21:00；📶）当地连锁咖啡馆的旗舰店，已经超越了所有昂贵的进口货，提供全金边最优雅的环境和最好的咖啡。全城有很多分店，他们的目标是将事业拓展至柬埔寨全境。

My Burger Lab

汉堡包 $

（见54页地图；☎099 666424；www.myburgerlab.com.kh；160B Norodom Blvd；汉堡包US$1.50起；⏰10:30～21:00；📶）这家新的汉堡店喜欢尝试新花样，赋予了汉堡包各种创意口味和天马行空的名字——你可以挑选"Say Cheese"或是"Kick in the Face"。我们最喜欢的还是"A+"，里面是车达奶酪、焦糖洋葱和香菇，它的焦炭面包也确实容易碎。

JoMa Bakery Cafe

咖啡馆 $

（见54页地图；www.joma.biz；Norodom Blvd和St 294交叉路口；主菜US$2～6；⏰8:00～22:00；📶）JoMa Bakery Café最近刚从老挝开到了金边，它的获奖配方在城中迅速流行开来。各种沙拉、汤和花样繁多的三明治组合点缀着菜单，但最不容错过的还是咖啡、蛋糕和奶昔。

Jidaiya

日本菜 $

（见66页地图；☎097 230 6301；79A St 63；主菜US$1～7；⏰17:00至午夜；📶）位于St 63南

融入当地

高棉烧烤和汤餐馆

入夜后，遍布全城的高棉餐馆亮起柬埔寨啤酒的霓虹灯，吸引着当地人前来品尝美味饭菜和大杯生啤。别害羞，跟当地人一起进去——食物好吃，氛围又热闹。

这些餐馆大多专营烤肉或海鲜，但也提供炒面、炒饭、咖喱、煎饼和一些素食。

不少餐馆还提供自助烤肉（phnom pleung），即让顾客自己在烧烤架上烤肉。另一特色是自助砂锅（soup chhnang dei），顾客用陶锅自己煮汤，一群人一起去吃的话非常好玩。经常会有其他食客教你怎么煮汤，煮菜的顺序一定要正确，否则你会把一半煮过头，而另一半则没煮熟。

高棉烧烤简直是遍布全城，所以想找到一家烧烤餐馆真是易如反掌。

Koh Pich（Diamond Island；见46页地图；US$2~6）位于庞大的Naga World赌场东面，这一带是享有盛誉的烧烤餐馆聚集地。

Red Cow（见54页地图；126 Norodom Blvd；主菜US$2.50~7；⏲16:00~23:00）鳗鱼、茄子、青蛙、猪大肠和鹌鹑——你能想到的都能烤，此外还有咖喱和其他传统高棉菜肴。

Sovanna（见54页地图；2C St 21；主菜US$2~8；⏲6:00~11:00和15:00~23:00）总是挤满当地人和侨民，由于这里菜单上的海量食材，他们把这儿当成了定点的烧烤摊。这里也是品尝柬埔寨国菜早餐猪肉饭（bei sait chrouk）的好地方。

Psar Kabco Restaurant（见54页地图；☎012 702708；5 St 9；主菜 US$1.50~4；⏲6:00~21:00）位于非常受当地人喜欢的Kabco市场（Psar Kabco）对面，是一家非常棒的柬埔寨菜-中国菜餐馆。供应汤面、即点即吃的咖喱和炖菜，以及高棉甜点等令人眼花缭乱的菜式。

Sonivid（见54页地图；39 St 242；餐US$5~10；⏲15:00至午夜）这家位于街角的餐馆受欢迎程度高得惊人，招牌菜是螃蟹（或蒸或炒）、鱿鱼、鱼类和贝类。这里并非烧烤餐馆，不过看着倒挺像。

Master Suki（见60页地图；7th fl，Sorya Shopping Centre；汤US$5起；⏲9:00~22:00）或许有日本料理的理念，但骨子里还是高棉口味。小火锅很好吃，你可以依照图片选择煮汤的原料。这儿还能看到不错的景色。这家店在全城都有分店。

街头食物和市场

柬埔寨的街头食物跟曼谷的不太一样，而且卫生条件也不如后者。但如果你胆子够大，或者实在囊中羞涩，不妨尝一尝。早餐是路边摊最忙碌的时候，大多数柬埔寨男人都在外面吃早餐。找坐得满满的摊位准没错。

金边许多市场内都设有大片的小吃区域，摊贩出售汤面和炒面等本地食物。大多数食物售价才4000~6000r。最适宜就餐的市场是俄罗斯市场（见86页），这座市场的美食区很容易找到，供应各种柬埔寨特色菜肴。16:00左右，西端的大停车场会变成海鲜烧烤区，还有各种其他食品供应。铁棉市场（见86页）和Psar O Russei（见87页）也是很好的选择。紧邻河边的**Psar Kandal**（见60页地图；St 144和St 154之间）关门时间较晚，你可以去那儿吃个不太晚的晚餐。傍晚时分当地人喜欢来买外卖。

如果你觉得市场里太热，或者太幽闭，还可以去找那些将食物扛在肩头或是推着小车叫卖的小贩。沃波顿公园对面有一排**咖喱面条摊**（见54页地图），全天营业，生意火爆。

端的“小东京”中心。当你踏入店门，听到店员喊着“irasshaimase（欢迎光临）”，便会恍然以为自己身处日本某地。串烧便宜量大，另外还有荞麦面和拉面。札幌啤酒只要US$2一瓶。

Dosa Corner

印度菜 $

（见54页地图；5E St 51；主菜US$1.50～5；⏲8:30～14:00和17:00～22:00）喜爱印度多莎饼（dosa）的食客们会欣喜不已，这家餐馆的名字恰如其分，供应各种美味的印度南方风味煎饼。蔬菜塔利套餐（thali）价格为US$4。性价比极高。

Mama Wong's

中国菜、创意菜 $$

（见54页地图；☎097 850 8383；41 St 308；主菜US$3～8；⏲10:00～22:00；📶）给金边的中国餐馆带来了入时的风尚，供应传统汤面、包子和粥，但也有综合了亚欧风味的迷你小汉堡、薯条等。性价比很高，也很有趣。

★ Malis

柬埔寨菜 $$

（见54页地图；☎023 221022；www.malis-restaurant.com；136 Norodom Blvd；主菜US$6～12；⏲7:00～23:00；📶）柬埔寨首都的一流高棉餐馆，是个时髦的室外餐馆。独创的菜肴包括竹筒牛肉和贡布胡椒虾虎鱼，此外也有传统的汤和沙拉。精品早餐套餐很受欢迎，只要US$3～4，实在是物美价廉。要提前预订。

Java Café

咖啡馆 $$

（见54页地图；www.javaarts.org；56 Sihanouk Blvd；主菜US$4～8；⏲7:00～22:00；📶）凉风习习的露台和脆沙拉、美味家常三明治和汉堡，以及来自世界各地的咖啡等独创菜肴，使之一直以来深受欢迎。楼上的空间兼作画廊，楼下则作蛋糕店。

Piccola Italia Da Luigi

比萨 $$

（见54页地图；☎017 323273；36 St 308；比萨US$4.50～9；⏲11:00～14:00和18:00～22:00；📶）正是这家餐厅带动了St 308整条街的人气。繁忙的路边餐馆让你宛若身处在意大利，这里也无疑会有金边顶级水平的比萨。如果你愿意来点儿诱人的餐前小吃的话，这里也有一些熟食。天黑后建议预订。

Lost Room

各国风味 $$

（见54页地图；☎078 700001；www.thelostroom.asia；43 St 21；主菜US$4～12；⏲周一至周六17:00至深夜；📶）位于巴萨克（Bassac）后街，留意一个钥匙符号就可以找到这处隐蔽的珍宝。菜式都是小碟分量，可供分享，因此更适合带朋友来。推荐招牌菜煎袋鼠肉排或是鲈鱼配山羊奶酪塔塔酱。

Chicky

烧烤 $$

（见54页地图；☎023 430606；165 St 63；主菜 US$3～10；⏲11:30～22:00）法式烤肉店，菜单上是各种各样的鸡肉。点餐很简单，可以选四分之一只鸡或是整只鸡，然后选新土豆或是沙拉作为配菜，很美味。

Ngon

街头小吃 $$

（见54页地图；☎023 987151；www.ngonpnh.com；60 Sihanouk Blvd；主菜US$3～9；⏲6:30～22:00；📶）胡志明市热门的Quan An Ngon在柬埔寨的驻点，让你在精致优雅的环境中享受街头美食。点餐很简单：只需要拿着店里的容器逛一圈，挑选中意的菜就可以了，当然也可以直接拿菜单点菜。

From Farm to Table

咖啡馆 $$

（见54页地图；☎078 899722；16 St 360；主菜US$3.50～7；⏲8:00～22:00；📶）以前是Le Jardin，现在已经不再是家庭休闲的乐园了，但长满了菠萝蜜树的葱郁花园依然如故，还有一台老拖拉机供孩子们爬上爬下。这家店和ARTillery（见75页）是一个团队所有，意在柬埔寨推广有机种植方法。店内全天供应健康早餐、沙拉、三明治和奶昔。周五18:00后有现场音乐演出。

Commeà la Maison

法国菜 $$

（见54页地图；☎023 360801；www.commealamaison-delicatessen.com；13 St 57；主菜US$5～9；⏲6:00～22:30；📶）位于巴厘岛式茅草屋顶下的迷人露天餐馆，提供品种丰富的法国地方风味菜肴、比萨和意面，平时的特价菜很划算。店内附设的糕点店也很不错。

Zino Wine Bar

各国风味 $$

（见54页地图；☎023 998519；12 St 294；主菜 US$5～15；⏲10:30至午夜；📶）一家人气酒吧兼法式小馆，菜式五花八门，风格混杂。周末US$7.50的早午餐很受欢迎，每天的“欢乐时光”特价时段也很长（16:00～19:00）。午市套餐开胃菜、主菜加咖啡共US$9，酒的种类繁多。

Aussie XL 各国风味 $$

（见54页地图；www.aussiexl.com；205A St 51；主菜US$7~14；⏲9:00~23:00）店如其名，能让客人吃到撑。鱼、羊肉、鸡肉和牛肉分量超大，还有你能想象得到的各种汉堡。周末有时会出售现烤的猪肉。电视上播放着澳大利亚的体育比赛。

Sushi Bar 日本菜 $$

（见54页地图；☎023 215041；www.sushibar-kh.com；2D St 302；寿司套餐US$6起；⏲11:00~22:00；📶）喜爱正统寿司的人会嘲笑这里低廉的寿司价格，但这家餐馆总是人满为患，原因很简单，全城就属这里最适宜吃方便快捷的生鱼片。可以在楼下的酒吧、外面的平台或者楼上的包厢就餐。

La Plaza 西班牙菜 $$

（见54页地图；22B St 278；西班牙小吃US$2.50~10；⏲11:00~14:00和17:00~22:00；📶）正宗的西班牙小吃酒吧，坐落在“金街”一座舒适的店屋里，菜式多样，包括基本的小吃（蒜香虾、西班牙肉丸）和根据柬埔寨风味改良的创意菜式，如醋烹湄公河小鱼（boquerones del Mekong）。

Vego Salad Bar 咖啡馆 $$

（见54页地图；☎011 457711；3 St 51；主菜US$4~7；⏲7:30~21:00；📶✎）来这里的都是健康意识强烈的食客，沙拉和卷饼可以自行配料。挑选你喜欢的叶子、蔬菜、肉类或奶制品和调味品，配成一份专属沙拉。供应的套餐含有健康饮料。

Taste Budz 印度菜 $$

（见54页地图；☎092 961554；13E St 282；主菜US$3~6；⏲10:00~14:30和17:00~22:00）这家有着搞笑绰号的迷你餐馆是金边众多印度餐馆中的翘楚。喀拉拉邦（Kerala，印度南部）风味菜肴是其特色，香辣煎饼非常好吃。点上一份大饼（porotta），用手边撕边蘸着料吃吧。

★ **Deco** 欧洲菜 $$$

（见54页地图；☎017 577327；www.decophnompenh.com；St 352和St 57交叉路口；主菜US$7~15；⏲正午至14:00和17:00~22:00；📶）金边最高档的餐馆之一，坐落在一栋经过完美修复的20世纪60年代的现代主义建筑中，环境优美，人人称赞。菜式常换常新，都是欧洲现代菜肴，常备的菜肴可能有鸭胸肉、贡布螃蟹，创意鸡尾酒久负盛名。另外还供应精酿啤酒。

Topaz 法国菜 $$$

（见54页地图；☎023 221622；www.topaz-restaurant.com；182 Norodom Blvd；菜肴US$5~25；⏲11:00~14:00和18:00~23:00；📶）金边最早的几家餐馆之一，位于一幢优雅的别墅内，有着平静的池塘和步入式酒窖。提供经典的巴黎菜肴，比如，精细的蒜蓉布戈尼蜗牛和小众口味的牛排塔塔等。

Tiger's Eye 创意菜 $$$

（见54页地图；☎023 212917；http://thetigerseye.asia；49 Sothearos Blvd；主菜US$12~23，品尝套餐US$55；⏲7:30~22:30；📶）从前叫The Common Tiger，现在叫Tiger's Eye，这里供应金边最别出心裁的创意菜。来自南非的主厨会亲自用超大号的盘子将菜肴端到食客面前。定期轮换的菜单上总是有好几道主菜。锦上添花的是他家的鸡尾酒和精酿啤酒。

Psar O Russei和监狱博物馆

★ **Asian Spice** 亚洲菜 $

（见54页地图；79 St 111；主菜US$2~3.50；⏲6:00~21:00；📶）餐馆招牌菜是味道诱人的新加坡叻沙，不过你也可以品尝各种辣度适中的印度尼西亚和马来西亚特色菜肴，以及一些西餐菜式。这是金边性价比最高的餐馆之一。

Mama Restaurant 柬埔寨菜 $

（见54页地图；10C St 111；主菜US$1.50~4；⏲7:30~20:30）Psar O Russei中心位置的这家背包客咖啡馆营业已久，供应美味的法式柬埔寨菜肴，例如炖牛肉和牧羊人派（hachi parmentier）。

Spider Restaurant 柬埔寨菜 $

（见54页地图；50 St 113；主菜US$2.50~6；⏲8:00~17:00；📶）有风扇的小咖啡馆，位于监狱博物馆对面，气氛悠闲，供应咖喱、咖啡，背景乐是爵士乐，脚下是漂亮的棋盘格地板。

Chinese Noodle/ China Restaurant 中国菜 $

（见54页地图；553 Monivong Blvd；主菜US$1.50~3；⏲6:00至次日2:00）两家姊妹店深受当地人和外国侨民喜爱。前者只卖面条，配的是从鸭肉到猪肚等各种浇头。后者以饺子形状的猪肉包出名。

★K'nyay 柬埔寨菜、素食 $$

（见54页地图；☎011454282；43 St 95；主菜US$4~7；⏲周二至周五正午至22:00，周六和周日8:00~22:00；📶✍）是位于Terrace on 95（见71页）精品酒店楼上的漂亮餐馆，供应传统柬埔寨肉类菜式和素食，也为一日游的游客准备素食午餐盒饭。可以尝尝可口的香蕉或南瓜咖喱，或者在参观附近的监狱博物馆之后顺路来喝点健康奶昔。

俄罗斯市场地区

在俄罗斯市场（Russian Market，见86页）里挤了一身臭汗的你，最渴望的莫过于一杯冰咖啡或新鲜水果奶昔。在市场中心的食品摊档找一找魅力十足的**Mr Bounnareth**（见66页地图；Shop 547, Russian Market），他的招牌饮品"金边最佳冰咖啡"已享誉近35年。其他摊贩供应炒面和薄鸡蛋饼和生菜叶卷肉、海鲜和蔬菜（banhcheav），只需US$1~2。

从俄罗斯市场向东和向南的街上有几家不俗的午餐地点，有些人气特别高，在晚餐时也营业。

Sesame Noodle Bar 面条 $

（见66页地图；www.sesamenoodlebar.com；9 St 460；主菜US$3.75~4.50；⏲11:30~14:30和17:00~21:30；📶）俄罗斯市场最时尚的午餐地点，由日本人和美国人搭档经营。冷面配蔬菜，加上一颗鸡蛋和蜜汁猪肉（或烤豆腐），简直太好吃了。

Alma Cucina Mexican 墨西哥菜 $

（见66页地图；43A St 454；餐US$3~5；⏲7:00~14:00；📶）地道的墨西哥家常菜怎么会在这里大行其道，我们不得而知，但是我们很高兴，能够在这里品尝到它们。美味的菜肴经常轮换，今天是辣香肠卷饼（chorizo quesadillas），明天可能是洋葱牛排（bistec encebollado）。墨西哥式辣酱煎蛋（huevos rancheros）早餐久负盛名。注意，营业时间有限。

Buffalo Sister 三明治 $$

（见66页地图；☎017 879403；55D Street 456；三明治US$4.25起；⏲11:00~19:30；📶）号称是烤肉餐馆，柜台上方的黑板上却写着各式三明治。来这里大嚼烤猪肉配苹果酱三明治，或者烤蔬菜、豆泥卷等健康菜肴。周日烧烤很有名。

Sumatra 印度尼西亚菜 $

（见66页地图；35 St 456；主菜US$1.50~3.50；⏲11:00~20:00；📶✍）素食菜肴平均US$2左右，绝对物美价廉，但胃口大的人可能得点双份。香辣的番茄辣椒沙司（balado）菜肴很好吃。餐桌摆在一个林木葱郁的天井里，头上是铁皮屋顶。

Sisters 面包房 $

（见66页地图；26B St 446；三明治US$2.50~3.50；⏲7:00~18:00；📶）店面小而整洁，有清淡的小吃、全天供应的早餐、几道柬埔寨主菜和美味家常蛋糕，纸杯蛋糕价格很便宜。

★Brooklyn Bistro 各国风味 $$

（见66页地图；☎089 925926；20 St 123；主菜US$3~17；⏲11:00~22:00；📶）一家高雅的美式餐厅，引领着俄罗斯市场的风尚，大受金边外籍人士的青睐。店里有全市最大的16英寸的比萨，还有一份专门的鸡翅菜单，以及美味的熟肉三明治和我们在这一地区吃过的最好的纽约芝士蛋糕。

Roots & Burgers/ Tipico 创意菜、西班牙小吃 $$

（见66页地图；80 St 454；⏲10:00~22:00；📶）这家新概念餐厅有很划算的买一送一优惠。楼下的**Roots & Burgers**供应各种创新口味的包子，楼上则是一家小巧漂亮的西班牙小吃咖啡馆**Tipico**，这也是这片区域较晚打烊的店。

自炊

Super Duper 超市

（www.super-duper.biz；21 St 488；⏲24小

黯淡的鲜花

任何在金边住过一两夜的人都不会对走进酒吧和餐馆售卖鲜花的少男少女感到陌生。孩子们非常可爱，大多数人无法抗拒他们的魅力，因此买下一两朵花。如果能挣到钱，那么熬夜对这些少年来说也许不是坏事，但通常他们是拿不到钱的。看看马路上，那里总是有一个拿着冰桶的摩的司机。冰桶里插满鲜花，供孩子们去下一个场所售卖。孩子们的天真再一次为成人所利用，后者明知如此，但因贫困所迫也就管不了那么多了。从他们手里买花之前请三思，因为卖花给你的孩子是拿不到钱的。

时）金边唯一一家24小时超市，如果半夜饥饿感袭来，来这里可真是太方便了。这里的商品属于城中最优质的，都是老板从美国和澳大利亚进口而来。

饮品和夜生活

金边有些很棒的酒吧和夜店，绝对值得你拿出至少一晚的时间去逛逛。城里有几条不错的酒吧街，St 51和St 172交叉路口附近聚集着许多营业到很晚的店，大家似乎都喜欢去那里玩到深夜。“金街”（St 278）的人气也很旺，河岸也有一些酒吧。另一处新兴的酒吧聚集地是St 308街和与之相连的巴萨克巷（Bassac Lane）。从河岸往北地区的酒吧比较庸俗低级，St 104和St 136上有些夜店是城中最火辣的酒吧（也就是色情酒吧），那里的女性服务员主要提供调情和特殊服务。

酒吧

金边的酒吧的“欢乐时光”时段人气极高，所以最好能早点儿去，每逢此时，就连外国记者俱乐部和皇家莱佛士酒店这样的大牌都会提供买一赠一的特价。周三晚上是“女士之夜”，城中的一些时尚酒吧全晚都有两人同行一人买单优惠，甚至会有免费酒水。大多数酒吧都营业至午夜甚至更晚，而这时金边的夜店也开始热闹起来。

市中心北部（河边）

★ 外国记者俱乐部 酒吧

（Foreign Correspondents' Club，简称FCC；见60页地图；363 Sisowath Quay；⏲6:00至午夜；📶）在金边非常有名的酒吧，坐落在一栋殖民时期的建筑瑰宝中，景色优美，凉风习习。这里是来柬埔寨的游客必去之地，几乎所有人都会来此喝上一杯，17:00~19:00和22:00至午夜是“欢乐时光”时段。如果酒吧人太多，也可以到屋顶坐坐，那里在周末时常有现场音乐演奏。店里白天和夜里都提供出色的餐食。

Blue Dragon 酒吧

（见50页地图；391 St 184；⏲17:30至次日1:00）地理位置无出其右，前排可以眺望王宫，温暖的夜色中清风徐徐。啤酒、红酒、烈酒在此流淌。

Oskar Bistro 酒吧

（见60页地图；www.oskar-bistro.com；159 Sisowath Quay；📶）这家新开的酒食馆完美地将酒吧和餐厅融合在一起。你可以选择创新的鸡尾酒，或者在多达55个品种的酒单里挑一种，伴着DJ轻声的节拍品尝。这里也是消夜的最佳去处，厨房一直开到23:00。

Paddy Rice 爱尔兰酒吧

（见60页地图；213 Sisowath Quay；⏲24小时）美味的酒吧小吃、大屏幕电视转播着体育赛事、偶尔还有现场音乐表演——各种酒吧元素应有尽有。每周四的晚上，客人可以随意上台演唱。酒吧就在河边，位置绝佳。

Pickled Parrot 体育吧

（见60页地图；4 St 104；⏲24小时；📶）城中为数不多的几个任何时候都能喝上一杯，并且还能找到啜着啤酒的同伙的酒吧。空调、大屏幕电视、台球桌和便宜的酒水让这里十分平易近人（和该地区很多酒吧不同，这里没有小姐服务）。

Chez Rina 鸡尾酒吧

（见60页地图；6 St 98；⏲17:00至午夜；📶）一家躲在河岸和邮局之间的鸡尾酒吧，一不留神就会错过。位于一座修复一新的法国殖民

景观酒吧

随着金边的发展，天际线也越来越高，能够观景的屋顶酒吧也越来越多。以下是城中最好的几个景观酒吧：

Chow（见60页地图；277 Sisowath Quay；⏲7:00~23:00）这家位于Quay酒店楼顶的时髦酒吧不仅可以看到河景、凉风习习，还有游泳池和16:00~20:30的"欢乐时光"。鸡尾酒创意十足，包括加了姜汁和香茅的混合酒精饮料，以及百香果凯比琳娜（passionfruit caipirinha）。

Eclipse（见54页地图；Phnom Penh Tower, 445 Monivong Blvd；⏲17:00至次日2:00）这家位于24楼的露天酒廊是旱季里吹风观景的上佳之选。雨季来临时，比它低两层楼的室内酒吧**D-22**（⏲7:00至午夜）格调优雅，有着同样的景观，而且不惧风雨。

Ibiza Lounge（见60页地图；277 Sisowath Quay；⏲17:00至午夜）位于Bougainvillier Hotel顶上的河畔酒吧，空间宽敞。然而楼里的电梯不到5层，你得爬楼上去才能享受到它们的"欢乐时光"（17:00~19:00）。

Le Moon（见60页地图；1 St 154；⏲17:00至次日1:00）同样是酒店酒吧，Amanjaya的楼顶高度让它在观赏河景的氛围和景观上得天独厚，但服务上有很多毛病，要有耐心。

Tonle Sab Sky Bar（见46页地图；Sokha Phnom Penh Hotel）站在位于洞里萨河另一边的庞大的Sokha Hotel之巅，在这家酒吧可以边品酒边从另一个角度眺望金边。

时期建筑的一小角，店里的马提尼很有名。

市中心北部（非河边）

★Dusk Till Dawn 酒吧

（见60页地图；46 St 172）因顾客群体和音乐的缘故，这里又称作Reggae Bar。屋顶是在日落时喝一杯的好去处，而派对会持续到夜里。酒吧分两层，如果嫌1楼不够热闹的话可以继续往上走。酒吧位于Pontoon对面的高层建筑里，乘电梯到顶楼即达。

Elephant Bar 酒吧

（见60页地图；Raffles Hotel Le Royal, St 92；⏲欢乐时光16:00~21:00；📶）这家高级酒吧位于皇家莱佛士酒店内，要论气氛，无有能出其右。80多年来，它一直吸引着记者、政客、富人和名人。慷慨的"欢乐时光"时段里，新加坡司令鸡尾酒和其他许多酒水都半价供应。

Howie Bar 酒吧

（见60页地图；32 St 51；⏲19:00至次日6:00）气氛友好而有趣，又让人出乎意料，如果附近酒吧都客满，酷炫的Howie就是不二之选了。外籍居民、游客和当地人喜欢在这里欢宴至凌晨。

Zeppelin Bar 酒吧

（见54页地图；St 278；⏲17:00至深夜）谁说黑胶唱片已经绝迹了？金边就有。这家老式摇滚酒吧的店主每晚都会播放转盘唱片。歌单上主要都是20世纪70年代的摇滚名曲，另外还有张台球桌。这家店最近搬到了人气更旺的金街了。

Dodo Rhum House 酒吧

（见60页地图；42C St 178；⏲17:00至深夜）法国人钟爱的酒吧，特色是自酿的芬芳朗姆酒，加上热带水果和香辛料。还供应很棒的鱼排和其他美味小食。

Blue Chili 同性恋酒吧

（见60页地图；36 St 178；⏲18:00至深夜）这家开业已久的酒吧接待同性恋，老板每周五和周六22:30自己出演变装秀。

市中心南部

Bar Sito 酒吧

（见54页地图；St 240½；⏲17:00至午夜；📶）这家酒吧让St 240½热了起来，隐蔽的入口会让你以为这是一家私人俱乐部，一旦走进去就会发现它其实是一处嬉皮风格的避世之地，有很不错的鸡尾酒，论杯出售的红酒和瓶装的啤酒。

Strangefruit Bar

酒吧

（见50页地图；213 St 19½；⏲17:00～23:00；📶）麻雀虽小，五脏俱全。这是一家新开业的接待同性恋的酒吧，藏身在王宫后面的一条小巷里。小小的空间富有艺术气息，很适合喝一杯鸡尾酒。红酒论杯出售，还有丰富的摄影作品和艺术品收藏。

Bouchon

红酒吧

（见54页地图；3 St 246；⏲16:00至午夜）法国红酒种类齐全，还有馅饼和其他法国小吃。位于一条安静的小巷里，装修风格很时髦。窖藏红酒一杯US$3.50。

奔坑康和洞里巴萨克

Che Culo

酒吧

（见54页地图；www.checulocambodia.com；6b St 302；⏲周一至周六11:00至深夜；📶）热闹的BKK地区的一家新的时尚酒吧，铺满了复古瓷砖，包厢式座椅使得气氛很亲密。鸡尾酒很棒，但更棒的是17:00～19:00的"欢乐时光"时段。日夜供应西班牙小吃。

Duplex

酒吧

（见54页地图；www.duplex.com.kh；3 St 278；⏲10:00至次日2:00；📶）一家比利时自酿小酒馆，有着各种昂贵的啤酒。这里也是非常酷的当代空间，定期举办萨尔萨舞之夜和拉丁之夜。鸡尾酒和各种简餐也都很不错。

Score

酒吧

（见54页地图；☎023 221357；www.scorekh.com；5 St 282；⏲8:00至深夜；📶）每面墙上都有电影银幕大小的的电视屏，这家洞穴般的酒吧因而成为观看比赛的最佳场所。店里会播放各种体育项目的比赛，不光有常见的足球和橄榄球。店里有几张台球桌，不爱看比赛的人可以打台球。

Liquid

酒吧

（见54页地图；3b St 278；⏲11:00至午夜；📶）这是位于这条热闹的街道上颇有历史的酒吧，供应便宜酒水（"欢乐时光"时段酒水更便宜），还有一张抢手的台球桌。如果能搞明白怎么用音乐播放器，这里还有一些不错的音乐收藏可供欣赏。

Red Bar

体育酒吧

（见54页地图；St 308和St 29交叉路口；⏲17:00至次日1:00；📶）位于热闹的308 St街，一家当地人酒吧，气氛亲切。这里的酒水太便宜了，酒鬼们总是流连至深夜……不会只有我们如此吧？

夜店

欲了解夜店详情，可以登录Phnom Penh Underground（www.phnom-penh-underground.com）网站，该网站介绍柬埔寨首都的夜店详情。

★Heart of Darkness

夜店

（见60页地图；www.heartofdarknessclub.com.kh；26 St 51；⏲20:00至深夜）金边的老牌夜店，装饰风格以吴哥风情为主题，几年来越来越不像酒吧而像个夜店了。每天都营业，吸引着各类人群——真的是什么人都有。所有人都该来一次，哪怕只是感受一下店里的气氛和历史。

★Pontoon

夜店

（见60页地图；www.pontoonclub.com；80 St 172；门票 周末US$3～5，平时免费；⏲21:30至深夜）店如其名，几年里不断从这个码头搬到那个码头，最终找到了停泊的港湾。店内有一流的当地DJ，偶尔也有大牌外国艺人表演。周四是同性恋之夜，凌晨1点有人妖表演。隔壁的Pontoon Pulse比较像个休闲俱乐部，放着电子乐和氛围音乐。

Vito

夜店

（见50页地图；8 St 214；⏲21:00至次日3:00）一家新开张的怀旧夜店，很受欢迎，里面放着20世纪八九十年代的老舞曲，适合想要边跳舞边聊天的成熟人士。

Epic

夜店

（见54页地图；☎010 600608；www.epic.com.kh；122b Tonlé Bassac；⏲21:00至次日5:00）Epic的开业意味着金边超级夜店的诞生。这里原是一座巨大的仓库，但设计装修可一点都不像仓库，它的目标客户是柬埔寨富裕阶层的年轻人。

Rock 夜店

(见66页地图; 468 Monivong Blvd; 门票不定; ⊙至深夜)如果你想见识一下真正的当地夜生活体验,来这儿准没错——从充足的KTV包房到其他设施应有尽有。这儿看起来像个超大的家居大卖场,却是当地人热爱的地方。

☆ 娱乐

要了解城里有什么新开的娱乐场所,免费的月刊*Asia Life*有娱乐板块,上面列出了部分娱乐场所。也可以登录网站www.ladypenh.com或www.khmer440.com了解娱乐信息。

电影院

★ Meta House 电影院

(见54页地图; www.meta-house.com; 37 Samdech Sothearos Blvd; ⊙周二至周日16:00至午夜;) 德国人开办的电影院,大多数的16:00(免费)和19:00(门票视具体影片而定)会放映柬埔寨和世界各国的艺术类影片、纪录片和短片。放映结束后有时举办问答环节,问题与刚放映完的电影有关。可以点德国香肠、与比萨相似的"火焰薄饼"和啤酒,边吃喝边看电影。

Major Cineplex 电影院

(见54页地图; ☎023 901111; www.majorcineplex.com.kh; Aeon Mall, 132 Sothearos Blvd; 票价US$3~15; ⊙9:00至午夜)全称最新潮的电影院,有7个放映厅,包括一间商务舱般的VIP放映厅和一间4DX互动放映厅(座椅会移动,还有一些出人意料的效果)。

巴萨克巷的酒吧

巴萨克巷(Bassac Lane)是St 308街上一条向南延伸的巷子的绰号,得名于来自新西兰的Norbert-Munns兄弟,他们爱喝酒、爱设计。这个风格杂糅的去处(见54页地图)有六七家或更多非常小的酒馆,从17:00一直营业至次日1:00。你可以在原汁原味的Meat & Drink、小而温馨的Seibur、精致的Library、新开业的Harry's Bar或定制自行车吧Hangar 44里吃卷饼或是汉堡。这里还是一座杜松子酒的殿堂,小小的Cicada Bar,加上筹备中的印度和墨西哥食档,还有招人喜欢的Paperdolls(见88页)礼服商店。不知为何,这里成了金边的波希米亚新区,颇值得一逛。

Flicks 电影院

(见54页地图; www.theflicks-cambodia.com; 39B St 95; 票价US$3.50;)影厅里有空调,因此格外舒适。每天至少放映两部影片——持一张票可以看全部电影。

Bophana Centre 电影中心

(见54页地图; ☎023 992174; www.bophana.org; 64 St200; 门票免费; ⊙周一至周五8:00至正午和14:00~18:00, 周六14:00~18:00)由柬埔寨裔法籍制片人潘礼德(Rithy Panh)建立,为电影制片人和研究者提供了音像资料库。游客可以参观收藏着老照片和老电影的档案馆,也可以看免费电影(每周六16:00)。

Mekong River Restaurant 电影院

(见60页地图; St 118和Sisowath Quay交叉路口; 票价US$3)放映两部英语或法语的原声电影,一部讲述红色高棉历史,另一部跟地雷有关。11:00~21:00每小时放映一场。

经典舞蹈和艺术

★ Plae Pakaa 表演艺术

(Fruitful; 见60页地图; ☎023 986032; www.cambodianlivingarts.org; National Museum, St 178; 成人/儿童US$15/6; ⊙10月至次年3月周一至周六、5月至9月周五和周六 19:00, 4月关闭) Cambodian Living Arts(见64页)的一系列演出,不容错过。有3场轮演,每场约1小时。*Children of Bassac*表演传统舞蹈,*Passage of Life*展示柬埔寨人一生中经历的各种庆典与仪式(婚礼、葬礼等),而*Mak Therng*则是传统yike歌剧。

Apsara Arts Association 舞蹈

(见46页地图; ☎012 979335; www.apsara-art.org; 71 St 598; 票价 US$6~7)基本上每周六19:00都有古典舞和民族舞表演(表演会轮换,所以请提前致电确认)。周一至周六7:30~10:30、14:00~17:00,游客可以旁观学

当地知识

音乐家亚可庞

由亚可庞（Arn Chorn-pond）创建的Cambodian Living Arts（CLA；见64页）是一个旨在复兴传统音乐、舞蹈和其他柬埔寨艺术形式的组织，它在红色高棉时期几乎绝迹。亚可庞本人差点死在那个黑暗的岁月。他的父母在马德望开办了一家颇具声望的传统歌剧院，因而被红色高棉视为革命目标。红色高棉杀害了剧团里几乎全部艺人和他家直系亲属25人，他的8个手足中也有5个惨遭毒手。

但红色高棉也需要一些音乐家来演奏革命歌曲。亚可庞成为在马德望招募的7个儿童之一，他们不得不面对着万人坑唱歌跳舞、吹笛子和弹khim（柬埔寨传统弦乐器）。

"他们杀了3个总也学不会的孩子，"亚可庞说，"我学得快，因为我的血液里有音乐细胞，如果当时我没有音乐天赋，或许我也被杀死了，音乐救了我的命。"

在杀人场，亚可庞目睹了各种暴行。红色高棉让他演奏音乐，借此掩盖被害者的哀号声。20世纪70年代末，12岁的亚可庞被陷入困境的红色高棉强征入伍，被迫放下khim、拿起手枪。最终他想方设法越过边境逃到了位于泰国的难民营，然后他和另外几个孩子一起，被一个来自新罕普什尔的美国家庭收养。

几年后亚可庞返回柬埔寨，马德望居民还能认出他就是"那个弹khim的孩子"。1998年，他成立了Cambodian Living Arts。

亚可庞向我们推荐了金边最好的5个文化场所。

➡ **Amrita Performing Arts**（www.amritaperformingarts.org）他们用传统的飞天（apsara）舞蹈讲述新故事，并协助CLA于2013年在纽约举办"柬埔寨季"（Season of Cambodia）专场。

➡ **Apsara Arts Association**（见84页）相当不错的家庭经营组织，向年轻一代教授飞天舞蹈和其他民族舞。

➡ **Plae Pakaa**（见84页）CLA几乎每个晚上都在国家博物馆门口宣传他们的各种表演。

➡ **CLA's Yike Class**（见54页地图；65 Sothearos Blvd）由戏剧表演大师Sithul开办的传统歌剧班，每天上课，学生曾经是边缘青少年，游客可以参观并学习。如果不是参加了这个培训班，许多孩子或许只能靠出卖肉体维持生计。

➡ **Sovanna Phum Arts Association**（见本页）他们用柬埔寨传统形式展现新的故事，创作新的舞蹈，卓有成效。

生训练（建议捐款US$3）。

请记住这是一间培训学校，尽量不要发出噪声，照相也尽量不要用闪光灯。位于市区最北端的Tuol Kork区。

Sovanna Phum Arts Association 表演艺术

（☎023 987564；www.shadow-puppets.org；166 St 99, St 484和St 498之间；成人/儿童US$5/3）🍃定期举办传统皮影戏表演，偶尔有传统舞蹈和传统鼓表演。每周五和周六晚19:30开演。50分钟的皮影戏表演结束后，观众会受邀亲手操纵皮影。这里还开办皮影艺术、皮影制作、传统舞、民族舞和传统高棉乐器等课程班。

Chatomuk Theatre 剧院

（见54页地图；Sisowath Quay）位于金边熙熙攘攘的河岸，想知道演出信息看剧院门口的传单就知道了。理论上这里已经变成政府会议中心，但仍定期举办文化表演。

现场音乐

金边的音乐活动很丰富，拥有一些才华横溢的侨民歌手和乐队。关注Leng Pleng（www.lengpleng.com）了解金边每周音乐演出清单。

Showbox 酒吧

（见54页地图；11 St 330；⏲11:00至次日1:00；📶）这家grungy风的音乐吧定期举办现

场表演和卡拉OK之夜，另外也是很有人气的夜店和喜剧俱乐部。可以留意他们的优惠活动，比如每天18:30~19:00有非常划算的免费啤酒供应，然后接下来继续享受摇滚之夜。

Sharky's 现场音乐

（见60页地图；www.sharkybarblog.com；126 St 130；⏲17:00至深夜；📶）老式的金边消闲之地，以台球和漂亮的女招待闻名。现已成功转型成一个有高质量现场音乐表演的酒吧，号称是中南半岛历史最悠久的摇滚吧。

Doors 现场音乐

（见46页地图；18 St 84；⏲7:00至午夜；📶）自诩为"音乐加西班牙小吃"吧，是个带长吧台的高档场所，供应令人垂涎欲滴的西班牙食物、昂贵的饮品，有优雅的现场爵士和其他演出。

购物

金边有些购物好去处，但在市场里买东西时别忘了讲价，否则铁定"挨宰"。

市场和商场

除了市场，金边如今也有几家购物中心。虽然跟曼谷的Siam Paragon百货公司比不了，但是楼里有空调，转转也无妨。

俄罗斯市场 市场

（Russian Market；Psar Tuol Tom Pong；见66页地图；St 155；⏲6:00~17:00）来金边旅行的游客至少会来一次这个闷热的市场。这里是购买纪念品和打折名牌服装的好地方。不敢说都是真品，但你也肯定能找到当地工厂生产的正品。只需花欧美国家商店价格的五分之一，就能买到Banana Republic、Billabong、Calvin Klein、Columbia、Gap和Next等名牌。

外国人称这里为"俄罗斯市场"是因为20世纪80年代这里聚集了不少俄罗斯摊贩，这里有出售手工艺品和古董（假货居多）的摊位，包括微雕佛像、木雕、槟榔木做的盒子、丝绸、银饰、乐器之类。因为每个月都要跟数以百计的游客打交道，摊贩们都很会要价，所以你一定要狠狠地砍价。

铁棉市场 市场

（ផ្សារថ្មី，Psar Thmei；见60页地图；St 130；⏲6:30~17:30）因为位置和面积的原因，装饰艺术风格的铁棉市场常常又被称为"中央市场"（Central Market），是这座首都城市的地标。巨大的穹顶很像巴比伦神塔，有人说它甚至可以跻身世界十大穹顶。这种设计使市场内通风良好，即使外面阳光炽热，市场内部

购物献爱心

有些商店出售颇有品位的手工艺品和纺织品，收入用于帮助柬埔寨弱势群体。在这样的商店花钱，不仅能买到好东西，还能回馈一点给这个国家，何乐而不为呢？

柬埔寨手工艺品协会（Cambodian Handicraft Association，简称CHA；见54页地图；1 St 350；⏲8:00~19:00）既是陈列室，又是仓库，商品种类丰富，包括因地雷或小儿麻痹症致残者手工制作的优质丝绸服装、围巾、玩具和箱包。

Daughters（见60页地图；www.daughtersofcambodia.org；65 St 178；⏲周一至周六9:00~18:00）这个非政府组织开办了各种项目，如培训和帮助曾经的妓女和性侵受害者。时髦的服装、箱包和配饰用环保棉布制作，并用天然染料染色。

Mekong Blue（见60页地图；www.bluesilk.org；9 St 130；⏲8:00~18:00）专营上丁（Stung Treng）著名丝绸的精品店，致力于扩大妇女权益，出售美丽的围巾、披肩和首饰。

Rajana（见66页地图；www.rajanacrafts.org；170 st 450；⏲周一至周六7:00~18:00，周日10:30~17:00）Rajana是最好的全品种手工艺品店之一，致力于推广薪酬公平和培训。店中出售精美的卡片、古怪有趣的金属制品、首饰、竹制工艺品、可爱的衬衫、美丽的挂画和蜡烛等，你想得到的，应有尽有。在俄罗斯市场有一家**分店**（见66页地图；⏲10:00~18:00）。

仍然凉爽宜人。市场新近在法国政府的帮助下进行了翻修，看着很不错。

这个市场有4条主道，每条主道都挤满了出售金银珠宝、古董硬币、劣质手表、服装等商品的摊位。对于摄影家而言，出售新鲜食物的地方照出来效果最好。西侧主道（面朝Monivong Blvd）上有许多食物摊，是吃午餐的好地方。

铁棉市场无疑是最值得一逛的市场。但是，柬埔寨人都知道，这里的商品大多要价偏高。

夜市 市场

（Night Market；Psar Reatrey；见60页地图；St 108和Sisowath Quay交叉路口；⊙周五至周日17:00~23:00）露天版的俄罗斯市场，比较凉快。只要不下雨，每周五、周六和周日晚上开市。你得使劲砍价，因为要价都特别高。有趣的是，来这儿购物的当地人比外国人多。

Psar O Russei 市场

（见54页地图；St 182；⊙6:30~17:30）比城中几个著名的市场都大，有几百个摊位，出售食物、定制珠宝、进口洁具、二手服装等，无所不包。市场所在的建筑是个巨大的迷宫，从外面看很像个大型购物中心。

Aeon Mall 购物中心

（见54页地图；www.aeonmallphnompenh.com；132 Sothearos Blvd）这家日本人开的购物中心是金边最豪华的商场，有国际精品店、好几处美食广场和规模庞大的餐饮店铺，另外还有带7间放映厅的电影院、溜冰场和一个保龄球场。

Sorya Shopping Centre 购物中心

（见60页地图；St 63和St154交叉路口；⊙9:00~21:00）这家开业已久的购物中心仍然人气很旺，有各类商店、美食广场、电影院。位于市中心，地理位置优越，还可以一览传统风情的铁棉市场景致。

服装、丝绸制品和饰品

虽然当地市场以山寨服装闻名，但俄罗斯市场周边的几家商店有货真价实的品牌服装出售，大部分就产自当地，或者邻国越南。城里还有几家精品店，专营丝绸饰品、漂亮的原创设计服装，以及华丽的饰品。许多商店位于柬埔寨的St 240（这条街之于柬埔寨就如国王路之于伦敦），购物非常便利。

Rehab Craft（见54页地图；1 St 278；⊙9:00~21:00）雕刻、纺织品、钱包、首饰和包，所有商品都出自残疾手工艺人之手，并且通常使用的都是回收材料。

Sobbhana（见60页地图；www.sobbhana.org；23 St 144；⊙8:00至正午和13:00~18:00）由玛利亚公主创办的Sobbhana Foudation是一个旨在让妇女学习传统编织的非营利性组织。店内环境优雅，丝绸制品很漂亮。

Tabitha（见54页地图；239 St 360；⊙周一至周六7:00~18:00）一流的非政府组织商店，出售各种丝绸箱包、餐具、卧室装饰品和儿童玩具。收入用于帮助社区发展，例如帮他们钻井。

Villageworks（见54页地图；www.villageworks.biz；118 St 113；⊙周一至周六8:00~17:00）在监狱博物馆对面，丝绸和箱包是主打，此外还有椰子壳做的器具，制作者是来自磅同省的贫穷残疾艺术家。

Watthan Artisans（见54页地图；www.wac.khmerproducts.com；180 Norodom Blvd；⊙8:00~18:30）位于Wat Than的入口处，出售丝绸和其他商品，如现代图案的手袋。制作者是因地雷或小儿麻痹致残的人。你可以去木雕和纺织车间参观。

Women for Women（WFW；见60页地图；www.womanforwoman.net；9 St 178；⊙7:00~22:00）出售残疾妇女手工制作的枕头、包、围巾、首饰、银器等商品。

Ambre 服装

（见60页地图；☎023 217935；37 St 178；⊙10:00～18:00）一流的柬埔寨时装设计师Romyda Keth使这栋迷人的殖民地时代大宅变成了自己完美的丝绸作品展示室。

Bliss Boutique 服装、彩妆

（见54页地图；29 St 240；⊙9:00～21:00）用轻盈的棉布制作的休闲服、套头衫和男士短裤，另外还出售枕头，以及芳香面霜和精油。

Couleursd' Asie 饰品

（见54页地图；www.couleursdasie.net；33 St 240；⊙8:00～19:00）购买礼物的好地方，出售各种儿童服装、丝织品、造型厚重的首饰、漂亮的背包、小摆设，还有好闻的香皂、乳液、熏香和精油。

DAH Export 服装、童装

（见54页地图；87 Sihanouk Blvd；⊙9:00～21:00）规模最大、最好的服装大卖场，冬季服装特别多（North Face的Gore-Tex滑雪外套只要US$99，有人感兴趣吗？），儿童服装也不少。位置极佳。

Lost 'N' Found Vintage Shop 服装

（见54页地图；http://lostnfoundvintagestore.weebly.com；321 St 63；⊙9:00～20:00）一家二手服装店，出售从城中旧货市场中精挑细选的新潮衣物。主要是女装和配饰。

Paperdolls 服装

（见54页地图；Bassac Lane；⊙周二至周日10:00～18:00）女士购物的好去处，吊带裙、鞋子、时尚墨镜、手包、首饰等，应有尽有。

Spicy Green Mango 服装、童装

（见54页地图；www.spicygreenmango.com；4A St 278；⊙9:00～21:00）购买原创服装和儿童服装的好地方，T恤和怀旧的嬉皮风成年女装也很不错。

Smateria 配饰、童装

（见60页地图；7 St 178；⊙9:00～21:30）这里也出售服装，不过招牌还是用渔网和其他回收材料制作的各类包，包括新奇的儿童背包。在BKK有一家**分店**（见54页地图；8 St 57；⊙8:00～21:00）。

Subtyl 服装、童装

（见54页地图；www.subtyl.com；43 St 240；⊙9:00～19:00）法国人经营的精品服装店，出售个性十足的配饰和女士服装，此外还有适合时尚青少年的Chilli Kids牌服装。

Tuol Sleng Shoes 鞋

（见54页地图；136 St 143；⊙7:30～17:00）监狱鞋店？这家专门定制手工男鞋的店铺名字听起来有点吓人，价格却一点儿也不吓人。隔壁的**Beautiful Shoes**也是家不错的鞋店。

Waterlily 配饰

（见54页地图；37 St 240；⊙周一至周五10:00～19:00，周六9:00～17:00）出售美丽的原创箱包、珠宝、艺术品和玩具——所有商品都是用可回收原料制作的。

艺术品和书籍

St 178沿线、皇家美术大学（Royal University of Fine Arts）对面、St 13和St 19之间，有许多出售当地绘画的商店。随着年轻一代艺术家的崛起，值得购买的作品比从前多多了。这里还有许多出售著名吴哥雕塑仿制品的店铺，买上一件拿回家放在壁炉架上，是很不错的纪念品。一定要讲价。

Artisans Angkor 手工艺品

（见60页地图；12 St 13；⊙9:00～18:00）新开的金边分店，专营经典暹粒雕塑和丝绸制品。

Asasax Art Gallery 艺术品

（见60页地图；192 St 178；⊙8:00～19:30）高端画廊，出售画家Asasax的迷人作品。

Bohr's Books 图书

（见60页地图；5 Sothearos Blvd；⊙8:00～20:00）河边附近的二手书店，小说和非小说类书籍都很全。

D's Books 图书

（见60页地图；7 St 178；⊙9:00～21:00）金边最大的二手书连锁店，书籍种类很全。Norodom Blvd以东还有一家**分店**（见54页地图；79 St240；⊙9:00～21:00）。

Estampe

古董店

（见54页地图；197A St 19；⏲周一至周六10:00~19:00）复制的画像、海报、日记，林林总总，还有老中南半岛的一些独特收藏品，例如图书、地图和明信片等。

International Book Center

图书、配饰

（简称IBC；见54页地图；59 Sihanouk Blvd；⏲8:00~20:00）路上丢了东西？也许可以在这里找到替代品。高品质的耳机、手电筒、泳镜、笔记本、钢笔、运动鞋，等等。

Monument Books

书籍

（见54页地图；111 Norodom Blvd；⏲7:00~20:30）城里书最全的书店，几乎能找到所有跟柬埔寨有关的书，此外还有地图和大量旅游书籍，设在Blue Pumpkin（见71页）的分店与咖啡馆共用Wi-Fi。

Open Book

书籍

（见54页地图；41 St 240；⏲10:00~17:00）由非政府组织经营，实际上是个图书馆，你可以在这里阅读各类英语和法语书。另出售精选的柬埔寨主题的儿童书籍。

Theam's House

手工艺品

（见60页地图；www.theamshouse.com；47 St 178；⏲8:00~18:00）暹粒著名的漆器设计师Theam在old Reyum premises开的一家旗舰店，既传统，又现代。

实用信息

危险和麻烦

➡ 金边不像人们想得那么危险，但还是要当心。武装劫案的确时有发生，但从数据统计的角度来说，你被抢的概率很小。然而，包和智能手机被抢仍是个大问题，当受害者被从自行车或者摩托车上拖拽下来时，经常会受伤。万一你真的被抢，一定不要慌张，而且无论如何不要反抗。镇静地举起双手，袭击者想拿什么就拿走好了。千万不要掏口袋，因为对方可能以为你在掏枪。晚上出门不要带包，以免成为劫匪的目标。

➡ 如果你在白天骑摩托车，有的警察可能会因为微不足道的理由对你罚款，如在有禁止左转标志的路口左转。最过分的情况是，他们会因为你白天骑摩托车开着前灯处罚你——但他们对连晚上都不开前灯的柬埔寨摩托车手视而不见。他们很有可能要求你支付US$5的罚款，并威胁你说，如果不交，到警察局就得交US$20。只要你保持耐心和笑容，通常只需交US$1就能离开了。窍门是他们没注意你的时候就不要先停下来。

➡ 在金边的河边地区，特别是有户外座椅的场所，有许多乞丐出没。铁棉市场和俄罗斯市场也是如此。但是，他们通常不会在人群中推推搡搡。

➡ 雨季（6月至10月）的洪水也是个大问题，倾盆大雨能让某些街道在几小时内成为一片汪洋。

紧急情况

如突发急病，或许有必要转移到曼谷救治。

救护车（☎119，☎英文服务023 724891）

火警（☎高棉语服务118）

警察（☎高棉语服务117）

上网

金边网络建设得很好，几乎所有酒店、客栈、咖啡馆和餐厅都有免费的Wi-Fi。由于无线网络的飞速发展，市区内网吧相对较少，但在主要的背包族聚集地带——St 258、St 278和St 172有几处。大多数网吧能拨打Skype或类似网络电话，VOIP（全称是Voice-Over-Internet Protocol）网络电话费

警告：抢包

抢包案件已经成为金边的大问题，外国人经常成为袭击目标。经常发生抢包案件的地区包括河边和热闹市场周围的繁华地带，但抢包行为并没有固定模式，骑着摩托车呼啸而过的结对抢劫者也是随时随地都有可能出手。不计其数的外国侨民和游客因在被抢时跌下自行车而受伤。2007年，一个法国女子被高速行驶的摩托车拖到机动车道上，导致惨剧发生。随身摆动的包容易被人觊觎，尽量背贴身的包，如双肩背包。脖子上别挂贵重的相机，东西都紧贴身体放着，不能离开视线——在街上行走、过马路或乘坐摩的、三轮摩的时尤其要注意。这些劫匪手法老练，瞅准机会就下手，抢得一票是一票。

用也很便宜。

媒体

《柬埔寨日报》(*Cambodia Daily*)和《金边邮报》(*Phnom Penh Post*)随处可见。内容不仅有当地新闻，还有从网上摘录的国际消息。月刊*AsiaLife*针对住在金边的侨民，列出各种娱乐场所的信息。推荐由**柬埔寨口袋指南**(*Cambodia Pocket Guide*; www.cambodiapocketguide.com)出品的*Drinking & Dining*和*Out & About*两份刊物。《金边游客指南》(*Phnom Penh Visitors Guide*; www.canbypublications.com)提供有用的首都内外旅游信息，此外还有整个城市的详细地图。

医疗服务

在金边，诊所和医院是完全不同的。诊所能应付常见的疾病，但遇到突发急病时，最好去医院。

Calmette Hospital(见46页地图; ☎023 426948; 3 Monivong Blvd; ⏲24小时)当地最好的医院，提供全方位服务，配有重症监护室。

金边皇家医院(Royal Phnom Penh Hospital; 见46页地图; ☎023 991000; www.royalphnompenhhospital.com; 888 Russian Blvd; ⏲24小时)曼谷医院的附属医院。号称设施顶级，费用昂贵。

国际SOS医疗中心(International SOS Medical Centre; 见54页地图; ☎023 216911, 012816911; www.internationalsos.com; 161 St 51; ⏲周一至周五8:00~17:30，周六至正午，急诊24小时)有国际医生坐诊的顶级诊所，收费也不便宜。

Tropical & Travellers Medical Clinic(见60页地图; ☎023 306802; www.travellersmedicalclinic.com; 88 St 108; ⏲周一至周五9:30~11:30和14:30~17:00，周六9:30~11:30)一位英国全科医生开的诊所，十余年来颇受好评。

Naga Clinic(见54页地图; ☎023 211300; www.nagaclinic.com; 11 St 254; ⏲24小时)法国人开的诊所，服务可靠。

European Dental Clinic(见54页地图; ☎023

童妓问题

外籍恋童癖者对儿童施以性虐待是柬埔寨的一个严重问题。恋童癖在柬埔寨是一种犯罪行为，几个外国人因此被投入监狱。在柬埔寨，性犯罪者不可能享受单人牢房。澳大利亚、法国、德国、英国和美国等国家已经立法，确保在国外性侵未成年人的公民在自己的国家受到起诉。

即使像柬埔寨这样的穷国，性侵儿童的问题也日益受到社会关注。为了钱，父母把孩子送给别人抚养，或者让孩子做童妓。人贩子的手法多种多样，性交易问题已经到了不得不解决的程度了。贫困的父母把孩子租出去做乞丐、劳工或小贩，柬埔寨的许多童妓是越南人——她们是被家人从越南卖过来的。一旦成为童妓，她们一辈子都将生活在暴力和虐待之中。为了让童妓对皮条客产生依赖并麻痹她们的精神，老板会让她们服食冰毒或海洛因等毒品。

恋童癖不仅西方社会独有，亚洲游客中也有很多这样的人。问题在于，有些国家的政府不能像西方国家那样严肃对待这个问题。在柬埔寨国内，花钱买处女初夜也是个严重的问题——迷信认为夺取处女的贞操能够强身健体。就算非政府组织能够阻止西方恋童癖者，但本地风俗也会让他们面临更大的挑战。

游客能做到的就是注意外国人的可疑行为。不要视而不见，要把他的名字和国籍等信息提交给相关的大使馆。此外还可以报告给**柬埔寨热线**(☎023 997919)和**ChildSafe**(详见91页)设在**金边**(☎012 311112)、**暹粒**(☎017 358758)和**西哈努克市**(☎012 478100)的保密热线。订房或乘坐公交工具时，看看有没有ChildSafe标志——带有这种标志表示该旅馆或司机反对靠童妓发展旅游业，并且接受过如何识别和应对虐待儿童情况的培训。**End Child Prostitution and Trafficking**(Ecpat; www.ecpat.net)是个全球性组织，旨在消除儿童卖淫、儿童色情作品和以性为目的拐卖儿童的现象。该组织在大多数西方国家都有附属机构。

211363; 160A Norodom Blvd; ⏲周一至周五8:00至正午和14:00~19:00，周六8:00至正午，周日关闭）提供国际标准的牙科服务，声誉良好。

Pharmacie de la Gare（见60页地图；81 Monivong Blvd; ⏲7:00~21:00）这个药店有能讲英语或法语的药剂师。

U-Care Pharmacy（见60页地图；26 Sothearos Blvd; ⏲8:00~22:00）国际范儿的药房，就在河边，所以位置很便利。

现金

美元在金边通用，所以基本不需要将美元兑换成柬埔寨瑞尔。在铁棉市场和俄罗斯市场周边的珠宝摊可以将许多其他外国货币兑换成美元或瑞尔。许多高级酒店提供24小时货币兑换服务，但通常只面向住店客人。到处都有带自动柜员机的银行和货币兑换处，购物中心和超市的汇率不错，河边沿线有几十台自动柜员机。

澳新皇家银行（ANZ Royal Bank；见60页地图；265 Sisowath Quay; ⏲周一至周五8:30~16:00，周六至正午）在全城（包括超市和加油站）都设有自动柜员机，但每笔交易收费US$5。

CAB Bank（见60页地图；263 Sisowath Quay; ⏲8:00~21:00）位置便利，营业时间长。可以兑换多种外币的旅行支票（收取3%的手续费）。银行内设有一个西联（Western Union）办事处——城里别处还有几个。

加华银行（Canadia Bank；见60页地图；St 110和Monivong Blvd交叉路口；⏲周一至周五8:00~15:30，周六至11:30）全城的该银行自动柜员机遍布全市，但需收取US$4手续费。在旗舰分行可兑换多种货币的旅行支票，收取2%的手续费。用万事达卡或维萨卡提取现金免收手续费。该银行也是MoneyGram的代理。

邮局

邮政总局（Central Post Office；见60页地图；St 13和St 100交叉路口；⏲8:00~18:00）所在的经典的殖民时期法式建筑是个地标，就在沃翁正东。

旅游信息

游客信息中心（Visitor Information Centre；见54页地图；Sisowath Quay; ⏲周一至周六8:00~17:00; 📶）位于河边，就在Cahtomuk Theatre附近。虽然提供不了多少信息，但有台能免费上网的电脑，还有免费的Wi-Fi、空调和干净的公共厕所。

ChildSafe（见60页地图；☎023 986601，热线012311112; www.childsafe-cambodia.org; 71 St 174; ⏲周一至周五8:00~17:00）在金边设立中心帮助游客们了解儿童行乞、孤儿院旅行团、雇用童工，以及其他儿童可能面临的风险（各项建议见www.thinkchildsafe.org）。在三轮摩的车身和酒店也可以看到ChildSafe的标志。这个组织致力于保护柬埔寨的儿童。

旅行社

城里有许多旅行社。下面的几家是购买机票和咨询柬埔寨国内游的最佳对象，还能安排当地交通，并提供多种语言的导游。

EXO Travel（见60页地图；☎023 218948; www.exotravel.com; 66 Norodom Blvd）组织前往柬埔寨各个角落和湄公河流域的团队游。

Hanuman Travel（见54页地图；☎023 218396; www.hanuman.travel; 12 St 310）提供多种语言的导游、团队游等。游览线路遍布全国。

Palm Tours（见54页地图；☎023 726291; www.palmtours.biz; 1B St 278; ⏲8:00~21:00）高效的Volak和她的团队是代购长途汽车票（不收手续费）和安排其他交通的好选择。

PTM Travel & Tours（见60页地图；☎023 219268; www. ptmcambodia.com; 200 Monivong Blvd; ⏲周一至周六8:00~17:30）适合购买周边游的机票。

ℹ 到达和离开

飞机

多家国际航空公司的航班抵离金边。在国内航班方面，现在在金边和暹粒间有3个航班。**柬埔寨吴哥航空公司**（Cambodia Angkor Air；见54页地图；☎023 666 6786; www.cambodiaangkorair.com; 206A Norodom Blvd）每天有4~6班航班飞往暹粒（单程US$60起，30分钟）。新加入的竞争者**巴萨卡航空**（Bassaka Air; ☎023 217613; www.bassakaair.com）和**柬埔寨巴戎航空**（Cambodia Bayon Airlines; ☎023 231555; www.bayonairlines.com）也每天至少有一个航班，单程票价US$40起。

船

位于St 104东端的**游船码头**（见60页地图；93 Sisowath Quay）有沿洞里萨河逆流而上前往暹粒，以及沿湄公河顺流而下前往越南朱笃（Chau Doc）的快船。逆湄公河而上前往磅湛和桔井的公共船运几年前就停止运营了。

前往越南：金边到胡志明市

前往边境 越柬边境的**巴域**(Bavet)/**木牌**(Moc Bai)口岸近20年来车辆源源不断。从金边前往胡志明市的最便捷方式就是搭乘国际长途汽车(US$8~13，7小时)。我们推荐乘坐越南长途汽车公司如Sapaco(见本页)的长途汽车，因为如果在边境口岸出现排队等待的情况时，越南的长途汽车可以更快通过。多家公司运营这条线路。

在边境 两个方向排长队的现象都不鲜见，但是如果你提前办理了越南签证(如你真的需要)的话，可以直接放行。

继续前进 如果你没有乘坐国际长途汽车，找到去胡志明市或其他目的地的交通工具也很容易。

很多游客会计划从柬埔寨过境顺路去越南，对中国旅行者来说，建议针对你的行程申请越南签证，或者在网站http://www.visa-vietnam.cn/apply-vietnam-visa申请电子签证，获得电子签证后，在通过飞机入境越南时有专门的办公室可以现场领取，若通过陆路入境则强烈建议在国内办好越南签证。

如今坐快船前往暹粒(US$35，5~6小时)的人不像以前那么多了。原因很简单，坐有空调的长途汽车才花US$6，谁愿意花US$35挤在船顶上呢，乘船体验还是留到别处吧。有些公司的船只在每天7:00开船，当天返回。第一段路是沿着河边的，所以景色很美，但一旦船进入湖里，视野里只有水，连个村庄也没有，乐趣荡然无存。前往暹粒的船在约8月下旬至次年3月下旬运营(其他时间水位太低)。

陆路

长途汽车

如今柬埔寨大多数主要城镇都有往来金边的带空调的长途汽车。长途汽车大多从公司门口发车，而长途汽车公司聚集在铁棉市场周边，或位于Sisowath Quay和St 106的交叉路口附近。提前买票是个好主意，因为这样才能保证你有座位——但也不一定非要如此。

长途汽车的条件并非一样，票价也不相同。Capitol Tour和Phnom Penh Sorya的长途汽车通常是最便宜的；Giant Ibis、Mekong Express和Orient Express 1907的长途汽车更高档，票价也更贵。

长途汽车通常在沿线的主要城镇停靠(以上下乘客)，例如开往暹粒的车停靠磅同、开往马德望的车停靠菩萨、开往桔井的车停靠磅湛。但是，半路下车的人通常也得购买全程票。

另一个热门目的地是胡志明市。

Capitol Tour(见54页地图；☎023 724104；14 St 182)提供从金边至朱笃全程的车船联运服务。8:00出发，行程大约6~7小时。

Giant Ibis(见60页地图；☎023 999333；www.giantibis.com；3 St 106；📶)运营VIP长途汽车和快速客车。前往暹粒的大型长途汽车的座位有足够的腿部空间，车上还有时断时续的Wi-Fi。该公司赢利的一部分用于大朱鹭保护事业。

Gold VIP(见60页地图；☎070 988888；3 St 106)

GST(见60页地图；☎023 218114；13 St 142)

Long Phuong(见54页地图；☎0973110999；274 Sihanouk Blvd)

Mekong Express(☎023 427518；http://catmekongexpress.com；2020 NH5)在河边有一个订票处(见60页地图；Sisowath Quay)。

Olympic Express(见46页地图；☎092 868782；70 Monireth Blvd)

Orient Express 1907(见60页地图；☎090 896666；18 St 108)

Phnom Penh Sorya(见60页地图；☎023 210359；St 217和St 67交叉路口；Psar Thmei地区)

Rith Mony(见60页地图；☎017 525388；24 St 102)开往马德望、贡布、戈公市、磅湛、桔井、拜林、波贝、暹粒、西哈努克市、老挝巴色的双层大巴。

Sapaco(见54页地图；☎023 210300；www.sapacotourist.com；309 Sihanouk Blvd)

Virak Buntham(Kampuchea Angkor Express；见60页地图；☎016786270；St 106)开往暹粒、西哈努克市和戈公的夜班专车。

快速客车

12~14座的快速客车前往热门目的地，如暹粒和西哈努克市。这些客车可以大幅缩短旅途所花费的时间，不过往往很拥挤，行驶速度也非常快，不怎么适合胆小的旅行者。几家大型长途客车公司也运营客车，最出名的是Mekong Express。提前预订是明智的做法。

CTT Net（见60页地图；☎023 217217；223 Sisowath Quay）

Golden Bayon Express（见60页地图；☎023 966968；3 St 126）

Kampot Express（见54页地图；☎077 555123；2

从金边出发的长途汽车

目的地	车程（小时）	票价	运营公司	发车频率
班隆	11	US$12	PP Sorya，Rith Mony	仅上午
泰国曼谷	12	US$18~23	Mekong Express，PP Sorya，Virak Buntham	每天1班
马德望（日间）	5~6	US$5~6	GST，PP Sorya，Rith Mony	每天数班
马德望（夜间）	6	US$8~10	Virak Buntham	每晚4班
越南胡志明市	7	US$8~13	Capitol Tour，Long Phuong，Mekong Express，PP Sorya，Sapaco，Virak Buntham（夜间）	每天15:00前数班
贡布（直达）	3	US$5~6	Capitol Tour，Rith Mony	每天2班
贡布（经白马）	4	US$6	PP Sorya	7:30、9:30、14:45
白马	3	US$5	PP Sorya	7:30、9:30、14:45
戈公	5.5	US$7	Olympic Express，PP Sorya，Virak Buntham	正午之前2~3班
磅湛	3	US$5	PP Sorya，Rith Mony	16:00之前每小时1班
桔井	6~8	US$8	PP Sorya，Rith Mony	6:45、7:15、7:30、9:30、10:30
老挝巴色（经东德岛）	12~14	US$28	PP Sorya	6:45
波贝（日间）	8	US$9~11	Capitol Tour，Gold VIP，PP Sorya，Rith Mony	正午之前班次频繁
波贝（夜间）	7	US$10~11	Gold VIP，Virak Buntham，Rith Mony	每天至少1班
柏威夏市	7	US$10	GST，PP Sorya	仅上午
森莫诺隆	8	35,000r	PP Sorya	7:30
暹粒（日间）	6	US$6~8	多家公司运营	班次频繁
暹粒（VIP）	6	US$13~15	Giant Ibis，Mekong Express，Orient Express 1907	7:45、8:45、12:30
暹粒（夜间）	6	US$10	Gold VIP，Virak Buntham	18:00、20:00、23:00、00:30
西哈努克市	5.5	US$5~6	Capitol Tour，GST，Mekong Express，PP Sorya，Rith Mony，Virak Buntham	班次频繁
上丁	9	US$10	PP Sorya，Rith Mony	6:45、7:30

St 215）

Kim Seng Express（见54页地图；☎012 786000；506 Kampuchea Krom Blvd）去往蒙多基里的森莫诺隆。

Mey Hong Transport（☎023 6372722）可以电话联系接车服务。

Neak Krorhorm（见60页地图；☎092 966669；4 St 108）

Seila Angkor（见60页地图；☎077 888080；43 St 154）

当地交通（合乘出租车、小巴和皮卡车）

合乘出租车和当地小巴从金边出发开往全国各地。开往贡布、白马和茶胶的出租车从**Psar Dang Kor**（见46页地图；Mao Tse Toung Blvd）发车，开往其他地方的拥挤的小巴和出租车大多从**铁棉市场**（见60页地图）西北角发车。

开往越南边境的车辆从位于城南、莫尼旺大桥（Monivong Bridge）东侧的**Chbah Ampeau**出租车停车场发车。出租车要等客满才发车（如果你下午上车，没准得等到第2天才能走），如果没坐满而你又着急走，就得为空座买单。

当地的小巴坐着不舒服，如果有大型空调客车或速度更快的合乘出租车，就没必要乘小巴和皮卡车了。不过，如果你手头不宽裕，这两种交通工具倒是可以省一两美元。

火车

目前柬埔寨没有客运列车，但这样也好，因为火车速度太慢，时速每小时20公里左右。没错，用不了几分钟你就能跑过火车！

为参考起见，我们列出如下信息：金边的火车站位于St 106和St 108的西端，外表看起来是一幢宏伟的殖民时代老楼，但内部残破不堪。铁路经过维修已经可以通行货车，所以兴许在以后什么时候能通客车。

当地交通

因为城市很小，所以金边游览起来很方便。但是近年来交通变得越来越糟糕，早晚上下班高峰期交通拥堵得厉害，特别是两条南北向干道：Monivong和Norodom。

到达/离开机场

金边国际机场（Phnom Penh International Airport，见368页）在金边市中心以西7公里处，经由Russian Blvd可达。

机场到达大厅外面的官方办事处可以为游客安排去往市中心的出租车，价格US$12，三轮摩的费用为统一的US$9。只需往外走1分钟，就能在街上找到三轮摩的（US$5）或摩的（约US$3）。从金边市中心去往机场，出租车/三轮摩的/摩的收费分别为US$10/5/3左右。根据交通状况的不同，通常单程需要0.5~1小时。

自行车

城里某些客栈出租自行车，日租金US$1~2，但你还是先看看拥挤的交通状况再下决心吧。不过，一旦你适应了乱糟糟的交通状况，骑车倒不失为一种四处游玩的有趣方式。也有店铺（见58页）可以出租自行车和山地车。

前往越南：金边到朱笃

结束你的柬埔寨之旅有一条风景绝佳的路线，就是乘船沿湄公河前往金边东南方向约100公里的Kaam Samnor，通过永昌（Vinh Xuong）边境口岸到达越南，再取道一条小运河或陆路继续前往巴萨克河（Tonlé Bassac River）畔的朱笃（Chau Doc）。在朱笃可以继续搭乘陆上和水上交通工具前往湄公河三角洲及越南其他城镇。多家公司经营前往朱笃的旅行线路，有的公司只走水路，也有的水陆联运，价格根据交通工具的速度和服务各不相同。**Delta Adventure**（见60页地图；☎012733191；www.deltaadventure.info；US$19）和Capitol Tour（见92页）8:00从金边出发，全程6~7小时；**Hang Chau**（见60页地图；☎0888787871；US$25）正午出发，全程乘船；而更为高端、速度也更快一点的**Blue Cruiser**（见60页地图；☎023 6333666；www.bluecruiser.com；US$35）在13:30出发；**Victoria Hotels**（见60页地图；www.victoriahotelsasia.com；US$95）每周有船在金边和朱笃的Victoria Chau Doc Hotel之间往返数次。这些公司的船直达朱笃，需时约4小时，包括缓慢的边检。背包客客栈和旅行社提供更便宜的长途车船联运线路。所有的船都从金边的**游船码头**（见60页地图；93 Sisowath Quay）出发。

快速小客车

目的地	车程（小时）	票价（US$）	运营公司	发车频率
马德望	4.5	10~12	Mekong Express，Golden Bayon	每天数班
贡布	2	8~9	Giant Ibis，Kampot Express，Olympic Express	每天3班
白马	2.5	8	Olympic Express	7:15、13:30
森莫诺隆	5.5	11	Kim Seng Express	7:00、7:30、11:00、13:30
暹粒	5	10~12	Golden Bayon，Mekong Express，Mex Hong，Neak Krohorm，Olympic Express，Seila Angkor	每天2~4班
西哈努克市	4	10~12	CTT Net，Giant Ibis，Golden Bayon，Mekong Express，Mey Hong	每天2~4班

小汽车和摩托车

金边的旅行社、客栈和酒店提供租车服务。车型从小汽车（US$25起）到四轮驱动车（US$60起）都有，供你在金边周边驾驶。但如果你想去更远的地方，租金会变得很高。

只要你适应了混乱的交通状况，就可以自由自在地骑摩托车游览金边和周边地区了。

城里出租摩托车的地方不计其数。100cc排量的本田摩托车日租金US$4~7，250cc排量的越野摩托日租金US$12~30。光凭驾照或其他身份证件没用，你得用护照抵押。记住：一分钱一分货，租金高低跟车况好坏成正比。

如果你要开好几天车，有个柬埔寨驾照不是坏事。摩托车出租处可以帮你办理柬埔寨驾照，花费约US$40。理论上，拥有国际驾照也可以在柬埔寨开车（没有的话，一旦遇到麻烦，塞点小钱也能过去）。如果你想购买保险（摩托车出租处有售，每个月US$22左右），必须持有国际或柬埔寨驾照。记得锁好车子，因为经常有偷摩托车的。

Harley Tours Cambodia（见54页地图；☎012 948529；www.harleycambodia.com）为想展现男子气概的人安排骑哈雷摩托游览金边周边的行程，包括在磅湛或白马过夜。可以按日租车，但价格跟豪华汽车租金不相上下。

Little Bikes（见60页地图；☎017 329338；97 St 154）高质量的越野摩托车租金US$18起，排量125cc的摩托车租金每天/周为US$7/30。

Lucky!Lucky!（见54页地图；☎023 212788；413 Monivong Blvd）摩托车日租金US$4~7，租用多天有优惠。越野摩托车租金US$12起。

Two Wheels Only（见66页地图；☎012 200513；www.twocambodia.com；34L St 368）最好的摩托车团队游旅行社，车辆保养情况良好，随时可以开走。摩托车/山地自行车租金每天US$25/5。

Vannak Bikes Rental（见60页地图；☎012 220970；46 St 130）排量600cc、马力强劲的越野摩托车日租金US$15~30，小型摩托车US$5~7。

三轮车

乘坐三轮车是游览城市中心的悠闲方式，不过如果路途较远，三轮车就不是那么方便了。乘坐三轮车观景一天的费用约US$10，可以自己找，也可以通过Cyclo Centre（见64页）安排。短途出行的单程费用与摩的相近。夜深的时候你很少能在路上看到三轮车。

摩的

在外国人经常出入的地方等候的摩的司机通常会说英语，有的还能说点法语。但在其他地方想找个能听懂你要去哪里的司机却很难。大部分短途收费2000r左右，如果你从市区的这头到那头，得花US$1或更多。

柬埔寨人乘坐摩的从不讲价（他们只是支付自己觉得公平的费用），不过外国人应该提前讲好价钱，特别是像河边这样游客聚集的地段或者豪华酒店外。同样，深夜离开夜店的人也应该讲价，免得下车时多花冤枉钱。

许多在客栈和酒店门口等客的摩的司机说一口流利的英语，可以为你做导游。根据目的地不

从金边出发的拼车出租

目的地	价格（US$）	时长（小时）
马德望	55	4.5
贡布	35	3
白马	40	3
戈公	65	4.5
磅湛	35	2.5
磅同	45	3
桔井	50	5
菩萨	45	3
暹粒	70	5
西哈努克市	50	4
茶胶	25	2
越南边界	50	3

同，收费约为每天US$10或更多。

三轮摩的

三轮摩的又称"突突车"（tuk-tuk），是一种带车厢的摩托车，目前是游客在金边的主要交通方式。平均价格是摩的费用的1倍，市中心周边的短途费用US$2，远一点US$3或更多。乘客多的时候，三轮摩的司机可能会多收钱，但不能让他得逞，应按路程长短，而不是按人数给钱（不过4人以上还是要多给US$1左右）。

出租车

出租车价格便宜，每公里才3000r，但别指望能从街头扬手召到一辆。致电**Global Meter taxi**（☎011 311888）、**Choice Taxi**（☎023 888023，010 888010）或**Taxi Vantha**（☎012855000）叫车。

金边周边

金边周边有几个不错的景点，当天即可往返。丝岛交通最方便，骑山地自行车、乘摩的或三轮摩的游览最惬意。前往这里列出的其他景点乘小汽车至少需1小时，乘摩的或三轮摩的需时更长。

洞里巴帝的吴哥古庙、他茅山野生动物救助中心和切瑟山的山顶佛塔相距不远，且全都紧邻NH2公路。去一次可以看其中两个景点（3个都看可能时间有点紧）。这几个景点，往南去茶胶、白马或贡布旅行时也可以顺路游览。

在前往被称为"真正的"柬埔寨城市的磅清扬（Kompong Chhnang）时，可以顺路游览柬埔寨古都乌栋——只需要半天时间就能看完。更远处是基里隆国家公园，在NH4路边，位于金边至西哈努克市大概一半距离的位置。

丝岛（Koh Dach） កោះដាច់

外国人称之为"丝岛"，实际上它是湄公河里的两个小岛，位于日本友谊桥（Japanese Friendship Bridge）东北方向约5公里处。想体验"真正柬埔寨"的人可以花半天的时间自助来这儿游玩。与喧闹拥挤的金边相比，这里简直是世外桃源。

岛名源自岛上的居民，因为居民以丝绸纺织工人为主。你一下船，肯定会有一两个会说点儿英语的妇女向你走来，邀请你去她们家里观看现场纺丝，她们还希望你能买些围巾、纱笼或其他丝绸制品。如果你正好想买丝绸，不妨跟她们去瞧瞧。不想去的话，只需报以微笑并礼貌地拒绝——在岛上游览时，你将看到许多丝绸作坊。

你在岛上还能看到一个五颜六色的现代寺庙群和乡村景色。

ℹ 到达和当地交通

你可以包辆三轮摩的去丝岛游览半日，US$20应该就够了（如果在渡轮码头下车费用更少），但曾经有司机狮子大开口，要价US$40。也可以选择乘坐每日开行的**游船**（每人US$10，最少4人），开船时间是8:30、9:30和13:00，出发地是金边游船码头（见91页）。**Cambocruise**（☎092 290077；www.cambocruise.com；含/不含午餐US$14/22）有每天12:30开往丝岛的船，可选择午餐，另外还提供城中免费接客服务。

或者租一辆山地自行车或摩托车，在岛上自由自在地游览。有3处可乘坐穿行湄公河两岸的渡轮，乘客每人500r，自行车每辆额外收500r。最南端的渡轮码头是最方便的，它能带你去那个更大、更近的岛。穿过日本桥后，沿NH6走4公里，在Medical Supply Pharmaceutical Enterprise前右转，然后马上就能走到一条与湄公河平行的小路，左转，沿路往北约500米就看到渡轮码头了。

摆渡之后，骑行一小截路就能到达那座连接2个小岛的桥。两个岛中较小的那个正式名字为Koh Okhna Tey，又名"湄公岛"（Mekong Island），岛上设施相对完善，有铺设了路面的公路。比较大的那个更加原始，越往岛的北端走感觉越荒凉。

乌栋（Udong） ឧដុង្គ

1618~1866年，乌栋（意即"胜利"）曾为柬埔寨数个朝代的都城，包括诺罗敦国王（King Norodom）在内的数位国王都在此登基。那段时间柬埔寨快要到穷途末路，所以"胜利"只能说是个偏乐观的用词。目前，这里主要的景点是**乌栋双峰山**（ភ្នំឧដុង្គ，Phnom Udong），山上有几座佛塔。山峰两侧的小镇景色秀丽，数不清的椰子树点缀着宁静的乡村。

从NH5过来的游客首先看到的是那个比较大的山头。这个山头叫作**皇家宝库山**（ភ្នំព្រះរាជទ្រព្យ，Phnom Preah Reach Throap）。之所以叫这个名字，据说是因为16世纪有位高棉国王在与泰国交战期间把国库藏到了这里。

从停车场沿着北面的台阶往上走，沿途可以看到一些猴子，到山顶后你看到的第一个建筑是一座现代寺庙，庙里曾经供奉着佛眉、佛牙和佛骨。这些圣物在2013年居然被人肆无忌惮地盗走（后来找了回来）。沿佛塔背后的小路继续沿山脊前行，你会到达排成一线的3座大佛塔。第一座（西北角）佛塔**Damrei Sam Poan**是Chey Chetha二世国王（King Chey Chetha Ⅱ，1618~1628年在位）为安放前任国王Soriyopor的骨灰所建；第二座佛塔**Ang Doung**以彩色柱子装饰，为1891年诺罗敦国王为安放其父安东国王（King Ang Duong，1845~1859年在位）的骨灰所建，但也有人说安东国王真正的长眠之地是在金边的银塔旁边；最后一座佛塔**Mak Proum**是莫尼旺国王（King Monivong，1927~1941年在位）的安息之所。佛塔顶部有四面，以揭路荼（传说中半人半鸟生物）、花朵和大象图案装饰。

走过Mak Proum之后，你继续在丛林里跋涉，会看到一座带水泥顶的石头神殿，里面有一尊坐佛像（我们去参观的时候，佛像非常华丽，头戴水手帽式样的帽子），继续前行会到达一块林中空地，零散分布着几栋建筑，其中有3座小神殿和一座佛塔。第一座神殿叫**Vihear Prak Neak**，围墙破裂，铁皮屋顶，里面有一尊由那伽（naga，多头蛇）守卫的佛坐像（"Prak Neak"的意思就是"由那伽守卫"）。第二座神殿里也有一尊坐佛像。第三座是水泥顶结构的，叫**Vihear Preah Ko**，供奉着一尊Preah Ko（神牛）像。该塑像原作在很久以前就被泰国人带走了。在佛塔附近，红黑色的山狮像守卫着一座带砖墙的现代神殿的入口。

继续沿莲花装饰的水泥路向东南方走，会到达皇家宝库山最吸引人的建筑：**Vihear Preah Ath Roes**。这个小神殿和殿内的佛像是西索瓦国王（King Sisowath）于1911年修建的，但在1977年红色高棉期间被夷为平地。8根巨型石柱支撑的神殿有铁皮屋顶，最近经过重建，20米高的佛像也已重塑。

在通往皇家宝库山的台阶起点，餐馆附近有一座纪念被波尔布特杀害的人的**纪念馆**。馆内有些尸骨，它们是从100多个尸坑（每个尸坑约有12具尸体）拿出来的。1981~1982年挖掘尸坑时还挖出了许多刑具。纪念馆正北的亭子里的壁画生动地记录了红色高棉的暴行。

在皇家宝库山的东南方向有一座比较小的山，山顶有两座建筑和几座佛塔。**Ta San Mosque**清真寺朝西面向麦加。清真寺南边的平原对面是小山**Phnom Vihear Leu**，两个白色的柱子之间有座小庙。小庙右侧的建筑在波尔布特统治期间曾是监狱。小庙左下方是一个被称作**Arey Ka Sap**（អរិយក្សត្រ）的佛塔。

乌栋双峰山在周末会有许多当地人游玩，不过在平日里很安静。无须门票，但不计其数的乞丐和小贩肯定会尽其所能地让你掏出钱来。

食宿

西面通往皇家宝库山的台阶起点处有一个占地面积广阔的**柬埔寨佛教内观禅修中心**（Cambodia Vipassana Dhura Buddhist Meditation Centre；☎联系人Mr Um Sovann 016883090；www.cambodiavipassanacenter.com），可以接受

外国人与得道僧尼共同禅修一日或数日。每天禅修课程7:00~21:00和14:00~17:00。禅修之余可以在藏经阁游览，阁内藏有数十本佛教典籍，还有为数众多的盗版Lonely Planet指南。套间客房以寺庙的标准而言相当舒适，不过没有床垫，充其量只有柳条编的席子，提供早餐和午餐，没有晚餐。在此禅修价格不定，按照自己的心意捐钱，平均每天约US$25。禅修课程是免费的。

北面台阶起点处热闹的停车场周边有几十个食物摊。

到达和离开

乌栋距离金边37公里。可以乘坐Phnom Penh Sorya公司开往磅清扬的长途汽车（10,000r，到乌栋1小时）。司机可以把你放在进入乌栋山的路口，那儿距离乌栋山3公里（摩的4000r）。其他长途汽车公司也有开往乌栋的车。返回时在NH5路边招手拦长途汽车即可。

自行前往的话，沿NH5往北走，离开金边后，在36公里和37公里路标之间的显眼拱门处左转（往南）。

如果你包辆出租车，从金边出发约US$40。白天有摩的司机专门往乌栋送游客，价格约US$15，但不如坐长途汽车，因为路上车多，且尘土飞扬。

洞里巴帝（Tonlé Bati） ទន្លេបាទី

洞里巴帝（门票US$3）是两座吴哥时代的古庙和一个湖滨野餐区的总称。如果前往他茅山和切瑟山，这两座迷人的寺庙还是值得绕道一看的。你可以在这里众多野餐餐馆中任意选一家，然后花上2000r租个汽车内胎在湖里漂流。周末洞里巴帝挤满了当地人，就不要去凑热闹了。

景点

塔布隆寺 印度教寺庙

（តាព្រហ្ម，Ta Prohm）红土的塔布隆寺由阇耶跋摩七世（King Jayavarman Ⅶ，1181~1219年在位）所建，原址是一座6世纪的高棉神祠。寺院主体部分包括5间殿房，每间殿房里都有一个现代的佛像，殿房正面有保存完好的精美浮雕。中心的那个殿里有一个林伽（男根的象征），上面还有红色高棉时期被破坏的痕迹。

宾婆寺 印度教寺庙

（យាយពៅ，Yeay Peau）宾婆寺以Prohm国王的母亲命名，坐落在塔布隆寺北面150米处一个有现代佛塔的院子里。传说Peau生下Prohm，当后者发现自己的父亲是Preah-Ket Mealea国王时，他就离开母亲去跟父亲一起生活。若干年以后，他回到母亲那里，却没有认出她来，反而被她的美貌所吸引，于是向她求婚。Peau反对这桩婚事，但Prohm不肯相信Peau是自己的母亲。为了摆脱Prohm的追求，Peau提议举行一场比赛来决定两人是否结婚。这个比赛的结局见284页。

到达和离开

从金边的独立纪念碑往南走，在NH2公路33公里处右边有指示洞里巴帝的路标。洞里巴帝的入口距离公路1.8公里。

大多数人租车来这儿。从金边出发的摩的/三轮摩的往返US$12/25。加US$5可以前往他茅山，再多加点还可以前去切瑟山。

另一种方法是：乘坐Phnom Penh Sorya公司开往茶胶方向的长途汽车（每天4班，争取搭乘7:00或10:30发车的班次），然后在洞里巴帝和公路的交叉路口下车。但返回金边就麻烦了，最好是提前购买从茶胶开往金边的长途汽车票，否则就乘坐摩的。

他茅山野生动物救助中心（Phnom Tamao Wildlife Rescue Centre） ភ្នំតាម៉ៅ (សួនសត្វ)

这个生活着长臂猿、马来熊、大象、老虎、狮子、鹿和巨大蟒蛇的迷人**野生动物保护区**（成人/儿童门票US$5/2；⏲8:00~17:00）属于一个可持续繁殖项目。这些动物都是从偷猎者或虐待它们的主人手里救下的，得到解救后在这里受到悉心照料。只要恢复健康，它们马上就会被放归大自然。保护区内繁殖着多种世界濒危物种。

保护区位于金边以南，面积很大，以东南亚的标准而言，动物们的生活条件相当不错了。多年来，在国际野生动物非政府组织的帮助下，这里发展迅速，很像一个笼养和放养相结合的动物园。

中心内的长臂猿和马来熊豢养种群是全世界最大的，珍稀的暹罗鳄和大秃鹳数量也很多。其他受欢迎的区域里生活着为数众多的老虎，大象有时会参加刷漆等活动。还有个步行区，里面有短尾猿、鹿和各种小鸟。

在柬埔寨，野生动物很难被人类看到，因为大型哺乳动物生活在这个国家的偏僻地区。他茅山是了解柬埔寨动物的最佳地点。如果你不喜欢动物园，你也许就不会喜欢这个野生动物保护区，但是要知道，这些动物是从偷猎者和盗猎者手中抢救下来的，它们需要一个家。来到这里的游客都会为保护柬埔寨多样而奇妙的野生动物贡献自己的一份小小力量。

团队游

Free the Bears 团队游

（见54页地图；www.freethebears.org，每人US$70，5人及以上团队每人US$50）推出"当一天熊饲养员"的活动，让学生和成人都能更好地了解亚洲黑熊和马来熊。参加者不与熊直接接触，但可以花上一天了解他茅山保护站是如何照顾这里的130多头熊的点点滴滴。提供1~12周的志愿服务工作。

Wildlife Tours 团队游

（☎095 970175；www.wildlifealliance.org；捐款US$150起）野生动物联盟组织了令人兴奋的整日团队游来为他茅山野生动物救助中心筹集资金。捐款者可以与许多被救助的动物互动，包括大象、猕猴、长臂猿，还可以近距离观赏老虎、鳄鱼和可能是世界上唯一一种圈养的水獭。所有收益都投入他茅山的野生动物救助和照料事业。

团队游包括与大象在林中漫步，也可以在并不向公众开放的保护区育婴室喂养各种动物宝宝。

Betelnut Jeep Tours 团队游

（见60页地图；☎012 619924；www.betelnuttours.com；每人US$40）组织带导游的行程，乘敞篷吉普游览他茅山，周二至周六的9:45从金边的Lazy Gecko Guesthouse（见68页）出发。报价含门票、午餐和防尘的围巾。

到达和离开

NH2通往洞里巴帝的路口往南6.5公里处有清晰的路标指明他茅山的方向。保护区距离公路5公里，一条尘土飞扬的道路将二者相连，路边常有老年乞丐。如果你乘坐长途汽车来，可要求司机把你放在路口处，在那儿等客的摩的很快就能把你送到保护区门口。

切瑟山（Phnom Chisor） ភ្នំជីសូរ

切瑟山是一座吴哥时代的古庙（门票US$2），位于茶胶省一处孤零零的山上，山顶有很不错的郊野风光。去切瑟山要么早上早点儿到，要么下午晚点儿到，因为在正午炎炎烈日下爬山非常辛苦。

主庙矗立在山顶东侧。塔由红矾土和砖石建造，横梁为砂岩质，包围整个寺庙的是2.5米宽，有窗户的壁画长廊，部分墙体已经损坏。铭文的历史可以追溯到11世纪，那时这里被称作"Suryagiri"。

切瑟山西边的平原上是**Sen Thmol**（切瑟山脚下）的庙宇，**Sen Ravang**和从前的神池**Tonlé Om**。从切瑟山开始，三者朝着吴哥的方向排成一条直线。900年前在这里举行敬神仪式时，国王、婆罗门以及随从就是从这个方向登上400级台阶。

如果你体力不足，无法登上柏威夏寺或巴戎山（茶胶附近）那样有风景的庙宇，那么切瑟山是你的次优选择。附近有一个现代佛教小庙，那是僧人的居所。

到达和离开

切瑟山位于金边以南大约55公里处。NH2公路他茅山路口以南12公里处的路左侧，有向东指向切瑟山的路标（用高棉语书写）。寺庙离公路4.5公里，路口处有摩的等客。到达方式参见洞里巴帝和他茅山部分。如果你乘坐私人交通工具，就要多花几美元。

基里隆国家公园（Kirirom National Park） ឧទ្យានជាតិគិរីរម្យ

这个被密林遮蔽的高山**公园**（门票US$5）真的可以让你忘却尘世的一切烦恼。位于金边西南方向，开车只需2个小时即达。

蜿蜒的小径穿过松林通往层层叠叠的雨季瀑布，站在悬崖上俯瞰豆蔻山脉（Cardamon Mountains），景色格外壮观。如果你想探险，这个公园里还有很不错的山地自行车路线。

从NH4公路转上一条柏油路，再走10公里可以到达距公园入口不远的一处村庄。再从村庄出发，你有两个选择，沿左边的岔路走50米到公园入口，然后再沿很陡的柏油路走17公里到园区内无人值守的基里隆信息中心（Kirirom Information Centre）；沿右边的岔路和公园边界的一条泥土路走10公里到湛波社区（Chambok commune），这里提供极好的**社区旅游项目**（community based eco-tourism，简称CBET；☎012 698529；mlup@online.com.kh；成人/儿童US$3/1）。两条路是截然不同的体验，建议两条路线都各花一天游览。

保护区

在国家公园园区高处，你会发现许多步行小径和泥土路，通往雨季时的瀑布和湖泊，以及寺庙和废弃建筑，不过你还是需要地图或导游才能前往。金边的一位山地自行车爱好者为公园的小径和道路绘制了相当好的地图，如果可能，建议找一份。

Mr Mik（☎015 810271）是公园护林员和导游，经常在信息中心东北约500米的繁忙停车场附近的烧烤棚出没。可以花US$10，请他带你徒步2小时登上Phnom Dat Chivit（生命终点之山），站在峭壁上远眺西边的象山（Elephant Mountains）和豆蔻山，景色壮美。

湛波社区（Chambok Commune）

湛波CBET的主要乐趣就是4公里徒步观赏3座瀑布（不需要导游）。第2座瀑布下方的水潭可以游泳，第3座瀑布落差高达40米，蔚为壮观。可以租自行车，费用US$1.50，但是用处不大，因为小径的路况非常差。其他的诱人之处包括传统的牛车、一个蝙蝠洞穴和带导游的野外徒步（导游费用每天US$15）。

食宿

Chambok Homestays 家庭寄宿 $

（☎012 938920；每人US$3，家常餐每人US$3）湛波社区的CBET项目提供多处家庭寄宿。

Romantic Waterfall & Cafe 客栈 $

（☎012 733694；www.romantic-cafe.org；房间US$8）湛波社区以南约1公里，有几间设施简单的客房和一个柬埔寨餐馆，但记得提前预订。

★ **vKirirom Pine Resort** 度假村 $$

（☎078 777384；www.vkirirom.com；露营US$20，房间 US$50~230；❄@📶）一家由日本人经营的精致度假村，房型多得令人眼花缭乱，既有超现实的圆管形房，也有简朴而亮眼的开放式高棉藤屋农舍，还有卫浴设施齐全的豪华平房。诱人的开放式餐厅是公园一日游享用午餐的最佳地点。

Kirirom Mountain Lodge 客栈 $$

（☎092 490216；www.kirirom.asia；房间工作日/周末US$40/65；❄📶）这家营业已久的客栈经过金边Plantation所属酒店集团的改造。房间简洁雅致，还有一家供应法国、摩洛哥和亚洲风味菜肴的好餐馆。如果想举办林中派对，可以花US$200包下全部6间房。

Kirirom Hillside Resort 度假村 $$

（☎016 303888；www.kiriromresort.com；房间/平房US$50/65起；❄📶🏊）位于山下，迷人的北欧式的平房散布各处，有些还带阳台，可以俯瞰一个小湖。度假村里有个不错的泳池，一家时好时坏的餐馆，一个动物园，甚至有个塑料恐龙园。值得注意的是：广告中提到的骑马、Wi-Fi、山地自行车出租等服务基本都不靠谱。

到达和离开

从Treng Trayern村可以到基里隆国家公园，NH4从该村穿过，该村在金边西南87公里、西哈努克市东北139公里处。乘出租车从金边或西哈努克市来此，车费都是US$60左右。你也可以乘坐长途汽车，在通往Treng Trayern的路口下车后，乘坐摩的到公园入口，费用很高，每人US$5（到湛波镇费用高一点，如果上到园区费用更高）。强烈建议自己开车或骑摩托车前往。

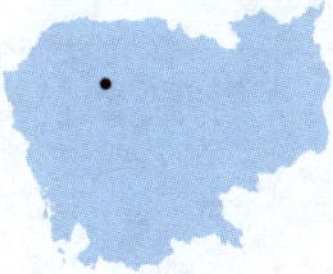

暹粒

☎063 /人口175,000（市区）/ 面积10,299平方公里（全省）

包括 ➡

最佳餐饮

- Cuisine Wat Damnak（见122页）
- Flow（见121页）
- Haven（见117页）
- Marum（见117页）
- Mie Cafe（见121页）

最佳住宿

- Ivy Guesthouse 2（见112页）
- La Résidence d'Angkor（见114页）
- Sala Lodges（见116页）
- Soria Moria Hotel（见115页）
- Viroth's Hotel（见115页）

为何去

以吴哥寺庙群为生命系统的暹粒（សៀមរាប，读为seem ree-ep）注定充满美好的事物。如今它已经重新成为柬埔寨一流的旅游城市，这里既有背包客聚会的去处，也有富丽堂皇的酒店、世界一流的餐馆和奢侈豪华的水疗中心。

对于饱受苦难的高棉人来说，旅游业振兴是件好事，但同时也会使城市变得有些浮华。喧嚣繁华只是表面现象，附近的暹粒省和乡野之美才是真实的柬埔寨。探访水上村庄和珍稀鸟类的保护区，或只是在田野间骑一骑自行车（也可以驾驶四轮摩托车，或骑匹小马）都是躲开车水马龙的好方法。

吴哥值得你细细品味，不适合走马观花，而暹粒是你安排吴哥旅程的基地。以为在寺庙群玩3天就够了？再想想吧，暹粒也值得你去瞧一瞧。

何时去

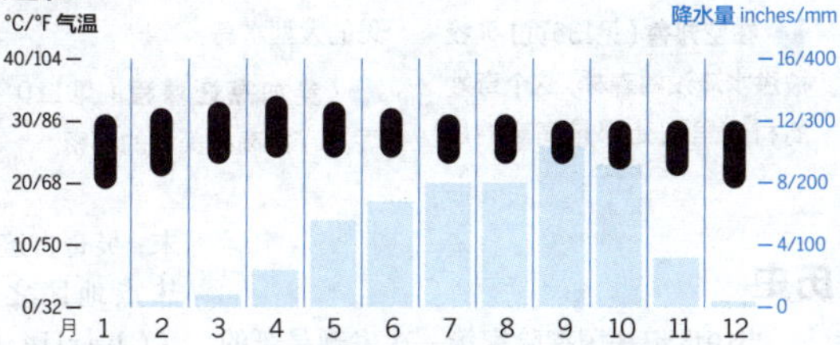

11月至次年3月 如果想避开如织的游客，请避开此旅游旺季。2月有木偶大游行。

4月和5月 热得要命，游览会很辛苦，郊野一片荒芜。

6月至10月 雨季。每逢10月，市中心总会积水一段日子。

暹粒亮点

1 在暹粒夜店聚集的**酒吧街**（见122页）喝上一杯，探索这附近的餐馆和酒吧。

2 在**空邦鲁**（见135页）寻找被洪水淹没的森林，这个奇妙的村庄里到处都是高高的吊脚竹楼。

3 在**普列托尔鸟类保护区**（见133页）邂逅全世界最罕见的大型水鸟。

4 参加**烹饪课程**（见110页），了解高棉美食的秘密。

5 体验高空滑索、骑四轮摩托车、吴哥主题迷你高尔夫、林克斯高尔夫等花样繁多的**活动**（见105页）。

历史

当19世纪法国探险家第一次发现吴哥的时候，暹粒只不过是一个名不见经传的小村庄。1907年泰国将吴哥归还，在柬埔寨（或者说是法国）的控制下，暹粒才开始发展起来，并迎来了第一次旅游热潮。1932年Grand Hoteld'Angkor开业，直到20世纪60年代末，吴哥古迹遗址一直都是亚洲主要的旅游热点地区之一，曾经吸引了查理·卓别林（Charlie Chaplin）和杰奎琳·肯尼迪（Jackie Kennedy）等名人前来游览。战争的爆发和红色高棉使暹粒旅游业进入漫长的停滞期，直到20世纪90年代中叶才开始复苏。

旅游业是暹粒的命脉，如果不精心管理，古迹很有可能走东南亚其他国家和城市的老路：开发商大肆圈地，拆旧建新。好在，有迹象表明开发者已经看清了前车之鉴，对酒店建筑的高度和长途汽车的尺寸都做出了严格的规定。如今吴哥已成为各国游客的梦想之地，暹粒作为吴哥的补给线，发展没有回头路。

景点

游客来暹粒都会去看吴哥寺庙。与吴哥寺庙相比，暹粒市区和其周边的景点相形见绌，但一连看了好几天古代寺庙的游客或许愿意换换口味。即便如此，暹粒最好的景点……嗯，主要也是些寺庙。暹粒周边的那些现代佛塔与吴哥的古代砂岩质建筑相映成趣。

你会发现在暹粒省大城市以外的其他地区，景点甚至更多，包括后起之秀的女王宫区（见131页）和洞里萨湖上的水上村庄（见135页）。偏僻的吴哥时期遗址高布斯滨（Kbal Spean）附近的吴哥保护生物多样性中心（Angkor Centre for Conservation of Biodiversity，见170页），也很值得一去。

★ 吴哥国家博物馆 博物馆

（សារមន្ទីរអង្គរ，Angkor National Museum；见106页地图；☎063 966601；www.angkornationalmuseum.com；968 Charles de Gaulle Blvd；成人/1.2米以下儿童 US$12/6；⏲8:30~18:00，10月1日至次年4月30日 至18:30）吴哥国家博物馆位于去往吴哥的路上，展示了关于高棉文化和雄伟吴哥的艺术品。展品以年代、宗教和皇室为主题，游客所到之处，都会留下深刻的印象。经过简短的介绍后，游客将进入富有禅意的“千佛厅”（Gallery of a Thousand Buddhas），厅内有各种精美的佛像。此外，还有包括扶南和真腊在内的前吴哥时期文物、高棉诸位国王的物品以及吴哥窟和吴哥王城出土的文物和碑文。

博物馆里有触屏式视频、史诗评说，还有欣赏吴哥窟日出全景电影的机会。但是，与位于金边的柬埔寨国家博物馆（见50页）相比，这里的雕塑展品还是有点少。门票US$12有点贵，因为吴哥所有寺庙的通票才US$20。即便如此，对于第一次来柬埔寨的游客而言还是很有帮助的，在出发前往吴哥之前就能在此先对吴哥和高棉王国有所了解。语音导游租金US$3。

吴哥艺术学校 艺术中心

（អាទីសង់អង្គរ，Artisans Angkor-Les Chantiers Écoles；见106页地图；www.artisansdangkor.com；⏲7:30~18:30）免费 暹粒致力于振兴被红色高棉和连年战争摧毁的柬埔寨传统文化。这家学校向贫困青年传授木雕和石雕技术、传统丝绸画、漆器和其他方面的手艺。每天7:30~18:30有带导游的免费团队游，其中会有传统工艺讲解。该学校位于一条小路深处，在Sivatha St街上有指路牌。

学校里还有一家漂亮的商铺，名叫Artisans Angkor（见126页），出售的商品从吴哥时期石像、木像的仿制品到家居装饰品等，应有尽有。学校在吴哥窟对面的Angkor Café所在建筑内设有一家分店，金边国际机场和暹粒国际机场内也有分店。全部利润用于资助学校和让更多的柬埔寨青年人加入培训项目，工匠们拥有20%的股份。

该校还有个丝绸农场（⏲7:30~17:30），出产的丝绸制品如服装、家具装饰品和配饰质量在全国名列前茅。在这儿可以看到真丝生产的全过程，从种植桑树到喂养蚕宝宝，从染色到编织都有。每天都有免费团队游，每天9:30和13:30分别有一趟接送班车从暹粒的学校出发。农场在暹粒以西约16公里处的Puok村里，紧邻通往诗梳风（Sisophon）的公路。

Cambolac 艺术中心

（ខេមបូឡាក់；见134页地图；☎097 843 1790；www.cambolac.com；⏲周一至周六8:00~11:30和13:00~17:00）免费 柬埔寨拥有生产精美漆器的悠久传统，虽然动荡岁月导致一些技艺已被人遗忘。Cambolac是一个社会企业，旨在帮助恢复柬埔寨的漆器传统，创造全新的当代风景。你可以游览工坊，了解更多创作漆器所需要的至臻至善的技艺。这里的多数导游都是听障人士，参观中可以进行一些精彩的交流，还有机会了解一些基本的符号指令。

有一些精美的手工纪念品销售，值得一游。城镇周边店铺的营业时间是9:30~22:30。

高棉陶瓷中心 艺术中心

（មជ្ឈមណ្ឌលស្អាតខ្មែរ，Khmer Ceramics

Centre；见106页地图；☎017 843014；www.khmerceramics.com；Charles de Gaulle Blvd；⏲8:00~19:30）这家陶瓷中心位于去往吴哥的路边，致力于振兴高棉传统陶瓷技艺——在吴哥时期就已经是一种精妙复杂的艺术了。可以参观，也可以亲手在转轮上制作陶胚，传统工艺课程学费US$20，包括陶器和陶瓷颜料。

提供免费团队游，包括吴哥技艺的信息，以及一座新的窑炉博物馆。在Alley West也有一座不用预约即可进入的商店。

和平协会会址

美术馆

（សមាគមនិផ្ទះសន្តិភាព，House of Peace Association；见134页地图；Airport Road；⏲9:00~18:00）皮质的皮影戏（sbei tuoi）是高棉传统艺术形式，同时也是极好的旅游纪念品。形象包括来自《罗摩衍那》（*Reamker*）的神和魔鬼以及身披挂甲的大象。沿着NH6公路往机场方向走约4公里就是和平协会了，这里制作和出售皮影，小件的皮影US$15起，大一点的价格高达US$150。

吴哥寺庙群微缩景观公园

雕塑花园

（គំរូចម្លងចម្លាក់ប្រាសាទអង្គរវត្ត，Miniature Replicas of Angkor’s Temples；见106页地图；16 Slokram District；门票US$2；⏲9:00~17:00）市区有趣的景点之一，位于本地雕塑大师Dy Proeung家的花园里。微缩复制品包括吴哥窟、巴戎寺（Bayon）、女王宫（Banteay Srei）和其他古庙。可以拍张照片，骗朋友说是乘直升机在吴哥上空航拍的——但是眼尖的朋友会发现"航拍照片"里昆虫的比例失调了。神牛寺（Preah Ko Temple）内也有大规模的微雕景观展。

柬埔寨文化村

文化中心

（ភូមិវប្បធម៌កម្ពុជា，Cambodian Cultural Village；见134页地图；☎063 963836；www.cambodianculturalvillage.com；Airport Rd；成人/1.1米以下儿童 US$9/免费；⏲8:00~19:00）或许看起来有点俗气，有点怪，但柬埔寨人特别喜欢这里，带孩子的游客也可以考虑来这里参观。这个柬埔寨文化村试图通过人工再造的房子和村庄展现柬埔寨全貌。游览从一个蜡像博物馆开始，展厅内除了占人、华人、Kreung族和高棉民居外，还有柬埔寨各地标建筑的微缩复制品。

全天都有舞蹈和表演，但是除非带着孩子，否则大多数外国游客对此并不感兴趣。该文化村大致位于暹粒和机场中间的位置。

战争博物馆

博物馆

（សារមន្ទីរប្រវត្តិសាស្ត្រសង្គ្រាម，War Museum；见134页地图；☎097 457 8666；www.warmuseumcambodia.com；Kaksekam Village；含导游 US$5）这里的独特卖点是博物馆鼓励游客操作古老的武器，包括AK-47和火箭发射装置。我们不确定其中有什么健康和安全考量，不过倒是个拍照的好选择。其余的战争垃圾还包括苏联时代的T-54坦克和米格-19战斗机。

带孩子游暹粒

暹粒除了寺庙之外还有许多活动，因此很适合孩子游玩。有些寺庙本身就能够吸引青少年，例如仿佛《夺宝奇兵》（*Indiana Jones*）系列电影背景的塔布隆寺（Ta Prohm）和奔密列（Beng Mealea），宏伟的吴哥窟，还有拥有奇特多面孔的巴戎寺。

其他有可能受孩子喜爱的活动包括在洞里萨湖上乘船游览世外桃源般的水上村庄（见135页）、在酒店或度假村游泳（见105页）、在丛林体验高空滑索（见105页）、骑马或骑四轮摩托车探访乡村（见108页）、去柬埔寨文化村闲逛（见104页）、在Angkor Wat Putt玩迷你高尔夫（见105页）、参观女王宫蝴蝶中心（见132页），或者在暹粒的咖啡馆或餐馆里悠闲地打发时间。冰激凌店或许没那么精致高雅，但孩子们不介意。大点儿的孩子通常对本地风味烧烤餐厅很感兴趣。

Jungle Junction（7 Makara St；⏲11:30~22:00）专为孩子们提供室内、室外的游乐场以及一个小电影院。另提供极好的小餐馆和酒吧，供年纪大些的孩子打发时光。

不要错过

飞翔的长臂猿：吴哥飞索探险

吴哥提供亚洲顶级的滑索体验，不过在乘坐途中实际上是看不见寺庙群的。**吴哥飞索探险**（Flight of the Gibbon Angkor；见138页地图；☎096 999 9101；www.treetopasia.com；Ta Nei Temple附近，Angkor；每人US$109；⏲7:00~17:00）坐落在吴哥保护区内，有10条滑索、21个树顶平台、4座天桥、1个绳降点。在中途的平台上有休息站，可以饱览周边美景。为情侣准备的双座滑索是一大亮点。

安全第一，所以乘坐滑索者从头到尾一直由竖钩挂在索上，全程有清晰的英语指导。该项目中也有环保要素，在周边森林里放养着两只长臂猿，未来可能数量更多。票价包含前往暹粒任一酒店的交通费用，还有在皇家浴池附近游览之前或之后的午餐。滑索距塔内寺（Ta Nei temple）不远，是暹粒和吴哥周边新近增加的一项相当好的活动。可以在www.youtube.com/watch?v=UJzEtKolTrg看到Lonely Planet的体验视频。

沃波 佛教寺庙

（វត្តបូ，Wat Bo；见106页地图；Tep Vong St；☎6:00~18:00）市区最古老的寺庙之一，有保存完好的19世纪末壁画，描绘的是《罗恩可》（*Reamker*，柬埔寨版本的《罗摩衍那》）的场景。

沃里因沙 佛教寺庙

（វត្តព្រះឥន្ទកោសីយ៍，Wat Preah Inkosei；见113页地图；⏲6:00~18:00）位于城市北部，前身是一座吴哥早期砖质小庙，这座砖庙至今仍矗立在院子后面。

沃阿维 佛教寺庙

（វត្តអធ្វា，Wat Athvea；见138页地图；☎6:00~18:00）位于市中心南侧的沃阿维是一座迷人的佛塔，所在地原本是一座古庙。那座古庙目前保存完好，与吴哥地区各大寺庙相比，来这儿的游客少得多，因此傍晚时很安静。

沃密 佛教寺庙

（វត្តថ្មី，Wat Thmei；见134页地图；⏲6:00~18:00）小小的佛塔里供奉着红色高棉受害者的遗骸。庙内有许多渴望练习英语的年轻僧人。

沃达纳 佛教寺庙

（វត្តដំណាក់，Wat Dam Nak；见106页地图；⏲6:00~18:00）前身是西索瓦国王在位时的皇宫，因此得名“dam nak”（意即皇宫）。如今它是**高棉研究中心**（Centre for Khmer Studies；www.khmerstudies.org）所在地。这个独立机构旨在促进世界对高棉文化的深刻理解，附设一个免费图书馆。

活动

暹粒的活动种类多到令人难以置信，既有常规的游泳池、水疗中心和高尔夫球场，也有新奇的高空滑索、骑马、四轮摩托车和吴哥主题的迷你高尔夫课程。

在炎炎烈日下攀爬吴哥寺庙，会累得你汗流浃背，此时如果能在游泳池里泡一泡，那是再惬意不过了。白天你可以在大多数酒店或健身房付费使用游泳池，价格便宜的只要US$5（某些中档酒店），贵的要US$20（五星级酒店）。越来越多的经济型酒店和度假村也修建了游泳池，对疲惫的游客很有吸引力。本地人喜欢周末去西池（Western Baray）游泳。

The Great Escape 挑战

（见134页地图；☎063 506 9777；www.greatescapecambodia.com；C-39 Angkor Shopping Arcade，Airport Rd；每人US$18~25）要想在60分钟内逃离该房间，只能靠你的智慧。那就是The Great Escape的卖点，这里是暹粒的水晶迷宫。可尝试Warehouse of Jack Travis，是一个吴哥主题的神秘屋。

高尔夫

吴哥高尔夫度假村 高尔夫

（Angkor Golf Resort；见134页地图；☎063 761139；www.angkor-golf.com；果岭费US$115）由

Siem Reap 暹粒

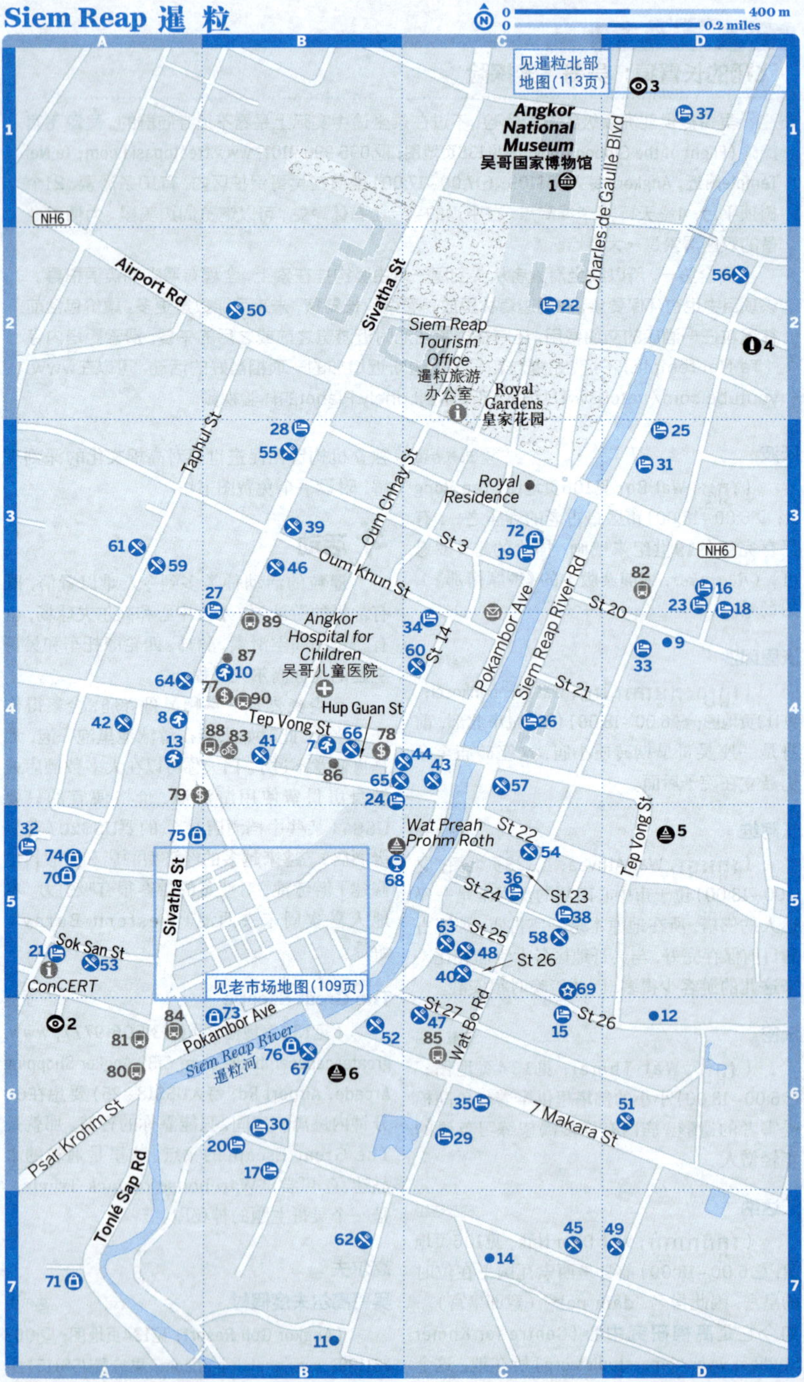
0 400 m
0 0.2 miles
见暹粒北部地图(113页)
Angkor National Museum
吴哥国家博物馆
Charles de Gaulle Blvd
NH6
Airport Rd
Sivatha St
Siem Reap Tourism Office
暹粒旅游办公室
Royal Gardens
皇家花园
Taphul St
Oum Chhay St
Royal Residence
St 3
Oum Khun St
NH6
Pokambor Ave
Siem Reap River Rd
St 20
Angkor Hospital for Children
吴哥儿童医院
St 14
St 21
Hup Guan St
Tep Vong St
Wat Preah Prohm Roth
St 22
Tep Vong St
St 24
St 23
St 25
St 26
Sivatha St
Sok San St
ConCERT
见老市场地图(109页)
St 27
Wat Bo Rd
St 26
Pokambor Ave
Siem Reap River
暹粒河
Psar Krohm St
7 Makara St
Tonlé Sap Rd

Siem Reap 暹粒

重要景点
1 吴哥国家博物馆 C1

景点
2 手工艺学校 A6
3 高棉陶瓷中心 D1
4 吴哥寺庙群
微缩景观公园 D2
5 沃波 D5
6 沃达纳 B6

活动、课程和团队游
7 Frangipani Spa B4
Grasshopper Adventures .... (见48)
8 Helistar A4
9 KKO(Khmer for Khmer
Organisation)Bike Tours D4
KKO Countryside Moto Tour .... (见9)
10 Lemongrass Garden Spa B4
11 Quad Adventure Cambodia B7
12 Sam Veasna Center D6
13 Seeing Hands Massage 4 .... A4
14 Siem Reap Quad Bike Adventure C7

住宿
15 Angkor Village C6
16 Babel Guesthouse D3
17 Downtown Siem Reap Hostel B6
18 European Guesthouse D3
19 FCC Angkor C3
20 Golden Banana B&B B6
21 Golden Temple Villa A5
22 Grand Hotel d'Angkor C2
23 Happy Guesthouse D3
24 Ivy Guesthouse 2 .... B4
25 La Noria Guesthouse D3
26 La Résidence d'Angkor C4
27 Mad Monkey B3
28 Memoire d'Angkor Boutique Hotel B3
29 Petit Villa Boutique C6
30 Rambutan Resort B6
31 Rosy Guesthouse D3
32 Secrets Pavilion A5
33 Seven Candles Guesthouse D4
34 Shinta Mani C4
35 Siem Reap Hostel C6
36 Soria Moria Hotel C5
37 Velkommen Guesthouse D1
38 Viroth's Hotel C5

就餐
39 Angkor Market B3
Armand's .... (见78)
40 Banllé Vegetarian Restaurant C5
41 Blossom Cafe B4
42 Bugs Cafe A4
43 Chanrey Tree C4
44 Common Grounds C4
45 Cuisine Wat Damnak C7
46 Curry Walla B3
47 Embassy C6
FCC Angkor .... (见19)
48 Flow C5
49 Haven D7
50 Japanese Restaurant Genkiya B2
Jungle Burger .... (见48)
51 Kanell D6
52 King's Road B6
53 Kuriosity Kafe A5
54 Le Café C5
55 Lucky Market B3
56 Marum D2
57 Moloppor Cafe C4
58 Pages Cafe C5
59 Sala Bai Hotel & Restaurant School A3
60 Siem Reap Brewpub C4
61 Sugar Palm A3
62 Tangram Garden B7
63 Temple Coffee & Bakery C5
64 The Glasshouse A4
65 The Hive Siem Reap B4
66 The Little Red Fox Espresso B4
67 Wat Damnak BBQs B6

饮品和夜生活
68 Barcode B5
Nest .... (见27)

娱乐
69 Apsara Theatre C5
La Noria Restaurant .... (见25)
Plae Pakaa .... (见2)

购物
70 Angkor Night Market A5
Artisans Angkor .... (见2)
71 IKTT A7
72 McDermott Gallery C3
73 Monument Books B6
74 Nyemo A5
75 Rajana A5
Samatoa .... (见48)
76 Siem Reap Art Center B6

实用信息
77 ABA Bank B4
78 澳新皇家银行 B4
79 加华银行 A4

交通
80 Giant Ibis A6
81 Gold VIP A6
82 Golden Bayon Express D3
83 Green e-bikes B4
84 GST A6
85 Hang Tep C6
86 Helicopters Cambodia B4
87 Helistar B4
88 Mekong Express B4
89 Nattakan B4
90 Orient Express 1907 .... B4
Sapaco Transport .... (见81)
Virak Buntham .... (见84)

著名英国高尔夫选手Nick Faldo设计的高尔夫球场设施一流，服务水平也一流。加上租用球杆和推车、雇球童及其他一切的费用高达US$175。

Angkor Wat Putt 迷你高尔夫

（☎012 302330；www.angkorwatputt.com；成人/儿童 US$5/4；⏲7:30~22:00）对待高尔夫球一丝不苟的人来这里肯定会疯掉，这块当地种植的迷你球场与城外的大型球场有着显著差异。在微缩寺庙和充满创意的障碍间找寻那14个球洞吧。一杆进洞的话可以获得啤酒奖励。

Phokheetra Country Club 高尔夫

（☎063 964600；www.sofitel.com；果岭费US$100）这家俱乐部每年都会举办亚洲公开赛，修剪整齐的球道和草地中间有一座古代的吴哥桥梁。

骑马

Happy Ranch 骑马

（见134页地图；☎012 920002；www.thehappyranch.com；1小时/半天 US$28/59）忘掉狂野西部吧，在“狂野东方”试试身手。该马场让你能够骑在马背上游览暹粒、周边村庄和地处荒僻的寺庙——这是游览乡村、远离尘嚣的好方法。经过沃阿维（Wat Athvea，见105页；院子里有座现代佛塔的古庙）和沃奇迪（Wat Chedi；位于洞里萨湖附近一片冲积平原上的一座庙）的路线都很受欢迎。这里为儿童和初学者提供骑马课程。直接与店方预订，价格最优惠。

按摩和水疗

足部按摩是暹粒的热门活动，因为人们在攀登了吴哥寺庙陡峭的台阶之后，往往都会筋疲力尽。老市场西北一带有六七家按摩院，价格每小时US$6~8。其中有些按摩院的手法更正宗，建议先打听一下口碑或者多多观察。

想体验另类足部按摩的，可以大胆尝试鱼疗：把双脚放入一个满是小鱼的池子里，它们会把你脚上的死皮吃掉。有人超级喜欢这个，但也有人无法忍受。第一家鱼疗按摩院开在吴哥夜市，但“山寨版”已经在城里遍地开花，酒吧街（Pub St）和老市场周边就有十多家。

Bodia Spa 水疗

（见109页地图；☎063 761593；www.bodia-spa.com；Pithnou St；⏲10:00至午夜）这家位于老市场附近的高级水疗中心提供各种按摩、擦背和天然疗法，包括独家配方制作的精油和药膏。

Bodytune 水疗

（见109页地图；☎063 764141；www.bodytune.co.th；293 Pokambor Ave；⏲10:00~22:00）这家生意火爆的泰式水疗中心面积很大，位于河边，是你放松身心的好地方。

Frangipani Spa 水疗

（见106页地图；☎063 964391；www.frangipanisiemreap.com；615 Hup Guan St；⏲10:00~22:00）在小巷深处，提供按摩和各种水疗服务。

Krousar Thmey 按摩

（见113页地图；www.krousar-thmey.org；Charles de Gaulle Blvd；按摩 US$7）🍃这里的按摩师是盲人，店内附设免费的洞里萨展览（Tonlé Sap Exhibition），其中包括有一个名为“暗中游览”（Seeing in the Dark）的互动展览，能体验盲人的感觉，会有一名有视力缺陷的学生引导你。

Lemongrass Garden Spa 水疗

（见106页地图；☎012 387385；www.lemongrassgarden.com；105B Sivatha St；⏲11:00~23:00）地处市中心的时髦水疗场所，各种服务价格合理。

Seeing Hands Massage 4 按摩

（见106页地图；☎012 836487；324 Sivatha St；风扇/空调 每小时 US$5/7）🍃培训盲人按摩师。认准这家店铺，别误入“山寨”店，因为有些同类店只不过是压榨盲人罢了。

四轮摩托车

Cambodia Quad Bike 探险游

（见134页地图；☎012 893447；www.cambodiaquadbike.com；1小时/半天 US$30/100）可骑四轮摩托车游览暹粒周边的乡村，有日出和日落两个骑行时段可选择。

Psar Chaa 老市场

0 100 m
0 0.05 miles

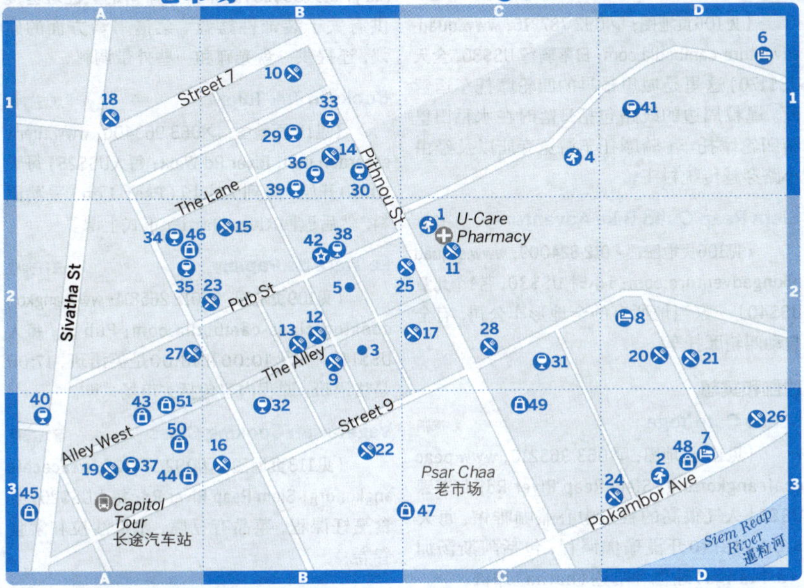

Psar Chaa 老市场

活动、课程和团队游

1 Bodia Spa......C2
2 Bodytune......D3
3 Cambodian Cooking Cottage......B2
4 Camouflage......C1
5 Le Tigre de Papier......B2

住宿

6 Prohm Roth Guesthouse......D1
7 Shadow of Angkor Guesthouse......D3
8 Steung Siem Reap Hotel......D2

就餐

9 Amok......B2
10 Belmiro's Pizzas & Subs......B1
11 Blue Pumpkin......C2
12 Cambodian BBQ......B2
13 Chamkar......B2
14 Dakshin's......B1
15 Il Forno......B2
16 Joe-to-Go......B3
17 Khmer Kitchen Restaurant......C2
18 Le Malraux......A1
Le Tigre de Papier......(见5)
19 Little Italy......A3
20 New Leaf Book Cafe......D2
21 Olive......D2
22 Psar Chaa......B3
23 Red Piano......B2
24 Sister Srey Cafe......D3
25 Soup Dragon......C2
26 Swenson's Ice Cream......D3
27 The Sun......A2
28 Viva......C2

饮品和夜生活

Angkor What?......(见5)
29 Asana......B1
30 Charlie's......B1
31 Laundry Bar......C2
32 Linga Bar......B3
33 Long's Bar......B1
34 Malone's......A2
35 Mezze Bar......A2
36 Miss Wong......B1
37 Picasso......A3
38 Temple Club......B2
39 The Yellow Sub......B1
40 X Bar......A3
41 YOLO Bar......D1

娱乐

42 Temple Club......B2

购物

43 Bambou Indochine......A3
44 Blue Apsara......A3
45 Mekong Quilts......A3
46 Mooglee......A2
47 Psar Chaa......C3
48 Rehab Craft......D3
49 Senteurs d'Angkor......C3
50 Smateria......A3
51 Spicy Green Mango......A3

Quad Adventure Cambodia
探险游

（见106页地图；☎092 787216；www.quad-adventure-cambodia.com；日落骑行 US$30，全天US$170）这里是城里最早的四轮摩托车运营商。暹粒周边的线路包括日落时在水稻田里骑四轮摩托车、骑摩托车游览寺庙以及经由小路穿越传统村庄。

Siem Reap Quad Bike Adventure
探险游

（见106页地图；☎012 324009；www.srquadbikingadventure.com；1小时 US$30，带1个儿童US$40）一家当地所有的全地形车公司，有全自动四轮摩托车。

瑜伽和冥想

Peace Cafe Yoga
瑜伽

（见113页地图；☎063 965210；www.peacecafeangkor.org；Siem Reap River Rd；每节课US$6）人气很高的社区中心兼咖啡馆，每天8:30～18:30开设瑜伽课程，包括阿斯汤加（ashtanga）瑜伽和哈达（hatha）瑜伽。

课程

暹粒的许多餐馆和酒店都开设烹饪课程，包括许多高端场所，你可以借此了解柬埔寨美食的秘密。

Cambodian Cooking Cottage
烹饪课程

（见109页地图；☎077 566455；www.restaurant-siemreap.com；Champey Restaurant，The Alley；每人US$25）这个经验丰富的烹饪班会提供有关于装饰性摆盘、菜谱书籍方面的建议，还提供一盘光碟和一些外带调料。

Cooks in Tuk Tuks
烹饪课程

（见113页地图；☎063 963400；www.therivergarden.info；River Rd West；每人US$25）每天10:00开始，先到大市场（Psar Leu）采购原料，然后返回River Garden正式上课。

Le Tigre de Papier
烹饪课程

（见109页地图；☎012 265811；www.angkor-cooking-class-cambodia.com；Pub St；每人US$14）每天10:00和13:00是英语班，17:00是法语班。课程内容包括去市场采购。

Vegetarian Cooking Class
烹饪课程

（见113页地图；☎092 177127；peacecafeangkor.org；Siem Reap River Rd；每人US$20）素食烹饪课程，菜品有豆腐、木瓜沙拉和素食春卷。

暹粒的搏击之夜

如果说巴戎寺中浅浮雕中所描绘的武术场景激励了你，让你想要学习一些招式，可以联系**吴哥搏击俱乐部**（Angkor Fight Club；见134页地图；☎095 839725；www.angkorfightclub.com；私人/团体课程US$15/$5），参加价格十分合理的拳击或综合格斗课程，有国际教练。

也可参加Bokator课程，这是一种古老的高棉武术，翻译过来就是"狮子拳"，一代宗师San Kimsean创办的**Bokator Cambodia**（☎012 820330；www.bokatorcambodia.com）学校中，提供培训通过等级腰带考试的住校课程。

团队游

大部分游客来暹粒是为了游览吴哥寺庙，不过并非所有的运营商的项目都一样。预订前一定要询问清楚。非寺庙团队游包括两轮自行车或摩托车探险，也有一些美食之旅。

吴哥及周边团队游

Beyond
观光

（www.beyonduniqueescapes.com）是一个负责任的运营商，提供到奔密列和空鲁邦的团队游，也有骑行之旅和烹饪课程。

Buffalo Trails
观光

（☎012 297506；www.buffalotrails-cambodia.com）环保生态旅游团，以及探索暹粒周边的生活方式。

Indochine Exploration
观光

（www.indochineex.com）环保经营梅克雷的皮划艇项目，以及一些到偏远寺庙的团队游。

Terre Cambodge
观光

（☎077 448255；www.terrecambodge.com）经营吴哥周边偏远景点的团队游、自行车团队游，以及洞里萨湖上的乘船之旅。

骑行团队游

暹粒周边的美丽乡村是骑自行车和摩托车探险的完美选择。

Camouflage 自行车游

（见109页地图；☎012 884909；www.camouflagecambodia.com；37 New St A；团队游US$25~85）这个专业的自行车团队游运营商有10种团队游项目可供选择，可前往寺庙、偏远景点和美丽的乡村。可选择家庭骑行项目，挑战荔枝山（Phnom Kulen）和奔密列探险。

Grasshopper Adventures 自行车游

（见106页地图；☎012 462165；www.grasshopperadventures.com；586 St 26；每人US$39起）安排参与者骑自行车游览暹粒周边乡村。此外还组织专门的寺庙骑车团队游，以及去往奔密列的长途游览项目。

KKO（Khmer for Khmer Organisation）Bike Tours 自行车游

（见106页地图；☎093 903024；www.kko-cambodia.org；St 20和Wat Bo Rd交叉路口；团队游US$35~50）组织以慈善为目的的吴哥周边或西池周边乡村地区的骑行，收入会捐给为教育和职业培训提供支持的Khmer for Khmer Organisation。

PURE! Countryside Cycling Tour 自行车游

（http://www.puredreamcentre.nl/en/community/4509-pure-bicycle-tour.html；每人US$25）半日团队游能让你了解暹粒周边的百姓生活，费用包括在一户当地人家里吃午饭。收入全部用于支持基础教育和技能培训项目。

美食团队游

柬埔寨食物现在已很有名气，有一些出色的美食团队游，可以让你对暹粒的饮食有所了解。Cambodia Vespa Adventures的夜晚美食团队游（After Dark Foodie Tour）对于那些想将摩托车骑行同美食体验融合起来的游客来说，是一个极佳选择。

Siem Reap Food Tours 美食游

（☎012 505542；www.siemreapfoodtours.com；每人US$75）由一位经验丰富的苏格兰裔大厨经营，他喜欢单人喜剧表演，还是一位美国美食作家。这里的团队游能让你体验到迷人的美食。可选择清晨的项目，去当地的菜市场和Preah Dak的naom banchok面条小摊；也可以选择晚上的项目，领略路边摊和当地烤肉餐厅的魅力。

> **支持暹粒的负责任的旅游业**
>
> 许多来到暹粒的游客在参观寺庙和周边景点之余，也想为当地社区尽一份力。**ConCERT**（见106页地图；☎063 963511；www.concertcambodia.org；560 Phum Stoueng Thmey；⏲周一至周五9:00~17:00）总部位于暹粒，致力于建立起暹粒-吴哥地区游客和当地慈善项目之间的桥梁。该组织提供从生态旅游到志愿服务等各种信息。

摩托车团队游

要前往乡村地区，绝大多数的柬埔寨人仍然会使用摩托车。“入乡随俗”这句俗语也适用于暹粒，所以考虑一下参加摩托车探险，深入柬埔寨的乡村地区吧。也可以和暹粒任何一位会讲英语的摩托车骑手定制摩托车之旅，这比参加有组织的观光项目便宜很多。

Cambodia Vespa Adventures 观光

（见134页地图；☎012 861610；www.cambodiavespaadventures.com；团队游每人US$60~99）新式的黄蜂牌（Vespa）小型摩托车比一般的摩托车要好很多，而且是一个探索寺庙群的很舒服的方式，可以了解当地乡村的生活，或者在天黑后品尝街头食物，这家公司配备的都是精通当地信息的出色的当地导游。

Khmer Ways 观光

（见134页地图；☎088 606 3374；www.khmerways.com；团队游US$60~95）在Khmer Ways实现你的梦想吧，或者至少尝试一下驾驶本田梦幻摩托车。可选项目有乡村观光，去往奔密列的长途骑行，和去荔枝山的丛林路途探险。

KKO Countryside Moto Tour 观光

（见106页地图；☎093 903024；www.kko-cambodia.org; St 20; 费用乐捐 US$30~60）找个正当理由骑摩托车穿越暹粒的历史吧，这里的项目可以让你远离游客集中的路途，前往吴哥偏远的寺庙，以及真正的乡村地区。这里的所有收入都用来支持教育和假日培训。

住宿

就住宿场所的多样性而言，暹粒是柬埔寨最好的城市。家庭经营的客栈数量不计其数，价格为US$3~20，适合预算不多的旅客。想住中档价位酒店的人可以选择高级客栈或小型酒店，客房最低US$20。

各经济型客栈派出来拉客的人聚集在出租车停靠站和机场。尽管你自己都还没决定到暹粒后住哪儿，但也会有人举着有你名字的大牌子——不要吃惊，金边的客栈要么跟这儿的客栈有合作关系，要么就是把你的名字"卖"给其他客栈了。跟着那个人走，你可以免费坐他们的车前往酒店。到达以后，如果你对酒店不满意，可以不住，但他们会管你要至少US$2的乘车费。

暹粒现在已经有了大量的背包客青年旅舍，以及为装备较豪华的背包客准备的设施，但是你得记住，有些地方的铺位花费跟柬埔寨人经营的客栈中的私人房价格一样（或者更贵）。

现在暹粒的中档酒店很多，条件也都不错。其中大部分可以去机场或码头免费接送客人。

许多高级酒店加收10%政府税和2%旅游税，有时还要加收10%服务费，但房费含早餐。11月至次年3月是旅游旺季，大多数酒店都需要提前预订，特别是那些生意火爆的酒店。

淡季（4月至9月），有许多酒店提供特价，如两人费用住三人，还会有30%~50%的大幅折扣等。高级酒店的价格通常有旺季和淡季之分。

城里客栈和酒店已经超过600家，到处都有好的住宿。回扣的诡计在暹粒无处不在，所以你要保持警惕。

老市场地区（Psar Chaa Area）

老市场是城里最热闹的地区，餐馆、酒吧和精品店鳞次栉比。住在这里很有趣，但不够安静。

★ Ivy Guesthouse 2 客栈 $

（见106页地图；☎012 800860；www.ivy-guesthouse.com；Psar Kandal St；房间US$6~15；❄@📶）一个富有生气的迷人客栈，大堂和酒吧都很凉爽，餐厅的饭菜跟城里其他客栈的一样好吃，素食种类很多，而且还有US$1的"周五西班牙小吃日"。

Downtown Siem Reap Hostel 青年旅舍 $

（见106页地图；☎012 675881；www.downtownsiemreaphostel.hostel.com；Wat Dam Nak地区；铺US$6~8，房间US$12~18；❄📶🏊）考虑到花园里的小泳池，这里的价格会显得特别诱人。价格更高的宿舍或客房里有空调。非住客花US$6买些食物和饮品也可以在这里游泳。

Prohm Roth Guesthouse 客栈 $

（见109页地图；☎012 466495；www.prohmroth-guesthouse.com；Wat Preah Prohm Roth附近；房间US$12~33；❄@📶）在一条与Wat Preah Prohm Roth平行的小巷深处，但地段还算是中心位置。员工态度友好，房型很多，包括三人间和四人间。可以免费去机场、码头或长途汽车站接客人。

Shadow of Angkor Guesthouse 客栈 $$

（见109页地图；☎063 964774；www.shadowofangkor.com；353 Pokambor Ave；房间US$15~25；❄@📶🏊）位于一栋俯瞰河面的法国殖民地时代老建筑内，员工友好，房间价格优惠，还有空调，环境极好。最近刚进行过大规模翻修，因此成为中档市场中较低水平的不错选择，河对面的分店中附设有一个游泳池。

Steung Siem Reap Hotel 酒店 $$

（见109页地图；☎063 965167；www.steungsiemreaphotel.com；老市场附近；房间US$65起；❄@📶🏊）高高的天花板、遮光百叶窗和铁艺阳台——这家酒店很符合老市场一带的法国殖民地气息。三星级的客房以俏皮的木质包边为装饰，就位置而言可称得上无人能敌。

Golden Banana B&B 客栈 $$

（见106页地图；☎063 761259；www.golden-banana.com；Wat Dam Nak地区；标单/双

North Siem Reap 暹粒北部

North Siem Reap 暹粒北部

景点

1 沃里因沙 B2

活动、课程和团队游

2 Cooks in Tuk Tuks A3
3 Krousar Thmey A1
Peace Cafe Yoga .... （见10）
Vegetarian Cooking Class .... （见10）

住宿

4 Hanuman Alaya A2
5 River Garden A3

就餐

6 Angkor Palm A1
7 L'Oasi Italiana B2
8 Mahob A2
9 Mie Cafe A2
10 Peace Café A3
11 Touich B2

娱乐

12 Beatocello A1

购物

13 AHA Local Handicraft Market A1

US$30/34；）这家民宿就是从前的Golden Banana，位于一座寺庙风格的迷人楼阁中，陈设是中国和高棉混合风格。房费包括早餐，旁边的副楼是为了防止客满而准备的。

Rambutan Resort 度假村 $$

（见106页地图；063 766655；http://rambutans.info；Wat Dam Nak地区；房间US$49～89；）之前曾属于Golden Banana B&B集团的一部分，（Golden）Banana Republic现已拆散，于是就有了这座极富氛围的度假村，欢迎同性恋游客。客房宽敞时尚，能眺望到庭院里迷人的游泳池。

Sivatha St地区

在Sivatha St西侧的区域有许多经济型客栈和中档价位的精品酒店。

Mad Monkey 青年旅舍 $

（见106页地图；www.madmonkeyhostels.com；Sivatha St；铺US$7～9，房间US$16～26；）这家经典的背包客客栈是暹粒以"Monkey"为名的住宿行业先驱，有几间宿舍，也为注重隐私的房客提供性价比不错的客房，屋顶酒吧不容错过，而且这里还靠着沙滩！

Funky Flashpacker 青年旅舍 $

（见134页地图；070 221524；www.funkyflashpacker.com；Funky Lane；铺US$7，房间US$16～35；）这家高档青年旅舍环境时尚——楼下庭院里整个是一个游泳池，会定期举办水球比赛。是一家极好的青年旅舍，不过对于想休息的派对狂人来说却不是太好，因为这里总是很吵。

Garden Village 客栈 $

（见134页地图；012 217373；www.gardenvillageguesthouse.com；434 Sok San St；铺US$4，房间US$8～25；）传统的背包族客栈，是城里最便宜的住处之一，也是你结识其他旅行者的好地方。有70间客房，还有价格划算的有8张床位的宿舍铺位，只要US$4。黄昏时，屋顶酒吧十分热闹。

Golden Temple Villa 酒店 $$

（见106页地图；012 943459；www.goldentemplevilla.com；房间US$15～40；）这家

最近刚搬迁新址的酒店长期以来一直深受游客喜爱。楼下是餐厅兼酒吧，还慷慨地提供各种免费服务，如1小时的按摩，Temple Club（见124页）的舞蹈表演等。合作的Golden Temple Residence也相当赞，内有四星级的夜生活场所。

Secrets Pavilion 精品酒店 $$

（见106页地图；www.secretspavilion.com；120 Angkor Night Market St；US$25~75；）这家时髦的当代风格酒店物超所值，其中的客房装饰有一些令人印象深刻的来自吴哥窟浅浮雕的图案，也有一些奢华的丝绸装饰。这里价格上标榜为“都市精品酒店”，正处于上升势头。

Memoire d'Angkor Boutique Hotel 精品酒店 $$

（见106页地图；063 766999；www.memoiredangkor.com；Sivatha St；US$65~150；）位于很受欢迎的Sivatha St区域的中心位置，风格上在向吴哥遗产致敬，陈列有一些极好的当地漆器艺术品。彩色色调的客房面积宽敞，采用当代风格，附设有一座诱人的游泳池，可供结束了寺庙群游览的人们休憩。

河边和皇家花园（Riverfront & Royal Gardens）

这里是城里的“高端”地区，是皇室成员的宅邸、豪华宾馆和精品度假村所在地。

Rosy Guesthouse 客栈 $

（见106页地图；063 965059；www.rosyguesthouse.com；Stung Siem Reap Rd；房间US$9~35；）老板是英国人，13间客房都有电视和DVD机。楼下是个热闹的小酒馆，提供美味的食物，也经常举办活动以支持社区事业，包括受欢迎的问答之夜。

La Noria Guesthouse 客栈 $$

（见106页地图；063 964242；www.lanoriaangkor.com；Siem Reap River Rd；房间US$49~69；）这家经营已久的可爱客栈坐落于一个茂密的热带花园内，带一个漂亮的游泳池。房间按传统风格装饰，有阳台，但没有电视和冰箱。姐妹酒店Borann和这里几乎一模一样。房价因季节而异。

★ La Résidence d'Angkor 度假村 $$$

（见106页地图；063 963390；www.residencedangkor.com；Siem Reap River St；房间US$220起；）城里最有品位、最迷人的酒店，54个房间都以木质为装饰主题，带露台和大型按摩浴缸。迷人的游泳池特别适合戏水。新建的客房楼格外现代化，豪华的Kong Kea Spa同样时尚。

Shinta Mani 度假村 $$$

（见106页地图；063 761998；www.shintamani.com；Oum Khun St；房间US$140~305；）这家当代风格的时尚度假村由著名建筑师比尔·班斯利（Bill Bensley）设计，有迷人的泳池，Shinta Mani Club提供更为高档的客房。由于为环保旅游业做出了贡献，该酒店曾获得过国际奖项，定期会举办名为“柬埔寨良品”（Well Made in Cambodia）的集市。

Grand Hotel d'Angkor 酒店 $$$

（见106页地图；063 963888；www.raffles.com；1 Charles de Gaulle Blvd；房间US$220起；）这个古老的饭店自1932年开业以来，接待过的名人包括查理·卓别林、查尔斯·戴高乐、杰奎琳·肯尼迪和比尔·克林顿。环境古典优雅，你甚至能想象到殖民地时代住在这里是什么样子的。客房内也洋溢着经典的气息，浴室里摆放着种类多得惊人的免费洗漱用品。

FCC Angkor 精品酒店 $$$

（见106页地图；063 760280；www.fcccambodia.com；Pokambor Ave；房间/套US$95/150起；）这家时髦的酒店外观绝不逊色于任何欧洲国家首都的时尚精品酒店。房间内有大浴室、柬埔寨丝绸制品和信号遍及全酒店的Wi-Fi。此外还有铺着黑色瓷砖的游泳池和一个水疗中心Visaya Spa。对于那些想看日出的人，4:30起还有免费的客房早餐提供。

沃波路地区（Wat Bo Rd Area）

这个新兴地区的特色是拥有一些对社会负责任的客栈，同时也有几个时髦的精品酒店。与Wat Bo Rd北端平行的一条小巷里聚集着多家客栈，是适合没有预订房间的游客的好去处。

Babel Guesthouse
客栈 $

（见106页地图；☎063 965474；www.babel-siemreap.com；738 Wat Bo Village；房间含早餐US$18~33；❄@📶）🍃这家挪威人经营的客栈坐落在一个气氛悠闲的热带花园里，服务质量和设施水平比附近的经济型住宿更胜一筹，房价含早餐。客栈老板是负责任旅游的坚定支持者。

European Guesthouse
客栈 $

（见106页地图；☎012 582237；www.european-guesthouse.com；566 Wat Bo Village；铺US$7，房间US$22；❄@📶🏊）🍃客房布置得体，员工友好，花园里现在配备了一个游泳池，可以去放松身心。客栈是本地非政府组织Childsafe和ConCERT的成员，参与White Bicycles等项目。

Happy Guesthouse
客栈 $

（见106页地图；☎063 963815；www. happyangkorguesthouse.com；134 Wat Bo Village；房间US$7~14；❄@📶）热情的店主能说一口流利的英语和一点点法语，让客人宾至如归。房间性价比高，起价才是别处的铺位价格，而且有免费网络。

Siem Reap Hostel
青年旅舍 $

（见106页地图；☎063 964660；www.thesiemreaphostel.com；10 Makara St；铺US$8~10，房间含早餐 US$34~45；❄@📶🏊）吴哥最早的背包族青年旅舍，非常时髦。宿舍整洁，客房性价比高。房费含早餐。附设一个热闹的酒吧兼餐厅，一个带篷的游泳池，柜台还可以安排旅游行程。

★ Soria Moria Hotel
精品酒店 $$

（见106页地图；☎063 964768；www.thesoriamoria.com；Wat Bo Rd；房间US$39~63；❄@📶🏊）🍃致力于促进社区发展的慈善事业。客房很迷人，浴室精致可爱。楼下有个融合各种风味的餐厅，房顶有热水浴缸，新增了一个泳池。2011年，这家酒店一半的产权转为员工所有，可谓是富于远见的举措。

★ Viroth's Hotel
精品酒店 $$

（见106页地图；☎063 766107；www.viroth-hotel.com；St 24；房间US$86起；❄@📶🏊）这个新开业的酒店格外时髦，同时也复古精致，拥有30个房间，均配备漂亮的当代家具。外观令人印象深刻，其中附设一个30米长的游泳池，还有健身房和水疗中心。Viroth's Villa中原本的那家只有7个房间的酒店仍在营业。

Seven Candles Guesthouse
客栈 $

（见106页地图；☎063 963380；www.sevencandlesguesthouse.com；307 Wat Bo Rd；房间US$20~38；❄@📶）🍃一家致力于慈善事业的客栈，收入用来资助一个促进乡村教育的本地基金会。房间内有热水、电视、冰箱和一些装饰品。

Petit Villa Boutique
精品酒店 $$

（见106页地图；☎063 764234；www.petitvilla.com；Wat Dam Nak地区；US$40~80；❄@📶🏊）这家让人有幸福感的小型精品酒店隐藏在沃达纳郊区，有一种柔和低调的氛围。客房宽敞，有一个能眺望到中央游泳池和葱茏花园的阳台。提供烹饪课程，还有一座小型水疗中心。

Angkor Village
精品酒店 $$$

（见106页地图；☎063 963561；www.angkorvillage.com；St 26；US$75~350；❄@📶🏊）这里是暹粒最早的一家精品酒店（创办于精品酒店对绝大多数人都还是高端消费的时代），至今仍是这座寺庙城市里最富氛围的选择之一。客房在美丽的木头平房中，被环绕在中间的是一座美丽的水池，中央有一个餐厅。姐妹酒店Angkor Village Resort更加富丽。

郊区

别不好意思住在郊区，这里有一些最令人难忘的精品酒店。

Velkommen Guesthouse
客栈 $

（见106页地图；☎012 477270；www.velkommenguesthouse.com；紧邻Charles de Gaulle Blvd；铺US$5，房间US$22起）这家受欢迎的金边背包客住宿处位于暹粒较偏远的地方，在一座大型高棉风格的别墅中，有便宜的铺位，也有舒适的房间。提供便利的旅游信息，此外还有一张台球桌。

Hanuman Alaya 精品酒店 $$

(见113页地图; ☎063 760582; www.hanumanalaya.com; 5 Krom 2, Phoum Treang, 紧邻Charles de Gaulle Blvd; 房间US$60~100; ❄@🛜≋)城里最具柬埔寨传统的精品酒店，坐落在一个带游泳池的郁郁葱葱的花园内。房间以古董和手工艺品装饰，此外也有平板电视、迷你吧和保险柜等现代化设备。

Pavillon Indochine 精品酒店 $$

(见134页地图; ☎012 849681; www.pavillon-indocine.com; 房间US$55~70, 套US$75~95; ❄@🛜≋)迷人的殖民地时代风格客房分布在小小的游泳池周围。房间内的亮点包括亚洲古董、密密叠叠的蚊帐和保险柜。房价中含雇用三轮摩的日间前往寺庙群游览的费用，性价比很高。

River Garden 精品酒店 $$

(见113页地图; ☎063 963400; www.theriver garden.info; Siem Reap River Rd West; 房间US$40~115; ❄@🛜≋)这个木质建筑的度假村位于一个满目绿色的花园正中间，房间各有特色，有些带大阳台。名为"突突车里的厨师"(Cooks in Tuk-Tuks)的烹饪课，以及街头食物游览很出名。

★**Sala Lodges** 酒店 $$$

(☎063 766699; www.salalodges.com; 498 Salakomroeuk; 房间US$230~510; ❄🛜≋)设计源自本土概念，提供11间传统高棉房屋，内部均是复古设计，一派田园精品酒店的格调。进入度假村后你会觉得自己身处恬静的柬埔寨村庄，加上泳池和餐馆，这里堪称住宿中的瑰宝。

Navutu Dreams 精品酒店 $$$

(☎063 964864; www.navutudreams.com; US$80~230; ❄🛜≋)位于暹粒半郊区地带，提供开放式别墅，中心有一处郁郁葱葱的花园和3个泳池。最近扩建后增设了一个瑜伽和健身中心。

Heritage Suites 精品酒店 $$$

(见134页地图; ☎063 969100; www.relaischateaux.com/heritage; Wat Polanka; 房间US$120~380; ❄@🛜≋)设计成殖民地时代风格，开敞式套房面积很大，许多都带小花园和独立浴室。附设的Lanterns Restaurant餐厅好评如潮，周四晚上还有现场爵士乐演奏。

✕ 就餐

暹粒美食众多，无论是街头食物，还是亚洲风格餐馆和高级西餐馆，选择多多。你能吃到全世界各地的美食，而且隔一段时间就有新口味的餐馆开业。你可以在城里品尝高棉食物的精妙，也可以在探访偏远省份之前或之后吃一顿家常美味。有些顶级的餐馆(见117页)还有回馈社区的项目，或者提供职业培训。

游客的数量意味着旺季时高级餐馆里总是人满为患。但是由于餐馆数量多，你只要走两步就能找到一家比较安静的就餐去处。许多餐馆跟旅行社有联系，会接待旅游团。如果你想避开旅游团，可以去老市场地区，步行寻找一家合你心意的餐馆。

某些经济型客栈能提供各种本地菜肴和西式食物，把饭菜叫到房间里吃固然很方便，却会错过与当地人一起就餐的经历。数家中档酒店和所有的高级酒店都附设餐厅，其中一些相当不错。城里有几个宾馆和餐厅推出边吃晚餐边欣赏古典舞表演的服务。

The Alley有许多不错的柬埔寨餐馆，其中一些是家庭经营的。店名里有"Khmer"字样的餐馆大多提供便宜的啤酒和菜肴。随意走走，看看哪家能让你食指大动。

市场里出售各种水果和新鲜面包。想买大量的奶酪和巧克力等食品，可以去当地的超市。就地用餐比自己做饭还便宜，但有些游客喜欢准备好自己的野餐食品然后带着上路。

酒吧街及周边

酒吧街或许不是吃晚餐的最佳地点，但纵横交错的小巷深处有几家颇有气氛的餐馆。

Khmer Kitchen Restaurant 柬埔寨菜 $

(见109页地图; www.khmerkitchens.com; The Alley; 主菜US$2~5; ⏲11:00~22:00)别家的饭菜都不能令你满意？那就跟随米克·贾格尔(Mick Jagger, 滚石乐队成员)的脚步，来这家生意火爆的餐馆尝尝。高棉菜肴和泰国美食种类齐全，包括各种香辣的咖喱。

吃饭献爱心

暹粒有些餐馆本身饭菜味道不错，而且还通过在旅游业中资助门票钱来支持公益事业，或参与培训未来的柬埔寨旅游业从业人员。如果你在这样的培训场所就餐，那么就能给受训者一次练手艺的机会。

Marum（见106页地图；www.marum-restaurant.org；Wat Polanka地区；主菜US$3.25~6.75；⏲周一至周六 11:00~22:00；📶🖉）坐落在漂亮的木屋里，带宽敞花园。提供许多素食和海鲜菜式，以及令人垂涎欲滴的甜点。菜品亮点包括红树蚁馅饼（red-tree-ant fritter）和生姜罗勒肉丸（ginger basil meatball）。这间餐馆是Tree Alliance培训餐馆集团的成员，这里的就餐体验不容错过。

Haven（见106页地图；☎078 342404；www.haven-cambodia.com；Chocolate Rd；主菜US$3~7；⏲周一至周六 11:30~14:30和17:30~21:30；📶）确实是美食避风港，东西方的风味在这里完美融合，鱼排配绿芒果特别诱人。所得收益帮助孤儿在成年后就业。餐厅现在搬到了沃达纳区，就在吴哥高中旁边。

Blossom Cafe（见106页地图；www.blossomcakes.org；St 6；纸杯蛋糕 US$1.50；⏲周一至周六 10:00~17:00；📶）这个高雅咖啡馆的纸杯蛋糕艺术性十足，旋转托盘上陈列着48种口味的精美蛋糕。也供应极具创意的咖啡、茶和果汁，所得利润用以支持柬埔寨女性参加职业培训。

Common Grounds（见106页地图；719 St 14；简餐 US$3~5；⏲7:00~22:00；@📶）国际范儿的咖啡馆，类似星巴克，咖啡、自制蛋糕和简餐都不错，提供免费Wi-Fi和上网终端。为柬埔寨人提供免费的计算机和英语课程，并支持公益事业。

Joe-to-Go（见109页地图；老市场附近；主菜US$2~5；⏲7:00~21:30）如果你在游览寺庙时想喝咖啡，那就来这儿吧。提供香浓的咖啡、奶昔和简餐，收入用于抚养街头流浪儿童。楼上有小精品店，为NGO组织The Global Child提供支持。

New Leaf Book Cafe（见109页地图；老市场附近；主菜US$3~6；⏲7:00~22:00）新开张的咖啡馆和二手书店，所有利润用于支持NGO组织在暹粒省的项目。菜品中包括几道当地人最爱的家常菜肴、一道意大利菜和几道当地特色菜肴。

Peace café（见113页地图；www.peacecafeangkor.org；River Rd；主菜US$2.50~4.50；⏲7:00~21:00；🖉）很受欢迎的花园咖啡馆，供应味美价廉的素食菜肴。健康饮品中有许多可口的蔬菜汁。咖啡馆关注社区活动，每天都有瑜伽课程，周末16:00还有高棉语课程。

Sister Srey Cafe（见109页地图；200 Pokambor Ave；主菜US$3~6；⏲周二至周日 7:00~19:00）位于老市场附近的河畔，友好而有趣，供应包括美味蛋制品的丰盛早餐，在寺庙群看完日出再来此吃早餐再好不过。午餐提供创意西餐，菜式包括汉堡包、卷饼和沙拉。

Les Jardins des Delices（见134页地图；☎063 963673；Paul Dubrule Hotel & Tourism School，NH6；午餐套餐US$15；⏲周一至周五 正午至14:00）索菲特酒店的服务，亲民的价格。三道菜的正餐有亚洲式也有西式的，制作者是接受烹饪培训的学生。也提供"高棉食物爱好者"（Khmer Food Lovers）烹饪课程。

Sala Bai Hotel & Restaurant School（见106页地图；www.salabai.com；Taphul St；午餐套餐US$10~12；⏲周一至周五 7:00~9:00和正午至14:00）这所学校培养柬埔寨青年学习热情好客之道，并提供物美价廉的西式和柬埔寨美食。培训项目在楼上的一家客栈内，有4个房间。

Red Piano 亚洲菜、各国风味 **$$**

（见109页地图；www.redpianocambodia.com；Pub St；主菜US$3~10；📶）位于一栋经过修复的殖民地老房子内，外表宏伟。带有一个

大阳台，食客们可以俯瞰街上熙熙攘攘的人群。菜单上有亚洲和国际美食，价格都很合理。有一款以安吉丽娜·朱莉的名字命名的鸡尾酒——她曾在这家餐馆就餐。

The Sun

各国风味 $$

（见109页地图；092 844362；St 11；主菜US$2.25~12.75；7:00至午夜）这里融咖啡馆、法式小馆和西班牙小吃酒吧于一体，坐落在酒吧街角落里一座漂亮的建筑里。西班牙小吃东西风味融合，也有一些地道的比萨，以及一些柬埔寨菜。因为有La Marzocco咖啡机，所以这里的咖啡评价极高。“欢乐时光”的时段是17:30~18:30。

Le Tigre de Papier

各国风味 $$

（见109页地图；www.letigredepapier.com；Pub St；主菜US$2~9；24小时；）暹粒最好的多国风味餐馆之一，这里的高棉食物口味地道，意大利菜肴味道也很好，此外还有来自世界各国的美食。面朝Pub St和the Alley，位置便利，后者一般要安静许多。

Chamkar

素食 $$

（见109页地图；www.chamkar-vegetarian.com；The Alley；主菜US$4~8；11:00~23:00，周日不供应午餐；）店名意为“农场”，食物的原料自然是来自有机蔬菜供应商了。菜单上有一些独创的菜肴。以亚洲风味为主，例如浇黑胡椒酱汁的南瓜和蔬菜串烧。

Cambodian BBQ

烧烤 $$

（见109页地图；www.restaurant-siemreap.com/html/cambodianbbq.php；The Alley；主菜US$5~9；11:00~23:00；）鳄鱼肉、蛇肉、鸵鸟肉和袋鼠肉组成了火山烤肉（phnom pleung）。周围约有6家“山寨店”，其中几家提供特价菜。

Amok

柬埔寨菜 $$

（见109页地图；www.angkorw.com；The Alley；主菜US$4~9；10:00~23:00；）店名是在向柬埔寨国菜蕉叶包烤鱼（amok）致敬。芭蕉叶包裹的烤鱼咖喱很好吃，4种口味的蕉叶包烤鱼更好吃。位于the Alley最热闹的地段。

Il Forno

意大利菜 $$

（见109页地图；http://ilforno.restaurant；The Lane；主菜US$5~15；11:00~23:00；）意大利美食爱好者会喜欢这里。名副其实，小小的比萨店（trattoria）里有个巨大的砖质烤炉。菜肴包括新鲜的开胃菜、地道的比萨和一些家常意大利菜肴。

Soup Dragon

亚洲菜、各国风味 $$

（见109页地图；Pub St；主菜US$2~10；6:00~23:00；）这个独具个性的餐馆有3层：一楼出售便宜的典型亚洲早餐，楼上有各种亚洲和国际（包括意大利和摩洛哥风味）美食。

Little Italy

意大利菜 $$

（见109页地图；Alley West；主菜US$4~12；11:00~23:00）高雅的意大利餐馆，门面精美，价格却很亲民。有木火烤制的比萨，菜式包括各种家常意面和进口的意大利食品。

Dakshin's

印度菜 $$

（见109页地图；012 808011；The Lane；US$2~8；11:00~23:30）从其中的开放式厨房就能看出这家餐厅对于自己提供的次大陆菜式的信心。称得上是暹粒诸多印度菜餐厅中最好的一家，提供美味的融合南北菜式亮点的黄油鸡。

Belmiro's Pizzas & Subs

各国风味 $$

（见109页地图；095 331875；St 7；比萨US$3~12；正午至午夜）虽然说猜中了这里提供的菜式也没有奖，但他们确实名副其实，有城里最好的比萨，如果你要不了一整块，这里还可以切片出售，非常方便。定期特色菜包括原创的法式蘸汁三明治和墨西哥大卷饼，无所不有。

老市场地区

Blue Pumpkin

咖啡馆 $

（见109页地图；http://tbpumpkin.com；Pithnou St；主菜US$3~7；6:00~22:00）是当地一家大型连锁店最早的一家分店，楼上是极简主义的白色装修风格，还有躺椅和免费Wi-Fi。菜单上提供简餐、三明治、特价菜和香滑的奶昔，自制的冰激凌增添了一些异国风情。

老市场 柬埔寨菜 $

（Psar Chaa；见109页地图；主菜US$1.50~4；⏲7:00~21:00）说到便宜的柬埔寨吃食，老市场本身就有许多小吃摊（位于该市场西北角），它们都挂着招牌，也提供英文菜单。不仅烹制好吃的当地食物，价格还非常便宜。有些菜肴是现成的，摆在那里，有些需要客人下单后现炒。大多数菜肴干净、分量大。

Olive 法国菜 $$

（见109页地图；☎063 769899；Angkor Trade Center附近；US$5~15；⏲11:00~23:00）这家精致的法国餐厅隐藏在老市场附近的一条小街上，空调和清爽的白色亚麻桌布很诱人。菜单上提供有多种经典法国菜，包括羔羊小腿、猪里脊。留点胃口品尝甜品或是奶酪拼盘吧。

Viva 墨西哥菜 $$

（见109页地图；www.ivivasiemreap.com；Pithnou St；主菜US$2.50~12.50；⏲7:00至深夜）年头很久了，出售香辣的墨西哥食物和玛格丽塔鸡尾酒。楼上附设有一个客栈。就在老市场对面，位置极佳。

Sivatha St地区

The Little Red Fox Espresso 咖啡馆 $

（见106页地图；www.thelittleredfoxespresso.com；Hup Guan St；菜肴US$2~8；⏲6:30~18:30，周三歇业）这家赤褐色的小咖啡馆在暹粒的长期居民中极受欢迎，他们发誓这里提供的本地区出产的Feel Good咖啡为全城最佳。除了时髦的早餐，创意果汁和午间特色菜之外，这里也很适合消磨时间。楼上是暹粒领军的发廊之一。

Curry Walla 印度菜 $

（见106页地图；Sivatha St；主菜US$2~5；⏲10:30~23:00）要吃物美价廉的印度菜，来这儿准错不了。thalis（套餐）好吃不贵，老板兰吉特（Ranjit）是本地长期居民，熟悉南亚次大陆香料的运用之道。

The Hive Siem Reap 咖啡馆 $

（见106页地图；Psar Kandal St；菜肴US$2~6；⏲7:00~18:00）这家咖啡馆因为提供的创意咖啡、果酱罐果汁和健康的黑麦单片三明治，在暹粒的外国居民中名声很大，单片三明治有鳄梨泥和熏三文鱼口味。如果想来杯带劲的咖啡，可以尝试浓缩咖啡马提尼。

Bugs Cafe 昆虫 $

（见106页地图；☎017 764560；www.bugs-cafe.com；Steung Thmei St；主菜US$2~8；⏲17:00至午夜；📶）早在食物科学家开始给我们强调小生物的优点之前，柬埔寨人就已经在食用昆虫了。这里是名副其实的昆虫盛宴，你能找到蟋蟀、蟑螂、蚕和蜘蛛，还有蜜蜂奶油汤，羊乳酪、狼蛛三角饺，平底锅煎蝎子——这份菜单会令你难忘的。

★ **Sugar Palm** 柬埔寨菜 $$

（见106页地图；www.sugarpalmrestaurant.com；Taphul St；主菜US$5~9；⏲周一至周六11:30~15:00和17:30~22:00；📶）位于城西一栋美丽的木头房子里，用传统的调料、草药及香料烹制传统美食，包括美味的香茅咖喱（char kreung）菜肴。老板Kethana曾为名厨Gordon Ramsay演示如何制作蕉叶包烤鱼。

Kuriosity Kafe 各国风味 $$

（见106页地图；☎063 963240；Sok San Rd；主菜US$4~12；⏲10:00至午夜）这座餐厅位于一座三层楼中，令人印象深刻，其风格显得古怪又庸俗，能眺望Sok San Rd上的来往行人。菜单融家常食物与地道的高棉风味于一体，包括三明治、卷饼、芳香咖喱鸡等。烤猪排极其美味。

Le Malraux 法国菜、亚洲菜 $$

（见109页地图；www.le-malraux-siem-reap.com；Sivatha St；主菜US$5~15；⏲7:00至午夜）这家餐馆装修很有品位。如果你饥肠辘辘，就来这儿吃法国美食吧。尝尝头菜生三文鱼、鞑靼牛肉和生牛肉片。干邑（Cognac）和阿马尼亚克酒（Armagnac）太好喝了。也提供亚洲风味菜肴。

Japanese Restaurant Genkiya 日本菜 $$

（见106页地图；☎063 967978；www.genkiya-restaurant.com；Airport Rd；US$6~18；⏲11:30~

14:00和18:00~22:00）暹粒现在有许多的日本餐厅，这家以便宜的午间套餐（US$7）而闻名。有大量种类可选，包括烤鲭鱼、刺身、虾和三文鱼、炸鸡和天妇罗。

Armand's 法国菜 $$$

（见106页地图；☎092 305401；586 Tep Vong St；主菜US$5~25；⏲周一至周六 17:00至深夜）这里是金边最奢华的法国餐厅在暹粒开办的新分店，实在是名副其实。优雅的用餐环境中提供有城里最好的牛排，包括标志性的罗西尼嫩牛肉片。也兼有城里历史最长的一座酒吧，提供杯装葡萄酒以及优质威士忌。

自炊

Angkor Market 超市 $

（见106页地图；Sivatha St）城里最好的综合性市场，外国食品供应充足。

Lucky Market 超市 $

（见106页地图；Sivaha St）位于Sivatha St，是大型商场的一部分，也是城里最大的超市。

河边和皇家花园（Riverfront & Royal Gardens）

Chanrey Tree 柬埔寨菜 $$

（见106页地图；www.chanreytree.com；Pokambor Ave；主菜US$5~12；⏲11:00~22:00）这家餐馆漂亮又现代，是柬埔寨餐饮业的新面孔，装饰时尚、布置精美的同时也保持着传统柬埔寨烹饪的基本要素。可以品尝猪肋排茄子，或烤填馅青蛙。

> ### 想吃冰激凌？
>
> 在炎热的日子里参观寺庙归来，没有什么比来上一个冰激凌更舒适的了。暹粒的冰激凌定会让你感到出其不意：
>
> **Blue Pumpkin**（见118页）原汁原味的热带口味自制冰激凌，从姜味到百香果，应有尽有。
>
> **The Glasshouse**（见106页地图；Park Hyatt，Sivatha St；甜筒US$2；⏲6:00~22:00）有白巧克力和味道浓郁的雪芭冰激凌，很可口。
>
> **Swenson's Ice Cream**（见109页地图；Pokambor Ave；甜筒US$1.25；⏲9:00~21:00）美国人最爱的冰激凌品牌之一，深受暹粒的青睐。位于吴哥贸易中心（Angkor Trade Centre）内。

FCC Angkor 各国风味 $$

（见106页地图；☎063 760280；Pokambor Ave；主菜US$5~15；⏲7:00至午夜；📶）这个享誉已久的餐馆位于河边一栋地标式建筑中，水池、烛光和花园酒吧使这里食客如云。餐馆内殖民地时代的气息正通过那些躺椅散发出来，开放式厨房里烹制着各种亚洲和国际美食。

Siem Reap Brewpub 各国风味 $$

（见106页地图；☎080 888555；www.siemreapbrewpub.asia；St 5；US$4~15；⏲11:00~23:00）这里有时髦的菜肴搭配时髦的自酿酒。位于一座敞开式别墅，菜单是国际风味，包括简餐、西班牙小吃和美食大餐。啤酒有4种口味：淡金色、金色、琥珀色、黑色，提供US$3的品尝拼盘。

沃波地区（Wat Bo Area）

Pages Cafe 咖啡馆 $

（见106页地图；☎092 966812；www.pages-siemreap.com；St 24；菜肴US$2~6；⏲6:00~22:00；📶）这家时髦的隐匿地现在也不再那么隐蔽了，地址位于新的Viroth's Hotel的对面。有裸露的砖墙和时髦的装饰，是用早餐、品尝西班牙小吃简餐的好去处。周六提供户外烧烤，可搭配葡萄酒，还有游泳池。提供客房。

Le Café 咖啡馆 $

（见106页地图；French Cultural Centre；小吃US$2~4；⏲7:30~21:00；📶）🍃与Paul Dubrule Hotel & Tourism School合作，为法国文化中心提供五星级水平的三明治、沙拉和奶昔。

Banllé Vegetarian Restaurant 素食 $

（见106页地图；☎085 330160；www.banlle-vegetarian.com；St 26；主菜US$2~4；⏲9:00~21:30，周二歇业；📶✎）这家餐厅坐落在一座传统木屋中，这里有自己的有机蔬菜

园，是健康饮食的绝佳去处。菜单上提供各国风味的菜肴，以及柬埔寨菜，包括蔬菜烤鱼、很受欢迎的水果和蔬菜奶昔。

Moloppor Cafe 日本菜、各国风味 $

（见106页地图；Siem Reap River Rd；主菜US$1~4；⏲10:00~23:00；📶）暹粒最便宜的餐馆之一，提供日本、亚洲和意大利菜肴，对于这样一个餐馆来说，价格相当低廉。位置不错，食客能远眺河上风光。

Wat Damnak BBQs 烧烤 $

（见106页地图；Wat Dam Nak St；主菜US$2~5；⏲11:00~23:00）坐落在庄严的沃达纳对面，这些当地的烧烤餐馆供应烤制的牛肉、其他当地出产的肉类和湖里出产的鱼类，人气很高。这些餐馆同时也是啤酒馆，供应城里最便宜的散装啤酒。

★ Flow 创意菜 $$

（见106页地图；☎012 655285；St 26；主菜US$5~12；⏲17:00~23:00）这家当代风格的时髦餐厅以创意菜肴吸引食客，融合了东西方美食的精华。前菜有章鱼生牛肉片，主菜包括嫩牛脸肉，巧克力熔岩极赞。葡萄酒种类很多，所以随大流选择吧！

Jungle Burger 各国风味 $$

（见106页地图；☎098 293400；St 26；主菜US$2.50~10；⏲11:00~22:00）这里提供有十多种汉堡包，包括Burg Kalifa巨无霸，外加比萨、1英尺长的潜艇汉堡，也有猕猴桃爽心美食，例如自制的派。其中也兼有一个小的运动吧，有一张很受欢迎的台球桌。

Temple Coffee & Bakery 各国风味 $$

（见106页地图；Siem Reap River Rd；菜肴US$3~12；⏲7:00~23:00）这座巨大的餐厅是Temple集团最新也最棒的分店，融面包房、餐厅和鸡尾酒休闲酒吧于一身。楼下有复古摩托车，诱人的蛋糕，或者可以继续上楼顶的酒吧，那里有一个泳池和豆袋坐垫，是柬埔寨年轻人很喜欢的浪漫休闲地。

Tangram Garden 各国风味 $$

（见106页地图；www.tangramgarden.com；主菜US$4.75~9.50；⏲11:00~14:00和17:00~22:00；📶✏👪）这里是一座带儿童乐园的室外花园餐馆，位于沃达纳郊区一个安静的地带。专营烤肉、创意素食菜肴和高棉主食。晚上很有气氛。

> ### KING'S ROAD
>
> **King's Road**（见106页地图；☎015 855855；www.kingsroadangkor.com；Achar Sva St；⏲7:00至午夜）是一家位于暹粒河东岸的高档用餐地。在这座美食村中有大约15家餐厅，全部都坐落在美丽的柬埔寨传统木屋之中。在里面转一圈，在柬埔寨菜（Embassy）、中国菜（Emperors of China）、意大利菜（Terrazza）等中做选择。这里虽然还不是最热门的就餐地，但假以时日一定会取得成功。这里还有一家Hard Rock Cafe咖啡馆，搭配有现场音乐演奏。

Embassy 柬埔寨菜 $$$

（见106页地图；☎063 963840；www.restaurant-siemreap.com；King's Rd；套餐 US$27起；⏲11:00~23:00）这家餐厅是King's Rd村中的一部分。提供的都是高棉美食，品种丰富的菜单按季节变化。双胞胎店主Kimsan曾在米其林星级大厨Regis Marcon门下学习，在他们的管理下，这里的高棉菜肴都是最具创意的。

城区外围（Further Afield）

★ Mie Cafe 柬埔寨菜、各国风味 $$

（见113页地图；☎069 999096；www.miecafe-siemreap.com；Angkor Conservation附近；主菜US$4~8；⏲11:00~14:00和17:30~22:00，周二歇业）这是一家令人印象深刻的柬埔寨小饭馆，提供传统风味创意菜。位于一条通往吴哥的道路旁边的一座木屋中，美食套餐价格US$24，菜肴包括多汁的卤猪肋排、乌贼汁意大利饺子。

Mahob 柬埔寨菜 $$

（见113页地图；☎063 966986；www.mahobkhmer.com；Angkor Conservation附近；主菜US$3.50~15；⏲11:00~23:00）该店名字就是柬埔寨文里的“食物”，提供的菜肴都很美味。

位于一座融合了当代风格的传统木屋中，菜肴也同装潢风格一样，提供的菜式包括姜味黑胡椒焦糖猪小腿肉，当地牛肉炒红树蚁。也提供热石烧烤。

Touich 柬埔寨菜 $$

（见113页地图；http://the-touich-restaurant-bar.blogspot.com；主菜US$2.50~8；⏲17:30~22:30）地点很隐蔽，但值得你去寻找。这家传统的高棉餐馆位于沃里因沙后面的小巷里。菜肴包括地区特色以及湄公河虾、戈公红虾等海鲜。可通过店方博客了解这家餐馆的方位。

Por Cuisine 柬埔寨菜 $$

（见134页地图；☎063 967797；www.porcuisine.com；主菜US$3.50~18；⏲10:30~22:30）这是一家当代风格的时髦餐厅，提供各种亚洲和国际风味菜肴，包括最棒的柬埔寨风味食物。晚上的传统舞蹈秀是能选择到的较好的一处，同时也是在暹粒体验文化氛围的一种便宜的方式。

L'Oasi Italiana 意大利菜 $$

（见113页地图；www.oasiitaliana.com；主菜US$5~17，比萨US$5~9；⏲周一 18:00~22:00，周二至周日 11:00~14:00和18:00~22:00）堪称一个绿洲：隐藏在沃里因沙附近的树林深处。外国侨民酷爱这里的马铃薯丸子、家常意面、牛肝菌饺子，以及用木火烘烤的比萨。

Madame Butterfly 亚洲菜 $$

（见134页地图；www.madamebutterflyrestaurant.com；Airport Rd；主菜US$4~10；⏲10:00~23:00；📶）传统的木头房子里用高级丝绸和层层叠叠的窗纱做装饰，气氛迷人，但有时前来品尝亚洲和高棉美食的旅行团会在店里吵嚷。

Angkor Palm 柬埔寨菜 $$

（见113页地图；www.angkorpalm.com；Charles de Gaulle Blvd；主菜US$3~9；⏲10:00~22:00）这家热门餐厅现已搬迁到了通往吴哥的路旁，提供道地的柬埔寨菜，就连高棉人也会对这里享有传奇色彩的蕉叶包烤鱼赞不绝口，还有超值的品尝拼盘。提供烹饪课程。

Kanell 各国风味 $$

（见106页地图；www.kanellrestaurant.com；7 Makara St；主菜US$4~13；⏲10:00~22:00；📶）位于城郊一栋迷人的高棉别墅内，花园面积大，想边就餐边放松的人还可以使用这里的游泳池（在餐厅花US$5即可免费使用）。菜肴包括法国风味美食，此外也有一些柬埔寨名菜。

★ **Cuisine Wat Damnak** 柬埔寨菜 $$$

（见106页地图；www.cuisinewatdamnak.com；Wat Dam Nak village；5/6道菜套餐US$24/28；⏲周二至周六 18:30~22:30，最后点餐时间为21:30）风评甚好的餐馆，位于一栋传统木屋内，是暹粒名厨Johannes Rivieres的最新力作。为食客提供最地道的现代高棉美食体验。时令套餐的食材以市场上的鱼类为主，每周不同，提前预订的话也可以享用素食。

Abacus 法国菜 $$$

（见134页地图；www.cafeabacus.com；主菜US$10~22；⏲11:00至深夜；📶）城里最精致的法国餐馆，牛排浇着黑松露沙司，羊肉和海鲜（包括金枪鱼）味美多汁。可以在花园里就餐，也可以在有空调的室内吃。这里也有一些摆盘很美观的高棉菜肴。

饮品和夜生活

从冷冷清清的村子到国际旅游胜地，经历过戏剧性变化的暹粒如今已经成为东南亚夜生活最丰富的城市之一。入夜后，与其说暹粒是个文化古都，不如说它更像个热闹的海滨城市。老市场地区夜店很多，以至于有一条街道得名"酒吧街"（Pub St），你可以在那些酒吧之间穿行。每到晚上，酒吧街就变成步行街，禁止机动车通行。

在酒吧街南边并与之平行的the Alley有许多不错的夜店，音乐声比前者小些。酒吧街北边的小巷里也有一些夜店。城里其他地方也有大量夜店，所以建议你至少安排一个晚上来这里好好玩一玩。深夜，人群会集中到Wat Prohm Roth St的X Bar，最后到Sok San St，那里有大量的"深夜"酒吧——不过说是"凌晨"酒吧可能更合适，因为它们都营业到

柬埔寨啤酒花园体验

暹粒有数十家啤酒花园，以迎合从事旅游行业的柬埔寨年轻人。这些地方提供廉价的啤酒和本地小吃，也是你认识向导和司机以外的其他柬埔寨人的好地方。所有啤酒花园都提供冰啤酒，有些装备了带有冷冻机的3升啤酒塔。按照柬埔寨的标准来看这些地方比较粗野，所以单独出行的女性游客最好和其他游客结对前往。

最好的一区在机场路（Airport Rd）以北，经过Sivatha St后第一组红绿灯附近，当地人称"柬埔寨酒吧街"。**Samut Siem Reap**（见134页地图；Cambodian Pub St；⏲17:00至深夜）是其中最棒的一家，带一个巨大的中央吧台，大屏幕上长期播放足球比赛，还有几只巨大的啤酒塔。可以在这一地带逛逛，寻找当地人喜欢出没的地方。

天亮。大多数酒吧都有"欢乐时光"，一些高级酒店也有——即使你不在那里下榻，也可以去那里感受一下高档的环境，尽管那里的气氛可能显得有点庄重。

许多餐馆在晚上也兼做酒吧，如迷人的Abacus、经典的FCC Angkor、深受欢迎的Red Piano和位于屋顶的Soup Dragon。Soup Dragon会将收入的7%捐给吴哥儿童医院（Angkor Children's Hospital），因此你在品尝美食美酒的同时，也帮助了那些肝脏需要医疗服务的人。

★Charlie's 酒吧

（见109页地图；www.charliessiemreap.com；98 Pithnou St；⏲10:00至次日1:00；📶）很受欢迎的复古美式酒吧，酒水便宜，气氛欢快，平衡了胡同里的高雅和酒吧街的癫狂。食物可选，小杯烈酒不容错过。

Laundry Bar 酒吧

（见109页地图；St 9；⏲16:00至深夜；📶）幽暗的灯光和有品位的装饰使之成为城里最热门的酒吧之一。客人边喝酒边欣赏电子音乐。周末或有嘉宾DJ的夜晚人很多。特价时段持续到21:00。

Asana 酒吧

（见109页地图；www.asana-cambodia.com；The Lane；⏲11:00至深夜；📶）又被称作"木房子"，这家酒吧位于暹粒小巷中的传统柬埔寨乡村房屋中，是个小酌一杯的迷人去处。可以一边靠在木棉花填充的米袋子上，一边啜饮米酒勾兑的鸡尾酒。也提供高棉鸡尾酒调制课程，含Sombai酒，每人收费US$15。

Miss Wong 酒吧

（见109页地图；www.misswong.net；The Lane；⏲17:00至深夜；📶）身在店内，仿佛回到了20世纪20年代时髦的上海。鸡尾酒是其招牌，也是你打发夜晚时光的利器，菜单中新增了中式点心。这里欢迎同性恋客人，也深受富有的外国侨民喜爱。

The Yellow Sub 酒吧

（见109页地图；www.theyellow-sub.com；The Lane；⏲11:00~23:00；📶）看到名字就知道这是什么样的主题酒吧了，可惜猜对也没有奖品。这家酒吧肯定是向披头士乐队致敬的众多酒吧中最好的一家。墙上贴满了纪念品，包括签名的唱片封面和艺术品。上楼看看，酒吧不止一层，配有台球桌，4楼的威士忌酒吧供应麦芽酒。披头士主题的汉堡包等食物也很可口。

Picasso 酒吧

（见109页地图；Alley West；⏲17:00至深夜；📶）小小的西班牙小吃酒吧，位于热闹的Alley West地区，吧台后面的侍者很健谈。只有十几张餐桌，所以你有可能得坐在街边。桑格利亚汽酒、来自全球的红酒和便宜的虎牌（Tiger）瓶装啤酒令人流连忘返。

Angkor What? 酒吧

（见109页地图；Pub St；⏲17:00至深夜；📶）暹粒本地的酒吧，1998年就开业了，口号是"不醉不归"。"欢乐时光"（直到21:00）带动了之后的气氛，客人们跟着摇滚乐起舞，有的在桌子上面，有的在桌子底下。

YOLO Bar 酒吧

（见109页地图；Wat Prohm Roth St；⏲17:00

至深夜；🛜）这座酒吧位于一条小街上，很受背包客的欢迎。主打桶装（毫不夸张）的便宜鸡尾酒，开放式的桌台上陈列的都是可以自己动手调制的酒品。可以尝试一下……毕竟你只能活一次。

Barcode 酒吧

（见106页地图；http://barcodesiemreap.com；Wat Prohm Roth St；⏲17:00至深夜；🛜）这里是一家非常时尚的同性恋酒吧，欢迎都市型男，其中的鸡尾酒值得进来品尝，每天21:30上演变装秀，17:00~19:00是"欢乐时光"时段。

Mezze Bar 酒吧

（见109页地图；www.mezzesiemreap.com；St 11；⏲18:00至深夜；🛜）暹粒最时髦的酒吧之一，位于酒吧街周边环绕的马戏团上方。走上楼梯后看到的是一家当代风格的休闲酒吧，装饰着原创艺术作品，定期还有DJ来演出。

Malone's 酒吧

（见109页地图；St 11；⏲8:00至午夜；🛜）这家位于楼上的酒吧为思乡的爱尔兰人带来了希望。提供Powers威士忌、健力士（Guinness）啤酒和美味的下酒小吃。

Long's Bar 酒吧

（见109页地图；The Lane；⏲17:00至深夜；🛜）这家很棒的小酒吧隐藏在the Lanes之中。提供一些创意鸡尾酒，例如加入了柚子和罗勒，或者是生姜和柠檬草的莫吉托。有便宜的啤酒，有让人舒适的空调，室内禁止吸烟，是一家很棒的酒吧。

Linga Bar 鸡尾酒吧

（见109页地图；The Alley；⏲16:00至深夜；🛜）这家时髦的同性恋酒吧氛围悠闲，提供的鸡尾酒种类繁多，音乐氛围轻松，所以吸引了各种各样的顾客。现已搬到了the Alley的对面，仍然很受欢迎。

Temple Club 酒吧

（见109页地图；Pub St；⏲10:00至深夜；🛜）这座"庙"（temple）里唯一的崇拜仪式是"万岁大麦啤酒"（all hail the ale）。上午就开门营业，中间不休息，但震耳欲聋的音乐声似乎只持续到23:00。"欢乐时光"是10:00~22:00，谁能忍住不喝上几杯呢？

X Bar 酒吧

（见109页地图；Sivatha St；⏲16:00至日出；🛜）城里营业到很晚的夜店之一，其他酒吧打烊后可以来这里继续买醉。凌晨在大屏幕电视上播放电影，有台球桌、滑板跑道……先深呼吸，感受一下吧！

Nest 酒吧餐厅

（见106页地图；http://nestangkor.com；Sivatha St；⏲11:00至深夜；🛜）帆船模样的房子和个性十足的桌椅令人难忘，鸡尾酒单很有创意。你可以蜷缩在雪橇床里舒适地过一夜。这里也提供下酒的混合风味和国际美食。

Sombai 酿酒厂

（见134页地图；☎095 810890；www.sombai.com；Sombai Rd）来这里是为了喝酒还是购物呢？其实两者皆可兼顾，这家米酒酿酒厂生产的烈酒，用手绘的美丽玻璃瓶罐装出售。有8种口味可选，包括生姜、红辣椒、大茴香咖啡。可预约免费品尝。产品在暹粒周边的酒吧里出售。

☆ 娱乐

一些餐馆和酒店在晚上提供文化表演，对于许多游客而言，这是他们观赏柬埔寨古典舞的唯一机会。虽然这样的表演是针对游客的，而且跟金边皇家芭蕾舞团（Royal Ballet）的水准根本无法相提并论，但在外行人看来，也足够优雅迷人了。票价通常包括在自助餐的费用里面。

Apsara Theatre 舞蹈

（见106页地图；☎063 963561；www.angkorvillage.com/theatre.php；St 26；门票US$25）位于一栋巨大的木质亭子内，所以外表看起来很像一座寺庙。每晚有两场柬埔寨古典舞表演，含晚餐，这里挤满了旅游团队。

Plae Pakaa 表演艺术

（见106页地图；☎099 516580；www.cambodianlivingarts.org；Artisans Angkor - Les

Chantiers Écoles；成人/儿童 US$15/6；⏲周一至周六 19:00）这里有Cambodian Living Arts的天才舞者上演的一系列传统舞蹈表演。最早起源于金边，现在于11月至次年3月底的旺季期间由吴哥艺术学校运营，不过在淡季也会有少量场次的演出。

Beatocello 古典音乐

（见113页地图；www.beatocello.com；Charles de Gaulle Blvd；⏲周四和周六 19:15）外号"Dr Beat Richner"，演出地点在阇耶跋摩七世儿童医院（Jayavarman Ⅶ Children's Hospital）内。不收门票，但欢迎捐款——收人用于支持医院为柬埔寨儿童提供免费救治。

La Noria Restaurant 表演艺术

（见106页地图；☎063 964242；Siem Reap River Rd；表演 US$6，主菜US$4～8）周三晚上有皮影戏和传统舞蹈（见114页）。部分收入捐给慈善机构，帮助当地儿童。

Rosana Broadway 现场歌舞

（见134页地图；☎063 769991；www.rosanabroadway.com；NH6；演出 US$25～45；⏲19:30）将曼谷风格的表演引入暹粒，既有高品位的当地文化舞蹈，也有格调不高的人妖表演，但票价总是很高。

Temple Club 舞蹈

（见109页地图；Pub St；📶）19:30开始，有免费的传统舞蹈表演，供客人们边看边吃喝。食物和饮品的价格相当合理。

购物

暹粒市场出售的东西大多也可以在寺庙区的儿童和小贩手里买到。有些游客在游览古迹时讨厌遇到无尽的推销，而另一些人却喜欢借此机会跟柬埔寨人交流和说笑。通常是儿童在叫卖，有些游客认为他们本该在学校里上课。不过，这些孩子大多还是在上学的，至少也是半工半读——不是上半天就是下半天，跟兄弟姐妹们轮流上课。

在寺庙兜售的物品包括明信片、T恤、寺庙浮雕的拓片、古董乐器、装饰性刀具和石弩——如果你打算把石弩带回家，可能引起海关的质疑！一定要讲价，因为他们通常会乱要价。

寺庙周围的孩子们和讨生活的截肢残疾人，会向你兜售介绍吴哥和柬埔寨的便宜书籍。要当心，其中许多书是盗版的，印刷质量很差。

Shinta Mani（见114页）度假村在周六、周日和周二的16:00～21:00会举办"柬埔寨良品"社区集市，其中会聚了暹粒当地很多最好的手艺人和创作者。

老市场 市场

（Psar Chaa，Old Market；见109页地图）老市场里应有尽有，无论你想买什么都能买得到。银器、丝绸、木雕、石雕、佛像、绘画、拓片、纸钞和硬币、T恤、桌布……令人眼花缭乱。只要你耐心且带着幽默感讲价，必定大有收获。不要买小贩宣称来自吴哥的古老石雕，

不要错过

快来看！马戏团来了！

柬埔寨马戏团（见134页地图；☎015 499480；www.pharecambodiancircus.org；Sok San Rd最西端；成人/儿童 US$18/10，豪华座席 US$35/18；⏲20:00）可不只是个传统马戏团那么简单，除常规马戏之外还有各类艺术表演，每个节目都传递着微妙而震撼人心的社会信息，它是柬埔寨的顶级马戏、戏剧和表演艺术团体，在2013年开始了夜场表演，提供了一种独特的娱乐形式，如果你身在暹粒，一定要去观赏演出。柬埔寨马戏团从前设在马德望的学校培养出了一代又一代在世界各地表演的演员。许多演员都有着令人深为触动的个人经历，或曾遭受虐待，或曾经历困苦，但他们的才华在逆境中脱颖而出。无论对于大人还是孩子，观看演出都会深受鼓舞，马戏团的全部收益都会回馈给Phare Ponleu Selpak的各项活动。该马戏团的所有表演都不用动物，这也会令动物权利倡导者感到欣喜。回头客要注意，马戏团现在已从吴哥国家博物馆背后搬到了城市西郊。

无论它们是真是假，购买这些石雕都只会鼓励文物偷窃，何况海关那里也过不去。

吴哥夜市 市场

（Angkor Night Market；见106页地图；www.angkornightmarket.com；⏲16:00至午夜）在Sivatha St附近，是暹粒一个热闹的市场。夜市内挤满了出售各种手工艺品、纪念品和丝绸的小摊，因为晚上比较凉爽，你不妨逛上一逛。你还可以在市场里的Island Bar小酌一杯，或去Dr Fish给脚部做个鱼疗，或去看一场讲述红色高棉和地雷之患的3D电影（US$3）。现在周边出现了很多"山寨店"。

暹粒艺术中心 市场

（Siem Reap Art Center；见106页地图；www.si

购物献爱心

有几家商店通过他们去雇用残疾人或者弱势群体，或者用收益帮助他们。

AHA Local Handicraft Market（见113页地图；☎078 341454；www.aha-kh.com；Rd 60, Trang Village）想购买当地产的纪念品（和老市场上的大多数进口货不一样的），可以来这座手工艺品市场。虽然有点偏僻，但有20多家店铺，出售各种传统物件。

Artisans Angkor（见106页地图；www.artisandangkor.com；⏲7:30~18:30）这家商店位于吴哥艺术学校（见103页）中，出售从吴哥时代的木头和石头雕像到家居用品在内的各种东西。在吴哥窟对面的Angkor Café大楼中另有一家分店，在金边国际机场和暹粒国际机场也有销售点。店铺所有的销售利润都用来资助学校，引导更多的柬埔寨青年参加培训计划，而该项目也有20%的股份是归工匠本人所有。

IKTT（见106页地图；Tonlé Sap Rd；⏲9:00~17:00）这座传统木屋是高棉传统纺织学院（Institute for Khmer Traditional Textiles）所在地，出售美丽的格罗麻（krama）、围巾、披肩和弓箭等物品。

Mekong Quilts（见109页地图；www.mekong-quilts.org；5 Sivatha St；⏲8:00~22:00）出售用纯棉、亚麻和丝绸手工缝制的床罩、被子、家居用品。收入用于帮助贫困乡村的妇女，让她们足不出户就能挣钱。

Nyemo（见106页地图；www.nyemo.com；Angkor Night Market；⏲16:00至午夜）出售椅垫、墙饰等丝绸制品以及弓箭和儿童玩具。收入用于帮助艾滋病患者和弱势妇女。

Rajana（见106页地图；☎063 964744；www.rajanacrafts.org；Sivatha St；⏲周一至周六9:00~21:00）出售奇妙的木质和金属物品、精美的银首饰和手工制作的卡片。该店的宗旨是促进公平贸易，并为柬埔寨人提供就业机会。

Rehab Craft（见109页地图；Pokambar Ave；⏲8:00~17:30）这家小商店出售传统围巾、丝绸制品、雕刻、绘画和明信片，所有收入用于帮助柬埔寨的残疾人。

Samatoa（见106页地图；☎063 965310；www.samatoa.com；St 26；⏲8:00~23:00）如果你需要晚礼服，这家服装店可以为你量身定做真丝时装，48小时内完工。旨在促进公平贸易。

Senteurs d' Angkor（见109页地图；☎063 964860；Pithnou St；⏲8:30~21:30）位于老市场对面，出售各种丝绸和雕刻，此外也有传统美容产品和香料。所有商品都是在当地制作的。旨在为柬埔寨贫困的农民和残疾人提供培训和就业机会，并从农民那里回购商品。它旗下的**Botanic Garden**（见134页地图；Ariport Rd；⏲7:30~17:30）位于机场路，店铺装饰得像糖果世界一样奇妙，可以在店里品尝泡好的茶和特色咖啡。

Smateria（见109页地图；www.smateria.com；Alley West；⏲10:00~22:00）用回收再利用物资制作的精美包袋，原材料包括编织袋、塑料袋、摩托车座椅套等。旨在促进公平贸易，并雇用了一些柬埔寨残疾人。

emreapartcenter.com；暹粒河南岸；⏲16:00~23:00）城里新开张的夜市之一，有各种手工艺品和纪念品出售。可以通过暹粒河上的一座传统木桥通往老市场地区。

Bambou Indochine
服装

（见109页地图；Alley West；⏲10:00~22:00）中南半岛风格的服装，也出售常见的纪念T恤。

Blue Apsara
书籍

（见109页地图；St 9；⏲9:00~21:00）城里的老牌二手书店，英语、法语和德语书籍很全。

Diwo Gallery
艺术

（www.tdiwo.com；Wat Svay地区；⏲9:00~18:00）出售法国摄影家兼作家Theirry Diwo在吴哥周边拍摄的作品，以及优质的青铜像仿制品、石雕和木雕。

Eric Raisina Workshop
时装

（见134页地图；☎063 965207；www.ericraisina.com；Wat Thmei地区；⏲预约）著名设计师Eric Raisina为他的剪裁注入了一种独特的奇妙色彩。他在马达加斯加出生，法国长大，柬埔寨定居。服装和配饰的款式多姿多彩，在城里有几家分店。

Jayav Art
艺术

（见134页地图；☎89 787345；A25 Charles de Gaulle Blvd；⏲9:00~18:00）寺庙群周边所有漂亮的吴哥时期雕塑令你赞叹不已，可是毕竟行李空间有限，怎么把雕塑的复制品带回家呢？到Jayav Art看一看，这里专营大小各异，制型纸材质的精美复制雕塑。

McDermott Gallery
艺术

（见106页地图；www.mcdermottgallery.com；FCC Angkor, Pokambor Ave；⏲10:00~22:00）日历和卡片上印着吴哥著名佛像和寺庙的黑白图案。此外还有定期展览。

Monument Books
书籍

（见106页地图；Pokambor Ave；⏲9:00~21:00）在老市场附近，新书种类齐全。机场设有分店。

Mooglee
服装

（见109页地图；www.mooglee.com；The Lane；⏲10:00~22:00）有趣的T恤店，有些T恤有传统图案，如吴哥的大象、寺庙群的老虎和从前的吴哥旅游海报。

Rogue
音乐

（见134页地图；Sok San St；⏲10:00~22:00）专营iPod、下载、与之相关的配件和T恤。

Spicy Green Mango
时装

（见109页地图；www.spicygreenmango.com；Alley West；⏲8:00~22:00）小小的精品服装店，衣服和配饰都很有趣。店铺位于一座老房子里，建筑外观看起来颇有普罗旺斯风情。

Theam's House
漆器美术馆

（见134页地图；www.theamshouse.com；25 Veal, Kokchak区；⏲8:00~19:00）柬埔寨艺术家和设计师Theam数年来一直帮助吴哥艺术学校（见103页）再现高棉手工艺品，现在经营着自己的漆器和艺术工作室。工作室极富原创性，不过要确保你能找到认路的司机。

ℹ 方位

暹粒本质上是个小城，很容易找到方向。市中心是老市场，全城到处都有旅馆。NH6穿过城市北部，在城东经过大市场（Psar Leu），在市中心经过皇室居住地和Grand Hotel d'Angkor，到达机场后延伸至柬泰边境。南北向的暹粒河（Stung Siem Reap）穿过市中心。河上建了很多桥，所以过河不成问题。街道的编号很乱，所以在寻找特定地址时要当心。

吴哥窟和吴哥王城都在城区以北，与城区的距离分别是6公里和8公里。

乘坐长途汽车和合乘出租车到暹粒的乘客，通常在市中心以东约3公里处的长途汽车站/出租车停靠站下车，从那里出发只需乘坐一小段的摩的或三轮摩的就能到达附近的客栈和酒店。来自金边和马德望的快船到达位于城南约11公里处的荣寺（Phnom Krom）。大多数酒店的房费里包含了用摩的或小巴免费接站的服务。暹粒国际机场在市区以西7公里处，机场有数量充足的出租车和摩的接送客人进城。

实用信息

危险和麻烦

暹粒是个很安全的城市，即便是晚上治安也不错。但是，如果你租自行车骑，一定不要把包放在篮筐里，因为这样就给抢包匪徒可乘之机。同样，独身女性深夜回住处应尽量有同伴陪同，特别是如果要经过光线昏暗的地区。

暹粒有许多客栈和小酒店搞回扣的把戏：让摩的和出租车司机把客人拉来，然后给他们回扣。想要避免这种情况发生，你可以在网上预订房间并让酒店安排接送，如果你从金边来，还可以让金边的酒店联系跟他们合作的暹粒酒店。或者，到暹粒后再找酒店，直接和酒店或客栈讨价还价。

城里有许多乞丐，有些游客对此感到腻烦。但是，你要记住：因为没有社会保险，又没有政府资助，柬埔寨最贫穷的那部分人日子过得很艰难。至于儿童，最好不要给他们钱，因为钱最后都落入别人的口袋，如果你愿意帮忙，可以给他们食物。现在，乞丐少多了，因为他们中有些人经过了培训，已经从简单的乞讨变为向游客兜售书或明信片了。

要当心暹粒的婴儿奶粉骗局。在这样的骗局里，会有个女人抱着孩子走过来，向游客乞求给她的孩子买些奶粉。游客多数会同意，然后在附近的小商场买价格最贵的奶粉。交易结束之后，女人就会把奶粉再拿回到商店里，与店主分钱。

在吴哥之外的偏远景区，一定要走标示清楚的道路。荔枝山和贡开等地区仍然有尚未清除的地雷。

紧急情况

旅游警察局（Tourist Police；见134页地图；☎012 402424）位于吴哥检票点（见134页地图），就在路边，如果你在暹粒逗留期间遇到任何严重的问题，都可以来这里投诉。

上网

随着绝大多数餐厅和酒吧都开始提供稳定的免费无线网络，网吧正在迅速消失。幸存的少量网吧价格为每小时US$0.50，还提供便宜的网络电话服务。几乎所有的客栈和酒店也通过免费终端或免费Wi-Fi为住店客人提供上网服务，或者两者皆有。

医疗服务

如今的暹粒拥有国际标准的急救机构。但是，遇到突发急病，还是需要转移到曼谷救治。

吴哥儿童医院（Angkor Hospital for Children；简称AHC；见106页地图；☎063 963409；angkorhospital.org；Oum Chhay St和Tep Vong St交叉路口；⊙24小时）如果你的孩子生病，可以来这间国际标准的儿科医院。这里也为成人提供24小时急诊服务。接受捐款。

皇家吴哥国际医院（Royal Angkor International Hospital；见134页地图；☎063 761888；www.royalangkorhospital.com；Airport Rd）这家国际标准医院，附属于曼谷医院，因为过去经常与保险公司打交道，所以收费很贵。

U-Care Pharmacy（见109页地图；☎063 965396；Pithnou St；⊙8:00~22:00）这个药妆店很像泰国（和英国）的连锁药店Boots。员工能说英语。

现金

如果需要换钱，在市场（珠宝摊位或专门换钱的摊位）里换钱比较快，而且不像银行的手续那么复杂。

ABA Bank（见106页地图；Tep Vong St）每次交易只能取现US$100，且每次收取US$4的手续费。

澳新皇家银行（ANZ Royal Bank；见106页地图；Achar Mean St）支持信用卡提取现金，还可以用多种主要货币兑换旅行支票。城里有几家分行和很多自动柜员机（取款手续费为每笔US$5）。

加华银行（Canadian Bank；见106页地图；Sivatha St）提供信用卡提取现金服务（手续费US$4），用多种主要货币兑换旅行支票手续费2%。

邮局

邮政总局（见106页地图；Pokambor Ave；⊙7:00~17:30）现在的服务质量好多了，但你最好还是看着你的信件盖上邮戳。还有办理EMS快递的柜台。

电话和传真

现在打国际长途都是用Facetime，Skype或Viber。旅行前可先下载好App，如果你的手机没绑定服务商，且要在该国待上一阵子，可以考虑购买一张当地的SIM卡，甚至可以购买当地手机和SIM卡，价格也不贵。酒店对长途电话加收很高的费用，因此拨号之前先确认价格。

旅游信息

暹粒有官方旅游办公室，不过提供可拿走的宣传页少之又少。客栈和酒店通常是可靠的旅游信息来源，或者也可以向已经在这里待了好几天的游客打听。

通过*Drinking and Dining*查找酒吧和餐馆，或通过*Out and About*查找商铺和服务场所，这两本杂志都是由Cambodia Pocket Guide（www.cambodiapocketguide.com）出版的，发行范围很广。季刊*Siem Reap Angkor Visitors Guide*（www.canbypublications.com）列出了各类场所的名单。

暹粒旅游办公室（见106页地图；☎063 959600；http://siemreaptourism.gov.kh; Royal Garden）位于皇家花园，地理位置便利，但提供的当地信息不多。

到达和离开

飞机

暹粒有直达泰国的曼谷，老挝的万象、琅勃拉邦（Luang Prabang）和巴色（Pakse），越南的胡志明市、河内和岘港，马来西亚的吉隆坡，中国的北京、广州、香港、台北、昆明和上海，韩国的釜山和首尔，新加坡，菲律宾的马尼拉以及缅甸的仰光的航班。

国内航线原来只有到金边（单程US$40起）的，后来又增加了飞往西哈努克市（单程US$50起）的。运营国内航班的航空公司包括百善航空（Bassaka Air）、柬埔寨吴哥航空公司（Cambodia Angkor Air）和柬埔寨巴戎航空公司（Cambodia Bayon Airlines）。旺季时一票难求，因此你要尽量提前预订。有些特价票只适用于柬埔寨公民。

船

暹粒和金边（US$35；5~6小时）或马德望（US$20，根据季节不同4~8小时）之间每天有快艇往来。开往金边的船票价非常高，相较之下汽车速度跟船一样，但价格便宜得多。开往马德望的航线沿途风景优美，但船经常出故障。

开往暹粒的船从荣寺附近的空尼（Chong Kneas）水上村庄（暹粒以南约11公里处）出发。码头在一年之中随着季节的变化而变换地点。旱季水位下降，码头和水上村庄的位置随之后退。湖区周围有条路，不受天气影响，随时通行，但湖区外围的公路干道每逢季风季节就会被水淹没。

城里的客栈大多代售船票。在客栈买船票，价格通常包含乘坐摩的或小巴前往码头的费用。否则，乘摩的到码头收费约US$3，三轮摩的约US$7，出租车约US$15。

长途汽车

连接暹粒和金边的公路路况年年不同，现在从金边到斯昆（Skuon）之间的路段双向两车道路况都非常好。不过斯昆和磅同（Kompong Thom）之间有些路段仍在维修。向西通往诗梳风（Sisophon）、泰国和马德望的公路大部分路况都非常好。

长途汽车全部从**长途汽车站/出租车停靠站**（见134页地图）发车，该车站位于城东3公里、NH6以南约1公里处。客栈、酒店、长途汽车站、旅行社和代售点都卖票。有些长途汽车公司派小巴上门接乘客。全天都有开往金边的长途汽车，也有几趟夜班客车。开往其他城市的长途汽车通常清晨发车。到暹粒后，乘客刚一下车就会被急着拉客的摩的司机团团围住，请做好心理准备。前往金边（US$10起）的快速小巴人气渐高，因为可以在路况差的路段节省大量的时间。

注意有些长途客运服务需要转车，尤其是涵盖边境地区的线路，例如，去往泰国曼谷、越南胡志明市或老挝南部巴色的线路。也有班次可前往南部海岸上的贡布（Kampot）和白马（Kep），中途要从西哈努克市绕道，耗时很久，所以在订票时先问清楚路线和时间。在有些情况下，到金边转车是更好的选择。

现在从暹粒往返金边，以及从寺庙城镇往返

前往曼谷的国际长途汽车

多家客栈和旅行社提供前往曼谷的国际长途汽车票（约US$15），你需要在边境换乘另一辆长途汽车。根据宣传，甚至有“夜班”的长途汽车，不过考虑到波贝的口岸在7:00才开放，这些所谓的夜班车毫无意义。

Nattakan（见106页地图；☎078 795333; Sivatha St）提供到曼谷（US$25）的“直达”长途汽车服务，每天8:00在Sivatha St的办事处发车，这条线路也包括通过边境的快速入境通道。就离开柬埔寨而言，这些长途汽车可能没有太多优势，不过对于从这条路进入柬埔寨的旅行者来说，这倒不失为一个好办法。然而，旅行者们可能有办理签证被多收费的风险，提前办理柬埔寨电子签证（US$25）就可以免除这种风险。从曼谷到暹粒的长途汽车9:00在蒙奇长途汽车总站（Mo Chit Bus Terminal）发车，票价750B。

从暹粒出发的交通工具

目的地	小汽车和摩托车	长途汽车	船	飞机
泰国曼谷	8小时	US$15~28，10小时，班次频繁	无	US$90起，1小时，每天8班
马德望	3小时	US$5~8，4小时，固定班次	US$20，6~8小时，7:00	无
磅同	2小时	US$5，3小时，班次频繁	无	无
金边	6小时	US$6~15，7小时，班次频繁	US$35，5小时，7:00	US$40起，30分钟，每天9班
波贝	3小时	US$5~8，3小时，固定班次	无	无

西哈努克市及更远地方的长途线路，夜班车次也很受欢迎。绝大多数夜班车次都会经过西哈努克市，也就是说要改道去往贡布或戈公，不过这样到达的时间反而更合理。请核实时刻表！

Capitol Tour（见109页地图；☎063 963883；www.capitoltourscambodia.com）

Giant Ibis（见106页地图；☎023 999333；www.giantibis.com）最精明的运营商，每天有班车前往金边（US$15），车上有免费Wi-Fi。

GST（见106页地图；☎092 905016）

Gold VIP（见106页地图；☎063 632 7600）有快速小巴，前往金边和西哈努克市。

Golden Bayon Express（见106页地图；☎063 966968；goldenbayonexpress.com）

Hang Tep（见106页地图；☎012 645264）

Larryta Express（见134页地图；☎066 202020）提供的是Ford Transit漂亮的新小巴，白天每小时都有1班车前往金边。

Mekong Express（见106页地图；☎063 963662；catmekongexpress.com）高端客运公司，配备有女服务生和饮品。

Mey Hong（见134页地图；☎063 965979）提供高速小客车客运服务，可前往金边。

Orient Express 1907（见106页地图；☎069 881907；www.orientexpress1907.com）较便捷的运营商之一，可前往首都。

Phnom Penh Sorya（见134页地图；☎012 235618；www.ppsoryatransport.com）

Sapaco Transport（见106页地图；☎063 761434；www.sapacotourist.vn）可前往胡志明市，中途在金边换车。

Virak Buntham（见106页地图；☎017 790440）夜班车次，可前往金边、西哈努克市和戈公。

小汽车、合乘出租车、小巴和皮卡车

合乘出租车和其他交通工具也前往各大城市，而且速度比前者略快。目的地包括金边（US$10，5小时）、磅同（US$5，2小时）、诗梳风（US$5，2小时）和波贝（US$7，3小时）。要去班迭奇马（Banteay Chhmar）的话，可以先到诗梳风，然后再换车。

ℹ 当地交通

在暹粒周边游览的常见的交通方式包括摩的和三轮摩的。想舒展腿脚的游客白天可租用自行车，许多客栈和酒店可提供汽车租赁服务，供偏远地区旅途所用。

抵离机场

暹粒国际机场距离市中心7公里。如提前预约，暹粒的一些酒店和客栈可派车到机场免费接住店客人。乘坐在航站楼旁边等候的正规出租车，费用为US$9。乘坐摩的到市中心费用为US$3，三轮摩的的费用为US$7。

自行车

城里的一些客栈和老市场周围的几家商铺出租自行车，通常每天US$1~2。**White Bicycles**（www.thewhitebicycles.org）的自行车租赁项目遍及暹粒的50多家客栈和酒店，其所有收益都投入到暹粒周边的社区发展项目。自行车团队游运营商出租进口品牌的山地自行车，费用约US$8~10。另一个选择为**Green e-bikes**（见106页地图；☎095 700130；www.greene-bike.com；棉铁市场；每24

从暹粒出发的长途汽车

目的地	行程(小时)	价格(US$)	公司	班次
安隆汶	3	5	GST	每天1班,7:15
泰国曼谷	10	15~28	Capitol Tour, Hang Tep, Nattakan, Virak Buntham	16:00前班次频繁
马德望	4	5~8	Capitol Tour, Phnom Penh Sorya	上午有固定车次
越南胡志明市	12	22~27	Mekong Express, Sapaco Transport	每天3班,5:30、7:30和8:30
贡布	13	13	Virak Buntham	每天1班,19:00
戈公	13~14	17~22	Virak Buntham	每天2班,19:00和23:00
磅湛	5~6	5	Capitol Tour, GST	上午班次频繁
桔井	7~8	8~13	GST	每天2班,6:00和7:15
金边	6~7	6~15	Capitol Tour, Giant Ibis, Gold VIP, Golden Bayon Express, GST, Larryta Express, Mekong Express, Mey Hong, Orient Express 1907, Phnom Penh Sorya, Virak Buntham	白天以及晚上班次频繁,直到午夜
波贝	3	5~8	Capitol Tour, Hang Tep	上午班次频繁
柏威夏市	3~4	8~12	AVT, GST	上午2班
西哈努克市	10~11	13~25	Capitol Tour, Mekong Express, Virak Buntham	上午3班,19:00至午夜5班
上丁	7	20	AVT	每天1班,8:15

小时US$10;⏲每日7:30~19:00),这是一个致力于环保的组织,提供自行车和摩托车。

小汽车和摩托车

多数酒店和客栈全天都能办理租车服务,通常最低费用US$30。高级酒店可能收费更高。在暹粒市内及周边,外国人不允许租摩托车。如果你想骑自己的摩托车游玩的话,可以在金边租一辆,然后骑到暹粒。

摩的

乘坐摩的每天车费US$10起,依据目的地远近而定。较远的寺庙收费会更高。市内短途平均车费为2000r左右,如果想去更远一点的吴哥或机场,费用约US$1或更高。最好在上车前讲好价,因为有些司机养成了乱要价的毛病。

三轮摩的

常被称为"突突车"(tuk-tuk),特别适合成双成对游览暹粒的情侣乘坐,但司机喜欢抬高价格。如果就在城市周围转转,费用为US$2起,如果是夜晚去城市的偏远地区,车费可能会更高。

暹粒周边

女王宫区(Banteay Srei District) ស្រុក បន្ទាយស្រី

这里最著名的是那座小巧的粉色寺庙(见169页),但除了吴哥重要遗址,这里还有其他许多地方值得游览,例如高布斯滨(Kbal Spean,见169页)的千林迦河

(River of a Thousand Lingas),以及12世纪修建的寺庙班迭萨雷(Banteay Samré,见166页)。新的目的地和活动,包括民宿、生活方式体验、手工艺品工坊,也正在开发之中,用以鼓励游客在本地区待得更久,体验更多。

景点和活动

虽然女王宫区的主要景点是寺庙(见169页),但在高布斯滨游览千林迦河的时候,也不要错过吴哥保护生物多样性中心(Angkor Centre for Conservation of Biodiversity,见170页)。其他活动还包括格巴特社区森林(Kbal Teuk Community Forest)徒步,那里有罕见的食虫猪笼草。

★柬埔寨地雷博物馆 博物馆

(សារមន្ទីរគ្រាប់មីនកម្ពុជា និងមូលនិធិសង្គ្រោះ, Cambodia Landmine Museum; ☎012 598951; www.cambodialandminemuseum.org; 门票乐捐US$3; ⏲7:30~17:00)这座博物馆由自发扫雷者Aki Ra修建,其中的展览控诉着地雷给柬埔寨人民带来的伤害,令人震惊。展品包括各式各样的地雷、迫击炮、手枪和一些兵器。展馆内有一个模拟雷区,游客可以尝试排雷(地雷已失效)。该博物馆的门票收入用于举行各种活动促进国民对地雷问题的重视。博物馆在距离暹粒约25公里的地方,靠近女王宫。

女王宫蝴蝶中心 野生动物保护区

(សួនមេអំបៅបន្ទាយស្រី, Banteay Srei Butterfly Centre; ☎097 852 7852; www.angkorbutterfly.com; 成人/儿童 US$4/2; ⏲9:00~17:00)这里是东南亚最大的室内蝴蝶中心,有30多种柬埔寨蝴蝶。孩子们喜欢这里,因为他们在这里可以看到这种生物从卵到毛虫、茧,再到蝴蝶的整个过程。该中心尝试为贫困的农村人提供维生手段,中心内饲养的蝴蝶大多来自周围的荔枝山(Phnom Kulen)。该蝴蝶中心在暹粒至女王宫的途中,距女王宫约7公里,位于路左侧。

塔尼陶瓷博物馆 博物馆

(សារមន្ទីរកុលាលភាជន៍ ភូមិតានី, Tani Museum of Ceramics; Tani Village; 门票US$1)这座小博物馆位于塔尼村,展示的是高棉帝国时代的吴哥陶瓷作品。因为展品有限,可能只有热爱陶瓷的人才会被唤起热情,不过可以找个好导游,他们会带你参观本地区吴哥时代的一些窑炉。

食宿

女王宫区有几家民宿,从乡村田园风情到精品风格都有。

Bayon Smile Homestay 民宿 $

(☎086 595402; sarouensean@gmail.com; Banteay Srei Village; 标单/双US$10/15)由热情的Sarouen先生经营,有6座宽敞迷人的乡村房屋,就位于女王宫寺庙的北边。这里组织有多种活动,包括木雕、村庄团队游、骑自行车和其他探险之旅,可前往Phnom Cheur和Phnom Hop等偏远地区。推荐尝试。

Tbeng Village Homestays 民宿 $

(☎092 966047; Tbeng Village; 房屋US$15)Tbeng是位于女王宫以东的一个漂亮的小村子,当地的老师Khuon先生用12座房屋建起了这座民宿。如果还有得选的话,可以挑一座瓦顶的房屋,比波纹金属板屋顶的要凉爽。可以组织参加村子里的活动,与当地人交流。

Bong Thom Home Stay 民宿 $$

(☎012 520092; www.thebongthomhomestay.com; 房间US$60~80)这里可以算作精品民宿。位于乡野之中,提供有一些漂亮的木屋,搭配的是四柱床,装饰很有品位。这里有多种活动,包括烹饪课程、骑行、乘坐牛车等。附设的餐厅颇受好评,提前预订的话也接待非住客。

Naom Banchok Noodle Stalls 面条 $

(Preah Dak; 面条 4000r)Preah Dak村以其粗米粉(naom banchok)而闻名,面摊都聚集在通往女王宫的路上。这些自制的米粉会搭配清淡的鱼汤或是淡味咖喱鸡,还有各种蔬菜和调味品。

到达和离开

女王宫位于暹粒东北约32公里处,路况良

好。乘坐小汽车大约需要45分钟，摩的需要1小时。出发前先讲好价。

普列托尔鸟类保护区（Prek Toal Bird Sanctuary）

普列托尔（ជម្រកសត្វស្លាបទឹកព្រែកទាល់；门票US$25~50）是洞里萨湖（Tonlé Saplake）上的3个生物圈之一，鸟类保护区的建立使这里成为3个生物圈中最受欢迎的旅游目的地。它是鸟类爱好者的天堂，这片小小的区域聚集着大量珍稀鸟类，包括巨大的大秃鹳（adjutant stork）、白鹤（milky stork）和斑嘴鹈鹕（spot-billed pelican）。就连对鸟类一窍不通的人都会惊叹于上述鸟儿宽阔的翼幅和巨大的巢穴。

旱季（12月至次年4月）来此旅游的人们会发现大量鸟儿聚集在这里，就像希区柯克电影里的场景。也可以9月来游览，但鸟的数量没那么多。别处的水逐渐干涸，所以鸟儿纷纷聚集于此。专门观察研究稀有鸟类的人都知道，观鸟的最佳时间是在黎明或傍晚，这意味着你要很早起床，甚至在普列托尔环境办公室过夜——这里为游客们提供了简陋的床位，单人间价格为US$15（双人间价格为US$20）。

有几个生态旅游公司会组织前往普列托尔的游览。Sam Veasna Center（SVC；见106页地图；☎063 963710；www.samveasna.org；每人US$100起）位于暹粒的沃波地区，组织去普列托尔的游览，旨在游览的同时保护该地区，通过生态旅游给本地社区提供收入，作为禁止村民狩猎和砍伐森林的回报。5人及5人以上的旅游团，每人约US$100，不足5人加收费用。Osmose（☎012 832812；www.osmosetonlesap.net；每人US$95）也组织前往普列托尔的一日游，最少4人成行。

团队游费用包括交通、门票、导游、早餐、午餐和饮水。如果游客需要，可以提供双筒望远镜，Sam Veasna Center还有射弹观测镜。两家公司还可以为酷爱观鸟的人组织过夜的行程。部分收益用于教育儿童和村民保护鸟类和独特的洪水森林环境的重要性。旅程包括参观一个本地社区。一日游包括免费上门接和送，早上6:00左右接，天黑返回。

想自己来这个保护区的话，你要先乘坐摩的（US$3左右）或出租车（单程US$15），20分钟后到达空尼水上村庄（根据到达的时间，到新码头可能还会另收费），然后乘船前往保护区的环境办公室（往返US$55左右，单程1小时）。一艘小船（含导游US$30）会带你从环境办公室进入保护区，航程约1小时。

防晒霜和遮阳帽必不可少，因为旱季非常炎热。保护区的导游会拿着标有鸟类英文名的小册子，但他们本身不太会说英语，因此参加Sam Veasna Center或Osmose组织的团队游自有其好处：两家公司都有会说英语的导游。

金丝重现

Golden Silk（☎012 596811；www.goldensilk.org；Phum Thmey）是一个仍在运转的丝绸农场，位于女王宫区，距暹粒约30公里。黄蚕分泌出的极其精美的丝线即为金丝。金丝在柬埔寨一度非常普遍，近年来由于养蚕技术和纺织工艺变得薄弱而导致产量下降。金丝的产出是一个非常细致的过程，100公斤的茧和1500公斤的桑树叶只能产出10公斤丝。游客们可以参观纺织中心，深入了解丝绸纺织过程。参观需捐款US$10以资助雇用女王宫地区的孤儿和贫困女性的非政府组织。

昂德罗本特莫保护区（Ang Trapeng Thmor Reserve）

这个鸟类保护区（អាងត្រពាំងថ្ម；门票US$10）就在班迭棉吉省（Banteay Meanchey Province）边界上的Phnom Srok地区，距离暹粒约100公里。在这里能够看到极为珍稀的萨勒斯鹤（sarus crane；巴戎寺的浅浮雕有这种鸟类的图案），而全世界能看到这种鸟的地方屈指可数。这些长着灰色羽毛的大鸟有特别长的腿和惊人的红色鸟头。该保护区位于红色高棉统治时期修建的水库旁边，设施很简陋，但景色特别优美。需要自带双筒望远镜，因为保护区不提供。

在通往诗梳风的路上走大约72公里，然后在Prey Mon处向北走22公里，沿途将经过几个以织丝闻名的村子。Sam Veasna Center

Around Siem Reap 暹粒周边

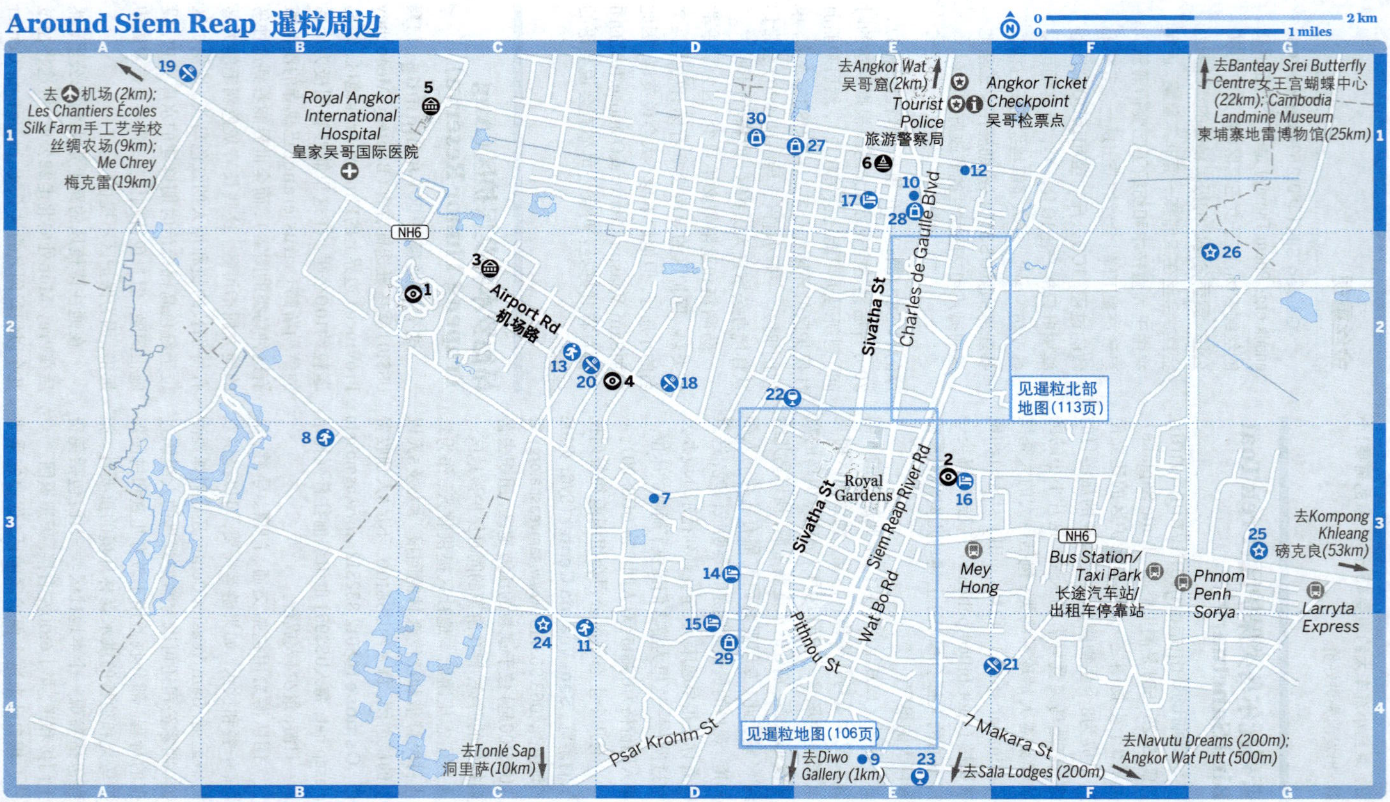

Around Siem Reap 暹粒周边

景点
1 柬埔寨文化村 C2
2 Cambolac E3
3 和平协会会址 C2
4 Senteurs d'Angkor Botanic Garden D2
5 战争博物馆 C1
6 沃密 E1

活动、课程和团队游
7 吴哥搏击俱乐部 D3
8 吴哥高尔夫度假村 B3
9 Cambodia Quad Bike E4
10 Cambodia Vespa Adventures E1
11 Happy Ranch C4
12 Khmer Ways E1
13 The Great Escape C2

住宿
14 Funky Flashpacker D3
15 Garden Village D4
16 Heritage Suites E3
17 Pavillon Indochine E1

就餐
18 Abacus D2
19 Les Jardins des Delices A1
20 Madame Butterfly C2
21 Por Cuisine F4

饮品和夜生活
22 Samut Siem Reap D2
23 Sombai E4

娱乐
24 柬埔寨马戏团 C4
25 Rosana Broadway G3
26 Smile of Angkor G2

购物
27 Eric Raisina Workshop E1
28 Jayav Art E1
29 Rogue D4
30 Theam's House D1

可以安排观鸟之旅（4人的团体每人US$100），而这可能是来这里游览的最方便的方式。

空尼水上村庄（Floating Village of Chong Kneass）

ភូមិអណ្តែតទឹកចុងឃ្នាស

这个著名的水上村庄如今很受那些看腻了寺庙的游客的欢迎，自己安排行程过来游览也挺方便的。如果你想找个更安静的地方，可以去洞里萨湖周边更远处的村庄。从金边或马德望乘船到达暹粒的游客可以顺便来此一看，因为这个水上村庄就挨着码头所在地：荣寺（Phnom Krom）。暖色调光线下的清晨或傍晚，这里的景色尤其迷人，可与荣寺山顶寺庙的日落之旅组合起来。缺点是熙熙攘攘的旅游团有点吵闹，河上船只来来往往也不安静。让开船的司机驶向一些冷门的河道，就可以避开人群了。

游客应该去**壁虎中心**（Gecko Centre；www.tsbr-ed.org；⊙8:30~17:30）看看。这个中心位于水上村庄，有丰富的展品，帮助参观者了解洞里萨湖地区的秘密。该中心展品包括这一地区的动植物，还能看到许多洞里萨湖周围居民的生活资讯。

村庄的位置随着季节的变化而发生变化，你需要租一条小船才能好好地围绕村庄游览一番。这里组织团队游的公司Sou Ching出租小船，对独立旅行者固定收取每人US$15的费用。与吴哥寺庙比较起来，性价比非常低。如果能加入廉价旅行团的话，收费一般会便宜许多。

游览空尼的最佳方式是乘坐**Tara Boat**（☎092 957765；www.taraboat.com；每人含午餐/晚餐 US$29/36）由货船改装的船只。该公司的游览包括全部项目和一餐饭。价格含船票、门票、换乘湖上船只、团队游导游和两道菜的一餐，含午餐US$29起，含日落景观自助式晚餐US$36起，酒水畅饮。

乘坐摩的从暹粒前往水上村庄单程US$3（如果需要司机等候则还要加钱），乘出租车费用US$15左右。单程20分钟。也可以在城里租辆自行车骑着去，因为路程只有11公里，很轻松，而且沿途有许多美丽的村庄和稻田。

空邦鲁（Kompong Pluk）

ព្រៃលិចទឹកកំពង់ភ្លុក

空邦鲁（每人US$20）是个世外桃源般的村庄，看起来仿佛是电影里的场景，这里的人热情好客，大部分住在吊脚高达6米的房屋里，在每年湄公河水位上涨时附近的森林都会被淹没，水位下降后，树木又显露出来。雨季乘坐独木舟游览空邦鲁非常有趣。

游览价格很贵，一艘船上每人固定票价US$20，把各项花费累积起来，可能还是在暹粒报名参加廉价团队游更划算。

有两种方法进入空邦鲁。一种是在空尼水上村庄乘船（1.25小时），往返最低US$55。另一种是经由小镇罗洛（Roluos），采用水陆结合的方式前往，先乘坐摩的（约US$7）或出租车（US$20），然后是船。总之，水路结合的方法需要2小时，但具体时间还要视季节而定，有时在陆地的时间更长，有时则是乘船的时间更长。新道路开通后，旱季前往空邦鲁大约1小时就能到达。Tara Boat（见135页）组织来空邦鲁的一日游，每人US$60。

磅克良（Kompong Khleang） កំពង់ឃ្លាំង

磅克良是洞里萨湖地区最大的社区之一，与其他村庄相比，它更像个城镇，还拥有几个装饰华丽的佛塔。这里的大多数民居都是吊脚楼——这样可以避免屋宅在水位上涨时被淹。与那些离暹粒更近的水上村庄相比，来这里的游客很少，所以这也成了来这里的理由之一。湖边只有一个小小的水上村庄，但吊脚楼的小镇本身就是个有趣地方，值得你逛上一两个小时。乘船游览磅克良和周边的洞里萨湖每人需要大约US$20，行程要用掉几个小时，不过也可能被要价US$30。

由于修了一条全年通行的公路（经由Dam Dek），所以从暹粒到这里还算方便，但乘坐出租车往返需要大约US$40。

梅克雷（Me Chrey） មេជ្រៃ

梅克雷（门票US$1）是最近才"被发现"的水上村庄之一。它位于暹粒和普列托尔之间大概正中的位置。本地区还有其他几个小村庄，而且来这一带的游客比去空尼的少多了。梅克雷随着水位的变化而改变位置，雨季时景色分外美丽，因为房子都围绕着一个位于岛上的佛塔。该村庄在Puok区南边，距离暹粒大概25公里，道路相当泥泞，要穿越葱茏的水稻田。乘坐摩的来这儿大约US$8，乘坐出租车需要支付US$25，然后换乘船只（每人US$20，非常昂贵）游览此地。

Unique Kayak Cambodia（☎097 456 2000；http://uniquekayakcambodia.com；半日US$70~115，全日US$100~150）提供皮划艇之旅，可探索梅克雷附近被洪水淹没的森林，以及村庄周边。除非你是参加奥运会的桨手，半日旅途应该就足够了。洪水淹没的森林真的很美，还可能看到一些水鸟。团队游中包括所有的汽车和船的换乘费用，所以参团是非常合理的选择。途中可能也会在Pouk区的吴哥艺术学校丝绸农场（Artisans Angkor Silk Farm）停靠。

吴哥寺庙群

包括 ➡

观看日出或日落的最佳寺庙

- 吴哥窟（见149页）
- 巴肯山（见159页）
- 比粒寺（见165页）
- 皇家浴池（见163页）

电影爱好者要去的最佳寺庙

- 吴哥窟（见149页）
- 巴戎寺（见154页）
- 奔密列（见172页）
- 吴哥王城东门（见154页）
- 塔布隆寺（见161页）

为何去

欢迎来到人间天堂。吴哥（ប្រាសាទអង្គរ）是须弥山（Mt Meru）的世俗化身，须弥山在印度教中的地位相当于古希腊的奥林匹斯山，是远古诸神居住的地方。这些寺庙是创造热情和精神信仰完美结合的产物。柬埔寨的历代"神王"在建造寺庙的时候，无论在大小、比例和对称方面，都力求比他们的祖先做得更好。最终建成了世界上最大的宗教建筑——吴哥窟。

对于所有高棉人来说，吴哥寺庙是灵感的源泉和民族的骄傲，激励着他们在经历了多年的万千劫难之后仍能努力重建自己的生活。今天，这些寺庙是所有柬埔寨人朝拜的圣地，而到访的旅行者也都不想错过这些寺庙的惊人魅力。吴哥是世界上最重要的古迹之一，它将中国长城的雄伟、泰姬陵的细致繁复以及金字塔的象征手法和对称美全部融为一体。

不要错过

- 看太阳从世界最大的宗教建筑——神圣的吴哥窟（见149页）上方升起。
- 凝望宁静、壮观的巴戎寺（见154页），那里的216张神秘面孔注视着周边的丛林。
- 在影片《古墓丽影》的拍摄地——神秘的塔布隆寺（见161页）见证大自然神奇的力量。
- 惊叹于女王宫（见169页）精美的雕刻装饰——它们是吴哥最好的石雕作品。
- 深入丛林，寻找高布斯滨（见169页）的千林伽河。
- 去奔密列（见172页）探查交错的藤蔓、坍塌的走廊和杂乱的砂石建筑。

Temples of Angkor 吴哥寺庙

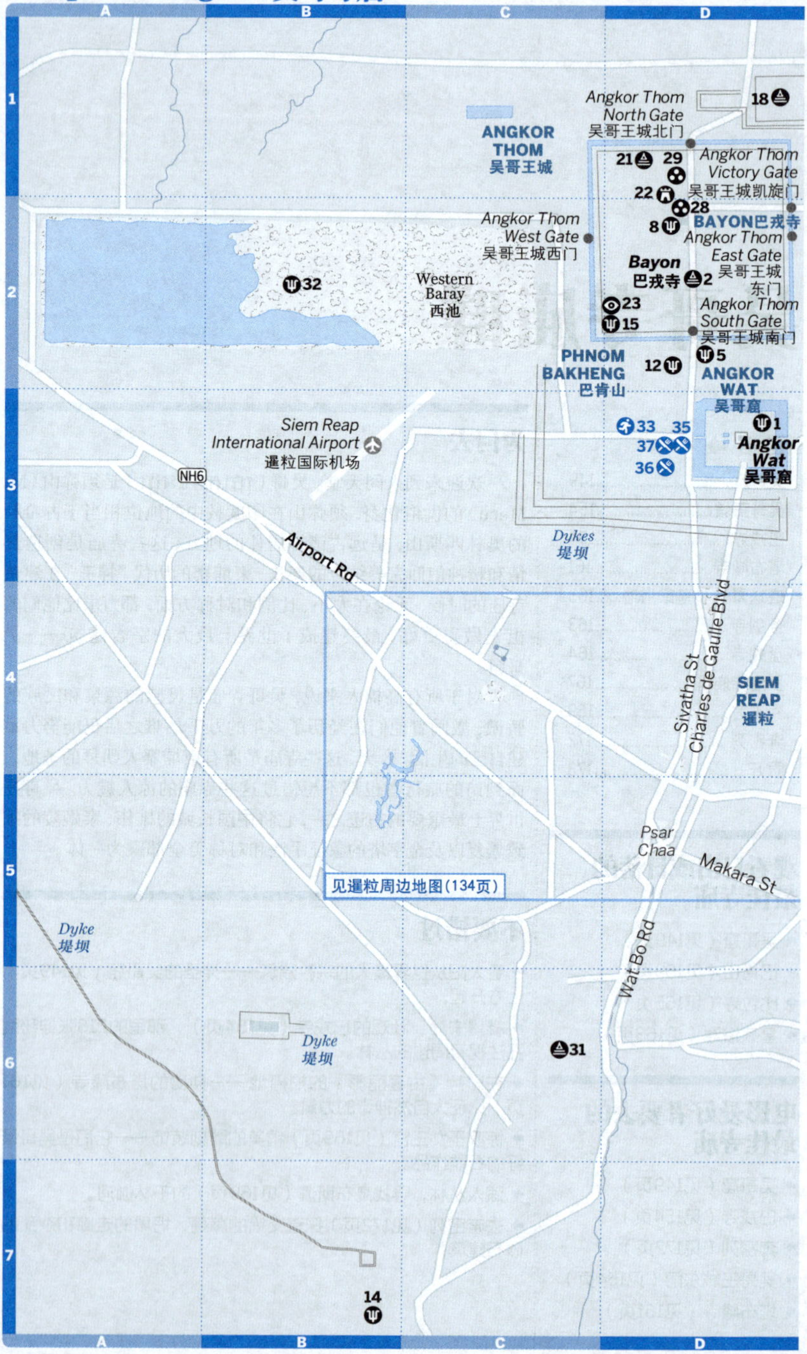

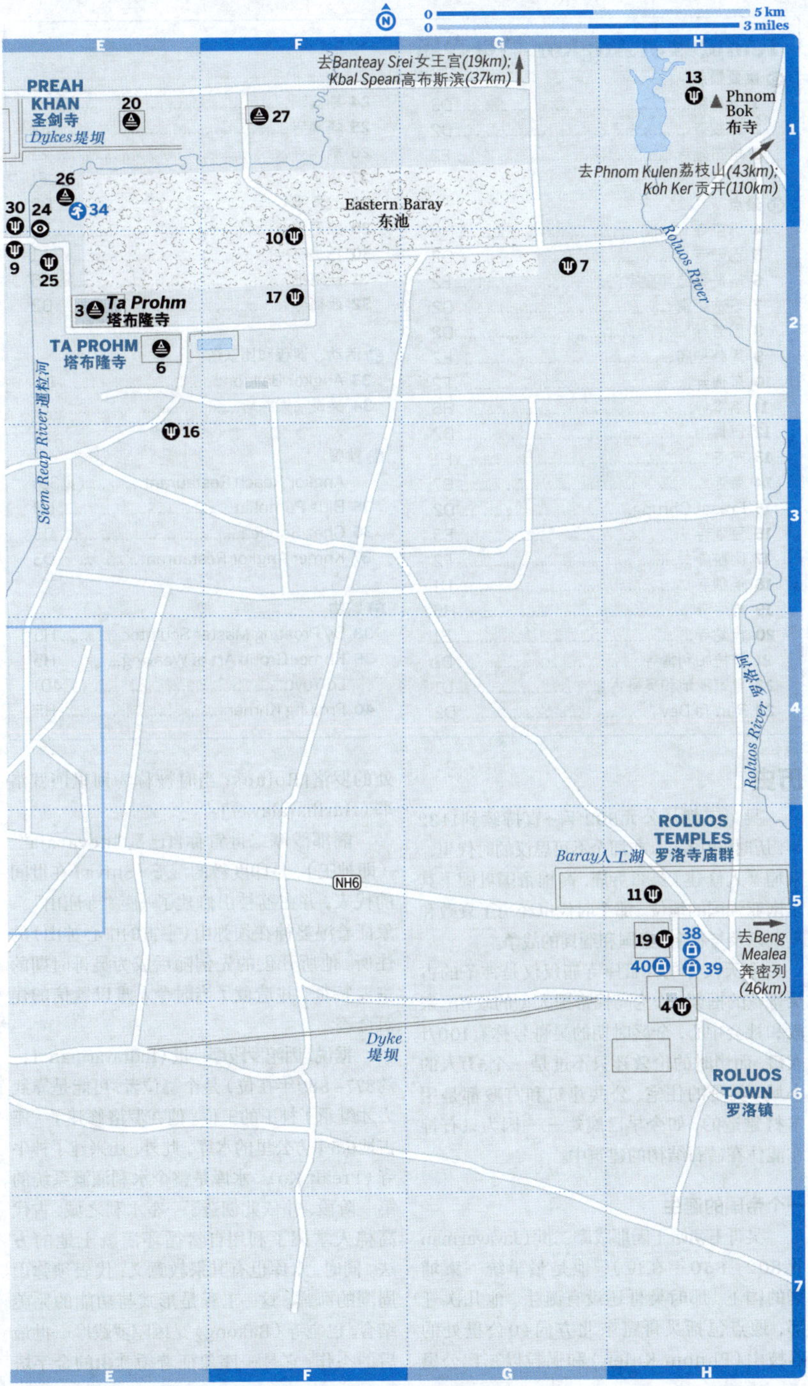
0 5 km
0 3 miles
E
F
G
H
去Banteay Srei女王宫(19km);
Kbal Spean高布斯滨(37km)
PREAH
KHAN
圣剑寺
Dykes堤坝
20
27
13
Phnom
Bok
布寺
去Phnom Kulen荔枝山(43km);
Koh Ker贡开(110km)
26
30
24
34
Eastern Baray
东池
10
7
9
25
Roluos River
3
Ta Prohm
塔布隆寺
17
TA PROHM
塔布隆寺
6
16
Siem Reap River暹粒河
罗洛河
Roluos River
ROLUOS
TEMPLES
Baray人工湖
罗洛寺庙群
NH6
11
19
38
40
39
去Beng
Mealea
奔密列
(46km)
4
Dyke
堤坝
ROLUOS
TOWN
罗洛镇
1
2
3
4
5
6
7

Temples of Angkor 吴哥寺庙

◎ 重要景点

1	吴哥窟	D3
2	巴戎寺	D2
3	塔布隆寺	E2

◎ 景点

4	巴空寺	H6
5	巴云寺	D2
6	班迭哥迪和皇家浴池	E2
7	班迭萨雷	G2
8	巴芳寺	D2
9	周萨神庙	E2
10	东梅奔	F2
11	洛雷寺	H5
12	巴肯山	D2
13	布寺	H1
14	荣寺	B7
15	Prasat Chrung	D2
16	豆蔻寺	E3
17	比粒寺	F2
18	圣剑寺	D1
19	神牛寺	H5
20	盘蛇寺	E1
21	普拉帕利雷寺	D1
22	皇家围地和吴哥古皇宫	D1
23	Run Ta Dev	D2
24	斯宾玛	E1
25	塔高寺	E2
26	塔内寺	E1
27	塔萨	F1
28	战象平台	D2
29	癞王平台	D1
30	托玛农神庙	E1
31	沃阿维	C6
32	西梅奔寺	B2

活动、课程和团队游

33	Angkor Balloon	D3
34	吴哥飞索探险	E1

就餐

	Angkor Reach Restaurant	(见35)
35	Blue Pumpkin	D3
36	Chez Sophea	D3
37	Khmer Angkor Restaurant	D3

购物

38	Dy Proeung Master Sculptor	H5
39	Khmer Group Art of Weaving	H5
	Lo-Yuyu	(见40)
40	Prolung Khmer	H5

历史

吴哥王朝从公元802年一直持续到1432年，历时600多年。在那个不可思议的时代里，柬埔寨人修建了吴哥寺庙，高棉帝国巩固了其东南亚强国的地位。那个时代也经历了衰败和复兴以及与越南、泰国和缅甸的战争。

今天仅存的几百座寺庙仅仅是神圣的古吴哥城的框架。作为高棉帝国大型的政治、宗教和社会中心，全盛时期的吴哥号称有100万人口，而当时的伦敦还只不过是一个5万人的小城。吴哥的住宅、公共建筑和宫殿都是用木材建造的，如今早已腐烂——因为只有神才能住在砖石结构的建筑中。

一个帝国的诞生

吴哥王朝始于阇耶跋摩二世（Jayavarman Ⅱ，802～850年在位）。他是最早统一柬埔寨的国王，那时吴哥还没有诞生。他几次迁都，地点包括吴哥窟东北方向40公里处的荔枝山（Phnom Kulen）和暹粒以东13公里处的罗洛[Roluos；当时被称为诃里诃罗洛耶（Hariharalaya）]。

阇耶跋摩二世宣称自己是“devaraja”（即神王），是印度教的湿婆（Shiva）在世间的代表，并在荔枝山修建了一座“寺庙山”，象征着湿婆神在须弥山（宇宙的中心神山）的住所。他所开创的先例随后成为吴哥时期的主要特征，并造就了当时令人难以置信的建筑奇迹。

据说，因陀罗跋摩一世（Indravarman Ⅰ，约877～889年在位）是个篡位者，可能是靠武力才继承了神王的王位。他在罗洛修建了一座占地6.5平方公里的水库，此外，还兴建了神牛寺（Preah Ko）。水库是整个水利灌溉系统的第一阶段，并依此创造了一座水利之城，古代高棉人掌握了利用自然循环灌溉土地的方法。同时，水库也有其宗教意义，代表须弥山周围的海洋。这一工程是形式与功能的完美结合。巴空寺（Bakong）是因陀罗跋摩一世最后的杰作，它是一座象征着须弥山的金字塔形寺庙。

因陀罗跋摩一世的儿子耶输跋摩一世（Yasovarman Ⅰ，约889~910年在位）在颂扬自己的神性和荣耀方面，看起来比他的先人有过之而无不及。首先他在父亲修建的水库中堆起了一座人工岛，并在岛上兴建了洛雷寺（Lolei）。之后他又开始在一座小山丘上大兴土木，这座小山如今被称为巴肯山（Phnom Bakheng），是观赏吴哥窟日落的绝好地点。他还在东南方16公里处修建了一条垫高的引道，连接起巴肯山和罗洛，并在巴肯山的东面修建了一个大水库——今天被人们称为东池（Eastern Baray），现已经完全被淤泥充塞。耶输跋摩一世还兴建了荣寺（Phnom Krom）和布寺（Phnom Bok）两个寺庙。

耶输跋摩一世死后，阇耶跋摩四世（Jayavarman Ⅳ，约924~942年在位）篡夺了王位，国家的权力中心暂时从吴哥地区转移到了吴哥东北方向大约80公里处的贡开（Koh Ker）。公元944年，在罗真陀罗跋摩二世（Rajendravarman Ⅱ，约944~968年在位）的带领下，权力中心又重新回到了吴哥。罗真陀罗跋摩二世修建了东梅奔（Eastern Mebon）和比粒寺（Pre Rup）。他的儿子阇耶跋摩五世（Jayavarman Ⅴ，约968~1001年在位）在位期间兴建了塔高寺（Ta Keo）和女王宫（Banteay Srei），但后者实际上是由一位婆罗门而非国王修建的。

吴哥的黄金年代

如今寺庙是吴哥的亮点，吴哥窟和吴哥王城内外的寺庙都兴建于黄金年代，或称古典年代。这一时期的确成绩斐然，但同时它也是骚乱、征服和挫折相互交替的年代。吴哥王城之所以存在，实际上是因为原址上的吴哥旧城在1177年占族（Cham）入侵时几乎被毁坏殆尽。

苏利耶跋摩一世（Suryavarman Ⅰ，1002~1049年在位）通过战略联盟和军事征服夺取了王位。尽管他采用印度教的宗教体系，崇拜神王，但专家认为他其实信仰大乘佛教，而且在很大程度上推动了佛教在柬埔寨的发展。在他统治期间，吴哥地区的佛教雕塑更加普遍了。

在吴哥几乎没有苏利耶跋摩一世统治的实物见证，但他的军队将泰国中部和老挝中南部的大部分地区纳入了吴哥王朝的控制范围。他的儿子乌迭蒂耶跋摩二世（Udayadityavarman Ⅱ，1049~1065年在位）继续进行军事扩张，帝国的版图进一步扩大，此外，还兴建了巴芳寺（Baphuon）和西梅奔（Western Mebon）。在11世纪和12世纪，湄公河地区的许多大城市都是重要的高棉人聚居地，包括老挝首都万象（Vientiane）和泰国城市华富里（Lopburi）。

从1066年到11世纪末，吴哥再一次因王权争夺而处于分裂之中。苏利耶跋摩二世（Suryavarman Ⅱ，1112~1152年在位）是新时期的第一位重要君主，他重新统一了柬埔寨，并使高棉的影响力到达马来半岛和缅甸。此外，在宗教上他也有别于以前的国王，他信仰印度教中的毗湿奴，并为其献上了规模最大、最壮观的庙宇——吴哥窟。

苏利耶跋摩二世的统治和吴哥窟的建造意味着高棉文化进入了鼎盛时期。然而此时已是暗潮涌动，颓势渐显。水库和沟渠等支撑吴哥农业的水利系统已经不堪重负，人口过剩和采伐森林导致水道逐渐被淤泥充塞。另外，兴建吴哥窟消耗了大量的资源。最致命的是苏利耶跋摩二世在其统治末期对越南发起了一场灾难性的战争，他本人也战死沙场。

进入阇耶跋摩七世统治时期

1177年，越南南部的占族所建的占婆王国

着装要求

即使吴哥的寺庙离西哈努克海滩很近，你也一定要记住吴哥的寺庙是高棉人民神圣信仰的代表场所。虽然好客的柬埔寨人可能不会说些什么，但着装不当将不受欢迎。男女式背心、热裤、短裙，这些衣服在吴哥游览时都不能穿。有些寺庙甚至规定了着装要求，如果上衣没有掩盖好上臂，裤子没有掩住膝盖，要想参观吴哥窟上层的景点是不可能的。当局近来已经颁布了针对游客的“行为要求”指南，以及一部鼓励适当着装的视频，同时也提醒游客不要触摸古建筑，或在上面就坐，注意禁止参观的区域，尊重僧侣。

吴哥王朝十位最伟大的君主

从公元9世纪到14世纪，高棉帝国统治者的名字可以列出长长的一串，令人眼花缭乱。这些名字中都包含着一个相同的成分"varman"，它的意思是"盔甲"或"保护者"。没必要泛泛地记住所有的国王，可以集中精力了解这十位最伟大的君主：

阇耶跋摩二世（Jayavarman Ⅱ，802~850年在位）于公元802年建立了高棉帝国。

因陀罗跋摩一世（Indravarman Ⅰ，877~889年在位）修建了第一座水库以及神牛寺和巴空寺。

耶输跋摩一世（Yasovarman Ⅰ，889~910年在位）迁都吴哥，并兴建了洛雷寺和巴肯山。

阇耶跋摩四世（Jayavarman Ⅳ，924~942年在位）篡夺了王位并迁都贡开。

罗真陀罗跋摩二世（Rajendravarman Ⅱ，944~968年在位）修建了东梅奔、比粒寺和吴哥古皇宫。

阇耶跋摩五世（Jayavarman Ⅴ，968~1001年在位）兴建了塔高寺和女王宫。

苏利耶跋摩一世（Suryavarman Ⅰ，1002~1049年在位）将帝国的版图扩大到老挝和泰国的大部分地区。

乌迭蒂耶跋摩二世（Udayadityavarman Ⅱ，1049~1065年在位）兴建了巴芳寺和西梅奔。

苏利耶跋摩二世（Suryavarman Ⅱ，1112~1152年在位）兴建了著名的吴哥窟和奔密列。

阇耶跋摩七世（Jayavarman Ⅶ，1181~1219年在位）王中之王，兴建了吴哥王城、圣剑寺和塔布隆寺。

（Kingdom of Champa）不甘心长期作为高棉帝国的附属国，于是发动了起义，攻占了吴哥。这次袭击完全出乎高棉人的意料，因为他们选择了水路进攻而非传统的陆路进攻。占族人焚烧了木材兴建的城市，掠夺财富。4年后，阇耶跋摩七世（Jayavarman Ⅶ，1181~1219年在位）率兵反击，将占族人驱逐出柬埔寨，重新夺回了吴哥城。

学者们对阇耶跋摩七世的统治有诸多争议。他完全背离了先人的做法。几百年来，皇室神性的源头是印度教的湿婆（有时是毗湿奴），而阇耶跋摩七世则信仰大乘佛教，并将观世音菩萨视为保护神。这样做意味着他将改变已经深入人心的宗教信仰。吴哥的陷落是对王室神性的致命性打击，这时也许更需要建立一种新的宗教。

阇耶跋摩七世在位期间，以巴芳寺为中心，大规模地兴建庙宇。巴芳寺是被占族毁坏的吴哥遗址。阇耶跋摩七世的新城吴哥王城，被围墙和护城河所包围，该护城河是吴哥复杂的灌溉系统的又一个组成部分。吴哥王城的核心作品是巴戎寺，它和吴哥窟都是最著名的吴哥寺庙。他在位期间兴建的其他寺庙包括塔布隆寺、班迭哥迪和圣剑寺。再加上他重建的大型寺庙综合建筑，如班迭奇马（Banteay Chhmar）和柏威夏省（Preah Vihear Province）的圣剑寺，使他成为迄今为止吴哥史上兴建寺庙最多的君王。

除了兴建寺庙，他还着手启动了一系列重要的公共工程项目，在整个帝国范围内修路、建学校和医院。如今在柬埔寨还能看到这些道路和桥梁的遗迹。磅德（Kompong Kdei）的Spean Praptos桥位于暹粒东南65公里处的6号国家公路（NH6）上，它是当时最著名的桥梁。而沿着通往圣剑寺的吴哥老路上的更多遗迹则湮没在丛林中，其中包括目前比较容易接近的Spean Ta Ong，它位于奔密列以东约28公里处，靠近Khvau村。

阇耶跋摩七世死于约1219年，他死后，吴哥帝国开始走向衰落。印度教重新成为国教，并延续了一个世纪或更长的时间，彼时国内毁坏圣像运动盛行，许多装饰在印度寺庙里的佛像都被摧毁或改作他用。1351年和1431年泰国先后两次洗劫了吴哥，并对其造成了毁灭性的破坏。14世纪到18世纪是暹罗首都大城（Ayuthaya）的黄金时期，它在许多方面都再现了吴哥的风采，而吴哥正是泰国征服者的灵感之源。高棉帝国迁都金边，后来只是在16世纪的时候王室又回到了吴哥，但时间非常短暂。吴哥就此被遗弃，逐渐淹没在丛林荒野之中，只有朝圣者和修行人在那里活动。

重新发现吴哥

19世纪60年代，法国人"发现"了吴哥，在世界范围内引起了轰动，外界对柬埔寨产生了浓厚的兴趣。使用"发现"一词也许不太准确。法国探险家亨利·穆奥（Henri Mouhot）最初在皇家地理协会探险途中偶然发现了吴哥窟，当时这里还包括一个富有的、仍在使用的寺院，有僧侣和奴隶。此外，葡萄牙旅行者在16世纪曾来到吴哥，并将它称作是围墙里的城市。1614年，葡萄牙人Diegodo Couto对吴哥进行了准确的描述，但直到1958年才得以公之于众。17世纪，一位日本朝圣者为吴哥窟画了一张详细的平面图，但他却误把柬埔寨记成了印度。

1868年穆奥的游记《暹罗东柬埔寨老挝诸王国旅行记》（*Voyageà Siametdansle Cambodge*）出版发行（此时穆奥已过世），吴哥首次进入了公众的视线。这本游记使穆奥成了失落的吴哥的发现者，尽管作者从未这样自诩。事实上，法国传教士布意孚神父（Charles-Emile Bouillevaux）比穆奥早10年到过吴哥，并发表了他自己的游记，但并没有引起广泛的注意。是穆奥以其详细、生动的笔触和匆匆勾勒的寺庙草图才使这座遗迹风靡世界。

继穆奥之后，其他探险家相继到访。苏格兰的摄影家约翰·汤姆森（John Thomson）在1866年拍摄了第一张吴哥寺庙的照片。他也是第一个提出这些寺庙象征着神话中的须弥山这一理论的西方人。1887年，法国建筑师卢西昂·福尔纳洛（Lucien Fournereau）来到吴哥，绘制了平面图和精细的横截面图，直到20世纪60年代，这些图仍然是最棒的。

从此，吴哥就成了法国探险队的目标。1901年，**法国远东学院**（École Françaised' Extrême-Orient; www.efeo.fr）通过资助一次巴戎寺探险开始了与吴哥的长期合作。1907年，吴哥结束了长达一个多世纪的泰国统治，重回柬埔寨。法国远东学院仍然负责清理并修复整个遗迹。同年，第一批外国旅行者来到吴哥——出人意料的是3个月内竟然来了200人。吴哥从丛林中被拯救出来，并在现代世界占有了一席之地。

吴哥考古

16世纪，柬埔寨皇室重新修缮了吴哥窟，并将其作为佛教圣地。而其他的吴哥遗迹则被遗忘在丛林之中长达几百年之久。其中很大一部分建筑物是由砂岩建成的，由于长时间处于潮湿的环境中，正逐渐趋于溶解。蝙蝠的粪便也是一个破坏因素，而且时不时地有人来偷窃塑像和石头。另外，丛林也在潜移默化地侵蚀着寺庙，如塔布隆寺，树木与建筑纠结在一起，移走树木的风险很大，因为建筑结构已经靠着植物的根系来支撑。

在法国远东学院支持下，人们开始对吴哥遗迹进行清理，但初期工作并不顺利，存在着诸多技术难题和理论上的争执。在技术方面，丛林生命力旺盛，刚被清除又很快生长出来。而在理论上，学者们在对寺庙的修复范围这一问题上存在争议，例如，印度教寺庙中的佛像等后期附加物是否应该被移走。

直到20世纪20年代，人们才就修复问题制定出解决方案，即使用原物归位的方法（anastylosis）。荷兰人当初曾经使用这种方法修复了爪哇的婆罗浮屠（Borobudur）。简而言之，就是使用原来的材料，按照建筑物最初的形态重新建造。只有在原始材料无法找到的情况下，才允许使用新材料，而且对新

对寺庙着迷的国王

吴哥的神王都是专注的建筑者。每位国王都会为自己的守护神修一座寺庙，在吴哥时期，最常见的是湿婆神或毗湿奴。其次，有半打甚至更多的寺庙是为祖先修建的，包括母亲、父亲、祖父母和外祖父母。最后是为国王自己修建的陵墓或寺庙，目的是神化君王和他们的权力，而且后修建的寺庙都比之前的更大、更好。这就是那一时期柬埔寨建筑数量惊人、寺庙建筑恢宏壮观的原因。

吴哥的图形、符号和人物

在吴哥寺庙，随处可见以神话和传奇为主题的雕刻，以及各种符号、标记和成千上万的人物雕塑。破解它们非常困难，所以我们在这里只列举了一些寺庙中最常见的。要想更好地理解吴哥雕刻，可以买一本由Vittorio Roveda撰写的《神的形象》（*Images of the Gods*）。

飞天舞者（Apsaras）天上的仙女或女神，也被称为"天女"（devadas）。许多寺庙的墙壁都以这些美丽的女性形象作为装饰。

阿修罗（Asuras）这些魔鬼形象大量出现在搅动乳海的壁画中，例如吴哥窟。

提婆（Devas）天神，搅动乳海神话中的"善神"。

火焰 火焰图案一般出现在台阶和出入口两侧，在香客进入寺庙时起到净化作用。

揭路荼（Garuda）毗湿奴的坐骑，在一些寺庙里，这些半人半鸟的造型经常与它的宿敌——那伽同时出现，这是因为阇耶跋摩七世在其执政时期要促进宗教统一。

卡拉（Kala）由湿婆神指定的寺庙守护者，它有吞噬自己身体的嗜好，通常以一个巨大头颅的形象出现在出入口。也被称为"Rehu"。

林伽（Linga）一种生殖器崇拜符号，最初被放置在多数印度教寺庙的塔内。

莲花 一种代表纯洁的符号，通常以塔或入口台阶的形式出现，还可作为装饰。

摩伽罗（Makara）一条巨大的海蛇，长着一双网纹下巴，通常出现在山墙的转角处，口中喷出那伽或其他生物。

那伽（Naga，多头蛇）是揭路荼同父异母的兄弟和敌人。控制雨，并决定着帝国的繁荣，常见于引道、出入口和屋顶。出现在许多寺庙中的七头那伽代表彩虹，是连接天堂和人间的桥梁。

公牛南迪（Nandi）湿婆神的坐骑。南迪的雕像在寺庙内随处可见，但有许多已经被损毁或被掠夺者偷走。

哲人（Rishi）印度教中的智者或苦行僧，也被称为"essai"。这些长着胡须、盘腿打坐的人物形象通常出现在基柱或侧面的墙上。

葡萄藤（Vine）也是一个代表纯洁的符号，通常出现在出入口或横梁上，当参观者进入这个神的居所暨人间天堂的时候，起到洁净他们的作用。

阎罗王（Yama）死神，掌管地狱，评判人们进天堂还是下地狱。

尤尼（Yoni）女性生殖器符号，与林伽一起产生圣水，灌溉生命的真髓。

材料的使用也格外谨慎。吴哥窟的引道就是通过这一方法修复的——该引道的右手侧最初是由法国人修复的。

第一项重要的修复工作是1930年对女王宫的修复。这项工作取得了巨大的成功，于是人们进一步扩大了对吴哥遗迹的修复。20世纪60年代，吴哥窟的修复工作达到了顶点。人们启用了大型起重机和掘土机，此外，军队测量设备为具体操作提供了精确的数据。

红色高棉（Khmer Rouge）的胜利以及后来无休止的内战对吴哥所造成的伤害远不及人们想象的那么严重，因为法国远东学院和文化部提前将寺庙中的雕像转移出去并保护了起来。然而，柬埔寨的混乱局面还是造成了修复工作的长期中断，大片丛林生长起来，重新开始侵蚀这些遗迹。国际艺术市场上的非法贸易也对吴哥形成了主要威胁，距离最近的偏远地区的遗址又成了不法之徒盗抢的目标。早在1992年，吴哥古迹就被联合国教科文组织列为世界遗产，一些国际和国内组织仍在继续保护和重建吴哥寺庙。目前这一工作已经取得了显著的进展，2003年，吴哥已经不在联合国教科文组织的濒危遗产之列了。

然而，吴哥还存在许多未解之谜，因为人们针对寺庙的绝大多数工作都集中在对地表建筑的修复上，而不是对地下进行考古研究。地下部分才更真实地反映了吴哥的历史。而寺庙上的题字只向我们提供了神和君王的部分信息：不同的君王修建了不同形式的寺庙，献给不同的神。

要想了解联合国教科文组织在吴哥的活动，可以登录http://whc.unesco.org，或登录www.world-heritage-tour.org，全方位了解吴哥。如果想在线观看吴哥遗迹的照片，没有比www.angkor-ruins.com更好的了，这是一个日文网站，有英文翻译。

建筑风格

从最早的罗洛（Roluos）开始，高棉建筑通常会随着国王的更迭而不断发展。考古学家将吴哥遗迹划分为9个不同的时期，并以最能代表这一时期建筑风格的建筑命名。

在某种程度上，高棉建筑的进化始终都围绕着一个重要的主题——寺庙与山。寺庙最好建在一座真正的山上（如果附近没有山，就兴建一座人工山）。寺庙修建的时间越早，这一基本原则就表现得越明显。基本上，人们会用建造在多层台基上的塔堂来代表圣山。中央圣殿位于顶端，门一般朝东开，其他三个基本方位分别有三扇假门。在印度教中，喜马拉雅山代表神的居所——须弥山，而高棉的历代国王则将荔枝山（Phnom Kulen）作为须弥山的象征。

到了巴肯山时期，这一设计又被加以润色。顶端的中央塔耸起五座"山峰"，其中四座分别指向东、西、南、北，一座居中。即便是吴哥窟的设计也是如此，只不过尺寸更大而已。此外，进门塔和寺庙引道两边的那伽形栏杆也是吴哥寺庙的主要特色。

随着寺庙越建越大，中央塔也变得不那么显著了，尽管它仍然是寺庙的焦点。在后建的寺庙中，中央塔两侧有庭院和精心装饰的回廊。小一点儿的塔被安置在门口或墙角里，塔的数量通常具有宗教或占星学方面的意义。

所有这些奇思妙想在吴哥窟的设计上都用到了极致，它是吴哥王朝时期建筑发展的杰出典范。巴戎寺时期的寺庙在某种程度上打破了从前寺庙建筑的传统，比如塔布隆寺和圣剑寺，其回廊、走廊和庭院的水平设计使中央塔黯然失色。

这些寺庙的走廊和出入口出奇地狭窄，这是因为当时的建筑师并没有掌握使用飞拱扶垛修建全拱的技术。他们是将石板平放，层层相压，一直到达中心点，这就是人们所说的假拱，假拱只能支撑很短的跨度。

吴哥周围的多数大型砂岩建筑都有小圆洞。这些圆洞最初是用来插木桩的，施工时人们利用这些木桩吊起并放置石头，之后再将木桩锯掉。

何时去

3月到5月天气闷热，尽量不要选择这一时节。11月到次年2月是一年中最好的旅行时间，当然也是旅行旺季。如今，旅行旺季可以称得上是人山人海，吴哥每年要接待200多万名旅行者。7月和8月的夏季会给你意外的惊喜，那时大地一片翠绿，护城河河水丰沛，绿色的苔藓和灰色的砂岩形成鲜明的对比。每年12月，这里都举办吴哥窟国际半程马拉松（Angkor Wat International Half Marathon），不想跑步的人还可以骑车参加比赛。

《古墓丽影》外景拍摄地

《古墓丽影》（*Tomb Raider*）的几个系列电影都是在吴哥寺庙附近拍摄的，安吉丽娜·朱莉（Angelina Jolie）在其中扮演劳拉·克劳馥（Lara Croft）。该片在柬埔寨的拍摄从巴肯山开始，劳拉·克劳馥通过双筒望远镜观察着这座神秘的寺庙。坏人从吴哥王城的东门闯入，摧毁了一尊巨大的聚苯乙烯飞天舞者雕塑。劳拉·克劳馥驾驶着她的路虎车，围着巴戎寺绕了几圈，发现了一条从塔布隆寺进入巴戎寺的小路。在与一个活雕塑搏斗之后，她又潜入荔枝山的瀑布躲过丹尼尔·克雷格（Daniel Craig，也扮演过007），然后她像你一样，出现在吴哥窟前面的一个漂浮的市场里。她在这里上岸，向当地的一个僧侣借了一部手机，然后进入千佛长廊（Gallery of a Thousand Buddhas），并在那里被住持治愈。

吴哥周边的住宿处

暹粒周边的城镇是探索吴哥寺庙群的大本营，这里有多到难以计数的住宿选择（见112页），从廉价旅馆到奢华酒店应有尽有。不过吴哥周边却没有类似的住宿地，女王宫区域（见131页）有一些家庭旅馆，为想体验当地生活的旅行者提供选择。

旅行线路

从前，对于旅行者来说，参观哪些寺庙和按什么顺序参观这些寺庙的问题，一般有两个选择：小圈和大圈。很难想象如今还有人严格地按照这样的线路旅行，不过以前这两条线路是来吴哥旅行的必选线路，而且通常是坐在大象背上游览的。

今天大部分预算有限的旅行者不会参加团队游，而倾向于自己安排寺庙参观线路，并且倾向于综合利用多种交通工具，例如小汽车、三轮摩的（remork）、自行车或小客车。一种行程安排是从清晨到傍晚，虽然时间很长，但在可以享受美好的午餐的同时，避开中午灼热的骄阳。另一种行程安排就是午餐时间去参观寺庙，午间时段比较安静，因为早高峰时段和下午时段在寺庙中参加的人较多。但是，这时气温非常高，光线又不适合拍照。

小圈

吴哥小圈线路总长17公里，从吴哥窟出发，向北走按序参观巴肯山（Phnom Bakheng）、巴云寺（Baksei Chamkrong）、吴哥王城（Angkor Thom）。王城包括城墙和四座大门、巴戎寺（Bayon）、巴芳寺（Baphuon）、皇家围地（Royal Enclosure）、吴哥古皇宫（Phimeanakas）、普拉帕利雷寺（Preah Palilay）、癞王平台（Terrace of the Leper King）、战象平台（Terrace of Elephants）、南北仓（Kleangs）和十二塔庙（Prasat Suor Prat）。然后沿着东城墙从凯旋门（Victory Gate）出吴哥王城，继续参观周萨神庙（Chau Say Tevoda）、托玛农神庙（Thommanon）、斯宾玛（Spean Thmor）和塔高寺（Ta Keo）。再顺着路向东北走参观塔内寺（Ta Nei），再转向南去参观塔布隆寺，再向东走参观班迭哥迪（Banteay Kdei）和皇家浴池（Sra Srang），最后经过豆蔻寺（Prasat Kravan）回到吴哥窟。

大圈

吴哥大圈线路总长26公里，是在吴哥小圈线路的基础上增加些景点：不从吴哥王城东门出城，改为从北门出城，然后去圣剑寺和盘蛇寺，再向东去参观塔萨（Ta Som），然后向南经过东梅奔（Eastern Mebon）来到比粒寺（Pre Rup）参观。再从比粒寺西行，再转向西南回到吴哥窟。

一日

如果你只有一天的时间来游览吴哥，那就及时抵达吴哥窟，欣赏日出，接着趁着早上比较安静赶紧参观附近宏伟的寺庙。午餐前参观满布树根的塔布隆寺。下午，参观吴哥王城中的寺庙，而后在傍晚时分领略一下巴戎寺的美景。

两日

两天的行程就可以参观吴哥更多的热门景点。第一天上午，先参观娇小的女王宫及其精美的雕刻品，在回来的路上去参观一下班迭萨雷（Banteay Samré）。下午，参观宏大的圣剑寺、精美的盘蛇寺和满布树根的塔萨，然后在比粒寺观赏日落。第二天早上尽早起床，赶去吴哥窟欣赏日出，接着花几小时享受那里相对安静的氛围。下午就用来探索吴哥王城。

三日至五日

如果你有3～5天时间来游览吴哥，大部分重要景点你都能造访到。一种方法是在头一天或头两天尽可能地游览到最多的景点。然后利用剩下的时间组合游览其他的景点，比如：罗洛寺庙群和班迭哥迪。当然最好还是逐个地参观每个景点，将最好的景点放到最后。如果你第一天就参观了吴哥窟，那么像塔高寺这样的景点你就不会有什么兴趣了。另一种方法是按景点的年代顺序参观景点，从吴哥王朝最早期的寺庙开始，然后按年代逐渐地参观到吴哥王城，逐渐了解高棉人的建筑和艺术的演变历程。

去高布斯滨的千林伽河看看是很值得的，让你有机会在大自然和人工铸造的壮丽中舒展你的身体。或者去偏远宏大、杂草丛生的奔密列看看，可以花一天的时间，将这两个景点与女王宫一起游览。

一周

那些可以用一周时间来游览吴哥的游客能够参观到更多的景点。不仅可以将当地所有的寺庙都包括在线路中，还可以利用多余的时间参加一些寺庙参观以外的活动，比如：在游泳池中休闲，做个水疗或在暹粒附近购物等。你甚至可能在你的行程中安排一些较偏僻的景点，比如：贡开、柏威夏寺或班迭奇马（Banteay Chhmar）。

团队游

对于那些仅有一两天时间参观吴哥的旅行者来说，可能需要当地旅行组织的帮助。在暹粒可以找到正式的导游人员（见110页），那里有大量的团队游运营商，可选项目包括简单的一日游、骑行团队游、以及前往更偏远寺庙的项目。在**高棉吴哥导游协会**（Khmer Angkor Tour Guides Association; ☎063 964347; www.khmerangkortourguide.com）可以找到很多吴哥授权的导游人员。可以预约英语导游或法语导游，每天US$20至US$40；其他语种导游，例如：意大利语、德语、葡萄牙语、日文和中文，收费就要高些，因为说上述语言的导游稀缺。

方位

从暹粒向北，最先到达吴哥窟，然后是吴哥王城。吴哥王城东西两侧有两个巨大的水库（东边的水库如今已经彻底干涸），它们曾经是吴哥王城灌溉系统的组成部分。再向东是寺庙群，其中包括塔布隆寺、班迭哥迪和比粒寺。吴哥王城的北面是圣剑寺，东北方是女王宫、高布斯滨、荔枝山。奔密列和吴哥王朝的早期寺庙罗洛寺庙群位于暹粒的东南部。

实用信息

门票费用

虽然吴哥的门票以柬埔寨的标准来说较高，但从国际标准来看，确实物有所值。旅行者可以购买一日通票（US$37）、三日通票（US$62）或一周通票（US$72）。持三日通票的旅行者可以在一周内任意三天进入吴哥，持一周通票的旅行者可以在一个月内任意七天进入吴哥。一定要到通往吴哥窟路上的大型正规的售票亭购买通票。很快，**吴哥通票检票点**将移到与旧路平行的通向吴哥的较新道路上。购买通票时要照相，所以在高峰时段排队比较慢。每天17:00后购票进入吴哥的旅行者当天免费，通票次日开始生效。通票可以参观暹粒地区内所有的遗迹，但不包括圣山荔枝山（US$20）或奔密列（US$5）这些偏远的建筑群以及贡开（US$10）。

大部分主要寺庙由穿着制服的工作人员检查通票，所以逃票几乎没有可能。到吴哥周边的村庄里转转的话倒是不需要通票，但在检票点你也需要向工作人员说明你的目的。

地图

有一些将吴哥窟包含在内的免费地图，如《暹粒吴哥3D地图》（*Siem Reap Angkor 3D Map*），城里的一些酒店、客栈和餐馆都提供这样的地图。泰国River Books出版的一种折叠式插页《吴哥窟地图》（*Angkor Map*）比较详细。

参考网站

Angkor - Unesco World Heritage Site（http://whc.unesco.org/en/list/668）提供有这一片世界顶级寺庙群的相关信息、图像和视频。

国家地理（National Geographic; http://ngm.nationalgeographic.com/2009/07/angkor/angkor-animation）呈现高棉帝国生活的生动图景。

Heritage Watch（www.heritagewatchinternational.org）联合了当地社区的可持续发展旅游业发起者。

Lonely Planet（www.lonelyplanet.com/cambodia/temples-of-angkor）提供目的地信息、订票和其他服务。

到达和当地交通

来参观吴哥寺庙的旅行者，或者说每一位来到柬埔寨的旅行者，需要考虑来往于各个寺庙间最佳的交通方式。吴哥王城离暹粒仅8公里，而在吴哥王城内的众多寺庙相距也只是几公里之遥，

> **寺庙通票警示**
>
> 如果发现在寺庙中游览的旅行者没有通票，将被处以US$100的天价罚款。

如何避开大群游客

吴哥是旅行者必去的景点，而且近年来渐渐地吸引来了更多的游客，每年接待游客数量超过200万人次，不过只要稍稍做些计划，要避开大群游客还是有可能的。有一件事要承认，景点在日出和日落时分特别受欢迎是有原因的，偶尔随着大群游客一起走走也值得。

根据常识，由于吴哥窟面向西方，所以应该在傍晚时间去参观，而巴戎寺面向东方，清晨去比较好。大部分旅行者都认可要参观塔布隆寺的最佳时间是中午，因为那里的树叶可以像伞一样遮蔽阳光。这些建议确实比较好，但如果你将参观的时段反过来，这些寺庙还是看上去很美，你也确实可以避开大群游客。

只有4座寺庙在5:00日出时开放，分别是：吴哥窟、巴肯山、皇家浴池和比粒寺。最受欢迎的景点就是吴哥窟。大多数旅行团要赶回城里吃早餐，所以应该趁着7:00到9:00天气比较凉快、又安静的时候在这里逗留和参观寺庙。皇家浴场通常都比较安静，由于湖水的反射作用，这里看日出十分壮观。巴肯山景色迷人，因为太阳从吴哥窟的后面升起，同时又远离来吴哥窟观看日落的人群，但如今的巴肯山严格限制每天上山的旅行者人数。

观看日落的绝佳地点是巴肯山的山顶。每天都有大约1000名旅行者爬到这座小寺庙周边，曾经一度失控。然而，新颁布的规定中限定任何时候这里的旅行者都不得超过300人。总的来说，来这里看日出或更早些来这里参观，一定会避开大群游客。在吴哥窟附近欣赏日落是绝好的选择，因为这里十分安静，大部分旅行者于16:30左右都去巴肯寺或其他地方了。比粒寺之所以很受欢迎，是因为你可以在真正的乡村欣赏日落之美，但这里也开始变得更加热闹了。在荣寺的山顶欣赏日落更好，因为在这里还可以看到洞里萨湖的美景，但天黑后回城里的路很长。可以从西池的东边或从西梅奔岛隔着广阔的湖面观看日落，这两处的旅行者一般都很少。

总的来说，大部分很受欢迎的寺庙在午间时分一般都是最安静的时候。这是因为绝大多数旅行团都要回到暹粒享用午餐。由于午间时候气温最高，所以想到像女王宫和巴戎寺这样的景点比较困难，但是如果去一些有树荫遮盖的景点却不错，比如：塔布隆寺、圣剑寺、奔密列，甚至参观吴哥窟的浅浮雕。吴哥窟最热闹的时段是6:00~7:00和15:00~17:00；巴戎寺最热闹的时段是8:00~10:00；女王宫最热闹的时间大约是10:00和15:00。然而其他受欢迎的寺庙如塔布隆寺和圣剑寺，游客人数就很难预测了。吴哥地区的其他寺庙参观的人数不是很多。如果你在停车场看到停满了旅行团的车辆，那还是去找找人少的景点吧。在吴哥旅行最好的一件事就是总是可以找到另外一座寺庙参观。

所以可选的交通方式很多，小汽车、摩托车或是步行。对于自由行的旅行者来说，可选的交通方式就更多了。

想要获得吴哥旅行的终极经验，试试综合使用各种交通方式，用一天的时间去游览偏远的景点就选择摩托车、三轮摩的或小汽车，游览吴哥王城中的寺庙骑自行车就行了，还可以找些比较安静的地方步行游览。

要到偏远的寺庙去参观的话交通费用会高一些，比如女王宫或奔密列，因为消耗的燃料更多。

自行车

骑自行车是在寺庙之间游览的最好方法，而且很环保。大部分当地人都骑自行车。这里山路少，路况又好，所以不需要车技有多熟练。骑车时放慢速度，你很快就会发现这样旅行看到的景色比通过汽车窗口，或坐在飞驰的摩托车上看到的景色更好。

White Bicycles（www.thewhitebicycles.org；每天US$2）由暹粒周边几家客栈经营，经营范围从租车到社区旅游服务。镇里很多客栈和酒店都出租自行车，每天大约US$1至US$2。

有些地方还出租更好的山地自行车，如美国崔克（Trek）和捷安特（Giant）自行车，每天租金US$7至US$10。试试Grasshopper Adventures（见111页），他们提供国际山地自行车及头盔，每天US$8。

小汽车和摩托车

小汽车是寺庙旅行中搭乘较多的交通工具。它最显著的优势就是可以遮风挡雨或避开骄阳。几位旅行者一起拼车，既经济又实惠。缺点就是，在穿梭于各个寺庙的路上无法体会沿路的景色、美妙的声音和怡人的空气。浏览吴哥王城中的寺庙，一辆车每天收费US$25至US$35，暹粒的酒店、客栈和旅行社都可以安排。

近来暹粒禁止出租摩托车，但有些旅行者从金边骑摩托车过来。如果你成功租到一辆摩托车，一定要将车停在每座寺庙外有保安的停车场或有很多摊贩的地方，否则车可能会被偷走。

大象

20世纪初，旅行者游览吴哥寺庙最传统的方式就是骑大象。早上你会看见有游客骑大象来往于吴哥王城南门和巴戎寺，或是到巴肯山上看日落，一些大象福利组织认为，这样做不利于保护这些大型生物（见285页）。

直升飞机和热气球

不差钱的旅行者可以乘坐飞机游览吴哥窟（US$90）周边以及吴哥王城外围的寺庙（US$150）。暹粒机场外有两家公司运营此类业务，它们同时也提供去如柏威夏寺、圣剑寺等偏远寺庙的包车服务，分别为：**Helicopters Cambodia**（☎012 814500；www.helicopterscambodia.com；658 Hup Quan St, Siem Reap）和**Helistar**（见106页地图；☎063 966072；www.helistarcambodia.com；24 Sivatha St, Siem Reap）。

Angkor Balloon（见138页地图；☎012 759698；每人US$15）提供的热气球服务可以鸟瞰整个吴哥窟。热气球最多可乘坐30人，沿固定绳索上升至距地面200米的高度。但不能像蒲甘（Bagan）的热气球一样飞过寺庙群，所以不要打错了主意。

漂亮的林伽

吴哥寺庙周围的生殖器符号十分引人注目。林伽是生殖器崇拜的标志，最初被放置在多数印度教寺庙的塔内。它立于女性生殖器符号尤尼（yoni）内，共同产生圣水，赋予天地万物繁衍的能量。婆罗门向林伽浇水，水经尤尼，通过复杂的排水沟排出寺外，供外面的朝圣者取用涂抹。

小客车

镇里大部分酒店和旅行代理都提供小客车服务。一辆12座的小客车每天收费US$50起，25座或30座的中巴每天收费大约US$80至US$100。

摩托车

很多自助旅行的游客会选择搭乘摩的去参观寺庙。一踏入暹粒就会有很多摩的司机前来搭讪，这些摩的司机对当地很熟悉，也很友善，在游览中他们也是很好的伙伴，收费每天US$10起。摩的司机会按你安排的时间到景点来接送你，甚至会在你闲逛的时候给你讲些关于寺庙的历史背景。很多做得比较好的摩的司机最终都成了正式的导游。

三轮摩的

三轮摩的就是摩托车后面拖个带篷的可爱的小车厢，在镇子周围又被称为“突突车”（tuk tuk）。这是吴哥当地一种很普遍的交通工具。旅行者坐在其中还可以相互交流（不像坐在摩的后面）同时还可以防雨。有些三轮摩的司机在旅行者参观寺庙时是很好的旅伴。费用从每天US$15至US$25，根据目的地和乘客人数而定。

步行

为什么不干脆步行游览呢？这样能看到的风景明显是有限制的，因为有些寺庙距离暹粒太过遥远。不过，步行前往吴哥窟和吴哥王城的寺庙十分方便，也是与当地村民交流的好方式。不想沿着大路走的旅行者可以尝试沿着吴哥王城的城墙悠闲散步。步行全程约13公里，还可以去造访几座偏僻的小寺庙和观赏鸟类。另一条步行线路从塔内寺穿过树林到塔高寺，也很值得走一趟。

吴哥窟（ANGKOR WAT）

吴哥窟（អង្គរវត្ត；见138页地图；⏲5:00~17:30）是高棉人智慧的最高表现，世界上少有能与之媲美的地方。寺庙群由苏利耶跋摩二世（1112~1152年在位）修建，周围环绕的是宽阔的护城河，不愧是最为雄伟壮观的人类智慧的结晶。中心寺庙周围环绕的是一系列800米长的浅浮雕长廊，以及高出地面55米的中央塔，使整个建筑显得庄严、协调。

吴哥窟其实就是人间天堂。吴哥是印度教须弥山（Mt Meru）的世俗代表，须弥山在印度教中的地位相当于古希腊的奥林匹斯山，是远古诸神居住的地方。“寺庙之城”吴哥窟是创造热情和精神信仰完美结合的产物。柬埔寨的历代"神王"在建造寺庙的时候，都力求在大小、比例和对称方面做得更好，这种努力在世界最大宗教建筑、众寺鼻祖的吴哥窟上发挥到了极致。

吴哥窟是柬埔寨的心脏和灵魂。它是国家的象征，是高棉文明的发源地和民族骄傲的源泉。高大雄伟的寺庙被一条护城河所环绕，令欧洲城堡相形见绌，吴哥窟自建成以来从未被荒废，一直在使用中。

它独具一格，将灵性与对称完美融合，是人类献给诸神的永恒的礼物。第一次靠近吴哥窟，走在内部引道上，那份悸动在别的地方很少能体验到。它是吴哥保存最好的寺庙，值得反复参观，每次都能发现从前未曾察觉的细节。

吴哥窟在很多地方有别于吴哥的其他寺庙，其中最显著的一点是它面向西方。西方象征死亡，于是很多学者曾经推断吴哥窟最初可能是作为一座坟墓而存在的。这一观点得到了寺内精美的浅浮雕的印证，它们都是按照逆时针方向设计的，这是古代印度葬礼的习惯。毗湿奴也和西方有关。如今人们普遍认为，吴哥窟很可能既是一座寺庙，同时也是苏利耶跋摩二世的陵墓。

吴哥窟以其迷人的飞天舞者（apsaras）而闻名。吴哥窟的墙上雕刻着3000多个形象各异的飞天舞者，设计师们从中发现了37种不同的发型。20世纪80年代，印度人用化学药品清理寺庙的过程中，许多雕刻精美的飞天舞者都已被几个世纪的蝙蝠粪便和尿液损坏了，如今它们已被**德国飞天舞者保护项目**（German Apsara Conservation Project，简称GACP；www.gacp-angkor.de）修复。这个组织在吴哥窟的西北角设立了一个小信息亭，提供漂亮的吴哥图案黑白明信片。

在吴哥窟游览最少需要2小时，如果你想要在解说员的介绍下仔细研究浅浮雕上的故事然后再游览上层的巴甘（Bakan），至少需要半天的时间，巴甘以限时参观的方式向游客开放。

象征手法

前来吴哥窟参观的旅行者都会对它雄伟壮观的庙宇、迷人的装饰和大范围的浅浮雕发出由衷的赞叹。然而吴哥时期的教徒可能更加陶醉于它多层次的含义，正如当代的文学家迷恋于詹姆斯·乔伊斯（James Joyce）的《尤利西斯》（*Ulysses*）一样。

Angkor Wat 吴哥窟

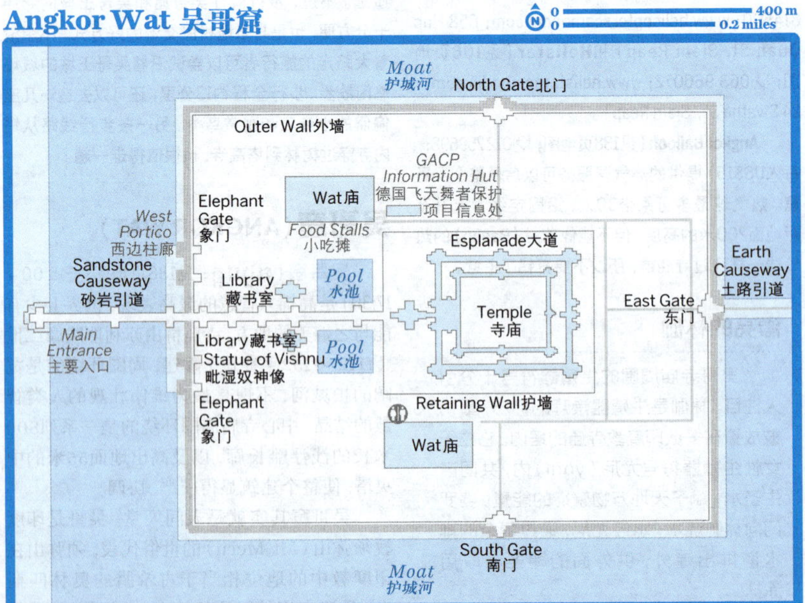

Angkor Wat – Central Structure 吴哥窟—中央结构

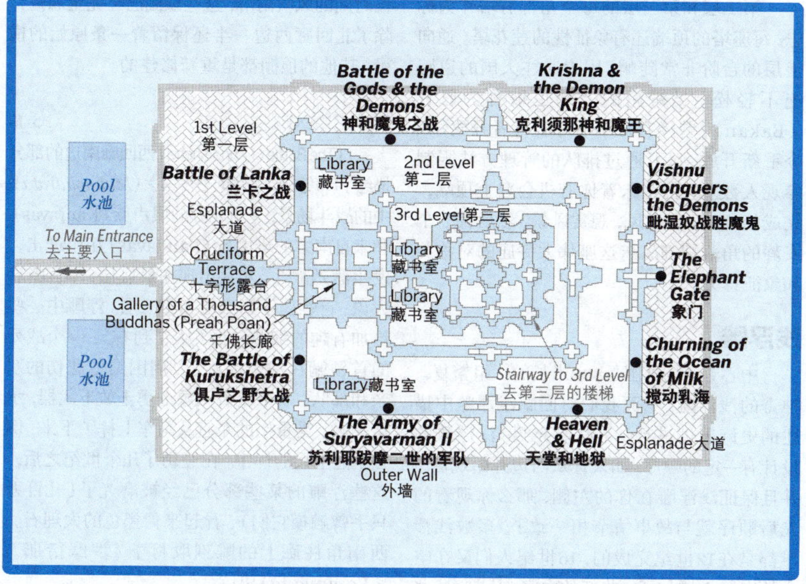

Eleanor Mannikka在她的著作《吴哥窟：时间、空间和王权》(*Angkor Wat: Time、Space and Kingship*)中指出：吴哥窟的空间尺寸与古代印度教中4个时代的长度相对应。因此，游览吴哥窟的人们通过引道进入主要入口，然后穿过庭院，最后到达曾经存放着毗湿奴神像的主塔，这一过程就象征着回到了创造宇宙的第一个时代。

与吴哥其他的寺庙山一样，吴哥窟也复制了一个空间宇宙的微缩模型。中央塔是须弥山(Mt Meru)，周围有一些小山峰，依次以陆地(相对较矮的庭院)和海洋(护城河)作为界限。七头蛇那伽(naga)象征着人类通往神的住所的彩虹桥。

虽然苏利耶跋摩二世打算将吴哥窟作为他的陵庙或陵墓，但他在远征越南时战死沙场，最终也没能葬在这里。

建筑布局

吴哥窟被一条190米宽的护城河所环绕，这条河形成了一个巨大的矩形，长1.5公里，宽1.3公里。一条砂岩铺就的引道从西穿过护城河。建造吴哥窟所使用的砂岩石块来自五十多公里以外的采石场(来自神圣的荔枝山)，人们将石块放在竹筏上，沿着暹粒河漂流至此，动用了数以千计的劳动力。这样的物流操作令人拍案叫绝。试想一下，没有起重机和卡车这些在现代工程施工中必备的机械设备，运送这么多的原材料，简直令人难以置信。根据碑文记载，修建吴哥窟征用了30万个工人和6000头大象，而这仅仅是不完全统计。

矩形的外墙长1025米，宽800米，4面各有一个大门，但主要入口只有一个，位于西面，它是一条235米宽的回廊，装饰着大量的浮雕和雕刻。进入门楼，在你右手边的塔里有一尊毗湿奴神像，高3.25米，由一整块砂岩雕琢而成。毗湿奴的8条手臂分别举着权杖、矛、圆盘、海螺以及其他物品。你甚至还能看见几绺发丝。这些是准备结婚的青年男女或祈求得到好运的人们奉献的祭品。

一条475米长、9.5米宽的大道，从主要入口一直延伸至中心寺庙，两侧是那伽造型的栏杆，中途经过两个优雅的藏书室(由日本团队修复)和两个水池，人们都喜欢在北边的水池观赏日出。

中心寺庙包括3层，每层都用红土围起一个正方形，周围是错综复杂的长廊。千佛长廊在战前曾经存放着几百尊佛像，但如今许多佛像不是被转移就是被偷走，所剩无几。

第二层和第三层的每个角都有塔作为标志，每座塔的顶端还有象征性的莲花塔。通向上层的台阶非常陡峭，因为通往天国的道路绝不轻松。吴哥窟的上部也被称为巴甘（Bakan），曾经有几年不对旅行者开放，如今重新开放，每天通过排队的管理方法限制参观人数。这就意味着你有机会登上顶端，完成朝拜：迎着微风，观赏风景，然后找一个安静的角落细细品味这座伟大寺庙的对称美和象征意义。

浅浮雕

中心寺庙的外围是800米长的一组繁复、神奇的浅浮雕。下面我们对回廊浅浮雕中描述的史诗事件进行一下简要介绍。浅浮雕的设计有一定的顺序，如果你从西边开始观赏，并且保证浅浮雕在你的左侧，那么你观看的先后顺序就与故事情节相一致了。多数浅浮雕都是在12世纪完成的，16世纪人们又在空余的嵌版上增加了一些新的内容。从前，这些雕刻都在回廊木质顶棚的庇护之下，但经过长时间的风吹雨淋，这些顶棚已经完全腐烂，除了北回廊西边一半还保留着一条原始的横梁，其他的顶棚都是重新修建的。

俱卢之野大战

浅浮雕

（The Battle of Kurukshetra）西回廊南边的部分描绘了印度史诗《摩诃婆罗多》（*Mahabharata*）中的战斗场景，来自北方的俱卢族（Kauravas）和来自南方的班度族（Pandavas）互相进击，发生激烈战斗。步兵出现在最底层，军官骑着大象，首领位于第二层和第三层。浮雕中一些更加有趣的细节包括（从左到右）：一个战死的首领躺在一个箭堆上，周围是他悲伤的双亲和部队；一个骑着大象的勇士放下武器，承认失败；受重伤的军官从马车上摔了下来，倒在了他士兵的怀中。在经历了几个世纪之后，这些浮雕的某些部分已经被磨光了（几百万只手曾触摸它们），看起来像黑色的大理石。西南角柱廊上的雕刻取材于《罗摩衍那》（*Ramayana*）史诗。

徒步参观吴哥寺庙

吴哥寺庙位于广袤而潮湿、冒着热气的热带低地，并不是理想的徒步场所。不过，这一地区被大量成熟林覆盖，能提供足够的树荫，而走小路进入寺庙是摆脱人群的绝佳方法。

吴哥王城大小适中，而且城墙内有许多值得观赏的寺庙，是最佳徒步地点。从吴哥王城雄伟的南门出发，欣赏搅动乳海的巨幅雕刻，然后告别大堆的旅行者以及他们的机械化交通工具。攀上古老的城墙，然后向西前行，左侧是宽阔的护城河，右侧是茂密的丛林。这条路线非常安静，所以还能看到林中的小鸟。来到西南角，参观Prasat Chrung，它是立于王城四角的四座相同寺庙中的一座。从此处向下走，能看到Run Ta Dev的出水口，吴哥王城曾经是一座先进的城池，全盛时期城内沟渠纵横交错。

沿着巨大的城墙，继续前往西门，在你的左侧是浩瀚的西池。走下西门，观赏艺术气质十足的中央塔。向东沿着小路进入吴哥王城的心脏，不要为巴戎寺的美景而分心，最好将它留到最后观赏。如果有观光导游，你可能必须先游览这里，然后按照特定的顺序参观，但是自由行旅行者可以自行安排顺序。

改变方向，向北进入巴芳寺，绕到这个被称为“世上最大的拼图”的后面。经过吴哥古皇宫的小小寺庙和从前的皇宫院落，欣赏参天古树、坍塌的城墙和繁茂的枝叶。继续向北来到小巧可爱的普拉帕利雷寺。

是时候去欣赏吴哥王城的主要景点了，步行穿过癞王平台，沿着皇家观景长廊边走边看，参观战象平台。如果时间充裕的话，你或许想要绕道向东去看看十二塔庙（Prasat Suor Prat）的红土砖塔，以及很有氛围的佛教寺庙普拉皮图寺。或者径直前往巴戎寺：这是吴哥最神秘的寺庙之一，怪诞却又令人赞叹。在爬到上层去看著名的石雕面孔之前，细细欣赏这里的浅浮雕。

当地知识

考古专家：昂·乔利阿姆教授

哪座是柬埔寨最重要的寺庙？ 对于考古学家来说，吴哥王城最具吸引力，也最具挑战性，因为它曾经是一座真实的城池，是人类与神共同生活的地方。

哪处是柬埔寨最重要的考古遗址？ 就其特定时期的同质性及艺术风格而言，三波坡雷古（Sambor Prei Kuk）最重要。

谁是柬埔寨历史上最重要的君王？ 苏利耶跋摩一世具有真正的政治视野，这一点从他兴建的寺庙中有所体现，例如柏威夏寺和Wat Phu。

关于塔布隆寺"古树的浪漫与古寺的修复"之间的争论，你持什么观点？ 问题的关键是平衡。古树令人震撼，而保护那些被丛林吞噬了的建筑是我们的责任。

高棉以外的文明，你对哪个更感兴趣？ 日本文明，因为它与高棉文明如此不同，能够帮助我更好地理解我们的文明。

昂·乔利阿姆（Ang Choulean）教授是柬埔寨最重要的人类学和考古学方面的专家之一，也是研究柬埔寨历史的知名学者。最近，他凭借着对亚洲文化的杰出贡献，荣获2011年福冈大奖（2011 Grand Fukuoka Prize）。

苏利耶跋摩二世的军队
浅浮雕

（The Army of Suryavarman Ⅱ）南回廊西面的浮雕非常醒目，它描绘了苏利耶跋摩二世的胜利之师。西南角有一幅高约2米的苏利耶跋摩像，他骑着一头大象，头戴帝王的冠冕，手持战斧，在15把皇伞的荫蔽之下。此外，还有许多仆人为其掌扇。将国王的形象与北回廊雕刻中罗摩的形象进行对比，就会发现两者之间有着不可思议的相似之处，这有助于强化神王的光环。

接下来是全副武装的士兵和军官，他们都骑着战马，能征善战的首领骑着大象走在队伍的中间。结尾部分刻画的是杂乱无章的泰国军队，士兵们披着长发，毫无章法地向前行进着。当时泰国人为了抗击占人而与高棉人结盟。高棉军队身披胸甲，手持长矛，而泰国人则穿着裙子，手持三叉戟。

在这个场景当中，有些浮雕被移走了，只留下了许多长方形的洞。泰国士兵拿走了有铭文的嵌板，据说这些文字给出了苏利耶跋摩二世藏宝地的线索，后来在阇耶跋摩七世统治期间被埋葬。

天堂和地狱
浅浮雕

（Heaven & Hell）南回廊的东半边描绘了来自37重天和32层地狱的回报和惩罚。左边上层和中层刻画了男人和女人向十八臂阎罗王（死亡的审判者）走来，阎罗王骑着一头公牛，下面是他的助手达摩（Dharma）和Sitragupta。下层刻画了坏人被魔鬼拖着走在通往地狱的路上。在阎罗王的右侧，画面被揭路茶（garuda，半人半鸟，是毗湿奴的坐骑）的水平线分为两部分：上层是被挑选出来的善人，居住在美宅之中，有女人和仆人的侍奉；下层是有罪的恶人正在遭受着痛苦的折磨。这一部分的天花板在20世纪30年代被法国团队修复。

搅动乳海
浅浮雕

（Churning of the Ocean of Milk）东回廊南面是吴哥窟最著名的浅浮雕场景——搅动乳海。在这个恢宏的场景中有88个阿修罗（asuras；在左边）和92个带着头盔的提婆（devas）正在搅动大海以提取长生不老的仙丹。恶魔手握蛇王瓦苏基（Vasuki）的蛇头，神把持着蛇尾。在大海的中心，瓦苏基盘绕在曼荼罗山（Mt Mandala）上，恶魔和神都以瓦苏基为绳索竞相拖拉曼荼罗山，搅动海水。毗湿奴化作一只巨大的海龟，将它的龟壳作为曼荼罗山的基础和支点。梵天、湿婆神、猴神哈努曼（Hanuman）和拉克希米（Lakshmi，财富与繁荣女神）都出现在场景之中，上空还有许多飞天舞者在表演歌舞以鼓舞士气。结果，非常幸运，神赢得了这场战争，这可能是因为恶魔看到了美丽的飞天舞者而变得心猿意马的缘故。**世界遗址基金会**(World Monuments Fund; www.wmf.org)对这块雕刻精美的嵌板进行了修复，于2012年完工。

象门 浅浮雕

象门(The Elephant Gate)的门前并没有台阶，通常国王和其他人从回廊进出，直接在这里上象、下象。门的北面有一个高棉语的碑铭，上面记录着旁边的佛塔是在18世纪修建的。

毗湿奴战胜魔鬼 浅浮雕

(Vishnu Conquers the Demons)东回廊的北部刻画了骑着揭路荼的毗湿奴与数不清的魔鬼激战的画面。不必说，最后自然是他大获全胜，杀死了所有的魔鬼。这部分浮雕很可能是16世纪才完成的，其雕刻水平明显低于12世纪的作品。

克利须那神和魔王 浅浮雕

(Krishna & the Demon King)北回廊的东部描绘了毗湿奴化身为骑着揭路荼的克利须那神。他面对着一座燃烧着的城池，那是魔王巴纳(Bana)的住处。揭路荼放火烧毁了城池，巴纳被俘。最后，克利须那神跪在湿婆神面前，祈求宽恕巴纳。

神和魔鬼之战 浅浮雕

(Battle of the Gods & the Demons)北回廊的西部描绘了婆罗门万神殿中21位神与形形色色的魔鬼之间的战斗。每位神都有其固定的特质和坐骑，如毗湿奴生有四臂，座下是一头揭路荼，而湿婆神骑着一只神鹅。

兰卡之战 浅浮雕

西回廊的北半边展示了《罗摩衍那》(*Ramayana*)史诗中的场景。在兰卡之战(Battle of Lanka)中，罗摩(坐在猴神哈努曼的肩上)和他的猴子军队与长着10头20臂的罗波那(Ravana)作战，因为他诱骗了罗摩美丽的妻子悉多(Sita)。罗波那坐在一辆由怪兽驾驶的战车上，指挥他的巨人部队。

吴哥王城(ANGKOR THOM)

很难想象还有比吴哥窟更大或更漂亮的建筑，但要将吴哥王城的各个部分加在一起的确更加壮观。坚固的吴哥王城(អង្គរធំ；又被称为大吴哥)规模宏大，是一座名副其实的“大城”。它是高棉王朝最后一个伟大的都城，占地10平方公里，其宏大的规模达到了空前的水平。

吴哥曾被占人攻陷，后来的阇耶跋摩七世(1181~1219年在位)决心修建一座固若金汤的国都。在吴哥王城鼎盛时期，周围地区人口多达百万。吴哥王城以阇耶跋摩七世的梦幻国寺——巴戎寺为中心，寺周围有8米高、12公里长的围墙，外层还有一条100米宽的护城河，即使是最强大的入侵者在它面前也会止步不前。它的设计同样遵循了须弥山四面环海这一惯例。

首先吸引你的是城门。城门两侧是巨幅的搅动乳海的画面，54个恶魔和54尊神在引道上互相角力。每扇高耸的城门上都有观音的巨幅头像凝视着帝国。想象一个13世纪的农民第一次来到戒备森严的国都，当他进入这样一扇城门，切实感受到神王的神圣王权时，将是怎样一种激动和忐忑的心情啊。

南门(见138页地图)最受旅行者欢迎，因为它已经被修复如初，许多头像(多数都是复制品)都保留在原处。这扇门在从吴哥窟进入吴哥王城的主路上，游人很多。**东门**(见138页地图)和**西门**(见138页地图)在土路的尽头，比较安静。东门是影片《古墓丽影》的一个外景拍摄地：一群坏蛋为了闯入古墓，扯倒了一个巨大的飞天舞者(聚苯乙烯制作的模型)。西门的引道已经完全坍塌，只留下一些残垣断壁从地里伸出来，就像是从前的一场可怕车祸的现场。

吴哥王城中最重要的建筑，如巴戎寺、巴芳寺、皇家围地、吴哥古皇宫和战象平台都位于中心位置。这里有如此多的寺庙和景点可去，所以旅行者一定要拿出半天的时间去深度游览一下吴哥王城。

巴戎寺(Bayon) បាយ័ន

神秘且稍显离奇古怪的**巴戎寺**(见138页地图；⏲7:30~17:30)建于12世纪，是吴哥王城的中心，也是柬埔寨最著名君主阇耶跋摩七世建造的国家寺庙。这里的54座哥特式宝塔上以216尊面带微笑的巨大观音头像作为装

Central Area of Angkor Thom 吴哥王城中心区域

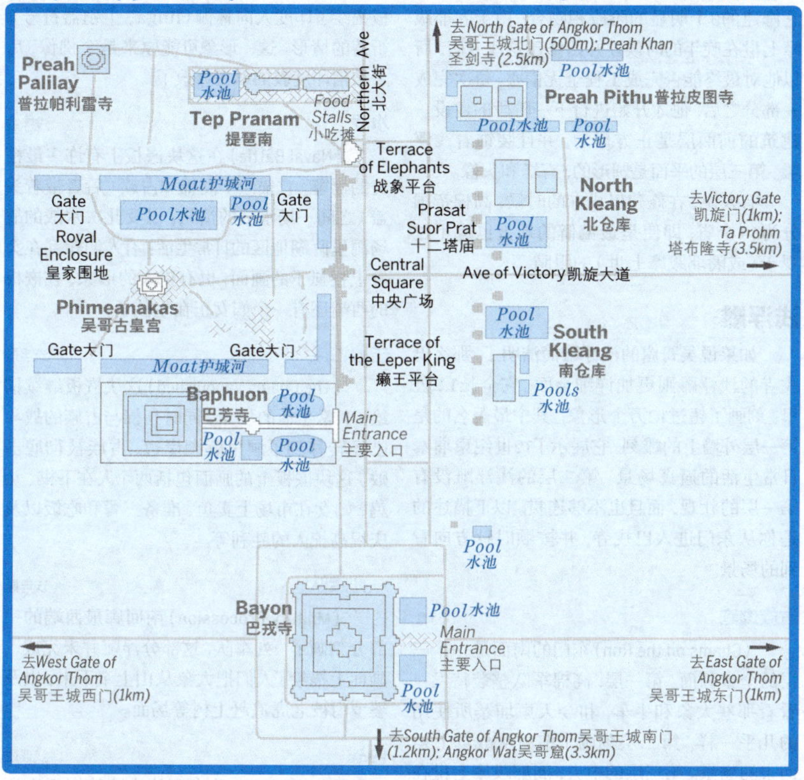

饰，菩萨的面容竟然和神王出奇地相似。巴戎寺中装饰有1.2公里长的出色的浅浮雕带，其中描绘了超过1.1万个人物形象，展现了12世纪柬埔寨的日常生活。

即使是与同一时期的建筑珍品进行比较，巴戎寺也是独一无二的。这座大胆的建筑毫无疑问是一份政治宣言，标志着该国家从印度教向大乘佛教的转变。因为其中的标志性头像，寺庙也被称作“佛面寺庙”，这些巨大的头像从各个角落俯视着人间，暗示着君主的绝对权力、控制和仁慈——这都是统治这一辽阔的帝国的必备条件，只有这样才能保证形形色色、遍布各地的臣民能够服从他的意愿。在你游览的过程中，随时随地都能看到若干头像：有的是整个脸庞，有的只是一个轮廓，它们或水平凝视着你的眼睛，或在你的上方俯视着你。

如今，我们知道巴戎寺是阇耶跋摩七世修建的，但在此之前的很多年间，它的来历一直都是一个谜。由于它被荒弃于茂密的丛林之中，研究人员花了不少时间才发现原来它就是吴哥王城的中心。但现在关于巴戎寺还有许多未解之谜，比如它确切的功能和象征意义，这些谜团就像菩萨头像上神秘莫测的微笑一样令人百思不得其解。

巴戎寺面朝东方，所以多数人都喜欢在清晨去寺庙参观。不过，傍晚的巴戎寺，看上去也同样非常迷人。一个日本团队正在对寺庙外部的一些区域进行修复。

建筑布局

吴哥窟从各个角度观看都非常壮观，而巴戎寺却有所不同，从远处看去，它更像是一座名过其实的碎石山。只有当你进入寺庙，并且登上第三层之后，它的魅力才会显现出来。

巴戎寺主体部分包括3层，这或多或少与它修建的3个明显的阶段相吻合。由于阇耶跋摩七世在晚年的时候才开始修建这座寺庙，所以他对最终能否完成工程全无信心。每次完成一部分之后，他才开始进行下一阶段的建设。建筑的前两层是正方形的，并且装饰着浅浮雕。第三层的平面是圆形的，有塔和头像。

有人说，在修建巴戎寺的时候，高棉帝国分为54个省，即使是最偏僻的地方也逃不过观音（或阇耶跋摩七世）的眼睛。

浅浮雕

如果说吴哥窟的浅浮雕简洁明了，那么巴戎寺的浅浮雕则更加详细全面。它全长1.2公里，刻画了超过1.1万个形象。其中最著名的是第一层外墙上的雕刻，它展示了12世纪柬埔寨日常生活的逼真场景。第二层的浅浮雕没有第一层的壮观，而且也不够连贯。以下描述的是你从东门进入巴戎寺，并按顺时针方向看到的场景。

占族逃跑　浅浮雕

（Chams on the Run）东门的南面是一个三层的全景画面。第一层，高棉军队整装待发：看看那些大象和牛车，和今天柬埔寨所使用的几乎一样。第二层刻画了棺材从战场上运回来的场景。第三层的中央，阇耶跋摩七世在阳伞的荫蔽下骑在马上，众多的嫔妃簇拥在他的身后（在左边）。

> ### 巴戎寺信息中心
>
> **巴戎寺信息中心**（Bayon Information Center；见113页地图；☎092 165083；www.angkor-jsa.org/bic；56 Phum Tropeang Ses, Khum Kokchork, Siem Reap；门票US$2；⏰周二、周三和周五至周日 8:00~16:00）很好地展现了吴哥帝国的历史和吴哥周围的修复工程，包括播放一些短纪录片。它位于暹粒市郊一处日本政府吴哥保护团队（Japanese Government Team for Safeguarding Angkor，简称JSA）所在的美丽院落中，是吴哥国家博物馆的有益补充。

林伽崇拜　浅浮雕

（Linga Worship）东南角北面的第一块嵌板描绘了印度人向林伽（linga，生殖器符号）祈祷的情形。这一形象可能原来是个佛像，后来被信印度教的君王修改了。

水战　浅浮雕

（Naval Battle）在这块嵌板上有许多最精美的浮雕。它描绘了高棉和占族（后者带着头盖）之间一场水战的情景，以及此次水战的战场洞里萨湖地区的日常生活：有人们相互在头发上捉虱子的画面，也有猎人的形象，在嵌板的西端还有一个妇女正在生孩子。

击败占族　浅浮雕

（The Chams Vanquished）这块嵌板继续描绘了日常生活的场景，同时高棉与占族的战斗已经转移到了洞里萨湖岸边，占族被彻底击败。这块嵌板上的画面包括两个人在下棋、斗鸡、妇女在市场上卖鱼、准备三餐和吃饭以及庆祝高棉人的胜利等。

一列军队　浅浮雕

（Military Procession）南回廊最西端的一部分刻画了一列军队，这部分浮雕并未完成，画面上描绘了人们把大象从山上牵下来，以及婆罗门被老虎追赶上树等场面。

内战　浅浮雕

（Civil War）一些专家认为这块嵌板上所描绘的是一场内战。一群人中，有的手持武器在互相打斗，暴力愈演愈烈，最后大象和武士也加入了战团。

控制一切的国王　浅浮雕

（The All-Seeing King）南边嵌板上所描绘的战斗到了这里，仍有小规模的战斗在进行。一条体积巨大的鱼吞噬了一只羚羊，在小鱼中间有一只大虾，下面有一行题字，声称没有任何人可以逃脱君主的视线。

胜利游行　浅浮雕

（Victory Parade）这块嵌板刻画了游行的场景，国王身背弓箭走在队伍之中。估计这是在庆祝他的胜利。

马戏团来到城里　浅浮雕

（The Circus Comes to Town）北墙西边的角

Bayon 巴戎寺

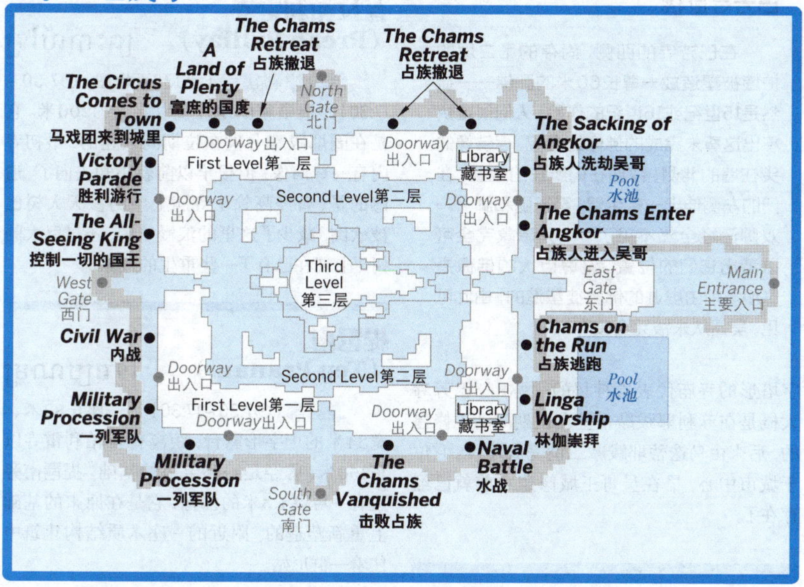

落里是一个高棉马戏团。一个壮汉举着3个矮人，他的背上还有一个人正在用脚纺线，再往上看是一群人在走钢丝。马戏团的右边是皇室成员正在露台上观看表演。下面是动物游行。这一部分有些浮雕并没有完成。

富庶的国度

浅浮雕

（A Land of Plenty）这部分浮雕展示了两条河流，一条河靠近门柱，向右几米处是另外一条河流。成群的鱼儿在河水中畅游。

占族撤退

浅浮雕

（The Chams Retreat）这个尚未完成的场景共分3层：最下层是占族军队战败并撤出吴哥帝国，下一块嵌板描绘了占族军队向前挺进，而损毁严重的嵌板上则展现了占族军队（左边）追击高棉人的场景。

占族人洗劫吴哥

浅浮雕

（The Sacking of Angkor）这部分浮雕展现了1177年的战争场景，当时高棉人被占族打败，吴哥遭到洗劫。受伤的吴哥国王从战象的背上跌落下来，一个受伤的吴哥将军躺在吊床上。正上方是绝望的高棉人喝得酩酊大醉。占族军队（右边）正在对战败的敌人穷追不舍。

占族人进入吴哥

浅浮雕

（The Chams Enter Angkor）这块嵌板描绘了高棉与占族军队一次交锋的场面。注意占族军队（右边）中扛旗的人。战争于1181年结束，占族军队战败，正如第一块嵌板中所描绘的那样。

巴芳寺（Baphuon） បាពួន

有人称巴芳寺（见138页地图；⏲7:30~17:30）是世界上最大的拼图游戏。在内战之前，一个考古学家团队煞费苦心地将寺庙一部分一部分地拆解开来，但在红色高棉执政时期，所有的记录都被销毁了，摆在专家面前的难题是将30万块石头放回原处。经过多年的艰难研究，该寺庙现已完成部分修复。在寺庙的西侧，尚存的第二层的护墙被塑造成一尊长60米的卧佛（见158页）的样子，其历史可追溯到16世纪。

通往巴芳寺的是一条200米长的、由砂岩铺就的高架路，寺庙的中心建筑高43米，由几百根柱子支撑着，非常壮观。

巴芳寺是吴哥王朝全盛时期最为壮观的寺庙之一。它位于巴戎寺西北方200米处，金

巴芳寺卧佛

在巴芳寺的西侧，尚存的第二层的护墙被塑造成一尊长60米的卧佛——显然是15世纪或16世纪的作品。人们很难拼凑出这尊未完成的佛像的全貌，但佛像的头在墙的北侧，臀部在门所在的位置，在门的左侧伸出一条手臂。至于腿和脚——双脚已经全然不见了——凭想象完全可以猜出它们的位置。这尊巨大的佛像是500年前由虔诚的佛教徒塑造的，由此可见，吴哥从未被完全废弃。

字塔形的寺庙代表着神秘的须弥山。巴芳寺大概是在苏利耶跋摩一世在位期间动工修建的，后来由乌迭蒂耶跋摩二世完成建设。它位于城市中心，早在吴哥王城修建之前就已经存在了。

皇家围地和吴哥古皇宫（Royal Enclosure & Phimeanakas）

ភិមានអាកាស

吴哥古皇宫（见138页地图）靠近吴哥王城的中心，曾经是皇宫的所在地。如今，除了北墙附近的两座砂岩水池，古皇宫所剩无几。这两座水池曾经是皇室成员沐浴的地方，现在则成了当地孩子们的游泳池。“Phimeanakas”的意思是“天上的宫殿”，一些专家认为它曾经有一个金色的尖顶。

如今这座皇宫看上去有些破败，我们也只能想象它曾经的辉煌。金字塔形的寺庙共分三层，同样代表了须弥山。绝大多数的装饰性图案已经损毁或彻底消失了。但登上第二层和第三层能够更好地欣赏巴芳寺的美景。

古皇宫是在罗真陀罗跋摩二世在位期间开始修建的，但使用它的却是阇耶跋摩五世和乌迭蒂耶跋摩一世。后来阇耶跋摩七世及其继任者又对它进行了扩建和装饰。皇家围地的东边是战象平台。皇家围地西北方的围墙非常美，参天大树直上云霄，藤蔓爬满围墙，如果你在树林中散步，从普拉帕利雷寺到吴哥古皇宫的途中很容易就能看到。

普拉帕利雷寺（Preah Palilay）

ព្រះប៉ាលីឡៃ

普拉帕利雷寺（见138页地图；⏲7:30～17:30）距离皇家围地北墙以北大约200米。它是在阇耶跋摩七世在位期间兴建的，最初寺内有一尊佛像，但很早以前就不知去向了。遗憾的是，曾经高耸于寺庙上空的参天大树已被砍倒，减少了这里的浪漫氛围，不过巨大的树干上现在已有了一些重生的迹象。

提琶南（Tep Pranam）

ទេពប្រណម្យ

提琶南（⏲7:30～17:30）是一座长82米、宽34米的十字形露台，距离普拉帕利雷寺以东150米，曾经是一座宝塔的基础。提琶南旁边有一尊高4.5米的佛像，它是在原来的基础上重新塑造的。附近的一座木质结构建筑中住着一群尼姑。

普拉皮图寺（Preah Pithu）

ព្រះពិធូរ

从提琶南穿过北大街（Northern Ave）就来到了**普拉皮图寺**（⏲7:30～17:30），这一寺庙群由建于12世纪的印度教寺庙和佛教寺庙组成，在围墙的环绕之中，有着雕刻精美的柱廊，以及大象和狮子等形象的守护兽装饰。这里游客稀少，还有令人难忘的丛林为背景，是悠闲探索的好去处。

癞王平台（Terrace of the Leper King）

ទីលានព្រះគម្លង់

癞王平台（见138页地图）位于战象平台的北面，建于12世纪末，高7米。在平台的顶端立着一尊裸体但无性的雕像。平台的前护墙上至少有五层经过精心雕刻的塑像。平台的南面有一个入口通向一座隐藏着的平台，上面有保存完好的雕像。

前述的那尊无性雕像是吴哥的又一个不解之谜。雕像的原件被保存在柬埔寨国家博物馆内，关于它的含义人们众说纷纭。传说至少有两位吴哥国王患有麻风病，这尊雕像可能就代表他们当中的一人。有一种更容易令人接受的说法认为这是死神阎罗王的雕像，而癞王平台实际上是皇室的火葬场。

护墙上雕刻有飞天舞者坐像，还有头戴王冠、手持双刃短剑的国王以及陪伴在左右的群臣和公主，其中公主还佩戴着美丽的珍珠饰品。

在癞王平台的南面（面对战象平台）有一个入口通向一座隐藏着的平台，这座平台被外部建筑物所掩盖，是一座平台之中的平台。由于这座平台被掩盖了几个世纪之久，所以墙上的四层飞天舞者和那伽等图形看上去很新，就像昨天刚刚雕刻的一样。画面中的一些形象面目可憎。沿着平台的内墙走，你会看到雕塑上有许多粗糙的凿子凿过的痕迹，这意味着这堵墙像吴哥的许多寺庙一样，并未完工。

战象平台（Terrace of Elephants） ទីលានជល់ដំរី

350米长的**战象平台**（见138页地图）曾经是国王观看公共庆典的一个巨大的观景台。可试着想象一下吴哥帝国全盛时期公共庆典的盛况，步兵、骑兵、马拉战车和战象的队伍浩浩荡荡穿过彩旗招展的中央广场。平台上的君主坐在多层伞盖下面，左右簇拥着官员和手持金银器皿的侍女。

战象平台有五座向中央广场延伸的外围工事，中间有三座，两边各有一座。护墙的中间部分雕刻着实物大小的揭路荼和狮子；两边各有一队著名的战象游行队伍，看象的高棉人也走在队伍当中。

南北仓和十二塔庙（Kleangs & Prasat Suor） ប្រាសាទឃ្លាំង និងប្រាសាទសួព្រ័ត

沿着中央广场的东侧有两组建筑物，被称为**南北仓**。北仓库和南仓库也许曾经是皇宫。北仓库建于阇耶跋摩五世在位期间。沿着中央广场，在两个仓库的前面是12座红土宝塔——10座排成一排，其余两座宝塔与直线形成直角，面对凯旋大街（the Ave of Victory），被称为**十二塔庙**，意思是“走钢丝人的寺庙”。

考古学家认为这些宝塔是由阇耶跋摩七世兴建的，它们象征性地护卫着中央广场。很可能最初每座宝塔内都有一个林伽或一尊雕像。据说人们在这些宝塔之间拉起钢丝或索桥，艺术家在上面表演节目，其名称也由此而来。据中国13世纪元代使者周达观（Chou Ta-Kuan）解释，这些宝塔是用来进行公审的。辩论期间，双方各自坐在一座宝塔内，谁先得病或死亡谁就理亏，进而被证明为有罪。

吴哥王城周边

巴云寺（Baksei Chamkrong） បក្សីចាំក្រុង

巴云寺（见138页地图；⏲7:30~17:30）位于吴哥王城南门的西南方，这座比例匀称的小巧寺庙是吴哥附近为数不多的砖结构建筑，外墙曾经刷着石灰砂浆。与吴哥所有的建筑一样，巴云寺面向东方。10世纪初，哈沙跋摩一世（Harshavarman I）在庙中竖起了五尊雕像：两尊湿婆神像、一尊毗湿奴神像和两尊女神像。

巴肯山（Phnom Bakheng） ភ្នំបាខែង

巴肯山（见138页地图；⏲5:00~19:00）距离吴哥王城以南大约400米，它最吸引人的地方就是站在山上欣赏吴哥窟的日落美景。多年以来，这里的情形既热闹又混乱，成群的旅行者气喘吁吁地爬上陡峭的山坡却找不到落脚的地方。如今在特定时间段只允许300人上山，所以只有到得特别早（16:00）才能获得一个观赏日落的位置。寺庙山由耶输跋摩一世（889~910年在位）建造，共有5圈，分为7层。

巴肯山还是吴哥附近第一座寺庙山的所在地。耶输跋摩一世选择在巴肯山修建他的寺庙山，而不是前朝国都罗洛地区。

寺庙山共有5圈，7层（包括底层和屋顶是7层）。底层有44座塔，5圈每圈各有12座塔。寺庙顶端东西南北各有一座塔，中间是中央圣殿。所有这些数字都有其象征意义。7层代

Phnom Bakheng 巴肯山

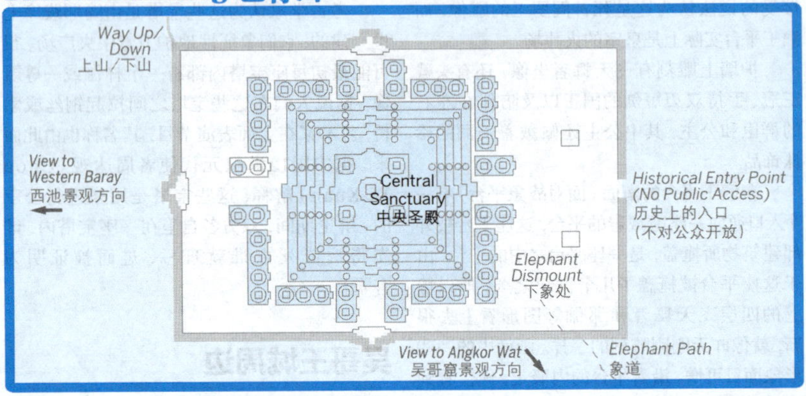

表印度教中的七重天，塔的总数，不包括中央圣殿，一共是108，这个数字非常吉祥，而且与阴历有关。

有人更喜欢在清晨爬山，那时天气凉爽（人也不多）。从这里观赏西池日落也很壮观。可以留出约2小时的时间观赏日落。

要想在傍晚的光线下，在巴肯山顶拍摄一张像样的吴哥窟的照片，至少需要300毫米的镜头，因为吴哥窟远在1.3公里之外。

周萨神庙（Chau Say Tevoda） ចៅសាយទេវតា

周萨神庙（见138页地图；⏲7:30~17:30）位于吴哥王城凯旋门以东。它大约建于12世纪中叶苏利耶跋摩二世统治时期，是供奉湿婆神和毗湿奴的寺庙。中国人对它进行了修复，使其达到它的姊妹殿托玛农神庙（Thommanon）的水平。

托玛农神庙（Thommanon） ប្រាសាទធម្មនន្ទ

托玛农神庙（见138页地图；⏲7:30~17:30）位于周萨神庙的北侧。虽然它很独特，但也只不过是对周萨神庙的补充而已。两座寺庙建于同一时期，而且设计相似。它也是供奉湿婆神和毗湿奴的寺庙。经过20世纪60年代法国远东学院的大规模修复，托玛农神庙状况良好。

斯宾玛（Spean Thmor） ស្ពានថ្ម

斯宾玛（石桥；见138页地图）在托玛农神庙以东200米，如今只保留着一个拱和几个桥墩。阇耶跋摩七世铺设了许多条路，并在水道上空架起了一些巨大的石桥。它是吴哥附近唯一保存下来的大桥。这座桥有力地证明了在随后的几百年间这里的水位下降严重，这是吴哥大面积灌溉系统崩溃的又一条有力的证据。在斯宾玛的北面有一个大水轮。

暹粒省还有几座更为壮观的古代石桥，包括位于Kompong Kdei的19拱桥Spean Praptos，它在从金边到暹粒的NH6路上。还有被遗忘在森林中的Spean Ta Ong桥，它位于奔密列以东28公里处，全长77米，有美丽的那伽造型栏杆。

塔高寺（Ta Keo） តាកែវ

塔高寺（见138页地图；⏲7:30~17:30）是一座纯天然未作任何装饰的寺庙，如果它最终被建成的话，无疑是吴哥最精致的建筑之一。塔高寺由阇耶跋摩五世修建，供奉湿婆神，它是第一座完全使用砂岩修建而成的吴哥寺庙。中央塔的顶端高约50米，位于中央，周围有四座相对较低的宝塔，位于一个正方形的四角，这种设计在吴哥的寺庙山当中非常典型。

没人能够确定为什么这座寺庙没有完成，有种观点认为可能是阇耶跋摩五世的驾崩使寺庙的建设半途而废。还有一些学者认为，坚硬的砂岩无法雕刻，这就解释了为什么这座寺庙缺乏装饰。根据铭文记载，塔高寺在修建的过程中曾遭雷击，也许是因为这个不祥之兆才导致它被放弃。参观塔高寺大约需要30分钟。

要想到达这里需要步行穿过一座法国人修建的水坝，或者你也可以从塔内寺穿过森林，走一小段就可到塔高寺，选这条路比较清静。包括入口通道的步行时间在内，参观塔内寺仅需2小时。附近就是新建成的吴哥飞索探险（Flight of the Gibbon Angkor），可以体验一下索道飞行。

塔内寺（Ta Nei） តានី

塔内寺（见138页地图；⏲7:30~17:30）在塔高寺以北800米，由阇耶跋摩七世（1181~1219年在位）修建而成。它虽然面积不大，但有着塔高寺的某种灵性。小庙外部的大部分区域都被青苔和触角一样的根系所覆盖。不过，这里的旅行者数量也较少，因此显得比较有情调。

塔布隆寺（Ta Prohm） តាព្រហ្ម

★ **塔布隆寺**（见138页地图；⏲7:30~17:30）可谓是印第安纳·琼斯的终极幻想，这座寺庙掩映在斑驳的绿荫下，寺庙坍塌的宝塔和围墙被巨大的树木根系所缠绕。它无疑是吴哥最具艺术气氛的遗迹，也是每位旅行者必不可少的参观项目。与吴哥其他寺庙不同，

在吴哥吃午饭

多数去吴哥参观的旅行团都会匆匆忙忙赶回暹粒吃午饭。其实在吴哥附近吃午饭是一个不错的选择，你可以趁着人少的时候好好游览一下那些最受欢迎的景点，而且还可以在食品摊品尝当地午餐。几乎在所有主要庙宇的院墙外都有一些食品摊。如果你乘坐摩托车或三轮摩的（突突车）游览吴哥的话，可以向司机打听既便宜又好吃的地方，因为他们每天都会在寺庙周围吃饭。他们知道哪里的食物最好吃，价格最合理，并帮你挑选（如果你和他们相处得很融洽的话）。

吴哥窟入口对面的餐馆最多，其中有几家餐馆，例如**Khmer Angkor Restaurant**（见138页地图；主菜US$3~6；⏲6:00~18:00）和**Angkor Reach Restaurant**（见138页地图；主菜US$3~6；⏲6:00~18:00）。一家吃早午餐很方便的餐厅**Blue Pumpkin**（见138页地图；Angkor Cafe；菜肴US$2~8；⏲7:00~19:00）如今在这里设了一家分店，经营三明治、沙拉、冰激凌和混合水果奶昔。如果需要的话，都可以打包带走。**Chez Sophea**（见138页地图；☎012 858003；餐US$10~20；⏲11:00~22:00）经营烤鱼、烤肉，还配有一流的自制沙拉，但价格很高。

在吴哥王城癞王平台北面有许多当地的米线摊，这是一种极好的快餐。其他提供食物的中心寺庙有塔布隆寺、圣剑寺和塔高寺。另外，在皇家浴池北岸也有一连串很受欢迎的柬埔寨餐馆。

更加偏远的女王宫附近有几家小餐馆，配有装饰华丽的木质桌椅，木料来自柬埔寨森林。再往北走来到高布斯滨，山脚下的食品摊可以做新鲜的炒米饭和汤面，出色的**Borey Sovann Restaurant**（餐US$3~6；⏲11:00~18:00）在高布斯滨入口附近，你可以在造访千林迦河前后到这里歇歇脚，还能大饱口福。在奔密列入口附近也有许多**小吃摊**（菜肴US$2~4）。

在寺庙地区到处都能买到水和软饮料，许多商贩就埋伏在寺庙的外面，时刻准备兜售他们的冷饮。有时他们兜售的时机恰到好处，而有时在1小时之内你会被骚扰27次，最后让人几乎忍无可忍，就要大声尖叫了。尽量不要这样做——一则你会吓着周围的旅行者，二则也会在当地人面前丢面子。

Ta Prohm 塔布隆寺

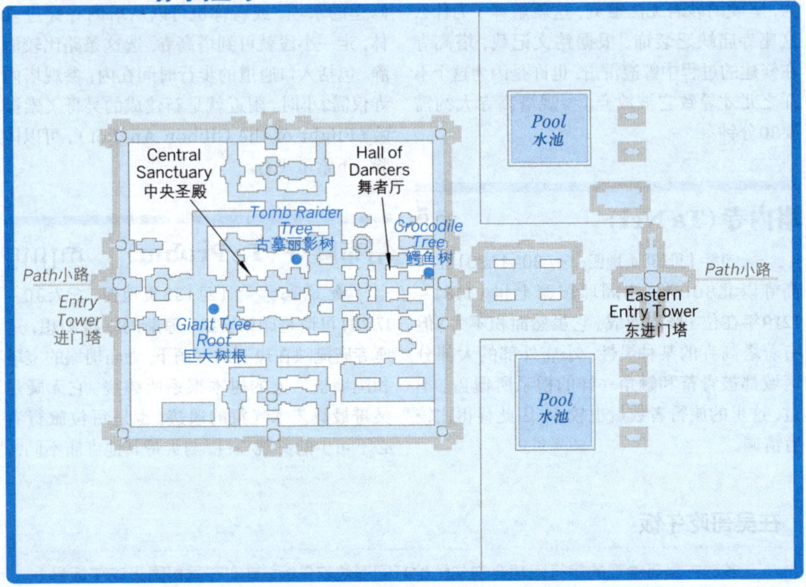

它的吸引力在于寺庙已经被丛林所吞噬，看起来就像当初欧洲探险家首次发现吴哥寺庙的情形一样。

当然这有点儿夸张，事实上，寺庙周围的林木已经得到了清理，只有那些最大的古树还留在原处，人们对其定期修剪，而不是像奔密列那样处于原始状态。但无论如何，参观塔布隆寺都是一次与众不同的经历。在这座古老的遗迹上体现出一个富有诗意的循环，首先是人类征服自然，快速地创造，之后自然再一次主宰人类，慢慢地将其毁灭。如果说吴哥窟、巴戎寺和其他寺庙是古代高棉人艺术天赋的见证的话，那么塔布隆寺则让人们感受到了令人敬畏的丛林的力量和其顽强的生命力。

塔布隆寺是一座佛教寺庙，建于1186年，最初被称为寺庙之王（Rajavihara），是为阇耶跋摩七世的母亲建造的。在它的铭文中提供了有关供养这座寺庙的人以及居住者的信息，这在吴哥地区的寺庙当中并不多见。将近8万人被要求供养或维护寺庙，在他们中间有2700多位官员和615名舞者。

塔布隆寺是一个多塔的寺庙，还有封闭的庭院和狭窄的走廊。许多走廊已经无法通行，长期腐烂的树根将雕刻精美的石块掀翻在地，横七竖八地堆在一起，挡住了道路。墙壁上的浅浮雕被青苔、攀爬的植物以及走廊顶部生长出来的灌木所覆盖。几百年的古树高高耸立，浓密的枝叶遮挡着阳光，并投下斑驳的绿荫。

在众多错综复杂的根系之中，庭院中心最东边楼塔（寺庙的入口）内的那棵树最受喜爱，人送绰号“鳄鱼树”。另外，塔布隆寺中知名度最高的就是所谓的“古墓丽影树”，安吉丽娜·朱莉扮演的劳拉·克劳馥在树下捡起一朵茉莉花，然后穿过大地掉入松林电影公司（Pinewood Studios）搭建的影棚。

游客以前也许还有可能爬上被毁坏的走廊，但如今这种行为已经被禁止，这既是为了保护寺庙，也是考虑到游人的安全。这里的许多巨石重达1吨以上，处于不稳定的平衡状态，一旦倒塌后果不堪设想。目前正有由一个印度考古学家和柬埔寨工作人员组成的队伍在对塔布隆寺进行加固和修复工作。

要想观赏到塔布隆寺最令人难忘的美景，要在早上尽早前往。如果你特别想在迷宫一样的廊道里转转，再仔细看看长得颇有特点的树根，那就至少需要2小时。

班迭哥迪和皇家浴池（Banteay Kdei & Sra Srang）

បន្ទាយក្ដីនិងស្រះស្រង់

班迭哥迪（见138页地图；⏲7:30~17:30）建于12世纪末，是一座宏大的佛教寺院，在它周围有四面同心墙。4个入口全部都有阇耶跋摩七世最钟爱的主题：四面观音像，头像上方盘旋着揭路荼。在班迭哥迪的东面有一个800米×400米的水池，这就是皇家浴池，专供帝王和他的王妃沐浴使用。

班迭哥迪外墙长700米，宽500米。中央塔内部的建设并未完成，由于施工仓促，寺庙的许多地方近乎废墟。与附近的塔布隆寺相比，这里非常清静，也许正因如此，它才值得一看。

水池中央的小岛上曾经有一座木质的寺庙，如今只有石基保留了下来。清晨，一轮朝阳映着静静的池水，景色非常迷人。

浏览班迭哥迪和观赏附近的皇家浴池需要1个小时。

豆蔻寺（Prasat Kravan）

ប្រាសាទក្រវ៉ាន់

豆蔻寺（见138页地图；⏲7:30~17:30）的外观并不起眼，在塔内的砖刻才是豆蔻寺被隐藏的财宝。它是一座印度教的寺庙，建于921年，有5座砖塔，按照由北到南的顺序排成一排，面向东方。这种结构与众不同，因为它并不是由皇室修建的，这也正是它的位置略显偏僻、远离国都中心的原因。豆蔻寺就位于连接吴哥窟和班迭哥迪的道路的南边。

1968年豆蔻寺得到了部分修复，砖刻恢复了它们的本来面貌。最大的中央塔内有毗湿奴雕像，后墙上的神像长着8条手臂，在左墙上的画面中，他迈了3大步，收回了世界（见本页），而右墙上的毗湿奴则骑着揭路荼。塔内最北边的浮雕刻画了毗湿奴的配偶拉克希米（Lakshmi）的形象。

迈大步的神

矮小的Vamana是毗湿奴最喜爱的化身之一，当时他化作Vamana去找魔王Bali要求收回世界。矮人彬彬有礼地向魔王请求给予他一小块舒适一点儿的土地作冥想之用，并说土地的面积只要够他在上面踱3步即可。魔王同意了。只见矮子瞬间变成了一个强大的巨人，他迈开巨大的步伐，3步就走遍了整个世界。正因为这个传说（在豆蔻寺有描绘），毗湿奴有时也被称为“迈大步的神”。

圣剑寺（Preah Khan） ព្រះខ័ន

圣剑寺（见138页地图；⏲7:30~17:30）是吴哥最大的寺庙之一，这里有错综复杂的拱状长廊，精美的雕刻作品和长满青苔的巨石。它与塔布隆寺形成了完美的对应，通常这里的旅行者相对较少。与塔布隆寺相同，它也是带有围墙的塔形寺庙，侧翼建有走廊。与塔布隆寺不同之处在于，由于世界遗址基金会（World Monuments Fund，简称WMF；www.wmf.org）的持续修复，圣剑寺保存完好。

圣剑寺由阇耶跋摩七世修建，在吴哥王城修建时期，这里可能是他的临时住处。寺庙的中央圣殿建于1191年。

原来在东侧的院子里有一块巨大的石碑，现在它已经被安全地存放在吴哥保护遗址（Angkor Conservation）内，石碑详细记载了圣剑寺作为拜神和学习中心的功能。这座寺庙供奉了515位神，一年之中，18个主要节日的庆典活动都是在这里举行的，这就需要有成千上万的工作人员对其进行维护。

圣剑寺占地面积很大，但寺庙本身就位于一座700米宽、800米长的长方形围墙之内。4条走道通向寺庙的各个大门，大门上雕刻着搅动乳海的场景，与吴哥王城中的浅浮雕相似，但如今许多画面都已经磨损了。4条拱状长廊以中央圣殿为中心向东西南北4个方向延伸。圣剑寺内部的墙上有许多精美的雕刻，如今有许多都保存了下来，其中包括哲人（rishi）和飞天舞者。

通往圣剑寺的主要入口位于东方，但多数旅行者都是从主路附近的西门进入寺庙的。于是你需要穿过整座寺庙来到东门，然后返回中央圣殿，从北门离开。在西门你几乎看不到什么自然的奇迹，然而在东门外侧的护

Preah Khan 圣剑寺

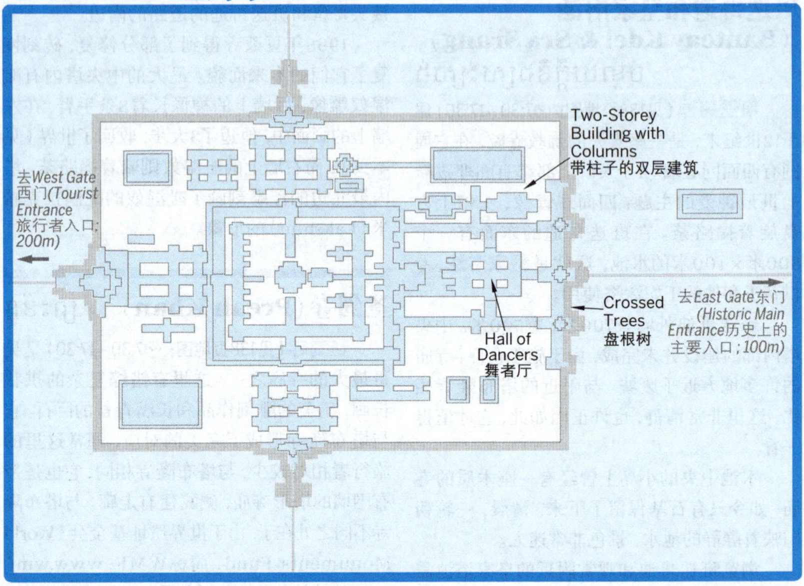

墙处却长着2棵古树，巨大的树根盘结在一起，其中一棵枝干高耸入云。东门内还有一座奇特的希腊式两层建筑，它的作用我们不得而知，但看上去像是雅典的舶来品。你也可以从北门进入，从东门离开。考虑到这座寺庙占地面积太大，参观这里至少需要90分钟，甚至2个小时。

圣剑寺是各种宗教融合的产物，东边的入口遵循大乘佛教的特点，寺门大小相同，而其他入口分别供奉湿婆神、毗湿奴和梵天，寺门尺寸依次递减，体现了印度教中不平等的特点。

盘蛇寺（Preah Neak Poan） ព្រះនាគព័ន្ធ

盘蛇寺（那伽缠绕的寺庙；见138页地图；⏲7:30~17:30）是建于12世纪末的佛教寺庙，规模虽然不大，但很完美，它也是阇耶跋摩七世的杰作。这座寺庙有一座大的正方形水池，周围有4座略小的正方形水池。在中央水池的中心有一座圆形的小岛，小岛周围盘着2条那伽七头蛇，它们的尾部互相缠绕，盘蛇寺因此得名。

我们敢打赌，如果拉斯维加斯或澳门要做一个以“回到吴哥”为主题的赌场，那盘蛇寺一定可以成为其综合游泳池的蓝图。

在中心岛周围的水池里曾经有4座雕像，但如今只有1座保留了下来，法国的考古学家在清理遗迹时使用原来的碎片将其复原。这座雕像造型奇特，长着马身人腿。它与一个神话故事有关，传说观音曾经化作飞马从一座食尸鬼的岛屿上救出了一群遭遇海难的人。暹粒国际机场的大环岛就是以这尊雕像的一个漂亮的复制品作为装饰的。

从前水从中心水池经由装饰性喷嘴流入外围的4座水池，如今在位于水池的各个轴线上的亭子，仍然能够看见这些喷嘴，它们分别呈象头、马头、狮头和人头的形状。这个水池过去是用来进行宗教洗礼仪式的。

盘蛇寺曾经位于一座巨大的水库中心，这座长3000米、宽900米的水库为圣剑寺供水，被称为阇耶塔塔迦湖（Jayatataka），由于新开通一条堤坝路，水库又重新被注入了一部分水。目前通往建筑群的木质引道禁止通行，所以参观仅需要30分钟。

塔萨（Ta Som） តាសោម

塔萨（见138页地图；⏲7:30~17:30）位于盘

Preah Neak Poan 盘蛇寺

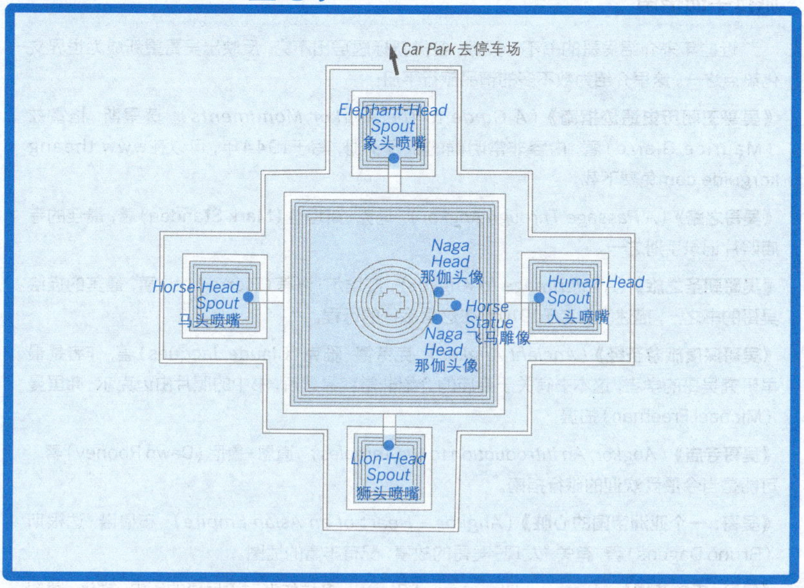

蛇寺的东侧，同样也是在12世纪末由阇耶跋摩七世兴建的佛教寺庙。塔萨寺最令人难忘的景观是一棵巨大的古树完全压垮了东边的楼塔，这是吴哥地区最适合拍照的景点之一。

东池和东梅奔（Eastern Baray & EasternMebon）

បារាយណ៍ខាងកើត
និងមេបុណ្យខាងកើត

东池是由耶输跋摩一世兴修的一座巨大的水库，水库的四角都立有石碑。这座已经完全干涸的水池曾经是耶输跋摩一世的首都最为重要的公共建设工程。水库长7000米、宽1800米，其水源来自暹粒河（Siem Reap River）。

东梅奔（见138页地图；⏲7:30~17:30）是由罗真陀罗跋摩二世修建的印度教寺庙，它原本位于东池水库中央的小岛上，如今水库已经干涸，寺庙的所在地变成了一块干旱的陆地。东梅奔的寺庙山是按梅花状排列的5座宝塔。砖结构的神殿墙上巧妙地排列着许多洞眼，它们是最初用来固定表层石膏的。寺庙的底部各角雕刻着身披甲胄的大象。

东梅奔的两侧有土坡，暗示着这座寺庙并未完工，也有助于你看清寺庙的建造过程。

比粒寺（Pre Rup）

ប្រែរូប

比粒寺（见138页地图；⏲7:30~17:30）在东梅奔以南大约1公里处，是由罗真陀罗跋摩二世修建的，是观赏日落的热门选择。比粒寺的寺庙山是一座3层的金字塔形建筑，顶层的5座神殿按莲花状排列。比粒寺的意思是“旋转的身体”，是指一种传统的火葬方法，尸体的轮廓在灰烬中显现出来。这表明这座寺庙最初可能是皇室的火葬场。

砖结构的圣殿表层也曾经装饰着石膏浮雕，在西南方的宝塔上还留有石膏碎片。此外，这座宝塔的门楣上还有许多精细的雕刻。东面宝塔的最外层有几处有坍塌的危险，如今正由大量的木棍支撑着。

比粒寺是吴哥周边最适合观赏日落的景点之一，在夕阳的映衬下，东池周围的稻田显得非常迷人，尽管近日有些参天大树有点儿遮挡视线。如今，这里的旅行者很多。

旅行手册指南

近些年来介绍吴哥的书不计其数，各类新标题层出不穷，反映出吴哥重新成为世界文化热点之一。这里介绍为数不多的精品旅行手册：

《吴哥王朝历史遗迹指南》（*A Guide to the Angkor Monuments*） 莫里斯·格雷兹（Maurice Glaize）著，内容非常明确的旅行手册，写于1944年，可以在www.theangkorguide.com免费下载。

《吴哥之路》（*A Passage Through Angkor*） 马克·斯坦登（Mark Standen）著，最佳的寺庙照片记录手册之一。

《吴哥朝圣之旅》（*A Pilgrimage to Angkor*） 皮埃尔·洛蒂（Pierre Loti）著，最美的描绘吴哥的书之一，描述了作者于1910年在这里旅行的行程。

《吴哥深度旅游圣经》（*Ancient Angkor*） 克劳德·雅克（Claude Jacques）著，作者是最早研究吴哥的学者，这本书有关于寺庙的介绍非常容易理解，书中的照片由迈克尔·弗里曼（Michael Freeman）拍摄。

《吴哥寺庙》（*Angkor: An Introduction to the Temples*） 道恩·鲁尼（Dawn Rooney）著，可能是当今最受欢迎的旅行指南。

《吴哥：一个亚洲帝国的心脏》（*Angkor – Heart of an Asian Empire*） 布鲁诺·达根斯（Bruno Dagens）著，有关"发现"吴哥的故事，配有丰富的插图。

《吴哥：千年荣耀》（*Angkor: Millennium of Glory*） 多位作者对于吴哥的历史、文化、雕塑和吴哥王朝时期的宗教都有引人入胜的介绍。

《柬埔寨老暹罗各省的高棉遗产》（*Khmer Heritage in the Old Siamese Provinces of Cambodia*） 艾蒂安·埃莫涅（Etienne Aymonier）著，记录了埃莫涅于1901年在柬埔寨的旅行过程中参观的很多主要寺庙。

《吴哥指南》（*The Angkor Guide*） 安德鲁·布斯（Andrew Booth）著，一本出色的吴哥寺庙群指南书，其中收录有重要学术文章、美丽的插图，而且该书的利润用来资助暹粒的教育发展（见www.angkorguidebook.com）。

《真腊风土记》（*The Customs of Cambodia*） 周达观（Chou Ta-Kuan）著，唯一一部关于吴哥的亲历记录，该书由一位13世纪末在高棉首都逗留一年的中国使者写就。

班迭萨雷（Banteay Samré） បន្ទាយសំរែ

班迭萨雷（见138页地图；⏲7:30~17:30）是由苏利耶跋摩二世修建的，与吴哥窟建于同一个年代。尽管在过去的几十年间，由于它地处偏远，多次遭到劫掠，但是大规模的修复还是使它保持了相当良好的状态。这一地区有1座中心寺庙和4座侧殿，此外还有1条走廊和2座藏书室，其中位于南边的藏书室保存得非常完好。

所有这些建筑物都被两座巨大的同心墙围在中间，班迭萨雷的与众不同之处在于它有一条内护城河，如今已经干涸。

班迭萨雷在东池以东400米。旅行者们可以将班迭萨雷与女王宫或布寺结合在一起参观。

西池和西梅奔（Western Baray & Western Mebon）

បារាយណ៍ខាងលិច និងមេបុណ្យខាងលិច

西池长8000米、宽2300米，全部由手工开凿，池水灌溉着吴哥周围大片土地。这些巨大的水池并不是挖出来的，而是在边缘筑起大坝而建成的。

西池是暹粒周边的一个主要的游泳池。

在最西边还有1个小沙滩，有野餐小屋，还出租橡皮内胎，每逢周末都有许多柬埔寨人前来度假。水池的中央是西梅奔寺（见138页地图；⏲7:30~17:30）的遗址，寺中巨大的毗湿奴铜像如今已经被收藏在柬埔寨国家博物馆（见50页）内。旅行者可以乘船前往西梅奔。

罗洛寺庙群（ROLUOS TEMPLES）

罗洛（រលួស）寺庙群是因陀罗跋摩一世在位时的国家首都诃里诃罗洛耶（Hariharalaya）所在地，它是高棉人修建的最早的大型永久性寺庙之一，标志着高棉古典艺术时代的开始。在修建罗洛之前，人们通常只使用较轻型（而且不够持久）的建筑材料，例如砖。

罗洛寺庙群位于NH6沿线，暹粒以东13公里，靠近今天的罗洛镇。与高脚屋村庄空邦鲁（Kompong Pluk）一起游览需要半天的时间，也可以选择用2~3个小时游览3座寺庙。

神牛寺

印度教寺庙

（ព្រះគោ，Preah Ko；见138页地图；⏲7:30~17:30）神牛寺是因陀罗跋摩一世在9世纪末兴建的供奉湿婆神的寺庙，同时也是为了献给他于880年被神化了的先祖。前排的宝塔与男性祖先或神相关，而后排的宝塔则与女性祖先或女神相关。狮子雕像守卫着寺庙。神牛寺（Sacred Ox）的宝塔上有3头南迪（神牛），长期以来它们受到了不同程度的损坏。6座石厅（prasats）面向东方，排成两排，由砂岩石雕和石膏浮雕作为装饰，前排的中央塔比其他的宝塔高大许多。神牛寺的石膏浮雕是吴哥保存最完好的，目前有一个德国团队正在对其进行修复。每座宝塔的门柱上都精心地篆刻着梵文。

巴空寺

印度教寺庙

（បាគង，Bakong；见138页地图；⏲7:30~17:30）罗洛寺庙群中面积最大、也是最有趣的寺庙。巴空寺是因陀罗跋摩一世修建用来供奉湿婆神的寺庙。它代表着须弥山，是城市的中心寺庙。面向东方的寺庙包括一座砂岩结构的5层中央金字塔，底部是一个边长60米的正方形，两侧有8座砖和砂岩混合结构的宝塔，另外还有几座小型圣殿。几座较矮的宝塔中有许多还部分地保留着最初的石膏浮雕。寺庙被三面同心墙和一条护城河所包围。中心寺庙的头三层每个角都有保存完好的石象。第三层上共有12座佛塔，每个方向3座。圣殿位于第五层，后来在苏利耶跋摩二世时期被加以扩建，与吴哥窟的中央塔属于同一风格。这里还有一个活跃的佛教寺院，建造时间或比巴空寺还早一个世纪，甚至更早，最近刚刚被修复。

洛雷寺

印度教寺庙

（លលៃ，Lolei；见138页地图；⏲7:30~17:30）洛雷寺的4座砖塔几乎与神牛寺的宝塔如出一辙（但保存状况更糟）。它位于一座大型水库的中心岛上，由这座城市的创建者耶输跋摩一世修建（如今这里已经成为一片稻田）。寺庙内佛龛上的砂岩石雕非常值得观赏，此外，门柱上还刻有梵文。根据其中的一段铭文记载，这4座宝塔建于893年7月12日，是因陀罗跋摩一世献给他的母亲、父亲和外祖父母的。

罗洛寺庙群周围的公益项目

罗洛寺庙群周围出现了许多公益项目。留意Prolung Khmer（见138页地图；www.prolungkhmer.blogspot.com），它位于神牛寺和巴空寺之间的路上，是一个编织中心，制作时尚的纯棉围巾（krama），由柬埔寨和日本合作组建进行职业培训。Lo-Yuyu（见138页地图）制陶工坊也在这里，生产传统的吴哥风格的陶器。

神牛寺正对面是Khmer Group Art of Weaving（见138页地图），用传统织法制造丝绸和纯棉领带。这里的Dy Proeung Master Sculptor（见138页地图；接受捐赠）按比例制作神牛寺、巴空寺、洛雷寺、吴哥窟、柏威夏寺和女王宫的复制品。

隐秘的财富与政治顺风车

吴哥保护遗址（Angkor Conservation）是柬埔寨文化部的一处保护场地，位于暹粒河畔Sofitel Phokheetra Royal Angkor Hotel以东大约400米处。有5000多座雕像、林伽和石碑被保存在这里，以防盗抢。因为在吴哥周围，盗抢文物的活动非常猖獗，已经有几百处遗址被毁坏。被保存在吴哥保护遗址仓库中的都是一些最好的雕像，工作人员对它们进行了认真的编号和分类。遗憾的是，如果没有合适的接洽，要想看到这些艺术瑰宝是不可能的。如今有些雕塑被放在暹粒的吴哥国家博物馆（见103页）内展览，但那只是其中的一小部分。

吴哥和暹粒地区保护管理局（Apsara Authority; www.autoriteapsara.org）从前和吴哥保护遗址在一起办公，现在则独立出来，其引人注目的总部大楼就在通往吴哥的某一条主路边。这一组织负责研究、保护和维护吴哥周围的文化遗产，制定暹粒的城市规划以及这一地区的旅行发展。对于吴哥和暹粒地区保护管理局来说，这既是一项授权，也是一个挑战——尤其是现在，政府对它的工作越来越感兴趣。吴哥已经成为一棵摇钱树，他们是否会把保护工作放在营利的前面，我们拭目以待。该机构力量强大，有人将其昵称为吴哥部（Ministry of Angkor）。

吴哥周边

荣寺（Phnom Krom） ភ្នំក្រោម

荣寺（见138页地图；⏲7:30~17:30）在暹粒以南12公里，它高踞一座小山之上俯瞰着洞里萨湖。这座印度教寺庙是在9世纪末或10世纪初耶输跋摩一世在位期间修建的。它的名字意为“低矮的小山”，是指它的地理位置与其姊妹寺巴肯山和布寺有关。这里是一个宁静的所在，非常适合观赏日落。此外，还有一座生机勃勃的寺庙。

荣寺有3座宝塔，分别供奉着（从北到南）毗湿奴、湿婆神和梵天，如今它们已经成为废墟。必须持吴哥通票才能参观山顶的寺庙，否则守卫不让你上山。如果乘坐摩托车或小汽车的话，尽量让司机将你带到山顶，否则你就要在炎炎烈日之下走很长的一段山路。建议拿出半天的时间游览山顶的寺庙和水上村庄空尼（Chong Kneas，见135页）。

布寺（Phnom Bok） ភ្នំបូក

布寺（见138页地图；⏲7:30~17:30）是在9世纪末10世纪初由耶输跋摩一世修建的3座寺庙山之一，它位置偏远，旅行者不多，非常安静。这座寺庙规模虽然不大，但保存完好。从这座212米高的小山上可以俯瞰北面荔枝山和南面吴哥平原的景色，所以还是值得游览的。在山的对面有一个5米高的林伽雕塑，人们认为在巴肯山和荣寺也有类似的雕塑。布寺距离暹粒大约25公里。

上山的路漫长、曲折，大约需要走20分钟，此外还有一条新修建的水泥阶梯，从这里上山更省时间，但路上没有树荫的遮蔽。尽量避免在中午最热的时候上山，多带些水，可以在当地买水。

在去往女王宫的路上能够很清楚地看到它。在到达班迭萨雷后，向东继续行进6公里即可到达。返回的时候你可以向南经由罗洛寺庙群返回暹粒，而不必向西重复来时的路线，这样可以欣赏一下柬埔寨的田园风光。美中不足的是，这里并不是观赏日出、日落的理想所在，因为旅行者要在没有照明的情况下走很长一段路。

周穗韦伯寺（Chau Srei Vibol） ចៅស្រីវិបុល

周穗韦伯寺（⏲7:30~17:30）位于一座小山顶上，过去由于交通不便，所以旅行者很少，但新路已经改变了这种状况。中央圣殿已经荒废，附近有一座现代的寺庙。

山脚四周建有红土围墙，每个小门廊还都保存完好。要想到达这里，须在罗洛—安隆汶公路的某点向东转，该转弯点位于NH6

以北8公里处，或布寺以南5公里处。转弯处有一个小路标（但很容易错过）。当地人非常友好，如果迷路的话，他们会提供帮助。

女王宫（Banteay Srei） បន្ទាយស្រី

女王宫（⏲7:30~17:30）被誉为吴哥艺术皇冠上的一颗珍珠。它由略带桃色的石块建造而成，寺内有世界上最好的石雕作品。女王宫是在967年开始动工兴建的，是吴哥最小的一处景点，尽管它面积不大，但声名显赫。这座艺术宝库是一座供奉湿婆神的印度教寺庙，保存得相当完好，寺内的许多石雕都是三维的。

“女王宫”的意思是“女人的城堡”，也就是说它很可能是由女人修建的，因为这里的石雕实在是太过精致细腻了，不像是出自男人之手。

与吴哥的多数寺庙不同，修建它的人并不是国王，而是一位婆罗门，他可能是阇耶跋摩五世的老师。这座寺庙呈正方形，东西各有一个入口，东面的入口有一条引道。女王宫的精华之处在于装饰豪华的藏书室和3座中央塔，有大量的男女神像，以及美丽的金银丝浅浮雕。

女王宫的经典雕刻包括一个优雅的手持莲花的女人，她身上穿的传统衣裙清晰可见。此外，在藏书室的山形墙上再现了《罗摩衍那》史诗中的壮观场面。而这些只不过是女王宫艺术世界中的几粒微尘而已——在建筑物的内部，几乎每寸墙壁都装饰着精美的浮雕图案。神话中的守卫者在殿内看护着这些完美的作品，这些守卫者的塑像都是复制品，原件保存在国家博物馆内。

1930年法国远东学院使用原物归位的方法对女王宫进行修复，这是该学院首次使用这种方法修复的主要寺庙。如今看来，这一方法取得了重大成功，并很快被运用到其他较大规模的项目当中，如对巴戎寺的修复。女王宫也是第一座设施完备的寺庙，有一个大型停车场和一个指定的就餐和购物区，旅行信息清楚，还使用最先进的技术展示寺庙的历史及其修复过程。寺庙背后有一座小水库（baray），参加当地的乘船之旅（每条船US$7）可穿过莲花池。

在女王宫首次被重新发现之际，人们以为这些精美的雕刻都是吴哥末期的杰作，由此推断女王宫建于13世纪或14世纪。后来人们根据在这里发现的铭文，认定女王宫建于967年。

1923年法国人安德鲁·马尔罗（André Malraux）因企图盗窃女王宫的主要雕像和雕刻碎片而在金边被捕。具有讽刺意味的是，后来马尔罗居然被查尔斯·戴高乐（Charles de Gaulle）政府任命为文化部长。

女王宫位于暹粒东北约32公里处，距离巴戎寺东北部21公里。通往这里的道路非常平坦而且路标明显，从暹粒到达女王宫乘坐小汽车需要45分钟，三轮摩的需要1小时。如果乘坐摩托车或三轮摩的的话需要多准备一些现金，最好事先谈好价钱。

女王宫地区可做的事情很多，如果你想住下来尽情探索，这里也有几家家庭旅馆（见132页）。你可以将女王宫与位于高布斯滨的千林伽河和奔密列组合在一起游览。半天的时间可以游览女王宫、柬埔寨地雷博物馆和班迭萨雷。探索女王宫需要45分钟，不过最好留出90分钟的时间，参观信息中心和附近区域。

高布斯滨（Kbal Spean） ក្បាលស្ពាន

高布斯滨（⏲7:30~17:30）位于吴哥东北

想方便的时候

如今，吴哥景点的一些公共卫生间堪称亚洲一流，它们被设计成一座座小木屋，点缀在景点周围。这些卫生间设施便利，如能够自动冲水等，绝不亚于高级宾馆里的卫生间。但美中不足的是，管理人员经常不开发电机给卫生间供电，这就意味着每个小隔间的光线非常暗（还好，可以手动冲水）。几乎每个主要寺庙附近都有公共卫生间，持吴哥景点门票可以免费使用。

记住，在偏远的地方，不要偏离道路——方便时被人看见总比踏入雷区要好得多。

不要错过

吴哥保护生物多样性中心

吴哥保护生物多样性中心（មជ្ឈមណ្ឌលអង្គរសម្រាប់ការអភិរក្សជីវចម្រុះ, Angkor Centre for Conservation of Biodiversity, 简称ACCB; www.accb-cambodia.org; 门票乐捐US$3; ⏲团队游周一至周六9:00和13:00）坐落在通往高布斯滨之路的起点，十分便利。中心负责濒危动物的救援、康复和放归柬埔寨丛林的工作。每天9:00和13:00都有团队游，时长约90分钟。9:00的团队游是较好的选择，因为这时候是投喂动物的时间，相比起炎热的下午，这时候动物也更活跃。目前这里保护的物种包括：穿山甲、戴帽长臂猿（poleated gibbon）、银叶猴（silvered langur）、懒猴（slow loris）、麝猫（civet cat）和狸猫（leopard cat）。这里也有几种大型水鸟，包括罕见的丹顶鹤和柬埔寨的国鸟大朱鹭，后者是该种类被捕获的唯一一只。

在核心工作时间以外，中心也允许私人组织的团队游参观，不过必须预约，价格为每人US$25，5人及以上团队收费为每人US$10。注意参观ACCB无须吴哥通票，只在游览高布斯滨时需要。

的丛林深处，它的河床雕刻堪称一大奇观。通常英语称之为“千林伽河”（River of a Thousand Lingas），而高布斯滨这个名字实际上是“桥头堡”的意思，是指这里的一座天然石桥。林伽是印度教神的象征，被精巧地雕刻在河床之上，遍布于整个区域。高布斯滨是在1969年被人们“发现”的，当时在一位隐士的带领下，民族学学者琼·博尔贝特（Jean Boulbet）来到这一地区。

沿着一条蜿蜒曲折、通向丛林的小路，向上攀登2公里即可看见高布斯滨的石雕，沿途会经过一些奇形怪状的巨石。上山的时候多带些水，因为在停车区之外就再也找不到卖水的地方了。小路最后分岔通向瀑布或者河床雕塑。在河的上游雕刻着一座令人叹为观止的毗湿奴神像，接下来是刻在桥头堡上的一些石雕，在过去的几年中许多石雕都被人砍掉了，不过现在已经替换上了出色的复制品。如今整个区域都被围了起来，以防止雕刻受到进一步的毁坏。

顺流而下还有许多更为壮观的雕刻，如毗湿奴、湿婆神及其配偶乌玛（Uma）的雕像，继续向下游方向行进，成百上千的林伽赫然出现在河床之上。在瀑布的顶端，刻有许多动物图案，包括一头牛和一只青蛙。沿着一条小路，绕过石头，有一条木质阶梯直接通向瀑布的底部。1月到6月，这里的水很少，可能会令旅行者失望。最好的游览时间是在7月到12月之间。游览高布斯滨，最好先观赏河中的石雕，然后再去瀑布那里凉快一下。从停车场开始，包括步行在内，游览大约需要2小时，如果算上天然淋浴和野餐就接近3小时。参观吴哥保护生物多样性中心（见本页）、女王宫（见169页）和柬埔寨地雷博物馆（见132页）是一天的行程中最精彩的部分。

高布斯滨距离暹粒东北大约50公里，距离女王宫大约18公里。目前道路畅通，一条向北到安隆汶（Anlong Veng）和泰国边境的新路已经建成，所以从城里到此处只需1小时。

如果乘坐摩托车去那儿的话，驾驶员无疑会想要多收你一点儿钱，一天大约US$15，包括去女王宫。同样，三轮摩的司机也许会将价格提到US$25左右。如果乘坐小汽车也要额外收钱。高布斯滨的门票包括在吴哥通票中，最晚的进入时间是15:30。

荔枝山（Phnom Kulen）

ភ្នំគូលែន

荔枝山（门票US$20）被高棉人视为柬埔寨最神圣的山脉，是周末和节日期间人们朝圣的地方。它在高棉帝国的历史上占有重要地位，公元802年阇耶跋摩二世就是在这里宣称自己是神王，柬埔寨王国从此诞生。景点包括一尊大**卧佛**，河床上雕刻而出的无数的林伽，一座令人难忘的瀑布和一些较远的寺庙。

1999年，一个商人在此修了一条路，现在向从此经过的每位外国旅行者收US$20过路费。这简直是令人难以容忍，吴哥门票也不过如此，况且这笔收入很少用于景点的维护。这条路蜿蜒穿过壮观的丛林地带，沿山路上行20公里，出现在高原上。道路最后分成两条岔路，左边的一条通往野餐区、瀑布和一座建于9世纪的寺庙的遗址；右边的岔路继续向前，经过一座桥和一些河床雕刻到达卧佛所在地。小寺庙波列昂通寺（Wat Preah Ang Thom）位于山顶，其中有一尊巨大的卧佛，它由一块砂岩雕刻而成，寺庙本身就是在此基础上修建的。这里是柬埔寨人朝圣的焦点，所以在登上通往圣殿的楼梯之前，一定要脱鞋、脱帽。站在487米高的山峰上可以将被森林覆盖的高原尽收眼底，景色十分壮观。

瀑布是一处令人赏心悦目的景点，并被拍摄进了《古墓丽影》中。但如果周末到此野餐的人们不乱扔垃圾的话，这里还会更加迷人。靠近瀑布的顶端是一座被丛林淹没的寺庙，它被称为Prasat Krau Romeas寺，建于9世纪。

荔枝山上还有许多其他的吴哥遗迹，包括高原周边的20座小型寺庙，其中荣贞寺（Prasat Rong Chen）最为重要，它是在吴哥地区修建的第一座金字塔形寺庙，或称寺庙山。在所有这些景观当中令人印象最深的是巨大的动物石雕，也可以说是山的守护者，人们称之为象池（Sra Damrei）。上述这些景点很难到达，尤其是在雨季。极少数到达这里的旅行者能够看到一个与实物大小相当的石象复制品（4米长，3米高）和一些小一点儿的雕塑，如狮子、牛和青蛙等。这些雕塑都位于山的南坡，站在此处，可以纵览壮观的平原美景。要到达这里须从波列昂通寺乘坐摩托车，在非常崎岖的小路上行驶大约12公里。从这里穿过森林步行1公里可以到达动物石雕的位置。不要试图自己探路，摩托车探索本区域半日的费用大约US$10，多带些水。其余令人难忘的景点可以涵盖在环绕荔枝山的一日探险之旅中游览，包括古老的岩雕Poeng Tbal，这是一座巨大的岩石景点，氛围很好，还有已完成部分修复的寺庙Damrei Krap。

马罕德拉帕巴塔的失落之城

荔枝山于2013年成为新闻头条，要感谢“探索频道”关于吴哥王朝时代的失落之城马罕德拉帕巴塔（Mahendrapravarta）的报道。应用丛林穿刺激光雷达定位技术，从而使考古遗迹掩盖在铺天盖地的丛林中的更多遗迹结构展现出来。然而，并不像探索频道最初的报道那样具有戏剧性，荔枝山一直被誉为最重要的考古遗址。激光雷达定位技术的研究确认了古城的大小和规模，还包括人工运河和人工湖，而早在十几年前，美国航空航天局使用卫星成像技术帮助确定了吴哥水力系统的大小和规模，还新发现了几座掩盖在丛林中的寺庙，但是由于地形问题和地雷风险还无法到达。在2015年，整个荔枝山平原又进行了一次激光定位调查。

小心地雷！

在游览高布斯滨或荔枝山的过程中，任何时间都一定要走人们常走的路径，因为这一地区有地雷。

荔枝山是一片辽阔的高原，距离暹粒大约50公里，距离女王宫约15公里。想要到达这里你可以走新的收费公路，遵照路标的指示走右边的岔路，到达女王宫村，遇十字路口一直往前走。在开始上山之前有一处路障，收取US$20过路费。在暹粒的City Angkor Hotel（☎063 760336；www.cityangkorhotel.com；Airport Rd）能买到便宜的荔枝山门票，只需US$12。只能在11:00之前上山，在午后下山，以避免在狭窄路段会车。在瀑布旁边或波列昂通寺附近的小村庄里有许多小餐馆和食品摊。

如果乘坐摩托车到达这里的话，驾驶员一般收费US$20或更高。如果租车，乘客须额外付费，车费比吴哥通常租车价的两倍还多。不要乘坐三轮摩的，因为山路太难走了。虽然可以和女王宫或奔密列的游览安排在一起，但是如此长途跋涉才来到这里，最好安排一天的时间游览这里。

奔密列（Beng Mealea）

បឹងមាលា

奔密列（门票US$5；⏲7:30~17:30）位于暹粒东北约68公里处，景色非常壮观，是吴哥最神秘的寺庙之一，因为它已经完全陷落于荒野之中。这座巨大的寺庙采用了和吴哥窟一样的建筑平面图，探索这座巨大的寺庙群，仿佛置身于电影《夺宝奇兵》（*Indiana Jones*）里。它于12世纪由苏利耶跋摩二世兴建，设计风格与吴哥窟大致相同。奔密列的周围是一条巨大的护城河，长1200米，宽900米。

这座佛教寺庙曾经完全被丛林吞没，近年来周围得到清理，一些茂密的叶子被剪掉。从南面进入寺庙，经过成堆的精心雕琢的砂岩石块，穿过漫长、黑暗的房间和葡萄藤。中央塔已经完全坍塌，但在碎石和植物之间仍然隐藏着几处引人注目的石雕，此外东北方还有一座保存完好的藏书室。这座寺庙与众不同，值得人们花时间彻底地游览一番——管理员会告诉你哪里可以攀爬。这里有一条通往中心区的木质走道，它最初是在拍摄让-雅克·阿诺（Jean-Jacques Annaud）指导的影片《虎兄虎弟》（*Two Brothers*，2004年）时修建的，影片以20世纪20年代法属印度支那为背景，讲述的是两只小老虎的故事。影片拍摄过程中使用了20只不同年龄段的老虎，以保持故事的连贯性。

在寺庙入口对面有几家餐馆，从餐馆向后走几百米是几个非常简陋、没有标识的家庭旅馆。**Romduol Angkor Ⅱ**（主菜US$5；⏲7:00~19:00）是最好的餐馆，皇家浴池附近的Romduol Angkor是它的姊妹店。店内供应各种柬埔寨食物，还有冰冻冷饮。

参观奔密列需要US$5，此外还要收取少许过路费，所以事先要与司机或向导讲好由谁来支付这些费用。

奔密列在巴戎寺以东约40公里（直线距离），距离荔枝山东南6.5公里。从暹粒走公路到达奔密列全程大约68公里（乘长途汽车需要1个小时，乘坐摩托车或三轮摩的需要更长时间）。最短的路线是经由小镇Dam Dek，它位于NH6沿途，在从暹粒到金边方向大约37公里处。一过市场后立刻向北走，沿着这条路一直向前走31公里，向左转向贡开（Koh Ker）方向后就能看到寺庙的入口了。游览寺庙会花费半天的时间，其中包括了从暹粒一路到此的时间，或用一整天时间将此地和贡开一

Beng Mealea 奔密列

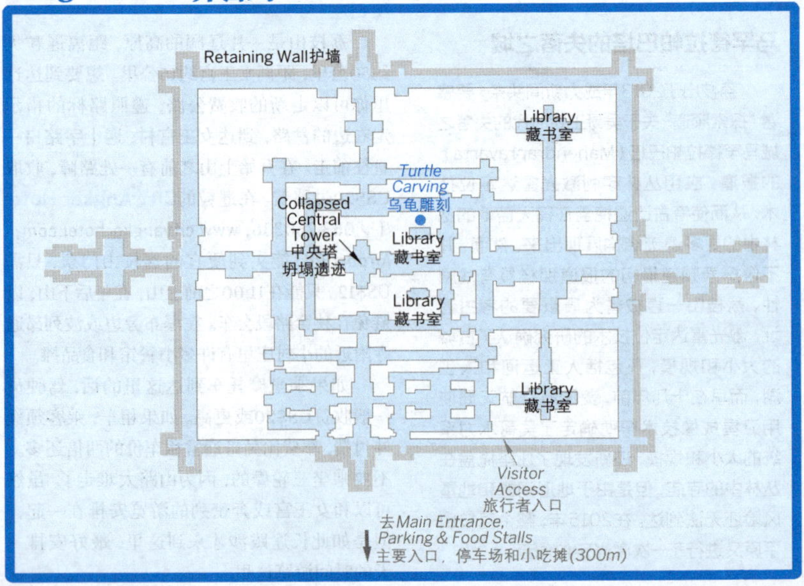

并游览，最好驾驶小汽车或四轮驱动车。

奔密列位于吴哥时期一条老路的中心，这条路连接着吴哥王城和位于柏威夏省的圣剑寺，就是今天的66号公路。在周穗韦伯寺的西边有一座吴哥时期的小桥，它是这条吴哥老路在奔密列和吴哥王城之间留下的唯一的痕迹。在奔密列和圣剑寺之间，至少有10座桥梁被废弃于丛林之中。只有那些特别喜欢冒险的人才会选择这条路线前往圣剑寺，但它走起来绝不轻松。

小心地雷！

战争期间，贡开的许多寺庙都被布了雷，但截至2008年，多数地雷都被排除了。据报道，排雷队在该地区共排除了1382颗地雷，1,447,212片爆炸和未爆炸的弹片或弹药。但考虑到可能发生的危险，最好还是谨慎行事，不要偏离前人走过的道路或深入森林，因为在距离寺庙几百米的范围内都可能有地雷。

偏远的吴哥遗迹

贡开（Koh Ker） ကោះកេរ

被湮没在北部丛林中的**贡开**（门票US$10；⏲7:30~17:30）在928年至944年间曾是吴哥帝国的都城，现在从暹粒出发当天即可往返。多数旅行者从红庙（Prasat Krahom）开始游览，那里的门楣、门柱和细长的窗户上都有精美的雕刻。贡开的主要建筑是形似玛雅遗址的大塔寺（Prasat Thom），这是一座55米宽、40米高、外表为砂岩的锥形七层塔，从上面能看到森林的壮阔风景。贡开位于暹粒东北127公里处。

长期以来，它一直是柬埔寨最偏僻、最难接近的寺庙之一。不过一条始于Dam Dek（经奔密列）的收费公路的建成，极大地缩短了贡开（发音ko-kaye）到暹粒的距离。这一区域长9公里、宽4公里，一共有42座主要建筑，但如果你真喜欢这些寺庙至少要在这里住上一晚。

红庙是贡开的第二大建筑，因其建筑原料红砖而得名。遗憾的是，寺内曾经非常有名的狮子雕像如今已经完全看不见了，但仍有很多值得欣赏的地方，石拱和走廊随处可见。引道侧面有那伽图案，游人会依次经过圣殿、图书馆、大门和被植物覆盖的池塘。就在红庙的西侧，一个半坍塌的石柱廊的最西端是一尊南迪雕塑的遗迹。

贡开的主要建筑是**大塔寺**（也称Prasat Kompeng）。通向顶层的楼梯只对限定数量的游客开放，如果你能承受其高度，上面的风光十分壮丽。在这里曾发现约40组公元932年至1010年的铭文。

中心建筑群的南边是一个1185米长、548米宽的蓄水池，名为Rahal，其水源来自森河（Sen River），后者是这一干旱地区的灌溉水源。

在距离大塔寺东北部大约1公里的4座庙宇里能看到柬埔寨最大的湿婆林伽，其中**Prasat Thneng**和**Prasat Leung**中的林伽最大。

在贡开周围的其他寺庙中，**Prasat Bram**是真正的亮点。它由许多砖塔组成，其中至少有两座被肆意生长的无花果树死死缠住，树根像水银一样穿过墙体。

贡开是吴哥自发现以来被人们研究最少的寺庙群之一。1880年路易·德拉波特（Louis Delaporte）在对吴哥寺庙群进行大规模调查时曾来过这里。1921年，伟大的亨利·帕尔芒捷（Henri Parmentier）曾为了《远东学院公报》（*Bulletin de l'École d'Extrême Orient*）上的一篇文章考察过这里，但此地从未进行过任何修复。20世纪五六十年代，曾有柬埔寨团队在这里开展过考古研究。但所有记录均在70年代被毁，使这座建筑群颇富神秘色彩。

金边的柬埔寨国家博物馆（见50页）中有几件令人印象最为深刻的雕塑就来自于贡开，包括立在入口大厅迎接游客的巨型揭路荼（神秘的半人半鹰生物），以及一尊描绘着两位猴王摔跤的特别的雕刻品。

食宿

在大塔寺主寺的附近有几家小饭馆（白天营业），由这里的警察家属经营。附近的Srayong村（10公里）也有几家饭馆。

Koh Ker 贡 开

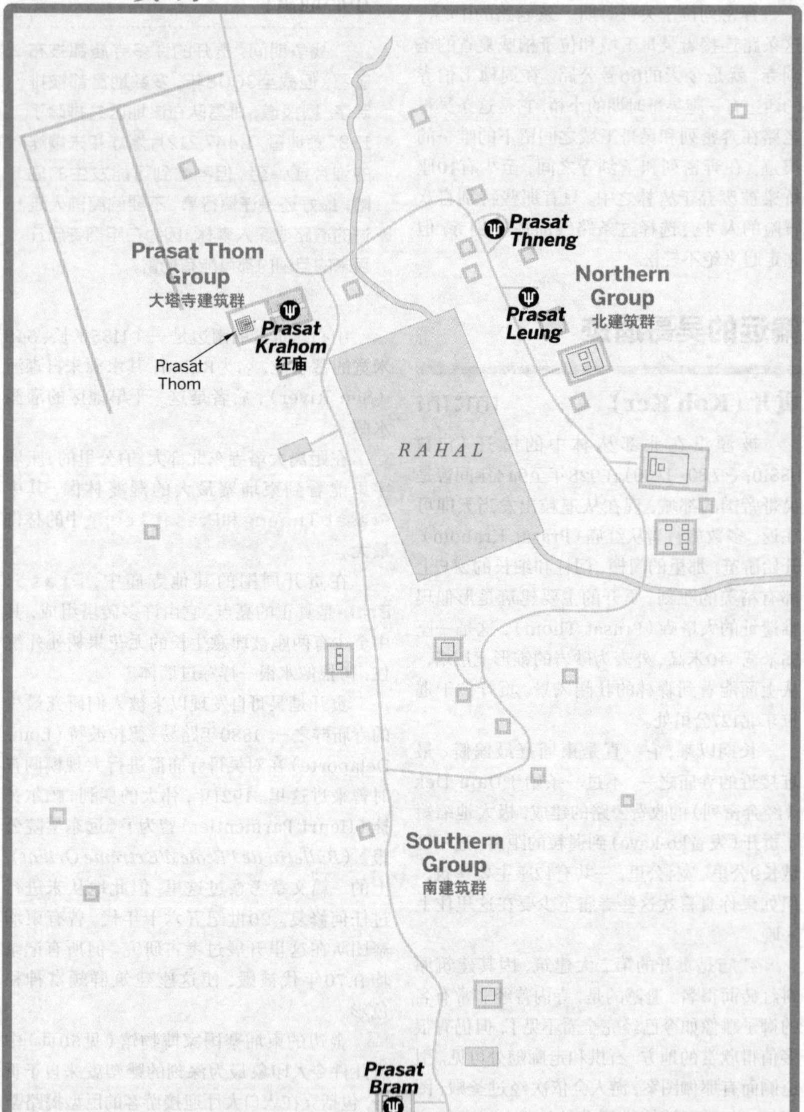

Mom Morokod Koh Ker Guesthouse 客栈 $

（☎011 935114；房间US$10起）位于贡开收费广场（tollplaza，位于红庙以南8公里处）以南大约200米处，是一个安静的客栈，有11间干净、宽敞的客房，木门上雕刻着精美的图案，有卫生间。

Ponloeu Preah Chan Guesthouse 客栈 $

（☎012 489058；房间US$5）这个由家庭

经营的客栈在Srayong村内，气氛友好。在14间客房内，墙壁都是光秃秃的，提供蚊帐，空间小得仅能容下一张双人床。厕所和淋浴都在外面。

到达和离开

贡开距离暹粒东北127公里（驾驶小汽车2.5小时），距离特崩棉则（Tbeng Meanchey）以西72公里（1.5小时）。始于Dam Dek的收费公路只铺设到柏威夏省边界，经过距离贡开西南61公里的奔密列，一般从暹粒出发一天就能游览这两处景点。如果是从暹粒方向出发，在靠近奔密列的收费路障处购买门票。

从暹粒雇一辆私家车前往贡开，一天的行程收费大约US$80。没有通向贡开的公共交通，但可以搭皮卡往返于暹粒和Srayong（10,000r），Srayong在红庙以南10公里处。也可以乘坐往返于暹粒和特崩棉则之间的合乘出租车，在Srayong下车。

南部海岸

面积27,817平方公里/人口200万

包括 ➡

最佳自然景点和探险

- CBET组织的徒步（见186页）
- Climbodia（见217页）
- 利阿国家公园（见206页）
- 白马国家公园（见226页）
- SUP Asia（见217页）

最佳住宿

- Rikitikitavi（见220页）
- Rainbow Lodge（见184页）
- Mushroom Point（见197页）
- Green House（见221页）
- Cita Resort（见213页）

为何去

柬埔寨南部海岸（ឆ្នេរខាងត្បូង）为旅行清单上数不尽的寺庙提供了一剂解药。这里的海滩吸引了绝大多数的游人，但是多转转，你就会发现，本地区拥有的不只是沙滩。

戈公保护走廊中翠绿色的风景为徒步提供了可能性，那里现在才刚刚开始被探索，无论是对于一日往返徒步旅行者，还是对于勇敢的探险者来说，这里都有大量自然探险项目可提供。南下的旅行者们可以深入挖掘历史，领略贡布保存完好的古建筑，然后再投身白马的螃蟹宴，最后再去探索周边的乡村，那里有网格般的稻田，还有散落各处的洞穴。

想来这里拥抱大海吗？南部海岸不会让你失望。虽然傲慢的西哈努克市可能不是每个人的心头好，但是岸边群岛能满足所有人的愿望，无论你是热衷派对，还是只想寻求宁静，这里应有尽有。选一处喜欢的海滩，伸展四肢躺在沙子上，与吊床融为一体。许多游客都决定再也不离开，这并不是没有理由的。

何时去

西哈努克市

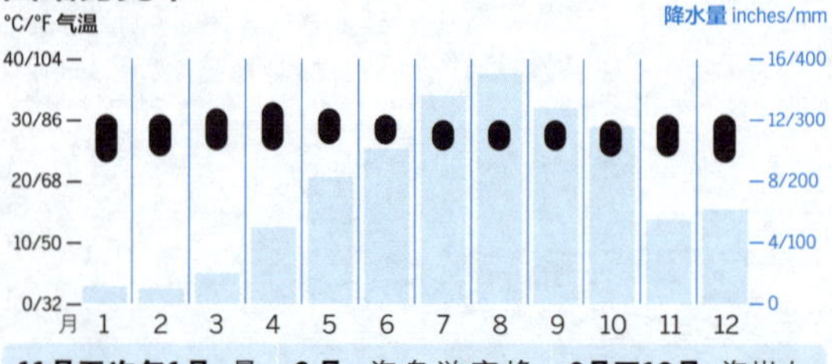

11月至次年1月 最佳远足时间。气温适宜，可前往豆蔻保护林。

2月 海岛游高峰期结束。人潮逐渐消散，但天气仍然很棒。

6月至10月 海岸上酒店价格下降，还可砍价，不过要带上雨伞。

南部海岸亮点

❶ 在**龙桑洛恩岛**（见212页）萨拉森湾上镜的白沙滩上释放压力。

❷ 到**芝柏**（见185页）找个当地向导探索森林，晚上在柬埔寨最成功的生态项目中找个友好的家庭寄宿处过夜。

❸ 在柬埔寨保护最完好的古城**贡布**（见216页）的巷弄中漫步，然后到周边乡村河流和洞穴去探险。

❹ 到西哈努克市柔美的**欧特斯海滩**（见189页），白天为你的棕色肌肤增添深度，晚上畅饮鸡尾酒。

❺ 在**白马**（见226页）尽情品味著名的贡布胡椒螃蟹，接着去白马国家公园消耗掉摄入的卡路里。

❻ 到**空达吉夫岛**（见207页）上调整身心，在那里躺在吊床上消磨时间可谓是一种生活方式。

戈公省 (KOH KONG PROVINCE)

戈公省(ខេត្ត កោះកុង)是柬埔寨西南部地广人稀的一个省份，保留着一些最迷人也是最主要的自然景观。

由于公路路况太差，该省与其他地区几乎没有往来，但这种情况最近得到好转。戈公省会戈公市通往泰国的交通近来更加便利，泰铢流通顺畅，而城里的外国人绝大多数都是为了延长泰国签证而从泰国芭堤雅过来的旅游者。随着48号国家公路(NH48)的铺设，开往金边和西哈努克市的长途汽车班次增多，情况发生了变化。

距离泰国边境8公里的河滨城市戈公，依戈公保护走廊而建。你可以将这里作为最佳的大本营，出发探访人迹罕至的丛林和海岸。从戈公开出的摩托艇可以带你前往呼啸奔腾的瀑布、空无一人的小岛、多沙的洞穴和威尼斯风情的吊脚屋渔村。

戈公市(Koh Kong City) ក្រុងកោះកុង

☎035 / 人口36,053

安静的戈公曾经是柬埔寨的“狂野西部”，走私、卖淫和赌博曾是这里的经济命脉。虽然这种不健康的遗迹仍有留存，但如今这座建筑低矮的小城以环保旅游目的地的形象重新崛起，成为了探索豆蔻山的大本营，赶走了那些不法商人。科波河(Koh Poi River)在市中心以南数公里处注入泰国湾(Gulf of Thailand)，河岸上遍布积满灰尘的大街小巷。

景点和活动

戈公主要的魅力是作为去豆蔻山脉(Cardamom Mountains)和戈公保护走廊一带游玩的跳板，但城里也有几个景点。如果你想游泳，Oasis Bungalow Resort(见180页)的游泳池也对非住店客人开放(成人/儿童US$2/4)。喜欢日光浴的人可以在泰国湾北部接近泰国边境的地方找到更多合适的海滩。

空尧海滩 海滩

(ឆ្នេរកោះយ៉ រនៅបាក់ខ្លង, Koh Yor Beach)这片狭长平坦的海滩在半岛远处(西侧)，位于科波河西岸，与对面的戈公隔河相望。它不是全世界最美丽的海滩，但非常适合捡贝壳，而且几乎不会有人打扰你。要来这儿，先过市中心北边的收费大桥，过收费站约1.5公里后左转，再走6公里就到海滩了。

沃宁科 佛教寺庙

(វត្តនាងកុក, Wat Neang Kok)科波河河口右(西)岸的海岬矗立着真人大小的雕塑，描述的是佛教地狱对罪人的严厉惩罚。这组生动的雕塑属于佛教寺庙沃宁科。想到这里的话，先过桥，经过收费站(摩的1400r)600米后右转，继续走150米，过了寺庙之后就能看到雕塑了。

团队游

参加乘船游，是看戈公众多海滨景点的最好方法。会说英语的Teur(☎016 278668)总待在码头(St 1和St 9交叉路口)上，他会帮你租六座船(40马力)或三座快艇(15马力)，目的地有戈公岛西海滩(大/小艇US$80/50)，戈公岛周边(大/小船 US$120/90)和平夸索野生动物保护区(Peam Krasaop Wildlife Sanctuary，大/小船 US$40/30)。

去戈公岛的团队游最受欢迎(含午餐和浮潜设备，全天每人US$25，过夜US$55)。参加者将游览平夸索野生动物保护区，在清晨还有可能遇到伊洛瓦底江豚。参加过夜游的游客要在沙滩上宿营或在岛上居民家中寄宿。注意：雨季(7月至10月)不发团，因为岸边西南风太大。但是开往平夸索的私人船只全年都能租到。

由于到这儿的旅游团越来越多，岛西侧的一些沙滩上堆满了垃圾，这主要是不负责任的船夫和团队游旅行社造成的。挑一个信得过的团队游公司。大多数运营商都能组织前往豆蔻山的陆路游览和乘船游览。

Ritthy's Koh Kong Eco Adventure Tours 探险游

(☎012 707719; www.kohkongecoadventure.com; St 1; ⏲8:00~21:00)这里是戈公市历史最悠久的生态旅游运营商，在这里的一站式商店中能满足你在本地区旅行的所有需求。

Koh Kong City 戈公市

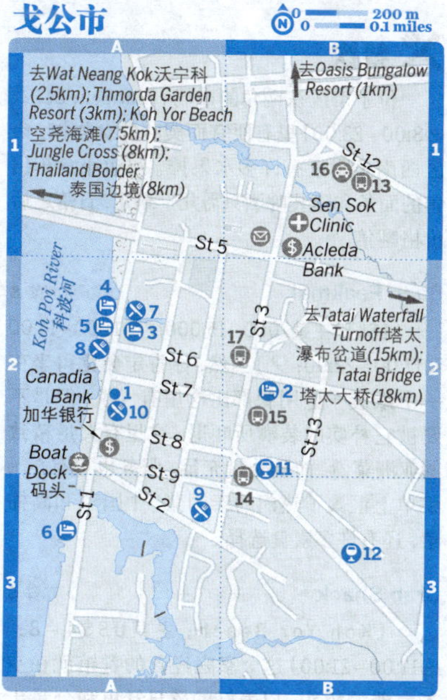

组织的远足活动包括精彩的戈公岛乘船游、观鸟和保护走廊徒步。过夜丛林徒步和露营远足（1/2晚每人US$35/70）收获了游客的极大好评。

Neptune Adventure 生态游

（☎088 777 0576; neptuneadventure-cambodia.com; Tatai River）正规的生态旅游经营者，现在总部位于塔太河（Tatai River）上的Neptune River Bungalows（见184页）中，提供有重点推荐的丛林徒步游，同时还有包括徒步、划皮划艇和乘船在内的多种探险活动。一日往返游价格为每人US$10~25。

Jungle Cross 探险游

（☎015 601633; www.junglecross.com; 越野摩托车租赁每天 US$25; ⏲9:00~18:00）专门组织前往豆蔻山腹地的越野摩托车游和四轮摩托车游，晚上睡在河滨营地的吊床上。经营的徒步团队游还可去往比豆蔻山还远的地方，用四轮摩托车送参加者到出发地点。总部位于泰国边境附近的Koh Kong Safari World。

Koh Kong City 戈公市

活动、课程和团队游

1 Ritthy's Koh Kong Eco Adventure Tours A2

住宿

2 99 Guesthouse B2
3 Asian Hotel A2
4 Koh Kong Bay Hotel A2
5 Koh Kong City Hotel A2
6 PS Guesthouse A3

就餐

7 Baan Peakmai A2
8 Café Laurent A2
9 Psar Leu A3
10 Seta Ice Cream A2

饮品和夜生活

11 Fat Sam's B2
12 Paddy's Bamboo Pub B3

交通

13 长途汽车站 B1
14 Olympic Transport B3
Phnom Penh Sorya .... （见11）
15 Rith Mony B2
16 出租车站 B1
17 Virak Buntham B2

住宿

戈公是高棉家庭节日度假的热门目的地，因此在柬埔寨节庆期间，旅馆床位紧张，而且房价上涨。如果不想住在城里，塔太河（市区以东18公里处）边有几个迷人的生态环保住处。

★ **Koh Kong City Hotel** 酒店 $

（☎035 936777; http://kkcthotel.netkhmer.com; St 1; 房间US$15~20; ❄@🛜）物超所值：客房内非常干净，有巨大的浴室、两张双人床、50个电视频道、充足的洗漱用品和免费的饮用水，住在只要US$20的房间里还可以看到美丽的河景。员工也很友好。

Asian Hotel 酒店 $

（☎035 936667; www.asiankohkong.com; St 1; 房间US$15~20; ❄@）虽然与路对面的酒店相比，这里可能缺少河景，但胜在客房宽

敞、干净、舒适，还带着一丝复古的气息。可选择前排（路边）的房间，带阳台。

99 Guesthouse 酒店 $

（☎035 936799; 99guesthouse@gmail.com; St 6; 标单/双 带电扇 US$8/10，带空调US$13/15; ❄📶）由友好的Piseth管理，是一处值得信赖的廉价之选，有各种明亮、整洁且相当宽敞的房间，地理位置靠近市中心，但仍然很安静。

PS Guesthouse 客栈 $

（☎097 729 1600; St 1; 房间带风扇/空调US$7/12; ❄📶）在这座河畔的客栈里，房间都极其简洁和干净，装饰采用的是彩虹的颜色。

★Oasis Bungalow Resort 别墅 $$

（☎092 228342; http://oasisresort.netkhmer.com; 双/标三US$30/35; ❄📶🏊）这处度假村位于市中心以北2公里处的葱茏森林中，实在是名副其实。有一座宽敞美丽的游泳池，能看到豆蔻山保护林的风景，周围环绕的是5座令人愉快、宽敞的平房小屋，是一个可供你休息和为旅途充电的安静的大本营。跟随Acleda银行的蓝色标识即可到达这里。12月至次年1月的旺季期间，别墅会加收US$5。这里有无性旅行的政策，在戈公算得上新鲜。

Koh Kong Bay Hotel 精品酒店 $$

（☎035 936367; www.kohkongbay.com; St 1; 房间含早餐US$32~45，套US$60起; ❄📶🏊）这里是戈公的第一家精品酒店，客房配备有木地板，按照欧洲极简风格设计，搭配有阳台，浴室还有淋浴，不过既然是这个价格，那我们还是希望能有人打扫一下走廊。如果在细节上再多用点心，这里可能会是住宿业中的赢家。

Thmorda Garden Riverside Resort 度假村 $$

（☎035 690 0324; www.thmordagarden.com; Neang Kok; 标准/豪华房间US$35/60; ❄📶）这里的标准间可能只比邮票大一点点，不过地理位置无可匹敌。这家小型度假村位于那座能眺望到科波河的半岛上（从戈公过了收费大桥就是），对于想要放松身心的游客来说，这里是个宁静的选择。提供免费的皮划艇，可租赁自行车。

✕ 餐饮

位于市区东南角的市场（Psar Leu; St 3; ⏲8:00~23:00）里有便宜而美味的食物摊，市区西南角附近有许多水果摊。河边小食车出售的面条和罐装啤酒只需几千瑞尔，日落之后价格翻倍。

Baan Peakmai 亚洲菜 $

（St 1; 主菜7000~15,000r; ⏲11:00~14:00和17:00~22:00; 🌿）当然，你肯定会觉得坐在一个纸袋子里用餐都比这里有气氛，但是不要被它朴实的装潢所吓退，这里有大量精致的亚洲菜肴，而且分量充足，服务也很有心。菜单上汇聚了热门的泰国菜、中国菜和高棉菜，还有许多素食选择。

Crab Shack 海鲜 $

（Koh Yor Beach; 主菜US$4~8; ⏲11:00~21:00）这个家庭经营的餐馆就在空尧海滩的桥头，以美好的落日景色和分量十足的胡椒炒蟹（客人有要求才会准备）出名。

★Café Laurent 各国风味 $$

（St 1; 主菜US$4~15; ⏲周三至周一10:30~23:00; 📶）这家时尚的河畔咖啡馆兼餐厅在水上亭阁中提供精致的食物，你可以坐在其中，一边欣赏日落，一边品尝精品西式和高棉菜肴。此外这里也有法式牛排和像样的意大利面。还有大量新鲜的海鲜和亚洲经典食物，全部都在高雅的用餐氛围中供应。

Thmorda Crab House 海鲜 $$

（☎035 690 1252; Neang Kok; 主菜US$4~20; ⏲7:00~22:00）想要品尝不同口味的菜肴，可向大桥出发找到这家建在河岸斜坡上的迷人餐厅。这家餐厅是Thmorda Garden Riverside Resort的一部分，拥有几座私人凉亭。特色菜是螃蟹，另外还有多种泰国菜肴可选。

Seta Ice Cream 各国风味

（St 1; 主菜US$4~10; ⏲7:00~22:00）提供绝大多数基本食物，包括比萨、咖喱、长棍面包和面条，早餐（US$1.50~4.50）分量很足。

到了晚上，路边的露台还会变身成一座热门的饮酒地。

Fat Sam's

酒吧

（紧邻St 3；⏲周一至周六9:00~22:00，周日16:00~22:00；📶）这是一家威尔士人经营的非正式的酒吧兼餐厅，有上等的啤酒、烈酒和葡萄酒可供选择。食物菜单令人惊讶，包括鱼和薯条、意大利面、墨西哥辣肉酱和地道的高棉、泰国热门食物。免费提供实用旅游信息，此外还有摩托车可出租。

Paddy's Bamboo Pub

酒吧

（St 7；主菜US$2~4）主打背包客市场，提供US$1的啤酒、泳池畔的餐桌、便宜的高棉食物，外加一些自制的舒心食品。如果要玩得经济些，这里的后面也有一些极其简单的房间（单/双US$4.50/5.50）。这里还是一个获取旅游信息的好地方，可以组织乘船团队游和其他活动。

ℹ 实用信息

医疗服务

如遇紧急情况，可以经由Cham Yeam–Hat Lek边境口岸转移到泰国救治——全天都可以。距离边境92公里的泰国达叻有个医院。

Sen Sok Clinic（☎012 555060；kkpao@camintel.com；St 3；⏲24小时）有会说英语和法语的医生。

现金

泰铢广泛流通，因此不用急着把泰铢兑换成美元或柬埔寨瑞尔。要换钱的话，可以去Psar Leu周边的手机店。

Acleda Bank（St3；⏲周一至周五8:00~15:30，周六至11:30，自动柜员机24小时）

加华银行（Canadia Bank；St 1；⏲周一至周五8:00~15:30，周六至11:30，自动柜员机24小时）

旅游信息

Ritthy's Koh Kong Eco Adventure Tours（见178页）和客栈是获取当地信息的最佳场所。免费杂志《戈公游客指南》（*Koh Kong Visitors Guide*；www.koh-kong.com）上大部分是广告。

ℹ 到达和离开

戈公位于NH48路边，在西哈努克市西北方向220公里、金边西侧290公里处。戈公有一条收费公路通往柬泰边境，起点在科波河大桥桥头1.9公里处。

长途汽车

大多数长途汽车停靠在尘土飞扬的**戈公长途汽车站**（St 12）。长途汽车站位于城区东北角。摩的和三轮摩的（突突车）在站外拉活儿，经常对游客狮子大开口。从这儿到市中心只有3分钟的车程，给他们的车费不要超过US$1/2。城里有些旅馆派车来这里接客人。各长途汽车公司通常派三轮摩的到客栈，免费把客人送到乘车地点。

➡ 要去金边（US$7，6小时），**Virak Buntham**（☎089 998760；St 3）和**Phnom Penh Sorya**

前往泰国：从戈公市至达叻

前往边境 连接柬埔寨戈公和泰国达叻（TRAT）的**Cham Yeam–Hat Lek边境口岸**（⏲8:00~22:00），也将柬埔寨和泰国的海岸连接起来。从柬埔寨出发，乘坐出租车（US$10加通行费）、三轮摩的（US$8）或摩的（US$3）从戈公跨越收费大桥可至边境。进入泰国后，可乘坐小巴到达叻，再从那里搭乘班车到达曼谷。

在边境 从柬埔寨经过Hat Lek边境其实相当直接。如果是逆向行进，从泰国来柬埔寨，要注意：Cham Yeam边境口岸的滥收签证费可谓臭名昭著，近来一般要支付1300B，基本和提前办理电子签证价格相当了。

继续前进 从Hat Lek边境出发，乘坐小巴直达达叻（120B）。这里有去往曼谷（254B，6小时）的班车，可去往泰国首都东部或北部以及东北部汽车站。汽车从6:00至23:30，每小时1班。想去附近昌岛的游客可以从达叻继续前进。

进入柬埔寨时，如果你是用美元付款，而不是泰铢，那么要注意，从边境通道前往戈公的所有交通工具会更划算。

（☎077 563447；St 3）每天7:45都有一班车；**Olympic Transport**（☎011 363678；St 3）的车7:45和11:45出发；**Rith Mony**（☎012 640344；St 3）车的出发时间则为7:30和11:30。

➡ 要去西哈努克市（5小时），Virak Buntham（US$8，8:00）、Olympic Transport（US$10，11:45）和Rith Mony（US$8，14:00）每天都有一班车。

➡ 注意Virak Buntham和Rith Mony虽宣称有夜车可从暹粒至戈公，但是这些班次到达西哈努克市的时间为凌晨，需要再次搭乘5小时的长途汽车才可至戈公，让许多背包客大为烦恼。

➡ 这两家公司还有中午开往曼谷的车次，在边境要换一次车（US$20，8小时）。也可至泰国的阁昌岛（Koh Chang；US$14含渡轮费用），在边境处换一次车，再搭一段当地渡轮上岛。

出租车

出租车停靠站（St 12）就在公共汽车站隔壁，合乘出租车从这里出发，开往金边（US$11，5小时），偶尔也开往西哈努克市（US$10，4小时）和安东杜（Andoung Tuek；US$5，2小时）。要前往其他城市，最好一大早来这儿碰运气。客栈可以帮你安排私人出租车至金边（US$55）或西哈努克市（US$50）。

包出租车前往（或返回）泰国边境单程约US$10（过桥费另收6000r），而乘坐摩的或三轮摩的的费用大约为US$3和US$8。

当地交通

自行车

Ritthy's Koh Kong Eco Adventure Tours（见178页）出租自行车，半日租金US$1，全日为US$2。

小汽车、摩的和摩托车

乘坐摩的，市中心的短途收费2000r，三轮摩的收费4000r，但经常会多收费。

大多数客栈和Ritthy's Koh Kong Eco Adventure Tours（见178页）和Jungle Cross（见179页）都可出租摩托车。

戈公市周边

戈公岛（Koh Kong Island） កោះកុង

从柬埔寨最大的岛俯视大海，看见的海水是那样清澈，甚至能辨认出水下一两米深处沙子的纹理。岛上有7片海滩，都在西部海岸。不幸的是，由于不负责任的旅游业者不当地处理垃圾，这里的污染越来越严重。希望情况能得到改善，因为这座岛屿实在是非常珍贵。

有些沙滩上河流的入海口沿岸有椰子棕榈树林和青碧的植物，正是想象中热带天堂的样子。从北数的**第六处海滩**有一条狭窄的运河通往一个隐藏的潟湖。

在戈公岛东部，有6座林木葱茂的陡峭小山延伸至红树林海岸，这些小山中最高的距离海平面有407米。**阿拉唐**（Alatang）渔村就像威尼斯一样，有高脚房屋和五颜六色的渔船，位置就在海岸东南方，面朝着西北角的波顿沙库国家公园（Botum Sakor National Park）。

葱茏的森林内部禁止探寻，但现在岛上建起了两座平房度假村，还可以选择导游带领的过夜露营。

住宿

Koh Kong Island Resort 度假村 $$

（☎035 936371；www.kohkongisland.net；Koh Kong Island；别墅双US$25~50，家US$70）戈公岛上开办的第一处住宿地，这里的平房具有乡村风情，为全木结构，有太阳能供电，电扇和门前的小门廊十分适合放松身心。标准平房相当狭小，所以可以奢侈一把选择豪华型（US$50）。

到达和离开

戈公岛在戈公市以南约25公里。最实际的方法是从戈公市乘船到达。

Koh Kong Island Resort每日有船运服务，每人US$15，8:30从戈公岛出发，15:00从戈公岛返回戈公市。必须提前预订。

平夸索红树林保护区（Peam Krasaop Mangrove Sanctuary）

ជម្រកសត្វព្រៃបឹងក្រយ៉ាក នៅពាមក្រសោប

平夸索红树林保护区（门票 5000r；⏲6:30~18:00）这座占地260平方公里的保护区位于冲积群岛上，有些面积比一座房屋大不了多少，这里壮观的红树林保护着海岸不受

侵蚀，为鱼虾和贝壳提供了一个重要的栖息觅食场所，也是候鸟的家园。

想要体会一下红树林精妙的生态系统，可以去600米长的混凝土**红树林道路**（mangrove walk），道路从海面上一直通往15米高的瞭望塔。保护区入口位于市中心东南5.5公里处，乘坐摩的/三轮摩的往返花费为US$5/10。

虽然抬高的主路是用混凝土块修筑，但也有一些木头铺设的小路从主路伸展开去。带小孩的游客要看管好孩子，因为道路（尤其是木头铺设的部分）的保持状况并不好。如果幸运的话还会碰到喜欢气泡饮料的欢跃猴群。

不幸的是，保护区入口附近的红树林中现在也建起了一座有30座高脚房屋的度假村。木混结构与周围美丽的景色极为不协调。

可以租赁一艘摩托艇穿越保护区，这样就可以避免看见这些难看的房屋。保护区入口的码头有木船租赁（短/长途团队游US$5/10），更好的计划是从戈公出发参加乘船游深入公园内部。

乘船游可以有机会拜访**渔民小屋**，这里的居民使用细长的渔网捕鱼，渔网因为系在漂浮的木框架上，部分留在水下，所以直到到达集市时，鱼还是活的。继续深入，在一些更加偏远的红树林岛屿上，可以碰到一些小沙滩，你可以在这里登陆，在大胆的寄居蟹旁边休息一下。

平夸索的很多地段都被列入**拉姆萨尔国际重要湿地名录**（Ramsar List of Wetlands of International Importance；www.ramsar.org）。这片区域是戈公保护走廊的一部分，从生态平衡的角度来说意义更加重大，因为泰国类似的红树林已经被目光短浅的开发商毁掉了。由于运往新加坡的大规模采沙活动，该地区的动植物栖息环境和捕鱼业受到了严重影响。

戈公保护走廊（Koh Kong Conservation Corridor）

របៀងអភិរក្សខេត្តកោះកុង

戈公至磅逊湾（Gulf of Kompong Som，西哈努克市西北侧的海湾）之间的NH48两侧都属于戈公保护走廊。这里有柬埔寨最迷人的原始风光，梦幻般的豆蔻山脉（Cardamom Mountains）南支就在这里，其景色和生物多样性都令人叹为观止。

豆蔻山位于柬埔寨西南部，占地面积2万平方公里。峰顶（高达1800米）和18条主要河道是至少59种世界濒危动物，包括老虎、亚洲象、熊、暹罗鳄、穿山甲的栖息地，此外还生活着8种乌龟和海龟。

豆蔻山拥有东南亚大陆第二大原始雨林，而且，东南亚只有两处未被破坏的森林可以从山顶覆盖到海边，豆蔻山就是其中一处（另一处在缅甸）。某些高原地区年降水量达5米。环保主义者希望有朝一日豆蔻山被纳入联合国教科文组织世界森林遗产计划。

东南亚其他地方的森林和海岸都被开发商和伐木公司破坏了，但豆蔻山脉及其周围的红树林因为地处偏僻和过去长期内战的原因幸免于难。因此这个地区大部分保留着原始状态，从生态学角度而言，开展生态旅游的潜力很大，有人会说，相当于肯尼亚的狩猎保护区或哥斯达黎加国家公园。

接下来的几年是决定豆蔻山脉未来的关键。**保护国际**（Conservation International；www.conservation.org）、**动植物保护国际**（Fauna & Flora International；www.fauna-flora.org）和**野生动物联盟**（Wildlife Alliance；www.wildlifealliance.org）等非政府组织，以及数支武装护林员队伍都致力于阻止偷猎者和伐木者进入这座拥有16种不同生态系统的山脉。生态游也可以为本地人带来理想的收益，使他们不必再通过伐木或偷猎谋生。

塔太河和瀑布（Tatai River & Waterfall）

ស្ទឹងតាតៃ និងទឹកធ្លាក់តាតៃ

塔太（Phun Daung）大桥在戈公以东约18公里处的NH48路边，是通往丛林的门户。这里的主要景点是**塔太瀑布**（Tatai Waterfall），它位于大桥上游方向一个郁郁葱葱的峡谷里，雨季时水流湍急，落到一块4米高的岩石上。旱季时水位下降，但全年都可以在瀑布周围的清凉潭水里游泳。

不过塔太河的真正魅力却在于其与世隔绝的环境，浓密的森林一直伸展到河岸边。可在这里逗留几日，探索葱郁安静的自然风光，或是躺在吊床上思考河上生活，这是一种逃离一切世俗羁绊的纯粹体验，这里也因为注重可持续发展而收获了额外的赞誉。

住宿

大部分地方都有自己的餐厅，有徒步、划船、皮划艇探险等各种河上和周边项目。

★ Rainbow Lodge 生态度假屋 $$

（☎012 160 2585; www.rainbowlodgecambodia.com; Tatai River; 标单/双/家含全餐 US$75/100/140; 📶）这个生态旅馆呈现出一种丛林时尚风格，虽然支持可持续发展的原则，但并不意味着你就必须牺牲物质享受。这里采用太阳能电池板和生物燃料供电，一座座平房就建在河边。以抬高的步道相连，道路就掩映在植物之中，其中央是一座开放式的休闲室，配备一个出色的酒吧。乘船抵达，从塔太大桥往返免费。

活动包括划皮划艇、日间徒步、河上巡游、当地村庄游览和宿营过夜。河畔的水疗亭提供呵护按摩。

Neptune River Bungalows 生态度假屋 $$

（☎088 777 0576; http://neptuneadventure-cambodia.com; Tatai River; 平房含早餐 US$35~50）想体验《鲁滨逊漂流记》里的感觉吗？那么到这里你就选对地方了。托马斯（Thomas）——历史悠久的Neptune Adventure（见179页）的生态游运营者——创建了这座充满乡村魅力的丛林度假地。4座吊脚平房全部采用自然材料建造，坐落在果园之中。膳食（US$3~7）食材均来自菜园，一般都是集体用餐，更添家常风味。安排出色的丛林徒步和乘船游很方便，也可免费使用这里的皮划艇。费用包括了往返塔太大桥的船费。

Four Rivers Floating Lodge 度假村 $$$

（☎097 758 9676; www.ecolodges.asia; Tatai River; 双含早餐 US$259; 📶）这里的12座帆布帐篷式别墅漂浮在塔太河的一条支流上，塔太大桥距离这里有6公里。内部大量使用柳条和深色木头，营造出一种殖民地式的时髦氛围，浴室将是你在任何地方的帆布帐篷中所能见到的最奢华的一处。房费包含往返塔太大桥的费用。

到达和离开

可以乘坐小汽车或摩托车前往塔太瀑布。戈公东南方向约15公里的NH48路边有标志清晰的出口，这个出口位于塔太大桥西北方向2.8公里处。一条约2公里长的崎岖小路连接公路和瀑布。半路上会遇到一条小溪——雨季时你必须步行通过，然后走完剩下的1公里。

从戈公出发前往塔太瀑布的摩的半日游往返价格是US$10（三轮摩的US$15），如果只是单程到桥那里，会便宜一些。如果你乘坐公交工具从金边前往上述度假村，请司机让你在桥头下车。

中豆蔻保护林（Central Cardamoms Protected Forest）

ឧទ្យានជាតិជួរភ្នំក្រវាញ

中豆蔻保护林（The Central Cardamoms Protected Forest，简称CCPF；4013平方公里）拥有东南亚面临威胁最大的3种生态系统：低地常绿林、河岸森林和湿地。

护林员和武警保护这片地区不受偷猎者和伐木者的侵害，协助他们的是保护国际（Conservation International）组织。设有6个建在战略要地的护林站，有一座位于**Thma Bang**。这里有2座配备基本设施的**客栈**（每人US$5），其中一座由护林员经营，另一座是当地社区经营，两处都提供有2个房间和1间宿舍，18:00~21:00有电。缴纳US$2就可以为你准备膳食。自带保暖衣物，因为晚上气温会降至10℃。

由于被茂密的雨林覆盖，Thma Bang成为观鸟和徒步胜地。在本地向导（护林员能帮你找一位）的陪同下，你可以徒步去瀑布。这里还计划开办一个新的**社区生态游项目（CBET）**（☎097 752 9960; ccheb@conservation.org）。附近的**阿林谷**（Areng Valley）生活着柬埔寨少数民族Daeum人，也是亚洲象、海蛾鱼（dragonfish，亚洲龙鱼；野生环境下几乎灭绝）和第二严重濒危的暹罗鳄（Siamese crocodile）的家园。暹罗鳄身长3.5米，并不吃人，偏爱鱼类、蛇、青蛙和小型哺乳动物。

一座建议由中国修建的巨型水电站将对这个山谷及其植被造成影响：一旦水坝完工，1500人将搬离故园，90~120平方公里的土地将被淹没，从而切断了重要的大象迁徙路线。赞成修水坝的政府官员反驳说，这个水坝

和柬埔寨国内其他几个中国出资的水坝将为这个极度缺电的国家提供稳定的电量。

12月至次年5月，真正无所畏惧的游客可以徒步8天，从Thma Bang往北走到Kravanh，或从Chamnar（有路与Thma Bang相连）越过山脉前往Kravanh。后一条路线需要徒步5~6天。

另外有一条耗时3~4天的路线相对好走，而且全年都可以通行：从Thma Bang东侧的Chumnoab出发，往东走向Roleak Kang Cheung，那里有公路通往磅士卑（Kompong Speu）。Knong Krapeur（1000米）位于两者之间，拥有高山草甸和松林。这个地方在500年前就有人居住，如今因放着人骨的巨大陶罐而出名。

Thma Bang的客栈不接受预订，直接来就行，他们当场给你安排徒步和住宿。

ℹ 到达和离开

从南边进入中豆蔻保护林南部相对方便。连接NH48和Thma Bang的道路已经被拓宽了，从戈公到这里只需要驱车1个小时。在塔太大桥以东约10公里的Veal Ⅱ（Veal Pii）护林检查站处驶离NH48。

Thma Bang和芝柏（Chi Phat）之间的小路路况很糟糕，摩托车可以勉强通行，但仅限于旱季。我们不推荐这里。除非有大批经验丰富的摩托车手才可以尝试，他们可以帮助导航车子穿过难走的河道和干枯的河床。

另一条整治过的公路（不过旱季时通行要容易得多）从戈公穿过豆蔻山通往北边的菩萨（Pursat）、拜林（Pailin）和马德望（Battambang），途中会经过Veal Veng、Ou Som（此处有个新建的生态游项目）和Promouy（松戈山野生动物保护区内最大的城镇）等落后的山区城镇。公路的起点位于戈公往金边的老路上，经过机场，过了军营数百米即是。

往南走的合乘出租车旱季时可从Promouy、Ou Som和戈公开往菩萨，雨季时Promouy那里可能也有摩的愿意开长途去往戈公，取决于当地路况和降雨量。从戈公北上，这条路上的合乘出租车很少。

可以从菩萨（见240页）前往中豆蔻保护林的北部入口。

波顿沙库国家公园（Botum Sakor National Park）

រមណីយដ្ឋានឧទ្យានជាតិបុទុមសាគរ

位于西哈努克市磅逊湾西北侧、宽度为35公里的半岛基本上都属于波顿沙库国家公园。这个占地面积1834平方公里的国家公园被红树林和海滩包围着，是多种野生动物（包括大象、鹿、金钱豹和马来熊）的家园。

但是，波顿沙库只是名义上的“国家公园”罢了。中国投资方斥资35亿美元，正在公园内发展的一个旅游项目将把公园西部三分之一的面积变成7个很大的度假城。这个项目于2010年开工，预计完工需要25年时间，本地已有几百户家庭被迫从该区域迁移出去，公园核心地带修建了一条四车道的公路，一个高尔夫球场已经投入运营。新公路从安东杜（Andoung Tuek）以西6公里的地方开始，也可通往空斯达群岛（Koh Sdach Archipelago，见215页）。

同时，柬埔寨商人Ly Yong Phat也已经确认要开发公园正中间的一条狭长地带。

所以，这个半岛只剩下东部的三分之一可供游览了。可在安东杜租船，然后沿着4条小溪溯流而上。这条溪流的岸边长满红树林，栖息着大量的野生动物，如僧帽猴（pileated gibbon）、长尾猿（long-tailed macaque）和黑腿白臀叶猴（black-shanked douc langur）。这些溪流的名字如下：东岸的Ta Op（最大），南岸中部的Ta Nun，还有东岸的Ta Nhi和Preak Khsach。

公园总部（☎099 374797, 081 414988; NH48）位于安东杜以西3.5公里处，提供陪游客徒步的护林员（每天US$5），也可以组织前往安东杜的乘船游。

自行车手和无所畏惧的摩托车手或许会无视正在修建的新公路，而绕行公园东岸的崎岖小路，因为那条路经过风景如画的渔村Thmor Sor，村民的住处大多都是建在冲积海湾的吊脚屋，向海上延伸了将近1公里。

芝柏（Chi Phat）

សហគមន៍ទេសចរណ៍ជីផាត់

为保护豆蔻山脉南部不受偷猎、乱砍滥伐和占地等行为的侵害，野生动物联盟（Wildlife Alliance; www.wildlifealliance.org）发起了一项分为多个阶段的项目，让当地人依靠雨林得到工作和挣钱机会，南豆蔻保护林（Southern Cardamoms Protected Forest；1443平方公里）正在变成世界一流的生态游胜地。该保护林的南边挨着戈公和安东杜之间的NH48公路。

曾有过“滥伐和偷猎”坏名声的河边小村芝柏（630户家庭），如今是野生动物联盟的社区生态游项目（CBET）所在地，为游客提供了一个稀有的机会：入住这个旅游业由当地村民控制的乡村社区，既能探访豆蔻山独特的生态系统，又能对它们的保护工作做点贡献，同时也能为之前的偷猎者提供一种新的生活方式，让他们成为保护者和向导。

活动和团队游

芝柏的活动都被CBET社区游客中心（CBET Community Visitor Centre；☎092 720925, 035 675 6444; www.chi-phat.org; Chi Phat; ⏲7:00~19:00; 📶）安排得井井有条，它离芝柏码头仅2分钟步行路程。游客中心有无线网络、24小时太阳能电力和不错的餐厅，供应高棉风味食品，肉食和素食都有。

团队游价格非常合理，每人价格在US$15到US$25之间，含午餐、交通和设备。多日游价格稍贵，但所有费用全包。费用包括向中心保护基金会的捐款。无论参加哪项团队游，都需要有向导——他们大多曾经是偷猎者或伐木工。

到达芝柏之后，可去游客中心参加那里组织的活动，必须在前一天17:00之前预约。在中心，你会碰到向导和其他徒步归来的游客，可以借此机会获取活动和路况信息，并了解当地社会是如何从曾经的乱砍滥伐者成为如今的保护力量的。

除了这里提供的许多徒步、乘船和山地自行车活动之外，还可以去参观野生动物联盟的百万树木养育项目，这里再造林项目所种植的树苗令人印象深刻。这个经历非常具有教育意义，也有机会自己种一棵树留下一个永久的标记。也可以租赁皮划艇自己去探索河流。上一次我们联系时，他们正忙着筹办新的高棉烹饪课程。

徒步

CBET的徒步（每人每天US$15~25）时长从一天到七天不等，短途可探索蝙蝠洞、瀑布、山地社区和周边的神秘瓮葬遗址。还有更多的探险活动，包括与森林保护者一起进行三日至五日的巡查徒步，了解为了保护森林不受非法采伐和狩猎之害所付出的工作。

参加过夜的旅行你可以睡在吊床上，也可以住在野生动物联盟设立的五个露营地之一，配备了生态厕所、野外厨房和舒服的吊床和蚊帐。野生动物观测点无法保证一定能看到野生动物，但是通常有很多机会拍到猴子和犀鸟。尽管向导穿着人字拖，但还是建议你为这次徒步旅行带一双徒步鞋。

乘船游

CBET组织的日出观鸟乘船游和日落观星巡游（每人US$12~35）是体验Preak Piphot河沉静之美的好方法。前者需要参加者早起并乘船1.5小时，然后换乘传统的站立式划艇（有桨手），沿安静的Stung Proat河静静划行，这是Preak Piphot河的一条支流，两岸森林未经采伐过。

河岸能看到银猴、长尾猿、大犀鸟和其他雨林生物。长臂猿行踪飘忽，很难被看到，但它们从树冠上发出的叫声清晰可闻。

山地自行车游

CBET组织的一日到两日山地骑行团队游（每人每日US$20~25）会沿着小径前往周边森林里的水潭、瓮葬遗址、瀑布和乡村社区。过夜之旅是睡吊床（带蚊帐）。如果你想独自探索芝柏村周边的乡村，可以在CBET的游客中心租赁山地自行车。

放归自然站游

Wildlife Alliance Release Station Tours 团队游

（☎010 690864; www.wildlifealliance.org/page/view/507/wildlife-release-station-tours; 成人/儿童 1晚US$120/50, 2晚 US$200/75）组织前往放归自然站（从芝柏前去需30分钟）的团队游，马来熊和熊狸等动物被从非法交易中营救出来后就从这里被放归山林。费用包括住宿、食物和活动——丛林徒步，野生动物追踪，以及帮助搭建相机陷阱。提供从安东杜

芝柏：生态旅游的范例分析

一直以来，芝柏居民除了种植勉强够糊口的庄稼之外，收入主要依赖附近的森林。收集木料以外的森林产品[术语称为“非木质林产品”（NTFP）]和少量柴火可以保持生态的可持续性，但芝柏周围的森林经过20世纪90年代的“伐木黄金期”，生态系统受到严重破坏，如今村民生计堪忧。对很多人来说，偷猎濒危野生动物成了一种生活方式。

当地村民和外来人员占用被保护土地，非法伐木、毁林，狩猎濒危动物（自己用并卖给黑市），但2002年，野生动物联盟（Wildlife Alliance; www.wildlifealliance.org）的到来为豆蔻山南部设立了最后一道屏障。挽救该地生态的办法有很多，例如救治落入陷阱的猴子（否则它们将以US$60的价格被卖掉，并被运到越南供人食用），但避免生态悲剧的唯一方法就是派驻一大批武装护林员，以应对“毁坏林木和野生动物的犯罪”。

但严格执法意味着失去收入，当地人因此怨声载道。野生动物联盟意识到，挽救豆蔻山需要当地人合作，而要想让当地人合作，就必须转变他们的收入来源，让他们不必再去偷猎或伐木。

因此，野生动物联盟发起了被非政府组织称为社区生态游（CBET）的项目。第一步是授权给当地社区。14名选举代表组成的委员会将评估积极和消极影响、制订目标并负责管理。参与项目的当地人中许多曾经非法伐木或非法从事野生动物交易。

今天，芝柏的CBET项目欣欣向荣。起初持怀疑态度的当地人对这个项目产生了兴趣，来自生态游的收入归村民和社区发展基金会所有，这开始产生了重大影响。芝柏被认为是CBET项目的标杆，柬埔寨全国各地的代表团都来这儿观摩取经。

或芝柏（摩托车）的接送服务。必须预约。

住宿

芝柏的CBET项目有一系列的住宿处。有一些位于镇上，另一些则在果园环绕的乡村中。

住宿标准没有太大的区别，尤其是客栈和家庭寄宿之间。所有客房——CBET每个月都会检查——都干净宽敞，都有风扇、蚊帐、棉床单、泡沫床垫、毛巾、免费的瓶装水和按照当地习俗准备的层压板。村子只在5:00~9:00，18:00~21:00有电力供应（记得带上手电筒）。

可以提前订房，或者也可以到达后致电游客中心，那时再做选择。客栈经营者会来接你。

CBET Homestays 家庭寄宿 $

（www.chi-phat.org; 房间US$4）芝柏的13处家庭寄宿有许多都设置在木质的高棉式吊脚楼上，可供一瞥乡村生活。房间舒适简洁，浴室是与住家共用。有些家庭寄宿有蹲厕和传统淋浴（塑料雨水水箱），可提供晚餐（US$2.50）。

游客在选择住宿处时可以告诉CBET的员工是否需要西式浴室设施。有些家庭寄宿夜里会用充电汽车电池带动12伏的电扇使用。

CBET Guesthouses 客栈 $

（www.chi-phat.org; 房间US$5，带浴室US$6）芝柏的CBET项目有18处家庭经营的客栈，提供小而干净的房间。有的配备的只有合用浴室，其他一些有成套设施。在CBET游客中心订房时讲清楚你的喜好。所有的客栈和家庭寄宿都与村里的电网连通，但只有早晚才运转。

CBET Bungalows 平房 $

（www.chi-phat.org; 平房US$10~15）芝柏有两座平房住宿处，相比村子里的客栈和家庭寄宿，这里的隐私程度更高。两处平房都用自然材料建成，带有配套浴室和小阳台。早晚有电力供应。

Butterfly Island 平房 $$

（www.chi-phat.org; 平房US$30~35）芝柏最高端和安静的住宿处位于蝴蝶岛（Butterfly Island）上，这里由一组简单而设施健全的平房

组成，周围都是茂盛的森林，地址就在河中央的一座小岛上，有一座旋桥相连。该住宿处最近关闭了，不过即将重新营业。抵达前先查看CBET网站。

餐饮

河墩和游客中心间的大路上有几家小食摊，出售的当地食物为US$2一个菜。当地商店有软饮和啤酒出售。游客中心有镇上唯一一家真正的酒吧，（营业时）有与金边的品质相近的鸡尾酒。

游客中心餐厅　　餐厅 $

（早餐 US$2.50，午餐和晚餐 US$3.50；）镇上唯一一家餐厅在游客中心。所有人都是一样的选择，午餐和晚餐都是三个菜，菜单每天更新。可招待素食者，午餐可打包。所有食材均来自当地，许多都是在本地种植的。

实用信息

芝柏没有银行和自动柜员机，需要带上所有需要的现金。有关于所有活动、团队游和住宿的选择，可前往芝柏后查看www.chi-phat.org网站。

安东杜码头和附近的咖啡馆中，极少数时候会有诈骗者向旅行者搭话，提供错误的信息和虚假游客服务诈骗报酬。

到达和离开

芝柏位于风景优美的Preak Piphot河畔，在安东杜上游的21公里处。安东杜位于NH48路边，距离戈公98公里。所有往返戈公和金边、西哈努克市之间的长途汽车都从这里经过。

到达安东杜后，汽车一般会停在Kim Chhoun Guesthouse客栈（有蓝色柱子的餐厅）的门外，这里的管理团队会与CBET一起合作，帮助组织继续前往芝柏的交通工具。如果没通过CBET网站（www.chi-phat.org）预约的话，这里还可以组织摩托车运送，或者可以询问CBET的船次。

CBET的长尾船提供2小时的旅游服务（US$10），每天从安东杜出发，这是前往芝柏的最有氛围的方式。最好是提前48小时从CBET的网站预约，以保证船上有座位。船只13:00从安东杜出发（如果从金边来的话，Virak Buntham的客车随时都可以出发）。CBET社区只雇用经过安全标准培训的当地船夫，他们的客船经过改造能为游客提供一定的舒适度。经过CBET认可的船只都配备救生衣和备用引擎。

尽管去安东杜不难，你也可以提前预订一辆摩托车（US$7，45分钟）在土路上行驶17公里到达芝柏。摩托车司机会在过河处将你放下，木筏渡船（1000r）会把旅行者带到村庄。

从芝柏出发，可以提前一晚预约船和摩托车，以在上午返回安东杜，及时赶上继续前行的车次。CBET办公室也可以预订车票。

如果有自己的交通工具，通往芝柏的道路虽然是土路，但路况很好。沿着电话线，使用汽车渡轮过河。摩托车手可以选择小型木筏渡船，就在大渡轮左边的100米处。

磅逊省（PREAH SIHANOUK PROVINCE）

磅逊省（ខេត្តព្រះសីហនុ；也称西哈努克省）夹在贡布省和戈公省之间，活跃的海港城市西哈努克市是这个省最重要的地方。除了周边岛屿之外，其他自然景观包括西哈努克市东侧18公里处的利阿国家公园（Ream National Park）和虱头瀑布（Kbal Chhay Cascades）。

西哈努克市（Sihanoukville）

ក្រុងព្រះសីហនុ

☎034 / 人口9.1万

当然了，在选美比赛中西哈努克市永远也不会取得第一名，但因为周边环绕的海岸线上都是白沙海滩，这里是柬埔寨最适合悠闲晒太阳的目的地。20世纪50年代末，以当时国家首脑名字命名的西哈努克市（还有西哈努克省）披荆斩棘，打造了柬埔寨第一个、也是唯一一个深水港。这里的战略位置很重要，因为这个国家的国际贸易从此不再需要借道越南的湄公河三角洲。

现在这里是一座熙熙攘攘，并且不断在扩大的城市，不过其沙滩却能够远离喧闹。情缘海滩（Serendipity Beach）区域类似于为背包客准备的减压室，在旅游和彻夜派对的间歇，他们会蜂拥至此休整。

在镇子最南端，远离喧嚣的地方是悠闲的欧特斯海滩（Otres Beach），在那里，便宜的平房住宿处、波希米亚风情的客栈与相当时髦的精品度假村共存。如果你想晒着日光浴，懒散地过上几天，而不是夜间去酒吧赶场，这里的柔美风景绝对是最佳选择。

虽然西哈努克的海滩都算不上亚洲最佳，但环绕着木麻黄树和椰子树的沙滩极富热带魅力，而且很容易找到只属于你自己的沙滩，尤其是在远离中心区以外的地方。如果你觉得这里还不足以同明信片上的风景相媲美，那么西哈努克市也是前往柬埔寨南部海岛的出发地，那里有一种荒岛漂流般的魅力在诱人前往。

景点

大多数日子的傍晚，会有3群经人工驯化的猴子聚集在2 Thnou St——Independence Hotel（见197页）周边的铁丝网围墙及背后——等待过路人扔给它们花生和香蕉。带着孩子的本地人经常停下脚步，让孩子们跟猴子嬉闹。

沃勒

佛教寺庙

（វត្តលើ, Wat Leu, Wat Chhnothean；见190页地图；Wat Leu Rd）沃勒位于市中心西北方向1.5公里处一个安静而葱郁的山顶，你能俯瞰几乎全城的风光和壮美的日落景色。从市中心出发，乘坐摩的从北侧上山，车费6000r，但司机可能想收取US$2。三轮摩的无法直接上去，必须绕行，因此要价US$5。

海滩

西哈努克市的海滩各有特色，几乎能满足所有人的需求。想寻找更加僻静的沙滩，利阿国家公园（Ream National Park，见206页）近在咫尺。

奥克提尔海滩

海滩

（ឆ្នេរអូរឈើទាល, Occheuteal Beach；见194页地图）奥克提尔海滩是目前西哈努克市最受欢迎的海滩。海滩的西北端有许多礁石，这里被称为情缘海滩（Serendipity Beach，见194页地图），上面有几家度假村酒吧兼餐厅，海浪离餐桌只有几米远。从码头左转，那里有一排沙滩酒吧，环绕着一片白色沙滩。白天这里有小贩、乞丐和摩托艇等发出的噪声让人不堪其扰。往前走，海滩的南部比较安静。

奥克提尔海滩上人很多，尤其是在周末，当地家庭都会来享受海滩时光。这里也经常垃圾遍地，尤其是沙滩酒吧区沿线。注意：从小棚子后面流出的脏水直接注入海里。沙滩南部据说将来要建一座类似索卡度假村那样的大型酒店，但目前这里还是空荡荡的。

★ 欧特斯海滩

海滩

（ឆ្នេរអូរត្រេះ, Otres Beach；见199页地图）从奥克提尔海滩的南端翻过小小的王宫山（Phnom Som Nak Sdach），就能看见绝美的欧特斯海滩。这里非常安静，木麻黄树林木成荫，绝不亚于泰国南部的沙滩。

虽然说欧特斯现在已经不再是曾经那个空旷的海滩了，但与西哈努克市其他海滩相比，这里的海水更干净、气氛更悠闲，你只要向南多走几步，肯定能找到属于你一个人的沙滩。

大规模开发商很有远见，欧特斯海滩现在已经决定规避大型建设项目，本区域目前DIY式开发正发展得如火如荼，建起了超过30座小型独立度假村和海滩平房住宿处，包括一些高端精品酒店。欧特斯分为3个区域：欧特斯1区（Otres 1，见199页地图）历史最久，也最繁忙；向南2公里就是更为安静的欧特斯2区（Otres 2，见199页地图），这里被板岩度假村开发项目所隔开了，现在称作“长滩”（Long Beach）；内陆地区则是悠闲的欧特斯村（Otres Village），将来会成为河口区。

欧特斯海滩在情缘海滩地区以南大约5公里处。乘坐摩的US$2（三轮摩的US$5）（晚上加钱）。自己走的话，要沿着海滩上往东南方向的路，避开山路，沿着一段柏油路往内陆方向走。从市中心出发，以Psar Leu为起点，沿着Omui St往东走5公里就到了。

索卡海滩

海滩

（ឆ្នេរសុខា, Sokha Beach；见190页地图）1.5公里长的索卡海滩位于独立海滩（Independence Beach）和情缘海滩之间，是西哈努克市最漂亮的海滩。脚踩在硅胶般半透明的沙子上，发出很大的吱嘎声。索卡海滩的东端对游客开

Sihanoukville 西哈努克市

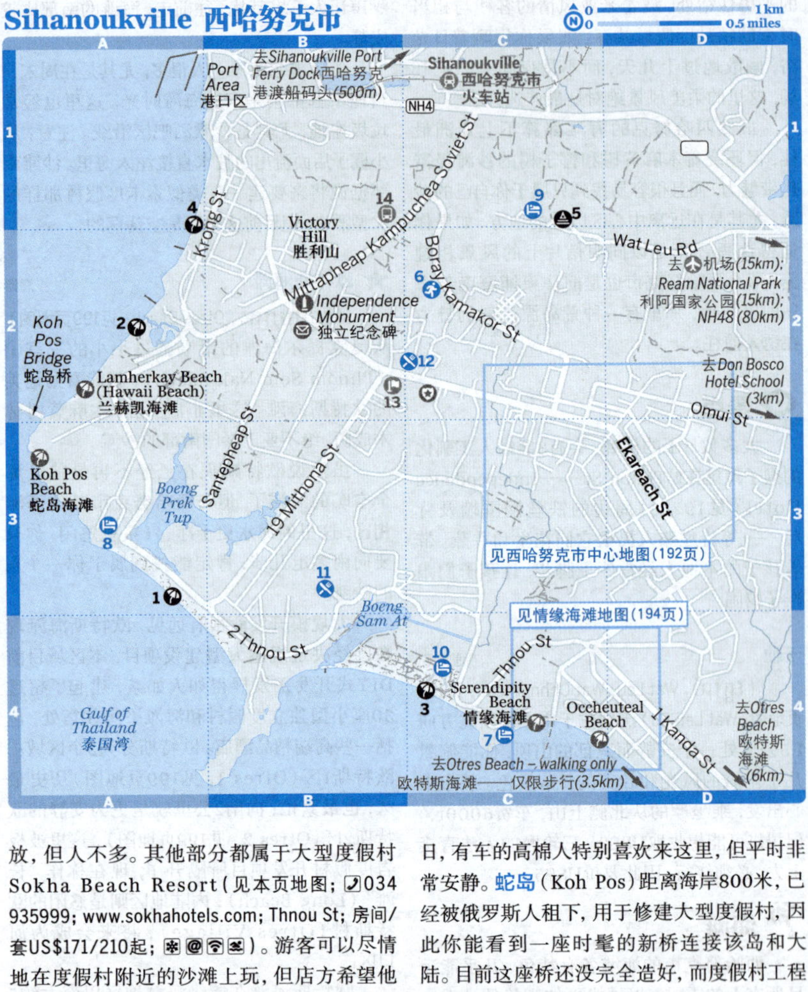

放，但人不多。其他部分都属于大型度假村Sokha Beach Resort（见本页地图；☎034 935999；www.sokhahotels.com；Thnou St；房间/套US$171/210起；❄@📶🏊）。游客可以尽情地在度假村附近的沙滩上玩，但店方希望他们能在店里消费。你甚至可以在度假村的游泳池里戏水（US$5）。

胜利海滩

海滩

（ឆ្នេរជ័យជំនះ，Victory Beach；见190页地图）因为即将建起的西哈努克港口，这里并不是镇上最好的海滩。不过这里依然非常干净，与世无争，适合家庭游客，有许多中档海滩饭馆。

兰赫凯海滩

海滩

（ឆ្នេរលម្ហែកាយ，Lamherkay Beach；见本页地图）兰赫凯海滩又名夏威夷海景海滩，位于胜利海滩西南方向约1.5公里处。周末和假日，有车的高棉人特别喜欢来这里，但平时非常安静。**蛇岛**（Koh Pos）距离海岸800米，已经被俄罗斯人租下，用于修建大型度假村，因此你能看到一座时髦的新桥连接该岛和大陆。目前这座桥还没完全造好，而度假村工程似乎也暂停了。

独立海滩

海滩

（ឆ្នេរឯករាជ្យ，Independence Beach；见本页地图）独立海滩（7-Chann Beach）在索卡海滩的西北方，沙滩上正大兴土木。唯一对公众开放的区域在独立酒店（这就是沙滩名字的由来）下方。

活动

Starfish Bakery & Café

按摩

（见192页地图；紧邻7 Makara St；每小时US$6~10；⏲7:00~18:00）女按摩师都是盲人

Sihanoukville 西哈努克市

或其他情况的残疾人，受过西式按摩理疗师的培训，可以做高棉式、泰式、精油、足部和印度式头部按摩。收入用于支持社会项目。

Relax 水疗

（见194页地图；☎085 352213；Serendipity Beach Rd；每小时US$10起；⏲10:00~21:30）高棉人经营。薰衣草精油、茉莉精油和足部按摩都受到客人的好评，此外还提供面部按摩、修脚和脱毛服务。

Seeing Hands Massage 3 按摩

（见192页地图；95 Ekareach St；每小时US$6；⏲8:00~21:00）有一些技巧高超的女性盲人按摩师，其中有几个会说英语。

Fitness Resort 健身房

（见190页地图；☎015 620534；www.fitness-sihanoukville.com；Boray Kamakor St；一日通/课程US$5/6；⏲周一至周六6:00~20:00，周日至正午）这间法国人开的综合性健身房中有一座巨大的户外健身房，还有免费减肥、健美操以及高棉拳和泰拳课程。

潜水和水上运动

Scuba Nation 潜水

（见194页地图；☎012 604680；www.divecambodia.com；Serendipity Beach Rd；2次潜水套餐US$85，PADIOW 水肺潜水学习US$445；⏲8:00~18:30）这里是西哈努克市经营历史最长的潜水运营机构，是一家PADI开办的五星级潜水中心，有一艘很舒适的船，可提供日间和船宿潜水之旅。

Dive Shop 潜水

（见194页地图；☎034 933664；www.diveshopcambodia.com；Serendipity Beach Rd；PADI水肺体验潜水US$95，1/2次潜水套餐US$65/80；⏲9:00~19:00）PADI开办的五星级潜水中心，提供协会的所有课程，也有潜水和船宿潜水活动。另外在龙桑洛恩岛（Koh Rong Sanloem）上也有一个潜水商店。

EcoSea Dive 潜水

（见194页地图；☎034 934631；www.ecoseadive.com；Serendipity Beach Rd；3次潜水套餐US$90；⏲9:00~19:00）提供PADI和SSI的课程，潜水的价格很有竞争力。

Hurricane Windsurfing 水上运动

（见199页地图；☎017 471604；sydney.victor@yahoo.fr；Queenco Palm Beach Resort，Otres 1；⏲9:00~18:30）出租桨板（每小时US$8）、帆板（每小时基本型US$10，高效能US$20）、海上皮划艇（每小时单人US$4，串座US$6）和浅水冲浪板（可尝试蹦极冲浪板）。欧特斯海滩上的冲浪季有时会从5月持续到10月，在这里也可租赁到冲浪板和浮板。

Blue Lagoon Kitesurf Centre 水上运动

（见199页地图；☎085 511145；Papa Pippo，Otres 1；1小时课程含设备US$50；⏲9:00~19:00）这家风筝冲浪中心可以出租设备，也经营有风筝冲浪课程和多日课程。地址位于欧特斯海滩，靠近Papa Pippo餐厅，也经营有乘船团队游，可前往4座岛屿（每人US$15，含早餐，午餐和浮潜）。

Sihanoukville City Centre
西哈努克市中心

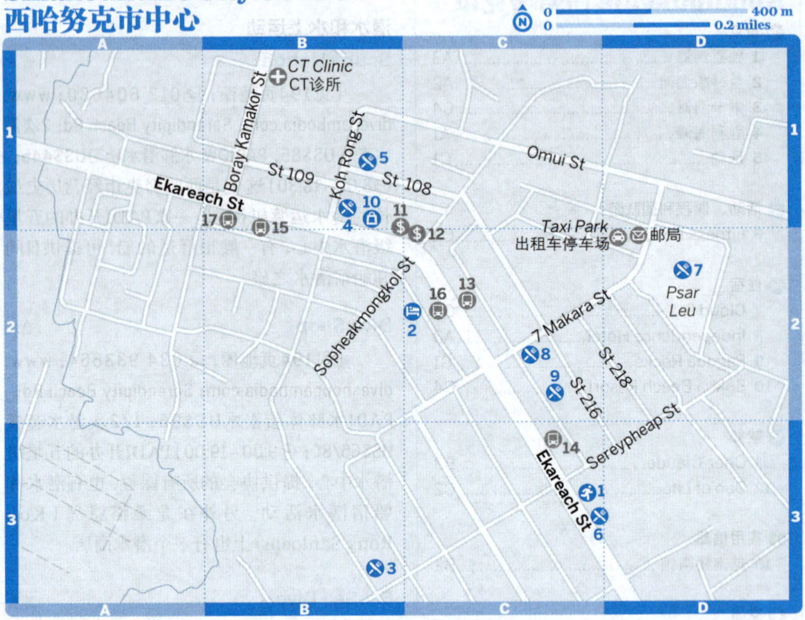

Sihanoukville City Centre 西哈努克市中心

活动、课程和团队游
1 Seeing Hands Massage 3 .... C3
Starfish Bakery & Café .... (见9)

住宿
2 Small Hotel C2

就餐
3 Cabbage Farm Restaurant B3
4 Espresso Kampuchea B1
5 Gelato Italiano B1
6 Holy Cow C3
7 Psar Leu D2
8 Samudera Supermarket C2
9 Starfish Bakery & Café C2

购物
10 Mr Heinz B1
Starfish .... (见9)

实用信息
11 澳新皇家银行 B1
12 加华银行 C2

交通
13 Capitol Tour C2
14 GST C3
15 Phnom Penh Sorya B1
16 Rith Mony C2
17 Virak Buntham B1

课程

Don Bosco Hotel 高棉菜肴烹饪课程 烹饪课程

（☎034 934478；www.donboscohotelschool.com/cooking；Don Bosco Hotel School，Ou Phram St；每人US$30）这里的烹饪课程提供有大量的机会，可以支持值得尊敬的Don Bosco Hotel School，也能学习到一些高棉菜肴制作技巧。内容包括逛一次菜市场和一次高档的三菜午餐（你会在帮助下自己动手），同时也可以参观酒店学校。课程一般是从周二、周四和周六的10:00~12:30。

团队游

去附近岛屿或利阿国家公园（每人US$20）的一日团队游最受欢迎。你还可以租条船，自己去那些岛上游玩——大多数旅行社和客栈都能安排船只。从奥克提尔海滩到Ko Ta Kiev岛，租船费用预算为US$50，去空罗细岛（Koh Russei）稍微便宜一点。从欧特斯海滩出发比较划算。

豪饮游船（Boozecruises）可为背包族提供快艇出租，这样你就可以在白天划船了。注意这里曾有事故发生（包括一艘船因为乘客超载而沉没），船上很少有足够的救生衣。签约之前，先将游船运营商的情况彻底核查清楚。溺水可会毁了水上游玩的好心情。

Eco-Trek Tours 探险游

（见194页地图；☎012 987073；www.ecotourscambodia.com；⊙8:00~22:00）这家旅行社经营备受推荐的乘船团队游，以及前往利阿国家公园的徒步之旅，另外也有环绕群岛的乘船之旅。

Suntours 乘船游

（☎016 396201；www.suntours-cambodia.com；每人US$30）提供高端岛屿巡游。日间巡游可前往龙桑洛恩岛，该项目备受好评，提供零食、自助式午餐、咖啡和茶，以及浮潜、皮划艇和钓鱼设备。

Liberty Ranch 骑马

（见199页地图；☎016 339774；www.libertyranch-sihanoukville.com；Otres Village；1/2/3小时小路骑行 US$25/45/60；⊙7:00~11:00和15:00~18:00）马背观光是探索西哈努克市周边宁静乡村的好办法。新手可以选择欧特斯海滩的小径，探索附近的小村庄，进阶骑手则可以选择更长的旅途，可向更远的山地进发。

Party Boat 乘船游

（见194页地图；www.thepartyboat.asia；Serendipity Beach Pier；每人US$25）Party Boat公司每日都有到龙桑洛恩岛的旅行团（9:30~17:00），费用包含零食、午餐、浮潜和一杯免费的饮品。另外也提供龙桑洛恩岛满月派对的往返运送服务，17:00从西哈努克出发，返回时间为次日8:00左右。

Stray Dogs of Asia 探险游

（见194页地图；☎017 810125；www.straydogasia.com；Mithona St；团队游US$100；⊙9:00~18:00）组织全天的越野摩托车团队游，沿途会经过西哈努克市周边的几个自然景点。

住宿

在西哈努克市，位置是住宿的关键，因为每个地区都有其特色，吸引着不同类型的客人。下面列出的是旺季（11月至次年3月）价格。6月至10月时房价下跌，尤其是情缘海滩和欧特斯海滩。但每逢高棉节假日，房价又暴涨。

情缘海滩和奥克提尔海滩

最大的背包族聚集地在情缘海滩路（Serendipity Beach Rd），这条路从情缘海滩爬坡而上，在**金狮环岛**（Golden Lions Roundabout；见194页地图；Ekareach St）连接了Ekareach St。一路上有许多便宜的住宿处和客栈。从这里向东南延伸的路上有像样的中档住宿处。

这里大多数住宿处都会受附近俱乐部深夜噪声的影响。稍稍向东去，那里的喧闹程度会极大减弱，不过睡眠浅的人可能还是要选择其他地方的住宿处。

★**Chochi Garden** 客栈 $

（见194页地图；☎070 865640；www.chochigarden.com；Serendipity Beach Rd；房间带电扇/空调US$15/25；）情缘海滩终于有了第一家精品背包客住宿处。意大利、日本夫妇Francesca和Taka在海滩的中心地带创造了一处最接近宁静绿洲的住宿处。前门外有一座酷炫的酒吧/餐厅，客房简洁，有些是棕榈树叶铺砌的屋顶，窗格子涂画得很漂亮，位于一座种满植物的花园里，园中有许多舒适的座椅区。

The Gypsies 客栈 $

（见194页地图；☎088 788 2100；www.the-gypsies.com；Serendipity Beach Rd；铺/房间US$7/25；）这家客栈就在情缘码头旁边一座可爱得就像一颗扣子的黄色建筑里。楼上是4间通风的客房，有浓郁的波希米亚风情，共享一个阳台，能眺望到下面的混乱街景。楼下的咖啡馆提供一些像样的食物，也有一个（狭小的）宿舍。

Serendipity 情缘海滩

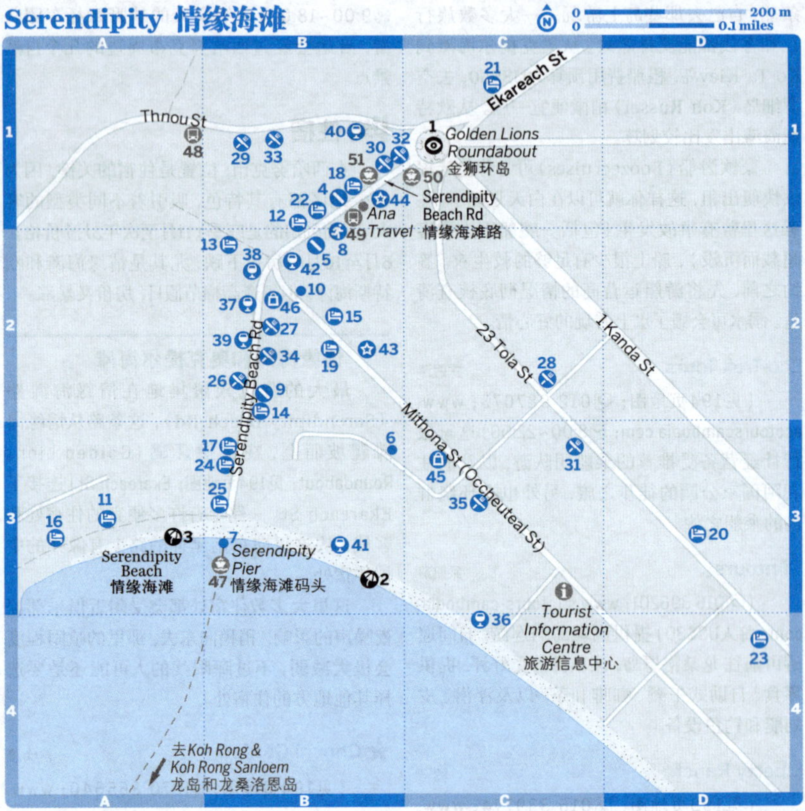

One Stop Hostel
青年旅舍 $

（见194页地图；☎096 339 0005；onestophostelshv@gmail.com；Golden Lions Roundabout；铺US$7；❄📶🏊）这里的宿舍铺位刚完成改造。其中的八床宿舍大量采用白色提花织物，床位上有独立的阅读灯和行李储存箱。房间环绕着一座全玻璃墙壁的庭院而建，院子中有一个小水池，风格时髦，而且不用花大价钱。

Monkey Republic
青年旅舍 $

（见194页地图；☎012 490290；http://monkeyrepublic.info；Serendipity Beach Rd；铺US$6，房间带电扇US$15~22，带空调US$18~30；❄@📶）这里自称是"背包客中心"，2013年经历大火后从灰烬中重生（没有人员伤亡）。提供像样的便捷宿舍铺位和价格适宜的简洁客房，建筑的正立面是一座黄色法属殖民地式外墙。酒吧兼餐厅一直很受年轻旅行者的欢迎。

Big Easy
青年旅舍 $

（见194页地图；☎081 943930；Serendipity Beach Rd；铺US$3，房间US$6~10；📶）这是传统的背包客住宿处，食物可口，其中还有一座气氛活跃的摇滚酒吧。房间是基本型，不过你很有可能将时间都花在酒吧中，那里氛围很棒，有时会有现场乐队演出和EPL游戏。

★ Ropanha Boutique Hotel
精品酒店 $$

（见194页地图；☎012 556654；www.ropanha-boutiquehotel.com；23 Tola St；房间含早餐US$45~55；❄📶🏊）适宜的价格是情缘海滩上的首选。客房环绕葱翠的庭院花园和游泳池而建，其中有平板电视和配套的DVD播放器，浴室中有淋浴。豪华房间里能看到泳池景色，大

Serendipity 情缘海滩

景点
1 金狮环岛 C1
2 奥克提尔海滩 B3
3 情缘海滩 A3

活动、课程和团队游
4 Dive Shop B1
5 EcoSea Dive B2
6 Eco-Trek Tours B3
7 Party Boat B3
8 Relax B2
9 Scuba Nation B2
10 Stray Dogs of Asia B2

住宿
11 Above Us Only Sky A3
12 Big Easy B1
13 Blue Sea Boutique Hotel B2
14 Chochi Garden B2
15 Coolabah Resort B2
16 Cove A3
17 Diamond Ocean Resort B3
18 Monkey Republic B1
19 Nice Beach Hotel B2
20 OC Hotel D3
21 One Stop Hostel C1
22 Reef Resort B1
23 Ropanha Boutique Hotel D4
24 Serendipity Beach Resort B3
25 The Gypsies B3

就餐
26 Cafe Mango B2
27 Invito B2
28 Leisure Cafe C2
29 Marco Polo B1
30 Mick & Craig's B1
31 Nyam C3
32 Olive & Olive B1
33 Sandan B1
34 So B2
35 Taj Mahal C3

饮品和夜生活
36 JJ's Playground C4
37 La Rhumerie B2
38 Led Zephyr B2
39 Maybe Later B2
40 Reggae Bar B1
41 Sessions B3
42 Utopia B2

娱乐
43 Galaxy Cinema B2
44 Top Cat Cinema B1

购物
45 Q&A C3
46 Tapang B2

交通
47 渡轮码头 B3
48 Giant Ibis A1
49 Kampot Tours & Travel B1
50 柬埔寨快速渡轮 C1
51 TBC Speed Boat B1

量采用白色装饰，而且得到了精心维护。

OC Hotel 酒店 $$

（见194页地图；☎034 933658；www.ochotel.asia；23 Tola St；房间含早餐US$49~86；❄📶🏊）同一处地址有两家OC酒店：可选择新建附楼中的时髦豪华房间，其中采用当代风格装饰，能看到泳池景色；或者选择老建筑中便宜一些的房间，其中有许多便利设施，但少些生机。可为住客提供到欧特斯海滩的免费接送服务。

Coolabah Resort 酒店 $$

（见194页地图；☎017 678218；www.coolabah-hotel.com；14 Mithona St；房间US$42~65；❄@📶🏊）Aussie经营的这家热门酒店因为有情缘海滩上最机灵的员工而备受赞誉。客房采用的都是古典风格装饰，中性化的色彩搭配时髦的艺术品，还有当代风格的浴室，而且大小各异，包括家庭房。其中的酒吧是情缘海滩上坐下来喝杯啤酒最悠闲的地方之一。

Reef Resort 酒店 $$

（见194页地图；☎034 934281；www.reefresort.com.kh；Serendipity Beach Rd；含早餐双US$30~40，家US$55~60；❄📶🏊）在我们上次造访小镇时，这家酒店热情的新店主已

经将这里改造成了现代地中海式风格。这里是情缘海滩上第一家高档酒店，客房宽敞、家庭房设施齐全，还有一个12.5米的游泳池，仍然是明智之选。

Cloud 9 平房 $$

（见190页地图；☎098 215166；www.cloud9bungalows.com；Serendipity Beach；平房US$40~100；）情缘海滩上开业年头最短的旅馆，但很不错，不仅仅因为它距离夜店聚集的地方最远，店内的热带风情酒吧也很宜人。我们真的很喜欢这里高棉风格的乡土风味木头平房，其中带电扇和海景阳台。

Cove 平房 $$

（见194页地图；☎034 638 0296；www.thecovebeach.com；Serendipity Beach；房间带空调US$29起，平房US$40起；）这里的一系列平房坐落在山腰上。大多数都面朝大海，且配备有阳台和吊床。注意这里的平房都靠得很近，所以隐私性不是太好。往山上走的一座混凝土建筑中也有一排房间。

Blue Sea Boutique Hotel 酒店 $$

（见194页地图；☎034 933999；www.blueseaboutique.com；Serendipity Beach Rd；房间含早餐US$60~80；）这里的平房都坐落在一片带游泳池的葱郁花园中。房间都采用亚洲风格的装饰，有许多便利设施（包括水壶和浴室用品），大一些的很适合家庭游客。

Nice Beach Hotel 酒店 $$

（见194页地图；☎034 659 4999；www.nicebeach-hotel.com；14 Mithona St；房间含早餐US$25~35；）这座柬埔寨别墅风格的酒店物超所值，所有房间都提供威力强劲的空调、冰箱和有线电视（真的能使用）。可找个前排的房间，里面有漂亮的浴室和阳台。

Diamond Ocean Resort 酒店 $$

（见194页地图；☎034 683 3999；www.diamondoceanresort.com；Serendipity Beach Rd；房间含早餐US$55~75；）这家新建酒店外立面看上去是无甚特色的商务风格，其中为那些离不开现代设施的游客提供许多额外的必需品。大房间里采用精致的高棉艺术装饰，而且配备有当代风格的浴室。

Serendipity Beach Resort 酒店 $$

（见194页地图；☎034 938888；www.serendipitybeachresort.com；Serendipity Beach Rd；房间US$45~75；）忘了这里丑小鸭般的外立面吧，里面等待你的可是情缘海滩上的天鹅。鉴于这里的房间有令人印象深刻的尺寸和风格，这里的价格超值。巨大的游泳池经常会有一部分掩盖在树荫下。

Above Us Only Sky 平房 $$$

（见194页地图；☎089 822318；www.aboveusonlysky.net；Serendipity Beach Rd；平房US$80~100；）这里的平房都是迷人的极简主义风格，内部采用的是瓷砖地板，透过玻璃门能最大限度地饱览海景。你很有可能将大部分时间都花在舒适阳台上的舒适藤椅中，饱览风景。酒吧餐厅位于海岸边的岩石之上，实在是一处瑰宝。

市中心和周边

因为便宜且远离旅游中心，Ekareach St以北的残破地带，便是市中心。这里深受长期居住者的欢迎，大多数银行和商业店铺也在此，西哈努克市的主要市场也分布在这里。

胜利山[Victory Hill；气象台山（Weather Station Hill），又称“大山”（The Hill）]一度是背包客天堂，人气高出胜利海滩许多。主要道路现在相当肮脏，早已不是从前嬉皮迷幻的氛围，但一家由当地人经营的客栈是理想之选，这也是当地历史最悠久的一家。

独立海滩和索卡海滩上的黄金地段都被高端度假村占领了。

Small Hotel 酒店 $

（见192页地图；☎034 630 6161；www.thesmallhotel.info；标单/双US$17/25；）老板是一对瑞典-高棉夫妇，所以这个客栈跟北欧雪夜中的火炉一样温馨。11间客房不如大堂那么有特点，但干净，还有热水、冰箱和电视。

Don Bosco Hotel School 酒店 $$

（☎034 934478；www.donboscohotelschool.

com; Ou Phram St; 标单US$35，双US$40~65; ⊖❄📶≋）这家优秀的培训酒店能为家境贫穷的青少年提供帮助。全部客房都有三星级的装潢，价格超值。这里有一个游泳池、一个健身房和一间意大利餐厅。地点并不太好，但是价钱极大地弥补了这一劣势。从市中心出发到欧特斯海滩游玩途中，能从Omui St看到显眼的标志。

Pagoda Rocks 精品酒店 $$

（见190页地图；☎077 524275; www.pagodarocks.com; Wat Leu地区；双/家US$60/105; ❄📶≋）如果要住在远离海滩的住处，那么不妨选个令人回味的酒店。Pagoda Rocks有一家时髦的餐厅，一座令人欣喜的无边际海景游泳池，能看到港口景色，还有时髦的小屋。不幸的是，如果不是自驾车，到达这里是个难题；三轮摩的单程需要US$5，告诉司机你要求去"沃勒"（Wat Leu）。

Independence Hotel 酒店 $$$

（见190页地图；☎034 934300; www.independencehotel.net; 2 Thnou St; 双/套US$130/155起; ❄@📶≋）这个7层楼的旅馆于1963年开业，但现在看起来仍非常气派，带有它鼎盛时期的感觉。经过多年的荒弃之后，它于2007年重新营业。客房是新鲜的当代风格，能看到全景的海景，或者是陆地花园。还有几栋平房俯瞰着海面。可乘坐电梯到达私人海滩。

欧特斯海滩（Otres Beach）

绝妙的欧特斯小海滩是西哈努克市慵懒的海滩殖民地，这里的海滩沿线有大量的平房、客栈和时髦的精品度假村。海滩分为两个部分，以一条2.5公里长的空旷海滩分隔开。欧特斯1区上汇聚了绝大多数的住宿处，偏南的2区更安静，那里多是精品度假村。内陆的欧特斯村河口有许多悠闲的地方。

★ **Wish You Were Here** 青年旅舍 $

（见199页地图；☎097 241 5884; http://wishotres.com; Otres 1; 铺US$6，房间US$14~16，平房US$18; ⊖📶）这座摇摇晃晃的木质建筑是欧特斯最时髦的住宿处之一。房间虽简洁，但楼上的阳台极力鼓励人们来放松放松，楼下的酒吧兼餐厅色调清爽、员工友好，所以氛围极好。

即便不在这里入住，也可以停下来，进来品尝一下Aussie的肉饼（US$4.50~7）或油炸玉米粉饼（US$3~4.50）。

Otres Orchid 平房 $

（见199页地图；☎034 633 8484; www.otresorchid.com; Otres 1; 平房带电扇/空调US$20/35; ❄📶）Orchid提供的简洁平房价格合理，物超所值，地址在一座花园中，走两步就能到达海滩。只有风扇的平房比带空调的更具特色，而且还有绑着吊床的阳台。

Sea Garden 平房 $

（见199页地图；☎096 253 8131; www.seagardenotres.com; Otres1; 铺US$5，房间US$15~20; 📶）想在海滩上找便宜的平房住宿处，到这里就够了。提供基本型的海滩小屋以及吊脚楼客房，都在海滩上。新店主把一切都维持得很整洁，上次我们造访时，这里正在建造一座宽敞的宿舍。

Castaways 平房 $

（见199页地图；☎012 998492; Otres2; 平房US$15~25）只有5间木地板的平房，位于沙滩上，因墙壁上的壁画而分外亮丽。还有更贵一些的套房选择。对于那些想好好休整一下的游客来说，这里是个安静的住宿处。

Hacienda 青年旅舍 $

（见199页地图；☎070 814643; Otres Village; 铺US$4，房间US$8~15; 📶）这里是欧特斯河口上一处悠闲的背包客住宿处，其中有便宜的宿舍铺位，以及基本型平房。旅舍中还有一座很受欢迎的酒吧兼餐厅，经常会举办派对。

★ **Mushroom Point** 平房 $$

（见199页地图；☎078 509079; www.mushroompoint.com; Otres1; 铺US$8，平房US$25~30; 📶）是一个蘑菇形的露天宿舍楼——这个设计为它赢得柬埔寨最有创意奖。即使最不喜欢群居的人也会对一直垂到床脚的蚊帐（床上能睡2人）感到满意。蘑菇形状的平房设计得很漂亮，配有户外吊床，可供休闲。海滩上的附属建筑里还有更多的平

房和一家酒吧。

Elephant Garden 度假村 $$

(见199页地图；☎034 659 0222；www.elephant-garden.com；Otres2；平房US$35~50，家US$60；❄📶)这家私密的度假村位于沙滩上一处安静的地方，绿荫露台上放满了垫子。可在高棉式吊脚楼中的床上睡觉，或者也可以选择整洁的棕榈树叶做屋顶的平房。不同等级的家庭套房很适合带小孩的旅游者。

Otres Lodge 平房 $$

(见199页地图；☎070 857391；www.otreslodge.com；Otres1；平房带电扇/空调US$45/55；❄📶🏊)这里有宽敞的茅草屋顶木头平房，位于一座开满鲜花的花园中。如果你太懒，不想过马路去海滩，门前就有一座小泳池。附设的餐厅因其汉堡包而闻名。

Papa Pippo 平房 $$

(见199页地图；☎010 359725；www.papapippo.com；Otres1；平房US$30~35)这里很舒适，而且在相当古典的海滩平房边，可以享受到脚踩沙子的乐趣。透过玻璃门可以最大限度地饱览海景，里面的涂漆木门以及瓷砖地板增添了一丝个性色彩。

Mama Clare's 平房 $$

(见199页地图；☎097 690 2914；www.mamaclares.com；Otres Village；平房US$30~35；📶)在欧特斯河岸上的这处温馨住宿处中，可以享受宁静的休整时光。木板茅草吊脚平房是很好的乡村避世处，素食主义者(US$4至$5)可以一起用餐。

Ren 度假村 $$$

(见199页地图；☎078 539999；www.ren-resort.com；Otres 2；房间含早餐US$95~107；🍴❄📶🏊)这里的24间时髦客房围绕着一座迷人的游泳池而建，周围都是茂密的植物，采用的都是超级时髦的极简主义风格装饰，还带有世纪中叶的现代色彩。其中的3个房间配有相当奢华的户外浴室，其余的则配有阳台，能直接通往泳池——对于那些一醒来就想游泳的游客来说，这里是极佳选择。

Secret Garden 度假村 $$$

(见199页地图；☎097 649 5131；www.

越战的最后一役

血腥的越南战争最后一场战役发生在西哈努克市的海岸上。

1975年5月12日，即西贡(今胡志明市)沦陷两周后，红色高棉的武装力量利用俘获的美国制Swift快艇，截住了从香港开往泰国的美国商船“马亚圭斯号”(SS Mayagüez；得名于波多黎各的一个城市)。商船在西哈努克市西南50公里处一个叫Koh Tang的小岛(现在它成了一个著名的潜水胜地)抛锚，39名船员被带到西哈努克市。

为了表明对这种“海盗行径”的坚决反对，杰拉尔德·福特(Gerald Ford)总统要求红色高棉释放商船和全体船员。海军战机从美国航空母舰“珊瑚海”号(Coral Sea)起飞，轰炸了西哈努克市炼油厂和利阿空军基地(Ream airbase)，而美国海军陆战队也为自1826年以来的首次军事打击行动做好了准备。

5月15日，海军陆战队像海盗似的气势汹汹地登上“马亚圭斯号”，但发现船上空无一人。与此同时，海军陆战队作战小组空降到Koh Tang。美军本以为越南军队只会稍作抵抗，但没想到遇到了顽强的反击(越南也宣称对该岛有所属权)。突袭过程中，大部分美国直升机被摧毁，15名美国人丧生。

美国人不知道的是，5月15日一大早，红色高棉就把“马亚圭斯号”的船员放在了一艘泰国渔船上，让船自由漂走。但直到Koh Tang突袭行动开始，他们才被美国军舰发现。从小岛撤退的过程十分慌乱，3名海军陆战队员竟然被落下了。据说他们三人后来被红色高棉处死了。

华盛顿的越战纪念碑上按照时间顺序刻着美国战争中的死亡者名单，因此“马亚圭斯号事件”中丧生的海军陆战队员的名字被刻在了最后一块石板的底部。

Otres Beach 欧特斯海滩

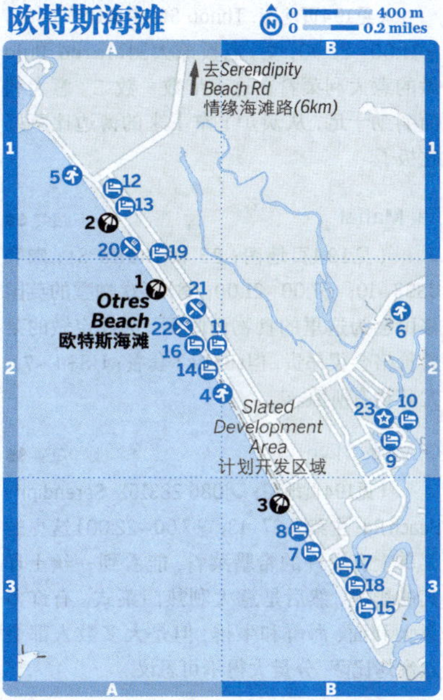

secretgardenotres.com；Otres 2；平房含早餐US$119起；）这里是欧特斯第一家高档精品度假村，也是迄今为止最好的一家。可爱的平房坐落在一座精心打理的花园中，还配备了游泳池，房间里采用的是明亮活泼的装饰，马路对面海滩旁边的酒吧兼餐厅可谓是晒着太阳休闲放松的天堂。

Tamu 精品酒店 **$$$**

（见199页地图；☎088 901 7451；www.tamucambodia.com；Otres 2；房间含早餐US$110~170；）这家非常具有当代特色的精品酒店有各种简洁时尚的客房，中间庭院有游泳池。泳池畔的房间中有巴厘岛风格的户外浴室。此外还有一间热门海滨餐厅，对所有游客开放。

就餐

如果你吃面条已经吃腻了，那么西哈努克市的各国美食应该正好能满足你的需求，菜单上能看到油炸玉米粉饼、汉堡包、土耳其烤肉，以及大量的比萨和意大利面。情缘海滩地区汇聚了绝大多数的就餐选择，不过商业中心里也有几个令你喜出望外的餐厅。欧特斯是在海滩浪漫就餐的最佳选择。

Otres Beach 欧特斯海滩

重要景点

1 欧特斯海滩 A2

景点

2 欧特斯1区 A1
3 欧特斯2区 B3

活动、课程和团队游

4 Blue Lagoon Kitesurf Centre B2
5 Hurricane Windsurfing A1
6 Liberty Ranch B2

住宿

7 Castaways B3
8 Elephant Garden B3
9 Hacienda B2
10 Mama Clare's B2
11 Mushroom Point A2
12 Otres Lodge A1
13 Otres Orchid A1
14 Papa Pippo A2
15 Ren B3
16 Sea Garden A2
17 Secret Garden B3
18 Tamu B3
19 Wish You Were Here A1

就餐

20 Chez Paou A1
21 Mom's Kitchen A2
Mushroom Point .... (见11)
Papa Pippo .... (见14)
22 Shin A2

娱乐

23 欧特斯市场 B2

情缘海滩和奥克提尔海滩

追求浪漫，可以去情缘海滩的水上度假村餐厅。往内陆方向走两个街区，Tola St正在被打造成餐饮街，晚上有大量烧烤摊。

★ Nyam 柬埔寨菜 **$**

（见194页地图；www.nyamsihanoukville.com；23 Tola St；主菜US$2~4.25；⊙17:00~22:00；）这里的名字在高棉语中意思是"吃"，是体验当代柬埔寨晚餐的好去处。这里汇聚了

所有热门菜肴，如蕉叶包烤鱼（amok），同时也有一些健康海鲜食物，体现出其海滨的位置优势。

Cafe Mango

意大利菜 $

（见194页地图；Serendipity St；主菜US$3~6；⏲7:00~22:00；📶）这家出色的意大利小咖啡馆中有炭烤比萨，自制意大利面和美味汤团。午餐或18:30之前就餐，主菜搭配蒜蓉面包或橄榄油浸意大利烤面包，再加一杯饮料只需US$5。

Leisure Cafe

咖啡馆 $

（见194页地图；23 Tola St；主菜US$1.50~3.50；⏲7:00~21:00；📶）这家当代风格的咖啡馆位于Golden Sands Hotel酒店。配备有涡轮冷气机，是躲避热浪的绝佳选择，可以品尝创意咖啡和New Zealand Natural冰激凌。

★ Sandan

柬埔寨菜 $$

（见194页地图；2 Thnou St；主菜US$4~10；⏲周一至周六7:00~21:00；📶👪）🍃这家绝赞的餐厅有些模仿金边热门的餐厅Romdeng（见64页）。这是当地非政府组织M' lop Tapang经营的对柬埔寨高危人群进行的假日培训项目的延伸。菜单中有一些特色创意柬埔寨菜肴，针对的是比较高端的客户。店内有儿童游乐区，有时还有文化展示。

Invito

亚洲风味 $$

（见194页地图；Serendipity Beach Rd；主菜US$4.50~10.50；⏲10:00~22:00；📶）这里厨房提供的泰国和高棉菜肴在情缘海滩路上是最好的。可以挥霍一把，尝试芒果酱汁三文鱼（nium tresalmon），或者选择泰国咖喱或是烤鱼。如果不喜欢亚洲食物，这里也有大量的意大利面和肉食，例如肋眼牛排。

So

各国风味 $$

（见194页地图；Serendipity Beach Rd；主菜US$4~10；⏲8:00~22:00；📶）出名之处在于供应情缘海滩最好吃的美食，但烛光晚餐、丰富的菜单和表演手艺的大厨更对你的心思。特色菜包括芥末龙虾、红酒烤扇贝，17:00至18:30去用晚餐的食客，两个人两道菜只需要花US$5。

Marco Polo

意大利菜 $$

（见194页地图；Thnou St；主菜US$3~8；⏲11:00~22:00；📶）老板兼大厨Marco Polo做的意大利菜肴在这一带数一数二。意大利面嚼劲十足，从炭炉上拿下来的薄边比萨好吃极了。

Taj Mahal

印度菜 $$

（见194页地图；23 Mithana St；咖喱US$3~10；⏲7:00~21:00；📶）喜欢咖喱的英国移民会为这里的食物而倾倒。选择定做的菜肴价格会很昂贵，但thalis（套餐；US$4~7）尤其物有所值。

Olive & Olive

地中海菜 $$

（见194页地图；☎086 283151；Serendipity Beach Rd；主菜US$7~13；⏲7:00~22:00）这里的菜单上有少许的希腊菜肴，能看到一丝土耳其的影响，然后是意大利热门菜式。有许多意大利面、海鲜和牛排，但是大多数人都会点炭烤比萨，分量大得不可思议。

Mick & Craig's

各国风味 $$

（见194页地图；www.mickandcraigs.com；Serendipity Beach Rd；主菜US$4~7；⏲7:00~22:00；📶）这家历史悠久的客栈兼餐厅里有来自世界各地的经典美味菜肴。印度套餐只要US$6，周四和周五的烤肉之夜有排骨，周三夜晚有牛肉黑啤派。

市中心及周边

Psau Leu（见192页地图；7 Makara St；⏲7:00~21:00）市场内和市场周边的小食摊是西哈努克市价格最便宜的。摊位就在街对面、开往贡布的出租车站旁边，24小时营业。

Dao of Life

素食 $

（见190页地图；Ekareach St；主菜US$3.50~6；⏲周二至周日正午至21:00；📶✍）🍃这家位于屋顶的咖啡馆中配备的全是吊床和循环利用的家具，提供美味的创意素食餐点。蔬菜汉堡包（甘薯和黑豆制作）尤其出色，或者可以大口品尝健康食品，例如特色西葫芦意大利扁面条。每周三有电影之夜，还会定期举办当地社区参与的社交项目。

Starfish Bakery & Café

咖啡馆 $

（见192页地图；www.starfishcambodia.org；紧邻7 Makara St；三明治US$2.50~4.50；7:00~18:00；）这个轻松的，由非政府组织经营的花园咖啡馆专营分量充足的西式早餐，烤蛋糕和果馅饼，墨西哥/中东风味的健康三明治。坐下来到绿荫露台上喝杯咖啡，于西哈努克市的喧嚣中享受一份宁静。收入用于支持可持续发展项目。

Espresso Kampuchea

咖啡馆 $

（见192页地图；Boray Kamakor St；主菜US$2~4；8:00~17:00）这里隐藏在西哈努克市中心一条平淡无奇的小街上，但是忠实的咖啡爱好者绝对会不虚此行。店里的咖啡是店主Sophal亲自从老挝寻来的，提供双倍浓缩的卡布奇诺和意式浓缩咖啡。另外也有少量的长棍面包和炒面。

Cabbage Farm Restaurant

柬埔寨菜 $

（见192页地图；主菜 小/大8000r/15,000r；11:00~22:00）当地人称这家餐厅为Chom Ka Spey，这里的海鲜和辛辣调料都令人赞不绝口。在这里可以体验地道的高棉食物。Sereypheap St上有英文标牌指路。

Gelato Italiano

冰激凌 $

（见192页地图；St 108；冰激凌每勺 US$1；8:00~21:00；）这家咖啡馆由Don Bosco Hotel School（见196页）的毕业生经营，专门制作意式冰激凌，口味之多令人眼花缭乱，此外也提供多种咖啡和简餐。环境通风敞亮。

Samudera Supermarket

超市 $

（见192页地图；64 7 Makara St；6:00~22:00）提供大量的水果、蔬菜和进口品牌食物，包括欧洲奶酪和葡萄酒。

Chez Claude

法国菜 $$

（见190页地图；www.claudecambodge.com；2 Thnou St北面；主菜US$5~15；7:00~23:00；）木屋位于高处，能俯瞰整个索卡海滩。两个老板分别名叫Dou Dou和Claude。法国、越南和柬埔寨食物都很美味，海鲜尤其好吃。日落时分前去，可以看到西哈努克市被灯光点亮闪闪烁烁的场景。乘坐轨道缆车上来。该店目前停业，去之前请先询问确认。

Holy Cow

国际风味 $$

（见192页地图；83 Ekareach St；主菜US$2.50~7；8:30~23:00；）这家时髦的咖啡馆兼餐厅除了分量充足的爽心食物，如意大利面、汉堡包和肉馅土豆泥，也提供奶油奶酪百吉饼、自制面包三明治和大量的素食菜肴。套餐包括两道素食甜点，都是巧克力制作的。

欧特斯海滩

Mom' s Kitchen

柬埔寨菜 $

（见199页地图；Otres 1；主菜US$1.50~2.50；8:00~19:00）在这家餐厅的街边座席找个座位，细细品尝便宜又美味的米饭和面条，都是由背后小店的女厨师制作。没有花哨噱头，只有新鲜美味的高棉家常菜肴。

★Chez Paou

各国风味 $$

（见199页地图；Otres 1；主菜US$5~8，高棉特色菜US$15~22；7:00~22:00；）这里提供欧特斯海岸风格的精致膳食，地址就在海滩上。菜单上有大量的牛排、意大利面和汉堡包，不过让这里脱颖而出的还是高棉特色菜（要预约），例如，小火烹饪的新鲜贡布胡椒魔鬼鱼、茴香酒浇龙虾，以及两种不同口味的螃蟹。

Mushroom Point

各国风味 $$

（见199页地图；Otres 1；主菜$3.50~12；8:00~22:00）这里提供城里最好的早餐，包括自制芒果酱长棍面包和牛奶什锦。晚些时候提供的比萨（搭配原创组合馅料）和烤海鲜拼盘赢得了游客的好评。有大量出色的葡萄酒可供选择。

Papa Pippo

意大利菜 $

（见199页地图；www.papapippo.com；Otres 1；US$5~7；9:00~21:30；）这家餐厅位于海边，为欧特斯带来了意大利风味。自制的意大利面是海滩上最好的，菜单上还有许多艾米利亚-罗马涅（Emelia-Romagna）地区（那里也正是店主的故乡）特色菜。

Shin 日本菜 $$

（见199页地图；Otres 1；主菜US$6~9；⏲9:00至次日4:00）这家餐厅位于海边，可以一边享受沙子在脚趾间流动的乐趣，一边品尝鸡尾酒和新鲜寿司。深夜之后这里会转变为酒吧，如果想在欧特斯寻找深夜饮酒处，来这里就对了。

饮品和夜生活

吴哥啤酒（Angkor Beer）在这里随处可见，瓶装的仅售US$0.50。情缘海滩路上的许多客栈中还附设有一些热闹的酒吧，包括Monkey Republic（见194页；欢乐时光18:00~21:00）、Big Easy（见194页；赛事和现场音乐）和**Utopia**（见194页地图；Serendipity Beach Rd和Mithona St交叉路口；⏲24小时），这里经常会有US$0.25的啤酒促销价，是的，就相当于US$5可以喝到20杯啤酒。

奥克提尔海滩上小酒吧林立，不过这里似乎吸引了大量的性游客，所以女性游客可能会觉得这片区域太过肮脏。酒吧兼餐厅Above Us Only Sky（见196页）和情缘海滩上的其他度假村氛围更悠闲。紧邻海滩的Coolabah Resort（见195页）和Chochi Garden（见193页）中的酒吧氛围也很友好。

情缘海滩路最高处的金狮子广场（Golden Lions Plaza）酒吧区有许多舞女，气氛并不太好。几家经营时间很长的酒吧仍然是胜利山的几家舞女酒吧，不过总体印象并非情缘海滩的悠闲氛围。想在日落时分一边悠闲饮酒，一边体会沙子在脚趾间流动的魅力，欧特斯海滩是最合适的地方。

La Rhumerie 酒吧

（见194页地图；Serendipity Beach Rd；⏲18:00至次日2:00）在这里找个酒吧椅，一边欣赏萨尔萨音乐，一边品尝美味的朗姆酒，里面有贡布胡椒和生姜等各种佐料。我们不太喜欢这里奇怪的蓝色背景灯，但很喜欢咖啡朗姆酒。不喜欢朗姆酒？这里的鸡尾酒也还行。

Maybe Later 酒吧

（见194页地图；Serendipity Beach Rd；⏲17:00至次日2:00）这家热门的小墨西哥快餐馆到了深夜就会变成酒吧，也有为那些喜欢小口细品而非大口狂喝的人士准备顶级玛格丽塔酒和精选龙舌兰酒。这是一个可供逃离海滩狂欢景象的优雅之地。

Led Zephyr 酒吧

（见194页地图；Serendipity Beach Rd；⏲7:00至午夜）西哈努克市最早有现场音乐演奏的地方。大多数夜晚驻场乐队（有时是朋友）都会在这里演唱摇滚音乐，也有许多20世纪60年代至80年代的圣歌，也会额外点缀一些红辣椒乐队（Chili Peppers）的歌。

Sessions 酒吧

（见194页地图；Occheuteal Beach；⏲17:00至次日1:00）各种音乐使这家酒吧成为奥克提尔海滩上首屈一指的酒吧，来这儿看日落的客人很多。外国侨民和背包族在店里一直待到晚上，然后酷爱聚会的人起身转战深夜活动场所。

JJ's Playground 海滨酒吧

（见194页地图；Occheuteal Beach；⏲18:00至次日6:00）已经成为深夜放纵者的必来之地了。这里的氛围正如他们的口号所宣称的那样："让我们尽情痛饮。"可以想见，有小杯拼酒的人，有喧闹的高科技舞曲，一两次烟火表演，还有各种热闹景象。别说我们没提醒你注意这里的厕所哦。

Reggae Bar 酒吧

（见194页地图；Thnou St；⏲17:00至次日1:00）我们很久没有看到墙上有这么多马利（Marley）的唱片了（店主Dell是个狂热的收藏家），顾客也用适宜的方式努力表达着自己的敬意。

☆ 娱乐

欧特斯市场 现场音乐

（Otres Market；见199页地图；www.otresmarket.com；Otres Village；⏲11月至次年4月周六正午至21:00）这座木头小屋被称为"谷仓"，位于欧特斯村的河口处，每到旺季的周六就会成为现场音乐演奏地。从16:00左右开始，就会有供应商提供食物，也有手工艺品小摊，与此同时还有DJ和乐队表演。可查看这

里的特别活动——以前这里曾经主办过Cambodian Space Project等当地顶级乐队的演出。

Top Cat Cinema 电影院

(见194页地图;☎012 790630;Serendipity Beach Rd;票US$3.50;⏰11:00至次日3:00)这个电影院用8米高的放映屏幕(观众需至少6人)和超大平板电视(小团队观众)播放电影。有舒适的靠背椅和强劲的空调。

Galaxy Cinema 电影院

(见194页地图;☎017 721677;Mithona St;票US$3;⏰11:00至次日1:00)通常19:00开演,你也可以把影片借出来看。

购物

时尚的餐馆Holy Cow(见201页)楼上出售时装。

Tapang 手工艺品

(见194页地图;www.mloptapang.org;Serendipity Beach Rd;⏰10:00~20:00)由当地一家非政府组织经营,帮助衣食不周的儿童。出售高品质的箱包、围巾和T恤衫,制作者是街头流浪儿童(及其家人),这样一来,他们不必在海滩上叫卖也能挣得学费了。

Starfish 手工艺品

(见192页地图;wwww.starfishcambodia.org;紧邻7 Makara St;⏰7:00~18:00)在同名面包房内,出售丝绸和其他礼品。利润用于为当地贫困家庭提供可持续收入。

Q&A 书籍

(见194页地图;Mithona St;⏰7:30~19:30)这家热情的二手书店在奥克提尔海滩后面,出售20多种语言写成的8000多本书,店内还有一家小咖啡馆。

Mr Heinz 书籍

(见192页地图;219 Ekareach St;⏰9:00~18:00)有几千本书,涉及57个种类。虽然不是十分确定,但至少有10种语言。

实用信息

绝大多数客栈和酒店都有免费Wi-Fi提供,大部分咖啡馆、餐厅和酒吧也有。情缘海滩路和Ekareach St上也提供公共上网终端。

西哈努克市的银行都在市中心的Ekareach St沿线,也有自动柜员机。情缘海滩路上也有许多自动柜员机,欧特斯海滩上的欧特斯1区也有

从西哈努克市出发的长途汽车

目的地	行程(小时)	价格(US$)	运营公司	班次
曼谷	14	28	Rith Mony, Virak Buntham(过夜)	8:15、9:15、19:00
马德望	12	17	Capitol Tour, Rith Mony, Virak Buntham(过夜)	7:00~14:15有7班、19:00
贡布(小客车)	2	5~6	Champa Mekong Travel(通过Ana Travel订票), Kampot Tours & Travel	7:30、11:30、13:30、15:30
白马(小客车)	2.25	7~8	Champa Mekong Travel(通过Ana Travel订票), Kampot Tours & Travel	7:30、11:30、13:30、15:30
戈公	4.5	8	Rith Mony, Virak Buntham	7:45~14:45有6班
金边	4.5	5~11	Capitol Tour, Giant Ibis, GST, Phnom Penh Sorya, Rith Mony	7:00~14:30定点发车
金边(小客车)	4	10	Virak Buntham	7:45~14:25有6班
暹粒	12	13~17	GST, Rith Mony, Virak Buntham(过夜)	7:00~12:30有6班、20:00

回扣之罪，疏于管理之罪

在西哈努克市的长途汽车站，只有官方组织“motodup协会”（motodup意即“垄断”）的会员才允许接刚到达的游客，接站的司机必须出示他客人的名字。结果是，你要想乘坐当地车辆继续前往其他目的地，就不得不接受过高的价格。讲价一般也没用，如果你不接受固定报价（去海滩大约8000r），别人也不会接你的活儿。你可以试试往街上走，但汽车站附近车辆很少。要摆脱该协会按顺序指派给你的司机也很难。拉私活的司机和会员司机之间的矛盾越来越深。最适合带着大行李的游客的三轮摩的同样如此。开往情缘海滩地区三轮摩的的固定报价是US$6。

有些客栈给司机US$2，让他们给自己多拉些客人。有些客栈甚至给司机更多钱，如US$4或US$5。所以游客刚一到站，就会马上被一大群各说各话的摩的车司机团团围住。如果你要去的旅馆不曾给他们回扣，他们就会说那个旅馆已经关门了、水源受到污染或是“住满妓女”之类的谎言。

两处。

Ana Travel（见194页地图；☎034 933929；Serendipity Beach Rd；⏲8:00~22:00）当日办理柬埔寨签证延期以及越南签证。

澳新皇家银行（ANZ Royal Bank；见192页地图；215 Ekareach St；⏲周一至周五8:00~15:30，周六至11:30，自动柜员机24小时）

加华银行（Canadia Bank；见192页地图；197 Ekareach St；⏲周一至周五8:00~15:30，周六至11:30，自动柜员机24小时）

CT诊所（CT Clinic；见192页地图；☎081 886666，034 936666；47 Boray Kamakor St；⏲急诊 24小时）城里最好的医疗诊所。可注射狂犬疫苗，被蛇咬后，还可以注射抗蛇毒血清。

邮局（见192页地图；19 7 Makara St；⏲7:00~17:00）

旅游信息中心（见194页地图；14 Mithona St；⏲周一至周六9:00~11:30和14:00~17:00）别对西哈努克市的旅游信息中心抱多大指望。紧邻奥克提尔海滩的这家旅游信息中心是最好的。提供小册子，能帮你预订旅馆。

危险和麻烦

偷窃在这里的海滩上很成问题（尤其是奥克提尔海滩），因此一定要把贵重物品放在房间里。偷东西的往往是孩子，有时是跟成年人联手。他们结队出动，其中一两个吸引你的注意，与此同时其他人窃取你的贵重物品，能偷什么就偷什么。或者他们趁你下水时偷走你的物品。

奥克提尔海滩上不计其数的乞丐（其中许多是儿童或截肢残疾人）也能让你头疼不已。促进街头儿童福利的非政府组织M' lop Tapang建议，游客一定不要给乞讨的孩子钱或食物。

与金边一样，骑摩托抢包的案件时有发生，如果你骑着摩托，就更有可能成为抢包贼的目标。把背包放在身体前面，牢牢抓紧，尤其是在晚上。欧特斯和西哈努克市区之间的道路天黑以后相对更加危险，因此如果就住这个区域，可以通过客栈联系摩的或三轮摩的，而不要在城里随便找一个陌生人载你。

入夜后，旅行者（特别是女性）应该避免独自在黑暗而偏僻的海滩或公路上行走。

要小心奥克提尔海滩水域的水流，它们表面平静，实际上水流很强，尤其在雨季。

到达和离开

4号国家公路（NH4）连接西哈努克市和金边（230公里），路况非常好，但由于货车多，而且弯道盲目超车的情况频繁，所以这条路成为柬埔寨最危险的公路之一。黄昏和夜晚更加危险。

通往贡布（105公里）的3号国家公路（NH3）、通往戈公（220公里）的48号国家公路（NH48）和通往泰国边境（230公里）的公路路况都很好。

飞机

西哈努克国际机场每天有1班航班直飞金边，1班直飞暹粒，单程US$115起。两条航线都由**柬埔寨吴哥航空公司**（Cambodia Angkor Airlines；☎023 6660330；www.cambodiaangkorair.com）运营。

机场在城东15公里处，紧邻NH4。乘坐出租车往返机场费用约US$20。乘坐摩的单程费用为

南部海岸 西哈努克市

US$5，三轮摩的为US$10。

船

西哈努克市是进入柬埔寨南部海岛的门户。只有龙岛和龙桑洛恩岛上有固定班次的公共渡轮服务。要前往其他岛屿，可以选择一日往返游船次或度假村经营的私人船只。

渡轮公司经常更换。提供前往龙岛和龙桑洛恩岛服务的两大主要公司（目前）分别为**柬埔寨快速渡轮**（Speed Ferry Cambodia；见194页地图；www.speedferrycambodia.com；Koh Rong Dive Centre，Serendipity Beach Rd；往返票价 US$26）和**TBC Speed Boat**（见194页地图；☎088 781 1711；www.tbckohrongspeedboat.com；SerendipityBeach Rd；往返票价 US$20）。

柬埔寨快速渡轮前往龙桑洛恩岛和龙岛的班次出发时间是在8:00和15:00，另一趟只去龙岛的船是在11:00出发。TBC Speed Boat前往龙桑洛恩岛和龙岛的出发时间为10:00、13:00和15:30。

两个公司中，柬埔寨快速渡轮通常更值得信赖，不过两个公司的发船时间都经常更换。票价在6月至10月间会大幅下降。

两个公司的船都从情缘海滩路码头出发，海上条件不好时，出发点会换到西哈努克港的渡轮码头（情缘海滩区域以北7公里处）。

还有一个便宜的选择，是乘坐驳船“慢速”渡轮，一般是从西哈努克港的渡轮码头出发，前往龙桑洛恩岛和龙岛，每天2班（8:00和14:00，往返US$10，3小时）。注意在这种船上——说得婉转些——并没有安全第一的说法。情缘海滩路周边的大多数旅行社都可以购买慢船票。

长途汽车

各主要长途汽车公司都有开往金边的长途汽车，每天从清晨到14:00之间班次很多。Capitol Tour和Rith Mony的价钱最便宜。Giant Ibis运营“奢华”班次，车上有女服务员和无线网络，发车时间为7:30、9:30和13:30。

通过旅馆和旅行社订票需要交手续费。大多数旅行社只跟两三家公共汽车公司合作，因此如果旅行社标明的发车时间不够理想，你可以再去别家问问。

Ana Travel（见204页）可以预订去往贡布和白马的小客车车票。

大多数长途汽车从位于Ekareach St的各公司车站发车，并在城郊的**长途汽车站**（见190页地图；Mittapheap Kampuchea Soviet St）停靠。绝大多数长途汽车公司都提供从情缘海滩到西哈努克市中心区域的免费接送服务。

Capitol Tour（见192页地图；☎034 934042；169 Ekareach St）

Giant Ibis（见194页地图；☎089 999818；www.giantibis.com；Thnou St）

GST（见192页地图；☎015 995950；Ekareach St）

Phnom Penh Sorya（见192页地图；☎034 933888；236 Ekareach St）

Rith Mony（见192页地图；☎093 465858；Ekareach St）

Virak Buntham（见192页地图；☎016 754358；Ekareach St）

合乘出租车

合乘出租车（每人US$6或每车US$45）和小巴（15,000r）坐满后，从长途汽车站开往金边，最晚一班是20:00左右。如果你想坐得舒服点儿，且珍爱生命，就别坐小巴。旅馆可以为你安排开往金边的出租车，价格US$50～60（约4小时）。

开往贡布（US$5，1.5小时）的合乘出租车上午发车，但发车地点只有Psar Leu对面的一座出租车停车场（见192页地图；7 Makara St）这一处。这个停车场和长途汽车站都有开往戈公或泰国边境的合乘出租车。如果你找不到人跟你合乘，包车去泰国边境要花US$45～60。

ℹ 当地交通

抵离汽车站

公共汽车到达西哈努克市后会在汽车站停靠，然后有些车（如果你幸运地遇上了）会继续前往它们各自的终点车站。从车站到情缘海滩的摩的固定车费为US$2，三轮摩的费用为US$6，所以如果你继续坐车到城里，再打的会便宜一点。

自行车

很多旅馆提供自行车出租，每天约US$2。

摩的和三轮摩的

西哈努克市的摩的司机因为激烈揽客而声名狼藉，而且还喜欢无耻地开高价，过分程度堪称柬埔寨之最。所以用车前一定要（带着微笑）狠狠砍价。

从市中心到情缘海滩、奥克提尔海滩、胜利海滩和胜利山的摩的费用约为US$1，三轮摩的费用约为US$2。从情缘海滩到胜利山和胜利海滩，三轮摩的费用应该是US$3，但司机喜欢开价US$5。

很多旅馆提供摩托车出租，每天US$5~7。当地警察也会处罚外国驾驶员，处罚理由通常是：没有驾照、没有戴头盔、没有后视镜以及白天开着车灯（所有人的最爱）。

雇一辆摩的（含司机）一天需要US$10，另加油钱，雇一辆三轮摩的一天约需US$20。

利阿国家公园（Ream National Park）

利阿国家公园（ឧទ្យានជាតិរាម）位于西哈努克市东边15公里处，游客可以在原始森林里徒步，还可以乘船游览岸边的红树林和一望无际的沙滩。如果你想逃离喧嚣的西哈努克市，来这儿很方便。公园内栖息着几种本地和全球濒危肉食鸟类，如栗鸢、灰首鱼鹰和白腹海雕——在普列推萨河口（Prek Toeuk Sap Estuary）的天空中能看到它们的身影。以泥滩为家的濒危鸟类还有小秃鹳、白鹮鹳和彩鹳。

虽然公园里的土地受保护，但旅游开发（特别是海岸沿线）对这里造成了威胁。来到这里你就会明白，这个保持原始状态的公园不仅是人类的无价之宝，也是宝贵的经济资源。从公园中心到海滩的主要道路已经被推平，经由这条道路，另一条主路可以把欧特斯海滩与NH4公路连接起来。

景点和活动

想要徒步或乘船穿越利阿国家公园，可以通过西哈努克市的团队游运营商提前订票，也可以通过利阿国家公园总部（☎016 767686, 012 875096; NH4; ⏲7:00~17:00）安排，地址就在西哈努克机场入口的对面。直接向公园总部预订的时候，最好提前致电预订（但并非强制要求）。收入用于保护公园。

要想独自一人前往荒僻的沙滩，从公园总部往南走，沿着封闭的机场路走9公里之后到达利阿海军基地（Ream Naval Base）。绕着基地左转，然后沿着土路前往长满木麻黄树的白色沙滩。想要到达Koh Sampoach海滩，从NH4公路下来之后要直接左转。若穿过机场入口的话，就走过了。沿着这条主要公路走大约12公里，可以到达Koh Sampoach的一座海滩小餐厅。

利阿国家公园包括两座岛屿：密岛（Koh Thmei，见208页）和紧邻越南富国岛的空赛岛（Koh Seh），因此有一些很不错的潜水地点。从密岛前往空赛岛最方便。

乘船游

更受欢迎的活动是在护林员的带领下乘船穿过普列推萨河口的红树林水渠。船只从岸边的普列推萨护林站（靠近NH4上的一座大桥，位于公园总部以东3公里处）出发——护林员会帮助你到达那里，并为你安排船只。

从普列推萨护林站出发，乘船1小时（1~3人，往返US$35）到达Ta Ben渔村。如果你参加为时一天的乘船游（每团US$50），船只会继续往东走1小时，到达安东杜村。那里有条连接丛林和Koh Sampoach海滩（公园里最好的沙滩）的小路，走完整条小路需要25分钟。这里也被昵称为中国海滩，因为中国开发者享有该区特许权。

丛林漫步

可以轻松地安排有护林员陪同的丛林漫步，禁止无陪同的徒步。在利阿国家公园总部背后的森林里漫步2个小时，每人US$6。4~6个小时的徒步将进入公园多山的腹地，每人US$10。

到达和当地交通

西哈努克市的旅行社都能安排到利阿国家公园的一日游，价格大约US$20，含一次乘船、一次丛林步行和午餐。

利阿国家公园交通方便，从西哈努克市沿着NH4往东走，在机场岔路口处离开主路——此处距离位于NH4和Wat Leu Rd交叉路口的Cambrew酿酒厂15公里，往右走，前行500米就到公园总部了。

从西哈努克市乘坐摩的往返需US$7~15，三轮摩的则需US$15~20。价格高低取决于司机的英语水平和你在公园里逗留时间的长短。

虱头瀑布（Kbal Chhay Cascades）

由于曾出现在内战后柬埔寨最成功的电影之一《蟒蛇之子》（*Pos Keng Kong*，

2000年）中，这个位于普列推萨河的**瀑布**（ទឹកធ្លាក់ក្បាលឆាយ；门票US$1，野餐台每日5000r）吸引了不计其数的本土游客。

从停车场出发，一个由圆木搭成的简陋的**收费桥**（本地人300r，游客500r）尽头是几个精致的沙地果园和数个危险的激流。无论大人小孩，要想游泳，得再过一个桥，去河流的支流那里（水清澈而凉爽）。旱季时这里水位很低。

从西哈努克市出发的话，在Cambrew酿酒厂沿着NH4往东走5.5公里，然后在路牌那里沿着一条很宽的土路往北走8公里就到这个瀑布了。乘坐摩的和三轮摩的往返分别需要US$7和US$15。

南部诸岛

对于许多游客来说，柬埔寨南部诸岛就像是他们一直在寻找的热带版本的香格里拉——因为这里还没有像泰国著名岛屿一样，被蘑菇般纷纷冒出的大型度假村所染指。许多岛屿都已经被人脉广泛的外国投资者标记为重点开发对象。不过因为全球经济衰退，大投资者都放缓了步伐，剩下的自主投资者只不过是要建几个针对独立游客的田园平房度假村罢了。

这并不是说，所有的小型开发都是好的。尤其是对龙岛来说，这座岛屿在过去的几年里，因为空推（Koh Tuch）区域未经抑制的建设行动，已经发生了巨大的变化。但是从大范围来说，柬埔寨的群岛仍然是你梦寐以求的天堂：一望无际的细软沙滩，微风中轻轻摇摆的吊床，风景如画的吊脚屋渔村，华丽的日落色彩，入眠之前打在茅草屋顶的嘀嗒雨声。一切美好得令人难以置信，你就尽情享受吧。

到达和离开

这个地区在戈公保护走廊和利阿国家公园之间，包括有人居住的各主要岛屿。

理论上讲，从西哈努克市可以前往各个岛屿。西哈努克市有固定班次的船只开往龙岛、龙桑洛恩岛，而其他岛屿，诸如空达吉夫岛（Koh Ta Kiev）可以通过私人船只前往，那些船通常属于你入住的度假村。

要前往到达空斯达群岛（Koh Sdach Archipelago），走波顿沙库国家公园新修的四车道公路是最简单的方法。

戈公是游览柬埔寨最大岛屿戈公岛的大本营。

> **岛屿知识**
>
> - 所有的岛上都没有银行和自动柜员机。带足现金。
> - 别忘了带上杀虫剂。沙蝇叮咬起来很凶猛。
> - 带上有效的局部杀菌剂是个好主意。蚊虫叮咬处如果抓挠了很快就会转变为热带溃疡。手电筒也会很有用。
> - 离开的时候，如果是从西哈努克市订的返程票，不要坐最晚一班渡轮/船只。因为海上情况难以预料，所以航行时间可能会延迟或是开船前不久才通知航程取消。

空达吉夫岛（Koh Ta Kiev） កោះតាគៀវ

如果你最青睐的海滩度假模式就是寻个与世隔绝的地方，慵懒度日，那么这座紧邻利阿国家公园的小岛在各方面都能满足你的要求。虽然该岛已经被租给了法国和中国的实业公司——并且最近丛林内部已经修通了一条很好的公路，这预示着大规模的开发不会太远了——但就目前来说，空达吉夫岛上还是有一些物美价廉且服务友好的基本型住宿处，并配有一些很好的休闲设施。

大部分的平房住宿处都在西海岸的白色沙滩**长滩**（Long Beach）沿线。对于那些想要探索岛屿的人来说，这里也有几条小路可穿越森林，其中有一条可以通往南海岸上一座更加隐蔽的海滩。不幸的是，岛上经常会有垃圾冲上岸来，所以不要指望沙滩会有多干净。

在西哈努克市参加的跳岛游，多数会到达空达吉夫岛、空罗细岛（Koh Russei）和本地区几个更小的无人岛，根据你是从欧特斯海滩或情缘海滩出发，一日往返游收费为US$12或US$15。

住宿

空达吉夫岛上所有的住宿处中都没有无线网络，而且电力也是限制供应的（带上手电筒），而且大部分地方只有基本型的公共浴室（用水桶淋浴，蹲式厕所）。

Ten103 Treehouse Bay 平房 $

（☎097 943 7587; www.ten103cambodia.com; Koh Ta Kiev; 吊床/铺US$5/7，小屋不带浴室US$20~25）不插电，放松下来，摆脱压力——Ten103是一个海边的背包客住宿处，提供传统风格的海滩住宿条件。露天的吊脚"树屋"能看到海景，而露天宿舍和棕榈树叶搭盖屋顶的吊床则能提供更加贴近自然的基本型住宿选择。从欧特斯海滩出发，需要提前一天预订本店船只的船票（往返US$13）。

The Last Point 平房 $

（☎088 502 6930; www.lastpointisland.com; Koh Ta Kiev; 铺/帐篷 US$4/6，平房US$15~20）该住宿处位于空达吉夫岛南部海岸沙滩上一处与世隔绝的美丽地方，从岛上其他住宿处步行前来需要40分钟。这里有各种小巧可爱的棕榈树叶搭盖屋顶的平房，呈现出一种《鲁滨逊漂流记》般的梦幻感觉，海风习习的露天宿舍距离沙滩只有几步远。

空罗细岛（Koh Russei） កោះឫស្សី

小小的空罗细岛[也叫竹岛（Bamboo Island）]与西哈努克市相距不足1小时船程，为了迎接高端开发工程——仍在建设之中的五星级**Alila Hotels**（www.alilahotels.com）度假村，最近岛上的度假村大部分被拆除了。

绝大多数从西哈努克市出发的一日往返乘船游途中都会到访空罗细岛。

密岛（Koh Thmei） កោះថ្មី

辽阔的密岛是利阿国家公园的一部分。岛上只有一个度假村，即德国人经营的**Koh Thmei Resort**（☎097 737 0400; www.koh-thmei-resort.com; 平房US$35，家US$60）🌿。这家度假村性价比很高，平房看起来普普通通，但使用的是太阳能电池板和生物燃料供电，与环境非常相配。所在的海滩也很好，你可以轻松地多散散步，还能玩皮划艇或浮潜。这里提供的高棉风味的饭菜特别美味，而且只要US$6。

到密岛得有私人交通工具，先前往Koh Kchhang渔村，走法是在NH4路边的Bat Kokir小镇离开主路（这里是西哈努克市机场东侧约12公里处）。到达Koh Kchhang之后，再乘船1小时15分钟后到达度假村（六座船US$15）。Koh Thmei Resort可提供西哈努克市接车服务，也提供船运。

龙岛（Koh Rong） កោះរ៉ុង

如果想参加派对，那么来这里就选对地方了。若干年前，龙岛还只不过是个丛林覆盖的荒岛，周边环绕着白糖一般的洁白沙滩，只在小小的空推村（Koh Tuch）周边海滩上建有几座海滩小屋度假村。现在该村子从码头伸展而出的那条窄街上挤满了背包客住宿处、餐厅和播放着喧闹的揽客音乐的小酒吧。注意，对于这里，人们非爱即憎，但是对于从渡轮上走下来的一群群年轻游客来说，龙岛（尤其是空推海滩）在任何东南亚派对日程中都是必不可少的一站。

不过想要逃离喧嚣仍然是可能的。往村外走得越远，周围就越安静。到了夜晚，蛙鸣会盖过深夜酒吧里的喧闹，可以清晰看见海面上的磷光闪耀，引人注目的海滩彰显出海岛的自然魅力，其背后就是内陆郁郁葱葱的森林。

龙岛正全力发展旅游业，但由此也带来了问题，对自然环境造成了威胁，而这些原本是吸引游客来此的最大原因。许多匆匆建起的客栈和酒吧都没有正确的垃圾处理系统，污物直接排放到海里，离村子最近的沙滩也可能会洒满垃圾。该岛还面临着更大规模开发的威胁，目前这里正在建设一条穿越内陆地区的环路，而在美丽的长滩上，一座大型度假村的初步规划已经动工开建。

如果想结识其他游客，晚上在酒吧彻夜狂欢，白天前往沙滩，那么来龙岛就能满足你的愿望。那些想要寻找更为悠闲氛围的游客，最好是找个离空推村远一些的平房度假村，或是干脆去龙桑洛恩岛。

海滩

空推海滩 海滩

宽阔的空推海滩（Koh Tuch Beach）从

空推码头往东北方向延伸了大概1公里长，越往远处走，沙滩越可爱。往海岬（靠近Treehouse Bungalows）行进，能看到洁白的沙滩，风景也更加柔美。

长滩 海滩

岛后侧（西侧）的那片7公里长的白沙滩引人注目，这是龙岛上最美的一片海滩，名叫长滩[Long Beach，因北端的渔村也得名索桑海滩（Sok San Beach）]。从空推码头有长尾船前来这里，将追寻太阳的游客运到这片沙滩上，享受一日的日光浴，或是尽情游泳。这片沙滩的北端和南端都有条件一般的度假村，南北端之间没有任何旅游设施。

我们上次到访时，南端的一座基本型度假村正被推倒，以准备新建一座酒店，所以这片沙滩的一部分在未来有可能进一步开发。

4公里海滩 海滩

经过空推海滩海岬（靠近Treehouse Bungalows）就到了4公里海滩（4km Beach），从那里沿沙滩可以继续步行至少1小时，途中能看见寄居蟹等其他生物。这里正在建设一片小型平房度假村，不过仍然非常安静。继续前进，4公里海滩就连上了自然海滩（Nature Beach），后者也是一片值得探索的白沙滩。

活动

龙岛上的主要活动包括乘坐长尾船参加前往长滩的一日游（包括浮潜、钓鱼和游泳项目）。空推村中几乎所有的经营者都能组织该活动，价格约每人US$10。

想要外出探险，饱览美景，可以乘船前往岛上东海岸的Sangker村，然后雇一个摩的司机，带你嗖嗖环游岛屿。Vagabonds可帮助组织（每人约US$25）。

也可以选择一条难走的丛林小径，步行1.5小时，从主要海滩前往长滩，但是要注意途中有些地方需要爬山，所以绝对不适合穿人字拖。

岛上有很好的浮潜地点，度假村出租设备，日租金约US$5。还有几个地方可出租海上皮划艇，单人皮划艇每小时约US$5（串座US$8）。从空推海滩划桨30分钟可以到达宝塔岛（Pagoda Island），这座离岸边很近的悠闲小岛上建有一座寺庙。

High Point Rope Adventure 探险运动

（☎016 839993；www.high-point.asia；Koh Tuch Village；每人US$35；⏲9:00~18:00）集合了滑索、吊桥和步行缆带，可带领那些追求刺激的人们踏上一条让人肾上腺素飙升的400米长的旅途，穿越一座距离空推不远的森林。买票后一整天时间内可以不限次数地重复活动。4月至10月票价会便宜US$10。

Koh Rong Dive Center 潜水

（☎034 934744；http://kohrong-divecenter.com；Koh Rong Pier）龙岛的主要潜水中心，组织龙岛和龙桑洛恩岛周边水域的旅途。

Friends of Koh Rong 志愿活动

（☎096 552 0416；www.friendsofkohrong.org；Local Pier, Koh Tuch village）这家默默无闻的非政府组织接纳有资质的老师（至少承诺工作两个月）到其教育项目中进行志愿活动。他们也提供社区发展和当地卫生项目的志愿服务机会，还运营有一个定期海滩清理项目，游客也可参与。

住宿

旺季期间（尤其是12月至次年1月），龙岛的住宿处很快就会客满。而且有些背包客住宿处不接受预订。如果你担心到了岛上却没有住的地方，那么最好预订第一晚的住宿，等到了岛上之后，再查看其余青年旅舍的入住情况。繁忙季节订不到床位的游客一般会租赁吊床。几乎所有的住宿处都24小时提供电力、无线网络、蚊帐和电扇。空调很少见。

Natural Lounge 客栈 $

（☎069 541177；hengseksa@gmail.com；Koh Tuch；铺US$8，房间带/不带浴室 US$30/20起；📶）这家由家庭经营的客栈位于空推的中心地带，就像是一个宁静的绿洲，其中提供铺有木地板的干净小房间，中间环绕的是一座绿荫庭院。楼下有两间小巧的套房，配备的是双人床，如果不介意拥挤，可以入住4个人。

Koh Rong 龙岛

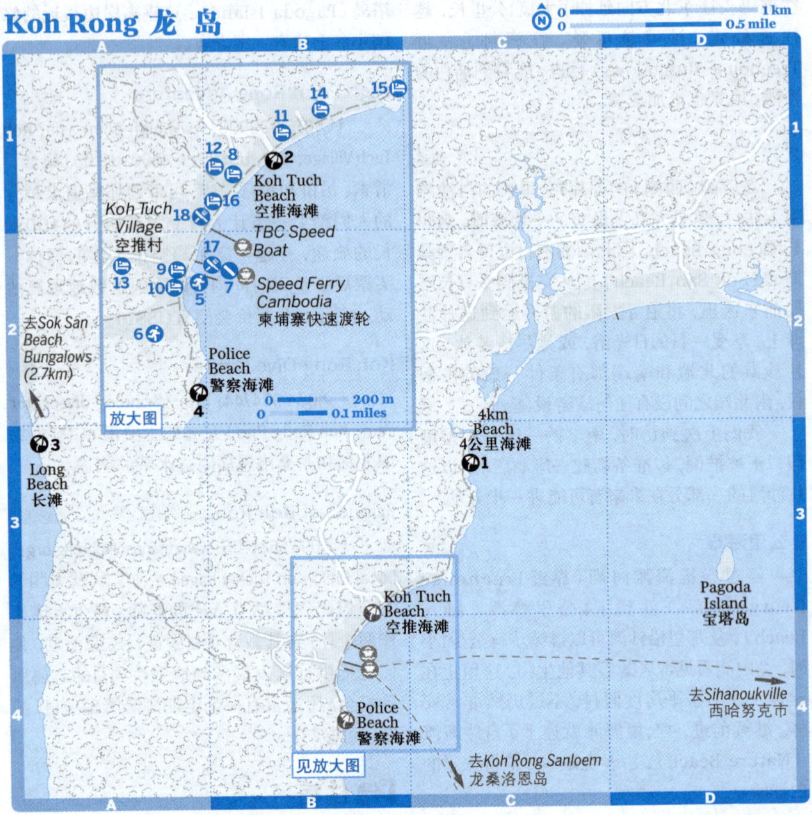

Bongs

青年旅舍 $

（☎093 924856; www.bongsguesthouse.com; Koh Tuch; 房间US$20; 📶）这里的木屋打理得很好（地址就在同名酒吧之上），如果你想住在中心地带，这里是绝佳选择。所有房间都配有虽小但足够使用的浴室，住客还可获得免费的水源补充，还有茶和咖啡。

Green Ocean Guesthouse

青年旅舍 $

（☎096 916 9267; mengly007@gmail.com; Koh Tuch; 铺US$8~10, 双 US$25; 📶）这里的房间最近翻修过，铺设了瓷砖地板，是空推村中最漂亮也最宽敞的。门前有一座很棒的公用阳台，还有一间12床的宿舍，能眺望到海景。

Vagabonds

青年旅舍 $

（www.vagabondskohrong.com; Koh Tuch; 铺US$5, 房间带公共浴室 US$10）首先，选择这里并不是因为设备。其中极其简单的房间和四床宿舍（带储物箱）都搭配有彩色壁画，风格活泼。但楼下的咖啡馆有友好的员工，氛围欢乐，提供分量巨大的爽心食物（US$3至US$5）。无须预约。

Dreamcatch Inn

客栈 $

（kohrongdreamcatch@gmail.com; Koh Tuch; 房间带公共浴室 US$15; 📶）相比起空推村中的住宿处，这里的服务更加成熟。极简风格的客房可通往一座五彩缤纷的露台，上面设置有吊床和摇椅。公共浴室配备的是蹲式厕所。无须预约。

Nam Nam

客栈 $

（Koh Tuch; 房间US$25; 📶）这家客栈由高棉人经营，门前有一个公共露台，3个房间是村子里最宽敞的，而且配有像样的浴室。地址位

Koh Rong 龙岛

景点

1 4公里海滩……C3
2 空推海滩……B1
3 长滩……A3
4 警察海滩……A2

活动、课程和团队游

5 Friends of Koh Rong……A2
6 High Point Rope Adventure……A2
7 Koh Rong Dive Center……B2

住宿

8 Bongs……B1
9 Dreamcatch Inn……A2
10 Green Ocean Guesthouse……A2
11 Monkey Island……B1
12 Nam Nam……B1
13 Natural Lounge……A2
14 Paradise Bungalows……B1
15 Treehouse Bungalows……B1
16 Vagabonds……B1

就餐

17 Buffalo……B2
18 Koh Lanta……A1
Loops Bar……(见9)

于紧邻海滩的一条小巷中，在Bong's Bar旁边的餐厅里可以找到他们的经理。无须预约。

★ Treehouse Bungalows 平房 $$

(☎034 934744; www.treehouse-bungalows.com; Koh Tuch Beach; 平房US$45~55，树屋US$45~60; 📶)位于一座隐蔽的小湾中，从空推码头步行过来需要15分钟，富有童话气息。平房的阳台上串点着贝壳（B3房间能看到美丽海景），抬高的平房"树屋"中视野最好，餐厅设在一座自然形成的水库旁边，背后是一座有机花园。就算不在这里住，也可以过来品尝其中美味的炭烤比萨和高棉海鲜套餐。

Paradise Bungalows 别墅 $$

(☎092 548883; www.paradise-bungalows.com; Koh Tuch Beach; 别墅US$35~100; 📶)这里的别墅富于乡村风情（各种形状和尺寸的都有），地址位于山上蔓生的丛林之中，US$35的房间沿着山坡一字排开，更贵的房间在涨潮时几乎触手可及海水。休闲餐厅搭盖的是棕榈树叶的屋顶，能看到全景海滨风光，实在是一大亮点。

Monkey Island 平房 $$

(☎081 830992; www.monkeyisland-kohrong.com; Koh Tuch Beach; 平房带浴室US$35~40，不带浴室 US$30; 📶)与西哈努克市热门的Monkey Republic有点关系，围绕着竹子和茅草搭建的酒吧而建，总是挤满了背包客。有些基本型的平房中能入住5人，门廊上还有吊床。

Sok San Beach Bungalows 平房 $$

(☎034 5000127; Soksan village, Long Beach; 平房US$20~25)住在这里其实就是在付钱享受长滩风光。其中的平房显然都有些破旧，电力有限，客观说来，便利设施也很少。不过胜在远离空推的喧嚣，想要寻找老派龙岛海滩生活氛围的游客，会陶醉于这里的寂静。

餐饮

Bongs和Vagabonds都是点杯啤酒坐下来放松的好去处，而且里面经常会很热闹。Bongs在晚上一般会有现场音乐演奏。

旺季期间，警察海滩（Police Beach）上经常会有彻夜派对，地址就在空推村以南。可从村子里张贴的宣传单上了解详细信息。警察海滩也是举办满月派对的主要场所。

Loops Bar 各国风味 $

(Koh Tuch; 主菜US$2.50~5.50; ⏲8:00~23:00; 📶)从Dreamcatch Inn下楼就能到达这座咖啡馆兼酒吧了，其中装点着回收来的水瓶，从天花板上垂下来用作花盆。早餐堪称一流，有热带风情的果味法式吐司、椰子牛奶什锦。午餐和晚餐都有像样的高棉菜，外加爽心经典菜式，例如香肠和麦芽浆。每到周六晚上，经理Te还会组织fire-poi演出。

Koh Lanta 各国风味 $

(Koh Tuch; US$3~6; ⏲7:00~22:00)名称来源于著名的法国真人秀节目《幸存者》(*Survivor*)，其拍摄地点就是在龙岛。这里有岛上最好的炭烤比萨。

Buffalo 各国风味 $$

(Cambodia Speed Ferry Pier, Koh Tuch; 主菜US$7~10; ⊙8:00至深夜; ☎)位于码头上一处通风良好的位置，菜单上有法士达、土耳其煎饼(gözleme)等，希望能满足所有人的愿望。欢乐时光(15:00~17:00)生啤只要US$0.75。

实用信息

按预算带足现金。如果确实没有钱了，Vagabonds的借贷服务(10%的手续费)很实用。

危险和麻烦

盗窃现已成为龙岛上的一大问题。如果宿舍提供上锁的储物箱，可以使用，或者可以把贵重物品放在住宿处的保险柜里。

2013年，一位美国女性在徒步穿越丛林前往长滩的途中被谋杀；2015年，一位日本游客遭遇袭击未遂。游客——无论男女——在岛上偏僻区域步行时，或是深夜在海滩上时，应该结伴而行。

到达和离开

从空推出发，柬埔寨快速渡轮(Speed Ferry Cambodia; www.speedferrycambodia.com; 单程/往返 US$13/26)每天10:00、正午和16:00有渡轮可前往西哈努克市，TBC Speed Boat(☎088 7811711; www.tbckohrongspeedboat.com; 单程/往返 US$12.50/$20)的船前往西哈努克市的时间是10:30、13:30和16:00。两个公司的船次行程都在45分钟到1小时之间。如果没有往返票，可以在空推码头上的渡轮公司购买单程票。如果有往返票，可以提前一天前往相关的渡轮公司，以确定有座位。6月至10月票价会下降。

旺季期间，一般会增加船次。当海上航行条件不好时(尤其是6月到10月间)，渡轮可能不经提醒就取消。

如果要去的是岛上东侧的度假村，可以通过度假村订票。

龙桑洛恩岛(Koh Rong Sanloem)

这座10公里长的马蹄形海岛能满足许多人对于岛屿的幻想。龙桑洛恩岛上最热门的目的地是萨拉森湾(Saracen Bay)——一片位于岛上东海岸的新月形白沙滩，那里环绕着一排小型沙滩平房度假村，背靠茂密的丛林。如果嫌这里还不够隐蔽，那么岛屿的西南部(有步道或私人船只可前往)只有一两座隐蔽的度假村，在那里，世上的焦点似乎被隔绝在百万公里之外。

想要寻找别样海岛旅行体验的人，可以去岛屿最北端的M' Pai Bay海湾。那里没有浪漫上镜的白沙滩(海滩呈粗粝的黄色)，不过其中的廉价客栈中却提供一些真正的探险活动，更适合勇敢人士去体验当地氛围。

景点和活动

从**萨拉森湾**，步行25分钟就能很容易地前往**懒人海滩**(Lazy Beach; 非住客需要在度假村的餐厅中买杯饮品，或是用餐，然后就可以留下来欣赏沙滩)，徒步45分钟(必须穿运动鞋)就可前往**日落海滩**(Sunset Beach)。这里也有一条较难走的小路，步行大约1.5小时就能到达一座灯塔，其所在的小山能眺望到岛屿最南端的海面，这里也是海鸥的栖居地。注意灯塔中驻守有士兵，他们可能会问你要小费(一般给US$1即可)。

如果想继续探索岛屿内陆地区，可以同**Gil**(☎088 379 6528)商量，11月至次年3月，他一般会驻守在萨拉森湾的Paradise Villas。他提供的导览徒步游每人费用为US$12~15。

The Beach Resort(见213页)的活动中心可以出租皮划艇(US$10)，组织皮划艇导览游，以及浮潜之旅。Coral Garden Dive Resort的Tom是组织钓鱼之旅(US$30)的最佳人选。

Cambodian Diving Group 潜水

(☎088 685 6986; www.cambodiandiving.com; M' Pai Bay; 2次潜水包 US$65，专业潜水教练协会水肺潜水探索 US$75，3日专业潜水教练协会开放水域潜水US$345)🍃这家机构总部在M' Pai Bay海湾，里面的教练精通周边海域的专业知识，都是从常年在此潜水的经验中积累出来的。他们也组织出色的一日潜水包和大量的专业潜水教练协会课程，针对有经

验的潜水者还组织三日探索潜水之旅，还致力于当地的海洋保护活动。

Coral Garden Dive Resort 潜水

（☎088 611 5770；www.coraldivers.org；Saracen Bay；2次潜水包 US$80，水肺潜水探索 2次潜水包 US$95，3日专业潜水教练协会开放水域潜水US$385）水肺潜水培训大师Tom Mellon熟知龙桑洛恩岛和龙岛周边的潜水点，其他很少人能与之相媲美，而且他还组织有备受好评的专业潜水之旅，有一艘12米长的双体船，初学者和高级潜水者都可参与。两次潜水包会在M' Pai Bay海湾停靠，享用当地风格的午餐。也可以浮潜（两个地方US$25）。

Save Cambodian Marine Life 志愿活动

（☎096 807 3236；www.savecambodianmarinelife.com；M' Pai Bay；1周志愿活动包 US$250）这家非政府组织致力于保护龙桑洛恩岛周边的当地礁石，进行中的项目包括维持一家珊瑚苗圃，组织礁石清理潜水活动。志愿活动包中包括潜水、合宿和全餐。

住宿

萨拉森湾是岛上最发达的一处海滩，这里的沙滩上有十几座小型“度假村”。龙桑洛恩岛上几乎所有的度假村都有24小时的电力供应。无线网络仍然很少见（就算提供也只是零星时段才有）。多数地方在6月至10月都有大幅折扣。

Easy Tiger 客栈 $

（☎096 915 3370；www.easytigerbungalows.com；M' Pai Bay；铺/房间/平房US$7.50/15/30）这家友好的客栈位于M' Pai Bay村中，因为店主乐于助人，所以采用了大量的家庭纺织用品。主建筑中有简单的宿舍和私人小房间。后面的基本型平房配备有很大的阳台，适合那些更注重隐私的人士使用。不过让其脱颖而出的还是餐厅和集体氛围。

Chill Inn 客栈 $

（☎016 824211；www.chillinncambodia.com；M' Pai Bay；铺US$7.50）这里挂有吊床的酒吧门前是M' Pai Bay海湾夜间休闲的好去处，极简风格的宿舍满足住宿的所有需求。对于那些喜欢怀旧风格便利设施的游客来说，这里是很棒的住宿处。

The Drift 客栈 $

（☎015 865388；www.facebook.com/thedriftsamloem；M' Pai Bay；铺/房间US$8/15）M' Pai Bay海湾上新开办的这家客栈中有整洁宽敞的宿舍，在沙滩上的一座可爱小木屋中还有2个私人房间。家常菜肴（US$3）一般是众人一起享用，很有社交氛围。

Lazy Beach 度假村 $$

（☎017 456536；www.lazybeachcambodia.com；平房US$60）龙桑洛恩岛西南岸唯一的度假村，门前的沙滩绝对值得你看看。拥有16间平房，极具田园风光。房间带阳台，室外有吊床，石头地面的浴室和双人床十分出彩。餐厅兼公共区域放着大量的书和棋盘游戏，因此很适合全家下榻。

The Beach Resort 度假村 $$

（☎034 666 6106；www.thebeachresort.asia；Saracen Bay；铺US$7.50，平房带/不带浴室US$35/25，豪华 US$50~85；📶）这座热闹的度假村提供有各种类型的廉价住宿处，包括一间露天宿舍、一些小巧的海滨平房和豪华型的石墙住宿处。也是西哈努克市派对游轮的中途停靠点，大多数下午酒吧区都挤满了一日往返游客，根据你的喜好，这有可能是一个主要加分项，也可能是减分项。

Green Blue Resort 度假村 $$

（☎096 725 0054；www.greenblueresort.com；Saracen Bay；铺US$10，平房US$65~80）这里的平房都点缀有盆栽和花藤，有些坐落在一片精心打理的花园中，远离海岸，有一种怡人的家常氛围。后面有一间基本型的小宿舍，可供低预算游客入住。只在晚间供应电力。

★Cita Resort 度假村 $$$

（☎096 261 2418；www.citaresort.com；Saracen Bay；平房US$85~90）这座私人度假村位于萨拉森湾最南端，其中只有5座设计得很漂亮的抬高型的平房，里面配备的是高层卧室，前面有海景阳台，下面有露天浴室和公共吊床休闲区。附设的梦幻餐厅提供新鲜的意

Koh Rong Sanloem 龙桑洛恩岛

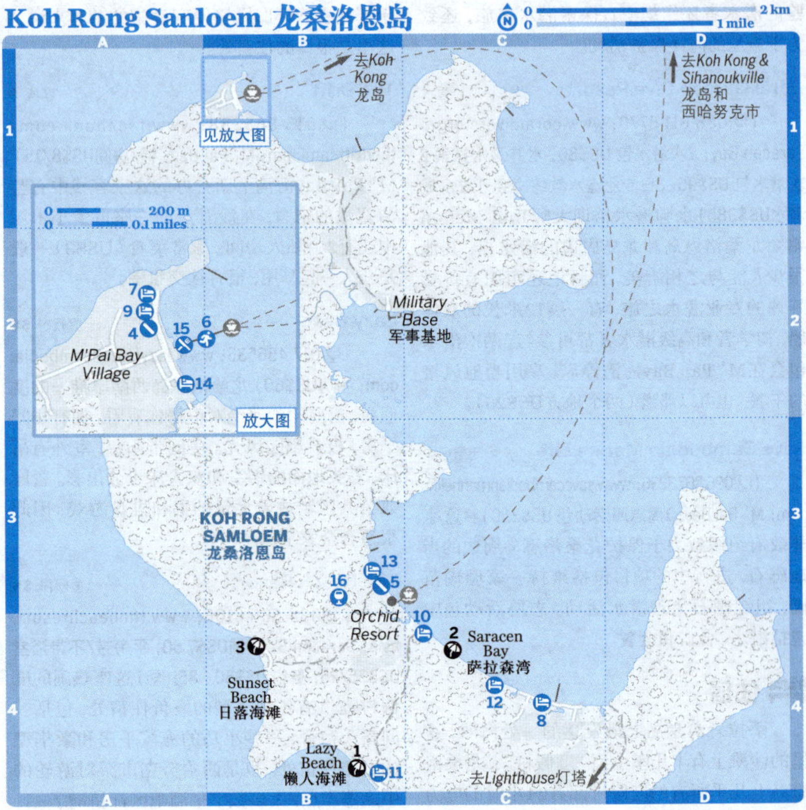

Koh Rong Sanloem 龙桑洛恩岛

景点

1 懒人海滩 B4
2 萨拉森湾 C4
3 日落海滩 B4

活动、课程和团队游

4 Cambodian Diving Group A2
5 Coral Garden Dive Resort B3
6 Save Cambodian Marine Life B2

住宿

7 Chill Inn A2
8 Cita Resort C4
9 Easy Tiger A2
10 Green Blue Resort C4
11 Lazy Beach B4
12 Secret Paradise C4
13 The Beach Resort B3
14 The Drift A2

就餐

15 Fishing Hook A2

饮品和夜生活

16 Good Vibz B3

大利面和其他意大利特色菜。

Secret Paradise 度假村 $$$

(www.secretparadiseresort.asia; Saracen Bay; 平房US$100)这里提供庄重风格的海滩生活，配备的是巨大的玻璃门平房，搭配有藤条家具和时髦的浴室，全部都建有海滨阳台。服务无可挑剔，餐厅的招牌是美味的高棉菜。

餐饮

萨拉森湾没有独立的餐厅，但是所有的度假村都附设有餐厅，所以有大量的食物可供选择。来龙桑洛恩岛更多的是为了休闲，而非派对，所以天黑以后这里没有太多的活动了。Beach Resort一般会有一些饮酒活动。

Fishing Hook 各国风味 $

（M' Pai Bay；主菜US$2.50~5.50；⏲18:00~22:30）这家位于M' Pai Bay码头上的餐厅提供龙桑洛恩岛上最好的一些食物。菜单上有高棉风味的海鲜（例如罗望子酱汁烤鱼），以及更有国际风味的食物，摆满坐垫的水上露台可谓是海滩休闲氛围的精华。

Good Vibz 酒吧

（www.good-vibz-camp.com；⏲大约12月至次年4月）从萨拉森湾离开步道，前往日落海滩，顺着436级台阶走上山坡就到了这座荫蔽的丛林酒吧，其中每周都会举行一次狂欢盛事，每晚也有活动举行，包括电影之夜，届时会将影片投映在丛林之中的一座大银幕上。不想走的话，这里也有吊床（US$1）和帐篷（US$3起）住宿处。

到达和离开

柬埔寨快速渡轮（Speed Ferry Cambodia；www.speedferrycambodia.com；单程/往返 US$13/26）和**TBC Speed Boat**（☎088 781 1711；www.tbckohrongspeedboat.com；单程/往返US$12.50/20）都能连接萨拉森湾和西哈努克市。柬埔寨快速渡轮的船次也会在M' Pai Bay海湾停靠。

柬埔寨快速渡轮的船次9:30和15:30从萨拉森湾码头出发，前往西哈努克市之前会在M' Pai Bay（大约15分钟之后）和龙岛（US$5可以跳岛游）停靠，接送游客。

柬埔寨快速渡轮的办公室在萨拉森湾码头附近的Orchid Resort。出发前一天应该来这里确定你的往返船票都有座位。

TBC Speed Boat从萨拉森湾码头前往西哈努克市的船出发时间为10:30、13:30和16:00。

根据季节不同，时刻表会经常改变，买票时记得仔细确认。

空斯达群岛（Koh Sdach Archipelago） ប្រជុំកោះស្ដេច

这个不算大的群岛紧邻波顿沙库国家公园（见185页）西南端，由12个小岛组成，其中大多数无人居住。**空斯达岛**（又名国王岛）和**空托唐岛**（Koh Totang）这两个岛上有住处，你可以住在其中一个岛上，然后花一两天时间探访其他岛屿，看看那些岛上完全空无一人的沙滩和浮潜地点。大多数海岛团队游会前往**Koh Ampil**（它由围绕着一小块沙滩的3个小岛组成），以及两侧都有漫长的白色沙滩的**斯玛奇岛**（Koh Smach）。

整个空斯达群岛上仅有一个算得上村子的地方，而且远离游客的观光道路，当地经济完全依赖渔业。从新建的四车道公路在大陆上的终点出发，这条路穿过波顿沙库国家公园，坐快艇约10分钟就可以抵达村子的码头。虽然公路建成后，往来这个群岛更方便了，但

在柬埔寨潜水

与相邻的泰国相比，柬埔寨的潜水活动可能算不上出名，不过在这里潜水却能提供一些精彩体验。虽然鱼群确实比其他亚洲潜水目的地要少（多年不负责任捕鱼所造成的后果，现在海洋保护组织正在扭转这一局势），但西哈努克省南部岛屿周边的水域里却以珊瑚种类的多样化而闻名，而且还能看到许多独特的大型生物，尤其是海马和海兔。

柬埔寨最好的潜水地是**龙桑洛恩岛**和**Koh Koun岛**周边的礁石，那里有多到令人难以置信的奇怪的海兔、海星和海马。经常能看到的鱼类包括扁鲨、小热带鱼和蝎子鱼。继续向外海前进，**Koh Tang岛**和**Koh Prins岛**周围能看到大量的海洋生物，例如，竹鲨、蓝斑条尾魟、濑鱼、蝙蝠鱼。潜水者还曾在这里看到过鲸鲨。

本地区经验最丰富的两处潜水运营商是Cambodian Diving Group（见212页）和Coral Garden Dive Resort（见213页），他们知道哪里是观赏大型海洋生物的最佳地点。

作为一个大型旅游开发计划的一部分，这条公路可能会永久性地改变波顿沙库西南海岸，该海岸曾以拥有相连的原始沙滩和原始森林而著称（大陆海岸上已经开放了一座18洞的高尔夫球场）。

幸运的是，空斯达群岛似乎尚未有开发计划，岛上现有的度假村离波顿沙库公园足够远，完全听不到公园里传来的开发噪声，尽管不能完全隔绝在视野之外。空斯达岛24小时供电。

食宿

Mean Chey Guesthouse 客栈 $

（☎011 983806；KohSdach；房间US$7.50）低预算的旅行者只能入住这家简陋的客栈了，它旁边是空斯达岛西北部最大的渔村。水泥客房楼内有15个粉刷成浅蓝色的房间。附设的餐厅Yvonne面朝邻近的岛屿，景色优美，供应法式和高棉菜肴。

Nomads Land 度假村 $$$

（☎011 916171；http:/nomadslandcambodia.com；Koh Totang；别墅 标单/双含餐US$60/90起；⏲11月至次年3月）你很难想到有比这儿更舒心的地方了。老板Karim把这里打造成了岛上最环保的度假村，有5间时髦平房，用太阳能板供电，收集雨水饮用。该度假村位于空托唐岛一片白色沙滩上，乘坐度假村的船前往大陆上的Poi Yopon村需要15分钟。

到达和离开

来空斯达群岛非常麻烦。最简单也最昂贵的方法是租用私人交通工具，从戈公（US$60）、西哈努克市（US$80）和金边（US$90）出发，经由中国新修的公路前往空斯达岛对面大陆上的Poi Yopon村。

便宜些的方法是乘坐任意公共汽车沿NH48公路前行，在安东社以西6公里处中国公路的岔路口下车。从那里可以乘坐当地的小巴（US$7.50，2小时，只有上午1班），或摩的（US$15或US$20，根据你还价技巧而定）到达Poi Yopon村。

在Poi Yopon村租个快艇前往空斯达岛，价格约为US$10。Nomads Land（见本页）有自己的私家船只，可以提供接客服务，并且可以安排前往Poi Yopon村的出租车。

更加冒险（或者令人沮丧，根据你的喜好而定）的选择是，从西哈努克市乘坐当地的货船前往空斯达岛。出发点是在西哈努克市主港口区的皇家码头（Royal Pier），每天1班，或是每隔一天1班（根据各种影响因素而定），出发时间在正午到14:00之间（US$10，4.5小时，沿途会停靠1次至2次），20:00从空斯达岛返航。

贡布省（KAMPOT PROVINCE）

贡布省（ខេត្តកំពត）已经成为柬埔寨最热门的旅游目的地之一，这里有悠闲的城镇，植被茂盛的乡野，以及布满蜂巢一般的石灰洞。

贡布省以出产全世界最好的胡椒闻名。讨厌榴莲的人注意：贡布还是柬埔寨榴莲的主要产区。

贡布（Kampot） កំពត

☎033 / 人口3.95万

不难看出游客为什么会被贡布所吸引。这座河滨城市的街道两边排列的都是即将荒废的店屋建筑，如梦似幻，就像是被人按下了睡眠的按钮，整个镇子一直都忘了醒来一般。

1959年后，随着港口城市西哈努克市的崛起，贡布的港口地位逐渐衰落，但这里仍然是个绝佳的旅游大本营，可以探访波哥国家公园（Bokor National Park）、白马、几个洞窟寺庙和周边地区青翠的海滩。

景点

贡布胜在氛围，而非真正的景点，这里最惬意的活动就是散步，或者绕行穿过古镇中心，那里排列着一座座摇摇欲坠的店屋，许多都是在20世纪中期由当时活跃在此地的中国商人建造的。其中最好的街道是在榴莲环岛（Durian Roundabout）、邮局和**老法国桥**（old French bridge）组成的三角形之间，有几条最近经过了精心修复。

贡布传统音乐学校 文化中心

（Kampot Traditional Music School；www.kcdi-cambodia.com；St 724；⏲周一至周二

14:00~17:00和周五17:00~19:00）在参观时段里，这里欢迎游客旁观培训课程，欣赏学校举行的表演。孤儿和残疾儿童在这里接受传统音乐和舞蹈训练。欢迎捐款。

贡布省博物馆

博物馆

（សារមន្ទីរខេត្តកំពត，Kampot Provincial Museum；River Rd；门票 US$2；周二和周四15:00~18:00，周六和周日8:00~11:00和15:00~18:00）这座新建的小博物馆位于保存完好的法国殖民地时期的**老总督大厦**（Old Governor's Mansion）中，其中追溯了贡布和周边区域的历史，根据曾在该地区居住过的一位文化人类学者让-迈克尔·菲利普（Jean-Michel Filippi）的知识和经历而建。

在我们上次到访的时候，在博物馆应当开放的时间曾两次试图进入参观，但发现里面都关得严严实实。如果你在贡布游玩期间发现这里开放了，值得进入一游。

贡布监狱

历史建筑

（ពន្ធនាគារ ខេត្តកំពត，Kampot Prison；St 736）你可以从贡布监狱大门外观赏这座虽然美丽但却很破旧的法国殖民时代的巨大的旧监狱楼。门前侍卫已经习惯了停留的游客，不过拍照前还是要先征得对方同意。

老法国大桥

桥梁

这座老法国大桥（Old French Bridge）在红色高棉时期曾惨遭摧毁，后来重建为多种风格的混杂式建筑。因为安全问题，大桥被官方关闭了，但当地人会直接翻过屏障，徒步穿越大桥。如果你也决定走上去，那么要极其小心。

活动和课程

贡布正在加速发展成为探险运动和活动的大本营。登山和贡布湾河水上运动是主要吸引来源。

Climbodia

攀岩

（095 581951；www.climbodia.com；Phnom Kbal Romeas，紧邻NH33；半天US$35~40，全天US$70）这里是柬埔寨第一家户外攀岩组织机构，提供的半日和全日项目备受好评，内容包括到贡布以南5公里处的Phnom Kbal Romeas石灰岩结构中进行攀岩、绕绳下降和洞穴探险。一些崖壁上已经建好了缆索路线（Via ferratas），有多种项目，新手和经验丰富的运动者的要求都可满足。

SUP Asia

水上运动

（093 980550；www.supasia.org；Kompong Bay River东岸；2.5小时团队游 US$25；10月中旬至次年7月每日）SUP（桨板）现已在贡布大规模展开，这家公司提供了别样的活动形式，可以游览河流。每天的团队游出发时间是在8:30和15:30，可以饱览本地区的河岸风光（事先要上一堂SUP的课程）。这里也有两日（18公里）之旅，横穿贡布湾河前往大海。

Khmer Roots Cafe

烹饪课程

（088 356 8016；http://khmerrootscafe.com；紧邻NH33；烹饪课程 含贡布往返交通US$20；10:00~16:00）这里提供的不只是烹饪课程，坐在店主Soklim的绿荫和有机菜园中可以体会到柬埔寨乡村生活的氛围，地址在贡布以东约1小时的地方。课程一般包括准备两道菜（含收集食材）、午餐，之后还有机会探索宁静的乡野。

Seeing Hands Massage 5

按摩

（River Rd；每小时US$5；7:00~23:00）盲人按摩师为你按摩。

团队游

在贡布，所有人包括他们的祖母都想要让你去参加团队游。白天的主要旅途包括去波哥山避暑地（Bokor Hill Station，US$12~15），乡村之旅经常会包括Phnom Chouk洞、周边的盐场、胡椒农场、白马和空东萨岛（US$18~20）。

节日时间

2015年开始举办的贡布作者与读者节（Kampot Writers & Readers Festival；www.kampotwritersfestival.com）于11月在贡布举行，历时4天，内容包括文学讨论、诗歌朗诵、艺术展览、音乐会和创意工坊。

Kampot 贡布

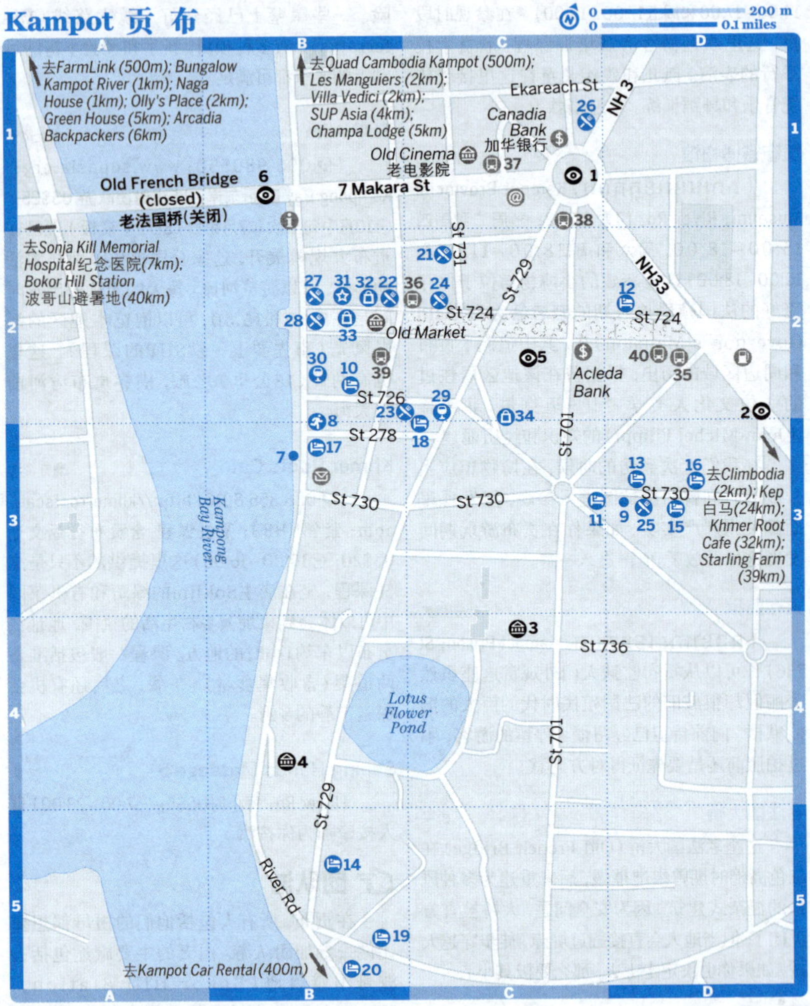

或者，你也可以雇一个三轮摩的，自行组合洞穴、白马和周边乡村游览。根据地点的不同，半日/全日的游览费用为US$15/25。

日落巡游以及夜间乘船观萤火虫的项目也很受欢迎。注意不可预料的自然因素，不一定能看到萤火虫。

Bart the Boatman　　乘船游

(☎092 174280; 2人US$40)这里的比利时移民被称作Bart the Boatman，最早运营私人乘船游，可沿着贡布湾河小支流游览。回水湾之旅备受游客好评。

Captain Chim's　　乘船游

(☎012 321043; Captain Chim's Guesthouse, St 724; 日落乘船之旅每人 US$5)可参加日落航行和观赏萤火虫之旅(乘坐传统船只)，费用中还包括一杯冰啤酒，实在很划算。同时也提供钓鱼之旅，只需US$11，含午餐，还可以出租自行车(每日US$2)。

Kampot Dreamtime Tours　　乘船游

(☎089 908417; www.kampotrivercruises.com; River Rd)日落河流之旅16:00从

Kampot 贡布

Rikitikitavi（见220页）马路对面的码头出发，一直巡游至河口，游轮曾经属于诺罗敦·西哈努克国王（King Norodom Sihanouk），包括一顿红酒、奶酪和海鲜烧烤大餐。

Sok Lim Tours 团队游

（☎012 796919；www.soklimtours.com；St 730；⊙8:00~19:00）贡布营业时间最久的机构，考虑全面周到，组织所有常见的一日游和河上巡游项目。针对私人乡村游览，他们还配备精通英语的三轮摩的司机导游，后者深谙贡布胡椒种植的程序和历史。如果办公室里没人，他们可能是在旁边的Jack's Place餐厅中。

Quad Cambodia Kampot 探险游

（☎088 938 1242；www.quadcambodiakampot.wix.com/quadcambodiakampot；River Rd；日落1.5小时团队游1人 US$23，2人 US$33）这里组织的贡布乡村游览让人跃跃欲试，日落时的四轮驱动车团队游16:15出发。也有时间更长的旅程（每人US$36起），可前往更远的地方。

住宿

说到住宿，贡布就是传说中的双城记。老城区及周边集中了绝大部分的酒店和客栈，距离咖啡馆和餐厅也很近。出了镇子，沿着河岸延伸出去的是一系列新城，提供的是全然的悠闲（根据你的选择，也可能是全然的派对）体验。如果你被贡布的魅力所吸引，不妨两个区域都体验一下。

贡布中心区

Magic Sponge 客栈 $

（☎017 946428；www.magicspongekampot.com；St 730；铺US$4，房间带空调US$10~15，不

带空调US$15~20；）这家热门的背包客住宿处有一间有阵阵微风的屋顶宿舍，还有个性化的风扇和阅读灯，令人印象深刻。私人客房都很划算，而且打理得很好。楼下是一间电影休闲室和一间热闹的酒吧兼餐厅，正午至20:00是欢乐时光。这里提供广受好评的印度食物，花园中甚至还可以打迷你高尔夫。

Pepper Guesthouse 客栈 $

（017 822626；guesthousepepper@yahoo.com；St 730；铺US$3，房间带电扇US$10，平房US$25；）我们非常喜欢这家由当地人经营的温馨客栈，它位于一座稍稍有些陈旧的20世纪中叶建造的别墅中。只配备电扇的房间里铺设有漂亮古老的木地板（101号房最好），门前的花园中则有两座相当高档的平房，其中配备有淋浴，装潢高雅。

Blue Buddha Hotel 酒店 $

（071 637 2924；www.bluebuddhahotel.com；St730；双/标三/家US$22/27/38；）这家酒店中的酒吧提高了贡布廉价住宿处中酒吧的标准。店主乐于助人，客房是宽敞的极简风格，配备有舒适的床铺、有线电视、小冰箱和现代化的大浴室。来出差的客人可以获得很大的折扣，还可免费租赁自行车。

Captain Chim's Guesthouse 客栈 $

（012 321043；www.facebook.com/captain-chims-guest-house；St 724；铺US$3，房间带/不带空调US$13/8；）这家由家庭经营的客栈提供简单整洁的客房和一间带阳台的宽敞宿舍。浴室只有凉水。客人可免费试用洗衣机和自行车。

The Mad Monkey Hostel 青年旅舍 $

（033 666 8853；www.madmonkeyhostels.com/kampot；River Rd；铺US$5，双 带/不带空调US$25/18；）这家旅舍是Mad Monkey青年旅舍帝国的一个分店，有各种大小（只有电扇）的宿舍，以及一个总是挤满参加派对的年轻人的泳池畔酒吧，因此吸引了很多背包客。

Nyny Guesthouse 酒店 $

（077 901460；nynyhotel@yahoo.com；St 730；标单/双US$6/8，带空调US$13/15；）在这家现代化的酒店中提供便宜的地下室住宿处，设施齐备。房间都干净得一尘不染，浴室有稳定的热水供应。

★ Rikitikitavi 精品酒店 $$

（012 235102；www.rikitikitavi-kampot.com；River Rd；房间含早餐US$48~53，家US$58；）柬埔寨经营得最好的精品酒店之一，可谓轻奢住宿处的范本，亚洲风的装潢融合了现代化的舒适。天花板采用极美的横梁支撑，墙壁上点缀着棕榈树嵌板和漂亮的艺术品。此外还可以享用到时髦的浴室，平板电视、DVD播放器、冰箱和水壶等现代便利设施。服务无可挑剔。强烈推荐。

The Columns 精品酒店 $$

（092 128300；www.the-columns.com；St 728；房间含早餐US$45~59，套US$75；）这家精品酒店位于河岸附近一排精心复建的商店中，极简主义风格的客房融古典和现代于一体，配备的是20世纪中叶的家具，还提供iPhone插接台、平板电视和时髦的现代化浴室。楼下的Green's咖啡馆很迷人，铺设的是可爱的复古陶砖地板，菜单上有健康沙拉和奶昔。

Two Moons 酒店 $$

（033 932857；www.twomoonshotel.com；River Rd；房间US$35~50，套US$70~85，高棉房屋房间带公共浴室US$15~20；）主楼中明亮的当代风格客房通往一个公共露台，顶楼上有一些花哨的套房，很适合家庭游客。不规则伸展的花园中有迷人的游泳池和出色的酒吧兼餐厅，其中还有一座传统风格的高棉木屋，里面提供了两个很有氛围的便宜客房。

Mea Culpa 客栈 $$

（012 504769；www.meaculpakampot.com；St 729；房间US$25~27；）这座现代化的别墅内有11个房间，家庭氛围浓郁，地址位于中心区以南，保证了悠闲宁静的环境。花园餐厅制作的炭烤比萨是全城最好吃的。

河上

虽说是在城外，其实大部分地区离城区并不远，乘坐三轮摩的只要10分钟就能从市中心走到"城外"。城外的旅馆都在河边，都在水面上盖了亭子或搭了木板以方便客人跳进河里游泳。

Bungalow Kampot River 平房 $

（☎033 666 6418；sokvireak25@gmail.com；Tuk Chhou Rd；平房US$6~10；📶）如果想返璞归真，好好休闲一下，那么这座柬埔寨人经营的家庭住宿处会出乎你的意料。这里附设的河畔露台餐厅（餐US$2起）是欣赏日落的好去处，住宿是在乡村风情的棕榈树叶盖顶的平房中（想想床垫直接铺在地上，配备有蚊帐和电扇）。吊脚平房中有私人浴室。

Olly's Place 平房 $

（☎092 605837；www.ollysplacekampot.com；Tuk Chhou Rd；铺US$3，房间US$6~8；📶）这家私人住宿处风格柔美，店主是会讲法语的比利时人Olly。考虑到其中悠闲的氛围和便利的地理位置，这里茅草搭盖的平房和基本型客房可谓超值。可以免费使用帆板和桨叶式冲浪板。

Naga House 平房 $

（☎012 289916；www.facebook.com/nagahousekampot；Tuk Chhou Rd；平房US$7~12；📶）这座经典的背包客住宿处提供落地式和高脚式基本型茅草平房（全部都使用公共浴室），周围环绕的是葱郁的植被。河畔有一座极其热闹的酒吧兼餐厅，经常会播放摇滚音乐营业至深夜，还定期举办现场音乐演奏和DJ打歌活动。

Arcadia Backpackers 青年旅舍 $

（☎077 219756；www.arcadiabackpackers.com；Tuk Chhou Rd；铺US$5~8，房间带浴室US$17~20，不带浴室 US$10，平房US$25；📶）这里是贡布最热闹的背包客派对场所，白天和晚些时候可以在河边浮桥上晒日光浴，还可以加入酒吧兼餐厅的狂欢人群，那里一般会营业至凌晨。想要好好睡觉的人最好不要选择US$5的宿舍。

★ Green House 平房 $$

（☎092 791958；www.greenhousekampot.com；Tuk Chhou Rd；平房带浴室 US$20~30，不带浴室 US$12；📶）这家设计出色的河畔住宿处完全是为了宁静而生，有棕榈树叶搭盖的平房（设备公用），也有五颜六色的带阳台的木头小屋，是河畔最好的一个住宿处（不接受12岁以下儿童入住）。古老的柚木主楼中设有餐厅（7:00~20:45营业），曾经还有一座富于传奇色彩的金边酒吧"Snowy's"（又叫Maxine's），不过在2011年被大火烧了个精光。

Champa Lodge 平房 $$

（☎092 525835；www.champalodge.com；Kompong Kreang；平房US$38~60；📶）坐落在河道拐弯处，周围是一派柬埔寨传统乡村风景，是个乡村避世之所。富于艺术色彩的客房都在传统高棉木屋之中，全部都建有阳台，可以坐在上面放松，欣赏田园风光。如果想运动，这里也出租皮划艇和自行车。餐厅兼酒吧中有大量比利时啤酒。

Les Manguiers 度假村 $$

（☎092 330050；www.mangokampot.com；Kompong Bay River东岸；房间带公共浴室US$11~24，平房US$32~80；@📶）这个休闲的花园度假村提供有许多额外服务，例如，免费的滑艇、自行车、羽毛球、乒乓球，还有一个儿童游乐场。可以从4个露台上跃入水中纳凉。住宿选择很多，包括宽敞明亮的简单型房屋、吊脚木头平房，都有电扇和凉水。餐点提供客饭。

Villa Vedici 度假村 $$

（☎089 290714；www.villavedici.com；Kompong Bay River东岸；房间US$30~45，平房US$55起；❄@📶🏊）Villa Vedici是成人和孩子都喜欢的乐园：除了风筝冲浪、快艇和尾流冲浪，主客房楼的起居室里还有超大平板电视，可以玩索尼Play Station游戏机。房间都是实用型，没有虚饰，不过住客们都喜欢将大部分时间花在泳池畔晒太阳。

就餐

想购买便宜食物，热闹的**夜市**（NH3；⏲16:00至午夜）里挤满了食品摊，可以吃到简

当地知识

贡布胡椒

柬埔寨内战前，几乎所有像样的巴黎餐馆都使用贡布省产的胡椒，但这个国家的胡椒种植园全部毁于红色高棉之手——他们认为只能种大米，不能种香料。

今天，在一些有志于保护生态的企业家和非胡椒不欢的老饕的帮助下，纤小但香气扑鼻、辣味十足的贡布胡椒籽重新被种植开来。

磅德拉（Kompong Trach）西北部的Phnom Voa及附近山谷里有许多种植贡布胡椒的家庭农场，那里气候条件独特，而且农民们坚信只有密集的劳动才能收获格外饱满的胡椒粒。实际上，贡布胡椒非常独特，是柬埔寨第一个接受“原产地认证”（geographical indication，简称GI）的农产品，和法国的奶酪一样。大增的销量使种植贡布胡椒的农家富裕起来，姑娘们受益最大，因为她们的父母终于有钱给她们置备嫁妆了。

2月至5月收获胡椒粒。胡椒粒开始发黄时农民们从树上把它们摘下来，放在太阳下晒就成了黑胡椒，果实完全成熟后摘下来的是红胡椒，泡在水里去除外皮后就成了味道比较柔和的白胡椒。9月至次年2月是收获绿胡椒的季节，这时的胡椒叶十分鲜嫩，摘下之后直接就可以吃——白马的螃蟹市场上的餐馆（见230页）是你品尝鲜胡椒的最佳去处之一。一包胡椒粒是非常好的纪念品或礼品：又轻又不怕压。只要保存得当（别磨碎），鲜味能保持数年之久。

在贡布的**Farm Link**（☎033 690 2354；www.farmlink-cambodia.com；⏲周一至周五7:30~11:30和13:30~16:30），你可以从精品店购买质量最好的胡椒，这家农场是最先接受GI认证的胡椒种植园之一。你可以看着它们在花园里晒干并被磨成粉。它就在新桥旁边：在第一个路口右转，然后留意左手边。

Sothy's Pepper Farm（☎088 951 3505；www.mykampotpepper.asia；Phnom Vour，Kep区，紧邻NH33；⏲9:00~17:00）到目前为止最友好的胡椒农场。这里有一个商店，也提供讲解贡布胡椒产业的历史和进程的短时团队游。相比贡布，这里离白马更近。

Starling Farm（www.starlingfarm.com；Kampot区，紧邻NH33；⏲7:00~17:00）中设有商店和餐厅。农场不经营团队游（或者提供任何信息），不过你可以自己去附近的胡椒田里参观。从贡布来这里的途中的风景可谓真正的亮点。

单的面条和米饭类食物，也有烤肉和高棉甜食，例如椰浆米饭。

有许多客栈都值得去一次，Mea Culpa有炭烤比萨，Magic Sponge（见220页）有美味的印度食物，或者也可以在城外河边享受水上进餐之乐——Green House尤其出色。

Cafe Espresso

咖啡馆 $

（St 731；主菜US$4~6；⏲周二至周五8:30~16:00，周六和周日9:00~16:30；📶✍）稍微一眨眼就可能错过，所以建议你睁大眼睛。澳洲店主实可谓老饕，这里提供有各国美食，例如，素食油炸玉米粉饼、巴西风味猪肉三明治，以及一些特别吸引人的早餐选择。不过最兴奋的还是咖啡爱好者，因为这里有本地产的各种咖啡，用每天现场烘焙的咖啡豆制作。

Epic Arts Café

咖啡馆 $

（www.epicarts.org.uk；St 724；主菜US$2~4；⏲7:00~16:00；📶）🌿这家咖啡馆是你吃早餐、家常蛋糕、喝茶、吃简易午餐的最佳去处。店里的员工是聋哑或其他情况的残疾青年。利润用于资助为柬埔寨残疾人开办的工厂，每周五的15:00还可以来学些手语。

Jack's Place

柬埔寨菜 $

（St 730；主菜US$2.50~6；⏲7:00~22:00；📶✍）这是一家由当地家庭经营的露天休闲餐厅，氛围友好，提供的菜肴包括yao hon（高棉火锅）、char kroeung（炒蔬菜和花生），以及各种柬埔寨热门菜式。其中的汤都很美味，也提供三明治和汉堡。

Ellie's

咖啡馆 $

（St 726；主菜US$3~5；⏲周三至周一8:00~16:00；📶✍）火腿蛋松饼，法式吐司，英国松饼——这家餐厅提供有城里最美味的早餐，供那些想要品尝家常风味的游客享用。蛋糕和自制三明治馅料，例如南瓜、菠菜和羊乳酪，也是美味的午餐选择。

Captain Chim's

柬埔寨菜 $

（St 724；主菜US$1~3；⏲7:00~22:00；📶）这里能找到一些贡布最低预算的食物。最著名的是早餐，高棉人热爱的loclak（用炒过的腌牛肉做的沙拉），一天里任何时候都可以让你吃个饱。

★Rikitikitavi

各国风味 $$

（www.rikitikitavi-kampot.com；River Rd；主菜US$5~8；⏲7:00~22:00；📶✍）名字来自拉迪亚德·吉卜林（Rudyard Kipling）的小说《丛林之书》（*The Jungle Book*）里那只猫鼬。这家河边露台餐厅别具气氛。贡布胡椒鸡、墨西哥玉米煎饼、慢炖咖喱和沙拉非常有名。17:00~19:00的欢乐时光所有鸡尾酒买2送1，是城里休闲和日落小酌的最佳选择。

Veronica's Kitchen

各国风味 $$

（River Rd；主菜US$4.75~6；⏲7:30~22:00；📶）这处氛围轻松友好的露天餐厅由当地一个家庭经营，有相当多的高棉和欧洲经典菜式，可满足所有人的口味。也是河畔傍晚喝啤酒的最佳去处。

Rusty Keyhole

各国风味 $$

（RiverRd；排骨小/大/特大US$5/7.50/10；⏲11月至次年5月8:00~23:00，6月至10月11:00~23:00；📶）深受欢迎的河边酒吧兼餐厅，菜单汇聚了全球美食，也有高棉家常菜，令人印象深刻。多数人来这里都是为了品尝有名的排骨，要预订，不过要注意特大份的分量会太大。

Baraca

西班牙小吃 $$

（St 726；西班牙小吃 US$1.50~3，2人拼盘US$10；⏲17:00~22:00；📶✍）这座五彩缤纷的餐厅氛围舒适，带有一丝波希米亚风情，提供别出心裁的西班牙小吃，以及亚洲、地中海和中东精选风味食物。喜欢小份晚餐的人不要错过。背后的**客栈**（☎011 290434；www.baraca.org；St 726；双US$12~16，家US$20；📶）提供通风良好的简单房间，屋顶很高，还保留了原本的瓷砖地板。

🍷 饮品和娱乐

KAMA

酒吧

［贡布音乐和艺术协会（Kampot Arts and Music Association）；St 726；⏲周三至周日18:00至午夜；📶］店主Julien Poulson是著名乐队Cambodian Space Project的创始成员之一，这里一半是波希米亚式酒吧，一半是艺术空间。主要展出的是这种风格的乙烯基藏品，每晚还会播放电影，举办创意活动。可以进来喝杯啤酒，或是尝尝当天特色菜，看看你停留的期间，镇上会有什么活动。

Oh Neils

酒吧

（River Rd；⏲17:00至深夜；📶）贡布河岸最热闹的小酒吧，Oh Neils的墙壁上挂满了摇滚乐纪念品，播放的都是几十年来经典的摇滚乐曲。

Ecran

电影院

（St 724；一部电影 10,000r；⏲周三至周一11:00~21:00）Ecran（在法语中的意思是"荧幕"）是一家电影咖啡馆，提供大荧幕电影放映，可选择包厢观看。柬埔寨经典如《杀戮战场》（*The Killing Fields*）每天都会上映，此外还有经典影片及其余种类。有自制面条和饺子供应（US$2~2.50），还有饮品。

🛍 购物

Tiny Kampot Pillows

手工艺品、服装

（www.tinykampotpillows.com；2000 Roundabout；⏲10:00~18:00）好吧，这里的纺织品商店有许多手工缝制的丝绸小枕头，另外还有许多其他饰物，比如服装和包。

Dorsu

服装

（www.dorsu.org；St 724；⏲10:00~17:30）贡布的民族时尚服饰。其中提供的各种可爱的高质量服饰均由当地一家小团队设计和制作。

Kepler's Kampot Books 书籍

（St 724；⊙8:00~20:00）是贡布的二手书交易市场。

实用信息

免费的搞笑杂志《贡布生存指南》（*Kampot Survival Guide*；www.kampotsurvivalguide.com）总是调侃本地侨民的生活。免费的Coastal指南介绍贡布和白马，上面刊登许多本地商业信息。

榴莲环岛西南侧的7 Makara St上有许多能上网的复印店。大多数客栈，咖啡馆和餐厅都有免费的无线网络。

Acleda Bank（St 724；⊙周一至周五8:00~15:30，周六至11:30，自动柜员机24小时）

加华银行（Canadia Bank；Durian Roundabout；⊙周一至周五8:00~15:30，周六至11:30，自动柜员机24小时）

Sonja Kill纪念医院（Sonja Kill Memorial Hospital；☎急诊 078 265782，门诊 077 666752；www.skmh.org；NH3，贡布以西7公里处）本地区最好的医院，有最先进的医疗设备、受过高级培训的当地和专家医生。

旅游信息中心（Tourist Information Centre；☎033 655 5541；lonelyguide@gmail.com；River Rd；⊙7:00~19:00）在博学多才的Pov先生的带领下，贡布的旅游信息中心提供免费建议，经营团队游项目，也可安排前往本地区景点[洞穴、瀑布和磅德拉（Kompong Trach）]的交通工具。

到达和离开

贡布在NH3路边，与东北方向的金边相距148公里，与西边的西哈努克市相距105公里，与东南方向的白马相距25公里。

Capitol Tours（☎092 665001；NH33）和**Phnom Penh Sorya**（NH33）的售票办公室都设在四蛇环岛（Four Nagas Roundabout）附近的Total加油站对面。两家公司每天7:00都有一班车开往金边（US$5~6，4小时），Capitol13:00也有一班车。Sorya的车次途经白马（US$2，45分钟）。

绝大多数前往金边的人都会选择更快也更舒适的小客车。**Giant Ibis**（☎095 666809；www.giantibis.com；7 Makara St）开往金边（US$9，2.5小时）的小客车每天8:30和14:45出发。**Kampot Express**（☎077 555123；www.kampotexpress.com；St 729）开往金边（US$8，2.75小时）的小客车每日8:00、13:00和16:30出发。要去西哈努克市的话，**Kampot Tours & Travel**（☎092 125556；St 710，US$5，8:00和15:30，2小时）和**Champa Mekong Travel**（☎033 630 0036；St 724；US$5；8:00、10:30、15:30；2小时）是两大主要小客车运营公司。要去白马（US$3，30分钟），Kampot Tours & Travel的车每天9:30和14:00出发，Champa的车每天10:30和15:00出发。两个公司上午前往白马的车次都可以前往越南的河仙（Ha Tien；US$8，1.5小时）。

所有的客栈都可以提供订票和接车服务。

乘坐摩的前往白马价格约为US$6（三轮摩的为US$12）。

当地交通

乘坐摩的在城里转转大约需要2000r（三轮摩的US$1）。要去往城外的河边客栈，根据位置不同，价格在US$2到US$4之间。

城里许多客栈出租自行车（每天US$2）和摩托车（每天约US$5）。

Kampot Car Rental（☎088 5102702；www.facebook.com/kampotcarrental.com；River Rd；每天US$20起；⊙7:00~20:00）这家公司可提供自驾车出租，让你可以低价自由旅行。可查看附属细则。

贡布周边

从贡布向东，布满洞穴的石灰岩山丘连绵延伸至白马。农诺（Phnom Chhnork）的周围是一望无际的绿色农田，是一块宝地。可以用一个下午访问农索萨（Phnom Sorsia）和农诺。

农诺 洞穴

（ភ្នំឈ្ងោក，Phnom Chhnork；门票US$1；⊙7:00~18:00）从Wat Ang Sdok出发走小路，穿过片片稻田很快就到了农诺，一个和尚在门口收费，一群嘻嘻哈哈的当地小孩乐于给你当导游。

从底部出发，沿203级台阶依山势而上，然后下至一个像天主教堂一般优雅的大洞穴。无论是从山顶往下俯瞰，还是在上下山的时候眺望，景色都很美丽，傍晚尤其怡人。

洞内有只钟乳石大象，面向右侧的平坦悬崖上还有一只。吱吱喳喳的蝙蝠生活在两个天然的直冲云天的"烟囱"附近，植物包裹在"烟囱"外面，看起来绿意盎然。

主洞内有一个7世纪（扶南时期）的砖结构寺庙，供奉的是湿婆神。由于位于洞穴内部，因此寺庙的建筑保存完好，仍然十分坚固。把头探进去，仔细看那个被看作是林伽的古钟乳石柱。一条湿滑的小路（雨季时被水淹没）能带你游遍整个山丘。

在贡布以东约5.5公里处离开NH33主路——在一座占族清真寺对面有块写着“Phnom Chhngok Resort”的路牌。离开主路后，沿一条颠簸的路走6公里，就到农诺了。从贡布乘坐摩的往返车费约US$6（三轮摩的US$10）。

农索萨 洞穴

（ភ្នំសសៀរ, Phnom Sorsia, Phnom Sia; ⏲7:00~18:00）免费 有数个天然洞穴。台阶以停车场为起点，先是通往山腰上一座五颜六色的现代化寺庙，然后到达左侧的白象洞（Rung Damrey Saa）。台阶湿滑陡峭，一步走错你会掉进地洞，然后得往上爬从地洞的另一侧出来。离开洞穴，沿着右侧的道路，你会回到寺庙。

在寺庙那里，有台阶通往右侧的蝙蝠洞（Bat Cave）。蝙蝠在洞的顶部喧闹，它们通过一个狭窄的天然“烟囱”飞进飞出。当地人会趁蝙蝠出洞时用竹竿把它们打落在地。山路终点附近的山顶有一尊佛塔，景色壮观。

通往农索萨的NH33主路出口距离贡布东南方向13.5公里、在白马附近的白马环岛（White Horse Roundabout）西北方向1.3公里。有个写着“Phnom Sorsia Resort”的路标，那里有条通往东北方向的土路，在水稻田里穿行约1公里后就到农索萨了。

德朱瀑布 河流

（ទឹកឈូ, Tek Chhouu Rapids; 门票US$1）当地人特别喜欢这个瀑布，瀑布周围有许多食物摊和野餐台（高棉人旅行休闲的必需品）。从贡布乘坐三轮摩的前来大约要花费US$5。

由于上游修建的水电站大坝（一个耗资2.8亿美元的项目的一部分，一小部分波哥国家公园因此会沉入水下），“瀑布”一词已不适用于此地，但这里仍然是一个河畔休闲的顶级场所，而且在这里也有机会领略当地风光。

波哥山避暑地（Bokor Hill Station） កស្ថានីយភ្នំបូកគោ

波哥山避暑地是一个一度被废弃的法国疗养地，地址位于占地1581平方公里的波哥国家公园（ឧទ្យានជាតិបូកគោ, Bokor National Park, Preah Monivong National Park; 门票 摩托车/小汽车2000r/4000r）内，以凉爽的气候闻名，20世纪二三十年代是那些令人毛骨悚然的废弃建筑的全盛时期。在寒冷多雾的日子里，模糊的视野和呜咽的风声让这里显得格外恐怖。因此，马特·狄龙（Matt Dillon）在这里拍摄了他的犯罪惊悚片《幽灵城市》（*City of Ghosts*, 2002年）。

近年来，这座避暑地因为山顶上开辟出来的Thansur Bokor Highland Resort度假村中丑陋的现代赌场而闻名。规模庞大的开发项目还包括一个高尔夫球场和大量以投机性价格出售的假日别墅。波哥这种有趣的旧日恐怖气氛很不幸已经被该建设项目破坏殆尽。

历史

20世纪20年代初，忍受不了酷热的法国人在波哥山（Phnom Bokor; 海拔1080米）山顶盖了一所避暑疗养院，可以欣赏到方圆几公里的海景和平原。

山区避暑地曾经两度被荒弃：第一次是在20世纪40年代末，当时柬埔寨正在抗击法国，争取独立，越南和自由高棉人的军队占领了这里。第二次是在1972年，当时朗诺（Lon Nol）政府将这里留给了红色高棉的武装力量，后者逐渐接管了广大农村。由于地势重要，内战期间各方军队都把这里当作战略要地，就连1979年越南入侵时都要为占领该地而战。红色高棉退到天主教堂里负隅顽抗了几个月，越南军队从500米之外的波哥宫（Bokor Palace）向他们开枪。

景点

波哥宫 历史建筑

（ដំណាក់បូកគោ, Bokor Palace）免费 这座曾经的大酒店开办于1925年，是法国官员曾经觥筹交错的主要场所。现在这里只剩下一片巨大的空壳，只有少量地板瓷砖残存下来，因此漫步其中，你可能需要尽情发挥想象力，来还原当时在大舞厅和客房中点缀的奢华装饰。

天主教堂
教堂

免费 罗马风格的**天主教堂**的钟楼仍然孤零零地矗立在砖结构建筑的一隅，一侧的窗户上只剩一个生锈的十字架的轮廓。你可以想象曾有一群穿着正式服装的法国人来教堂里做礼拜。教堂内有小块墙壁是红色高棉建的。山顶有个悬崖，在那里可以俯瞰原始雨林。

沃桑波普兰
佛教寺庙

（វត្តសំពៅប្រាំ，Wat Sampov Pram）在长满青苔的沃桑波普兰（五舟寺）中能远眺丛林之外的海滨，甚至能看到越南的富国岛。寺庙周围常有野生猴子出没。

Popokvil 瀑布
瀑布

（ទឹកធ្លាក់ពពកវិល，Popokvil Falls）从Thansur Bokor Highland Resort度假村向北行进，有一条公路可通往双层的**Popokvil瀑布**，水势在7月至10月最为壮观。

到达和离开

想游览避暑地，可以从在贡布组织的众多一日游往返游中选择一个参加，或者可以租赁摩托车或自驾游览。通往这里的道路非常新——由Thansur Bokor Highland Resort修建——所以路况也很好。

白马（Kep） កែប

☎036 / 人口3.5万

白马（Krong Kep，又写为Kaeb）是在1908年作为法国上流社会的海滨修养地而建，在20世纪60年代，成为柬埔寨富翁们喜爱的度假地，现在游客又重新被吸引到了这里。有人说白马缺乏生气，因为没有市中心，但也有些人就喜欢这种懒散的步调。

虽然缺少中心区域（更不用说完全不存在漫长的沙滩海岸线），但也没有阻止精品度假村增建的步伐。这里的酒店瞄准的就是有文化的海滨游客，他们更喜欢在白马国家公园中到处都是蝴蝶的小径上徒步，端着一杯葡萄酒在吊床上休息，而非派对狂欢。

美丽的日落和鲜美的海产品使白马名声在外，但这里同时也有大量的奢华别墅，让人想起其在战前的鼎盛时代。20世纪80年代，随着红色高棉的大清洗，这里被洗劫一空。今天，那些现代主义建筑只剩下残败的空壳，散落在森林中，就像是来自另一个年代的文物一般，被突如其来的暴力毁于一旦。

景点

整个白马到处都散落着建于20世纪中叶、现在已经发霉的别墅。看着这些别墅，你既能想象出战前那欢乐而自由自在的岁月，也能想象出红色高棉和内战的可怕。所有这些以现代主义理念修建的别墅都整齐地排列着，线条清晰，简洁而较少装饰，留存着短暂而美好的全盛时代生活的记忆。今天，有许多都已被涂鸦覆盖，成了擅自占用者（有人说，还有鬼魂）的居所。从北部环岛向北延伸的NH33A沿路有许多精彩样本。别期待能买下一座了，20世纪90年代中期这些别墅就都被有内部关系的投机人士出钱买下了。

★ 白马国家公园
公园

（ឧទ្យានជាតិកែប，Kep National Park；门票4000r）白马国家公园占据了白马半岛的陆地部分，其中有一条8公里长的环路，蜿蜒穿越茂密的森林，沿途能看到寺庙，以及一些观景台，这条路步行或骑山地自行车均可通过。路上设有奇怪的黄色路标，也有的指示的是前往公园内部的步道的起点。被称为“天国阶梯”（Stairway to Heaven）的小路尤其值得探索，往山上走能见到一座佛塔和一个尼姑庵，以及“日落石”（Sunset Rock）观景台。

公园主要入口在Veranda Natural Resort度假村背后。

从主要入口进入步道300米后有一座Led Zep Cafe（见231页），徒步归来可在这里补充体力，休息一下。店主Christian是步道设计、绘图和路标绘制的推动力量，而且一直在照管公园环境。

空东萨岛
岛屿

［កោះទន្សាយ，KohTonsay，或兔岛（RabbitIsland）］如果你喜欢田园生活，那么空东萨岛长250米的主海滩就是为你所准备的。不过要趁早来，因为该岛已经被做好标记准备开发了。这片海滩是白马地区岛屿中最好的

一片，不过也不要期待能看到闪闪发光的白沙滩。海边有木头碎片、小鸡和慢慢踱步的奶牛。沙滩边缘排列有棚户餐厅和基本型平房住宿处（每晚US$7起）。

开往兔岛（30分钟）的船9:00从兔岛码头出发，返回白马是在16:00（往返US$10）。白马的客栈可以帮你订票，或者你也可以去码头上的空东萨船票办公室（Koh Tonsay Boat Ticket Office）购买。码头办公室还可安排私家船只去兔岛，往返费用约US$25。

白马地区的岛屿还有**蛇岛**（Koh Pos；与兔岛相距30分钟路程）以及小且没有沙滩的**芒果岛**（Koh Svay）。蛇岛有个空无一人的沙滩，很适合潜水，但没有住处（参加一日游，乘坐10座船US$50左右）。站在芒果岛地势最高处，可以看到美丽的景色。

这座岛之所以叫兔岛，是因为当地人认为它形状像兔子——因为太多当地人都这么说，所以你的想象力也会受到影响。

白马蝴蝶农场 农场

（កសិដ្ឋានមេអំបៅកែប，Kep Butterfly Farm；Jasmine Valley Trail，Kep National Park；接受捐赠；⏲9:00~18:00）**免费**这座小巧美丽的花园里养有数不清的蝴蝶。可以从白马国家公园的小路骑自行车或摩托车前来，也可以步行而来，走主路以外的联结路径即可。

海滩

白马的海滩大多很浅，又多礁石，不太适合游泳。可以在海边游泳，也可以去属于Sailing Club的防波堤那里游，那儿的海水特别浅。

白马海滩 海滩

白马沙滩（Kep Beach）这片手帕大小的沙滩是白马唯一一片像样的沙滩。在战前时代，这里曾经用卡车运来洁白的沙子，这项举措从2013年再度开始，想要将沙滩改造得更好。现在这里砂石仍然有点多，而且周末会人满为患。沿着海滩有条绿树成荫的人行道，东端有个名叫**Sela Cham P'dey**的雕塑，图案是一个等待渔民丈夫归来的裸体女子。

椰子海滩 海滩

椰子海滩（Coconut Beach）有小餐馆和平台餐厅，但这里并没有太多沙子。从白马海滩往东南方向走几百米，经过著名的**大螃蟹雕塑**（Giant Crab Statue）后就到了。

活动

Sailing Club 水上运动

（☎078 333686；www.knaibangchatt.com/the-sailing-club；⏲8:00~17:00）对公众开放，俱乐部出租海上皮划艇（每小时US$5）、脚踏驱动皮划艇（每小时US$15起）和风帆（每小时US$12）。也有优质山地自行车出租，每天US$10。

Magic Tree 爬树

（☎099 896859；maxdiscoverycambodia.wordpress.com；US$8）Max Discovery Cambodia在白马周边组织各种活动和团队训练项目，Magic Tree对家庭游客来说是一种别样体验。可以带着安全绳和指南去白马国家公园一棵巨大的无花果树上探索。

Ranch de la Plantation 骑马

（☎097 847 4960；www.kep-plantation.com；1/2小时US$20/34；⏲8:00~18:00）在白马国家公园低处可以骑马，也可前往镇子周边的乡村地区。有些马匹脾气有点倔，因此更适合富有经验的成人骑手。

Marine Conservation Cambodia 志愿活动

（www.marineconservationcambodia.org；Koh Seh）总部位于空赛岛（Koh Seh，距离白马18公里），致力于保护白马周边的海洋环境，阻止非法捕鱼所造成的海洋生物种类减少。志愿者可实地参与活动，加入巡逻队搜查非法捕鱼活动，同时也可以了解海洋保护知识，帮助完成调查项目。

团队游

你可以将白马作为大本营，前往游览Sothy的胡椒农场（见222页），以及几个有趣的洞穴寺庙，如磅德拉附近的沃吉里塞拉（Wat Kiri Sela，见232页）以及位于通往贡布路边的农诺（见224页）和农索萨（见225页）。游览景点的最佳方式是从镇上雇一个

Kep 白马

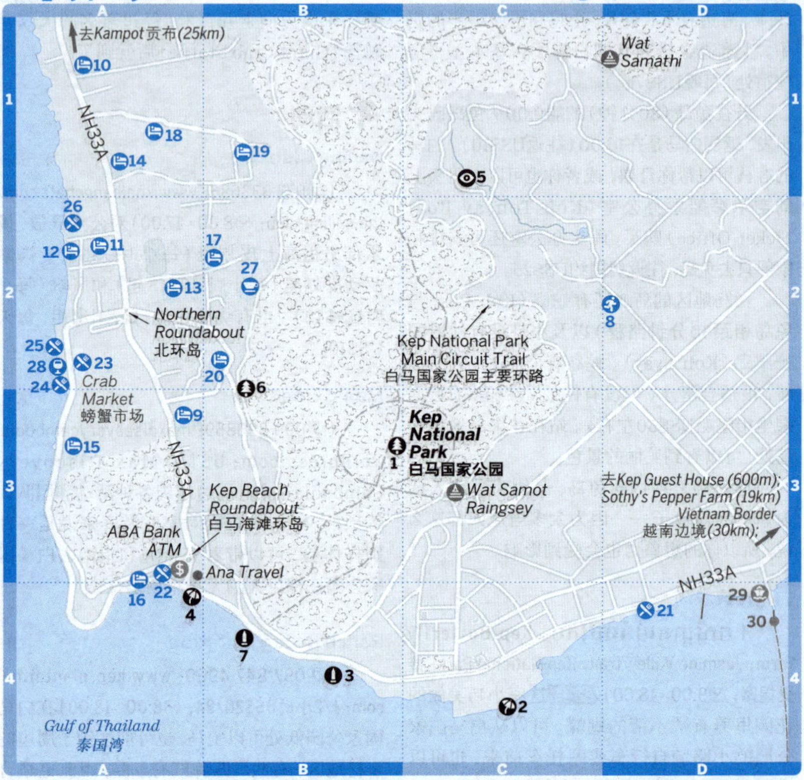

会说英语的三轮摩的司机（每天约US$20），自己去乡下随意游览。

住宿

白马有5公里长的海岸线，主公路以及蜿蜒向山地进发前往白马国家公园的途中有许多度假村和客栈。

★ Botanica Guesthouse 平房 $

（☎097 899 8614；www.kep-botanica.com；NH33A；房间带风扇/空调US$19/29；）如果白马举办活动，这里会距离活动场所非常之近。这里提供物超所值的迷人平房住宿，并且标榜拥有现代浴室。有一个小泳池，也有可免费使用的自行车，住客可骑车去海边。

Tree Top Bungalows 平房 $

（☎012 515191；www.keptreetop.com；平房带/不带浴室 US$25/5，树屋平房US$10起；）这里的亮点是用竹板建的"树顶"平房，将悠闲氛围发挥到最大（每两间共用一个卫生间）。地面上也有宽敞结实的平房，带私人浴室，还有白马最便宜的客房——这里的棚屋均是以薄板隔开。

Kimly Lodge 客栈 $

（☎012 721200；www.kimlylodge.com；双US$25，平房US$45起；）超值时髦的客房中贴的是瓷砖地板，装潢舒适，浴室一尘不染，是廉价住宿处中的绝佳选择。屋后还有农舍风格的大平房住宿处，里面有石墙浴室和小阳台。

Kep Guest House 青年旅舍 $

（☎097 374 8080；www.kepguesthouse.com；NH33A；铺US$5~7，房间US$9~17；）

Kep 白马

重要景点

景点

活动、课程和团队游

住宿

就餐

饮品和夜生活

交通

这座朴素的旅舍是白马最好的一处背包客住宿处，房间明亮通风且干净，有一间配备双人床的宿舍。屋顶餐厅能看到壮丽海景。房价US$17的房间里有空调。

Bacoma 平房 $

(☎088 411 2424; bacoma@live.com; NH33A; 房间US$10~36; 📶)这家住宿处的花园里建有喜人的圆形茅屋，价格便宜，且全部都配有蚊帐和电扇，干净的公共浴室可谓是帮了大忙。也有些宽敞的平房和传统高棉式房屋，都有私人浴室。

Le Coco De Mer 平房 $

(☎090 880413; www.lecocodemerbungalows.com; 平房带电扇/空调 含早餐 US$25/35; ❄📶)隐藏在沿主路下山后路旁一座悠闲安静的花园中。其中简单可爱的木头平房(只有电扇)都是活泼的乡村风格，门廊上挂有吊床，宽敞的混凝土村舍中有空调，能抵抗白马的炎热气候。

★ Saravoan Hotel 精品酒店

(☎036 639 3909; www.saravoanhotel-kep.com; 双/标双/家 US$45/50/55; 🚭❄📶🏊)这家新建酒店将当代极简主义设计带到了白马。宽敞的客房里搭配的是锃亮的水泥地板和石墙，落地玻璃门可通往阳台，那里能看到镇上最美的海景。露台游泳池(也能看到海景)很适合在探索完白马国家公园后过来纳凉。

Tara Lodge 客栈 $$

(☎097 623 6167; www.taralodge-kep.com; 双 含早餐 US$50~60，家 US$75; 🚭❄📶🏊)这座巨大的客栈氛围友好，因为舒适而很受我们的喜爱。宽敞的房间(有一切便利设施)隐藏在一片葱翠的棕榈树和花丛背后，中间建有一座闪闪发光的游泳池。是个适合修养身心的世外桃源。楼上的露台餐厅视野开阔。

Le Flamboyant Resort 度假村 $$

(☎017 491010; www.flamboyant-hotel.com; NH33A; 双 含早餐 US$60起; 🚭❄📶🏊)虽然相比名字来说，风格少了些浮夸，但这座迷人的大花园(还有马在啃噬草坪)还是有种精品度假村的感觉。农舍风格的平房采用的是蓝色的主色调，配有木头装饰，还有小阳台。附设有两座游泳池、一座小型水疗中心和一家很棒的餐厅。

Sea View Bungalows
度假村 $$

(☎097 695 8582; www.seaviewbungalows.com; 平房含早餐US$40起; ❄📶🏊)这座欢迎家庭的度假村建在山腰上的一座葳蕤花园中，带有游泳池。因为足够遥远，所以感觉很安静，但离白马的螃蟹市场很近，步行就能轻松到达。宽敞的家庭套房和标准平房都很舒适，而且打理得很干净，不过装饰有些无聊。

Veranda Natural Resort
度假村 $$$

(☎012 888619; www.veranda-resort.asia; Kep Hillside Rd; 房间含早餐US$80起; ❄📶🏊)山坡上聚集着几座由木头柱子和石头搭建的平房，互相之间由迷宫似的木板路相连，很是浪漫。多看看几个房间再决定，因为房型不同，价格差异很大。餐厅的食物美味，还能看到壮丽的日落景色。

Le Ponton Hotel
精品酒店 $$$

(☎017 780061; www.lepontonhotel.com; 平房含早餐US$80起; 🚭❄📶🏊)这家酒店有一片五颜六色的休闲区和非常迷人的泳池区，因此轻轻松松就营造出一种海滩度假的氛围。平房风格的房间中配有小阳台，虽简单但很时尚，而且就坐落在一座美丽的热带花园中，其中开满鲜花，树木也都长得很茂盛。步行就能前往螃蟹市场和白马海滩。

Knai Bang Chatt
精品酒店 $$$

(☎078 888556; www.knaibangchatt.com; 标单/双 含早餐US$188/319起; 🚭❄@📶🏊)这里是白马的第一座设计酒店，位于一座20世纪60年代建造的海滨别墅中，房间就像是从时尚杂志中剪下来的一样。基于这个价格，我们会期望所有可爱的玻璃窗都被擦得干干净净，能供欣赏海景。酒店位于海滨，几步路就能到达海滩。

就餐

在湿漉漉的螃蟹市场旁边有一排海边小

去越南：白马到河仙

前往边境 Prek Chak–Xa Xia边境口岸(⏲6:00~17:30)现已成为从贡布、白马去河仙(Ha Tien)的热门路径，接下来可以继续出发前往越南热门的岛屿富国岛(Phu Quoc)，或者去胡志明市。

要去Prek Chak边境，然后去往越南河仙的最便捷的方法是从金边(US$16, 5小时)、西哈努克市(US$16, 4小时)、贡布(US$8, 1.5小时)或白马(US$5, 1小时)乘坐小客车至边境。Virak Buntham(见92页)有一趟长途汽车从金边始发；从贡布和白马出发，Kampot Tours & Travel(见224页)的服务最值得信赖。

要注意的是，即便游客已经购买了前往胡志明市或富国岛的车票，一般也还是要在边境转车。

从金边或贡布出发还有一个更加灵活的选择，即随便搭一辆长途汽车到磅德拉，接着坐15公里的摩的(US$3左右)走一条路况好的道路到边境。

在白马，客栈可以安排直达三轮摩的(US$13, 1小时)或出租车(US$20, 30分钟)。价钱和时间几乎都是贡布出发的两倍。私家车可走新路向南到达磅德拉以西10公里处的边境。

在边境 越南会为欧洲和亚洲的一些国家提供15日的落地签。至于其他的国家，以及任何停留超过15天的游客，都必须提前办理签证。

在Prek Chak，摩的要价US$5将你送过柬埔寨边检站300米处的越南境内，接着一路前往河仙(15分钟, 7公里)。步行穿过无人之境，到边境另一侧坐摩的(US$2~3)可以帮你省钱。

继续前进 计划去富国岛的游客应该在12:30之前赶到河仙，这样才能买到13:00的渡轮船票(230,000d或者US$11左右, 1.5小时)。到得太早的游客或许可以赶上乘坐8:00的汽车渡轮(慢船)到富国岛。从柬埔寨出发到河仙的班车会在13:00的渡轮出发前赶到。

木屋餐厅，在这里吃饭，你将获得地道的白马美食体验。贡布胡椒炒鲜螃蟹可谓一次美味享受。活螃蟹被关在水边的笼子里养着。你可以在这里吃，也可以买点螃蟹（每公斤35,000r）回客栈加工。螃蟹市场上也有许多好地方可供选择，注意高棉人都在哪里吃。白马的一些酒店中也能提供精致的膳食。Knai Bang Chatt位于海滨的Strand用餐亭和Veranda Natural Resort是其中的佼佼者，不仅食物美味，还能欣赏美景。

★Kimly 海鲜 $$

（☎036 904077；Crab Market；主菜US$2.50~8；⊙10:00~22:00）在螃蟹市场上经营历史最悠久的棚屋餐厅中，这一家最受当地人的推荐。各种方式——确切说来是27种——烹饪的螃蟹价格都是US$6或US$7，或者多花US$2就能获得超大分量。贡布胡椒螃蟹着实让人口水直流。

La Baraka 各国风味 $$

（Crab Market；主菜US$6~10；⊙11:00~22:00；📶）相比起螃蟹市场其他餐厅中千篇一律的菜单，这里提供有许多新鲜选择，包括各种欧洲和亚洲热门菜式，以及大量的海鲜，例如生剑鱼片。如果是非鱼类爱好者，这里也有大量的比萨和意大利面。露台伸出在水面上，很适合日落时品尝鸡尾酒。

Breezes 创意菜 $$

（NH33A；主菜US$5~10；⊙正午至21:30；📶）位于水边，面朝兔岛码头。时髦的家具、美味的食物和兔岛的景色是这家店的迷人之处。菜肴有亚洲（高棉等国家）、西式和混合等风味。

Brisede Kep 各国风味 $$

（☎036 633 6339；Kep Beach；主菜US$3~9；⊙7:00~22:00）这家海景餐厅融合了大量法国菜和亚洲菜肴，亮点是海鲜特色菜，例如金枪鱼、梭子鱼和贝类。

★Sailing Club 创意菜 $$

（主菜US$7~12.5；⊙10:00~22:00；📶）这个微风习习的木头小酒吧在一小块海滩上，有一个木板码头伸出在海面上。这里是全柬埔寨首屈一指的欣赏日落的好地方。亚洲混合风味食物好吃，也能烹制螃蟹。可尝试白马特色鱼（Kep Special Fish；搭配贡布胡椒和椰子酱），感受当地口味。

🍷 饮品和夜生活

Toucan 酒吧

（螃蟹市场；⊙11:00至午夜；📶）太阳开始西沉时（或者17:00），这里的露台就成为喝一杯的好地方。打台球客人一直玩到午夜前后，对于白马来说算是相当晚了。

Led Zep Cafe 咖啡馆

（白马国家公园；⊙9:30~18:00）位于白马国家公园步道上的一座可爱安静的咖啡馆。徒步之后，在宽敞的露台上享受清凉的酸橙汁，眺望美丽的海滨，可谓完美选择。

ℹ 实用信息

www.visitkep.com是个很有用的在线信息源，能检索所有与白马相关的信息。

白马没有银行，不过白马海滩上有一台**ABA银行的自动柜员机**（⊙24小时）。

几乎所有的酒店以及许多的餐厅中都提供免费的无线网络。

ℹ 到达和当地交通

白马距离贡布25公里，距离柬越Prek Chak-Xa Xia边境口岸41公里。

长途汽车停靠在白马海滩上的一排旅行社前，其中所有的旅行社都出售长途汽车和小巴车票。**Ana Travel**（☎036 652 3999；Kep Beach；⊙9:00~18:00）有最详细的继续出发的车次信息。多数客栈也都可以出售汽车票。

Phnom Penh Sorya（见92页）和**Hua Lian**（见54页地图；☎223025；Monireth Blvd & Olympic Stadium）开往金边的车次出发时间为7:30、13:00和14:30（US$5，4小时）。乘坐私人出租车前往金边（2.5小时）费用为US$40~45。

Virak Buntham（见205页）运营的连接河仙和西哈努克市的长途汽车在7:30经过白马（US$7，3小时）。不过乘坐**Kampot Tours & Travel**（见194页地图；☎贡布092 125556；Ana Travel，Serendipity Beach Rd）和Champa Mekong Travel（见224页）取道贡布（US$3，1.5小时）的小巴前

往西哈努克市（US$6~7，2.5小时）会更舒适，出发时间为10:30和14:30。

乘三轮摩的前往贡布车费为US$12，私人出租车US$20。白马海滩环岛那里有等活儿的司机。镇上也有一些摩的。

摩托车租金每天US$5~7，详情可咨询你入住的客栈或任何一家旅行社。

白马周边

沃吉里塞拉　佛教寺庙

（វត្តគិរីសិលា，Wat Kiri Sela；⏲7:00~18:00）这个佛教寺庙在磅德拉山（Phnom Kompong Trach）脚下，此处为喀斯特地形，有100多处洞穴，互相之间有通道连接，像个迷宫。寺庙那里有条地下通道通往一处鱼缸形状的喀斯特地貌，那里的洞穴开着天窗，长满藤蔓。各种各样的钟乳石山洞为卧佛像和小型佛龛提供了庇护。

距离最近的城镇为磅德拉（Kompong Trach）。从这里出发，走Acleda Bank对面的土路，在市中心上NH33走2公里即到。

磅德拉镇在NH33公路上，白马东北28公里处，因此从白马和贡布来一日往返游都很方便。

在寺庙的时候，注意有热情的当地小孩带着手电，他们不仅急于练习在夜校学来的英语，也盼望着给你当导游。如果你雇用他们当导游，一定要给小费。

茶胶省（TAKEO PROVINCE）

茶胶省（ខេត្តតាកែវ）被誉为“柬埔寨文明的摇篮”。根据中国的编年史记载，整个茶胶省属于“水真腊”（water Chenla）的一部分，顾名思义，这里水源充足，至今大部分地方仍然每年都会被洪水淹没。今天，这个赤贫的农业省依然是个鲜有游客光顾的穷乡僻壤。但来到这里的游客能看到柬埔寨最古老、最迷人的寺庙。

洞里巴帝（Tonlé Bati，见98页）和切瑟山（Phnom Chisor，见99页）的寺庙位于茶胶省，但人们大多是参加从金边发团的一日游前去游玩。

茶胶（Takeo）　តាកែវ

☎032 / 人口4万

这个位于湖边的省会城市十分安静，但却是乘坐摩托艇前往吴哥保苓（Angkor Borei，见234页）和达山（Phnom Da，见234页）参观前吴哥时期古寺庙，体验河畔生活的理想基地。

在水边吃淡水龙虾（仅雨季）算是城里最吸引人的活动了。

景点和活动

Psar Nat虽然与贡布无法相提并论，但周围的街道两边也有一些迷人的法国时代的商铺，正在慢慢走向衰落。这个巨大而丑陋的市场是在红色高棉被推翻之后修建的。

切春故居　历史建筑

（ផ្ទះតាម៉ុក，Ta Mok's House；⏲7:00~17:00）**免费**沿着一条150米长、没有栏杆的桥散步，桥头那里的房子曾经属于茶胶省最臭名昭著的人，即红色高棉西南区总司令——切春（外号“屠夫”，他在那里犯下了累累罪行）。切春故居如今成了一家警察培训机构，但你可以在院子里转一转。切春在安隆汶（Anlong Veng）附近还有一所住宅。

住宿

很少有人会在茶胶过夜，因为这里距离金边的距离适合一日往返，或者稍稍绕道就可以顺着公路向南到达白马或贡布。

Meas Family Homestay　家庭寄宿 $

（☎011 925428；http://cambodianhomestay.com；Ang Tasaom District；成人/儿童含三餐US$17/13；@📶）这家热门的家庭寄宿适合家庭游客入住，共有11间客房，宽敞的复合式建筑就在Ang Tasaom和茶胶之间的公路旁边。房费还包括美味的自制高棉食品，还可以提供烹饪课程。也可以自愿到当地学校教授英语。

Daunkeo Guesthouse　客栈 $

（☎032 210303；www.daunkeo.com；St 9；标单/双带风扇US$6/8，带空调US$13/15；❄📶）这里是茶胶最便捷的客栈，有3幢现代风格的别墅。里面收拾得一尘不染，管理得当，空调

Takeo 茶胶

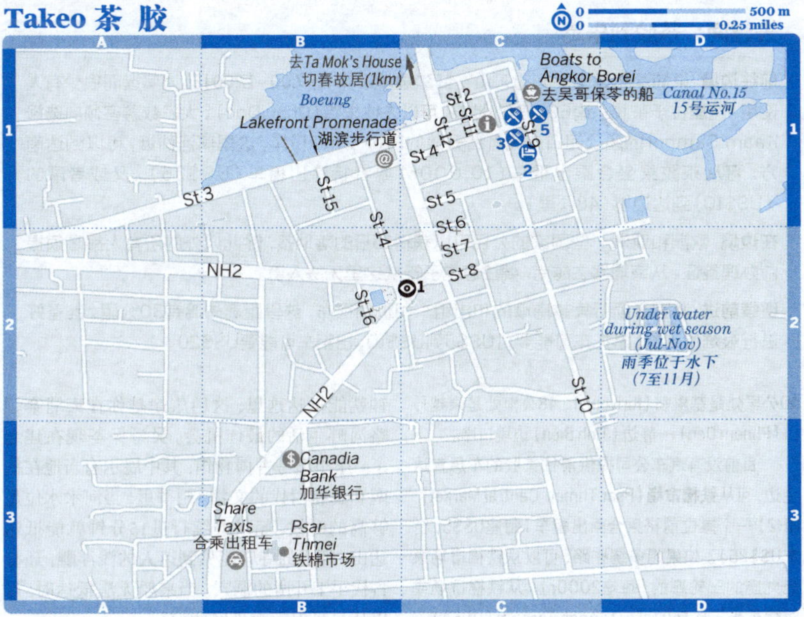

房中有卫星电视和热水淋浴。只需US$25就能享受到套房一般的客房，获得贵宾体验。

就餐

独立纪念碑（Independence Monument）周围有许多**食物摊**。晚上可到这里品尝柬埔寨甜品或水果奶昔（tukalok）。

Stung Takeo 柬埔寨菜 $

（St 9；小份/大份主菜US$3/5；⊙7:00~21:00）位于季节湖上方，食物和气氛都是全茶胶最好的。菜单上主要是海鲜，有许多当地热门传统菜式，例如贡布胡椒鱿鱼。而且这里的淡水龙虾做成的菜肴物美价廉。8月至11月是品尝淡水龙虾的季节。

Delikes 各国风味 $

（St 10；主菜US$2~5；⊙6:00~20:00；📶）这家餐厅提供有出色的亚洲风味早餐、美味的新鲜春卷和沙拉，还有大量的比萨。青芒果和虾干沙拉可做午间简餐，味道可口。

Psar Nat 市场 $

（St 10；⊙6:00~20:00左右）有十多个食物摊，早餐汤、numkong（口感劲道的高棉油炸圈饼）和numkroch（豆子和棕糖馅的煎饺）都很不错。

Takeo 茶胶

景点
1 独立纪念碑 C2

住宿
2 Daunkeo Guesthouse C1

就餐
3 Delikes C1
4 Psar Nat C1
5 Stung Takeo C1

实用信息

加华银行（Canadia Bank；NH2；⊙周一至周五8:00~15:30，周六至11:30，自动柜员机24小时）

Takeo Tourism（☎032 931323；⊙周一至周五7:30~11:00和14:00~17:00，周六和周日7:30~11:00）或许可以为你安排会说英语的寺庙导游（US$15~20）。

到达和当地交通

茶胶在NH2路边，北边77公里处是金边，南边

去越南：茶胶到朱笃

前往边境 柬埔寨和越南之间的丹山—静边边境口岸（⏲7:00~17:00）因为偏远而很少有人使用，这里位于茶胶东南60公里的地方，可以去往朱笃（Chau Doc）。大多数游客倾向选择Kaam Samnor的湄公河口岸或者新开放的Prek Chak口岸，这里离河仙近，可以到达南方。可从茶胶乘坐合乘出租车（10,000r）或者特许出租车（US$25），又或者摩的（US$10）到达边境（48公里）。

在边境 欧洲和亚洲一些国家的公民可以获得15日的落地签，除此以外的所有人都必须提前办理签证。从柬埔寨去越南，要注意电子签从这里无法入境。

继续前进 游客必须听凭越南摩的和出租车司机的摆布，这里距离朱笃有30公里。准备好进行艰难的砍价。摩托车可能要付US$5到US$10，出租车可能要US$20。

40公里处是基里翁（Kirivong）、48公里处是柬越丹山（Phnom Den）—静边（Tinh Bien）边境口岸。

目前没有汽车公司提供前往茶胶的车想直达金边，可从**铁棉市场**（Psar Thmei，Central Market；NH2）一个摊位前搭乘合乘出租车（每座US$5，全车US$25）。如果想多绕些路，可以从铁棉市场乘坐九座的三轮摩的（每座2000r），从铁棉市场或医院乘坐三轮摩的可前往Angk Tasaom（US$4），或者也可以拦辆摩的（US$3）。在茶胶西边13公里的NH3有混乱的交通枢纽，在这里可以拦停北上金边和南下贡布、白马的汽车。

偶尔有合乘出租车（10,000r）、小客车（5000r）开往基里翁（45分钟），包辆摩的车费US$10。前往柬越丹山—静边边境口岸的人先到基里翁，然后换乘摩的（US$2）走完剩下的8公里。私人出租车开往基里翁要价US$20，去边境口岸另加US$5。

吴哥保苓和达山（Angkor Borei & Phnom Da） អង្គរបុរីនិងភ្នំដា

8世纪时，吴哥保苓是水真腊的都城，当时叫作毗耶陀补罗城（Vyadhapura）。吴哥保苓在扶南时期（1~6世纪）初叶也是个重要的文化中心，来自印度的商人、匠人和僧侣将印度的宗教和文化传入湄公河三角洲（印度和中国之间的海路贸易航线经过湄公河三角洲）。有记载的最早的高棉文字（公元前611年）就是在这里发现的，文字刻在5.7公里长的护城河墙上——可见当时的国力之强。

从茶胶乘坐敞篷摩托艇，沿着19世纪80年代挖的15号运河（Canal No.15）行进，45分钟就能抵达这里，这趟旅途是你在柬埔寨领略河畔生活的最佳机会。吴哥保苓现在建起了一座小型考古博物馆，其中展示有当地在扶南和真腊时代的文物。雨季里，当河水水位足够高的时候，船只继续行进15分钟就能抵达达山，那里的寺庙能见到迷人的浅浮雕，还有古代手工开凿的洞穴。当乘船无法抵达时，可以从吴哥保苓乘坐摩的前往。

景点

吴哥保苓考古博物馆 博物馆

（សារមន្ទីរបុរាណវិទ្យាអង្គរបុរី，Angkor Borei Archaeological Museum；☎012 201638；门票US$1；⏲8:00~16:30）这座小型考古博物馆位于吴哥保苓公路桥往东一点的一座高棉风格建筑中。里面能见到当地发掘的扶南和真腊时代文物，包括人类骸骨、陶器、首饰和石刻。这里的深红色雕塑是一些重要作品的复制品，原件现在收于柬埔寨国家博物馆（见50页）或巴黎的吉美博物馆（Musée Guimet）。

达山 寺庙

（ប្រាសាទភ្នំដា，Phnom Da；门票US$2）达山由两座小山组成，每年会因洪水而与世隔绝一次。其中一座山顶上建有一座寺庙，其基座可追溯到公元6世纪，不过寺庙本身是在11世纪重建的。与其他寺庙的不同之处在于，这座寺庙的入口面朝北，另外三面开有假门，门上以林伽浮雕作为装饰。

两座山中有5个人工开凿的洞穴，一连几个世纪里都是印度教和佛教圣地，越战期间曾经是越南部队"丛林之狐"的藏身之地。

达山最精美的石刻现在已经都不在原地，而是被运到吴哥保苓、金边和巴黎的博物馆里收藏起来了。

在旁边山头上有个8米高的Wat Asram Moha Russei，这座经过修复的印度教寺庙可能建于公元前700年。

到达和离开

在茶胶的码头上雇艘船（最多坐4个人），往返共需US$35左右。旱季时，连接吴哥保苓的运河标识清楚，但其他季节这里会被一片汪洋的水稻田包围。雨季时，下午水位上涨，因此最好早点出发。

经陆路走北边一条迂回的路线，全年都可以前往吴哥保苓。

水位太低时，你可能必须乘坐摩的从吴哥保苓前往达山（往返US$5）。

巴戎山及周边（Phnom Bayong & Around）ភ្នំបាយ៉ង់កោរ

巴戎山（海拔313米）悬崖陡峭，山顶有一座7世纪为庆祝打败扶南而建的真腊寺庙（Chenlatemple）。站在山顶，可以看到越南那边平坦的湄公河三角洲令人窒息的美景。原本放在寺庙内部的林伽现在收藏于巴黎的吉美博物馆（Museé Guimet），但现在还能看到大量花草主题的浅浮雕板，三道假门的门楣上以及砖石上都有这样的浮雕。

步行走到山顶的寺庙需要大约1.5小时，你会累得汗流浃背（带够水），在基里翁租辆摩的上山用不了20分钟（US$10）。因为山路崎岖陡峭，所以车费很高。

沿着以基里翁南侧约1公里处为起点的小路走1.5公里就到了温和的基里翁瀑布（Kirivong Waterfall，又名Chruos Phaok Waterfall）。小摊出售本地区最有名的物产：雕刻成宝石、小佛像或那伽（神话中的多头蛇）形象的黄玉或石英石。本地人很喜欢来这里一日游。

到达和离开

巴戎山在基里翁镇北端的西侧，二者相距约3公里。主路出口处有一个画着寺庙图案的路标。

走NH2的话，基里翁镇在茶胶以南40公里、丹山一静边边境口岸以北8公里处。乘坐摩的从茶胶到基里翁需要大约US$10（往返US$15）。

开往金边（途经茶胶）的小巴从基里翁镇中心NH2路边的Ton Lop市场发车，班次不多。也可以合乘出租车。

要去越南边境，最好是在基里翁乘坐摩的（US$2）。从边境方向来的话，你可能得让柬埔寨海关官员帮你叫一辆摩的或出租车。

柬埔寨西北部

人口400万 / 面积71,157平方公里

包括 ➡

最佳寺庙

- 柏威夏寺（见270页）
- 班迭奇马（见263页）
- 三波坡雷古（见276页）
- 圣剑寺（见272页）
- 班迭峰（见263页）

最佳当地生活

- 班迭奇马家庭寄宿（见264页）
- 彭堪道和空考水上村庄（见237页）
- Soksabike（见249页）
- Isanborei（见277页）

为何去

想要探访寺庙，但又不想遭遇拥挤客流？柬埔寨西北部偏远的寺庙就像是一个不同的世界。位于山顶的柏威夏寺是其中的亮点，其余寺庙建筑群——藤萝缠绕，几乎快被丛林吞没——也都非常值得探索。

本地区的中心是洞里萨湖，世界上鱼类最丰富的湖泊之一，也是鸟类天堂。可从磅清扬和格罗戈（Krakor，靠近菩萨）乘船，前往这条重要水道沿路散落的摇摇晃晃的水上村庄，途中还可以把脚伸入湖中与水中生物接触。

游完本地区偏远的角落后，西北部还有更多惊喜。这里的主要城市是慵懒的马德望，其中保留着殖民地时代的建筑，艺术圈也发展得生机勃勃。许多美丽的景点都有从城市出发的一日游——因此是艰苦旅途结束后停靠的好地方。

何时去

马德望

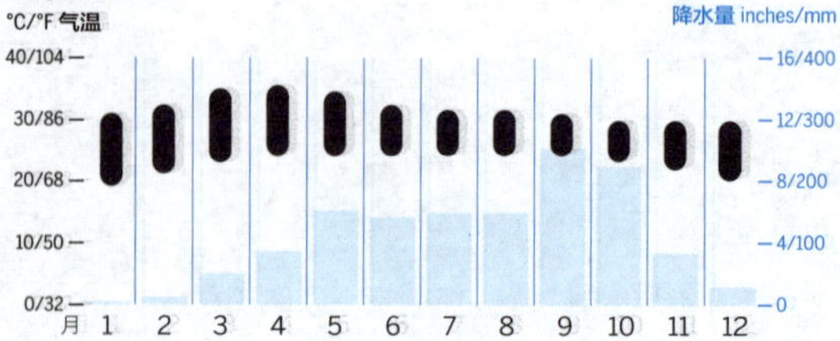

12月和1月 气候宜人，可游览地处偏僻的古庙。

8月和9月 多雨季节，适合探访棕榈树遍地的葱翠乡村。

11月 游览乡村的最佳时段：道路既不泥泞难走也不尘土飞扬。

磅清扬省(KOMPONG CHHNANG PROVINCE)

由于地理位置接近首都，而且水资源丰富，渔业和农业比较发达，所以磅清扬省相对富裕。

磅清扬(Kompong Chhnang) កំពង់ឆ្នាំង

人口4.5万

磅清扬（意即“土锅港”）城中心气氛可能并不活跃，但因为坐落在洞里萨河边上，所以可以作为乘船游览两座水上村庄的起点。坐在明轮小木船上，穿过一条条水上街市，看夕阳将辉光洒在河面上，可谓是结束一天游览的绝佳方式。

出城后能看到片片黄绿色的茂盛稻田。在这里的小村庄，能看到奶牛在干草堆边打盹，本地区的特色陶瓷就是在这里的吊脚楼中制作的，这也为游客提供了另一个逗留的理由。

景点和活动

乘坐摩的或骑自行车前往Ondong Rossey村和索塔山（Phnom Santuk）做巡回游览会有很多收获。这里没有路标，所以最好请一个本地人做向导。

★ 彭堪道和空考水上村庄 村庄

相比其他的水上村庄，洞里萨湖上的**彭堪道**（Phoum Kandal）和**空考**（Chong Kos）游客要少得多，这两座多姿多彩的村庄都建在自己搭建的摇摇晃晃的浮桥上，木屋颜色鲜亮，小阳台上都挂着吊床。如果想完整探索村庄，可以从磅清扬码头租用一辆木船（有船长，每小时US$10，可坐3人），人力划桨载你穿过整座水上城镇，其中有商店、卫星电视——注意独特的电线杆柱子——和移动的菜谱。

乘船1小时可以游览一座村庄；1.5小时或2小时就足够游完两座。空间更大的机动游船费用每小时US$15，但只会环绕村庄周边转悠。租用明轮船是更加稳定的选择：有人带领你穿过迷宫般的水上街市，领略当所有东西都浮在水面上时，村子里是怎样生活的。

Kompong Chhnang 磅清扬

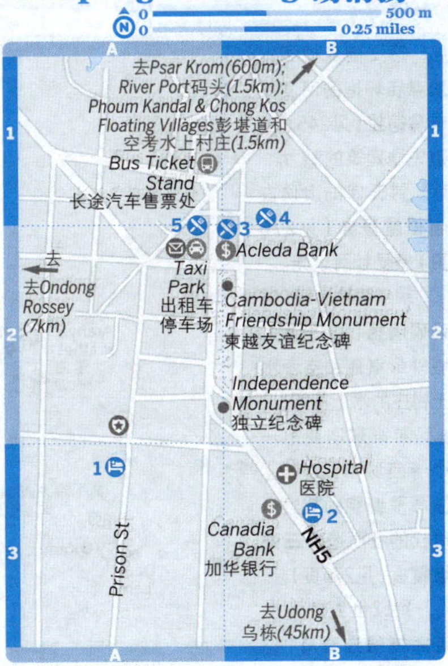

Kompong Chhnang 磅清扬

住宿

1 Chanthea Borint Hotel........A3
2 Sovann Phum Hotel........B3

就餐

3 Phnom Mea Bakery........B2
4 Psar Leu........B1
5 Soksan Restaurant........A2

彭堪道（码头东南）极具越南风情，空考（往北）则是高棉村庄。

Ondong Rossey 村庄

（អណ្តូងឫស្សី）安静的Ondong Rossey村位于城西7公里处，它跟市区之间是宁静的稻田和桄榔树林（有的树干上还架着竹梯）。Ondong Rossey是本地区著名的陶器产地，家家户户都制作红色的陶器。在上颜色之前，陶锅先被蚀刻或嵌出图案，然后用脚踏砂轮打磨（小锅）或用笨重的木铲捶打出形状（大锅）。

从附近的**Phnom Krang Dai Meas**开采出的略带金色的泥巴堆在院子里，捶打成细黏土后再塑形和煅烧，只有在最后阶段才会变成粉红色。**陶器发展中心**（Pottery

柬埔寨西北部亮点

❶ 感受被乡村和山顶寺庙环抱的河滨城市**马德望**（见245页）殖民地建筑的魅力。

❷ 到宏伟的山顶古庙**柏威夏寺**（见270页）感受壮丽风光。

❸ 乘坐明轮游艇，探访**磅清扬**（见237页）城外彭堪道和空考水上村庄的水上集市。

❹ 游览东南亚第一个寺庙城市、如今已被藤萝缠绕的前吴哥时代的壮丽遗迹**三波坡雷古**（见276页）。

❺ 到12世纪的大型寺庙群**班迭奇马**（见263页）瞻仰精美的观音像。

❻ 经由一条偏僻的道路前往**圣剑寺**（见272页），为其被丛林覆盖的宏伟塔门（gopura）而感到敬畏。

Dangrek Mountains
(Chuor Phnom Dangrek)
扁担山脉
Chong Sa Ngam
Khmer Rouge Sites
Choam
Kor Muy
Prasat Preah Vihear
柏威夏寺
Anh Seh
Choam Ksant
Emerald Triangle
LAOS
老挝
Anlong Veng
安隆汶
Sra Em
Prasat Neak Buos
Preah Vihear Protected Forest
Muang Khong
Kulen Promtep Wildlife Sanctuary
NH67
Tmatboey Ibis Project
PREAH VIHEAR
柏威夏
Veal Krous Vulture Feeding Station
维阿科鲁斯兀鹰喂养站
Prey Veng
Kulen
Koh Ker贡开
Preah Vihear City
(Tbeng Meanchey)
Chhep
NH64
Phnom Kulen National Park
荔枝山国家公园
Kbal Spean
Srayong
STUNG TRENG
上丁
Phonom Tbeng
Svay Leu
Phnom Kulen
荔枝山
(487m)
Spean Ta Ong
Sangkom Thmei
NH62
Svay Pak
Beng Mealea
奔密列
Khvau
NH66
Preah Khan
圣剑寺
Ta Seng
Rovieng
Siem Reap
暹粒
NH64
Roluos
罗洛
Toll Road
收费公路
Phnom Dek
Stung Sen
Phnom Krom
Dam Dek
Kompong Pluk
空邦鲁
Kompong Kdei
Spean Praptos
NH62
Tonlé Sap
洞里萨
Stung Chikreng Bengal Florican Conservation Area (BFCA)
Stoeng
Sambor Prei Kuk
三波坡雷古
KRATIE
桔井
KOMPONG THOM
磅同
Boeng Tonlé Chhmar Wildlife Sanctuary
NH6
Prasat Andet
Kompong Thom磅同
Phnom Santuk
索塔山
Kakaoh
卡考
Kompong Luong
NH5
Pursat 菩萨
Krakor
Tonlé Sap River
洞里萨河
Baray
Chheu Tom
PURSAT
菩萨
Spoe Tbong
Mekong River
湄公河
NH6
Stung Trang
Ondong Rossey
Kompong Chhnang
磅清扬
Prasat Kuha Nokor
巴赛库诺哥
KOMPONG CHAM
磅湛
Chhuk Laeng Cascades
Phnom Aural Wildlife Sanctuary
奥拉山野生动物保护区
TBONG KHMUM
特本克蒙
Romeas
NH5
Skuon
NH7
Kompong Cham
磅湛
Phnom Aural
奥拉山
(1813m)
Prek Kdam Ferry
Chub Krau
KOMPONG CHHNANG
磅清扬
Spaen Dach
Udong
乌栋
Sanghea Satob
PHNOM PENH
金边
KOMPONG SPEU
磅士卑
NH44
NH43
Kompong Speu
磅士卑
Killing Fields of Choeung Ek
NH1
Prey Veng
KANDAL
干丹
Tonlé
PREY VENG
波萝勉
Kirirom National Park
基里隆国家公园
NH4
Treng Trayern
SVAY RIENG
Ba Phnom
NH3
TAKEO
茶胶
NH21
VIET NAM
越南

Development Center）出售各种陶器，其实可以直接去陶器工匠家里购买，物美价廉。

索塔山 观景台

（ភ្នំសន្ទុក，Phnom Santuk）索塔山是座石头山，山前是**索塔庙**（Wat Santuk），它在磅清扬西南方向，与磅清扬相距数公里。站在布满大石块的山顶可以俯瞰乡村景色，以及北边20公里之外的洞里萨湖。

食宿

在**Psar Leu**（⏰7:00~18:00）和**Psar Krom**（⏰6:00~18:00）这两个市场，有许多小吃摊位。

Chanthea Borint Hotel 客栈 $

（☎026 988622；cbrint@yahoo.com；Prison St；房间带风扇/空调US$8/15；）这家客栈坐落于一个阴凉的花园，30间客房环境迷人，是城里最友好的一座住宿处。房间略小但都打理得很好。餐厅只提供早餐。

Sovann Phum Hotel 酒店 $

（☎026 989333；sovannphumkpchotel@yahoo.com；NH5；房间带风扇/空调US$8/15起；）论及整洁和品位，这家酒店比市内其他酒店略胜一筹，深受非政府组织工作人员青睐。30间客房宽敞明亮，浴室非常现代，餐馆也相当不错。

Soksan Restaurant 柬埔寨菜 $

（NH5；主菜US$2~2.50；⏰6:00~20:00）这家饭馆紧邻磅清扬的出租车停车场，没有英文招牌，却有英文菜单。招牌菜为油炸食品和汤类——或者可以疯狂一把，点一份煎蛋刺鲀（porcupine fish with omelette）。

Phnom Mea Bakery 面包房 $

（NH5；烘焙食品2000~5000r；⏰7:00~17:00）这个小店有现烤的长棍面包、三明治、糕点和美味比萨，是打包午餐的出色选择。

实用信息

三轮摩的（突突车）司机**Channy**（☎077 357361；srinchanny@yahoo.com）对磅清扬无所不知。没有顾客的时候，他就在出租车停车场附近转悠。

Acleda Bank（NH5；⏰周一至周五 8:00~15:30，周六 至11:30，自动柜员机24小时）

加华银行（Canadia Bank；NH5；⏰周一至周五8:00~15:30，周六8:00~11:30，自动柜员机24小时）

到达和离开

磅清扬位于金边以北91公里、菩萨东南93公里、马德望东南198公里处。

长途汽车

这座**长途汽车站**（NH5）——一个小摊，前面有汽车公司的标志——位于出租车停车场之北，其中可以购买Rith Mony和一些其他公司的车票。也可以从NH5的Acleda Bank银行街角招手拦车。

整个白天每小时都有长途汽车从城里向南开往金边（12,000r，2小时），向北开往菩萨（12,000r，2小时）以及开往马德望（20,000r，3.5小时）。

出租车

乘坐合乘出租车（20,000r，1.5小时）前往金边是最快捷的方式，出租车停靠在Psar Leu以西的出租车停车场。合乘出租车通常不去西北方向的目的地，如马德望。

当地交通

如果要去陶器村和索塔山游玩几个小时，搭乘三轮摩的花费约为US$8，搭乘摩的花费约US$5。搭乘摩的/三轮摩的去码头的费用为单程US$1/2。

Chanthea Borint Hotel出租自行车（一日US$2）。

菩萨省（PURSAT PROVINCE）

菩萨省（ខេត្តពោធិ៍សាត់）是柬埔寨第四大省，西接泰国边境的偏僻森林松戈山（Phnom Samkos），东至洞里萨湖边的渔村和沼泽。这个特产为橘子的省占据了豆蔻山脉的北部山区，与菩萨市相连的公路路况很差。

菩萨（Pursat） ពោធិ៍សាត់

☎052／人口3.8万

只要看到路边开始出现巨大的大理石纪

Pursat 菩萨

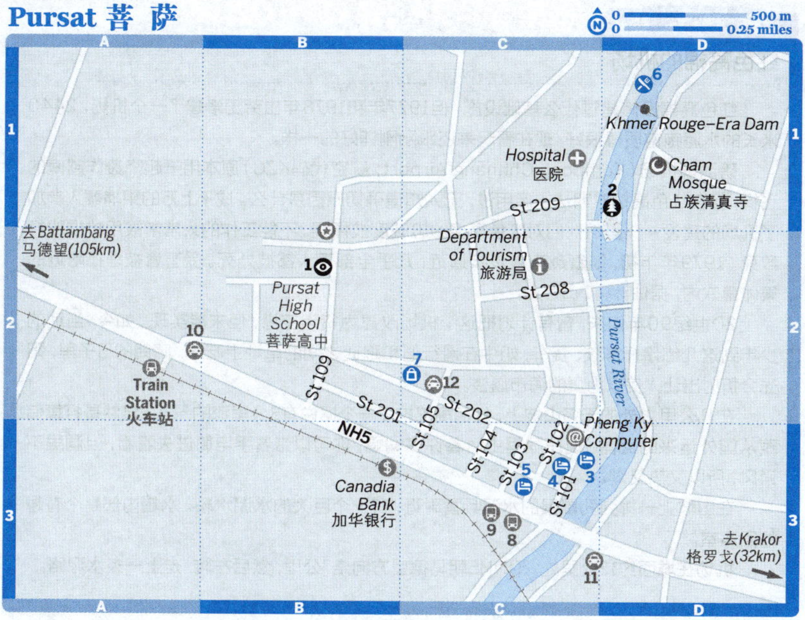

念碑商店，你就知道自己到菩萨了——如果你想逛逛真人大小的马匹市场雕塑，来这里就选对地方了。菩萨省这座灰尘扑扑的首府以工匠出名，没有美景，但想去空邦龙（Kompong Luong）水上村庄或中豆蔻保护林的游客可以把这里当作基地。

景点

考桑波密

公园

（កោះសំពៅមាស，Koh Sampovmeas；金船岛）这座怪异的岛上公园被建成一艘船的形状，是观赏日落的好地方。年轻人会来这里做有氧运动（17:00开始上课），或者打羽毛球，有精力的散步者可以绕着精心修建的草坪和高棉风格的亭子行走。

文拉妮·洪森发展中心

艺术中心

（Bun Rany Hun Sen Development Centre；St 109；⏲周一至周五7:00~11:00和14:00~17:00，周六7:00~11:00）向年轻人传授服装和地毯纺织、缝纫、大理石雕刻以及其他技能，出售自己店铺制作的各式产品。这里有物美价廉的krama（格子花纹围巾）和篮子。欢迎旅行者参观授课过程。

Pursat 菩萨

景点

1 文拉妮·洪森发展中心 B2
2 考桑波密 D1

住宿

3 KM Hotel C3
4 Phnom Pech Hotel C3
5 Thansour Thmey Hotel C3

就餐

6 Magic Fish Restaurant D1
Reak Smey Angkor Restaurant .... （见4）

购物

7 Psar Chaa C2

交通

8 Phnom Penh Sorya C3
9 Rith Mony C3
10 去马德望的出租车 A2
11 去金边的出租车 C3
12 去Pramoay 的出租车 C2

另辟蹊径

红色高棉的机场

红色高棉没修建过什么基础设施，但1977年和1978年由劳工修建了一个机场，2440米长的水泥跑道质量很好，现在看起来还跟刚刚铺好的一样。

磅清扬机场（Kompong Chhnang Airport；航空代码KZC）原本用于起降轰炸越南的飞机，但在红色高棉时期从未启用过，无人知道确切原因是什么。成千上万的柬埔寨人参加了机场的建设——虽然他们对红色高棉的忠诚度被怀疑。不能工作的人常常被用竹棍殴打致死。1979年年初，随着越南人步步逼近，几乎全部工人都被处死。受害者被埋在附近的集体墓穴内，据估计有1~5万人。

20世纪90年代末，曾有计划把这个机场改建为货运空港，但未能实现。如今，当地的少年到这儿练摩托车技、赛车，奶牛在滑行道和跑道之间的草地上吃草。晴朗的日子里，阳光会折射出让人信以为真的海市蜃楼。

在几公里之外的无名山坡上，红色高棉挖了一个据说有3公里深的洞穴，显然是打算储藏从国外运来的武器。现在洞里生活着许多蝙蝠，你可以带着手电筒进去看看，但洞里不通风，所以又热又潮。

在山坡上一排弹孔累累的水泥兵营附近，有一个巨大的水泥水箱。水箱内部是个有趣的回声室。

机场在城西约12公里处。沿NH5朝马德望方向走7公里，然后左转，走上一条水泥路。

食宿

KM Hotel
酒店 $

（☎052 953168；www.kmhotel.com.kh；St 101；房间 US$20，豪华 US$45；❄📶🏊）这家酒店拥有146间客房，价格超值，在舒适程度上将菩萨的酒店业带上了一个全新台阶。巨大的房间中配备有平板电视和新床，能保证舒适睡眠。浴室中的淋浴虽然是旧的，但我们也无意抱怨，因为往窗外看，你会发现两座巨大的游泳池。

Thansour Thmey Hotel
酒店 $

（☎012 962395；thansourthmey@gmail.com；St 102；房间带风扇/空调US$7/15；❄📶）这里有高棉传统风格的木雕。如果你一直想在精工雕刻的床上入睡，现在机会来了。房间整洁，餐厅提供高棉菜和中国菜（主菜10,000~16,000r），是菩萨最好的酒店之一。

Phnom Pech Hotel
酒店 $

（☎052 951515；St 101；房间 带风扇 US$8，带空调 US$13~15；❄📶）这座历史悠久的酒店客房虽陈旧，但却很干净。友好的经理能提供旅行建议。

Reak Smey Angkor Restaurant
柬埔寨菜 $

（St 101；主菜4000~8000r；⏲7:00~21:00）这家由家庭经营的餐厅很受高棉团队游客的欢迎，提供有各种当地热门菜式，还有各种面条汤和炒饭可供选择。也有一些煎蛋卷和西式早餐。

Magic Fish Restaurant
柬埔寨菜 $

（St 101；主菜8000~15,000r；⏲10:00~21:00）这家水边餐馆就在高棉时代的水坝北侧，出售美味的高棉食物，还能看到美丽的河景。

实用信息

如果需要了解该省周边出游情况，Phnom Pech Hotel的Cheata消息很灵通，甚至能够提供诸如豆蔻山这样偏远地方的信息。

加华银行（NH5；⏲周一至周五8:00~15:30，周六至11:30，自动柜员机24小时）

旅游部（Department of Tourism；☎012 838854；⏲周一至周五7:00~11:00和14:00~17:00）有介绍菩萨地区观光的画册，还有本省以及本市地图。

到达和当地交通

走NH5的话，菩萨在马德望东南方向、金边西北方向，与两个城市的距离分别为105公里和185公里。

全天都有经过菩萨的长途汽车，向东南开往磅清扬和金边（20,000r，4小时）的车每小时1班，向北开往马德望（15,000r，1.5小时）的车从11:00左右开始每小时1班。**Phnom Penh Sorya**（NH5）有直达磅湛（Kompong Cham；US$9，6小时，11:30）和暹粒（Siem Reap；US$6，5小时，7:30）的交通工具，途经马德望。

开往金边（24,000r，3小时）的合乘出租车停靠在NH5大桥以东。开往马德望（16,000r，2小时）的合乘出租车停靠在城市西边NH5附近。

开往偏僻的豆蔻山区小镇Ou Som（40,000r，3.25小时）和Pramoay（Veal Veng；30,000r，2.5小时），途经Kravanh（1小时），途经Rovieng（2小时）的皮卡和合乘出租车从老市场（Psar Chaa）隔壁发车。

Phnom Pech Hotel出租自行车（一天US$3）和摩托车（US$10）。搭乘摩的/三轮摩的往返空邦龙费用约为US$10/15。

空邦龙（Kompong Luong）

កំពង់ហ្លួង

人口 1万

空邦龙是个面积很大的渔村，所有你想找的设施都有，只不过都在水面上罢了。所以这里是一个看不到陆地的“威尼斯”，而且居民有一部分在民族上是越南人。为了不沉入水里，咖啡馆、商店、鸡窝、鱼塘、制冰厂、加油站和卡拉OK厅都建在船上或是竹板做的桶里——越南式寺庙、蓝顶教堂和五颜六色的民居也是如此。旱季水位下降，洞里萨湖水位后退，整个水上村庄就会被一艘又一艘的船只载着，“运”到北方数公里之外。

这个村庄风景如画，部分人口是越南人，不难想见他们在柬埔寨社会的地位。与大多数柬埔寨农村相比，这里的人——特别是成年人——见到游客时并不会表现出太多的热情。20世纪90年代初的5年里，洞里萨湖周边的越南村民被红色高棉杀死是常有的事，即使到了1998年，还有20多个越南人被杀死在磅清扬附近。

游览空邦龙理所应当通过水路。在船码头租赁一艘木制四人艇（带救生衣）的价格为：1~3人，每小时US$10（4~5人，每小时US$13；6~7人，每小时US$15）。

空邦龙有3处家庭寄宿（每人每晚，不包括乘船费用US$4~6；📶）。这是你观察当地人水上生活的有趣途径。US$2可提供膳食，经营家庭还可组织船只参观村庄。可以到达船码头后预订家庭寄宿。

ℹ 到达和当地交通

格罗戈镇位于菩萨以东32公里，是前往空邦龙的起点。格罗戈镇离船码头1.5公里至6公里，距离随着时间变化。

豆蔻山脉北部（Northern Cardamom Mountains）

ភ្នំក្រវាញ

随着中豆蔻保护林（Central Cardamoms Protected Forest，简称CCPF）和邻近的野生动物保护区逐步开放为生态游目的地，菩萨成为豆蔻山脉的北部门户。

ℹ 到达和离开

为了配合Ou Som新修的水电站，这个地区的道路和桥梁的状况也得到极大改善。现在，随时可以前去游览林区。中豆蔻保护林内及其附近区域尚在排雷，因此请勿偏离大路或早已成形的小径。

在菩萨的老市场，全年都有开往Kravanh（1小时）、Rovieng（2小时）以及Pramoay（3小时）的合乘出租车和皮卡。Pramoay向南通往Ou Som的道路比较崎岖。摩托车可以随时前往，但雨量最大时出租车不能前往。Ou Som向南通往戈公（Koh Kong）的道路状况不错，可以随时行驶出租车。旱季，可以全程搭载合乘出租车从菩萨前往戈公。

也可以从拜林省（Pailin Province）的三洛（Samlaut）出发，穿越一条土路（没有公共交通），前往Pramoay。

如果前往奥拉山野生动物保护区（Phnom Aural Wildlife Sanctuary），最好从金边以西45公里的磅士卑（Kompong Speu）进入。

中豆蔻保护林[Central Cardamoms Protected Forest (CCPF)]

ដែនអភិរក្សភ្នំក្រវាញ

CCPF的护林者队伍得到来自保护国际（Conservation International，简称CI；www.

conservation.org）的技术和财政支持，有3个管理站点，都在北部。

护林员和军警驻扎在Kravanh护林站，这个护林站在菩萨以南Tang Rang地区的豆蔻山丛林深处，他们跟盗伐者、偷猎者和占地者进行着猫鼠游戏。

Rovieng护林站是与偷猎者和盗伐者斗争的前线，这里最值钱的违禁品当属从濒危树种Cinnamomum parthenoxylon树提取出来的、有芳香气味的mreah prew（黄樟油或黄樟脑）。1吨木材只能提取出30升的油，这种油散发着檀香味，闻之令人愉悦。当地人将之用作传统药材，但它也能用于制作摇头丸，由此引发了针对这种树的绝大多数非法采伐。

L' Bak Kamronh Rapids这个瀑布离Rovieng几公里远（在菩萨西南方向53公里处），是高棉人度假的好地方。在Rovieng以西约25公里之外的Pramoay社区，游客可以在导游的带领下游览古老的**Chhrok Preal Forest**。

如果预订Kravanh或Rovieng附近的导游、家庭寄宿或者客栈，请联系林区管理员**Peau Somanak**（☎017 464663；smpeov@gmail.com）。

松戈山野生动物保护区（Phnom Samkos Wildlife Sanctuary）

ទីជម្រកសត្វព្រៃភ្នំសំកុស

夹在CCPF和泰国边境之间的松戈山野生动物保护区（3338平方公里）远离城镇，荒无人烟。木材走私、农业衰退都威胁到这个保护区。

海拔1717米的**松戈山**（Phnom Samkos）是柬埔寨第二高山，保护区内最大的城镇**Pramoay**（Veal Veng）距离菩萨以西125公里。这个偏僻的小镇有3家**客栈**（房间US$5）。当地摩的司机可带游客前往附近的少数民族村庄。

从Pramoay出发往南前往Ou Som，需要大约1小时，Ou Som有个CCPF护林站，靠近Atai水电站。

活动

O' Soam Tourism Centre 团队游

（☎089 899895；www.osoamtour.wordpress.com）在Ou Som这个与世隔绝的村落中，村民们一直是靠非法狩猎和采伐过着贫乏的生活。为了给本地区创造收入机会，同时又能保护当地环境的可持续发展，O' Soam社区中心提供了各种生态活动项目，以供那些感兴趣的游客前来探索柬埔寨这个长期以来都不太被游客关注的地区。

可以组织的活动包括，到周边乡村徒步和乘船游。当地也提供有两座简单的客栈型家庭住宿（每人US$5）。

奥拉山野生动物保护区（Phnom Aural Wildlife Sanctuary）

ទីជម្រកសត្វព្រៃភ្នំឱរ៉ាល់

可悲的是，这个位于CCPF正东的保护区（2538平方公里）正在被来自南边和东边的土地投机商和猖獗的盗伐者快速毁坏。

一天内登上柬埔寨最高峰**奥拉山**（Phnom Aural；海拔1813米）问题不大，但是多数游客会花两天到三天，其中包括往返金边的时间。通过山脚下Sra Ken村的村长，可以雇到认识路、找得到水源的向导（每天US$25~30）。

从金边前往磅士卑（Kompong Speu；45公里），那里午后有开往Spean Dach（12,000r，2.5小时）的小巴，然后乘摩的驶往Sra Ken（US$10，1小时）。晚上下榻在Sra Ken的家庭寄宿地（大约US$4~6），第2天开始登山。第二天，可以在山上露营，或者返回Sra Ken。

马德望省（BATTAMBANG PROVINCE）

当地人会向你骄傲地宣称，马德望省（ខេត្តបាត់ដំបង；Bat Dambong）出产柬埔寨最好的大米、最甜的椰子和最好吃的橘子（在菩萨可别提这话）。马德望省与泰国共有一条长长的边境线，并拥有一小段洞里萨湖的岸线。

过去的几百年里，马德望沦为泰国领土，然后又被柬埔寨夺回，如此反复了数次。1794年至1907年泰国控制该地区，“二战”期间（1941~1946年）同样如此，当时泰国与日本和法国维希（Vichy）政府做了笔交易。

马德望（Battambang）បាត់ដំបង

☎053/人口14.7万

马德望有吸引游客的独特魅力。诚然，城市本身乏善可陈。摇摇欲坠的殖民地建筑、河岸景色、悠闲的咖啡馆稍稍弥补了这一缺憾。

这里完美地融汇着大城市的现代气息和小城镇的淳朴氛围，还有古老的山顶寺庙和富有田园情趣的乡村——更不用说马德望和暹粒之间的乘船之旅是全国景色最美丽的水路线路。

柬埔寨最负盛名的马戏团（非同凡响的Phare Ponleu Selpak）就在这里。这绝非偶然，在漫长的历史中，这座城市培养出许多深受爱戴的歌唱家、表演家和艺术家。

景点

马德望的魅力大部分来自这些20世纪初修建的建筑：包括居民修建的店屋，法国的殖民地建筑，它们共同组成了城市的历史中心。最好的几栋**殖民地建筑**散落在河边（St 1），特别是**Psar Nath**（St 1）以南。Psar Nath本身就是一座建筑纪念碑，只不过采用现代主义风格。

总部位于金边的**KAArchitecture Tours**（www.ka-tours.org）免费已经与马德望市政府达成协作，推出两条深入马德望历史遗迹中心的游览线路，具体信息可以从网站免费下载。两条线路均突出法国统治时期遗迹以及20世纪60年代现代主义建筑。利用半天时间游览马德望，妙不可言。

马德望博物馆

博物馆

（សារមន្ទីរខេត្តបាត់ដំបង，Battambang Museum；St 1；门票 US$1；⏲8:00~11:00和14:00~17:30）这个相当古旧的小博物馆陈列着精致的吴哥时代门楣，以及在巴南寺（Prasat Banan）和斯恩（Sneng）等马德望省城镇出土的雕像。展品有高棉文、英文和法文的介绍文字。

我们上次到访时，这里正在计划进行大规模的扩建以及一个现代化的改造项目，到你前去游览期间，可能已经开建了。

省长宅邸

知名建筑

（Governor's Residence）两层楼的省长宅邸有露台和木头百叶窗，建于20世纪初，极为华丽。内部不开放，但是庭院可以游览。这个建筑由意大利建筑师为最后一任泰国省长（1907年离开）设计。

火车站

历史建筑

（St 102）在马德望这座废弃的火车站里，

当地知识

马德望新兴艺术

在红色高棉时代之前，马德望长期以来一直是柬埔寨的艺术文化中心。今天，新一代的艺术家们继承了这一遗产，马德望也重新成为了柬埔寨的文化之都。St 2½街周边已经建起了一些画廊、商店和时髦酒吧，在城市的中心营造出一个悠闲的艺术区域。可到下列地方查看当地的艺术活动信息：

Sammaki Gallery（St 2½；⏲周一至周五13:00~18:00）马德望第一家当代艺术画廊，主要关注当地年轻艺术家的作品。由柬埔寨儿童基金会赞助。

Sangker Art Space（St 1½）一个小型艺术空间和画廊，定期会组织马德望艺术家的展览。

Lotus Bar & Gallery（见253页）这里是马德望艺术家生活的中心，楼上的画廊会举办展览，展示城市里多元融合的艺术团体。店主Darren Swallow帮助建立了Sammaki Gallery。

Choco l'art Café（见252页）这家咖啡馆兼画廊经常会组织展览和其他艺术项目。

Make Maek Art Space（66 St 2½）这家画廊和工坊由当地备受尊敬的画家Mao Soviet经营，其中展示了许多他的作品。上次我们到访时没有开放，不过你到访时可以去看看有没有重新开放。

Battambang 马德望

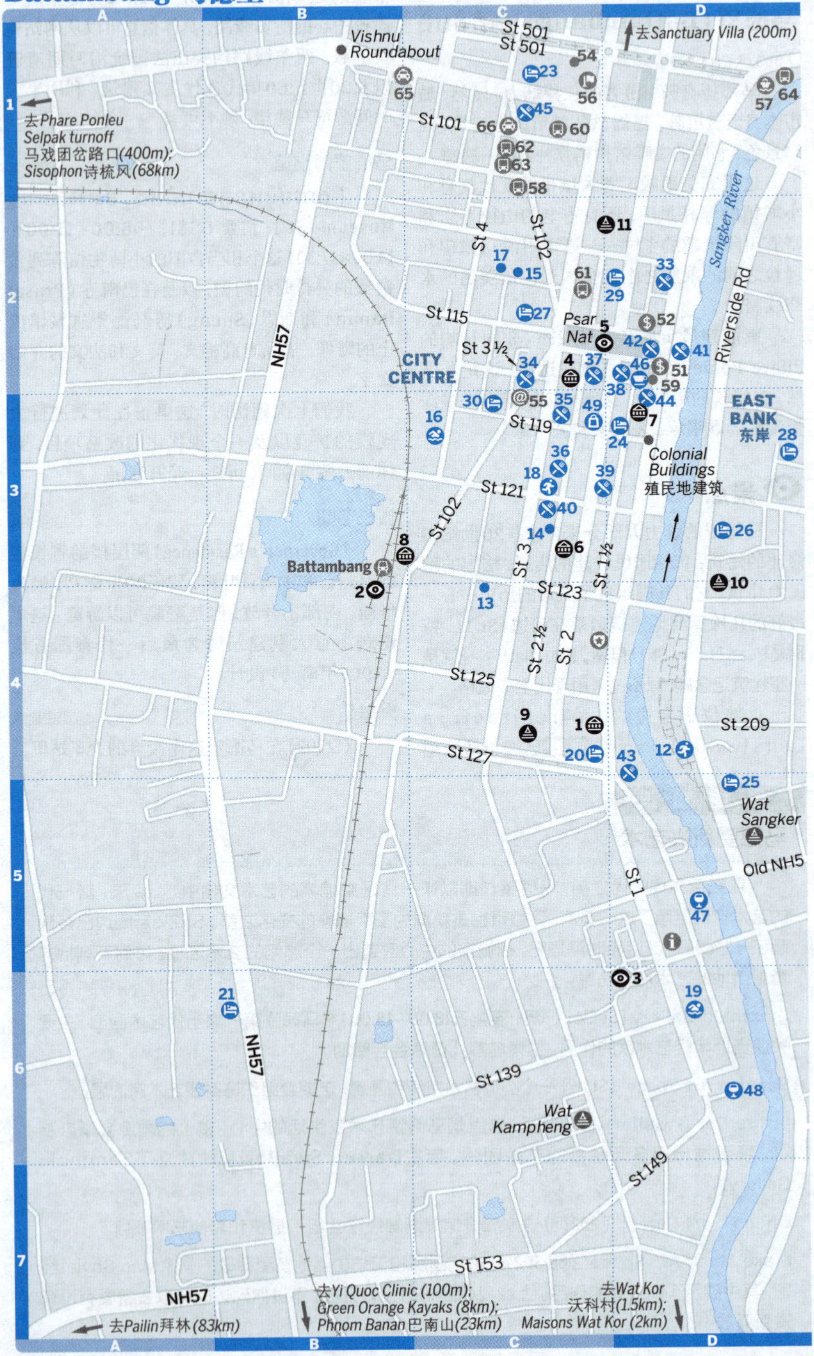

钟楼上的表永远指着8点零2分。沿着小路往南走，你将看到一些宝贝：废弃的**法国殖民时期火车修理厂**、仓库和火车车身。

寺庙
佛教寺庙

多亏当地一位指挥官对高层的指令不屑一顾，马德望的佛教寺庙才能逃过红色高棉的毒手。其中，最出色的寺庙当数**Wat Phiphétaram**（St 4）、**Wat Damrey Sar**（វត្តដំរីស，白象塔；St 127）和**Wat Kandal**（វត្តកណ្ដាល；Riverside Rd）。

沃科村
村庄

沃科村（ភូមិវត្តគរ，Wat Kor Village）位于马德望市中心以南约2公里处，村子中央有一座同名的**寺庙**。这是理想的散步之地，尤其傍晚时分，桑岐河（Sangker River）对岸（东岸）沐浴落日余晖，呈现琥珀色彩。美轮美奂的大桥横跨河流，沃科塔尖熠熠生辉，高棉乡村生活一片生机。

距离沃科1.5公里，有一处高棉**古屋群**，村子也因此知名。这些古屋存在将近一个世纪，采用如今罕见的硬木搭建，果园环绕四周，有宽阔的走廊，不禁让人回想起那些久远岁月。

沃科地区的古屋总共20来座，只有两座对外开放，分别是**Bun Roerng House**（建议捐款US$1）和相邻的**Khor Sang House**（建议捐款US$1）。无论哪家，屋主都会带你四处参观一下，交流采用法语或英语。经过一个世纪的光脚踩踏，古屋地板光洁闪亮，室内陈设着老家具和家庭成员合影。

Bun Roerng House是一位当地律师于1920年所建。在我们上次到访期间，其现任主人正计划将房屋的后部分改造成家庭寄宿处，如果完成，将成为建筑历史爱好者的罕有选择。Khor Sang House建于1907年，建造者是这位说着法语的房主的父亲。他父亲曾是该省最后一任泰国省长的秘书。后面那座建于1890年。

活动

非住客花费US$5就可以使用**Delux Villa**（☎077 336373；www.deluxvilla.com；St 4；Wi-Fi）的游泳池。

Battambang 马德望

景点

1 马德望博物馆……C4
2 法国殖民时期火车修理厂……B4
3 省长宅邸……D6
4 Make Maek Art Space……C2
5 Psar Nath……C2
6 Sammaki Gallery……C3
7 Sangker Art Space……D3
8 火车站……B3
9 Wat Damrey Sar……C4
10 Wat Kandal……D4
11 Wat Phiphétaram……D2

活动、课程和团队游

12 Aerobics Classes……D4
13 Australian Centres for Development……C4
14 Battambang Bike……C3
15 Coconut Lyly……C2
16 Delux Villa……C3
17 Nary Kitchen……C2
18 Seeing Hands Massage……C3
Soksabike……(见46)
19 Victory Club……D6

住宿

20 Angkor Comfort Hotel……C4
21 Au Cabaret Vert……B6
22 Bambu Hotel……E3
23 Banan Hotel……C1
24 Ganesha Family Guesthouse……D3
25 Here Be Dragons……D5
26 La Villa……D3
27 Royal Hotel……C2
28 Sangker Villa Hotel……D3
29 Senghout Hotel……D2
30 Tomato Guesthouse……C3

就餐

31 Bamboo Train Cafe……E5
32 Battambang BBQ & Buffet……E5
33 Cafe Eden……D2
34 Choco l'art Café……C2
35 Coconut Water……C3
36 Flavours of India……C3
37 Fresh Eats Café……C2
38 Jaan Bai……D2
La Villa……(见26)
39 Lan Chov Khorko Miteanh……C3
40 Lonely Tree Cafe……C3
41 新夜市……D2
42 夜市……D2
43 河岸夜市……D4
44 The Kitchen……D3
45 Vegetarian Foods Restaurant……C1

饮品和夜生活

Here Be Dragons……(见25)
46 Kinyei……D2
Lotus Bar & Gallery……(见37)
47 River……D5
48 Riverside Balcony Bar……D6

购物

49 Bric-a-Brac……C3
Jewel in the Lotus……(见4)
Lonely Tree Shop……(见40)
50 Rachana Handicrafts……F6

实用信息

51 澳新皇家银行……D2
52 加华银行……D2
53 Handa Medical Centre……F3
54 法国文化研究所……C1
55 Lucky Net……C3
56 越南领事馆……C1

交通

Angkor Express……(见57)
57 去暹粒的船……D1
58 Capitol Tour……C1
Chann Na……(见57)
59 Gecko Moto……D2
60 Golden Bayon Express……C1
61 Mekong Express……C2
62 Phnom Penh Sorya……C1
63 Ponleu Angkor Khmer……C1
64 Rith Mony……D1
65 出租车站……C1
66 去拜林的出租车……C1

Green Orange Kayaks 皮划艇

（017 736166；www.fedacambodia.org；Ksach Poy；半天US$12）Green Orange Kayaks出租皮划艇，它的管理方FEDA是一家非政府组织，在Ksach Poy村中还经营着一座社区中心，位于马德望以南8公里处。半天的自导皮划艇之旅从Ksach Poy的Green Orange Cafe咖啡馆启程。从那里，可以划船沿着桑岐河返回城市。需要的话，雇个导游（US$3）。强烈建议提前预约。

FEDA还经营有一座客栈，名叫**Green Orange Village Bungalow**（☎012 207957; www.fedacambodia.org; Ksach Poy; 标三每人US$5）🍃，地址位于Ksach Poy村。可以找Ngarm帮忙。

Aerobics Classes 健康和健身

（Riverside Rd; 每人1000r）直奔马德望东岸，每天6:00~7:00和17:00~19:00，当地人吃完饭就到那里跳广场舞。只需跳5分钟音乐体操，你就能掌握高棉语数字的读法。

Seeing Hands Massage 按摩

（☎078 337499; St 121; 每小时US$6; ⏲7:00~22:00）🍃培训盲人按摩师，为客人提供能舒缓身心的按摩。

Victory Club 游泳

（St 1; 游泳池门票 US$2; ⏲6:00~20:00）有一个25米长的游泳池。

Khmer New Generation Organization 志愿活动

（☎092 790597; www.kngocambodia.org; Bospo村）🍃高棉新一代组织（Khmer New Generation Organization）是一家当地的非政府组织，一直致力于招收英语志愿者教师，去帮助英语教学项目。1个月或更长的服务时间较好。

儿童成长活动中心 志愿活动

（Children's Action for Development; ☎092 301697; www.cadcambodia.orgwww.cadcambodia.org）🍃该中心是一个非营利性机构，位于距离马德望13公里的Pheam Ek，致力于为当地儿童提供免费的英语教育，同时也欢迎短期志愿者教师。

团队游

Soksabike 骑车

（☎012 542019; www.soksabike.com; 半天US$23~27, 全天US$34~40; ⏲出发时间 7:30）🍃大本营设在Kinyei（见253页）咖啡馆的Soksabike是一家社会企业，其宗旨是帮助游客亲近柬埔寨乡村和人民。半日游/全日游旅途行程25/40公里，途中会停靠家族经营的企业，例如，米纸和发酵鱼酱（prahoc）的工厂，还可参观当地人的家。团队游价格视参加人数而定。

Butterfly Bicycle Tours 骑车

（☎089 297070; www.butterflytour.asia; St 309; 半天团队游US$15~17; ⏲出发时间 7:30和13:30）由一群当地的大学生创办，提供的自行车团队游，聚焦风景、景点或当地的传统生活。传统的生存挑战环游深受欢迎。

Battambang Bike 骑车

（☎097 482 4104; www.thebattambangbike.com; St 2½; 团队游US$18）提供各种自行车环游服务，包括半日环城游、骑自行车前往农沙帕山（Phnom Sampeau）的半日游。也运营免费的周六趣味骑行，出租城市和山地自行车（每天US$2~5）。

课程

Coconut Lyly 烹饪课程

（☎016 399339; www.coconutlyly.com; St 111; 每人 US$10）课程由大厨Lyly开设，他毕业于暹粒的Paul Dubrule Cooking School烹饪学校，半日课程（9:00和15:30开始）包括去Psar Nath采购，准备4道传统高棉菜肴（包括菜谱书），然后品尝你的手艺。其中的出色餐厅8:00~22:00营业。

Nary Kitchen 烹饪课程

（☎012 763950; www.narykitchen.com; St 111; 半日课程US$10）这家学校的烹饪课程同样很受欢迎。课程开始前先去本地市场采购，然后制作3道菜，最后送你一本烹饪书作纪念。每天9:00和16:30各有一次课，每次课约3个小时。如果更感兴趣于吃，而非烹饪，那么这里的餐厅从8:00~22:00营业。

Australian Centres for Development 语言课程

（☎053 677 7772; www.acdcambodia.weebly.com; St 123）🍃开设的高棉语课程备受好评，提供一对一课程，也有每周一次的课程。

住宿

马德望绝大多数廉价住宿处都在老市场

(Psar Nath)周边，中高档酒店在东岸或者市中心以外，需要搭载三轮摩的或摩的去老城的旅游区。

市中心

★ Angkor Comfort Hotel 酒店 $

(☎077 306410; www.angkorcomforthotel.com; St 1; 房间 含空调 US$15;) 这里巨大的客房都干净得闪闪发亮，床上配备的是白色亚麻寝具，此外还有平板电视，有足够的电源插座，能一次性给你所有的电子设备充上电，现代化的浴室中有淋浴——对于一个背包客廉价住宿处来说，这些可谓中档酒店的便利设施了。

Royal Hotel 酒店 $

(☎016 912034; www.royalhotelbattambang.com; St 115; 房间 含空调 US$20~25;) 这里是马德望的一家旧式酒店，受欢迎也是理所当然。有些房间可能有些陈旧了，但都很宽敞，而且配备有冰箱和电视。员工也是城里了解信息最多的。

Senghout Hotel 酒店 $

(☎012 530327; www.senghouthotel.com; St 2; 房间 带风扇 US$10~15, 带空调 US$15~35;) 以见多识广的员工而闻名，他们能迅速帮助解决游客的问题。有多种装饰漂亮的房间。有些会显得狭小，所以在决定之前先查看一下。屋顶的游泳池是主要吸引点。

Ganesha Family Guesthouse 客栈 $

(☎092 135570; www.ganeshaguesthouse.com; St 1½; 铺US$4.50, 房间US$11~14;) 这是马德望廉价住宿中最好的一家，宿舍里光线充足，配备的是双人宽度的床铺，单人小套房有竹制家具，浴室铺有瓷砖（只有冷水）。楼下是一家诱人的咖啡馆。

Tomato Guesthouse 客栈 $

(☎053 690 7374; www.facebook.com/tomatoguesthouse; St 119; 铺/双 US$1.50/3;) 楼下的咖啡馆总是熙熙攘攘，楼上则配备的是干净的套房——不过其中空间很狭小。或者也可以在超级便宜的宿舍入住。

Banan Hotel 酒店 $

(☎053 953242; www.bananhotel.com; NH5; 房间 含早餐 US$20, 豪华 US$25~40;) 这家酒店有完美的客房（带阳台的更贵）和友好的服务，由大量的木头镶板装饰，此外还有一座带屋顶游泳池的附加建筑。

Sanctuary Villa 精品酒店 $$

(☎097 216 7168; 房间 含早餐US$60~90;) 这个私密的湖边酒店处于青翠的花园之内。7栋迷人的别墅采用传统木料、高雅丝物以及小块地毯装饰——但是偏僻的地理位置使这里并不是适合所有人。从NH5上的White Horse环岛出发，往北500米，然后右转，即可到达。

Maisons Wat Kor 精品酒店 $$$

(☎098 555377; www.maisonswatkor.com; Wat Kor village; 标单/双 US$81/94起;) 位于马德望市中心以南约2公里处，是一家与世隔绝的避难所，只有8个房间，分布在传统风格的高棉建筑中。房间内宽敞明亮，搭配有当代风格的浴室。海水游泳池周围环绕着葱郁的植物，可提供大量的休闲机会。

Au Cabaret Vert 精品酒店 $$$

(☎053 656 2000; www.aucabaretvert.com; NH57; 房间含早餐US$85;) 这家酒店位于城市西部边缘，融汇当今时代氛围与殖民时代气息。客房时髦，配备平板电视和淋浴喷头。游泳池是个天然洁净的小池塘。

东岸

★ Here Be Dragons 青年旅舍 $

(☎089 264895; www.herebedragonsbattambang.com; Riverside East; 铺US$3, 房间 US$8~10;) 时髦有趣的酒吧，门前有供休闲的葱茏花园，到达时免费提供的啤酒，这些使得这里成了最佳背包客住宿处。六人间宿舍配有保险箱，阳光充足的私人房间配备的是颜色鲜亮的寝具。紧邻东岸的河滨公园，环境静谧。

La Villa 精品酒店 $$

(☎053 730151; www.lavilla-battambang.net; Riverside Rd; 双含早餐US$70起;) 想感受殖民地时期生活的面貌，可尝试这栋

不要错过

马戏团之夜

马德望的**Phare Ponleu Selpak**（ហ្វារពន្លឺសិល្បៈ；☎053 952424；www.phareps.org；成人/学生US$14/7）的马戏表演，在当地首屈一指，并且享誉世界，艺术形式缤纷多样，是弱势儿童的乐园。虽然暹粒也有同样的演出，但最好还是去马德望欣赏那原汁原味、震撼感官的表演。演出时间为周一、周四和周六19:00。11月至次年2月的周五加演一场。18:00开始现场买票。

外界或许认为Phare就只是马戏表演，当地人可完全不这么认为。这里培养音乐家、视觉艺术家，还有表演艺术家。你在城里邂逅的艺术家们，比如Choco l' art Café（见252页）的Ke等，许多都曾经在Phare生活和学习过。白天，Phare随时欢迎游客到来，参加**导览游**（US$5；⏲周一至周五8:00~11:00和14:00~17:00），观摩马戏、舞蹈、绘画以及图形艺术课程。花费的US$5绝对物有所值。

要来Phare，从NH5上的毗湿奴环岛（Vishnu Roundabout）出发，向西900米，然后右转（向北），接着继续前行600米，即可到达。

在20世纪30年代经过仿古修复的法国殖民地时期别墅，它是柬埔寨最浪漫的精品酒店之一。四柱床上悬挂着薄纱的蚊帐，地上铺的是原本的瓷砖地板，各个角落里都有装饰艺术装点，由此营造出一种无可匹敌的旧世界魅力。

Sangker Villa Hotel 精品酒店 $$

（☎097 764 0017；www.sangkervilla.com；紧邻St 203；房间 含早餐US$45~55；❄📶🏊）与马德望其他豪华泳池边的精品酒店相比，Sangker Villa略逊一筹，但是价格完胜其他酒店。午后的泳池酒吧是一个宁静的休闲处，装饰简洁的明亮房间里配备有当代风格的浴室。

★Bambu Hotel 酒店 $$$

（☎053 953900；www.bambuhotel.com；St 203；房间含早餐US$90起；❄@📶🏊🍽）Bambu的房间宽敞，兼具法式和高棉风格。瓷片装饰精美，浴室镶嵌大理石，家具精良。创意风味的餐厅是城里最佳，泳池畔的酒吧诱人停留。但最重要的还是优雅的员工，他们使得这里跃居其他精品酒店之上。要提前预订——非常受欢迎。

就餐

要品尝优秀的柬埔寨菜肴，也可尝试城里设有烹饪学校的餐厅（见249页）。

如要品尝街边食品，这里有3家夜间市场。开办最早的是Psar Nath东北角的**夜市**（零食和主菜2000~8000r；⏲16:00~21:00），那里的咖喱蒸汽锅旁，出售烤鸡肉、烤鱼、烤猪肉。**新夜市**（St 1；主菜4000~8000r；⏲18:00至午夜）位于河畔马路对面，更适合坐下来享受。在马德望博物馆（Battambang Museum）对面，还有一家**河岸夜市**（riverside night market；St 1；主菜4000~8000r；⏲15:00至午夜）。

市中心

★Lonely Tree Cafe 咖啡馆 $

（www.thelonelytreecafe.com；St 121；主菜US$4~5.50；⏲10:00~22:00；📶）🌿这家咖啡店开在同名的商场楼上，极其温馨，天花板镶嵌着竹节，高高耸起，提供西班牙小吃风格的高棉饭菜。它的吉祥物是通往暹粒路上的一棵真正的树。收入用于支持文化保护、残疾人事业以及其他方面。

Coconut Water 各国风味 $

（St 119；主菜US$2~3.50；⏲8:00~21:00；🖉）🌿可在1楼舒适的咖啡厅就餐，也可以在屋顶绿荫下的坐垫上就餐。这里有大量的早餐食物，以及少量的高棉热门菜式，或者也可以品尝焦糖鸡肉或者豆腐汉堡。餐厅利润资助了多个社区项目。

Flavours of India 印度菜 $

（85 St 2½；主菜US$3.50~5；⏲9:00~22:30；

)生意火爆的金边印度餐馆在马德望的分店，灵感来自于一些酷爱咖喱的侨民，他们要求把菜肴一路"外送"到首都290公里之外的东南方。有素食（US$5~7）可选，物美价廉。

Vegetarian Foods Restaurant 素食 $

（St 102；主菜1500~3000r；6:30~17:00；）这家狭小的饭馆提供全柬埔寨最美味的素食，如泡饭、自制豆奶和售价只要1000r的饺子，物超所值。

Fresh Eats Café 各国风味 $

（www.mpkhomeland.org；St 2½；主菜US$2.50~4；9:00~21:00；）这家小餐馆由NGO经营，旨在帮助弱势青年。提供高棉特色菜，同时可以自己动手烹制法式长条面包、美味沙拉和意大利面。还设有一家小型手工艺品精品店。

Lan Chov Khorko Miteanh 面条 $

（145 St 2；主菜4000~6000r；9:00~21:00）当地的外国居民简称这里为"中国面条餐馆"。这里的中国厨师的确出售饺子，还现场制作面条，浇头有十多种，如猪肉或鸭肉汤。

Choco l'art Café 咖啡馆 $$

（www.chocolartcafe.com；St 117；早餐和主菜US$1.50~6；周三至周一9:00至午夜；）这家画廊餐馆魅力十足，由当地画家Ke和他的法国伙伴Soline出于爱好而开办。无论当地人还是外国人，都喜欢来这里喝一杯，品尝瑟琳娜烘烤的美味面包、糕饼以及法式薄饼（早餐）。时不时会有现场音乐表演。

★Jaan Bai 创意菜 $$

（078 263144；jaanbai@cambodianchildrenstrust.org；St 1½和St 2交叉路口；小拼盘US$3，主菜US$4~10；周二至周日11:00~22:30；）Jaan Bai（高棉语，意思是"饭碗"）可谓是马德望对美食爱好者的犒赏，店内采用极简主义风格装饰，墙上有漂亮的法式——高棉瓷片装饰。菜单同样成功又大胆。可选择一些小拼盘来品尝他们的各种口味，或者选择品尝菜单，有7种菜品外加葡萄酒，每人只要US$15（最少2人起点）。

来这里用餐的理由很充分，这家餐厅会通过Cambodia Children's Trust（www.cambodianchildrenstrust.org）招聘和培养年轻志愿者。

Cafe Eden 咖啡馆 $$

（www.cafeedencambodia.com；St 1；主菜US$4~7；周三至周一7:30~21:00；）这座美国人经营的社交场所，是享受丰盛的早餐和下午茶咖啡的悠闲空间。午餐和晚餐虽然选择不多，但却是亚洲创意菜式，也提供一些很棒的汉堡。这里制作的薯片是城里最好的。后面的精品店出售一些服饰和手工艺品。

The Kitchen 各国风味 $$

（St 1；主菜US$5~7；10:00~22:00；）氛围轻松，有缤纷的墙壁艺术品和晃悠悠的厨房用具做装饰。菜单上无所不包，能看到墨西哥菜（有墨西哥卷和炸玉米饼）以及各种亚洲食物。也提供有一些美味的酒吧小食。

东岸

东岸餐饮业发达，特别是老NH5公路沿线。

Bamboo Train Cafe 各国风味 $

（Old NH5；主菜8000~16,000r；7:00~22:00）老板和蔼可亲，因此店里总是客人如云。电子菜单显示的菜品有比萨、意大利面、咖喱和美味豆腐amok。

Battambang BBQ & Buffet 烧烤 $

（Old NH5；主菜10,000~16,000r；16:00~22:00）琳琅满目的烧烤和自助餐，生意火爆极了，当地人和游客都喜欢来这儿就餐。性价比高。

★La Villa 各国风味 $$

（053 730151；Riverside Rd；主菜US$5~15；11:00~15:00和18:00~21:00；）马德望最具氛围的餐馆，菜肴混合了高棉、越南、法国和意大利等风味，还有来自世界各地的红酒。家常菜包括柠檬汁嫩鱼排。坐在室内玻璃正厅，或者坐在室外，沐浴院内的殖民地风情。

不要错过

乘坐竹车游览

马德望的竹车（往返 2位及以上游客每人US$5，1位游客 US$10；⏲7:00至黄昏）是全世界最有特色的火车。竹车从位于马德望老法国桥［沃科桥（Wat Kor Bridge）］以东3.7公里处河南岸的O Dambong出发，沿着法国人留下来的颠簸的铁路和令人头晕的桥梁，一路歪歪扭扭绵延7公里驶向O Sra Lav。单程耗时20分钟，会在O Sra Lav会停靠20分钟。

竹车（高棉语称之为norry或nori）由3米长的木质车厢组成，板子由很轻的竹子做成，板子两端下方是杠铃模样的负重轮，尾部的负重轮经风扇皮带与六缸高压汽油发动机相连。每辆竹车能搭载10~15人或最多3吨大米，人或物品放好后，竹车沿着轨道以大约每小时15公里的速度前进。

这套系统的天才之处在于它聪明地解决了大多数单轨火车都会面对的难题：对向开来的两列车无法错车。对于竹车来说，答案很简单：一辆车先将自己迅速“解体”，让出轨道，等对向的车开过去之后再把东西放回去，然后继续前进。规矩是乘客较少的一方让道。

随着公路状况的改善，竹车如果不改造成为旅游景点就有可能消失。是的，竹车现在已非常商业化——在O Sra Lav下车后，会碰到一些锲而不舍的兜售手镯的儿童——但无可否认，一路沿着轨道咔哒咔哒地行进实在是乐趣横生。

据说在不远的将来铁路将升级，竹车会终止运营，不过也有计划要将其搬到省内的其他地方。

饮品和夜生活

★Kinyei

咖啡馆

（www.kinyei.org；1 St 1½；咖啡US$1.25~2.50，小吃 US$1~2.50；⏲7:00~19:00；📶）想知道我们在马德望是去哪里用早餐咖啡的吗？这里有该国最好的咖啡师。提供有各种浓缩咖啡、奶香咖啡、卡布奇诺，还有少量早餐选择和简餐。

Lotus Bar & Gallery

咖啡馆

（St 2½；⏲11:00至深夜；📶）这家咖啡馆位于一栋修缮精美的商铺内，虽然档次不高，但是适合各种喜好的顾客。楼上是一家画廊，楼下晚上可能放映电影，举行音乐表演，或者举办主题派对。菜品（主菜US$4~8）包括中东风味的拼盘、比萨，加入了一些高棉特色。

Here Be Dragons

酒吧

（Riverside Rd；⏲11:00至深夜；📶）早在生意兴隆的Dragons旅馆出现之前，Dragons酒吧就已经名声大噪，并且坚持一贯的风格。这里经常欢闹到深夜，充斥着背包客和老外。周三有酒吧竞猜节目。

Riverside Balcony Bar

酒吧

（St 1和St 149交叉路口；⏲周二至周日16:00~23:00；📶）这家酒吧位于河边高处一栋美丽的木头房子里，是马德望本土的酒吧，老板是澳大利亚人。气氛悠闲恬适，是无所事事者的好去处。菜单小巧玲珑，囊括酒馆食物和高棉经典菜品（主菜US$3.50~7.50）。

River

酒吧

（St 1；⏲6:00~23:00）夜间当地人会群集在这里享受河畔微风，户外大屏幕还会播放足球和电影。

购物

Lonely Tree Shop

纺织品

（St 121；⏲10:00~22:00）这里出售精美真丝包、大件珠宝、时尚衬衣和裙子。绝对不是那种专门出售大路货的福利礼品店。

Jewel in the Lotus

二手店

（St 2½；⏲11:00~22:00）一家出类拔萃的物品店，出售各种古董、流行玩意儿和大路货，还有本地艺术家的旧作。即使不买，也值得看看。

Bric-a-Brac 家庭用品

（☎077 531562；www.bric-a-brac.asia；112 St 2；⏲11:00~20:00）这个时髦的商店出售手工的装饰（passementrie）用品、织物、古董和配饰。楼上的小酒店只有3个富于艺术气息的设计房间。

Rachana Handicrafts 纺织品

（⏲7:30~17:30）这个小小的缝纫车间位于郊区，由一个NGO运营，培训残疾妇女并出售钱包、填充玩具、格子花纹围巾（krama）、棉织品和丝绸制品。

实用信息

想了解城里的活动信息，可在餐厅、酒吧和酒店里获取免费的*Battambang Buzz*杂志。

旅游办公室发放的城市地图详细描述了通往竹车（bamboo train）以及其他城外景点的那些风景如画的路线。

免费的无线网络在酒店是标配，在大多数咖啡馆和餐厅也都有提供。

澳新皇家银行（ANZ Royal Bank；St 1；⏲周一至周五8:30~16:00，自动柜员机24小时）

加华银行（Canadia Bank；Psar Thom；⏲周一至周五7:30~15:30，周六至11:30，自动柜员机24小时）

Handa Medical Centre（☎095 520654；NH5；⏲门诊9:00~15:30，急诊24小时）有两辆救护车，通常有1位至2位欧洲医生坐诊。

法国文化研究所（Institut Français；www.institutfrancais-cambodge.com；St 501；⏲周一至周五8:00至正午和14:00~18:00）能在英国统治时期，顽强地保持法国文化的生命力。这里楼上媒体中心的书籍和DVD可以免费阅读或播放。

旅游信息办公室（Tourist Information Office；☎012 534177；www.battambang-town.gov.kh；St 1；⏲周一至周五8:00~11:00和14:00~17:00）能为游客提供的帮助有限，张贴的马德望地图很大。

Yi Quoc Clinic（☎053 953163，012 530171；紧邻NH57；⏲24小时）市内最好的诊所。

到达和离开

马德望在金边西北方向、拜林东北方向，与两个城市的距离分别为290公里（走NH5）和80公里（走NH57，旧称NH10）。

船

开往暹粒（US$20，每天7:00）的船只沿着狭窄的水域航行，经过受保护的湿地，雨季全程需要5个小时，旱季至少需要9个小时。**Angkor Express**（☎012 601287）和**Chann Na**（☎012 354344）的船只都走这条被誉为柬埔寨最令人难忘的线路，隔日有船。

旱季，船只需要开到较深的水域。最好坐在远离马达噪声的位置。或许可以绕道去往普列托尔鸟类保护区（Prek Toal Bird Sanctuary），然后让船第二天来接你——只需多花US$5即可。注意：沿途的当地村庄不太喜欢这些船只，因为它们掀起的水浪有时会把村民的小船打翻，快船有时还会把村民的渔网刷破。许多游客也会抱怨乘客多，存在安全隐患——船上很少配备足量救生衣。

长途汽车

马德望也像金边一样，没有统一的长途汽车站。多数公司集中在市中心、NH5和St 4交会处以南。

如果要去金边，Capitol Tour和Phnom Penh Sorya的日间车次最多。如果想快一些，可选择Golden Bayon Express（US$10，4.5小时，7:00和8:30）或Mekong Express（US$12，4.5小时，7:30、8:45、9:30、13:00、14:30和17:00）价格更昂贵的迷你小客车。除非你不介意在清晨很尴尬的时刻抵达，不然的话，虽然好几家公司都提供有过夜巴士，但都不值得尝试。

Mekong Express和Golden Bayan都运营去暹粒有快速小客车。

前往曼谷（Bangkok），得在边界倒车，一般在泰国那边换乘小巴。

如果你预算有限，总体来看Capitol Tour的票价最低，其次是Phnom Penh Sorya。

Capitol Tour（☎053 953040；St 102）

Golden Bayon Express（☎070 968966；St 101）

Mekong Express（☎088 576 7668；St 3）

Phnom Penh Sorya（☎053 953904；St 4）

Ponleu Angkor Khmer（☎053 952366；St 4）

Rith Mony（☎011 575572；St 1）

出租车

在**出租车站**（NH5），开往金边（40000r，4.5小时）和菩萨（Pursat；16,000r，2小时）的合乘出租车从东南角发车，开往波贝（20,000r，1.75小时）、诗梳风（Sisophon；20,000r，1.25小时）和暹

从马德望发车的长途汽车

目的地	行程(小时)	价格(US$)	客运公司	班次
曼谷	9	15~16	Mekong Express, PP Sorya	10:30、11:30、正午
磅湛	7.5	7.50~10	PP Sorya, Rith Mony	9:30
拜林	1.5	3~4	Punleu Angkor, Rith Mony	13:00、15:00
金边	5~6	5~12	所有客运公司	14:30前定点发车
波贝	2.25	4~4.50	Capitol, PP Sorya, Rith Mony	7:45、13:00
暹粒	3~4	4.50~5	Capitol, Golden Bayon Express, Mekong Express, PP Sorya	7:45、8:00、9:45、13:00、14:00

粒(26,000r,3小时)的出租车从NH5上市场的北面发车。

开往拜林(20,000r,1.25小时)和Psar Pruhm与Ban-Pakard边界的合乘出租车从St 101和St 4路口发车。如果包租出租车(US$35~40),就可以在农沙帕山(Phnom Sampeau)和斯恩(Sneng)中途停留。

当地交通

马德望许多三轮摩的司机都会说英语和法语,并且巴不得游客能租他们的车去游览。出城半日游,参观一个景点,大约花费US$12。出城一日游,参观农沙帕山、巴南山和竹车这3个景点,花费US$16~20,具体得看你的砍价技巧。如果乘坐摩的,花费是上述一半左右。

乘摩的在市区里转转,车费约2000r,三轮摩的最低US$1。

Gecko Moto(☎089 924260;St 3;⏲8:00~19:00)和Royal Hotel对外租借摩托车,费用为每天US$7~8。出租自行车的地方有Royal Hotel、Soksabike、Battambang Bike以及其他几个客栈,租金为每天US$2。

马德望周边

马德望周边乡村分布着古老寺庙以及其他值得一去的景点。农沙帕山、巴南山和沃耶农(Wat Ek Phnom)联票US$3。在其中任何一个景点买票,另外两个景点都通用。如果你认为下面给出的信息不够全面,可以买一本Ray Zepp写的指南《马德望周边》(*Around Battambang*, US$10),书里有对马德望地区和拜林地区各个寺庙、古塔和景点的详细介绍。这本书的利润用作和尚和尼姑的经费,他们致力于提高人们对艾滋病的重视并帮助艾滋孤儿。

农沙帕山(Phnom Sampeau) ភ្នំសំពៅ

这个著名的石灰岩山丘在NH57路边(近拜林方向)、马德望东南方向12公里处,山顶有一个**寺庙群**(门票US$3联票),那里景色很美。

从山顶建于1964年的金色佛塔那里下山,在一扇刻有Eiy Sei(一位年长的佛)浮雕的门那里左转。走下高144阶、被林木覆盖的**深谷**,穿过一个天然拱桥,直通爬满藤蔓、住着蝙蝠的钟乳石洞。洞口有两座吴哥战士石像。

山顶两个发射塔的西部边缘,有政府军留下的**野战炮**,一个上面是俄文,另一个上面是德文。到西边那座发射塔基座附近,抢在其他游客前面占据**观日亭**处的最佳位置。向西望去,会看到**鳄鱼山**(Phnom Krapeu),那里曾是红色高棉的根据地。

在上山路大概一半的位置,门下方有条公路,沿着公路往山上走250米就到了**农沙帕山万人坑**(Killing Caves of Phnom Sampeau),如今它成了供后人凭吊的地方。一条绿草茵茵的台阶路通往一个山洞,洞里有一座金色卧佛像,旁边的玻璃纪念碑里放着红色高棉受害者的遗骨——红色高棉先是把他们用棍棒打死,然后从上面的天窗扔进来。台阶起点的旁边有个**老纪念碑**:一个锈迹斑斑的、用铁丝网和尼龙线做成的笼子,里面堆放了一些人类遗骨。

回到山脚,每天黄昏,人们会聚集过来观

看一场自然奇观。日落之时（大约17:30），会有成群的**蝙蝠**从高耸峭壁北面一个巨大的岩洞蜂拥而出。场面极为震撼，持续半小时，不计其数的蝙蝠遮天蔽日，排列成环状飞向洞里萨河附近的喂食场。

有一条水泥路可通往农沙帕山顶部——如果打算锻炼一下——或者也可选择一条陡峭的台阶路。道路十分陡峭，无法行驶三轮摩的。操着英语的摩的司机会在山脚售票处周围餐厅门口排队揽客，他们能带你快速上山下山游览一遭，收费US$4。

巴南山（Phnom Banan）

ប្រាសាទភ្នំបាណន់

乘坐摩托车或三轮摩的，花上大半天的时间，就可以轻松将巴南寺和农沙帕山放在一起游览。

景点

巴南寺 寺庙

（Prasat Banan；门票US$3联票）要去巴南寺，得登上巴南山的358级台阶，不过从山顶看到的周围村落风光不虚此行。该寺院于11世纪由苏利耶跋摩一世之子乌迭蒂耶跋摩二世（Udayadityavarman Ⅱ）所建，有些当地人声称，吴哥窟的设计灵感来源于这里五座高塔的布局，但实际上这只是他们一厢情愿的猜测而已。每座塔的石刻门楣和中央塔顶部的浮雕都十分精美。

一条以寺庙为起点的石头台阶路蜿蜒向南，通往山下的3个**洞穴**。当地导游可以带你入洞参观。巴南寺位于马德望以南23公里处。

巴南寺酿酒厂 酿酒厂

（កន្លែងផលិតស្រាទំពាំងបាយជូរភ្នំបាណន់，Prasat Phnom Banon Winery；Bot Sala Village；品酒费US$2；⏲6:00~18:00）位于马德望和巴南山之间大概一半的位置，一个以出产红辣椒（10月至次年1月收获）闻名的地区，是柬埔寨唯一的红酒酿酒厂，种植各种葡萄，用设拉子和赤霞珠葡萄酿造红酒，用耐高温的Black Queen和Black Opal葡萄酿造粉红葡萄酒。你所能想到的用来形容红酒的词汇，都不适用于这两种葡萄酒的口感。

经过柬埔寨工业、矿业和能源部官方认证

值得一游

去沃耶农公路上的寺庙和村庄生活

从马德望延伸出去的乡村小道两边皆是一望无际的稻田和小村庄，那里出产有各种传统工艺品和产品。通往沃耶农（Wat Ek Phnom）的路途尤其值得探索，可作为一次精彩的半日往返游旅程，途中可以饱览历史景点，感受乡村生活的氛围。部分亮点包括：

Pheam Ek村 马德望以北5公里处就是Pheam Ek村，这里的特产是包春卷的面皮。公路沿线有许多家庭作坊：米浆被蒸熟，然后摊在竹板上，放在阳光下晒干。据说这个地区出产的椰子特别甜。再往前走5.5公里就是沃耶农。

沃耶农（វត្តឯកភ្នំ；门票US$3联票）这座建于11世纪的寺庙隐藏在一座五彩的现代宝塔和一尊巨大的佛像背后，宗教气氛浓厚，但部分已经倒塌。寺庙长宽分别为52米和49米，周围是红土墙和古代baray（蓄水池）的遗迹。主寺庙的东部入口门楣上刻有**搅动乳海**的图案，上部侧面上有一些精美的浮雕。

鱼酱厂 离开沃耶农后，向西南的马德望进发，在抵达横跨桑歧河的桥面之前，有一家生产柬埔寨鱼酱（prahoc）的地方工厂。用竹子托盘盛放的鱼被摆放在路边阳光下晒干，这画面十分上镜。

沃松荣侬 跨过大桥，在桑歧河东岸上的是沃松荣侬（Wat Somrong Knong）。这里有一座建于18世纪的华丽宝塔，在红色高棉时代曾被用作监狱；寺庙之后的区域曾被用作刑场，据称有1万人在这里被执行死刑，该处现在立有一座纪念碑。从这里沿公路向西南行进6公里就能返回马德望。

的Banon牌红酒，加了冰块可以显著提升口味，是很高级的红酒品种。这里还生产Banon牌白兰地，这种白兰地味道很重，有点松节油的味道。也可以坐在花园的亭子里品尝红酒。

该酿酒厂在马德望以南10公里、巴南山以北8公里。

岗波平湖（Kamping Poy） កំពីងពួយ

岗波平湖又名"杀人大坝"，红色高棉意图重建吴哥时期的复杂灌溉系统，因而修建了这座大坝。据说施工期间有1万名柬埔寨人死亡，有些是因为过度劳累而死（若不做工就会被杀掉），有些是因为营养不良或疾病。

这里没有什么可欣赏的风景，不过人们会来野餐，租赁划艇（2小时10,000r）游览湖面。

多亏有了这个大坝，如今的岗波平湖地区是柬埔寨少有的一年收获两季水稻的地方。

岗波平湖位于马德望以西27公里处（走NH5，沿着灌溉渠），来这儿的路上可以顺便游览农沙帕山。

斯恩（Sneng） ស្នឹង

这个小镇在NH57路边、马德望西南方向（拜林方向）20公里处。镇上有两个虽然小但很有趣的寺庙。供奉湿婆神的**耶艾腾寺**（ប្រាសាទយាយទែន，Prasat Yeay Ten; NH57）始建于10世纪末，现在已经破败了，但3个精工细凿的门楣在历经岁月和战争的洗礼后却得以保存下来。东侧门楣的图案是搅动乳海。寺庙在公路的东侧，离公路非常近，以至于有人把它误认为是一个吴哥风格的公路收费亭。

耶艾腾寺后面是一个现代寺庙。寺庙后面有3个**砖结构神龛**（紧邻NH57），神龛入口周围有一些保存完好的美丽雕刻。

拜林省（PAILIN PROVINCE）

拜林（ខេត្តប៉ៃលិន）因其宝石矿（现在已经挖得差不多了）、大量地雷和作为红色高棉领导人的避难所而闻名。

内战期间，拜林地区的宝石和木材资源（在泰国军队官员的帮助下卖到国际市场）为红色高棉的战争提供了经济支柱。20世纪90年代中期，每逢旱季，他们定期向驻扎在远处农沙帕山的政府军发起进攻。

> **小心地雷！**
>
> 拜林和附近的马德望省城镇（特别是Samlot和Rotanak Mondol这两个地区）是全世界埋雷最多的地区。排雷点随处可见，有时会非常靠近高速公路，不计其数的伤残者谈雷色变。来到这些地段，切记要走大路、熟路。公共道路是安全的，田间小路则是危险的，徒步进入拜林那迷人的森林绝对不是个好主意。

1996年，红色高棉驻该地的最高领导人，也是民柬第三号人物的英萨利（Ieng Sary）带领由3000名士兵组成的武装军队向政府军投降。作为回报，他得到特赦，并被允许居住在从马德望省（红色高棉占据）分割出来的弹丸之地：拜林省。2007年末，英萨利及其妻子以战争罪和反人类罪被捕。英萨利于2013年3月审判即将完结时去世。英萨利的儿子英伍斯（Ieng Vuth）目前担任拜林省副省长。

拜林（Pailin） ប៉ៃលិន

☎055/人口3.5万

西部荒野城镇拜林地处偏远、乏善可陈，唯有一座多姿多彩的山顶寺庙值得称道。同时，周边的豆蔻山丘亦美不胜收。切记别独自走进山里，那里可能有地雷。

景点和活动

沃翁雅 佛教寺庙

（វត្តភ្នំយ៉ាត，Wat Phnom Yat; 紧邻NH57）台阶以NH57为起点，穿过一道装饰得花里胡哨的门，通往令人眼花缭乱的沃翁雅。这个寺庙围绕一棵古老的po（神圣无花果）树而建。台阶顶上有一座27米高的大佛，另有一条道路通往山顶五彩缤纷的寺庙和金色浮屠塔。

路边水泥板上的图案为真人大小，画的是赤身裸体的罪人及他们受罚的场景：被扔进蒸锅（不孝）、被拔舌（说谎）和被迫攀爬长满尖刺的树（通奸）。中世纪欧洲的三联画里描绘的地狱也画不出这么恐怖的图案，对周围的居民是极大的警示。顶部的日出和日落都很美，足以让你忘掉火焰和硫黄等可怕的画面。

Pailin 拜林

Pailin 拜林

◎ 景点

1 沃卡翁堪 B3
2 沃翁雅 B3

住宿

3 Pailin Ruby Guesthouse A1

就餐

4 Leang Sreng Restaurant A1

交通

5 Punleu Angkor Khmer A1
6 Rith Mony A1
7 出租车站 A1

沃卡翁堪 佛教寺庙

（វត្តខោងកាង, Wat Khaong Kang）在沃翁雅山脚下，建于1968年的大门后面是**沃卡翁堪**，红色高棉上台之前它曾是一个重要的佛学教育中心。外墙的长条浮雕刻画的是搅动乳海的图案。上次我们造访镇子时，这里因为大修而无法得见，不过到你游览的时候，修缮工作应该已经完成。

蓝山瀑布 瀑布

（ទឹកធ្លាក់ភ្នំគុយ, Phnom Keu Waterfall；摩托车/小汽车3000/10,000r）拜林南边豆蔻山瀑布云集。最容易靠近而且终年流水的瀑布是**蓝山**。打算前往的话，从NH57、沃翁雅（Wat Phnom Yat）以东1.5公里处右转，然后沿一条坎坷的道路（雨季崎岖）前行5公里。从入口，走一条土路，徒步横穿小河，然后沿着泥土路步行3公里到达瀑布。

该地区的其他瀑布更难接近，雨季时瀑布最为壮观，不过那时候道路往往也无法通行——此外去偏远处看瀑布也太危险，因为地雷可能无处不在。

食宿

Bamboo Guesthouse 客栈 $

（☎012 405818；房间US$15~35；❄📶）Bamboo Guesthouse是拜林西北郊一处世外桃源，拥有27间舒适的平房。餐厅位于室外亭子内，供应一流水准的高棉和泰国食物（主菜US$4~8）。从市场沿NH57往西走2公里，右转，继续前行800米即可到达。

Pailin Ruby Guesthouse 客栈 $

（☎016 477933；NH57；标单带风扇US$6~8，双带风扇US$8~11，标单带空调US$11，双带空调US$13~16；❄📶）这是市中心性价比较高的客栈，48间客房宽敞洁净。为了享受自然光，值得加付US$2选择空调房。

Memoria Palace 度假村 $$

（☎015 430014；www.memoriapalace.com；小屋US$45，平房US$55~105；❄📶🏊）这家度假村位于拜林以西5公里处，精品酒店风格的别墅极其宽敞，视野极好，同时拥有一个20米长的山顶游泳池，还有3个只有风扇的用棕榈树叶搭盖屋顶的小屋。餐厅（主菜US$5~10）在拜林独占鳌头。要来这里，在高速路突然右转的地方，选择继续直行500米，在Bamboo Guesthouse岔路口以外。

Leang Sreng Restaurant 柬埔寨菜 $

（餐US$1~3；⊙6:00~23:00；📶）这家悠闲餐厅提供热气腾腾的越南牛肉米粉。找到装饰有一头大笑的母牛的招牌即可。

前往泰国：拜林到尖竹汶

前往边境 气氛悠闲恬适的Psar Pruhm—Ban Pakard边境口岸（⏲7:00~20:00）位于马德望西南102公里、拜林西北18公里处，沿途公路的状况很好。

首先，从马德望前往拜林。在拜林，可以耐心等候搭载合乘出租车（6000r）前往边界。如果坐不到，那就搭载摩的（US$5）、包租出租车（US$10）或搭载13:30经过的大巴。

在边境 这里，移民局官员一般会征收US$35来办理柬埔寨旅游签证。过境手续简明快捷。不要理会泰国边境上提出可以帮助办理签证的黄牛。

继续前进 进入泰国，为了节省费用，可以不乘小巴前往尖竹汶（Chanthaburi；乘小型公共汽车150B，1小时），改乘摩的（50B）前往附近的sŏrngtăaou（皮卡）车站。尖竹汶汽车站有开往曼谷的班车。

进入柬埔寨，摩的和出租车都可以带你很快到达拜林，它们停泊在边界检查站以东150米、靠近Victoria Casino入口处。如果很早过境，就能赶得上7:30从边境开出，途经马德望直达金边的长途汽车。包租出租车从边境前往马德望花费US$40。

ℹ 实用信息

Memoria Palace酒店的经理Theara会说英文，他是拜林唯一有价值的信息获取源。他能够组织包括宝石矿、农场、瀑布等在内的旅游线路。

加华银行（Canadia Bank；NH57；⏲周一至周五8:00~15:30，周六至11:30，自动柜员机24小时）

ℹ 到达和离开

连接马德望和拜林的NH57有时被称为10号公路（Highway 10），路况很好，因此乘坐长途汽车、小汽车或摩托车往来很方便。

Rith Mony（☎092 290 909）和Punleu Angkor Khmer都有早班车，大约清晨7:30从泰国边境的Psar Pruhm开出，8:00左右到达拜林揽客，然后开往金边（38,000r，8小时），途经马德望（15,000r，1.5小时）。

也可以搭载去往马德望的合乘出租车（20,000r，1小时），停靠点在NH57上Psar Pailin的对面。

距离拜林东侧25公里的Treng District有一条坑洼的土路，往南穿过豆蔻山脉通往戈公，途经三洛（Samlaut）和Pramoay。柏油公路NH59，起点位于拜林以西6公里，沿着泰国边界向北通往波贝。

三洛（Samlaut） សំឡូត

三洛在豆蔻山脉（大象、长臂猿、穿山甲、犀鸟和许多其他濒危物种的家园）的最北端，但占据了拜林省的南边一半面积（即NH57以南地区）。这片被称为三洛多用途地区（Samlaut Multiple Use Area；600平方公里）的山区与两个泰国公园（Namtok Klong Kaew国家公园和Khlong Kreua Wai野生动物保护区）接壤。三洛跟这两个公园有可能要合并，成立跨境的和平公园（Peace Park）。然而，不计其数的地雷是生态徒步爱好者的最大障碍。

Maddox Jolie-Pitt Foundation（www.mjpasia.org）帮助管理三洛并负责巡逻。这个基金会的名字来自创始者兼主席，他是美国女演员安吉丽娜·朱莉的柬埔寨养子。

班迭棉吉省（BANTEAY MEANCHEY PROVINCE）

夹在波贝诸多赌场和辉煌的吴哥寺庙之间的农业省份班迭棉吉（ខេត្តបន្ទាយមានជ័យ），不仅拥有柬泰之间最重要的边境口岸，还有灿烂的吴哥古迹。经过这里的游客常常直奔暹粒或马德望而去，毫无游览此地的打算。如果你不打算匆忙赶路，掩映在丛林中的班迭奇马的壮丽遗迹值得停留。

波贝（Poipet） ប៉ោយប៉ែត

☎054/人口8.95万

位于柬埔寨腹地的波贝（高棉语中发音为“poi-peh”）“盛产”邋遢汉子、骗术和骗子，但近年来经过建设，城市面貌已经摆脱了昔日的破败形象。邻国泰国国内禁止赌博（赌场度假村都起名“Tropicana”或“Grand Diamond City”之类），但赌徒们却跑到波贝来，于是把这里变成了柬埔寨的小拉斯维加斯。不过，边境那一侧非常混乱，垃圾遍地，而且有许多脏兮兮的按摩院（实为妓院）。在这里一点也看不出柬埔寨温柔的一面，但无须担心，柬埔寨其他城镇并不是这样的。在这里瑞尔、美元和泰铢都通用，你需要尽快适应3种货币的转换。简单而不会错的算法：4000r=US$1=30B。

波贝的地域从边界（即污秽的O Chrou河）起始，沿着NH5向东南延伸数公里。显眼的地标建筑包括边界以东500米的Acleda Bank和1000米开外的加华银行。

食宿

赌场区域只接受泰铢，旅馆房间要价1000~2000B，性价比不错。NH5沿线和公共汽车站周围有便宜的旅馆和客栈，但其中有些兼营皮肉生意。在这里，我们奉上金玉良言：除非你赌博成瘾，否则不要在这里多逗留。

市场周围和NH5沿线、Acleda Bank附近出售的食物最便宜。赌场地带的夜市在NH5以北一个街区之外，有干净、明亮的餐馆和酒吧。赌场区域多数旅馆提供不限量泰国自助餐（收费250B），绝对物美价廉。

City Poipet Hotel 酒店 $

（☎054 967576；citypoipethotel@gmail.com；双带风扇/空调US$8/15起；❄📶）这是目前波贝最好的住宿地点，弥漫着独特的气息，还提供Wi-Fi。位于Acleda Bank后方。

前往泰国：波贝到亚兰

前往边境 这个波贝-亚兰陆上边境口岸（⏰7:00~20:00）最早设立，连接柬埔寨和泰国，是目前最繁忙的边境口岸，往返曼谷与暹粒的人们多数会选择从这里过境。多年来，这个地方声名狼藉，因为骗子肆虐，他们欺诈游客（尤其是来自泰国游客）的财物。

从暹粒和马德望开往波贝的长途汽车以及合乘出租车很多。记住，到达边检站附近的大环岛后再下车。购买直达曼谷的车票（通常需要在边境转乘一次），可以节省时间，避免在泰国那边遭受交通麻烦。最便捷的方法是搭乘8:00发车、直达曼谷蒙奇（Mo Chit）车站的长途汽车，这趟车由暹粒的Nattakan运营。票价虽然高达US$28，却是唯一一趟从暹粒直达曼谷、中途不换车的长途汽车。

在边境 做好准备，或许得在闷热难当的边境口岸排队等候，等待2小时或更久的情形司空见惯，旺季更是如此。早上去早点儿，避过高峰期。无论在哪边，只要支付200B“贵宾费”（又称手续费），便无须排队等候。无论柬埔寨边境工作人员说什么，都要记住，柬埔寨不征收离境税。对于多数国家游客而言，进入泰国，便会获得泰国免费颁发的15日免签证明。泰国对中国公民支持15日内的落地签证，可以从各个入境处进行申请，需要注意携带2寸白底照片，随身携带适量泰铢或外币，以及证明不超过15天的行程证明（票证），具体可参考www.thaiembbeij.org/thaiembbeij/cn/thai-service/visa/。

从泰国过来，尚未过境，或许会有“柬埔寨”边境工作人员跟你搭讪，无须理会，那是骗局。进入柬埔寨，官方旅游签证费用为US$30，不过一般会收取US$35。如果不介意等待，而且保持礼貌据理力争，一般可以争取到官方价格。旅行前办好电子签证（US$37）虽然省不了钱，但可以避免面临压力。

继续前进 开往曼谷（B300，4小时，每30分钟发车）的小巴就停靠在泰国边境附近。也可搭载三轮摩的（80B）或者皮卡（sŏrngtăaou，15B）行进7公里，前往亚兰（Aranya Prathet）。亚兰有开往曼谷蒙奇车站的班车，发车时间为4:00~18:00（223B，5~6小时）。一定要让三轮摩的司机把你拉到亚兰的汽车总站，如果只把你拉到距离边界1公里的小车站（常见骗局），80B就花冤了。还可以乘坐13:55开往曼谷的火车。

小心地雷！

班迭棉吉省和奥多棉吉省（见264页）是柬埔寨埋地雷最多的两个省份。在任何情况下都不可以偏离前人走过的道路。如果你自带交通工具，就只走本地人常走的公路或小路。

Destiny Cafe 咖啡馆 $

（NH5；菜肴 US$2~3.50；⏲7:00~19:00；📶）这里是打发时间的绝佳去处，高棉和西方食物可口，有美味的咖啡，员工友好。他们支持了一系列本地区社区项目，所以来这里用餐理由很充分。距离加华银行步行5分钟。

实用信息

不要在托儿们建议的地方换钱，无论那些地方看起来有多么正规。实际上，根本没有必要换钱，因为泰铢在此地通用。

澳新银行（ANZ Bank；NH5；⏲周一至周五8:00~15:30，周六至11:30，自动柜员机24小时）位于边境环岛以东1.2公里处。

加华银行（Canadia Bank；NH5；⏲周一至周五8:00~15:30，周六至11:30，自动柜员机24小时）在边境环岛以东约1公里处。

到达和离开

边境地区骗子肆虐，为了避免麻烦和受骗，应当掌握旅行技巧。

波贝现在有两个长途汽车站：一个是位于城东9公里处一片荒地中间的**波贝国际旅游客运站**（Poipet Tourist Passenger International Terminal），一个是**长途汽车总站**，位于主市场，加华银行向北一个街区的NH5旁。除非你是土豪，否则不要去国际旅游客运站乘车。可是，说起来容易做起来难。因为，通过检查站的游客都会被赶上一辆“免费”旅游穿梭巴士，前往国际旅游客运站乘车。那里有开往金边（US$15，8小时，406公里）、暹粒（US$9，2.5小时，153公里）以及马德望（US$10，2.5小时，116公里）的班车。从国际旅游客运站搭载合乘/包租出租车前往暹粒花费US$12/48，价格不菲。

不要给骗子任何可乘之机，自己步行或者乘坐摩的（2000r）沿着NH5前行1公里，到达加华银行附近的公交公司办公室，或者附近的长途汽车总站。在这里乘坐“真正的”公交车，花费只有国际旅游客运站的一半左右。

不幸的是，多数长途汽车早上发车（10:30以前）。如果无法乘坐长途汽车，那就搭载合乘出租车，合乘出租车停靠在加华银行附近的NH5上。可以开往暹粒（每座/整车 US$5/35）、马德望（每座/整车 US$4.25/30）或金边（每座/整车US$8/42）。不要乘坐边界旁环岛附近转悠的出租车，这些司机的收费至少贵一倍。

这里，长途汽车公司众多，其中包括Capitol Tour、Phnom Penh Sorya、Kampuchea Angkor Express和Rith Mony。有几个公司运营开往曼谷的班车（US$10），持续发车到13:00左右。

波贝通往外界的所有公路都是柏油路，状况良好。

当地交通

摩的停靠在环岛附近，等着搭载游客，短途收费2000r。

诗梳风（Sisophon） ស៊ីសុផុន

☎054/人口6.16万

诗梳风又叫斯维（Svay）、Svay Sisophon、Srei Sophon或班迭棉吉，所以游客常常感到迷惑。它位于柬埔寨西北部战略要地——NH5和NH6交叉处。这个灰扑扑的运输中心没有太多吸引人前往的理由，不过却可以作为探访吴哥古庙班迭奇马的大本营。

想寻找乡村住宿处探访寺庙的游客，参加班迭奇马村的“民居住宿计划”，或许更有意义。

景点

高棉艺术文化学校 艺术中心

（École d' Art et de Culture Khmers, School of Khmer Art & Culture; www.krousar-thmey.org; ⏲周一至周五7:00~11:00和14:00~17:00，周六7:00~11:00）这所学校位于一栋传统高棉式建筑内，面向贫困儿童，主要教授传统音乐、飞天舞蹈、绘画、雕塑和皮影戏。可以旁观教学活动，但是要先阅读醒目的基本守则（注意：请勿拍照）。

Sisophon 诗梳风

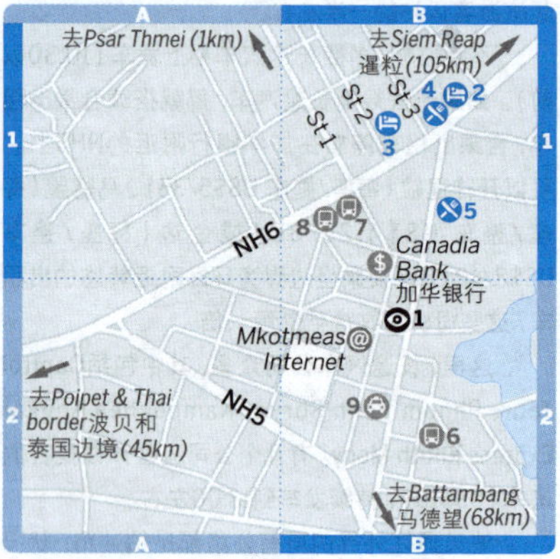

Sisophon 诗梳风

景点

1 高棉艺术文化学校........B2

住宿

2 Nasa Hotel........B1

3 Pyramid Hotel........B1

就餐

4 Kim Heng Restaurant........B1

5 Mirror Restaurant........B1

交通

6 长途汽车站........B2

7 Mean Chey Express........B1

8 Mekong Express........B1

9 出租车停车场........B2

食宿

在St 2路边有一排烤肉摊，在那里用餐便宜又饱足。Pyramid Hotel酒店正对面的那家尤其热情。

Nasa Hotel 酒店 $

（☎011 777702；NH6；房间 US$15~20；）这座杏色的混凝土盒子状的建筑，就像一根受伤的大拇指一般矗立在主公路旁边。在里面能找到精心打理的房间，不幸的是都没有自然光源，不过配有卫星电视、热水和冰箱。是城里最好的选择。

Pyramid Hotel 酒店 $

（☎054 668 8881；www.pyramid-hotel.com；St 2；房间带空调US$15起；）值得信赖的选择，有44个虽小但干净的房间，位于市中心紧邻主公路的一处僻静地方。也附设一座美味餐厅。

Mirror Restaurant 柬埔寨菜 $

（主菜US$2~7；@）这家现代化的用餐处提供有柬埔寨传统的phnom pleung（"火山"，或称DIY烤肉），价格30,000r，另外也有烤得滋滋作响的烤鸡。

Kim Heng Restaurant 亚洲风味 $

（NH6；主菜9000~10,000r；8:00~21:00）没有花哨之处，只有少量的亚洲热门食物——包括炒酸白菜和糖醋猪肉——全都配有大量的米饭。

实用信息

加华银行（Canadia Bank；周一至周五8:00~15:30，周六至11:30，自动柜员机24小时）

Mkotmeas Internet（每小时2000r；7:00~20:00）

到达和离开

诗梳风位于波贝以东45公里、暹粒以西105公里、马德望西北68公里。

多数长途公共汽车停靠在市中心的长途汽车

前往泰国：诗梳风到素林

前往边境 O Smach-Chong Chom 边境口岸连通柬埔寨的奥多棉吉省（Oddar Meanchey Province）与泰国的素林省（Surin Province），但是位置偏远。可以搭载合乘出租车从诗梳风和暹粒途径NH68前往Samraong。从Samraong乘坐摩的（US$5）或包辆出租车（US$15），前往O Smach（30分钟，40公里）以及边境赌场区。进入泰国非常简单快捷。通关很简单。注意如果你是要进入柬埔寨，电子签证在这里无法使用。

继续前进 进入泰国，步行前往附近的汽车站，那里全天都有开往素林（Surin；60B，1.5小时，70公里）的长途汽车。

站。Capitol Tour、Rith Mony和Phnom Penh Sorya都有开往马德望（7000r，1.5小时）和金边（US$7，8小时）的班车，每天4~5趟。Capital Tour和Sorya也有几趟开往波贝的长途汽车。几趟长途汽车早晨从波贝开往暹粒（2小时）。

Mekong Express（NH56）在市中心有办公室，9:45和15:45各有一班开往暹粒（US$5，2小时）的快速小客车；7:30和16:00之间有4班开往金边（US$14，6小时）。**Mean Chey Express**（☎054 665 1999；dara_muong@yahoo.com；NH6）也运营舒适的小客车，可开往金边（US$9，6.5小时）。

合乘出租车停靠在长途汽车站附近的**出租车停车场**，可以开往波贝（15,000r，40分钟）、暹粒（14,000r，2小时）、马德望（10,000r，1.25小时）以及金边（US$10，6小时）。包辆出租车前往暹粒需要US$30左右。合乘出租车也可开往Samraong，途经Kralanh，到达O Smach边境口岸（25,000r，3小时）。

去往其他北部目的地，包括班迭奇马（见264页）的合乘出租车，从**铁棉市场**（St 1）出发。

班迭奇马（Banteay Chhmar）បន្ទាយឆ្មារ

美丽而宁静的班迭奇马寺庙群被覆盖在浅浮雕之下，其精美程度令人惊叹，是吴哥之外最恢宏的寺庙群之一：这个大型寺庙群出于柬埔寨最多产的建筑师阇耶跋摩七世（Jayavarman Ⅶ，1181~1219年在位）之手，建立在9世纪初一个寺庙的原址上。世界遗产基金会（Global Heritage Fund；www.globalheritagefund.org）协助这里的保护工作。这里很有希望被联合国教科文组织评为世界遗产。附近的班迭奇马村参与了社区旅游（Community-Based Tourism，简称CBT）项目，为寺庙探访者提供家庭寄宿、活动和向导服务，收入用于帮助本地社区发展。如果想深入柬埔寨乡村生活，在远离人群的寺庙群中花上更多的时间，这是一个绝佳选择。所有活动都可以通过CBT办公室预约。

景点

★ 班迭奇马 佛教寺庙

（Banteay Chhmar；门票US$5；⏲8:00~18:00）班迭奇马是吴哥时代最大、最宏伟的佛教寺院之一，最初有长达9公里的围墙，现已被森林环绕。今天这里是为数不多的供奉巴戎寺风格的四面观音（Avalokiteshvaras）的寺庙之一，佛像有着标志性的神秘微笑。班迭奇马也因巧夺天工的雕刻而知名。这些雕刻总面积达2000平方米，反映的是战争凯旋和吴哥时代的日常生活，还有一个壮丽的多臂观音浮雕。

班迭奇马的独特之处在于，西殿南边的部分有排成一列的8尊多臂观音像。不幸的是，其中的几尊在1998年被贼人明目张胆地拆掉并运往泰国了。原址还剩下两尊，一尊有22只手臂，另一尊有32只手臂，的确蔚为壮观，至今仍能见其精巧的制作工艺。被泰国人拦截下来的遭到洗劫的雕像的部件目前在金边的柬埔寨国家博物馆（见50页）展出。

寺庙东侧半颓的墙壁上有一面巨大的浮雕，描述的是高棉（左）和占族（右）的海战，底下是战死的人（有些正在被鳄鱼吞噬）。再往南（左侧）描述的是使用步兵和大象的陆战。寺庙的南墙外侧还有更多描绘战争的浮雕。

曾经宏伟的进门大殿如今只剩断壁残垣，但有几个侧殿历经岁月仍屹立不倒，在殿里能看到几乎被风化殆尽的12世纪铭文。可悲的是，所有apsara（飞天舞者）的头都被砍掉偷走了。

班迭峰 佛教寺庙

（បន្ទាយទ័ព，Banteay Top）**免费** 班迭峰（意即"军队的堡垒"）虽然很小，但这里高得惊人的残破古塔却十分上镜。它跟班迭奇马在同一时期修建，但目的可能是向阇耶跋摩七世的军队致敬。阇耶跋摩七世的军队大败占族人，巩固了高棉人的统治。

从班迭奇马出发，沿NH56往诗梳风方向行进7公里，左转穿过一道红色的观赏大门，然后往东走5公里就到班迭峰了。

巴赛塔布隆 佛教寺庙

（ប្រាសាទតាព្រហ្ម，Prasat Ta Prohm）**免费** 巴赛塔布隆是班迭奇马9个周边寺庙中最容易探访的一个。这座小型寺庙废墟上有一座保存完好的巴戎寺风格的四面观音像。要前往这里，出班迭奇马南门，穿过主公路（NH56），走右侧的土路，大约100米后，沿一条向左转的步道走，尽头就是这座寺庙了。

班迭奇马周边寺庙　佛教寺庙

免费包括巴赛塔布隆在内，班迭奇马周围有9座迷人的小寺庙，它们都很残破，其中有些不通公路，要想近距离欣赏，你必须在丛林里披荆斩棘开出条路来。那些寺庙包括：Prasat Samnang Tasok、Prasat Mebon、Prasat Prom Muk Buon、Prasat Yeay Choun、Prasat Pranang Ta Sok和Prasat Chiem Trey。想探访这些参观者较少的寺庙，可从CBT办公室聘请向导。

活动

如果时间很紧，那么花个一两天时间沉浸在当地乡村生活中也不虚此行。CBT办公室有自行车出租（每天US$1.50），可供探索本地区，也组织乡村观光，以及前往班迭峰的拖拉机（kuyon；每组US$10）和摩的（US$5）。

食宿

CBT 家庭寄宿项目　家庭寄宿 $

（☎097 516 5533，012 435660；www.visitbanteaychhmar.org；房间US$7）多亏社区旅游机构发起的这个具有前瞻性的家庭寄宿项目，游客才能在班迭奇马和附近的3个小村庄过夜。客房在村民家里，有蚊帐、风扇（18:00~22:00有电）和浴室（楼下）。部分收入交给社区发展基金会。

Banteay Chhmar Restaurant　柬埔寨菜 $

（NH56；主菜US$1.50~4）在班迭奇马东侧入口附近，条件简陋，是村里唯一能现点现做的餐馆。高棉风味食物真的很好吃。

购物

湄公丝绸制造厂　手工艺品

（Soieries du Mékong；www.soieriesdumekong.com；NH56；周一至周五7:30~12:00和13:30~17:00）在这里可以观看丝绸织造的过程，并购买远销到法国市场的高级丝绸制品。从诗梳风与baray（围绕寺庙的水池）交叉的地方出发，沿NH56往南走150米就到。这家工厂附属于法国非政府组织Enfants du Mékong（www.enfantsdumekong.com）。

方位

横穿市区的主干道向西延伸，通往baray东南，经过baray后出现90度转弯，向北。市场和出租车停车场在转弯处。向北几百米便是寺庙大门（东）。

实用信息

社区旅游办公室（Community-Based Tourism Office，简称 CBT Office；☎097 516 5533，012 435660；www.visitbanteaychhmar.org；NH56）这家先锋机构能安排家庭寄宿和向导，还组织活动，允许旅游者领略乡村生活（例如，乘坐牛车，观看传统音乐表演），也可组织乘坐当地的交通工具前往周边寺庙。位于班迭奇马主入口（东）对面偏南。

到达和离开

走NH56的话，班迭奇马以南61公里是诗梳风，东北方向约50公里是Samraong。我们调研时，这条道路正在重修，最后的10公里状况糟糕。或许现在已经修整一新。要来这里，可以参加从暹粒出发的一日游。

往北开的合乘出租车从诗梳风的中央市场（NH6以北1公里处）发车，最远开到Thmor Puok，但有些能继续开到班迭奇马（15,000r，1小时）和Samraong。乘坐摩的从诗梳风到班迭奇马往返花费US$15~20，乘坐出租车花费US$50~60。

奥多棉吉省（ODDAR MEANCHEY PROVINCE）

奥多棉吉省（ខេត្តឧត្តរមានជ័យ）地处偏僻，居民十分穷困，经济基本上全靠援助组织的供给。安隆汶周边的红色高棉根据地吸引了许多对柬埔寨残忍的现代历史富于好奇心的游客。因为公路状况改善，Choam—Chong Sa Ngam和O Smach—Chong Chom这两个偏远的过境点游客也逐渐增多。

安隆汶（Anlong Veng）អន្លង់វែង

安隆汶作为红色高棉组织的根据地长达10年之久，是柬埔寨民主党最臭名昭著的领导人波尔布特（Pol Pot）、农谢（Nuon Chea）、乔森潘（Khieu Samphan）和切春（Ta Mok）

生活过的地方。1998年4月安隆汶被政府军控制，与此同时波尔布特在附近神秘地死去。不久，首相洪森（Hun Sen）下令在丛林中开辟一条大路，以防红色高棉卷土重来。

今天的安隆汶是个又脏又穷的小城，要不是附近的Choam—Chong Sa Ngam边境口岸（国境另一侧是个孤零零的泰国小镇），几乎没有什么游客会到这里来。对于热衷柬埔寨当代史的人而言，这里的红色高棉遗址是主要的旅游吸引点。这里的大多数居民、全体政府官员和富裕阶层都曾经是红色高棉成员或者他们的后代。

这个城市的亮点是NH67和新建的向东通往柏威夏（Preah Vihear）的高速公路交会处的和平鸽环岛（Dove of Peace Roundabout）。这栋纪念物是洪森赠送的礼物。从这里往南600米，NH67穿过一座桥梁，继续延伸16公里至泰国边界。

景点

安隆汶的主要景点都与切春（"春叔叔"，红色高棉第五号人物）相关，在支持者（许多仍居住在安隆汶）眼中，切春虽严厉但公正，修建了许多孤儿院和学校，纪律严明，与政府中普遍存在的无法无天的气氛截然不同。但对于大多数柬埔寨人来说，切春的名字意味着"杀人狂魔"，人们知道他是波尔布特的军队领袖，对红色高棉统治的那些年中发生的多起大屠杀负有不可推卸的责任。切春于1999年被捕，还未等到以种族灭绝罪和反人类罪被公诉，就于2006年7月在金边一家医院逝世了。

切春故居 古迹

（ផ្ទះតាម៉ុក，Ta Mok's House；建议向看管者捐款US$1）位于湖边一个安静的地方，建筑朴实无华，地下室里有个掩体，楼下的墙上挂着5张孩子气的壁画（一张图案是吴哥窟，另外4张是柏威夏寺），楼上挂着3张壁画，其中一张图案是纯朴的自然景观。**木地板**是唯一没被抢走的"家具"。

从NH67上的大桥向北前行600米，右转，继续走200米，经过所谓"旅游信息中心"后就能到达切春故居了。

切春湖 湖泊

（បឹងតាម៉ុក，Ta Mok's Lake）水位很浅的切春湖是在第五号人物的命令下挖掘的，但湖水把周围的树都淹死了，枯树暗暗契合了切春的悲剧性灭亡。湖中间、切春故居东侧，有座小砖房和一个厕所，那是波尔布特在安隆汶的故居。

切春墓 纪念碑

（ផ្នូរតាម៉ុក，Ta Mok's Grave；门票 US$2）以主路上的"切春故居"出口为起点，往北走7公里到达Tumnup Leu村，按路标指示右转，前行到达岔路口。走左边那条，前行200米到达切春吴哥风格**陵墓**，由切春的一个富裕子孙于2009年修建。水泥墓碑上没有名字，也没有墓志铭。按照当地传统，来此上香，切春的"在天之灵"就能保佑他们中彩票。

陵墓上有一个小塔，进去后直接右转（朝南）去参观墓地。

住宿

Bot Uddom Guesthouse 客栈 $

（☎011 500507；房间带空调 US$15起；❄📶）这家客栈宽敞洁净的房间中有一些配备巨大的硬木床。新楼面朝切春湖。位于通往柏威夏寺路上的和平鸽环岛以东几百米。

Monorom Guesthouse 酒店 $

（☎065 6900468；NH67；房间带风扇/空调 US$6/15；🚭❄📶）这里的空调房间无甚特色，但地理位置居中，打扫得很干净，一切都运转良好。只有风扇的房间有些沉闷。距离主环岛200米。这里的工作人员不说英文。

就餐

环岛以北有几家餐厅，环岛以南有热闹的夜市，夜市出售烤鸡、烤鱼和烤鸡蛋。

Monorom Restaurant 柬埔寨菜 $

（NH67；主菜US$8000~16,000r；⏰8:00~22:00）附设在同名酒店中，提供的菜品虽少，但都是精心选择过的美味，有特色炒蔬菜和肉类菜肴，以及早餐的面汤。很可能是城里唯一有英语菜单的店。

Mab Phkay Pich 柬埔寨菜、泰国菜 $

（NH67；主菜16,000~20,000r；⏰6:00~22:00）

地雷：柬埔寨的“地下战争”

柬埔寨是一个饱受战争和冲突创伤的国家，有些伤害被人们深深地埋在心底。柬埔寨是世界上战争地雷遗留最多的国家之一，据估计大约仍有600万枚地雷分布在全国各地。虽然冲突在十多年前就结束了，但柬埔寨内战时至今日还在不断地制造受害者，即踩到地雷或被未爆炸的炮弹[UXO，又称“战争的残余爆炸物”（ERW）]伤害的平民。

地雷的大规模铺埋始于20世纪80年代中期，当时越南军队（强迫当地劳动力工作）沿着整条柬泰边境铺设了一片长达700公里的雷区。越南人撤退后，柬埔寨政府为了保护村镇、军营、桥梁、边境口岸和供给线而铺埋了更多的地雷。红色高棉为了保护他们已经占领的地区，也埋了大量地雷。20世纪90年代中期，为了抵抗红色高棉的袭击，驻扎在安隆汶和拜林的政府军埋了更多的地雷。

今天的柬埔寨是全球地雷问题最严重的国家之一，也是世界上人均截肢率最高的国家之一，因地雷或其他军事爆炸物致残的人口超过4万。虽然普及了地雷危害教育（MRE），但平均起来每个月仍有15个柬埔寨人因此伤亡。20世纪90年代中期每个月有300多起伤亡，与当时相比，现在的情况有很大的好转，但在一个和平国家，这个数字无异于大屠杀。

更糟糕的是，由于雨水使土壤变软，所以旱季时安全的路在雨季时并不安全。柬埔寨农民为了在雨季能获得丰收而在旱季开垦新田地，但到了雨季却不幸丧生的惨剧并不少见。

一些组织正竭尽全力帮助柬埔寨去除地雷，这是地雷事故减少的一个原因（其他原因还有人们的觉悟提高和道路的改善），在西北偏远地区，游客很可能遇到**柬埔寨排雷行动管理局**（Cambodian Mine Action Authority，简称CMAA；www.cmaa.gov.kh）、**光环信托组织**（HALO Trust；www.halotrust.org）和**Mines Advisory Group**（简称MAG；www.maginternational.org）的排雷小组在排雷。

关于地雷的明智建议：

➡ 在偏远地区，一定不要偏离已经有人走过的路。

➡ 一定不要碰触远远看起来像是地雷的东西。

➡ 如果你真的误入雷区，能看清自己脚印的话就顺之倒退着离开；看不清楚就站在原地不动并大声呼叫求助——正如口号所言：“在雷区里站一天好过缺胳膊少腿过一生。”

➡ 如果有人在雷区里受伤，即使他们在大声呼救，也不要过去——快去找一个知道如何安全进入雷区的人。

➡ 在偏远地区绝对不能离开道路，不管多内急，你的肢体总比面子更重要。

1997年，100多个国家签署条约禁止地雷的生产、储存、销售和使用。然而，世界上主要的地雷生产国——如中国、俄罗斯和美国——却拒绝签字。柬埔寨也是签约国，但柬埔寨清除地雷的速度太慢。对于大多数柬埔寨人来说，扫除地雷之战仍在继续。

欲了解更多地雷所酿成的惨剧，可以参观暹粒附近的柬埔寨地雷博物馆（Cambodian Landmine Museum；见132页）。

这家饭馆生意兴隆，出售美味的高棉和泰国食物，都是包间。位于城市以北500米、通往切春故居道路路口以南几栋房屋处。

实用信息

Acleda Bank（⌚周一至周五7:30~14:00，周六至正午，自动柜员机24小时）

Votha Internet Service（NH67；每小时3000r；⌚7:00~21:00）也是Rith Mony长途汽车总站。

到达和当地交通

沿着NH67从安隆汶出发，向北124公里，即可到达暹粒。东边约76公里处是Sra Em——通往柏威夏寺的主路出口。

长途汽车停靠在环岛以北的NH67附近，合乘出租车停靠在环岛西南NH67附近。

早晨，合乘出租车频繁发往暹粒（20,000r，1.5小时）和Sra Em（20,000r，2小时）。包车前往Sra Em价格为US$30。

Rith Mony（NH67）、Ponleu Angkor Khmer（NH67）和**Liang US Express**（☎092 905026；NH67）有一大早发往金边（US$10，7小时）的班车，在7:30和8:30会经过暹粒（US$5，2小时）。

搭载摩的往返泰国边界，途经切春故居和陵墓，费用为US$8。如果也想探索扁担山脉（Dangrek Mountain）沿线的景点，3~4小时的往返之旅价格约为US$20。

当地摩的司机**Vong Bun Lim**（☎088 909 1802）了解安隆汶周边和扁担山脉中的绝大多数景点的道路，还会讲一口流利的英语。

扁担山脉（Dangrek Mountains） ភ្នំដងរែក

在很长一段时间里，全世界都想知道波尔布特及其亲密战友到底藏在哪里。答案是：就在这里，在扁担山脉茂盛的森林之中。因为离泰国边境非常近，一旦政府军发动进攻，他们完全来得及跑过去。在安隆汶以北，靠近泰国边境的群山之中，隐藏着大量的红色高棉时代的重要遗址。

在距离战斗前线约2公里的地方，公路绕过一块房子那么大的石头。这里能看到一组**雕像**（NH67）——红色高棉用周围的岩石做雕刻原料——现在作为圣地被保存下来，雕刻的内容是一个头顶一捆竹竿的女子和两个穿着军装的红色高棉士兵。两个士兵的头被政府军砍掉了。

到达人声鼎沸的边境村庄，找一下**波尔布特火葬处**（门票 US$2），位于NH67以东（Sangam Casino大门正南50米）。波尔布特的骨灰安葬处的屋顶铺着生锈的波浪形铁皮，四周还插着碎玻璃片。1998年，就在这里，波尔布特被架在一堆旧轮胎和垃圾上匆匆焚烧，这种很不体面的死法似乎是他屠杀数百万柬埔寨人的报应。

奇怪的是，一些当地人缅怀波尔布特，他们经过此地的时候还给他上香。传说来上香的人抢走了骨灰里所有的骨殖块，认为这样可以给自己带来好运。据说波尔布特也像他的将军切春一样，能保佑人们中彩票。

从这里往北前行几百米，即到达**Choam-Chong Sa Ngam边境口岸**，边境口岸附近便是**走私者集市**（smugglers' market）。这个走私者集市后面是一条向东的路，与扁担山脉的断崖平行。路上有很多大小如降落伞的路坑，只能驾驶四轮摩托车和摩托车通过，雨季无法通行。柬埔寨本国旅行者会沿着这条路前往**切春悬崖**（ដើយតាម៉ុក，Peuy Ta Mok），饱览柬埔寨西北部平原的风光。

经过悬崖后（道路在一个有睡莲的池塘处会分叉，走左边的路），沿一条土路向东走大约4公里，就到了**波尔布特故居**。它被煤渣砖墙围起来，但房子里已经被劫掠一空，不过你还能看到一栋低矮的砖房，那个砖房的天井里藏着一个地下掩体。这段狭窄的道路只能供摩托车通行。想去**乔森潘故居**着实不易，因为它包裹在河岸的灌木丛中，位于波尔布特故居以东5公里。

柏威夏省（PREAH VIHEAR PROVINCE）

面积广大的柏威夏省地处偏远，少有游客光顾，不过这里却有柬埔寨最灿烂的3个吴

前往泰国：安隆汶到甫信

前往边境 偏远的**Choam—Chong Sa Ngam边境口岸**连接奥多棉吉省的安隆汶与泰国的四色菊府（Si Saket Province）。搭乘摩的从安隆汶到边境口岸路程16公里，需花费US$3或US$4（返程很可能花费US$5）。这条道路封闭运行，状况良好。边境口岸就在走私者市场近旁。

在边境 过境手续简捷，但泰国过来的游客要注意，这里不收电子签证。落地签一般收费US$35。

继续前进 进入泰国，应该可以找得到开往甫信（Phusing）的皮卡（sǒrngtǎaou），甫信有开往Khu Khan或四色菊的长途汽车。也可以乘坐赌场班车，每小时一班，穿梭于Khu Khan（30分钟）和甫信。

哥古迹。令人惊艳的柏威夏寺矗立在扁担山脉山顶，2008年成为柬埔寨第二个世界遗产，但泰国对这里一直虎视眈眈。继续往南，便是独自隐藏在丛林中的圣剑寺（Preah Khan）——因为完全与世隔绝，所以充满了秘境氛围。10世纪的古都贡开（Koh Ker，见173页）交通比较方便，有直达收费公路从暹粒通往那里（途经奔密列）。

柏威夏省是柬埔寨真正的“穷乡僻壤”，经济极为落后，部分原因在于1998年之前红色高棉控制了许多地区，还有部分原因在于直到目前交通建设仍然相当薄弱。在与泰国的军事对峙之中，为了满足军事需要，道路情况得到了显著的改善。因此，前来这里旅游变得稍微容易了一些，但一些路线公共交通仍然很落后。

柏威夏市（Preah Vihear City）

☎064/人口2.5万

柏威夏市现在仍被广泛地称作旧称特崩棉则（ត្បែងមានជ័យ，Tbeng Meanchey）。作为省城，这里显得死气沉沉。野狗懒洋洋地横卧在街道中间，偶尔被经过的车辆惊醒。虽然这里没什么好看好玩的，却是前往柏威夏寺、圣剑寺和贡开旅程的便利中转站。注意：离柏威夏寺较近的大本营是Sra Em，仅相距27公里。

这里有一条平整的高速公路，绵延130公里，向东通往塔拉博拉维（Thala Boravit），然后从新建大桥越过湄公河很快到达上丁（Stung Treng）。柏威夏市和该省偏远的寺庙也是旅行者东进的便利停靠站，可前往吴哥窟、上丁、腊塔纳基里以及老挝南部的占巴塞省（Champasak Province）。

住宿

Home Vattanak Guesthouse 酒店 $

（☎064 636 3000；St A14；房间 US$15起；🅿❄@📶）这家一尘不染的酒店里有27个打理得很好的房间，其中有舒适的床铺、像样的浴室和诸如平板电视之类的奢侈用具。酒店隐藏在一条僻静的小街上，地处市中心但很安静，这可谓是额外福利。

Lyhout Guesthouse 酒店 $

（☎012 737116；www.lyhoutguesthouse.blogspot.com；Koh Ker St；房间US$15~35；❄📶）这家酒店房间时尚，有木桌，床单洁白，有漂亮的床尾垫。升级到VIP，就能享受到带有高棉风格的雕刻床头板的床、冰箱和水壶。

Heng Heng Guesthouse 酒店 $

（☎012 900992；Mlou Prey St；房间带风扇/空调US$7/12起；❄📶）这家桃色的混凝土酒店略显陈旧，但仍然堪称上品。挑个顶层房间，其中有宽阔的公共阳台（但是没有家具）。

就餐

Koh Ker St街边有一些小餐厅，提供便宜美味的面汤和其他柬埔寨热门菜式。

Phnom Tbaeng Restaurant 柬埔寨菜 $

（Mlou Prey St；主菜12,000~20,000r；⏲5:00~21:00）这家露天餐厅是市内少数提供英文菜单的餐厅之一。菜品包括鲜虾汤、酸辣汤（tom yam）、面汤以及清蒸鱼。此外也有一些更加冒险的选择，例如炒鳝鱼和猪内脏。

Psar Kompong Pranak 市场 $

（Koh Ker St；主菜2000~4000r）Psar Kompong Pranak北侧沿线有大量食物摊，提供高棉风味的长棍面包、烤鸡、简单的米饭和面条。

购物

Weaves of Cambodia 手工艺品

（☎092 346415；www.weavescambodia.com；⏲周一至周五7:00~11:00和13:00~17:00，周六7:00~11:00）🌿本地人称之为Chum Ka Mo，最初由美国越战老兵基金会（Vietnam Veterans of America Foundation；www.veteransforamerica.org）建立。这个丝绸纺织中心为地雷和小儿麻痹症受害者以及孀妇和孤儿提供工作和康复治疗。工匠用纺织机手工纺织丝绸，并制作丝绸围巾（US$30~40）和纱笼（US$70），价格大概是金边和暹粒的一半。

现在它是美国纺织品设计师Carol Cassidy以越南为基地建造的丝绸王国的一部分。

Preah Vihear City
柏威夏市

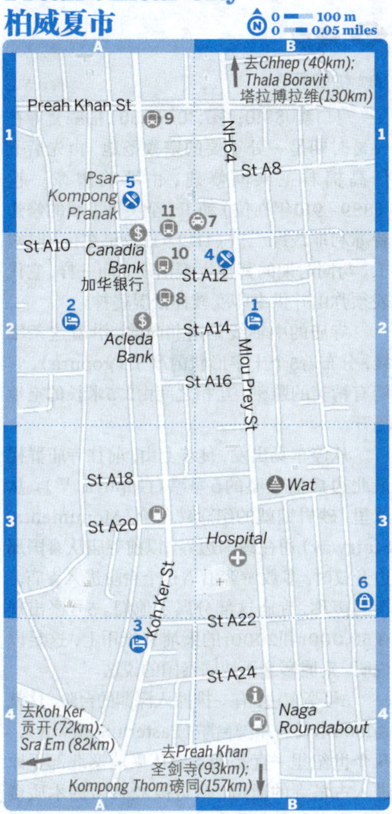

Preah Vihear City 柏威夏市

住宿

1 Heng Heng Guesthouse......B2
2 Home Vattanak Guesthouse......A2
3 Lyhout Guesthouse......A4

就餐

4 Phnom Tbaeng Restaurant......B2
5 Psar Kompong Pranak......A1

购物

6 Weaves of Cambodia......B3

交通

7 长途汽车和出租车站......B1
8 GST Transport......A2
9 Liang US Express......A1
10 Phnom Penh Sorya......A2
11 Thong Ly......A1

实用信息

加华银行（Canadia Bank；⊙周一至周五8:00~15:30，周六至11:30，自动柜员机24小时）

旅游办公室（Tourist Office；☎097 997 9698，088 885 9366；Mlou Prey St；⊙周一至周五7:30~11:00和14:00~17:00）Thin先生是这里的负责人，能说英文。他和庙宇专家同事Heng可以带你去圣剑寺以及省内一些鲜为人知的寺庙。

到达和当地交通

柏威夏市在磅同以北157公里、Sra Em以南82公里、贡开以东72公里、暹粒东北185公里。通往这些地方的公路现在都状况良好。

GST Transport（Koh Ker St）、**Liang US Express**（Koh Ker St）和**Thong Ly**（St A10）都有7:00发往金边（US$5，7小时）的长途汽车。

Phnom Penh Sorya（☎092 273713；Koh Ker St）前往金边的车次7:30出发（US$5）。所有车次都途经磅同（15,000r，2小时）。前往暹粒，在磅同转车。

合乘出租车从**长途汽车和出租车站**（St A10）出发，开往磅同（25,000r，1.5小时）、暹粒（40,000r，3小时，仅早晨发车）、Sra Em（20,000r，1小时，仅早晨发车）、上丁（24,000r，2小时）以及Choam Ksant（15,000r，1小时）。前往上丁的合乘出租车从塔拉博拉维出发经新桥渡过湄公河。

Asia Van Transfer（☎012 505673，063 963855；www.asiavantransfer.com）运营一趟私人小客车往返暹粒和上丁，途中会经过柏威夏市。去上丁的车11:15出发（1.75小时），去暹粒的车16:15出发（2.75小时）。

可以在出租车站包出租车前往暹粒（US$70）、柏威夏寺（单程/往返US$45/70）和圣剑寺（往返US$60）。

柏威夏寺（Prasat Preah Vihear） ប្រាសាទព្រះវិហារ

800米长的柏威夏寺是所有吴哥寺庙中地势最险峻的，位于扁担山脉（海拔625米）山顶。景色蔚为壮观：在脚下550米的地方，柬埔寨国土一望无际。

数十年间，柏威夏寺（泰国称之为Khao

Phra Wiharn）曾是柬埔寨和泰国争夺的焦点。泰国占领这个地区长达几个世纪之久，但根据1907年签署的条约，泰国将该地还给法国殖民地柬埔寨。1959年，泰国军队从柬埔寨手中夺走该寺，随后总理西哈努克诉诸海牙国际法庭，柬埔寨对该地的所有权于1962年得到国际社会承认。

1979年，柏威夏寺第二次进入国际视线，当时泰国军队将4万名越境的贫困交加的柬埔寨难民赶到这里，那是联合国历史上最糟糕的一次遣返。这个地区埋有地雷，还没等到越南军队开辟出一条安全道路并护送他们长途跋涉回到磅同，就有许多（可能有数百名）难民死于重伤、饥饿和疾病。

柏威夏寺再度受到世人瞩目是在1998年5月，安隆汶失守之后红色高棉重新纠集并将这里作为最后的根据地，直到他们被打败。在最后的几场激战中，寺庙周围埋下了大量地雷。排雷工作一直到与泰国爆发冲突时才停止。目前更大的威胁来自新埋的地雷，柬泰双方都指责对方使用地雷。

2008年7月，柏威夏寺成为柬埔寨第二个联合国教科文组织世界遗产。泰国宣称寺庙周围4.6公里为本国领土（有些泰国人甚至认为寺庙也是泰国的），起初泰国投了赞成票，但不久之后古寺就成了泰国平衡国内政局的棋子。一周之内，泰国军队越过柬埔寨边境，发起武装挑衅，双方都有几十个士兵和一些平民丧生。纪念碑台阶（Monumental Stairway）底部的柬埔寨集市（那里曾经有几个客栈）在2009年4月的交火中被夷为平地。2011年，局势升级，远程炮弹被投向双方境内的平民区。

2011年7月，国际法庭下令双方军队撤离该地区，并在这里建立一个非军事化地带。2013年11月，国际法庭确认其1959年的判定，即该寺属于柬埔寨。但是，国际法庭没有明确指定边界线，以至于该寺周边地带的主权仍存争议。近年来边境冲突逐渐销声匿迹，然而矛盾随时可能触发，如果黄衫军在泰国重新执政，更是不容乐观。

我们上一次来时，古塔寺内部及周边有重兵把守。表面看起来是为了安全，但可能会让某些游客感到不适，而且士兵偶尔会向游客索要钱或香烟。来之前先在暹粒或金边查看本地最新安全情况。

景点

★ 柏威夏寺

佛教寺庙

（门票US$10；⏲7:30~16:30）柏威夏寺在吴哥时期是一处重要的宗教圣地，由先后七任高棉君主共同修建，由耶输跋摩一世（889~910年在位）动工，至吴哥王城的修建者苏利耶跋摩二世（1112~1152年在位）时竣工。与同时期的其他大型山顶寺庙一样，它代表须弥山并供奉印度教神祇湿婆神。

寺庙的中轴线是南北向的。沿着这条轴线，分布着5个十字形状的亭子（gopura），它们有精美的雕刻，互相之间由275米长的空地隔开。

从停车场出发，徒步上山，前往寺庙群楼最北边摇摇欲坠的**5号亭**（Gopura V）。从这里，砂岩铺就的纪念碑台阶（Monumental Stairway）通往泰国边界。以前寺庙从泰国那边开放时，多数游客沿着这个台阶进入寺庙。泰国声称，寺庙这部分属于他们。5号亭出现在50,000r和2000r的柬埔寨纸币上，这足以说明，柬埔寨毫不认同泰国的说法。

5号亭东边，有一排探入深渊的台阶。这就是1800米长的**东部台阶**（Eastern Stairway），几个世纪里一直是朝圣者从柬埔寨北部平原进入古塔寺的通道。最近被2242阶的木质楼梯取代，重新开放。

小心地雷！

直到1998年，驻扎在柏威夏寺的红色高棉还在用地雷来防御政府军的进攻。在过去的10年里，排雷组织战果显赫。但是，与泰国的边境冲突使这里重新军事化。2008~2011年，柬埔寨和泰国双方军队在此对峙，双方都否认在那时埋了新地雷。但是因为有几个泰国和柬埔寨士兵在古塔寺附近触雷身亡，所以流言一直不断。因此，在任何情况下都绝对不要偏离柏威夏寺周边有记号的路。

该省其他地区同样地雷密布，尤其是Choam Ksant周边。自由行游客切记要走那些当地人常走的道路或小径。

从5号亭向南爬上一个坡，下一个看到的亭子将是**4号亭**（Gopura Ⅳ）。4号亭的南门上方的山墙上有古老的“搅动乳海”图案，后来这个图案被吴哥窟多次重复。

1号亭（Gopura Ⅰ）各个殿都被修复得很好，窗户是向内凹进去的。但中央圣龛（Central Sanctuary）仍然是一堆碎石的状态。站在外面的峭壁上，柬埔寨北部平原的壮丽景色尽收眼底，圣山荔枝山（海拔487米）若隐若现。这里是个野餐的好地方。

Vittorio Roveda写的*Preah Vihear*（2010年出版）是介绍这里建筑和雕刻的最佳指南。如今在柬埔寨可能买不到，因为它是在泰国出版的，而且只有英文版和泰文版。

Prasat Preah Vihear 柏威夏寺

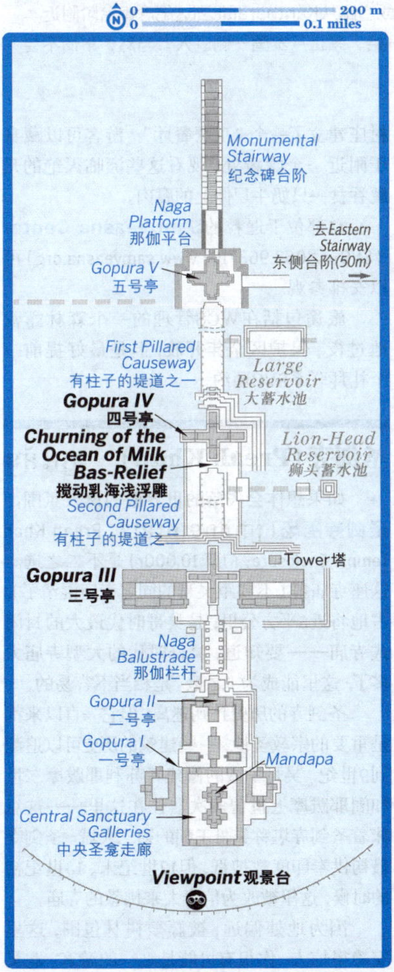

住宿

这一地区所有的住宿都集中在交通枢纽城市Sra Em，Sra Em位于该寺以南30公里。

Sok San Guesthouse 客栈 $

（☎097 715 3839；标单/双带风扇US$8/10，带空调US$13/15起；❄📶）这家客栈里客房类型多样，不过光线有些暗淡，供应精美的泰国和柬埔寨美食。经济型房间空间狭小，不带窗户。空调房里搭配着并不相配的家具，有窗户（能看到外面的走廊）。地址位于Sra Em中心区以西1公里处。

Preah Vihear Boutique Hotel 精品酒店 $$$

（☎088 3460501；www.preahvihearhotel.com；Oknha Franna St；双含早餐US$35~90；❄📶🏊）其他住宿地点平庸平凡，唯独这家酒店时髦时尚，希望能吸引来自暹粒、参观寺庙的高端游客来此下榻一晚。酒店配有豪华床铺以及一个流光溢彩的20米泳池，可供户外纳凉，因此出类拔萃。位于城外通往柏威夏寺道路的1公里处。

就餐

Sra Em主要交通环岛周围有一些简单的烤肉摊和基本型餐厅。

Pkay Broek Restaurant 柬埔寨菜 $

（主菜US$2.50~6；⏲6:00~22:00）这家餐馆位于市中心以西3公里、通往安隆汶的途中，以自助烧烤phnom pleung（堆得小山一样高的自助烤肉）出名，这道菜在菜单上名为Korean Fire Beef。

实用信息

Sra Em没有银行和自动柜员机。一定要带够现金。

到达和离开

Sra Em距离安隆汶80公里，距离暹粒200公里。近年以来，柬埔寨最北边通往这里的公路条

参观柏威夏寺

- 从Sra Em驱车而来，第一站应该是Kor Muy村庄（Sra Em以北23公里）的信息中心（Kor Muy；⊙7:00~16:30）。在这里购买门票，如果需要，找个说英文的导游（US$15），寻找摩的（往返US$5）或四轮摩托车（往返US$25，最多搭载6名乘客）沿着通往柏威夏寺的道路行进6.5公里，到达目的地。
- 参观柏威夏寺时，需要带上护照。因为在买票时，会被问到护照号码。
- 这段道路的前5公里比较平坦，后1.5公里相当陡峭。如果担心安全，那就徒步走完这最后1.5公里，尤其是路面湿滑的时候。这段道路允许私家车行驶，但是到达陡峭的那段路程，则需要搭载摩托车或四轮摩托车。山顶停车费用为摩托车2000r，小汽车5000r。
- 还有一条途径，就是走东部台阶。如果走东部台阶，那么，从Sra Em过来路上，没到Kor Muy的信息中心前，就应当注意寻找通往"Ancient Staircase"的指示路标。
- 过去，可以从泰国进入柏威夏寺，那里有现成道路从Kantharalak到达纪念碑台阶附近。由于泰国和缅甸之间的冲突，从2008年年中开始，禁止从泰国一侧进入。当然，事情不会一成不变，见机行事吧。

件明显改善。

自己驾车的话，从暹粒前往柏威夏寺需要大约2.5小时。日间游通常囊括贡开，还可能有奔密列和女王宫，费用为US$100~150。

出于理性考虑，不要安排如此漫长的连续行程，可以在Sra Em休整一宿，Sra Em距离Kor Muy23公里，Kor Muy是寺庙信息处所在地，距离寺庙30公里。从Sra Em的中央环岛出发，搭摩的前往Kor Muy（往返US$10~15往返），在Kor Muy，换乘前往寺庙的摩的（往返US$5）。没有公共交通工具前往Kor Muy。

从环岛搭合乘出租车前往暹粒（US$10，2.5小时）、金边（US$15，8小时）、柏威夏市（US$5，1小时）或安隆汶（US$5，1小时）。除了暹粒，前往其他地点的车次都只有早班。

Liang US Express有一趟早班车，从Sra Em开往金边（US$10，10小时），途经柏威夏市和磅同。**Rith Mony**（☎097 865 6018）有一趟早班车开往金边（US$10，10小时），途经暹粒（20,000r，3.5小时）。

维阿科鲁斯兀鹰喂养站（Veal Krous Vulture Feeding Station）

ស្ថានីយ៍ដាក់ចំណីត្មាត វាលគ្រួស

为了拯救3种极度濒危的兀鹰：白腰兀鹰、长喙兀鹰和红头兀鹰，野生生物保护学会（Wildlife Conservation Society；www.wcs.org）在柏威夏保护林边缘、Chhep东北的Dongphlet村庄建立了一个"兀鹰餐厅"。游客可以藏身于附近一个隐蔽处，观看这些濒临灭绝的兀鹰吞食一只奶牛尸体上的腐肉。

总部位于暹粒的Sam Veasna Center（SVC；☎063 963710；www.samveasna.org）可以安排参观。

旅途包括在WCS管理的一个森林露营地过夜。保护区全年开放，但是最好提前一个礼拜联系SVC预约。

圣剑寺（Preah Khan） ព្រះខ័ន

如果想体会失落的世界般的诱人氛围，圣剑寺围场（ប្រាសាទព្រះខាន់，Preah Khan Temple Enclosure；门票10,000r）是不二之选。这座寺庙群（不要跟吴哥的同名寺庙混淆了）占地将近5平方公里，是吴哥时代最大的封闭式寺庙——要知道，吴哥时代的大型寺庙太多了，这里能成为"之最"是相当不容易的。

圣剑寺的历史扑朔迷离，但它一直以来都是重要的宗教圣地，一些建筑的历史可以追溯到9世纪。吴哥王城的修建者苏利耶跋摩二世和阇耶跋摩七世曾多次居住在这里——这意味着圣剑寺堪称吴哥王朝的第二大城。圣剑寺最初供奉印度教神祇，但12世纪末、13世纪初的时候，这里被改为信奉大乘佛教的寺庙。

因为地处偏远，被藤萝树林包围，这里安静得惊人，你很有可能是唯一的游客。购买一次门票就可以进入围场内所有寺庙。

当地人称圣剑寺周围没有地雷，但为安全起见，还是有走标记的道路为好。

景点

象寺
佛教寺庙

（ប្រាសាទដំរី，Prasat Damrei）象寺位于一个3公里长的水库的东头，是圣剑寺通道上的第一座寺庙。在其中金字塔状小庙的顶上，有两座工艺精湛的石雕大象——另外两座分别收藏于金边的柬埔寨国家博物馆（见50页）和巴黎吉美博物馆。

里上寺
佛教寺庙

（ប្រាសាទព្រះស្ទឹង，Prasat Preah Stung）在圣剑寺水库西头矗立着里上寺（本地人称之为Prasat Muk Buon或"四面寺"）。因为中间的高塔（有竹子鹰架帮忙支撑）有面带神秘微笑（巴戎寺风格）的四面观音像（Avalokiteshvara），所以尤其令人难忘。

圣剑寺
佛教寺庙

（ប្រាសាទព្រះខាន់，Preah Khan）从里上寺出发，围场通道向西南延伸400米就到了圣剑寺保存完好的壮丽**东gopura**（入口亭）。这座寺庙像吴哥王城一样，四周也有护城河（现已干涸）。走进宏伟的大门，有一条小路蜿蜒经过一座**dharmasala**（朝拜者休息室），然后经过另一座摇摇欲坠的亭子，到达**中央寺庙区**，这里几近坍塌的prang（寺塔）都已被卷在树丛中，被森林覆盖。

直到20世纪90年代中期，圣剑寺大殿还保存得相当完好，但1995年之后，掠夺者跑到这里，在每一座寺塔下面寻找被埋起来的雕

另辟蹊径

大朱鹭的必经之地

柬埔寨人烟稀少的北部平原上有东南亚最大一片龙脑香落叶林、季节性湿地和草场，号称东南亚的"非洲大草原"。柏威夏省的西北部属于这块"大草原"，这里也是少数几个能看到柬埔寨国鸟、极度濒危动物**大朱鹭**（giant ibis）的地方之一。

在这里栖息的其他珍稀鸟类还有毛颈鹳、白腰兀鹰、绿孔雀、亚历山大鹦鹉、灰头鱼鹰、至少16种啄木鸟、猫头鹰和其他猛禽。1月至4月，鸟类很多，人们可以经常看到它们。

为了赶在大朱鹭全部灭绝之前拯救这个物种，同时也为了保护已知唯一的**白肩朱鹭**（white-shouldered ibis）繁殖地以及赤颈鹤和大秃鹳等其他全球濒危物种，**野生生物保护学会**（WCS；ww.wcs.org）率先在这里建立了一个社区生态游项目。

Kulen Promtep野生动物保护区（តំបន់អភិរក្សគូលែនព្រហ្មទេព，Kulen Promtep Wildlife Sanctuary；www.samveasna.org）位于孤零零的小村庄**Tmatboey**内，项目为村民提供教育和收入，使他们竭尽所能保护朱鹭。游客需要事先同意为村里的保护基金会捐款，以帮助维持和改善这个项目。

Tmaboey村庄距离连接柏威夏市和Sra Em的新建平坦高速公路5公里。入口在Sra Em东南46公里、柏威夏西北39公里处。村庄全年开放。通过总部位于暹粒的**Sam Veasna Center**（SVC；见272页）预订四日三晚的游览。游客晚上住在有卫生间和太阳能热水的木头平房里。

对于想探访更为偏僻角落的游客而言，Kulen Promtep野生动物保护区有个新建的观鸟地点：沿大朱鹭的飞行路线，距离Tmatboey约60公里，所在地是一个叫作**波萝勉**（Prey Veng）的林中小村庄。WCS和SVC希望按照Tmatoboey的模式来保护这块鸟类栖息地。这里已经观察到超过150种鸟类，包括大朱鹭、大秃鹳和白翅栖鸭。

除观鸟外，波萝勉还提供有许多徒步选择，可穿越开阔干旱的森林前往山顶的吴哥寺庙。村子社区管理的客栈中能提供简单的住宿条件。

去往Tmatboey和波萝勉的旅途，沿途都包括游览奔密列、贡开和柏威夏寺，而且经常也包括游览维阿科鲁斯兀鹰喂养站的项目。欲知收费详情，可联络SVC。

塑。遭受气压风机和机械挖掘机荼毒的古庙无力回天，许多塔自己就倒了，只留下我们今天看到的一片狼藉。悲剧再一次重演，历经沧海桑田屹立不倒的寺庙却不敌20世纪的掠夺和人心的贪婪。

在圣剑寺发现的石雕中，目前收藏在柬埔寨国家博物馆（见50页）里的阇耶跋摩半身像被用作各种纪念品的图案。半身像的身体部分20世纪90年代被当地人发现，他们向政府报告，半身像的头部和身体才于2000年合到了一起。

大多数当地人称此寺为Prasat Bakan，学者称之为Bakan Svay Rolay——将本地人称呼的名字和地区名字相结合。暹粒的高棉人常常称这里为“Kompong Svay的圣剑寺”。

里陀寺 佛教寺庙

（ប្រាសាទព្រះថ្កោល，Prasat Preah Thkol）里陀寺（本地人称之为“梅奔”，Mebon）在圣剑寺水库中间，这座岛上小庙的风格与吴哥的西梅奔很像。

到达和离开

圣剑寺一直是柏威夏省游览最困难的寺庙。但是，随着省际高速公路修缮一新，同时新修了一条土路直达寺庙，前往圣剑寺游览方便许多。随时可以前往圣剑寺游览，当然，最好旱季前往。

没有开往圣剑寺的公交工具，因此你得自驾，也可在柏威夏市、磅同搭摩的或出租车，或者在暹粒搭以上交通工具做更长途的旅行。

要来这里，在Svay Pak向西驶离平坦的NH62，Svay Pak位于柏威夏市以南64公里、磅同以北93公里。这里有一条途经Sangkum Thmei commune的全年均可通行的土路（坑洼很多）通往Ta Seng，Ta Seng距离高速公路56公里、距离寺庙4公里。这最后4公里路况很好。

从暹粒方向过来、热衷骑车旅行的游客，可以选择以下路径。最近的路是沿NH6前往Stoeng，然后往北。也可以沿NH6走到Kompong Kdei，再奔北边的Khvau，然后往东踏上一段崎岖的NH66（见下文）。

还有一条奇妙的路线：从奔密列出发，沿着古老的吴哥古道（柬埔寨的“66号公路”，即NH66）来这里。沿途将遇到10座美丽的吴哥蛇形桥，包括Khvau以西7公里处的**Spean Ta Ong**，这座桥有77米长。从奔密列到Khvau的公路现在路况不错。然而，出了Khvau，道路状况迅速恶化。雨季，从Khvau通往Ta Seng、23公里长的道路根本无法通行。

只有经验丰富的摩托车车手才能尝试租摩托车前往圣剑寺，因为无论从哪方面看，条件都非常差，你随时可能迷路。

磅同省（KOMPONG THOM PROVINCE）

对于那些不想匆忙往来于金边和暹粒之间的游客来说，磅同省（ខេត្តកំពង់ធំ）是个值得一游的停留站，省会磅同周边的乡村有一些迷人的景点。

磅同（Kompong Thom） កំពង់ធំ

☎062/人口6.8万

这座友好而繁忙的商业城市沿NH6公路铺展，和缓的森河（Sen River）从城中心蜿蜒流过。城市可能没有太多吸引人的地方，但却是探索周边景点的主要营地——环绕在树林间的宁静的三波坡雷古，以及索塔山中五彩缤纷的寺庙，半日都能轻松往返。磅同也有优质的住宿和就餐选择，因此是前往圣剑寺一日游的出色的大本营。

景点和活动

NH6以东的Stung Sen St街两边有许多色调柔和的旧木屋，是傍晚散步的好去处。

Sambor Village Hotel提供各种**乘船游览**项目，包括日暮出游和前往Trey Leak村庄的船塔的长线游览。

磅同博物馆 博物馆

（Kompong Thom Museum；NH6；⏲9:00~16:00）**免费**这座小巧的博物馆（只有一个房间）实际上集合了许多相当精彩的展品，有从当地遗址中出土的雕塑和石柱，包括从三波坡雷古精选的部分精美文物（值得你从遗址归来后探头进入参观）。

法国总督宅邸 历史建筑

（French Governor's Residence；Stung Sen St）在磅同桥西侧约500米的地方，是破旧的法国

Kompong Thom
磅同

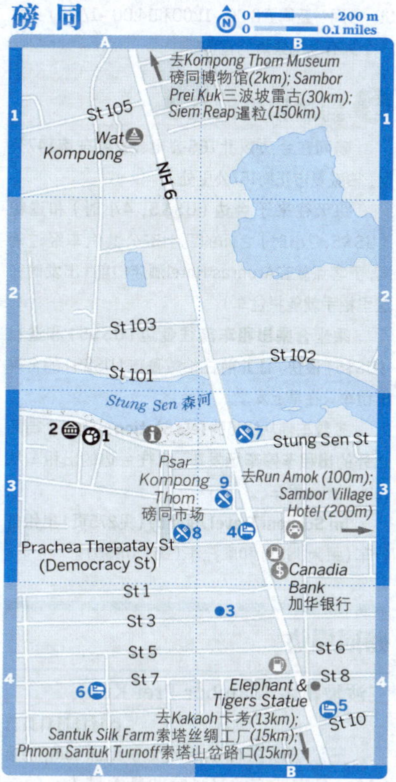

Kompong Thom 磅同

景点

1 蝙蝠……A3
2 法国总督宅邸……A3

活动、课程和团队游

3 Im Sokhom Travel Agency……B4

住宿

Arunras Guesthouse……(见4)
4 Arunras Hotel……B3
5 Ponleu Thmey Guesthouse……B4
6 Vimean Sovann Guesthouse……A4

就餐

7 Kompong Thom Restaurant……B3
8 Prum Bayon Restaurant……A3
9 Psar Kompong Thom……B3

总督宅邸(不能进入),主要亮点在于旁边栖息了数以百计的大**蝙蝠**(高棉语为chreoun,翼宽达40厘米)的3棵古老的桃花心树。白天,它们像成熟的果实一样倒吊在树上,扑打着翅膀散热。傍晚(17:30或18:00左右)前来,可看到它们飞出去寻找食物的情景。

Im Sokhom Travel Agency　　团队游

(☎012 691527; St 3)提供导游服务,包括骑车前往三波坡雷古。可以为游客预约前往三波坡雷古或索塔山的摩的,包括游览索塔丝绸工厂(US$8)。

住宿

Arunras Hotel　　酒店 $

(☎062 961294; NH6; 标单/双带风扇US$5/8,双带空调US$15; ❄📶)这家位于街角的酒店在磅同的旅馆中数一数二。58间超值客房均采用中国风的装饰,员工了解许多信息。楼下很受欢迎的餐厅提供美味的高棉菜肴。老板在隔壁还开了一家**Arunras Guesthouse**(☎012 865935; NH6; 标单/双带风扇US$6/8,带空调US$10/13; ❄📶),有53个房间,价格相对便宜。对于懒散的游客来说,这里有一个额外的福利,穿越城市的公共汽车就在门外停靠。

Vimean Sovann Guesthouse　　酒店 $

(☎078 220333; St 7; 标单/双带风扇US$6/7,带空调US$12/14; ❄📶)外表看并不打眼,但里面隐藏的却是城里最时髦的廉价客房,全部都新刷过漆,配备的是新的浴室用品,还装饰有可爱的墙饰。可选择宽敞的双人房(2张床),有私人阳台。

Ponleu Thmey Guesthouse　　酒店 $

(☎012 910896; NH6; 标单/双带风扇US$3/6,带空调US$13/14; ❄📶)这是一家深受NGO工作者欢迎的酒店。有带风扇的干净小客房,价格低廉,同时有时髦的空调客房,配有平板电视。

★ Sambor Village Hotel　　精品酒店 $$

(☎062 961391; www.samborvillage.asia; Prachea Thepatay St; 标单/双US$50/55; ❄@📶🏊)这家法国人开办的酒店是磅同首家精品酒店。平房风格的宽敞房间里配备有四柱床和时髦的浴室,坐落在一座郁郁葱葱

的花园里，芒果树下有个迷人的游泳池。楼上的露台餐厅铺设硬木地板，制作国际风味的食物。位于NH6东侧约700米处的河畔。可免费使用他们的山地自行车。

就餐

Prum Bayon Restaurant 柬埔寨菜 $

（Prachea Thepatay St；主菜含米饭6000~10,000r；⏲5:00~21:00）这家餐馆没有英文招牌，但有英文菜单。本地人喜欢来这儿品尝美味的高棉食物。

Psar Kompong Thom 柬埔寨菜 $

（NH6；主菜2000~4000r；⏲16:00至次日2:00）磅同主市场外，霓虹灯下摆放着塑料桌椅，出售鸡米汤、鸡肉咖喱面条、高棉风格的棍子面包。

★ **Kompong Thom Restaurant** 柬埔寨菜 $$

（NH6；主菜US$3~8；⏲6:30~21:00；📶✎）这家餐馆有打着领结的侍者，袖珍露台能眺望河面，堪称市内一流。提供独特创意食品例如高棉经典菜式水牛肉和清炒鳗鱼，分量都很大。

Run Amok 各国风味 $$

（Prachea Thepatay St；主菜US$2.50~8.75；⏲周一至周六15:00~21:00；📶）如果想品尝舒心食物，这家竹墙餐厅实在不容错过。菜单上有各种比萨和汉堡，还有出色的冰激凌。

实用信息

加华银行（Canadia Bank；NH6；⏲周一至周五8:00~15:30，周六至11:30，自动柜员机24小时）

旅游信息中心（Tourist Information Office；Stung Sen St；⏲周一至周五8:00~11:00和14:00~17:00）分发一个列有磅同景点的宣传册。

到达和当地交通

磅同在金边以北165公里、暹粒东南147公里、柏威夏市正南157公里处。

每天往来于金边（US$5，4小时）和暹粒（US$5，2小时）之间的几十班公共汽车经过磅同，下客点就在Arunras Hotel酒店门前（出发时在这里招手就能拦住车）。

乘坐**合乘出租车**前往金边（US$5）和暹粒（US$5）最快。往北前往柏威夏市（US$5）的合乘出租车只在早上发车。

多数车辆从NH6的**Tela Station**东边一个街区之外的**出租车停车场**发车，前往金边的出租车从Tela Station发车。

Im Sokhom Travel Agency（见275页）出租自行车（每天US$1）和摩托车（每天US$5）。

磅同周边

三波坡雷古（Sambor Prei Kuk）

សំបូរព្រៃគុក

三波坡雷古（www.samborpreikuk.com；门票US$3）是柬埔寨前吴哥时期最震撼人心的寺院，由散落在森林中的100多座砖结构小庙组成，其中有些是这个国家最古老的建筑。三波坡雷古原名Isanapura，曾是7世纪初上真腊王朝国王伊莎那耶跋摩（Isanavarman）时代的都城，吴哥时代也一直是重要的宗教学习中心。

寺庙主体由三组大建筑构成，每组建筑都

另辟蹊径

库伊族：柬埔寨的铁匠

库伊族（Kuy）是仅生活在柬埔寨北部、老挝南部和泰国东北部的少数民族。柬埔寨境内的库伊族祖祖辈辈都当铁匠。据说，库伊族人从吴哥时代起就会打铁，冶炼出来的铁用于制造武器、工具和建筑构件。

1950年前后，库伊族停止炼铁了，但有些村庄仍然出产优质铁器。沿着磅同和柏威夏市之间的NH62走，会经过Phnom Dek铁矿以南约2公里处的**朗切克**（Rumchek）。库伊族铁匠Ma Thean先生住在朗切克，只需1个小时就能打出一把传统的库伊丛林刀。游客可以亲手拉风箱，从中感受这种行将消亡的艺术。

由两面对称的围墙包围着。众多神龛、池塘和大门包围着中间的佛塔——这种基本布局或许为500年后吴哥的建造者提供了灵感。许多雕塑现保存在柬埔寨国家博物馆(见50页)。

20世纪70年代初,为了协助朗诺政府反击红色高棉,美军曾轰炸过三波坡雷古。寺庙旁边现在还能看到弹坑。2008年,这个地区的最后一批地雷被排除。

如今的三波坡雷古静谧而肃穆,寺庙之间的林地中有沙子路贯通,走起来很舒服。强烈推荐从当地社区找个导游带你游览(半天/全天US$6/10)。导游都在主要遗址旁边的停车场揽客。

售票处在距离停车场500米的小桥附近,有一个巨型手工艺品市场,出售格子花纹围巾、篮子以及其他本地村民制作的产品。

景点

三波寺 寺庙

(ប្រាសាទសំបូរ, Prasat Sambor)主建筑三波寺(7世纪和10世纪)供奉湿婆的化身之一Gambhireshvara(其他建筑供奉湿婆本尊)。三波寺的几座塔上的雕塑保存得比较完好,中间的塔上有各种大型尤尼(yoni,女性多产的象征)造像。

耶艾彭寺 寺庙

(ប្រាសាទយាយព័ន្ធ, Prasat Yeay Peau)耶艾彭寺或许是最能体现该地风格的建筑,因为它湮没在森林里。东侧入口在一棵古树下,岌岌可危,古代的砖石被大树的枝蔓和根系紧紧地缠绕着。西侧入口有大片树荫。

狮庙 寺庙

(ប្រាសាទតោ, Prasat Tao)是三波坡雷古最大的建筑,两座真腊时代的精雕细凿的石头狮子使该寺名副其实。狮庙有个精致的长方形水池Srah Neang Pov。

食宿

在寺庙入口附近的新手工艺品市场周边,有许多**餐馆**(主菜US$2~4)供应当地食物。

Isanborei 家庭寄宿 $

(☎017 936112; www.samborpreikuk.com; 铺/双US$4/6)这个组织致力于鼓励游客们去三波坡雷古住上一天。除了经营社区家庭寄宿项目,Isanborei还开设烹饪课程、出租自行车(每天US$2)以及组织牛车游览项目。同时经营三轮摩的,可以搭载游客往返磅同(单程US$15)。

> **另辟蹊径**
>
> ### 寻找孟加拉鸨
>
> 洞里萨湖东北岸是数十种鸟类的栖息地,其中包括濒临灭绝的孟加拉鸨(Bengal florican)。它有点类似雉科鸟,是六种大型濒临灭绝鸟类之一(还有两种朱鹭鸟和三种兀鹰)。为了观赏孟加拉鸨,稀有鸟类研究者蜂拥而至。
>
> **上芝格楞孟加拉鸨保护区**(Stung Chikreng Bengal Florican Conservation Area,简称BFCA)横跨暹粒和磅同两省边界,是世界上观赏这种鸟类的最佳地点。暹粒的Sam Veasna Center(见272页)提供前往BFCA、暹粒以外观赏鸟类的旅游服务。

到达和离开

从磅同来这儿的路线是:沿NH6往北走5公里,然后继续沿NH62朝柏威夏(通往暹粒的路口从左侧分叉)方向走。11公里后,在明显的红土标志处右转,继续沿着一条新修封闭的道路前行14公里即达。

乘坐摩的从磅同来这里用不了1个小时,往返车费US$10,乘坐三轮摩的费用为US$13左右。

索塔山 (Phnom Santuk) ភ្នំសន្ទុក

索塔山(门票US$2)被森林覆盖的山顶上矗立着佛像和佛塔,是这个地区最重要的圣山(海拔207米),有许多佛教徒来此朝拜。

要到达这里,要艰难地攀爬809级台阶,在高层的台阶上有一群群懒洋洋的猴子——或者偷懒的人可以走2.5公里长的公路——索塔山的各式寺庙和佛塔中汇聚了大量新旧佛像和纪念物。

白墙主塔旁边的是金字塔形的Prasat Tuch,其外部都是精致的砂石雕塑。南峰下有许多**卧佛像**,有几尊是现代水泥做的,其他的则是几个世纪之前在岩石上直接刻出来的。

索塔山的寺庙现在还有香火，本地和尚愿意接待外国游客。站在山坡的大石上，可以俯瞰南边一览无余的洞里萨全景。

对于在磅同过夜的游客，索塔山是个好地方，可以看壮观的稻田日落，不过之后就只好摸黑下山了（带个火把或手电）。

到达和离开

通往索塔山的岔路口在磅同以南15公里处。入口标示显著，位于NH6的149公里指示牌附近、路东。从高速公路这里出发，距离寺庙台阶底部2公里。乘坐摩的从磅同到索塔山往返约US$8，三轮摩的约US$10。

卡考 (Kakaoh) កកោះ

卡考村横跨NH6，位于磅同东南约13公里处、索塔山入口以北2公里。村民祖祖辈辈都是石匠，能用工具熟练地雕刻巨型佛像、装饰性狮子和其他传统高棉造像。雕像矮的15厘米，高的可达5米，看着石头逐渐变成雕像，给人的感觉十分奇妙。雕像售价差别巨大，一个小雕像可能售价US$20，一整块高品质石块雕刻的2.5米高佛像售价可能高达US$3500（还不算超重费）。这里出产的雕像经常被有钱的柬埔寨人买下来，捐赠给寺庙。

索塔丝绸工厂 (Santuk Silk Farm) កសិដ្ឋានសូត្រ សន្ទុក

索塔丝绸工厂（Santuk Silk Farm；☎012 906604；www.santuksilks.com；⏲周一至周五7:00~11:00和13:00~17:00，周六7:00~11:00）免费是柬埔寨少数几个你能看到丝绸整个生产过程的地方之一，从蚕的7周的生活周期开始。工厂雇有18名本地工人，大多为女性织工，你可以目睹她们编织围巾（US$20~45）和其他物件。通往工厂的入口位于索塔山入口以北200米，在NH6对面（西面）。

蚕这种娇贵脆弱的动物只能用桑叶来喂养，还要保护它们不被壁虎吃掉或被蚂蚁和蚊子叮咬。虽然这里的生丝大部分来自中国和越南，但本地蚕能吐"高棉金丝"——之所以叫这个名字，是因为丝中带有金光。

这家丝绸工厂的老板是美国越战老兵Budd Gibbons。他从1996年起就跟妻子（柬埔寨人）生活在柬埔寨。如有可能，请提前预约，以便他们把织品摆出来。5人或以上团体可以预订家常餐饭，菜品绝对令你满意。

巴赛库诺哥 (Prasat Kuha Nokor) ប្រាសាទគុហានគរ

这座11世纪的佛教寺庙建于苏利耶跋摩一世统治时期，由于内战前经过修复，因此保存得相当完好。它位于一座现代寺院的院子里，自备交通工具的人很容易就能到达。磅同东南约70公里、Skuon以北22公里处的NH6有指路牌。NH6主路出口与该寺庙相距2公里，这段路可以乘坐摩的。

柬埔寨东部

人口625万 / 面积68,472平方公里

包括 ➡

最佳野生动物观赏地

- 长臂猿（见295页）
- 白臀叶猴（见311页）
- 在桔井观看江豚（见288页）
- 塞玛保护林观鸟（见311页）
- 象谷项目（见307页）

最佳住宿

- Tree Top Ecolodge（见298页）
- Terres Rouges Lodge（见299页）
- Koh Trong Community Homestay I（见290页）
- Mayura Hill Hotel & Resort（见309页）
- Nature Lodge（见308页）

为何去

有着多样的地貌和民族，"狂野东部"粉碎了人们对于柬埔寨到处都是稻田和糖棕树的想象。那些地处低地的省份有很多这样的作物，但在东北部，它们让步于地蒙多基里省和腊塔纳基里省的山区。非法砍伐和土地特许经营造成森林减少，而这些地区的生态旅游却发挥了巨大的作用，挽救了这一恶化的形势。

在东北部你会发现罕见的森林象和活泼的灵长类动物，桔井和上丁附近全年都能看到濒危的淡水伊洛瓦底江豚。轰鸣的瀑布、火山口湖和蜿蜒的河流是这一地区地形的特色，游客可以在这里徒步、骑车、划船、高空滑索，并与大象亲密接触。连绵的山丘和葱郁的森林还为许多少数民族群体提供了安居的家园，这些群体被统称为上高棉（Khmer Leu）或少数民族（chunchiet）。

何时去

桔井

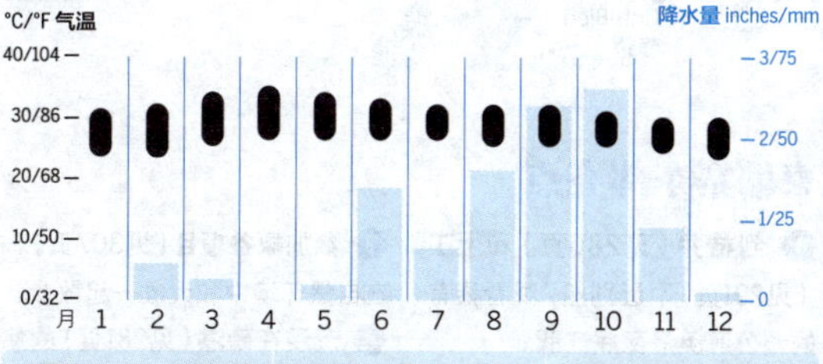

9月和10月 蒙多基里省风光独好，绚烂的野花为大地增添了迷人的色彩。

3月和4月 水位下降，是观察江豚以及划船的最佳时机。

5月和6月 腊塔纳基里和蒙多基里的高原可以躲避低地的闷热。

柬埔寨东部亮点

❶ 到**桔井**（见286页）和**上丁**（见291页）附近划船，观看稀有的湄公河伊洛瓦底江豚。

❷ 在腊塔纳基里清澈见底的**波伊龙**（见296页）火山口湖潜水。

❸ 参加**象谷项目**（见307页），在自然环境中和大象一起散步。

❹ 沉浸在**磅湛**（见281页）的悠闲之中，探索历史悠久的寺庙和植物繁茂的乡村，结识友好的当地人。

❺ 在蒙多基里的**塞玛保护林**（见311页）观赏黑腿白臀叶猴和长臂猿。

磅湛省(KOMPONG CHAM PROVINCE)

由于磅湛省(ខេត្តកំពង់ចាម)是通往东北部的门户，这里吸引了源源不断的游客。它的亮点包括几处前吴哥和吴哥时期的寺庙，以及在迷人的河畔地区骑自行车和摩托车。从该省省会可方便前往风景如画的乡村、可爱的寺庙和渔村，让你有机会体验真正的柬埔寨。

磅湛省曾是柬埔寨人口最多的省份，但是由于实行选举后人们为政党利益改划选区，特本克蒙省(Tbong Khmum Province)诞生，这里被一分为二。

磅湛(Kompong Cham) កំពង់ចាម

☎042/人口7.3万

磅湛省的省会磅湛坐落在湄公河沿岸。在法国殖民时期，这里曾经是重要的贸易港口。当你走在街上，仍然能够看到那一时期遗留下来的建筑，饱经风雨又古色古香。

长期以来，磅湛一直被认为是继金边和马德望之后，柬埔寨的第三大城市，但如今它已经被快速发展的旅游城市暹粒和西哈努克市甩在了后面。尽管如此，磅湛仍然是一大交通枢纽和通往柬埔寨东部的落脚点。市中心南部的Spean Kizuna大桥是柬埔寨第一座横跨湄公河的大桥。

景点和活动

如今仍有许多占族穆斯林(Cham Muslim)生活在磅湛(因此得名Kompong Cham)。在湄公河东岸、法国灯塔的北面有一个占族村庄。在河的右岸能够清晰地看到清真寺那巨大的银色穹顶。桥的南侧也有一个占族村庄，就在Day Doh寺(Wat Day Doh)旁边，值得一游。

如果你想入乡随俗，可以在黄昏时分去河畔的桥边与当地人一起跳广场舞。

沃诺科巴差 佛教寺庙

(វត្តនគរបាជ័យ, Wat Nokor Bachey; 门票US$2)沃诺科巴差是一座混搭风格的寺庙，一座现代的小乘佛教的宝塔被12世纪砂岩红土结构的大乘佛教神殿的围墙所环绕。它看起来有点儿俗气，新建的做礼拜的神殿借用了许多老建筑中的拱门。平时这里只有几个僧人，非常安静，你可以参观它的壁龛和隐藏的神殿。

门票包含参观城外男人山(Phnom Pros)和女人山(Phnom Srei)的费用。要前往沃诺科巴差，需沿通往金边的方向走，在桥西2.5公里大环岛处的岔路左转，寺庙就在一条土路上。

空帕恩 岛屿

(កោះប៉ែន, Koh Paen)要想放松心情，骑着单车到处逛逛，空帕恩无疑是最佳之选，它是湄公河上的一座小岛，旱季可以通过一座优雅的竹桥(收费500~1000r)与磅湛的南郊相连，雨季可以乘坐当地的渡轮(带/不带自行车1500/1000r)。竹桥本身就是一个景点，完全是手工建造的，从远处看上去就像是用火柴棍搭建的。这座岛上有着典型的乡村生活气息，上面有果园、蔬菜园和传统木屋。旱季，岛的周围会出现许多沙洲。游客可以在当地的客栈租借自行车。

老法国灯塔 历史建筑

(ប៉មបាំងចាស, Old French Lighthouse)

用途广泛的KRAMA

krama是一种色彩缤纷的格子围巾，在柬埔寨乡村几乎人手一条，在城市也很受欢迎。围巾是由棉或丝织就的，最著名的丝质krama产自磅湛和茶胶两省。

krama有多种用途。柬埔寨人主要是用它来遮挡阳光、尘土和大风，因此，许多游客在柬埔寨旅游期间也会买上一条。当地人也会将krama系在腰间当小围裙，当成毛巾用来擦身体，围在脖子上作装饰，挎在肩上背孩子，放在椅子上当垫布，放在床上当枕巾，在摩托车抛锚的时候当作拖车绳，或当车胎漏气的时候作为填充物——总之，它的用途可以列出长长的一串。

Kompong Cham 磅湛

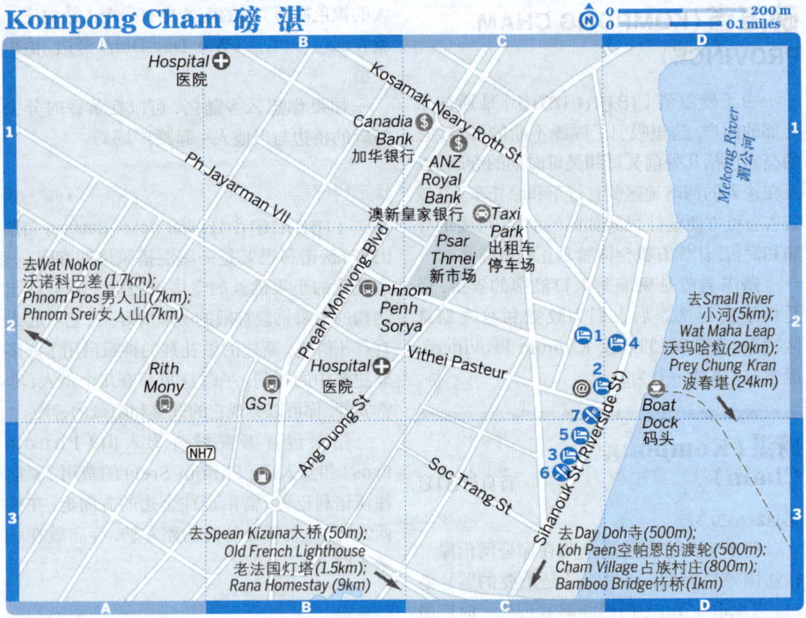

Kompong Cham 磅湛

住宿

1 Daly Hotel C2
2 Mekong Hotel C2
3 Mekong Sunrise C3
4 Monorom 2 VIP Hotel D2
5 Moon River Guesthouse C3

就餐

Destiny Coffee House .... (见7)
6 Lazy Mekong Daze C3
7 Mekong Crossing C2
Smile Restaurant .... (见4)

老法国灯塔高高耸立在湄公河岸边，俯瞰对岸的城市。许多年来它只剩下一个废弃的外壳，但最近得以修复，包括一条极为陡峭和危险的台阶，看上去更像是一串梯子。如果你恐高的话，就不要去尝试攀爬了。从灯塔顶端眺望湄公河景色极佳，尤其是在日落时分。

住宿

多数游客更喜欢住在河边，便于欣赏湄公河的风光，但要注意，在清晨这里会有些嘈杂，船的汽笛声和从河对面占族清真寺中传来的宣礼员的宣礼声彼此交融。

★ Moon River Guesthouse 客栈 $

(☎016 788973; moonrivermekong@gmail.com; Sihanouk St; 房间 带风扇US$7~11，带空调US$13~19; ❄📶) 这座新建的滨河客栈整体条件非常不错，房间宽敞别致，功能齐全。楼下是一间备受欢迎的餐厅兼酒吧，供应暖心的早餐，晚上也吸引了大批顾客。

Daly Hotel 酒店 $

(☎042 666 6631; www.dalyhotel.net; 双/标双/贵宾US$18/20/40; ❄📶) 这座漂亮的酒店距离河畔一个街区，是城里众多高棉风格高层酒店中最好的一家。客房宽敞明亮，墙上装有平板电视，有一尘不染的浴室和柔软的床品。

Mekong Sunrise 客栈 $

(☎011 449720; bong_thol@yahoo.com; Sihanouk St; 铺US$3，房间 带风扇US$5~7，带空调US$12; ❄📶) 这家背包客旅馆位于河畔一处热闹的酒吧兼餐厅之上，宽敞的顶层房间直通屋顶大露台。房间里没什么摆设，但价格很便宜，还设有台球桌。

Monorom 2 VIP Hotel 酒店 $

（☎092 777102；www.monoromviphotel.com；Sihanouk St；房间US$15～50；❄@📶）目前是河畔最漂亮的旅馆。房间内有厚重的实木家具和诱人的浴缸。豪华房有俯瞰湄公河的私人阳台和配备了全套洗漱用品的大浴室。最便宜的房间没有窗户。

OBT Homestay 家庭寄宿 $

（☎017 319194；p_sophal@yahoo.com；志愿者/旅行者含2餐US$5/10）基础训练组织（The Organization for Basic Training）接受志愿者来教当地孩子学英语，不过也欢迎一般的旅行者小住几天，参观当地的高棉村庄。这里提供牛车、马车或湄公河乘船团队游。位于湄公河东岸的Chiro村，在法国灯塔以北约5公里。

Mekong Hotel 酒店 $

（☎042 941536；Sihanouk St；房间带风扇/空调US$8/16，贵宾US$27；❄📶）这家老旅馆仍然颇受欢迎，这要归功于它位于河畔的优良地理位置，以及宽敞明亮而且维护得相对较好的客房。飞机库一般的走廊很宽，宽到够你办一次极限飞盘比赛。

Rana Homestay 家庭寄宿 $$

（☎012 686240；http://rana-ruralhomestay-cambodia.webs.com；每人US$25）这个家庭旅馆位于磅湛城外的乡下，可以让客人深入体验柬埔寨没有通电的乡村生活。房价含三餐和当地交通费。最少住两晚，最少两人入住，需提前预订。

就餐

★Smile Restaurant 柬埔寨菜 $

（www.bdsa-cambodia.org；Sihanouk St；主菜US$3～5；⏲6:30～21:00；📶）🍃这家漂亮的非营利性餐馆由佛教与社会发展协会（Buddhismand Society Development Association）经营，许多非政府组织的工作人员会来此吃饭，早餐丰盛，有地道的高棉菜，比如chark'dau（用香茅、罗勒和花生煸炒的菜肴）和黑胡椒鱿鱼。菜单上也有西餐。这里也出售佛教与社会发展协会自制的krama和小饰品。

Lazy Mekong Daze 各国风味 $

（Sihanouk St；主菜US$3～5.50；⏲7:30至最后一名顾客离场；📶）因为氛围温馨，日落后这里是热门聚会场所，有台球桌和播放体育比赛和电影的大屏幕。这家店经营各种柬埔寨风味、泰国风味和西餐，还有远近闻名的柴火烤制的比萨、墨西哥辣肉酱和美味的冰激凌。

Destiny Coffee House 咖啡馆 $

（12 Vithei Pasteur St；主菜US$3～5；⏲周一至周六7:00～17:30；📶✍）这家时尚的小餐馆有舒适的沙发和现代的外观。这里经营各国风味美食，包括美味的鹰嘴豆泥、令人垂涎欲滴的自制蛋糕、早餐墨西哥卷、沙拉和卷饼。

Mekong Crossing 各国风味 $

（Sihanouk St；主菜US$2～5；⏲6:00～22:00；📶）占据河畔的繁华街角，这家老店已经成功换新颜，供应诱人的柬埔寨风味美食和西餐佳肴，比如大个儿汉堡和美味的三明治。夜间这里是深受宾客喜爱的酒吧。

ℹ 实用信息

澳新皇家银行（ANZ Royal Bank；Preah Monivong Blvd；⏲周一至周五8:30～16:00，自动柜员机24小时）使用自动柜员机提款收取US$5手续费。

去越南：磅湛到西宁（TAY NINH）

到达边境 Trapeang Phlong—Xa Mat边境口岸（⏲7:00～17:00）越来越受在柬埔寨东北部和越南胡志明市之间旅行的旅行者的欢迎。从磅湛搭乘任意一种沿着NH7向东去往Snuol的交通工具，在磅湛东南部以东55公里处、位于NH7上的Krek（Kraek）环岛下车。从那里搭乘摩的（US$3）沿着NH72往南走13公里就可到达没有什么特色的Trapeang Phlong，其标志是白底细条纹的路障和一些锡皮棚屋。

在边境 这处边境口岸很容易通过，只需要提前准备好越南签证。

继续前进 到达越南境内后，有摩托车和出租车可至西宁，向南45公里即到，在越南讲价比在柬埔寨要难一些。

加华银行（Canadia Bank; Preah Monivong Blvd; ⌚周一至周五8:00~15:30，周六8:00~11:30，自动柜员机 24小时）使用自动柜员机提款，部分银行卡免费，使用信用卡付款免手续费。

Lazy Mekong Daze（见283页）分发磅湛及周边地区主要景点的好用地图。

Mekong Internet（Vithei Pasteur; 每小时1500r; ⌚6:30~22:00）位于Vithei Pasteur St上一排网咖之中。

到达和离开

金边在其西南方120公里处。如果你要北上去桔井及更远的地方，可安排的交通方式是从柏油公路去川龙（Chhlong），而不要向东绕大弯从NH7公路去Snuol。

Phnom Penh Sorya（www.phnompenhsorya.com; Preah Monivong Blvd）是磅湛以外最值得信赖的长途汽车运营公司。**GST**（☎012 734052; Preah Monivong Blvd）有早班车可至马德望（Battambang）、桔井和暹粒。**Rith Mony**（NH7）另有班车可至班隆（Ban Lung）、马德望和暹粒。

前往金边可选择合乘出租车（15,000r）或满载乘客的当地小巴（10,000r），从新市场（铁棉市场）旁边的**出租车停车场**出发，交通条件好的时候2个小时，交通拥挤时则要2个多小时。早上有合乘出租车和小巴开往桔井（US$5，2小时），客满后从位于主环岛的**Caltex车站**出发，早上也有小巴从出租车停车场出发。

湄公河上没有从这里去其他城镇的客船运营。

当地交通

磅湛的摩的和三轮摩的（突突车）极多，司机能说一口流利的英语，可以带你四处游览。如果你在湄公河畔点一杯东西喝，很快就会有摩的司机上前搭讪。**Mr Vannat**（☎012 995890; vannat_kompongcham@yahoo.com）是个中老手，并有一辆四轮摩托车可供出租（他也会说法语）。所有司机都很不错。摩的的费用每天为US$10~15，三轮摩的的费用每天为US$15~20，如果你的行程中包含沃玛哈粒（Wat Maha Leap）的话，收费会略高。三轮摩的往返沃汉吉（Wat Hanchey）或男人山和女人山，价钱可以讲到US$10。

河畔的多数客栈和餐馆都出租摩托车（每天US$3~5）和自行车（每天US$1），如Lazy Mekong Daze（见283页）。

磅湛周边

男人山和女人山（Phnom Pros & Phnom Srei） ភ្នំប្រុសភ្នំស្រី

有关"男人山"和"女人山"的传说在当地有很多版本，其中的一个版本是这样描述的：一个婴儿被带走了，回来时已经长成一个强壮的男人，他爱上了自己的母亲。他不顾他母亲的反对，坚持要娶她。为了避免悲剧发生，这位母亲设计了一个巧妙的交易，由母亲带领女队，儿子带领男队，两队比赛，看看哪个队在天亮之前堆的山最高。如果女队获胜，她就不必嫁给他。到了晚上，女人们堆起巨大

从磅湛发车的长途汽车

目的地	价格	行程（小时）	班次
班隆	32,000r	7	10:00
经川龙至桔井	20,000r	2	9:30
经Snuol至桔井	21,000r	4	10:30、14:00
巴色（Pakse；老挝）	US$22	12	10:00
金边	20,000r	3	15:45前每小时1班
森莫诺隆	28,000r	5	11:45
暹粒	24,000r	5	7:30、9:30、正午
经川龙至上丁	30,000r	5	10:30

你应该骑大象吗?

传说，建造吴哥窟用了不止100万头大象。据现实资料记载，实际数量接近6000。大象在柬埔寨的历史中扮演着重要角色。大象是吴哥城里被奉为神王的统治者维持其权力的有力武器。起初，这个王国的土著群落将大象困在野外。

这一段辉煌的历史被冲突截断，因为国内大象被冠以“合法打击目标”的标签，它们要么被杀害，要么随它们的主人逃至邻近国家。当代柬埔寨的驯化大象的数量很少，上一次统计是79头，而且因为过度劳动和生老病死，这个数字还在减少。很多驯化大象都用来撑起这个国家的旅游业。大象种群生存下去的最大希望在于柬埔寨健康的野生象的数量，目前野生象超过500头，在柬埔寨的森林中受到保护，而驯化大象如今不再繁殖。

当今社会，大象和旅游业之间的关系错综复杂。现在用来承载游客的大象比运送木材、稻米等物资的大象还多。它们的健康保障取决于旅游业产生的经济效益，一旦被捕获，大象就再也无法回到大自然中了。大象是高智商的动物，动物福利团体认为骑大象对大象的健康有害。如果你选择骑大象，那么一定要仔细看看大象及其工作环境是否适宜。

➡ 大象的肋骨是否能明显看见？如果是，那么这头大象太瘦了，它不能工作，而应该进食休息。

➡ 大象身上是否有伤口或脓肿？受伤的大象不能工作。

➡ 大象应该有一个遮阳处休息，并配备干净的水和食物。

➡ 链条不应该太短太紧，要能够活动，大象需要足够的空间，这样它们进食的地方和排泄的地方就可以分开了。

➡ 大象的背上应该用软竹做的竹垫，而不是笨重的木头，坐垫和象皮之间还应该放一层厚厚的垫料。

➡ 应该使用橡胶软管来连接绳子，否则会伤害象皮。

➡ 大象每天最多只能工作4小时，同时只能承载两个成人。

➡ 大象的看护者不能给大象下达每个命令时都使用钩状的训练棒或者抽打大象。

➡ 如果大象明显有问题，不要不敢拒绝骑乘，你可以礼貌地说明你担心的问题。

关于这些宝贵的生灵，如果你还想了解更多，蒙多基里提供了对动物更友好的选择——和大象一起散步（见307页），用这种方式来替代骑大象，也是了解大象天性的极佳方式。如果你想了解更多关于大象福利和旅游业的话题，可以登录网站www.earasia.orgwww.earasia.org。

以上内容由象谷项目创始人Jack Highwood协助汇编。

的火堆，燃烧的火焰直冲云霄。男人误将火光当成了日出，放弃了比赛，这场婚姻也被阻止了。当地人喜欢这个版本，并在此基础上“添油加醋”。此景点门票US$2，包括进入沃诺科巴差（Wat Nokor Bachey，见281页）的费用。

女人山每到雨季，乡村风光尤为迷人。另外，这里还有一尊栩栩如生的南迪（Nandin，湿婆神的坐骑，神牛）雕像。**男人山**是喝冷饮的好地方，旁边的树上有许多好奇心很重的猴子。两山之间的地区，曾经是一个杀人场。当你从男人山步行去往女人山的时候，在你的右手边有一座砖结构的镀金小佛塔，里面有一堆头骨。

这两座山在城外7公里处，位于通往金边的路上。男人山入口对面的**切温考**（Cheung Kok）村庄有一个当地的生态旅游项目，由非政府组织Amica（www.amica-cambodge.org）管理，旨在向游客介绍磅湛的乡村生活。村民会教游客收割稻米、糖棕和其他作物。村中还有一个出售当地手工艺品的小店。

沃玛哈粒 (Wat Maha Leap) វត្តមហាលាភ

神圣的沃玛哈粒是柬埔寨国内仅存的木塔之一。它有一百多年的历史了，之所以在红色高棉统治时期没有被毁坏，是因为它被改造成了一家医院。许多高棉人被带到附近的田里劳作，最后死在这里，500具尸体被就地安葬，如今这个墓地被一个安静的花园掩盖了起来。

佛塔本身很美。起到支撑作用的大黑柱是由整根木料制成的，上面有夺目的镀金图案。红色高棉用油漆覆盖了图案以彰显其朴素的哲学，后来，这里的僧侣又去除了表面的油漆，使这些美丽的图案得以复原。不幸的是，2012年，塔顶倒塌了，我们写作时，修缮工作仍然在进行中。

最好从磅湛乘船前往沃玛哈粒。沿着湄公河向下游方向行驶一小段距离，然后进入一条被称为“小河”的美丽支流，在那里能够体验到柬埔寨迷人的乡村生活。乘坐一条40马力的马达小艇（往返US$50，包括在附近的纺织村庄停留）前往那里游览，单程还不到1小时。码头上可以找到马达小艇。

只有在7月至12月，小河才能通航，其他时间可以走陆路。沿途有许多小岔路，如果对本地不熟悉的话，很难找到路，所以建议你雇一辆摩的（每个来回US$10，包括在波春堪停留，单程1小时）。走水路全程20公里，走陆路距离大约多一倍。

波春堪 (Prey Chung Kran) ព្រៃចង្ក្រាន

磅湛以出产高品质的丝绸而闻名。小村庄波春堪坐落在河畔，几乎每家每户都有织机。在高脚屋的阴凉下，织工们熟练地织着krama，式样有的时尚，有的传统。最有趣的是看染色过程，典型的菱形圆点和棋盘形状的图案就是在这一阶段形成的。波春堪距离沃玛哈粒大约4公里，在两地之间的路边随处都能看到织工。

沃汉吉 (Wat Hanchey) វត្តភ្នំហាន់ជ័យ

沃汉吉是一座位于山顶的宝塔，在真腊时代它曾是重要的礼拜中心，如今在这里能够看到柬埔寨最美的湄公河风光。在真腊王朝期间，这里可能是古代城市塔拉博拉维（Thala Boravit，北部临近上丁）和吴哥保苓（Angkor Borei，南部临近茶胶）之间的重要交通站。

在一座巨大的现代寺庙前有一个醒目的砖结构圣所，建于8世纪。门口的梵文铭文保存完好。屋顶有一个洞，可以让一束光透进来。此外，这里还有其他几座建于8世纪的建筑的地基，这些建筑有些是毁于美国人的炸弹，它们的残垣断壁散落在各处，周围还有许多奇怪的水果和动物的雕塑。

从磅湛出发乘坐摩托车大约需要30分钟到达这里。骑车来这儿会途经那些可爱的河畔村庄，相信你一定会度过愉快的半天。

橡胶园 (Rubber Plantations) ចំការកៅស៊ូ

磅湛曾是柬埔寨橡胶工业的中心，如今橡胶园仍然遍布全省。其中多数已经重新投入运营，一些大种植园欢迎游客参观。工人们使用割胶刀一刀一刀地划着树干，直到胶汁出现，并滴入放在地上的一个开口的椰子壳中。在磅湛以东大约15公里处的Chup橡胶园（Chup Rubber Plantation），你能看到工人们现场作业的场景，可以在工厂（រោងចក្រ；门票US$1）周围四处逛逛，看看工人们是如何加工橡胶的。

桔井省（KRATIE PROVINCE）

美丽的桔井省（ខេត្តក្រចេះ）横跨湄公河，这里大多数的居民都居住在湄公河沿岸。在河流之外是一处偏远且荒蛮的区域，那里几乎看不到外来的人。到这儿来的游客多数都是去位于省会桔井以北15公里处的Kampi观赏稀少的伊洛瓦底江豚的。桔井城是一处迷人的小地方，不仅如此，这里还是不错的参观周边乡村风光的基地。

桔井（Kratie） ក្រចេះ

☎072/人口4.4万

作为一座充满活力的河畔城市，桔井（读作“kra-cheh”）有一大片河边陆地，是柬埔寨国内观赏湄公河日落的最佳地点。这里是

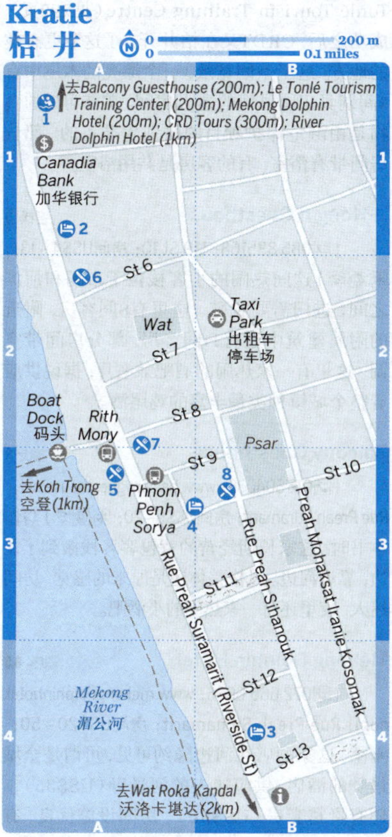

Kratie 桔井

活动、课程和团队游

1 Sorya Kayaking Adventures............... A1

住宿

2 Le Bungalow....................................... A1
3 Silver Dolphin Guesthouse B4
4 U-Hong II Guesthouse........................A3

就餐

5 Jasmine Boat Restaurant A3
6 Le Bungalow.......................................A2
7 Red Sun Falling A2
8 Tokae Restaurant...............................B3

观看伊洛瓦底江豚（见288页）最热门的地区，这种江豚生活在湄公河，其数量正在不断减少。桔井有丰富的法国殖民时期的建筑遗产，与其他被炸药毁坏的省级中心城市不同，这里在战时得以幸免。

作为旅游中心，桔井自然风光优美，经陆路往返于金边和老挝南部占巴塞（Champasak）之间的旅客，很适合在此停留休整一下。

景点和活动

吸引游客来到桔井的主要活动是观赏稀有的伊洛瓦底江豚。到空登（见290页）附近或沿着湄公河两岸骑行也十分惬意。

沃洛卡堪达 佛教寺庙

（វត្តរការកណ្ដាល, Wat Roka Kandal; 门票2000r）位于桔井以南大约2公里处，在通往川龙的路上。这座漂亮的小庙建于19世纪，是这一地区最古老的寺庙之一。寺庙的内部经过修复，很漂亮，可以让管钥匙的人带你进去看看。即便进不去，树荫覆盖的庭院、周围可爱的传统木屋也值得观赏。

Sorya Kayaking Adventures 皮划艇

（☎090 241148; www.soryakayaking.com; Rue Preah Suramarit）这家公司有8艘皮划艇，还提供到达湄公河以北的桔井或是从Te河向南的半日和多日之旅（包括家庭寄宿）。这是近距离观察江豚的非常好的途径。其余亮点包括游览Kampi以北的一小片洪水淹没的森林、越南人的水上村庄和环绕空登的日落之旅。这里还有一家小咖啡馆，出售一些由贫穷的寡妇编织的手工艺品。

团队游

CRD Tours 团队游

（CRDT; ☎099 834353; www.crdtours.org; St 3; ⊙8:00至正午和14:00~17:30）这家公司由柬埔寨乡村发展团队（Cambodian Rural Development Team）经营，重点关注的是沿湄公河发现之路（见292页）的可持续团队游。Kampi以北20公里的湄公河上的**Koh Pdao岛**有家庭寄宿、志愿服务机会和多种短途旅行。一般每天价格为US$38~60，含三餐和团队游费用。这家公司还可提供**Koh Preah**（上丁附近）和**空登**（Koh Trong）的家庭寄宿和团队游。也有从桔井到Koh Pdao岛的山地自行车团队游可供选择。

CRD Tours还经营乘船之旅，可从上丁到桔井，住宿是在沿途偏远的村庄（每人US$130~300，根据人数而定）。

Cambodian Pride Tours 团队游

（☎088 836 4758；www.cambodianpridetours.com）由桔井土生土长的导游Sithy组织的当地团队游，他经验丰富，会热情地向游客介绍自己在当地真实的经历，带游客去自己的亲人家中走访，教游客体验当地的耕作方法。

住宿

如果想找个比桔井更悠闲的地方，可以直接住在空登（见290页）的岛上，那里有家庭寄宿和两家中档客栈。

Silver Dolphin Guesthouse 青年旅舍 $

（☎012 999810；silver.dolphinbooking@yahoo.com；48 Rue Preah Suramarit；铺US$4，房间US$4~14；❄@📶）这家背包客旅舍超值。宿舍相当大，屋顶很高，就连最便宜的双人间也配有电视、浴室和一些家具。楼上有一家受欢迎的酒吧兼餐厅，在阳台上可以看到河景。店主Pech能讲流利的英语和法语。

Le Tonlé Tourism Training Center 客栈 $

（☎072 210505；www.letonle.org；St 3；房间US$10~20；❄📶）继在上丁长期经营的Le Tonlé Tourism Training Centre（见292页）成功之后，CRDT又在桔井开办了这个更有趣的地方。这里空间宽敞，一个漂亮的木屋中有9间别具田园风情的迷人房间。美味可口的食物是由濒危保护项目的培训生准备的。部分房间带有浴室，有的客房是共用浴室。

U-Hong II Guesthouse 客栈 $

（☎085 885168；119 St 10；房间US$4~13；❄@📶）这间热闹的小客栈位于市场和河滨之间，进门需要脱鞋。这里有8间客房，附近的附属建筑中还有11间客房，部分房间带空调。这里有一家热闹的酒吧兼餐厅，据说供应着整个城镇种类最丰富的鸡尾酒。

Balcony Guesthouse 客栈 $

（☎016 604036；www.balconyguesthouse.net；Rue Preah Suramarit；房间US$5~20；❄@📶）写作本书时，这家长期经营的背包客客栈搬到了北边，靠近河边。风格整体还是原来的感觉，房间迷人，夜里还有一家热闹的小酒吧。

Mekong Dolphin Hotel 酒店 $$

（☎072 666 6666；www.mekongdolphinhotel.com；Rue Preah Sumamarit；房间US$20~50；❄📶）这家酒店在河边隐约可见，可谓是全城最赞的酒店，供应迷人的河景房（US$35），还有贵宾套房（US$50）。房间设施优良，有

去桔井周边看江豚

伊洛瓦底江豚（高棉语是treypisaut）是亚洲的濒危物种，它们栖息在柬埔寨和老挝的湄公河流域、孟加拉国的偏远地带以及缅甸，数量越来越少。这种江豚呈深蓝乃至灰色，身体可长达2.75米，长着突出的前额和小背鳍，很好辨认。它们在淡水和海水中都能生存，但在海里很少见。

据当地人说，内战前柬埔寨有1000只江豚。但在波尔布特统治时期，为了获取油脂，许多江豚被猎杀。此后，它们的数量持续骤减，即使已经采取了最严格的保护措施，包括在湄公河桔井到上丁之间的大部分河段禁止捕鱼和贸易机动船只通行。江豚仍继续以惊人的速度消失，目前据专家估计，在湄公河桔井至老挝边境河段还有不到85只伊洛瓦底江豚。

观赏江豚的最佳地点是Kampi，其位于桔井以北大约15公里处，在通往三波（Sambor）的路上。乘坐摩的和三轮摩的往返的费用大约为US$7和US$10，具体视司机等待的时间长短而定。汽船会将游客带到河中央，以便近距离地观赏江豚。如果是一两个人乘船，每人收取US$9，如果人数是三四人，每人收取US$7。靠近江豚的时候，最好让汽船驾驶员尽量不使用引擎，因为噪声会令它们感到不安。在上丁省（见291页）的柬埔寨-老挝边境附近也有机会看到江豚。

保险箱和吹风机。酒店设有一个小健身房和桑拿，如果天气不热，可以尝试。

River Dophin Hotel 酒店 $$

（☎072 210570；www.riverdolphinhotel.com；房间US$35～55；❄@📶≋）这家酒店相对来说距离河边不是特别近，但依然是一个不错的选择，因为房间舒适，服务贴心。这里还有全城唯一一个游泳池。加US$5，就可以享受早餐。不入住酒店也可以去游泳，泳池全天收费US$3。

Le Bungalow 精品酒店 $$

（☎012 660902；www.rajabori-kratie.com；Rue Preah Suramarit；房间 不带/带浴室US$31/65；❄@📶）这家小旅馆类似于精品民宿，有3个房间，位于一座传统木屋之中，都以殖民地时期的家具作为装饰，风格兼具柬埔寨和中国特色。其中两个房间非常宽敞，配有现代浴室，第三个房间适合带孩子出行的父母，有一个露天浴室。

就餐

在桔井，需要留意两道特色菜，河边和其他地方都有售：krolan（将糯米、豆子和椰奶放在竹筒里，然后再上锅蒸）和nehm（将生鱼撒上香料裹在香蕉叶里吃，味道浓烈）。psar（市场）的南端一到晚上简直变成了烤肉嘉年华。Balcony Guesthouse和档次更高的**Le Bungalow**（Rue Preah Suramarit；主菜US$4～16）都有值得一去的餐厅。

Red Sun Falling 各国风味 $

（Rue Preah Suramarit；主菜US$2～4；⏲7:00～21:00；📶）是城里最具活力的地方之一，这家长期经营的餐厅有一种咖啡馆的悠闲氛围，位于河边最好的地段，除了经营品种丰富的亚洲美食和西餐之外，还特价出售二手图书。

Tokae Restaurant 柬埔寨菜 $

（St 10；主菜US$2～4；⏲6:00～23:00；📶）如果你在墙上看见了柬埔寨最大的壁虎，就说明你已经找到了这家出色的小吃店。菜单上既有物美价廉的柬埔寨美食，比如咖喱和amok（蕉叶包烤鱼），也有物超所值的西式早餐和爽心美食。

去越南：桔井到平隆（BINH LONG）

到达边境 Trapeang Sre–禄宁（Loc Ninh）边境口岸（⏲7:00～17:00）对于那些想要从桔井或北方直接去越南的游客来说很便利。首先从森莫诺隆、桔井或磅湛乘长途汽车、合乘出租车或小巴到达熙熙攘攘的中转城镇Snuol。到达之后，乘坐摩的（US$5）沿着平顺的NH74向东南走18公里即到。

在边境 你通常都需要事先准备好签证才能进入越南，但进入柬埔寨则只用花US$30办理落地签。

继续前进 到达越南之后，最近的城镇是向南走40公里的平隆。边境处就有摩托车等待载客。

Jasmine Boat Restaurant 各国风味 $$

（Rue Preah Suramarit；餐 US$1.50～22；📶）这家餐馆在湄公河上的黄金地段，也是全城唯一一家在河上经营的餐馆。餐厅外形如一艘船，供应价格实惠的柬埔寨特色菜肴和价格较高的各国肉类美食。同时这里还适合在有闲情逸致的时候来喝喝咖啡和啤酒。

实用信息

这里推荐的所有客栈都会尽其所能地满足旅客的需求。U-Hong II Guesthouse和Silver Dolphin Guesthouse都能上网。

加华银行（Canadia Bank；Rue Preah Suramarit；周一至周五8:00～15:30，自动柜员机 24小时）自动柜员机可供提现，此外还提供货币兑换服务。

到达和离开

从金边沿川龙公路向东北方行驶250公里即可到达桔井，它位于上丁以南141公里处。

Phnom Penh Sorya（☎081 908005）每日运营3趟沿着慢速公路（途经Snuol）开往金边（US$8，8小时）的长途汽车；Sorya从老挝开来的汽车大约15:30到，然后走相对较近的川龙公路（US$8，6小时）到金边。Sorya到暹粒的车在Suong要换车一次。

空登：湄公河上的一座岛屿

与桔井隔水呼应的空登岛（កោះទ្រង់，Koh Trong）是湄公河中央一个6公里长的沙洲。乘船从此经过能够感受到岛上的田园生活。这里的景点包括一座古老的佛塔和一个规模较小的水上村庄，此外，游客还有机会看到栖息在湄公河西岸的珍稀淡水龟。

岛上有两处家庭寄宿。其中Koh Trong Community Homestay I（铺每人US$4，房间US$8）最好，在一座老木屋内有两间漂亮的卧室和高级盥洗室（有马桶而不是蹲厕）。从Rajabori Villas附近的渡轮码头向北走约2公里即可到达。也能骑自行车去，坐摩的（US$1）或牛车也可以。Rajabori Villas（☎012 770150；www.rajabori-kratie.com；房间含早餐US$60~200；✉）是一家精品住宿地，有游泳池和小屋，提供的膳宿条件是桔井地区最好的。这里位于岛上最北端，从桔井坐私船花费为每日/夜US$4/5。隔壁就是更具乡村风情的Arun Mekong（☎017 663014；www.arunmekong.wordpress.com；房间US$22~27，平房US$33），这里有高雅的家具客房和平房。电力供应时段为18:00~23:00。

可以从桔井码头搭乘渡轮（带/不带自行车2000/1000r）。岛上渡轮停靠地附近有自行车租赁，价格为US$1，或者也可以乘坐由女摩的司机（motodup）驾驶的摩的（US$2.50）环岛游，这在柬埔寨实属罕见。

Sorya运营的从金边到老挝巴色（US$16，8小时）的反向长途汽车，途经上丁，大约11:30在桔井上客。Sorya还有13:00到班隆（US$8，5小时）、15:00到上丁（US$5，3小时）的车。**Rith Mony**（☎012 818737）也有一趟车可到班隆（US$8，11:30）。

快速客车可到你入住的客栈接车，这种方式到达金边（US$7，4小时，每日6班）更快，而且一般可以继续换乘至西哈努克市。也有到暹粒（US$13，6小时，7:30）的快速客车。6:00和8:00有合乘出租车（US$10）去金边，午饭之后可能会有加班车。

要去森莫诺隆，可到**出租车停车场**乘坐当地的小巴（30,000r，4小时，每天清晨有2班或3班），或者前往Snoul，然后在那里转车。当地小巴还可以到达班隆，大多数班次在11:00~14:00出发。

当地交通

多数客栈都能帮忙租到自行车（US$1起）和摩托车（US$5起）。雇用一位会讲英语的摩托车驾驶员，每天的花费为US$10~15，三轮摩的为US$20~25，以具体行程为准。

桔井周边

桑波尔（Phnom Sombok）

វត្តភ្នំបាន់ជ័យ

桑波尔是一座小山，就在从桔井通往Kampi的路上，山上有一座香火旺盛的寺庙。站在山顶能够清楚地看到湄公河。看江豚的路上可以顺便来这儿看一下，只要多花几美元即可。

三波（Sambor）

សំបូរ

在三波坡雷古和真腊王朝时期，三波曾是一座繁荣的前吴哥城市。在现代的三波城，已经看不到古时遗留下来的一砖一瓦了。在当地，这里因据说有柬埔寨最大的寺庙——Wat Sorsor Moi Roi（百柱寺庙）而闻名，它由108根柱子支撑，建立在一座19世纪的木质寺庙的遗址上，如今后院里仍然保留着它的几根柱子。

湄公河龟保护中心（Mekong Turtle Conservation Centre；☎012 712071；www.mekongturtle.com；成人/儿童US$4/2；⏲8:30~16:30）就在寺庙的庭院里，由保护国际（Conservation International；www.conservation.org）设立，是各种龟的避难所，其中包括稀有的康托尔巨形软壳龟，它是2007年在湄公河的这一河段被重新发现的，是最大的淡水龟之一，能长到2米左右。龟宝宝在这里经孵化培育10个月，然后被放归自然。游客在特定的几个星期内，可以参加放归仪式，一般是在9月以及5月或6月。可登录网站查询具体时间。

要前往三波，可沿着Kampi公路向北到

Sandan，然后左转沿着公路再走10公里就可到达，全程约35公里。

川龙（Chhlong） ឆ្លូង

川龙是一座令人昏昏欲睡的河畔城镇，位于桔井以南31公里处。主要景点是老省长宅邸，这座豪华宅邸就位于河畔，是一座黄白相间的法国殖民时期建筑，曾经被改造成高端精品酒店，现在处于停业改造阶段。建筑爱好者可能会对**百柱房**（House of a Hundred Pillars，1884年）感兴趣，它位于Le Relais以北约500米处。据房子的主人介绍说，红色高棉时期许多柱子都被拆掉了，现在只剩下56根。河畔还有更多破败的法国殖民时期建筑。

如果你自己驾车，去川龙逛逛还是值得的，但如果是从桔井专程前往，似乎意义不大。自行车迷会爱上桔井和川龙之间的老河滨路，沿途会经过一些传统的占族村落。

上丁省（STUNG TRENG PROVINCE）

上丁省（ខេត្តស្ទឹងត្រែង）是腊塔纳基里省和桔井省这两个受欢迎的目的地之间的经停点。上丁新建的跨湄公河大桥是西向到达柏威夏市的新公路的一部分，使占巴塞（Champasak，老挝南部）到暹粒的路程缩短4小时——而这本来是东南亚背包客行程中的主要路线。对于上丁来说，不幸的是，去其他地方比到这里还要容易得多。

上丁的旅游开发潜力很大，将从交通改善带来的人流中获得巨大益处。这里的主要景点都在与老挝的交界处，你可以划着皮划艇观赏一群群伊洛瓦底江豚，接着沿湄公河上散布着水下森林的美丽河道继续向下。向北深入，轰鸣的激流从老挝交界处瀑布般泻下——景象十分壮观，那是孔恩瀑布（Khone Falls）的延伸。向东深入，铁杆的旅行者可以从偏远的暹邦（Siem Pang）进入维拉差国家公园（Virachey National Park）。

Stung Treng
上丁

上丁（Stung Treng） ស្ទឹងត្រែង

☎074 / 人口3.5万

上丁位于Tonlé San河与湄公河交汇处，是一个平淡而安静的小城，但也是一个交通集散地，人们来这里往北去老挝，往南去桔井，往东去腊塔纳基里，往西去暹粒。一些当地人称Tonlé San河为“Tonlé Kong”，因为它在城市以东10公里处与Tonlé Kong河（在老挝被叫作Sekong河）汇合。城中心以北有一座大桥跨越San河，它向北通往老挝。

景点和活动

可从上丁去老挝边境附近观江豚、划皮划艇，这些项目均可在一日内往返。

塔拉博拉维 寺庙

（ថាឡាបរិវ៉ាត់，Thala Boravit）通过上丁的新湄公河大桥就可以抵达这座破旧的寺庙。对于一般的旅行者来说实在没什么可看的，但痴迷于寺庙的旅行者可能会来看看。塔拉

Stung Treng 上丁

住宿

1 Golden River Hotel B1
2 Riverside Guesthouse B1

就餐

3 Dara Canteen B1
4 Ponika's Palace B1

实用信息

Riverside Guesthouse .... (见2)

湄公河发现之路（THE MEKONG DISCOVERY TRAIL）

在桔井停留几天还是非常值得的，你可以骑着自行车四处转转，或参加**湄公河发现之路**（Mekong Discovery Trail；www.mekongdiscoverytrail.com）组织的各种活动。湄公河发现之路主张在湄公河的上丁和桔井流域开展社区生态旅游。该项目曾经是由政府组织的，有外国发展援助，现在由私营旅游公司——主要是上丁的Xplore-Asia（见293页）和桔井的CRD Tours（见287页）——经营得生机勃勃。

这个项目应该得到支持，因为它能为渔民提供替代性收入，有助于保护伊洛瓦底江豚和这一河段的其他稀有物种。

该项目处有一本很棒的宣传册，列出了桔井和上丁周边的游玩线路和地图，但很难拿到，可以询问运营者能否拍照。游玩线路通常可以骑自行车或摩托车，长短从几小时到几天，晚上还可以选择村子里的家庭寄宿。交错于湄公河的线路上有渡轮频繁穿梭于几个小岛之间，包括空登岛（见290页）。

博拉维是真腊时期的一个重要的贸易城，它位于河畔，将古城占巴塞和圣庙Wat Phu与古城三波坡雷古（Isanapura）和吴哥保苓相连。相对于过去的辉煌，今天的塔拉博拉维不值得专程游览。

Mekong Blue 丝绸

（មេគង្គប្លូ；☎012 622096；www.mekongblue.com；⊙周一至周六7:30~11:30和14:00~17:00）Mekong Blue位于上丁郊区，是一个丝织中心，隶属于上丁女性发展中心（Stung Treng Women's Development Centre），专门织造精美的丝绸制品，供国内销售和出口。在这个中心你有机会看到染工和织工们工作的场景，他们多数都是穷人或残疾人。该中心位于市中心以东大约4公里处，在桥底下的河滨路上。中心有一个小陈列室，出售各种丝绸制品。附近还有一个咖啡馆，但只提供冷饮，除非你提前订餐。

住宿

Le Tonlé Tourism Training Centre 客栈 $

（☎074 973638；www.letonle.org；标单US$6~10，双US$8~12；）位于河边一个阴凉的地方，在港口以西大约500米处。这家小客栈也是一个培训中心，给贫困的当地人提供旅游业入门指导。四间客房简单但布置得很有品位，共用一个干净的浴室，还有一个让人十分惬意的阳台，可以提前预订美味餐点。

Riverside Guesthouse 客栈 $

（☎012 257257；kimtysou@gmail.com；房间US$5~8；@）这里可俯瞰河边地区，长期以来一直是游客的据点。房间简单，价格便宜。此处提供详细的旅游信息，楼下还有一个受欢迎的酒吧兼餐厅。

Mekong Bird Lodg 平房 $

（☎012 796699；www.mekongbirdeco-lodge.com；标单/双/标双US$13/15/18）自称是环保客栈，坐落在城市北面，可俯瞰湄公河一段平静的水面。这里有一个植物丰茂的热带花园，但还是非常具有乡村风情。结实的木头平房很宽敞，还有适合观赏日落的阳台，只是除了床没有什么其他家具。需要蚊帐。要到达这里，得从Tonlé San大桥以北4公里的标志处左拐，再向前走1.5公里。

Golden River Hotel 酒店 $$

（☎074 690 0029；www.goldenriverhotel.com；房间US$15~35；@）算是整个城里条件最好的酒店，50间设施齐全的客房配备供应热水的浴室，还有冰箱和电视。前面的河景房价格稍高。

就餐

在渡轮码头以西的河滨路上有几家街边小摊出售凉啤酒和汤面，一直营业到深夜。

Ponika's Palace 各国风味 $

（主菜US$2~5；⊙6:00~22:00）想从老挝

式的laab（一种鸡肉、猪肉和鱼肉做成的辣味沙拉）中走出来换换口味吗？这里除了经营印度食品和美味的柬埔寨咖喱饭菜之外，还有汉堡、比萨和英式早餐。友善的老板Ponika能讲英语，店内有解渴的冰啤酒出售。

Dara Canteen

各国风味 $

（主菜US$2~5；⏲7:00~21:00）这里是法国游客的好去处，有健康的法棍面包和售价US$5的菲力牛排，物超所值，店主会讲法语。

ℹ 实用信息

加华银行（Canadia Bank；⏲周一至周五8:30~15:30，自动柜员机24小时）有一个能取各种外币的自动柜员机。

Rany Neh Internet（每小时4000r；⏲7:00~20:00）能上网。

Riverside Guesthouse（☎012 257257；kimtysou@gmail.com）专门针对来往老挝、暹粒和其他地方的游客。也组织乘船游，可途经江豚栖息地前往老挝边境（2/4人US$100/120）。导游能说英语，提供骑摩托车省内游。

旅游信息中心（Tourist Information Centre；☎074 210001；⏲8:00~11:00和14:00~19:00）位置不太便利，靠近Tonlé San大桥，很少开放。

Xplore-Asia（☎011 433836，074 973456；www.xplore-cambodia.com）分发少量的宣传册，提供旅游建议。为游客量身定制沿湄公河发现之路（见292页）的一日游或多日游，活动涵盖骑行和划船，包括划皮划艇观江豚。出租皮划艇（每天US$10）、摩托车（每天US$10）和结实的Trek山地车（每天US$5）。

ℹ 到达和离开

如今NH7向北通往老挝边境的路段路况很好，但向南通往桔井的就不一样了。

4:00去客栈接客的快速小巴可以最快到达金边（US$10~13，8小时）。可在Riverside Guesthouse预订。

Phnom Penh Sorya（☎092 181805）有6:30的车至金边（US$10，9小时），途经桔井（US$5，3小时）和磅湛（US$8，6小时）。Sorya从老挝到金边的长途汽车大约11:30会途经上丁。此外，当地去桔井的小巴14:00前从市场区域定点发车。

去老挝：上丁到东德岛（DON DET）

到达边境 偏远的Trapeang Kriel-Nong Nok Khiene边境口岸（⏲6:00~18:00）位于上丁以北60公里处，是中南半岛陆路圈热门的过境站。在过往的很多年里，曾有一个单独的河上过境站，但是已经不再开放了。Phnom Penh Sorya与总部设在老挝巴色的运营商Sengchalean合作，经营的长途汽车可从金边直接开往巴色2Km Bus Station（US$27，12~14小时）。这趟车6:45从金边出发，在磅湛（约9:30）、桔井（约11:30）或上丁（约15:00）也可能搭上。另一边的车7:30从巴色出发。也可以从暹粒去老挝，在Soung换一次车。剩下最后一个去边境的办法就是从上丁搭乘私家出租车（US$35~40）或摩的（约US$15）。

在边境 老挝和柬埔寨都可以办落地签。要进入老挝境内，根据国籍需要支付US$35~42办理签证，出入境外加US$2的费用（根据通关时间，称为"逾时费"或"处理费"）。

要进入柬埔寨，签证费用会从一般的US$20增加到US$25。多收的US$5被称作"喝茶钱"，因为这些边防战士一直要驻守在这样偏远的地方。此外，柬埔寨对于入境人士还要征收US$1草草了事的入境检验检疫费用，出境要征收US$2的手续费。如果你抗议的话，可能会免收这些费用，不过，抗议时间不要太长，否则你的汽车可能会离你而去。汽车公司也想分一杯羹，因此会加收US$1~2帮你和边防警卫处理有关文件。要避免这笔费用，必须坚持自己处理文件和入境。

继续前进 除了Sorya汽车公司之外，边境的另一侧实际上没有任何公共交通工具。如果你被丢在边境，可以支付150,000kip或50,000kip（US$12或US$4）搭乘出租车或sǎhm-lór向北到达Ban Nakasang（前往东德岛）。

有一班舒适的旅游客车可至班隆（US$6，2小时，8:00），此外还有拥挤的当地小巴早班车从市场出发（US$5，3小时）。

从西边的塔拉博拉维途经Chhep到柏威夏的新公路路况良好。**Asia Van Transfer**（☎在暹粒063 963853；www.asiavantransfer.com）有快速小巴在每天14:00去暹粒（US$23，5小时），小巴会在柏威夏市停靠（US$12，3小时）。

Riverside Guesthouse出租摩托车（US$5起），Riverside和Ponika's Palace都有自行车出租（US$1~2）。

上丁周边

除了柏朗科（Preah Rumkel）家庭寄宿项目外，这里也有其他一些值得关注的社区旅游组织者，包括上丁以南28公里处**奥卢赛堪达**（O' Russey Kandal）和15公里处**Koh Preah**的家庭寄宿。两地都有很多团队游项目，也有志愿服务的机会。

联系上丁的**Mlup Baitong**（ម្លប់បៃតង；☎012 899471；www.mlup-baitong.org）可咨询奥卢赛堪达的信息，桔井的CRD Tours（见287页）则有Koh Preah的信息。Xplore-Asia（见293页）也可以帮助组织基于家庭寄宿的线路游。

柏朗科（Preah Rumkel） ព្រះរំកិល

这个小村庄由于靠近老挝边境的Anlong Cheuteal（伊洛瓦底江豚活动的地方），正在成为生态旅游的热点。拥有列入拉姆萨尔国际重要湿地名录（Ramsar List of Wetlands of International Importance；www.ramsar.org）中的湿地、许多岛屿、品种丰富的鸟类、从老挝方向倾泻而下的多处激流和瀑布，可以说这里是湄公河流域最原始、景色最美的河段之一。

从柏朗科河岸上很容易看到**Anlong Chuteal**湖（在老挝被称作Boong Pa Gooang）中6只江豚嬉戏的情景，如果想多待一天，这里也有一个很棒的基于社区的**家庭寄宿**（☎011 899891；mlup@online.com.kh；每人US$3，每餐另收US$3）项目。观看江豚每人费用为US$2。

柏朗科周边的短途旅游项目有到附近的山中远足，以及乘船或徒步观赏从老挝倾泻而下的**湄公河激流**。这些湍急的水流是自然力量的惊人展示，雨季时尤甚。

你可以在O' Svay或靠近老挝边境的Anglong Morakot租一条长尾船游览，去Anlong Cheuteal观看江豚。到柏朗科和江豚聚集处返回，船价可还价到US$25。如果想继续向急流上游行驶，加收US$10。Anlong Morakot距离边境只有4公里，所以从老挝来的游客乘坐摩的（约US$2）10分钟就能到达此地。一定要安排好接着到达上丁的交通工具——可以在边境处安排好或者事先在上丁通过Xplore-Asia（见293页）或Riverside Guesthouse（见292页）代为安排。这些公司可以预先帮你准备摩的和船只从边境到达柏朗科，出租车从此地到达上丁费用约US$45。

更好的选择是通过Xplore-Asia（见293页）来安排。你可以乘皮划艇观看江豚，然后向下划到达O' Svay，或者穿过鸟类丰富的水下森林一路到达上丁。在O' Svay以南划皮划艇一整天费用为每人US$65，每人加收US$20就可以包括乘船向上游到达江豚聚集处和湄公河激流。

暹邦（Siem Pang） សៀមប៉ាង

☎074 / 人口5000

暹邦沿Tonlé San（Tonlé Kong）河延伸约6公里，是一座比较繁华的城镇，也是体验乡村生活或在偏远的河畔城镇休闲放松的好地方。

暹邦是通往维拉差国家公园（Virachey National Park；见303页）的西部门户，以丰富的野生动物著称。罕见的大朱鹭和白肩黑鹮都栖息在这附近。你可以准备一个公园通行证（最好提前准备），通过Theany Guesthouse找一个导游。

Bird Life International（☎097 974 5966，金边023 993631；www.birdlife.org）管理着一个兀鹰饲养站，吸引了在柬埔寨发现的濒临灭绝的3种兀鹰。建立兀鹰饲养站的目的是研究，而不是让人参观，但是如果你赶上每月两次的喂食（要杀死一头水牛或奶牛，并将尸体放在观察点附近），你也许有机会看到兀鹰。或者你也可以花US$300去安排一次私人喂食。

渡轮搭载乘客（1000r）和摩托车

(2500r)过河，从这里到腊塔纳基里省文塞(Veun Sai；见301页)之间的小路景色优美。

Theany Guesthouse (☎077 257773；房间US$7.50~10)提供单程摩托车租赁服务(US$70，包括摩托车返回暹邦的费用)，此外，在一座传统的木屋中还有简单的客房。楼上的房间更便宜，但是游廊上有舒适的微风。

一般早上会有上丁至暹邦的小客车(US$5，2.5小时)，下午有时候也会有。从上丁沿NH7向北行驶50公里，右转，沿一条未铺装的路继续行驶52公里即达。现在Tonlé San河上已经没有抵离上丁的公共船只。

腊塔纳基里省(RATANAKIRI PROVINCE)

腊塔纳基里省(ខេត្តរតនគិរី)以其迷人的自然风光和多姿多彩的少数民族而著称。贾雷人(Jarai)、通庞族(Tompuon)、Brau、Kavet和Kreung都是北高棉人，他们有自己的语言、传统和习俗。该省还有大量的老族人，在一些村庄里，你能听到多种语言。

在腊塔纳基里省你可以参加各种令人兴奋的活动：在清澈的火山湖里游泳，在瀑布下冲凉，或去广袤的维拉差国家公园徒步。即便遭受低地精英声势浩大的掠夺，旅游业也仍然飞速发展。腊塔纳基里省处于土地战役的前沿，集体所有制的传统使得刀耕火种的少数民族受到了挫败。森林正以惊人的速度消失，取而代之的是橡胶园和腰果农场。希望有人能够在一切消失之前觉醒。

宝石开采是腊塔纳基里省的一大产业，因此它被称为"宝石山"也就不足为奇了。该省的部分地区有高品质的锆石矿和其他半宝石。不要试图捡便宜，因为宝石骗局的历史就像这里的山脉一样年代久远。

腊塔纳基里省的公路并不像它的景色那样迷人。在旱季要做好与"腊塔纳基里红土"做斗争的准备，它会让你的皮肤变成橘色，头发变成姜黄色。一到雨季，公路看上去就像是木瓜奶昔。11月是旅游的理想季节，既没有雨水，也没有尘土。

班隆(Ban Lung) បានលុង

☎075 / 人口4万

班隆因其铁锈色的尘土而被人们亲切地称为"dey krahorm(红土)"，这里是前往腊塔纳基里省各景点的大本营。

真正的长臂猿体验

湄公河地区的许多团队游都打着"长臂猿"的旗号，但其实不一定能看到。在腊塔纳基里，你可以实地观察在自然栖息地生活的长臂猿。

Veun Sai Gibbon Ecotours (☎097 752 9960；veunsaicbet@gmail.com)由保护国际(Conservation International，简称CI；www.conservation.org)设立，是一个社区生态旅游项目(CBET)，地点位于文塞-暹邦保护区(Veun Sai-Siem Pang Conservation Area，简称VSSPCA)，就在文塞北部的维拉差国家公园外。至少应该在丛林中住宿一晚，睡吊床或住在社区的家庭寄宿中，天不亮就起床去观察半栖居在北部的金颊长臂猿。这一物种2010年才被发现，文塞的数量据说最多，大约有500只。聆听它们黎明时分在丛林中回荡的叫声，观察它们在林冠摆荡的情景，这会是一段令人难忘的记忆。参加这些团队游还有机会体验茂密的丛林、辽阔的草原、河流和瀑布，还可以参观Kavet和老族的村落。

CI享有在长臂猿栖息地附近村庄安排团队游的独家权利。观察长臂猿的时间从11月初至次年6月中旬，其余时间气候太过潮湿，团队每次仅限6人。费用每人1夜/2天为US$100~200，根据团队规模和公司而有所区别。费用包括VSSPCA门票、导游费、家庭寄宿和露营费、全餐。班隆的大多数公司都可以代表CI安排旅途。对于观察长臂猿的具体信息可咨询CBET。CBET费用作为对砍伐森林的补偿，所以以这种方式对野生动物保护和社区发展做些积极的贡献是非常值得的。

Ban Lung 班隆

Ban Lung 班隆

活动、课程和团队游

1 Dutch Co Trekking Cambodia............C3
2 Highland Tours............C3
3 Parrot Tours............C3

住宿

4 Backpacker Pad............B2
5 Banlung Balcony............B2
6 Flashpacker Pad............B2
7 Lakeside Chheng Lok Hotel............A2
8 Ratanak Sombath Hotel............C2
9 Terres Rouges Lodge............B1
10 Thy Ath Lodge............A2
11 Tree Top Ecolodge............C4

就餐

12 Cafe Alee............C4
13 Coconut Shake Restaurant............B1
14 Everest............C3
15 Green Carrot............C3
16 Pteas Bay Khmer............A2
17 Rith Any Banh Chav............C2
18 Sal's Restaurant & Bar............A4
19 Taman............C4

城镇很热闹，缺少蒙多基里省的森莫诺隆那样的闭塞之美，但波伊龙等景点就在附近，所以也就没有什么可抱怨的了。周围村庄的许多少数民族居民都到班隆的市场里做买卖。

景点和活动

市中心没有真正的景点，最具吸引力的是波伊龙（Boeng Yeak Lom），而在班隆周边的多日徒步游也越来越受欢迎。在Ka

Tieng瀑布附近可以骑大象，但是出于对动物康乐的考虑（见285页），不建议你这样做。如果想和大象亲密接触，你可以在蒙多基里和象群一起散步（见307页）。

波伊龙 湖泊

（បឹងយក្សឡោម，Boeng Yeak Lom；门票US$1）在伊龙（Yeak Lom）保护区的中心有一座美丽的火山口湖，蓝色的湖水映衬着翠绿的丛林，美不胜收。这里是柬埔寨最宁静的地方之一，湖水极为清澈。湖的周围散落着几个木码头，特别适合游泳。一个小型文化和环境中心（Cultural & Environmental Centre）提供少量关于该省少数民族信息的展览，并可出租儿童救生衣。

据说这个湖泊形成于70万年前，有些人认为湖泊的圆形近乎完美，一定是流星冲撞地球的结果。长期以来，当地少数民族一直将伊龙视为圣地，传说有神秘的生物栖息在湖里，当心被神秘生物带入水中。

当地的通庞族对波伊龙拥有25年的租约，将一直管理该湖到2021年，在此期间的门票收入用于提升附近村庄的生活质量。但由当地政客支持的开发商一直想开发湖边圣山的土地。只希望他们能停留在河湾处，这样波伊龙的纯朴风貌就能得到保存，因为这在柬埔寨非常稀有。

要到达波伊龙，可从班隆的中心环岛出发。沿通往越南的公路向东行驶3公里，在少数民族雕像处右转前行约2公里。乘坐摩的往返需要US$4~5（如果要求司机等你的话还要加收费用），乘坐三轮摩的往返收费一直高达US$10。从班隆步行前往湖泊大约需要1小时。

瀑布群 瀑布

（每个瀑布景点门票2000r）在班隆以西的腰果林和香蕉种植园中有3座瀑布值得游览：**查翁（Chaa Ong）**、**卡田（Ka Tieng）**和**琴查恩（Kinchaan）**。从城里出发乘坐摩的时间都在20分钟以内，旅行公司一般会安排半天到一天的时间游览3座瀑布。到达全部3座瀑布的岔路口位于新汽车站以西200米处，就在Lina加油站外。有路标但很不显眼。

3座中最壮观也是落差最大的是25米高的查翁，因为位于丛林峡谷之中，你可以爬到瀑布后面或者到瀑布下方探险，来一次痛快的淋浴。不过，这里1月至5月会干涸。卡田是最具欣赏性的，因为它从一块岩石上奔流而下，你可以一路爬到背后去。远处有一些结实的藤蔓，足够跳上去像人猿泰山一样摆荡。琴查恩瀑布冲击着丛林植物，景色给人深刻印象，并且那里有一些水潭，可以游泳。

去查翁的岔路口在NH19右侧（北），从公路处再沿着一条土路走5.5公里就到。去卡田和琴查恩的岔路口在NH19左侧，沿着道路前进5.5公里到达一处分岔路。左转200米就是琴查恩，右转2.5公里可到达卡田。

3座瀑布全年都可到达，但是雨季时自驾摩托车最好三思，因为通往瀑布的红黏土路在雨天非常湿滑，你多半会翻在那里。摩的（往返一座瀑布US$6，3座US$10）和三轮摩的（1/3座瀑布US$10/20）可以将你安全送达。

☞ 团队游

需要过夜的徒步团队游很流行，夜间可以宿营，也可以住在文塞或塔翁（Ta Veng）以北的少数民族村落中。日间团队游一般是瀑布、波伊龙湖、骑象、少数民族村落、宝石矿和丛林徒步组合的一些项目。如果是夫妇每人每天收费US$45至US$50（参加大一点的团队费用会稍低）。

记住维拉差国家公园徒步是由维拉差国家公园生态旅游信息中心（Virachey National Park Eco-Tourism Information Center；见300页）独家经营的。私人旅行团也组织多日的徒步游，但最远只能到公园的防护带。公园外的森林已经所剩无几了，所以要注意别被带着兜圈子——从字面上理解就是不要围着同一小片森林转圈。虽然不能进入公园，但是私营旅行社也可以设计创意徒步游，进入少数民族村寨和省境周边风景优美的地区。

城里有些客栈——Backpacker Pad（Backpacker Banlung Tours）、Tree Top Ecolodge（Smiling Tours）、Terres Rouges（能提供法语导游服务）和Yaklom Hill Lodge——都长于组织团队游，以下是一些专业的旅游公司。

负责任地徒步游览腊塔纳基里

如今在腊塔纳基里森林中过夜的徒步游非常流行。热爱流浪的人们最多可花8天的时间前往维拉差国家公园及周边探险，体验柬埔寨国内最后的原始森林，晚上睡在仿制的美军吊床上。

如有可能，我们推荐选择当地导游组织的徒步游和其他的班隆周边游项目。他们会说当地方言，能够取得高棉导游无法进入的墓地的入内许可。虽然也有一些导游例外（见297页“团队游”），但遗憾的是，当地导游的英文水平大都不高。如果你需要一位能讲流利英语的导游，我们建议，在预算允许的情况下，聘请一位讲英语的高棉导游和一位少数民族导游。

波伊龙有个组织松散的通庞族导游协会。他们可以提供游览波伊龙周边几个通庞族村庄的专有团队游项目（他们没有电话，也没有电子邮箱，所以只能碰运气）。你可以在现场观看当地人织布和编篮子，了解万物有灵论的传统，还能品尝当地传统美食——竹筒蒸鱼、新鲜蔬菜、少数民族米饭，当然还有米酒。

在私营旅游公司中，只有Yaklom Hill Lodge（见297页）雇了一位全职原住民（通庞族）导游，不过你需要指定由他带团。维拉差国家公园也雇了一些原住民导游，并雇了少数民族搬运工，同时书中列出的团队游公司都可以按要求聘请当地导游。

Highland Tours 团队游

（☎097 658 3841；highland.tour@yahoo.com）Kimi和Horng是一对夫妻，两人毕业于上丁的Le Tonlé Tourism Training Centre（见292页），之后就搬到高原来经营各种团队游项目，比如乐享一日游，或者先骑自行车从Itub村庄（文塞西北）到暹邦，接着乘船到上丁的多日游。Horng是腊塔纳基里唯一一位女导游。

Khieng 团队游

（☎097 923 0923；khamphaykhieng@yahoo.com）戴眼镜的Khieng是一位本地通庞族导游，经营有龙发（Lumphat）周边的1~2夜丛林游，丛林保护得很好，这条线路独一无二，夜间在少数民族村落过夜。他收费很便宜，似乎由衷地希望看到金钱流入通庞族社区和导游手中，所以可以多给他些小费。他还有一份令人赞叹的腊塔纳基里省手绘地图。在波伊龙周边经常可以找到Khieng。

Dutch Co Trekking Cambodia 团队游

（☎097 679 2714；www.trekkingcambodia.com）省内最富经验的徒步游经营机构之一，经营者是一位友好的荷兰人。经营有文塞北部Kavet族村落和社区森林4~5日徒步游，Kalai（文塞南部）周边1~2日游，还有其余一些项目。

Parrot Tours 团队游

（☎012 764714；www.jungletrek.blogspot.com）Sitha Nan是一位接受过国家公园培训的导游，当地游经验丰富。Parrot Tours还经营多个在Itub北部有长臂猿的森林中过夜的徒步游项目。

住宿

市场附近还有大量普通高层酒店，但是不值得浪费笔墨。

★ Tree Top Ecolodge 平房 $

（☎012 490333；www.treetop-ecolodge.com；双US$7，小屋带冷/热水US$12/15；📶）这是在柬埔寨“狂野东部”的最佳住宿选择，可以在此感受多样氛围。“Mr T”的这家旅馆粗糙的走道通向宽敞的平房，房间配有蚊帐，屋顶覆盖着茅草，游廊上有吊床，能够看到翠绿的山谷。和平房一样，餐馆也是木头结构，悬在一个葱翠的深谷上方。这里提供很多最新的旅行信息，特别是前往老挝的。

Banlung Balcony 客栈 $

（☎097 809 7036；www.balconyguesthouse.net；Boeng Kansaign；双US$4~7；@📶）这家店是班隆的廉价旅馆中条件最好的。客房都很简单，但屋顶很高，铺设的是木地板，还有巨大的公用阳台。餐厅兼酒吧有美味的食物，还有一个台球桌（不过比起标准的台球桌来，这个有点儿不好掌控）。

Backpacker Pad 青年旅舍 $

（☎088 944 1616；banlungbackpackerpad@yahoo.com；铺US$2，双不带/带浴室US$4/5；📶）备受欢迎的Backpacker Pad是城里最便宜的选择了，小房间或公共宿舍都是最低价。门前屋外有一个舒适的公共区域很容易遇见其他旅游者。店主Sophat信息灵通，还拥有一家同名旅游公司。

Flashpacker Pad 酒店 $

（☎093 785259；flashpackerpad@gmail.com；Boeng Kansaign；房间带风扇/空调US$7/9起；❄📶）由字面意思就可以理解，这是一家由Backpacker Pad经营的背包客公寓。房间气息典雅，有平板电视，白床罩上铺有本地纺织的床旗。找一个看得见风景的房间，可以看到早晨湖面上的雾色。在这里可以获取各种团队游和交通信息。物超所值。

Lakeside Chheng Lok Hotel 酒店 $

（☎012 957422；lakeside.chhenglokhotel@gmail.com；Boeng Kansaign；房间带风扇/空调US$5/15起；❄@📶🏊）这家酒店规模一直在不断扩大，近年来已经增设了一个游泳池、一幢巨大的副楼和姐妹酒店。这里选择很多，有宽阔但条件一般的空调房，也有极其简单的风扇房。

Thy Ath Lodge 酒店 $

（☎017 386396；thy.ath.lodge@gmail.com；Boeng Kansaign；房间US$15~25）这家湖边酒店由一个好客家庭经营打理，使得宾客就像在自己家里一样。房间宽敞通风，可以选择庭前的套间小屋，只需要US$25。

Yaklom Hill Lodge 度假屋 $

（☎011 725881；www.yaklom.com；标单/双/标三US$10/15/20）🍃腊塔纳基里唯一一家名副其实的生态旅馆，由通庞族人运营，位于班隆中心环岛以东5公里处，坐落在波伊龙附近一片茂密的森林里。此处对那些喜欢自然的人很有吸引力。全木质的平房氛围良好但有点儿显旧，而且可能会受潮。18:00~21:00，有一台发电机能够供应热水淋浴和电灯照明。有徒步线路可达湖区和周边。房费只在淡季包括早餐。

Ratanak Sombath Hotel 酒店 $$

（☎075 655 5556；ratanaksombathhotel@gmail.com；房间US$15~35；🏊）属于城里一家新近建立的高层酒店，绝对超值，房间宽敞，设施齐全，有迷你酒吧和保险箱。甚至还有一个游泳池，周末吸引了大量当地居民。

★ **Terres Rouges Lodge** 精品酒店 $$

（☎075 974051；www.ratanakiri-lodge.com；Boeng Kansaign；标单/双 含早餐US$46/52，套US$86~92；❄@📶🏊）尽管竞争加剧，这里依然是柬埔寨省城中最有气氛的住处。风扇标间是漂亮的殖民地时期风格，装饰有美丽的柬埔寨家具、部落工艺品，还有一条很长的公用游廊。套房坐落在美丽的花园中，开放式的浴室特别棒，是巴厘岛风格的宽敞平房。

如果你带孩子前来或是想在班隆寻求较舒适的住处的话，那么这里就是你的不二选择。

Ratanak Resort 精品酒店 $$

（☎092 244114；www.ratanakresort.com；房间US$39~100；🏊）坐落在城外几公里伊龙湖（Yeak Lom Lake）附近的一处陡坡上，这家酒店特别时髦，全木质的度假酒店，住处是高端别墅。房间有四帷柱床和波浪形窗帘，以及为爱好整洁的房客准备的用品，如浴袍和吹风机。这里有一个小小的无边际游泳池，对未入住酒店的人收取US$5。

餐饮

在客栈中，Terres Rouge的菜单最丰富，Treetop和Banlung Balcony也值得信赖。要想与当地人接触，就在日落时分前往Coconut Shake Restaurant附近的湖滨地带，选一张席子落座，在湖边简陋的小屋里点便宜啤酒和小吃。

夜猫子没有太多选择。Banlung Balcony的酒吧不错，有时会挤满背包客，Backpacker Pad同样如此。

★ **Green Carrot** 各国风味 $

（US$2~6；⏰7:00~22:00；📶）这家餐厅

虽然狭小，但是菜品丰富得让人惊喜，供应健康沙拉、三明治、卷饼以及各种柬埔寨风味美食。甚至还有超值的汉堡和物美价廉的比萨。18:00~20:00是“欢乐时光”，鸡尾酒打折，买一送一。

Cafe Alee 各国风味 $

（主菜US$1.5~5.5；7:00至最后一位顾客离场；）这家餐馆的菜单在城里算是比较有趣的，包括分量十足的一些素食，还有丰盛的意式宽面和品种多样的柬埔寨美食（不过当地很多餐馆都有的味精在这里找不到）。这家餐馆还为徒步旅行者供应丰盛的早餐。

Sal's Restaurant & Bar 各国风味 $

（主菜US$1.75~5；5:00~22:00）这家热情的餐厅兼酒吧深受班隆小侨民群体的欢迎，他们在这里能够吃到地道的家乡菜，包括印度咖喱饭菜、辛辣的墨西哥风味和美味汉堡。所有菜肴都是现准备的，所以如果你不想等太长时间的话，最好提前预订。

Taman 柬埔寨菜 $

（菜肴6000~12,000r；6:00~20:00；）当地人络绎不绝地涌入这家餐厅，来品尝健康的柬埔寨和中式早餐，包括热气腾腾的汤面，保管你吃完了有足够的能量去森林徒步。餐厅位于市场东面的一个街区。

Everest 印度菜 $

（主菜US$3~4；7:00~23:00；）这是班隆，不是布里克巷，但是这里有丰富的印度美食。吃腻了腊塔纳基里省别处菜单上随处可见的柬埔寨菜、汉堡包和意大利面之后，这里让你多了一种新选择。

Coconut Shake Restaurant 柬埔寨菜 $

（Boeng Kansaign；主菜6000~16,000r；7:00~21:00）这里有东北部最好的椰子奶昔，只要4000r就可以在这里享受湖景、品尝美食。如果你感觉需要主食的话，这里还有炒面条和其他高棉菜。

Rith Any Banh Chav 柬埔寨菜 $

（菜肴US$1；14:00~19:00）店主的特色菜是banh chav——用薄蛋饼卷起肉、小虾、芽菜、其他素菜和调味料，裹在一片生菜中蘸有滋有味的甜辣酱吃。

Pteas Bay Khmer 各国风味 $$

（Boeng Kansaign；菜肴US$4~15）这家木屋餐厅所在的环境令人印象深刻，就在Boeng Kansaign的岸边，无论白天还是夜里都适合驻足。菜单上有一些经典的柬埔寨菜肴、手工意面和一些精选肉类。

实用信息

旅行者们会发现他们的客栈或旅游公司都能提供最有用的当地信息。

加华银行（Canadia Bank；周一至周五8:30~15:30，自动柜员机24小时）提供全方位服务的银行，有自动柜员机，可取国际货币。

Srey Mom Internet（每小时4000r；6:30~22:00）可上网，有风扇。

维拉差国家公园生态旅游信息中心（Virachey National Park Eco-Tourism Information Centre；075 974013，097 896 4995；virachey@camintel.com；8:00至正午和14:00~17:00）这里就是组

去越南：班隆至波来古（PLEIKU）

到达边境 O'Yadaw-Le Thanh边境口岸（7:00~17:00）2008年才对游客开放，沿着平坦的NH19从班隆向东走70公里即到。班隆的客栈有广告称有一趟6:30的客车可至越南波来古（Pleiku；US$8起，3小时），中途要在边境换一次车。他们可以到你入住的客栈接你，虽然需要额外花费，但比自己单独买票更方便。此外，还可以乘坐当地的小巴从班隆新车站出发到O'Yadaw，接着乘坐摩的继续走25公里到达边境。

在边境 手续很简单，不用排队，只要有越南签证即可，边境不办理签证。

继续前进 过了越南国界之后，道路就很平坦了，等待在此的摩的可将你带去Duc Co（20公里），那里有去波来古、归仁（Quy Nhon）和会安（Hoi An）的长途汽车。

织去维拉差国家公园徒步的地点。

到达和离开

班隆在金边东北510公里，位于O Poang Moan（上丁以南19公里处的枢纽城镇）以东129公里处。班隆和O Poang Moan之间的NH19公路平坦、空阔、全柏油路面，但是要尽早出发，因为下午很少有从班隆出发的公共汽车。

一个大型汽车站位于城镇西郊，班隆主环岛以西2.5公里处。客栈和旅行公司可以安排往返城里的车，更为方便。

Phnom Penh Sorya（☎077 880062；www.ppsoryatransport.com）、Rith Mony和Thong Ly都有早班车可到金边（US$9~10，11小时），途经桔井和磅湛，相对于快速小型汽车来说要显得慢一些。也有人便宜卖开往暹粒或巴色（Pakse；老挝）的长途车票，但事实上非常麻烦，你会被迫在磅湛或上丁换车，要等很长时间。

快速直达客车可到客栈接人前往金边（US$15，8小时，6:00和13:00）和上丁（US$7，2小时，约8:00）。你可以通过客栈安排乘车。如果你来自金边方向，可以致电Backpacker Pad、Tree Top Ecolodge安排搭乘快速客车。

每天有小型汽车往南去到蒙多基里的森莫诺隆（US$8，2小时，8:00）。清晨，有许多较慢的当地小巴去往金边（50,000r，10小时）、上丁（20,000r，3小时）和O'Yadaw（12,000r，1.5小时），全天都有车去往龙发（10,000r，1小时）和桔井（25,000r，4小时）。从O'Yadaw你可以过境前往越南。

开往腊塔纳基里更加偏远乡村的皮卡车从市场旁边的**出租车停车场**出发。很少有合乘出租车出班隆。

腊塔纳基里机场的商务航班已经关闭多年。

当地交通

城里的多数客栈都出租自行车（US$1~3）、摩托车（US$5~7）、汽车（US$30起）和四轮摩托车（US$50起）。

Cheng Heng（☎088 851 6104；⏲6:00~20:00）有250cc的山地摩托车出租（US$25），此外还有大量保养良好的小摩托车（US$6~8）。

摩的司机在市场周边出没，有些还能兼做导游。好的英文司机兼向导每天收费US$15~20。摩的去伊龙（Yeak Lom）往返US$4~5；至文塞往返US$15；到任意一座瀑布往返约US$6。

三轮摩的终于也进入了班隆，但数量不多，而且按照柬埔寨标准来看很贵——大概是摩的价格的两倍。

班隆周边

文塞（Veun Sai） វើនសៃ

☎075 / 人口3000

位于Tonlé San河岸边的文塞有许多华裔、老族和chunchiet族（少数民族）村庄。最初，该城坐落于河的北岸，人们称其为“Virachey（维拉差）”，但目前主要的人口定居点位于河的南岸。在南岸乘坐小型渡轮（不带/带摩托车500/3000r）过河，然后向西走上几公里，穿过一个高棉村庄、一个老族社区以及一小块chunchiet族领地之后，一个富裕的中国村落便会渐渐出现在你眼前，这里有高大的木屋，居民目前仍使用汉语。来此看看，与其周边村庄相比，这里到底有多干净整洁。

文塞以其通庞族人的墓地而闻名，但近年来绝大多数墓地不允许外人进入。这一禁令至少部分是因为游客不当的行为所引起的。

本书写作之时，文塞对游客开放的墓地中最近的是Kaoh Paek的Kachah族人墓地，从文塞出发乘船向上游行驶45分钟即到。从文塞出发的船只费用约US$40，从文塞上游（东）10公里处的Kachon出发费用减半。班隆的旅游公司这个项目的收费为US$50。

从班隆沿着一条路况尚可的公路向西北方向行驶39公里便可到达文塞，虽然是土路，但不管什么天气都很好走。你自己骑摩托车或驾车都可轻松前往。聘请一位讲英语的向导用摩的送你往返需要花费约US$15。

车技好的摩托车手和山地车手可以从文塞沿着一条风景优美的小路骑车一直到上丁的暹邦（65公里），途中会经过Itub（向南走几小时就可到达长臂猿栖居地），这条小路的起点在河的北岸。

塔翁（Ta Veng） តាវែង

尽管位于Tonlé San河南岸的塔翁是一个不起眼的村庄，但它却是通往维拉差国家公

负责任的山间行走

旅游业使高原社区受益良多，然而，旅游业也带来了一些负面影响，例如，垃圾和污染增加，旅游业被低地的高棉人所控制，却是以牺牲高地少数民族的利益为代价，而且游客也经常不尊重当地习俗和禁忌。弥补负面影响的一个重要方法就是聘请当地导游。这样不仅能够保证你的旅游消费直接进入本地社区，而且还能使你的旅程更加丰富多彩。当地导游能让你最大限度地接近高原社区的居民——他们信奉万物有灵论，很少讲高棉语。当地导游也能理解禁忌和传统，而这些可能正是高棉导游所欠缺的。另外，他们对森林的了解也是一笔财富。

以下是对如何负责任地参观本地社区提出的一些建议：

互动

➡ 要有礼貌——尤其是对待长者。

➡ 穿着得体。

➡ 如果当地人邀请你品尝传统的酒，应该接受邀请，至少尝一下，尤其是在仪式上。拒绝会造成冒犯。

➡ 留心那些不欢迎外来人进入的标记，比如说在有些仪式期间。一个好的当地导游会帮助你发现这些标记。

➡ 了解社区文化和语言，表现出你的善意。

礼物

➡ 给个人的礼物会让其他人产生妒忌和期待。所以最好考虑向当地学校、医疗中心或社区基金捐款。

➡ 如果你要给个人赠送礼物的话，最好送小的礼物（例如钢笔、铅笔、笔记本）。

➡ 不要给儿童糖果或钱。

➡ 不要给衣服——社区是自给自足的。

购物

➡ 讲价要有礼貌，要按谈好（且公平）的价格付款。

➡ 不要要求购买村民的个人家庭物品、工具或珠宝，或他们穿的衣服。

➡ 不要购买村民的珍宝，例如祭坛装饰或图腾。

拍照

➡ 不要给祭坛拍照。

➡ 不要使用闪光灯。

➡ 拍照要先征得同意——包括儿童。一些山区部落相信照相机能摄魂。

➡ 不要刚到15分钟就急于获准拍照。先多花些时间认识村民。

旅行

➡ 参加小型旅行团，尽量不要打扰当地人的生活。

➡ 在少数民族村庄多花些时间——如果不能过夜的话，至少也要待几个小时。如果你不能保证几个小时的话，最好别去。

尊重死者

腊塔纳基里的chunchiet族人（少数民族）将他们的死者安葬在丛林中，雕刻死者的肖像守卫坟墓。当耗时很长的葬礼结束之后，村民会举行盛大的仪式，还会在雕像中加上两个木雕的象牙。富人的新墓穴都用混凝土修建，还装饰有墨镜和手机等现代产品。

在腊塔纳基里的森林中散布着许多墓地，但多数都严禁游客进入。墓地对chunchiet族人来说非常神圣，只有事先征得村落首领的同意并在当地人的陪同下才能进入chunchiet墓地。如果你很幸运地被获准进入墓地，不要触摸任何东西，要举止得当，拍照前要征得同意。

遗憾的是，就我们掌握的情况来看，虽然很多地方都有明显的标记（英文），告诫游客不要进入chunchiet墓地，但一些游客还是对此视而不见。更糟糕的是，一些不择手段的来自欧洲的艺术品收藏者和业余的人类学家竟然从贫穷的村民手中买下古老的雕像。

园的重要门户，许多私人旅行团都将这里作为大本营，组织游客在公园的缓冲区徒步。20世纪60年代，波尔布特、英萨利以及红色高棉的其他领导人在塔翁地区建立了他们的游击基地。据当地人说，这个偏远的基地如今并没有残留下任何遗迹，但事实上这里留下了一个令人消沉的衰退的标志——他们指出这里在战前是通电的。

从班隆向北，沿着一条高低起伏的山间公路行驶约57公里便可到达塔翁，一路上你能欣赏到美景。途中经过几座少数民族村庄，你可以在那里稍事休息。有些路段非常陡峭，正是由于这个原因，在雨天的时候这里就不是那么有趣了。可以骑摩托车或租车前往。你也可以在塔翁租一条小船在河上观光（在当地游览船费US$15~20；前往文塞需要5小时，US$80~90）。

兰库湖和Bokheo (Lumkut Lake & Bokheo) បឹងលំកុដ និងបរកែវ

兰库是一个巨大的火山口湖，四周被茂密的森林环绕，有点儿像波伊龙，只不过后者更有名，也更容易到达。要到达兰库湖，从公路向南，到达班隆以东33公里处的O'Yadaw，然后沿着一条破烂的道路向南走15公里。雨季很难走，所以很多游客选择伊龙（Yeak Lom），图个方便。

去往兰库湖的路上你可以在Bokheo停留，这里位于班隆以东29公里处，现在因为宝石矿而非常热门。当地人在这里挖了一个大坑，接着沿水平方向挖掘隧道寻找紫水晶和锆石。采矿地有可能四处变换，所以可四处打听一下在哪儿可以找到它。

维拉差国家公园 (Virachey National Park) ឧទ្យានជាតិវីរៈជ័យ

维拉差国家公园（门票US$5）是柬埔寨最大的保护区之一，东起越南，北至老挝，西抵上丁省，占地3325平方公里。这里从未被完整地探索过。很多稀有的哺乳动物栖息于此，其中包括大象、云豹、老虎和马来熊，但你看到这些动物的概率小得可怜。不过，你也许能听到濒危长臂猿的啼叫，还能看到大犀鸟、大鹮、孔雀雉和其他罕见的鸟类。这座公园对于湄公河流域非常重要，在2003年其被评为东盟遗产公园。然而，这座公园正面临来自开发商的严重威胁，柬埔寨当局已经将公园比较偏远的区域租给了越南的橡胶园开发商。

维拉差国家公园拥有柬埔寨组织得最好的生态旅游项目，专门从事小规模的文化、自然、探险徒步游。该项目旨在帮助当地少数民族社区。所有在公园内的徒步必须通过位于班隆的维拉差国家公园生态旅游信息中心（Virachey National Park Eco-Tourism Information Center；见300页）安排。公园提供2~8天的徒步游，由会讲英语的护林员带队。私人旅行团只能进入公园防护带，不允许带游客入园，但这些公司可以提前帮忙安排，而公园工作人员并不总是恪尽职守。

这里标志性的徒步之旅是8天7夜的Phnom Veal Thom野外徒步（1/2人US$350/400）。徒步游从塔翁开始，先要在Brau村的家庭寄宿住一晚。接着深入Phnom Veal Thom草原深处，这里野生动物种类丰富，比如水鹿、长臂猿、叶猴、野猪、熊和犀鸟。徒步者返回时可走另一条道，穿过常绿林。费用包括乘坐摩的到步行道起点、公园门票、食物、导游、搬运工、吊床和船运费用。团队人数越多，价格越低。公园还有一夜和两夜徒步之旅。

龙发（Lumphat） លំផាត់

人口2000

由于美国在20世纪70年代早期的狂轰滥炸，目前龙发这座位于斯雷博河（Tonlé Srepok）河畔的前省会还活在它过去的影子里。据说，斯雷博河就是重要的反战题材影片《现代启示录》（*Apocalypse Now*）中所描绘的那条河，由马丁·辛（Martin Sheen）饰演的本杰明·威拉德（Benjamin Willard）上尉沿河逆流而上，进入柬埔寨，寻找叛变的Kurtz上校[由马龙·白兰度（Marlon Brando）饰演]。

贝斯洛（ប៊ីស្រុក，Bei Srok; Tuk Chrouu Brampul; 门票2000r）是一个热门瀑布，有7个缓层，位于龙发以东约20公里处。沿着由波伊龙通往南及西南方向的那条破烂道路前进即可到达这里。许多班隆的旅游公司组织一日游，将贝斯洛、附近废弃的宝石矿和龙发周围的炸弹坑组合在一起游览。雨季前来会很困难。

如果从班隆前往龙发，沿通往上丁的公路行驶约10公里，然后向南。全程35公里，历时约45分钟。去往班隆出租车停车场的皮卡车大多数都是清晨从龙发出发，下午返回。

蒙多基里省（MONDULKIRI PROVINCE）

蒙多基里省（ខេត្តមណ្ឌលគិរី）是柬埔寨原始的"狂野东部"，无论在气候上，还是在文化上，都是一个与柬埔寨低地截然不同的世界。和燥热的平原相比，这里的气候挺舒服的。这里有勇敢的普农族（Bunong）和他们温和的大象，在这里你有机会参观传统村庄和象谷项目（见307页），在自然环境下观察大象。

蒙多基里省风景迷人，有茂密的松林、翠绿的山坡和大风呼啸的山谷，碧绿的湖泊和倾泻而下的瀑布掩映其中。这里的野生动物，例如熊、豹，尤其是大象，数量比别的地方都多，但能看到的鸟类和猴子有限，偶尔能看到野猪。

蒙多基里意思是"群山聚集"，对这个多山的省份来说这个名字再合适不过了。在旱季的时候，这里就像是阳光明媚的威尔士，而到了雨季，这里就像是多雨的塔斯马尼亚岛。这里平均海拔为800米，晚上会变得相当寒冷，所以来的时候别忘了带上保暖的东西。

蒙多基里是柬埔寨人口最为稀少的省份，每平方公里人口密度为4人。近半数的居民都是普农族人，其余居民也多是少数民族。狩猎仍然是多数少数民族的首选职业。

环境保护主义者已经为该省制订了一个宏伟的计划，建立野生动物保护区，并着手进行可持续发展的旅游项目，但投机者和工业主义者对这里的自然资源觊觎已久。

蒙多基里的社区家庭寄宿

WWF（见308页）最近帮助蒙多基里普利奇山野生动物保护区的两个村庄开展了旅游项目，带领游客简要了解普农族的传统生活方式。一个是戴艾村（Dei Ey），在森莫诺隆以北大约55公里处；另一个是斯雷伊村（Sre Y），在森莫诺隆西北大约30公里处。两处项目的具体细节都可在WWF咨询Nimith，也可以在森莫诺隆的Hefalump Cafe（见309页）预订。

戴艾村提供家庭寄宿、传统饭菜，还可与当地普农族人养的大象一起散步和参加徒步游，也有采集松香、酿制蜂蜜之类的文化活动。两日游的费用为每人US$135起，每多一个人，价钱就会大幅下降。其中包括交通费、饭食费、导游费和在戴艾社区旅馆（Dei Ey Community Lodge）的住宿费。斯雷伊村也推出了类似的项目，包括和大象一起散步、徒步去观赏瀑布，接着骑山地自行车返回森莫诺隆。

这些旅游项目的部分所得用于社区基金，旨在提高当地的生活水平和保护森林。

森莫诺隆（Sen Monorom） សែនមនោរម្យ

☎073 / 人口1万

蒙多基里省的省会森莫诺隆其实是一座超大的村庄，这个迷人的社区坐落在传说笼罩的群山之中。在城市的中心有两个湖泊，难怪一些梦想家称这里是“柬埔寨的瑞士”。

森莫诺隆周边地区点缀着少数民族村落和如画的瀑布，使这里变成了消磨时光的理

Sen Monorom 森莫诺隆

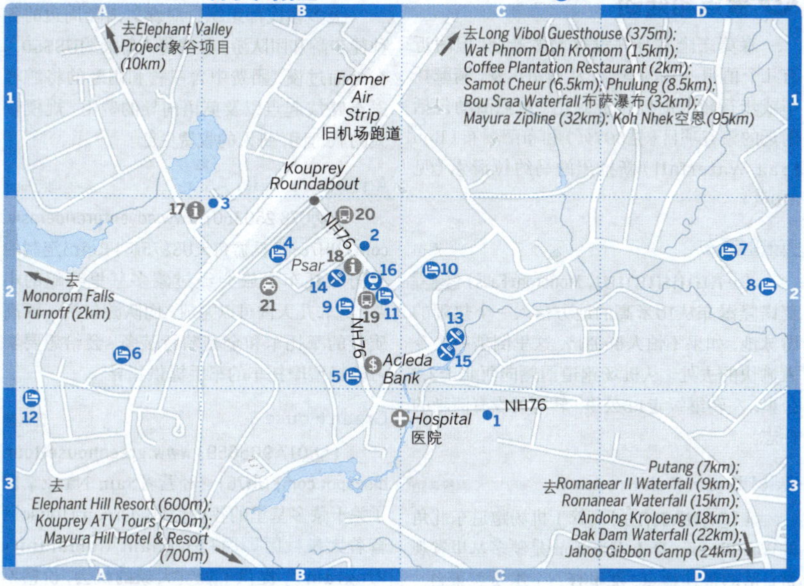

Sen Monorom 森莫诺隆

活动、课程和团队游

- 1 Adventure Rider Asia C3
- 2 Green House B2
- Sam Veasna Center .... (见18)
- 3 WWF B2

住宿

- 4 Avocado Guesthouse B2
- 5 Green House Guesthouse B2
- 6 Happy Elephant A2
- 7 Indigenous Peoples Lodge D2
- 8 Nature Lodge D2
- 9 Pech Kiri Motel B2
- 10 Phanyro Guesthouse C2
- 11 Sovannkiri Guesthouse B2
- 12 Tree Lodge A3

就餐

- 13 Cafe Phka C2
- Green House Restaurant & Bar .... (见2)
- 14 Hefalump Cafe B2
- Khmer Kitchen .... (见2)
- 15 Mondulkiri Pizza C2

饮品和夜生活

- 16 Chilli on the Rocks B2

实用信息

- 17 Department of Tourism A2
- 18 Hefalump Cafe B2
- 蒙多基里资源和文档中心 .... (见18)

交通

- 19 Kim Seng Express B2
- 20 Phnom Penh Sorya B2
- 21 出租车停车场 B2
- Virak-Buntham .... (见19)

想所在。来自周边村落的许多普农族到这里进行贸易活动，他们背着独特的篮子，使人们能够轻而易举地将他们与低地移民区分开来。这里海拔800米，大风使这里的气温明显低于柬埔寨的其他地区，所以来的时候最好带些保暖衣物。

景点和活动

森莫诺隆本身并没有太多景点，但附近有几个值得一看的景点，从城市出发，骑摩托车或步行较长时间都能到达。重点活动包括附近的象谷项目（见307页）和布萨瀑布（Bou Sraa Waterfall）新推出的马约拉滑索（见310页）。

莫诺隆瀑布 瀑布

（ទឹកធ្លាក់មនោរម្យ，Monorom Falls）免费 莫诺隆瀑布从10米高的地方落入一个热闹的游泳池，如果不怕人群拥挤，这里倒是一个令人愉快的去处。从机场跑道西侧向西北走2.3公里，左转继续走1.5公里。转弯处没有清晰的标志。

Wat Phnom Doh Kromom 佛教寺庙

（វត្តភ្នំដោះក្រមុំ）高耸于机场跑道东北角的Wat Phnom Doh Kromom是蒙多基里省观赏日落的最佳地点，那里有一个木质观景台，可让你将美景尽收。过了寺庙继续向北前进5公里就到了Samot Cheur（树海），这里是另外一个观景点，能远眺东部葱茏的森林。

团队游

和在腊塔纳基里省一样，多日的森林徒步越来越受欢迎。我们建议聘请当地的普农族向导。他们熟悉森林，并且能在你参观普农族村庄的时候帮助你很快地和当地人打成一片。

到访位于Hefalump Cafe上方的**蒙多基里资源和文档中心**（Mondulkiri Resource and Documentation Centre，简称MRDC；☎097 408 7806；www.mondulkiri-centre.org；Hefalump Cafe），可以了解关于**WEHH**（☎097 273 9566；http://bunongtourism.wordpress.com；US$55起）旅游项目的信息，这个项目可以带你近距离感受达丹（Dak Dam）社区的普农族文化。此项目与非政府组织Nomad RSI合作运营，旅行活动包括在普农族农场体验生活，参观普农族手工艺品，还有普农原始森林徒步游。价格每人US$55起，具体取决于跟团的人数。

其他以客栈为平台的旅游运营商，例如，Nature Lodge和Green House，经常雇用普农族人当挑夫进行长途旅行，但你需要申请此项服务。

很多客栈都组织针对森莫诺隆周边的各种徒步游和团队游。收费每人每天约US$50，在外面过夜，团费中含三餐和用摩的将游客送至路线起点以及英语向导的费用。规模较大的旅行团，每人的收费更低。

Adventure Rider Asia 自行车游

（☎078 250350；www.adventureriderasia.com；NH76；团队游每天US$75起）Reini定制的越野摩托车之旅会经过蒙多基里崎岖的小路，绝非几天内可以完成。团队游包括一辆高质量的摩托车和全套骑行装备。会给想要学习骑轻型摩托车的车手提供指导。

Green House 团队游

（☎017 905659；www.greenhouse-tour.blogspot.com；NH76）经营者Sam Nang掌握了关于蒙多基里的各种信息。Green House运营着**大象社区项目**（Elephant Community Program），提供了观赏大象的机会，价格不贵，每人US$35。此外，这里还有一些时间较长的过夜团队游项目。除了普通的徒步之旅外，Green House还运营全日山地自行车团队游（US$20起）。Trek和Giant山地自行车（每日US$8）及摩托车（US$7）可出租。

Kouprey ATV Tours 探险游

（☎088 888 8629；Mayura Hill Resort；团队游US$29）四轮越野摩托车已经在蒙多基里的山区兴起，这一项目其乐无穷。由Mayura Hill Resort组织，这个旅游项目涵盖了森莫诺隆的主要景点，包括莫诺隆瀑布、Samot Cheur（树海）和Wat Phnom Doh Kromom观景台。这一项目超值又好玩，可以在少有人涉足的环境里收获你的ATV体验。

Mondulkiri Sanctuary 生态游

（☎011 494449；www.mondulkirisanctuary.org）由LEAF（Local Environmental

Awareness Foundation）建立，这是Otai河畔的小型野生动物游廊。白天观光每人US$45（8~14岁半价，8岁以下免费），还可以安排夜间森林露营。报团人数每天每团不超过12人。欢迎志愿者。和象谷项目（见307页）不一样，这里周末照样接待游客。

Mondulkiri Trail 团队游

（☎088 593 5588；www.mondulkiritourguide.com；团队游每人US$50起）本项目由经验丰富的摩托车骑手Monyhong运营，他可以带游客抵达灌木林深处，你可以选择森莫诺隆城外的日间游或者前往桔井、腊塔纳基里等地的夜间游。

Sam Veasna Center 野生动物团队游

（☎012 520828；www.samveasna.org；Hefalump Cafe，Sen Monorom）这是与国际非政府

和大象一起散步

要想与大象亲密接触，就去参观**象谷项目**（Elephant Valley Project，简称EVP；☎099 696041；www.elephantvalleyproject.org；⏲周一至周五）。该项目劝说当地象夫将他们那些超负荷劳动或受伤的大象带到这个1600公顷的保护区来。这个项目非常火爆，所以一定要提前预订。你可以选择全天参观（US$85）或半天参观（US$55）。该项目周五和周六不接待过夜的游客，周六和周日白天不对游客开放。

用项目创始人杰克·海伍德（Jack Highwood）的话说，“在这里，它们能学会如何重新做回大象”。海伍德是一个对大象满怀激情的英国人，他致力于提高蒙多基里省工作大象的生存状态。虽然普农族在传统上要求给大象一定的休息时间，但在经济利益的驱动下，贫困的象夫往往要求大象超负荷劳动。除了为旅游业服务之外，大象还被用于搬运一切，包括非法砍伐的木材。海伍德说：“在蒙多基里省，大象被当作廉价的拖拉机。”

蒙多基里省的多数旅游公司都强调说他们的旅行团只雇用被善待的大象。海伍德对此表示赞同，但他同时也表示能这样被对待的大象是极少数的。“蒙多基里剩下的48头大象长期处于高压状态，但还是无法满足需求，”他说：“它们太老了，不能工作了，而且还被强迫做那些它们不想做的事情。”

关于参加象谷项目。带大象来这里的象夫都会得到一笔相对不菲的工资，他们的大象将专门为生态旅游服务。象夫继续和他们的大象一起工作，喂养并照顾它们，确保它们的需要得到满足。至于大象，它们可以穿过森林寻找食物，还能在河边戏水。

这里不允许游客骑乘大象。取而代之的是，你可以和它们一起步行穿过森林，在自然状态下观察它们。在整个过程中你不仅能够了解大象的行为，还能获得有关普农族文化和森林生态学方面的知识。象谷项目的其余内容包括为保护野生大象生存的森林提供资金，提供项目区域内普农族社区的医疗保健和其他资助以换取对森林的使用。更重要的是，为蒙多基里的所有大象提供良好的健康和医疗服务，而不仅是象谷项目中的大象。野生生物保护学会称赞象谷项目帮助保护了塞玛保护林的东部地区。

如果你选择在象谷过夜，可以住进位于丛林山脊上的精致房间，能够环视山谷。全包的两日游可以选择入住宿舍样式的房间（US$125），也可以选择入住独立的平房（US$145）。也有停留时间更长的三日游（宿舍/平房US$235/265）和五日游（宿舍/平房US$405/455）供游客选择。价格包括膳食。

项目入口处控制得很严格，所以不要未经允许就直接出现在那儿，毕竟周围会有放养象群出没。因为很热门，所以最好在到达蒙多基里前预订。每天允许参加一日游的人数最多为12人。

如果你是周末到达蒙多基里，可以选择其他与大象亲密接触的项目，比如在Putang村或Phulung村探访社区饲养的大象，观看大象在森林里搜寻草料，或是选择由Green House（见306页）所倡导的大象社区项目（Elephant Community Program）。

组织野生生物保护协会（Wildlife Conservation Society，简称WCS；www.wcscambodia.org）合作的项目，旨在推广城西塞玛保护林的野生生物游和观鸟游。本书出版时，该中心职员已经在Hefalump Cafe提供在塞玛追踪灵长类动物和观鸟的相关信息了。

WWF 生态游

（☎073 6900096；www.panda.org）提供蒙多基里周边的多种生态游，还运营森莫诺隆北部普利奇山野生动物保护区（Phnom Prich Wildlife Sanctuary）和蒙多基里保护林（Mondulkiri Protected Forest）的团队游。

住宿

在寒冷的蒙多基里省，热水是意外的惊喜，但这通常会花费更多。没有热水淋浴的住处往往会提供暖水瓶供客人洗漱。这一地区很少有机会用到空调。象谷项目（见307页）提供多种丛林住宿体验。

★ Nature Lodge 客栈 $

（☎012 230272；www.naturelodgecambodia.com；房间US$10~30；📶）这家客栈位于多风的山顶，靠近城市，有30间坚固的带私人游廊的木头平房，提供热水淋浴和蚊帐。还有一些令人难以置信的电影《瑞士家庭鲁滨孙》（*Swiss Family Robinson*）风格的小木屋，屋内有嵌入式床铺和前厅接待室。华丽的餐厅有一些舒适的角落，还有一个台球桌和一间引人羡慕的酒吧，顾客们可以舒服地坐下来，交换彼此的旅途故事。

这里的特色菜是汉堡和意面，可以补充徒步所需的体力，也有各种素食选择。这里也有多种团队游项目可供选择，包括蒙多基里保护区的大象体验游。

Indigenous Peoples Lodge 平房 $

（☎012 317368；indigenouspeopleslodge@gmail.com；房间US$7~20；@📶）这家旅馆很棒，由一个普农族家庭经营，所有住处都是少数民族民居，包括经过一两次改造升级的传统普农族茅草顶民居。入住最便宜的房间得在公共浴室洗澡，但是物超所值。网络免费，有顺风车进城。

Phanyro Guesthouse 客栈 $

（☎017 770867；房间US$8~12；📶）这里是志愿者和非政府组织工作人员的最爱，许多雅致的小屋散落在一条山脊上，俯瞰河谷。房间虽然不能观景，却非常整洁，有热水。

Tree Lodge 平房 $

（☎097 723 4177；www.treelodgecambodia.com；房间US$5~15；📶）由本地材料搭建的A字形小屋整齐地排列在后山上，附近还有一些漂亮的新建筑。可以去餐厅看看，那里有吊床和美味的高棉食物。运营此处的年轻家庭非常好客，还能帮忙安排团队游。

Happy Elephant 客栈 $

（☎097 616 4011；www.mondulkiri-elephant.com；铺US$2，房间US$5~8；📶🐾）这家背包客客栈的主人是Vivi和Mot夫妇，一个是法国人，一个是柬埔寨人，他们几乎能帮助你安排好一切。这里只供应冷水的坚固平房位于Phat Gecko酒吧兼餐厅之后的山坡上。他们也为那些没有行程安排的住客组织团队游和徒步活动。

Sovannkiri Guesthouse 青年旅舍 $

（☎097 474 4528；铺US$3，房间US$5~8）由一对夫妇经营，其中一个是塔斯马尼亚人，一个是柬埔寨人。在写作本书时旅舍还在扩建，所以当本书出版后，旅舍应该会更大而且条件更好。客房整洁，价格实惠，宿舍的大床可以睡两个人。受欢迎的餐厅中有城里最好的西式食物、不错的高棉菜，还有一间附属酒吧。

Avocado Guesthouse 客栈 $

（☎011 803884；avocado-guest-house@gmail.com；房间US$10~25；📶）这是一家靠近市场的漂亮的新客栈，这里的房间设施是这个价位中城里最好的。如果不用空调，房价可优惠US$5，在11月到次年2月，这里不失为一个好选择。楼下还有家小咖啡屋。

Long Vibol Guesthouse 客栈 $

（☎012 589958；www.longvibol.com；房间

US$8~25；📶）这家迷人的木头度假酒店坐落在市中心外面的一座苍翠的花园中。20间客房都很小，但设施比较齐全。富有传奇色彩的团队游向导Vibol从徒步游项目退休后，现在担任森莫诺隆的市长。他过去的团队游项目现在有新向导仍在组织。

Green House Guesthouse 客栈 $

（Boran Sortha Guesthouse；☎017 905659；房间US$5~20；❄📶）这里与同名旅游公司是合作伙伴，有大量供应冷水的标单客房，也有带空调的两卧家庭套房。也有人把这家客栈称为Boran Southa Guesthouse。

Pech Kiri Motel 酒店 $

（☎012 932102；pichkiri@gmail.com；房间US$8~30；❄📶）从前这是城内唯一的客栈，在Deu女士的经营下，如今仍然生意兴隆。便宜的房间靠近前台，后面的新客房非常豪华。

Elephant Hill Resort 酒店 $$

（☎016 510520；www.elephanthillresort.com；房间US$60~80）也许是受到了坐落于Mayura Hill的邻近酒店的启发，这里的房间都是在宽敞的别墅内，面积是套房的两倍。每个别墅内部有一个客厅、一间卧室，还有两个舒适的浴室。对于追求舒适的家庭旅行者，这里是中档酒店中的最好选择。

★ Mayura Hill Hotel & Resort 酒店 $$$

（☎077 980980；www.mayurahillresort.com；房间含早餐US$100~125，套含早餐US$150；❄📶🏊）这家酒店为蒙多基里的住宿条件设立了新标准，对于预算充足的人来说，这里是一个不错的选择。14间别墅房相当雅致，配备有木质和丝绸制品，家庭别墅设置有儿童床。内有游泳池和五人制足球场。餐厅也是全城的上上选。

餐饮

大多数客栈都有餐馆，最著名的是Nature Lodge，Sovannkiri Guesthouse和Mayura Hill。

Hefalump Cafe 咖啡馆 $

（蛋糕US$1~3；⏰周一至周五7:00~18:00，周日9:00~16:00；📶）🌿这家咖啡馆和城里多家非政府组织和保护组织合作，于是也成了普农族的培训中心。可选择当地咖啡、Lavazza咖啡，各种茶，还有自家制作的美味蛋糕。你可以在这里边品茶，边安排旅行计划。

Coffee Plantation Resort 柬埔寨菜 $

（www.chormkacafe.com；主菜US$2.5~7；⏰7:00~21:00；📶）正如其名，这家餐厅位于一大片咖啡种植园脚下，供应当地特色菜和自家种植的咖啡。健康美味的banh chaeuv煎饼只需要US$2.5，这里还有好吃的蜜汁烤鸡。

Khmer Kitchen 柬埔寨菜 $

（主菜US$2~4；⏰6:00~22:00；📶）这家低调的街边小吃店提供山区最地道的柬埔寨风味。karisaiktrey（椰汁咖喱鱼）和其他咖喱菜肴尤其值得一试，这里也供应一些国际风味菜。

Green House Restaurant & Bar 各国风味 $

（主菜US$1.50~3.50；⏰7:00~23:00；📶）除了上网和获取旅游信息之外，Green House还是品尝便宜的柬埔寨风味和西餐的好地方。这里晚上兼作酒吧，可以在雷鬼音乐营造的轻松氛围中畅饮价格实惠的啤酒和鸡尾酒。

Cafe Phka 面包房 $

（菜肴US$1.50~5）这里的糕点师从森莫诺隆的瑞典居民那里学习的烘焙技术，Hefalump Cafe的美味蛋糕就是这家店供应的。胡萝卜蛋糕和香蕉肉桂蛋糕都值得一试，也可以先吃点健康的三明治和沙拉。这里环境优美，有一个位于小溪边的花园。

Mondulkiri Pizza 比萨 $

（☎097 522 2219；小/大比萨US$5/10；⏰10:00~22:00）这里的大电烤炉能大量生产远近闻名的比萨。如果你徒步游之后疲惫不堪，这家店的员工还提供送餐上门服务。

Chilli on the Rocks 酒吧 $

夜生活匮乏的森莫诺隆有一家真正的长期营业的酒吧。这家酒吧是一对友好的瑞典夫妇开的，供应便宜的啤酒、浓烈的鸡尾酒和各国风味点心，还有一个小吃拼盘可供下酒。打烊时间视客流情况而定。

不要错过

布萨瀑布的马约拉滑索

新推出的**马约拉滑索**（Mayura Zipline；☎088 888 8629；Bou Sraa Falls；US$69）是一个激发肾上腺素的极限挑战，滑索置于布萨瀑布上空，最长的一条达到300米。滑索道起点位于远处的河岸，共有6条滑索可供体验，外加一个悬桥。前4条滑索速度飞快，让你在瀑布上空充分热身。另两条是为情侣和新朋友准备的双座设置。

相对于吴哥飞索（见105页），这个高空滑索路程更短，速度更快，从价格就可以看出不同。小的旅行团需要花费大概1小时来完成。尽管这里看不到长臂猿，但是游客可以鸟瞰布萨瀑布，景象颇为壮观。可以联系客栈或酒店提前预订，或者直接前往瀑布新设的信息中心。有时会有打折活动。

实用信息

城里的主要客栈同时也是很好的旅游信息源。

Acleda Bank（NH76；⏲8:30~15:30，自动柜员机24小时）可兑换主要货币，有一台自动柜员机，只接受维萨卡。

Hefalump Cafe（⏲周一至周五7:00~18:00，周日9:00~16:00）这家由非政府组织经营的咖啡馆同时也是普农族的"活动中心"，是获取蒙多基里省可持续旅游业相关信息的好地方，包括象谷项目、塞玛保护林项目和普农族社区生态环保游。

到达和离开

由森莫诺隆去往Snuol和金边（370公里）的NH76路段路况极佳，途经保护林的广大地区。越野摩托车爱好者可能更喜欢从Kao Seima向东延伸的老法国公路（也叫King's Highway），它与NH76公路大体上是平行的，除了安东夸朗（Andong Kroloeng）附近那段，距森莫诺隆大概25公里。

Phnom Penh Sorya（☎097 723 4177；www.ppsoryatransport.com）运营有一班7:30发往金边（35,000r，8小时）的长途汽车。Kim Seng Express运营舒适的小客车（US$11），行程为5小时，每天7:00~14:00有6班车。Virak-Buntham也运营开往金边（US$12）的小巴，每天7:15和13:30发车。

去金边的车不再途经磅湛，而是走一条跨越波萝勉省（Prey Veng Province）的捷径。其余所有到暹粒的车一般都要在Soung换一次车。

当地小巴（从出租车停车场发车）可直达桔井（30,000r，4小时）。清晨至少有1班，12:30左右有2~3班。要想乘坐早班车，最好提前预订。

目前有小巴走新路线前往腊塔纳基里省的班隆，费用为US$8，车程大约为2小时。

当地交通

雇用讲英语的摩的司机每天的费用在US$15~20。乘摩的前往森莫诺隆周边，往返的参考价格如下：去布萨（Bou Sraa）为US$12，去达丹瀑布（Dak Dam Waterfall）为US$10，去Samot Cheur为US$5，去莫诺隆瀑布为US$3。

多数客栈出租摩托车，租金US$6~8，有些以US$2的价格出租自行车。Adventurer Rider Asia（见306页）出租养护良好的250cc越野摩托车（一天US$30）。皮卡和四轮摩托车也可按天出租，旱季在森莫诺隆周边游览，费用约US$50，雨季要价更高。

森莫诺隆周边

布萨瀑布（Bou Sraa Waterfall）

ទឹកធ្លាក់ប៊ូស្រា

布萨瀑布（门票5000r）地处柬埔寨丛林深处，是国内最壮观的瀑布之一。这座双层瀑布享誉全国，上层高10米，下层高25米，飞流直下，气势磅礴。从森莫诺隆沿着一条大部分铺着柏油的公路向东行驶33公里即达布萨瀑布，全程1小时。

要去下层瀑布的底部，就要跨过河上的一座桥，然后沿着小路走上陡峭的台阶，它一直通向瀑布底部，到达那里大约需要花15分钟。通往瀑布底部的小路边有出售快餐和饮料的小摊，这些小摊即将迁移到一个专为餐饮和购物设置的区域，由马约拉滑索团队管理，那里还有外观精美的木质野餐亭供游客野餐，搬迁后食品供应将比目前更为丰富。

其他瀑布

蒙多基里省的其他热门瀑布包括位于森莫诺隆东南18公里处的Romanear瀑布（ទឹកធ្លាក់រមនា），以及位于森莫诺隆东南25公里处的达丹瀑布（ទឹកជ្រោះដាក់ដាំ，Dak Dam Waterfall）。在没有帮助的情况下，这两个瀑布都非常难找，所以最好请一位摩的司机或者当地向导。Romanear瀑布是一个低矮、宽阔的瀑布，有一些方便游泳的水潭。达丹瀑布与莫诺隆瀑布相似，但水流量要更大些，该瀑布位于达丹的普农族村庄之外几公里处，如果你能让当地居民听懂你说的话，他们就能带你前往。

这里还有第二个Romanear瀑布，最早被人们称作Romanear Ⅱ（ទឹកធ្លាក់រមនាពីរ），它邻近森莫诺隆和Snuol之间的主路。这个瀑布不大，但是周围丛林景观迷人。

普农族村庄（Bunong Villages）

森莫诺隆周围的几座普农族村庄是热门的短途旅行目的地，但游客的频繁造访已经导致这些村庄被现代社会同化了。通常越偏远的村庄，游客越少。你可以将参观普农族村庄与游览瀑布或观象之旅结合在一起。每家客栈都会将旅行者送到一个自己更推荐的村庄，值得花费前往。

塞玛保护林（Seima Protected Forest）តំបន់ការពារព្រៃឈើកែវសីមា

占地3000平方公里的塞玛保护林是柬埔寨最珍贵的宝藏，这里有品种丰富的野生哺乳动物。除了数量巨大的黑腿白臀叶猴和金颊长臂猿，据估计园内还有150头野生大象——占柬埔寨国内野生大象总数的一半以上，此外还有熊和7种猫科动物。鸟类的品种也相当丰富，与蒙多基里省东部的干燥林相比，这里的丛林更加葱翠、茂盛，而且保护得也比较好。

国际野生生物保护学会（Wildlife Conservation Society，简称WCS；www.wcscambodia.com）为政府林业部管理森林提供支持，这里正在筹建一系列生态旅游企业，包括安东夸朗（Andong Kroloeng）观赏叶猴和长臂猿的项目。WCS的合作伙伴、观鸟专家Sam Veasna Center（☎012 520828；www.samveasna.org）运营的塞

蒙多基里的猴子生意

野生生物保护学会最近的一项研究估计，塞玛保护林有20,600只黑腿叶猴和1000多只金颊羽冠长臂猿，两者的数量均为世界之最。得益于Sam Veasna Center（SVC）在安东夸朗（Andong Kraloeng）的普农族村庄支持的新项目，Jahoo Gibbon Camp提供了观赏这些灵长类动物的野外徒步活动，这给当地村民带来了持续性收入，也有助于更好地保护这些濒危的灵长类动物及其栖息的环境。

参加徒步游的旅行者可以在常绿林和瀑布中穿行，也有观看其他野生动物的绝佳机会，包括毛臀叶猴、猕猴，也能发现更多不易遇见的动物的踪迹，比如熊、野牛和大象。那儿鸟类也很丰富，包括令人惊叹的巨大犀鸟。注册过的导游会陪伴旅行者在当地普农族导游的带领下完成徒步活动。

用于支持社区发展项目的旅游费用中有一部分会用于环境保护。如果游客看到毛臀叶猴或长臂猿，每位游客和SVC会支付额外的钱，为村庄提供更直接的激励来保护这些稀有的野生动物。这个新项目团队游的价格取决于交通和团队规模，一般每人每天大约US$80，或花费US$150选择极具乡村气息的帐篷宿营（Jahoo Gibbon Camp）过夜游，价格包括导游和食物。

如果你想获取更多信息或预订，可以联系森莫诺隆的Sam Veasna Center（见307页）。Jahoo Gibbon Camp位于公路附近的保护林中，就在公路西南25公里处。在旱季很容易前往，雨季有点儿困难。

蒙多基里保护林：将非洲经验运用到柬埔寨

内战之前，蒙多基里北部的广大草原地区栖居着大量的印度野牛、爪哇野牛（banteng）和野生水牛。游客还能见到它们每年一次的迁徙，可以同非洲塞伦盖蒂平原每年一度的牛羚迁徙相媲美。不幸的是，就和乌干达及其他非洲国家一样，这里成千上万只动物被作为丛林肉杀掉（仍在继续屠杀）。WWF（见308页）一直在努力，想通过在蒙多基里保护林发起保护项目的方式让这片区域恢复昔日的荣光，这里是柬埔寨最大的保护区之一，是豹子、熊、叶猴、长臂猿、野牛和珍稀鸟类（从2007年起，这里见不到老虎了）的家园。在我们最近一次到访时，还看到几群爪哇野牛，这是一种非常珍稀的野牛。

生态旅游是综合项目的一部分，但有些项目却因为地点过于偏远而被放弃。另一个问题在于，许多在这片区域出没的猫科动物、熊和其他珍稀动物的行踪，相比爪哇野牛更加难以捉摸。可联系WWF咨询该区域团队游项目的最新信息。

玛观鸟之旅距离Kao Seima并不远，收费为每人每天US$100，配备受过良好培训的导游，另外，平均每人还要支付US$30环境保护费。游客一般会选择住在森莫诺隆。

想得到公园团队游项目的最新信息，请联系位于森莫诺隆的Hefalump Cafe（见309页）。

通往森莫诺隆的道路经过塞玛保护林，如果开车经过，留意猴子！

空恩（Koh Nhek） កោះញែក

☎073 / 人口6000

这里是蒙多基里省的边界，一个位于该省最北边的偏远村庄，但这里却是森莫诺隆至腊塔纳基里陆路线路上的战略要地。长久以来，这里是始自森莫诺隆的公路的终点，同时也是通往龙发（腊塔纳基里省）的牛车道路的起点。现在这里成为蒙多基里至腊塔纳基里新公路上的一个休息站，有一些客栈和餐馆。

这条新公路让游客从蒙多基里到班隆更方便，同时也能刺激空恩的经济发展。一家Acleda Bank（没有自动柜员机）新支行的出现就是时代发展的标志。

这里最好的住宿选择是**Phnom Kroal Guesthouse**（☎015 779799；penyon@gmail.com；平房US$15），在往北去腊塔纳基里的路上。房间位于宽敞的平房，家具有品位，浴室也宽敞，物超所值。**Sovankiri Guesthouse**（☎099 367000；房间US$10~13）也是一个不错的选择，有一些平房位于后方。

Ly Sochea Restaurant（主菜6000~15,000r）位于Acleda Bank对面，供应好吃的柬埔寨菜肴。其实那里没有菜单，但是老板会引领你去厨房看他们摆放有序的原材料。

了解柬埔寨

今日柬埔寨

2013年大选使得柬埔寨的政治格局发生了戏剧性变化，主要的反对派获得胜利，柬埔寨进入了特别的历史阶段。尽管几十年前基础非常薄弱，国内经济仍持续高速增长，但是许多观察家已开始关注脆弱的环境为经济发展付出的代价。

推荐电影

《杀戮战场》（*The Killing Fields*，1984年；也译作《战火屠城》）以红色高棉执政时期的柬埔寨为题材的最佳影片，讲述了美国记者西德尼·斯坎博格（Sidney Schanberg）和柬埔寨摄影师蒂斯·普兰（Dith Pran）在战时及战后的经历。

《现代启示录》（*Apocalypse Now*，1979年）弗朗西斯·福特·科波拉（Francis Ford Coppola）执导的杰作，讲述了由马龙·白兰度（Marlon Brando）扮演的上校在柬埔寨擅自离队，马丁·西恩（Martin Sheen）饰演的年轻士兵奉命去带他归队，之后发生的事件成为对战争空前有力的控诉。

推荐阅读

《洪森的柬埔寨》（*Hun Sen's Cambodia*）塞巴斯蒂安·斯特兰焦（Sebastian Strangio）著，深入剖析了如今的柬埔寨以及首相洪森的统治。

《门》（*The Gate*）弗朗索瓦·毕苏特（François Bizot）著，作者曾经被红色高棉绑架，后来被他们拘留在法国大使馆。

《S-21的声音》（*Voices from S-21*）戴维·钱德勒（David Chandler）著，这本书是一项调查研究的著作，内容关于红色高棉的审讯拷问中心。

政治

柬埔寨人民党（Cambodian People's Party，CPP）自1979年被越南扶植上台就一直掌控着柬埔寨政权。政党和政权间的关系盘根错节，人民党的领导者们正通过子孙的联姻为将来做准备。

然而，在上一次大选中，联合反对派在国民议会获得许多席位，从而动摇了长久以来的掌权体系。长期的反对派领袖桑兰西（Sam Rainsy）联合人权党领袖（Human Rights Party）盖索卡（Kem Sokha），创立了柬埔寨救国党（Cambodia National Rescue Party，CNRP）。国家选举委员会（National Election Commission，NEC）的官方统计结果确认是人民党胜利，而根据反对派的官方计票结果，事实上救国党可能以微弱优势赢得大选。最后，救国党抵制国民大会，拒绝接受其席位。

在几个月的政治争论中，反对派结束了其抵制活动。从此，双方同意“文化对话”，也就是说跨越批评，促进对话。然而，白热话题持续不断，包括和越南的共同边界问题与土地改革问题。一提到土地问题就显得令人啼笑皆非，首相洪森支持精英巨头，而前银行家桑兰西支持民众们期望的土地再分配计划。这就是柬埔寨，一片神秘莫测的土地，一个混乱又矛盾的国家。

巨大的地缘政治力量正在一些地区发挥作用。随着南海局势升级后，柬埔寨发现自己夹在中国和越南的中间左右为难，两个国家都是柬埔寨的亲密友国。柬埔寨需要多久才能平安无事地走出地缘政治的羁绊呢？

经济

几十年来，柬埔寨饱经战乱之苦，与邻国的几条“小龙”相比，其经济还很薄弱。如今，这一状况正在逐渐改变，柬埔寨已经实施了经济自由化改革，越来越多的投资者从中看到了新的机会。

过去，国际大财团并不看好柬埔寨政府，如今却努力谋求从这些新发现的机会中分得一杯羹。中国也是一个重要的参与者，每年向柬埔寨提供的援助金额与其他所有国际援助的总额相当，而且没有繁重的附加条款。

长期以来，柬埔寨经济一直靠援助维持，非政府组织已经做了许多努力，促使重要的社会政治问题提上议事日程。尽管如此，柬埔寨仍然是亚洲最穷的国家之一，许多柬埔寨家庭的收入非常低。官方统计的最低工资为每月US$140，在服装界，最近已经有要求增加工资的定期示威和罢工活动。

土地出让与环境

对喜欢冒险的生态旅行者来说，柬埔寨处于原始状态的环境极具吸引力，但目前这里的环境面临着许多威胁。原始森林被夷为平地，让位于种植园，人们还计划在河流上修建大型水电站，大型石油公司正在南部海岸勘探石油。豆蔻山脉等地正处于风口浪尖，环保主义者和经济学家到底哪一方占上风还有待观察。

近年来，中国的公司在豆蔻山脉建立了几个水电站。另外，还有一个在遥远的Areng Valley修建电站的计划也备受争议，还在讨论中。这一地区有原始森林，是很多珍稀物种如暹罗鳄和龙鱼的栖息地。虽然这一切能够促进经济发展，但对刚刚起步的生态旅游业来说显然不是什么好消息。

媒体

执政党人民党（CPP）垄断了多数的国家电视台、广播电台和报纸。反对派的游行或反政府活动很少能通过官方渠道得以扩散。不过，社会媒体正在弥补这一不足，新一代的年轻柬埔寨人都是Facebook和YouTube的忠实用户。根据官方统计，反对派的支持率在50%上下徘徊，一些官方媒体可能需要改变立场以迎合大众。

人口：**1600万**

平均寿命：**65岁**

婴儿死亡率：**45‰**

GDP：**167.1亿美元（2014年）**

成人识字率：**78%**

每100个柬埔寨人中

90个是高棉族
5个是越南裔
3个是占族
1个是华裔
1个是其他少数民族

游客国籍构成(%)

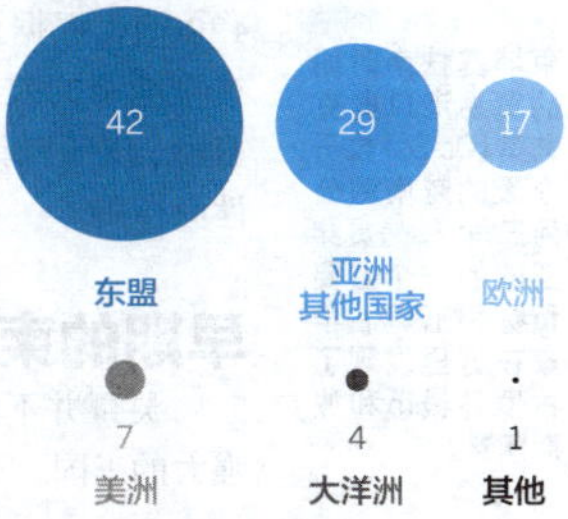

每平方公里人口

历史

翻开柬埔寨的历史，一言以蔽之，这片土地上记录着辉煌强盛、衰落颓废，甚至是血腥丑陋。早期的柬埔寨繁荣发达，到了吴哥王朝更是盛极一时，在其统治的4个世纪中，柬埔寨是整个地区当之无愧的霸主。然而，从13世纪开始，邻国逐渐兴起，不断蚕食柬埔寨的领土。到了20世纪，这个国家更是动荡多难，红色高棉（1975~1979年）种族灭绝的统治将内战推向高潮，而今柬埔寨仍未完全恢复。

高棉人的起源

像许多传说一样，关于柬埔寨的起源，历史上并无定论，但有一种说法，认为柬埔寨是在某些文明力量的推动下形成的，它与南亚次大陆的近邻印度的关系尤其值得一提。柬埔寨的宗教、皇室和文字传统都源于印度，在公元1世纪和公元5世纪之间自成一个完整的文化体系。

人们对柬埔寨史前的情况知之甚少。它的东南部是一个巨大的浅湾，湄公河从上游带来大量泥沙淤积，河口不断向外扩延，形成了一个平坦肥沃的平原，非常适合农耕。人们在柬埔寨西北部发现了穴居人的遗址。根据专家们对这里出土的陶盆碳测定的结果，认定它们大约制造于公元前4200年。根据人们对公元前1500年左右的人类骨骼的研究，表明当时居住在柬埔寨的人与今天的高棉人非常相似。据中国古籍记载，柬埔寨人面目丑陋、皮肤黝黑，而且赤身裸体，但是对于这些中国古代官方记载的准确性尚存疑。

柬埔寨扶南时期的贸易港口奥克艾奥（Oc-Eo）位于今天的越南湄公河三角洲，是贯穿亚欧的一个重要贸易枢纽，考古学家在这里发现了古罗马钱币和波斯陶器。

早期的柬埔寨王国

吴哥并不是柬埔寨的开始与终结。9世纪之前，这一地区出现了许多强大的王国。

大事年表

公元前4200年

居住在Laang Spean附近洞穴中的穴居人能够制作陶盆。考古证据表明，他们的陶器与今天柬埔寨仍在制造的陶器相类似。

100年

随着印度商人和圣僧的到来，印度的宗教、语言和雕塑风格开始在柬埔寨生根发芽。

245年

中国魏朝派使者来到湄公河流域，据使者报告，在湄公河三角洲地区存在着一个叫作扶南（Funan）的国家，虽然野蛮但很富饶。

柬埔寨最早的印度化是通过贸易社区实现的。从公元1世纪开始，在今天越南南部的沿海地带，当时是高棉人的居住地，逐渐兴起了一些贸易社区。这些社区是贸易船只停泊的重要港口，这些船只的贸易路线从孟加拉湾一直到中国南方各省。在这些新兴的社区中，规模最大的一个在汉语中被称为扶南。有人认为，扶南大概是现在的金边和越南南部建江省（Kien Giang）的古城遗址奥克艾奥之间的地方。但也有学者认为其范围远不止于此，位于现在老挝南部的占巴塞（Champasak，后来被称为Kuruksetra）和这一地区其他一些较小的封地也被认为曾经是扶南的一部分。

扶南这一汉语词也许就是古高棉语"bnam（山）"一词的音译。关于扶南的资料还不多，所知的大多是有关扶南曾是东南亚早期重要的权力中心。

在公元1世纪到公元8世纪之间，高棉很可能是由一些小国组成的，每个国家都有自己的中坚力量，国与国之间出于战略目的通婚，还经常爆发战争。毫无疑问，扶南也是其中的一个国家，而且作为当时的一个重要海港，它对印度文明进入柬埔寨起到了关键的作用。

历史学家们对扶南的了解大多源于中国的古籍。据记载，柬埔寨在扶南时期（公元1~6世纪）崇拜印度教的神明——湿婆神、毗湿奴，同时也信仰佛教。林伽（男性生殖器图腾）是宗教仪式的核心，象征着君主的权力，后来进一步演变为吴哥王朝对神王崇拜的符号。当地人民运用古老的灌溉方法，成功地种植了稻谷，用香料和宝石等商品同印度和中国进行贸易。

从公元6世纪开始，柬埔寨人逐渐聚集在湄公河和洞里萨河沿岸，直到今天这里仍然是主要的人口聚居区。这次人口迁移可能与水稻耕种的发展有关。从6世纪到8世纪，柬埔寨是由一些相互竞争的王国组成的，国

印度并不是唯一对柬埔寨产生重要文化影响的力量，爪哇岛也有一定的影响力，8世纪爪哇曾将水真腊的一部分作为殖民地。

一个名为"美丽与黑暗：近代史中的柬埔寨"（Beautyand Darkness: Cambodia in Modern History）的网站上有许多关于柬埔寨动荡历史时期的文章、口述历史和照片。可登录www.mekong.net/cambodia查看详情。

衮丹雅和蛇王公主的传说

关于柬埔寨的来历，有这样一个传说：古时高棉的一位公主和一个外国人结为夫妻，这个外国人是一位印度的婆罗门贵族，名叫衮丹雅（Kaundinya），公主是统治这片水域的蛇王的女儿。一天衮丹雅的船经过此地，偶遇公主。衮丹雅用他的魔法弓射出一支箭到公主的船上，降服了公主，使害怕的公主答应嫁给他。蛇王喝干了这片水域的水，将这片土地作为嫁妆交给衮丹雅统治。这个新王国就叫作Kambuja。

600年

柬埔寨最早的刻在石头上的古高棉文碑文，为历史学家提供了除中国典籍之外记载前吴哥王朝时期情况的唯一资料。

802年

阇耶跋摩二世在神圣的荔枝山宣布脱离爪哇独立，并自封为神王，高棉人的吴哥帝国从此诞生。

889年

耶输跋摩一世将国都从古城Hariharalaya（今天的罗洛）迁到其西北部16公里外的吴哥地区，并在此修建了3座寺庙山。

924年

阇耶跋摩四世篡夺王位，迁都贡开，并开始大兴土木，20年后由于缺水，又将国都迁回吴哥。

王实行集权统治，他们通过借鉴印度的等级制度来保证其独裁统治的合法化。

这一时期通常被称为真腊（Chenla）时期。真腊和扶南一样也是一个汉语词汇，关于真腊"曾经是一个统一的王国并统治着整个柬埔寨"的这种说法缺乏强有力的支持。事实上，据中国古籍记载，真腊分为"水真腊"和"陆真腊"。水真腊在吴哥博垒（Angkor Borei）村和寺庙山达山（Phnom Da，见234页）一带，靠近今天茶胶省的省会茶胶（Takeo）。陆真腊位于湄公河的上游和洞里萨湖以东，在三波坡雷古（Sambor Prei Kuk）附近，这一时期是柬埔寨历史的分水岭。

吴哥王朝的崛起

柬埔寨地区逐渐统一起来。之前长期分裂的柬埔寨王国合并成为一个亚洲大国。

今天，神圣的荔枝山是高棉人的朝拜圣地，它位于吴哥东北部，在这里发现的碑文向我们展示了公元802年阇耶跋摩二世（Jayavarman Ⅱ，802~850年在位）宣布自己是"整个宇宙的君王"，也称神王（devaraja）。传说他年轻的时候曾经住在爪哇的佛教寺院里，受今天日惹（Yogyakarta）附近的爪哇寺庙Borobudur和Prambanan的启发，当他回到柬埔寨后就号召人民反抗爪哇对柬埔寨南部的统治。随后，阇耶跋摩二世通过结盟和征服统一了全国，成为第一位君主，其版图包括今天柬埔寨的大部分地区。

阇耶跋摩二世是吴哥王朝的第一位君主，自他之后，许许多多的君王统治着东南亚这一伟大帝国的兴衰起伏，为后人留下了辉煌灿烂的吴哥遗产。吴哥王朝快速崛起的关键是对水的控制，复杂的水利系统使古代高棉人征服了自然。供养着吴哥人口的大规模水利灌溉工程最早可追溯到因陀罗跋摩一世（Indravarman I，877~889年在位）统治时期，他修建了Indratataka水库。他的统治还确保了吴哥艺术的繁荣，他在罗洛地区修建寺庙，其中最著名的是巴孔寺（Bakong）。

在10世纪末11世纪初，吴哥王朝丧失了对其领土的统治。苏利耶跋摩一世（Suryavarman Ⅰ，1002~1049年在位）夺取王位后，像200年前的阇耶跋摩二世一样，通过结盟和战争重新统一了帝国，并不断扩大疆土。吴哥王朝的兴衰起伏伴随着一个固定的模式：在动荡混乱之后总有一位强有

1002年
苏利耶跋摩一世掌权，他扩疆拓土，将佛教王国Louvo[今天泰国的华富里（Lopburi）]收为附属国。他还增加了与外界的贸易联系。

1112年
苏利耶跋摩二世开始兴建寺庙鼻祖吴哥窟，供奉毗湿奴神，并计划将其作为他的陵庙。

1152年
苏利耶跋摩二世在对越南的一场损失惨重的战役中战死，激怒了这个崛起的北部邻国，在此后的几个世纪中，两国之间冲突不断。

1177年
占族从水路抵达洞里萨湖，对吴哥发动突然袭击。他们打败了强大的高棉人，并占领国都长达4年之久。

阇耶跋摩七世

作为大乘佛教虔诚的信徒，阇耶跋摩七世（1181~1219年在位）修建了吴哥王城以及大量寺庙。事实上，今天人们在吴哥周围看到的寺庙大多建于阇耶跋摩七世统治时期。阇耶跋摩七世是一个充满矛盾的历史人物。巴戎寺的浅浮雕将他描绘成一个好战的暴君，而另外一些雕像则表现出他深思和超世俗的一面。他在短时间内大兴土木，修建寺庙和其他公共建设工程，这无疑在很大程度上消耗了国力，最终加速了吴哥王朝的衰落。他一方面不断巩固其统治地位，防止其他王室血亲篡夺王位，另一方面，则需要引进一种新的宗教信仰来改变印度教占主导地位的局面。在许多方面，他还是柬埔寨第一位积极进取的领袖，他提倡人人平等，废除社会等级，并着手建立学校、医院，并铺设道路。

力的君王重新统一帝国，并进一步扩充疆土。从建筑的角度来说，在社会动荡之后往往是大兴土木的阶段，新的君主认为有必要通过大规模的土建工程来庆祝胜利，甚至以此确立他的合法统治地位。

如今越南的商业大都市胡志明市（旧称西贡）在1600年还是柬埔寨一个名为Prey Nokor的小村庄。

1066年，吴哥王朝再度陷入动荡，成为权力争夺的焦点。直到苏利耶跋摩二世（Suryavarman Ⅱ，1112~1152年在位）继位，帝国才重新统一。苏利耶跋摩二世开始了新一轮的扩张，远征越南和中越的占婆（Champa）。他还兴建了庄严宏伟的吴哥窟，献给印度教毗湿奴神。这项伟大的工程使他名垂千古。要想了解这一时期的历史事件，不妨去看看吴哥窟西南长廊的浅浮雕，它描绘了苏利耶跋摩二世统治时期的故事。

苏利耶跋摩二世征服了占婆，并迫使其成为吴哥附属国。然而，1177年占族兴水师远征湄公河和洞里萨湖。他们出其不意地攻入吴哥，杀死了国王陀罗尼因陀罗跋摩二世（Dharanindravarman Ⅱ）。次年，苏利耶跋摩二世的堂兄重整力量，再次与占族进行水战，最终取得胜利。1181年，阇耶跋摩七世登基。

吴哥的衰落

吴哥是一个强大帝国的中心，这个帝国控制着湄公河流域的大部分地区，但和所有的帝国一样，太阳终究要落下。

一些学者认为在兴建吴哥窟的时候，尽管表面看来帝国空前强大，但

1181年

阇耶跋摩七世征服了占族。他是吴哥王朝历史上最伟大的君主，在位期间修建了吴哥王城。他登基之后，将大乘佛教作为国教。

1219年

阇耶跋摩七世逝世，享年九十多岁。由于灌溉渠网淤积、宗教冲突和邻国的崛起导致吴哥王朝逐渐衰落。

1253年

忽必烈灭大理国。泰族南迁，与衰落的高棉帝国发生正面冲突。

1296年

中国使者周达观在吴哥居住一年，并写下《真腊风土记》，这是那一时代描写高棉国都生活的唯一著作。

莫里斯·格雷兹(Maurice Glaize)的作品《吴哥古迹指南》(*A Guide to the Angkor Monuments*)是一部解读吴哥的权威指南，该书于20世纪40年代第一次出版，现已绝版。可以登录www.theangkorguide.com免费下载。

已显示出衰落的趋势。当时的水利灌溉系统年久失修，不堪重负，特别是在吴哥北部和东部人口密集的地区，由于大规模的砍伐森林造成水利系统淤泥充塞。最近，通过对树木年轮的研究，发现吴哥地区14世纪曾持续干旱，连年旱情使情况进一步恶化。

吴哥窟和吴哥王城等大规模的建设工程掏空了国库，成千上万的奴隶和平民已不堪劳作和繁重的赋税。在阇耶跋摩七世之后，暂时停止了修筑寺庙，主要因为大兴土木之下，当地的砂岩已经采掘殆尽，民众更是筋疲力竭。

宗教冲突和两败俱伤的对抗也是后来的君主所面临的挑战。在帝国末期，国教几经变换，国王忙于打破旧有的信仰，在损坏他们前任修建的寺庙上所花费的时间甚至比自己兴建寺庙的时间还多。久而久之终于导致了内战的爆发。

吴哥对帝国外围的政治影响也逐渐削弱。同时，泰族逐渐兴起，他们为了避开忽必烈和他的蒙古部落，从云南迁往南方。最初的素可泰(Sukothai)王国和后来的大城(Ayuthaya)王朝逐渐壮大，并多次入侵吴哥，最后于1431年洗劫了吴哥，从吴哥宫廷掠走了成千上万的知识分子、工匠和舞女。在这段时期，也许是为了抓住与中国进行海上贸易的机会，同时躲避日益好战的泰王国的侵袭，柬埔寨的一些中坚力量开始向金边地区迁移。在此后的几个世纪，吴哥王朝多次迁都，最终在今天的金边定都。

从16世纪开始一直到1863年法国人入侵，柬埔寨内部纷争不断，王室的控制力减弱。在这段时期，软弱无能的国王们迫于频繁的内讧和政变而向泰国和越南寻求帮助，他们为保住王位付出了巨大的代价。17世纪，越南南部的阮氏(Nguyen)家族帮助解救了柬埔寨国王，作为回报越南人迁入湄公河三角洲地区。虽然今天这一地区已经完全被越南人占据，但高棉人仍然称其为Kampuchea Krom(下柬埔寨)。

中国元朝使臣周达观曾在吴哥居住一年(1296年)，他将见闻整理成的《真腊风土记》于2000年再版，深入展示了这个王朝鼎盛时期的风貌。

在西部，泰国人从1794年开始，一直控制着马德望省和暹粒省，并影响着柬埔寨王室。甚至有一位柬埔寨国王在泰国军队的帮助下，在曼谷加冕，并在乌栋(Udong)登基。整个18世纪，柬埔寨作为一个独特的政治实体，之所以能够存活下来而不至灭亡，完全是因为它的近邻们都自顾不暇：当时泰国人在与缅甸人的战争中投入了大量的精力和财力，而越南则完全陷于国内纷争中而无暇他顾。这种模式持续了两个多世纪，柬埔寨这块“肥肉”被两大强国争来抢去。

1353年

老挝王子Chao Fa Ngum结束了他在吴哥的流亡生活，在他的高棉岳父的帮助下，远征并占领新的泰王国，并宣称自己为Lan Xang(万象之邦)的领袖。

1431年

泰国军队大肆洗劫吴哥，几乎将整个宫廷都运到了大城，包括贵族、司祭、舞女和工匠。

1516年

安赞一世登基，在一场战役中打败了泰国人，捍卫了暹粒这座城市，而且在一次狩猎远征中重新发现了吴哥王城。

1594年

柬埔寨的临时国都Lovek陷落，传说，暹罗人向竹制工事内发射了一炮弹银币。士兵们争相砍倒竹子捡取银币，导致城池失守。

法国殖民统治时期

柬埔寨在泰国和越南之间摇摆的局面于1863年终结，在法国人炮舰的胁迫下，诺罗敦一世（Norodom Ⅰ，1860~1904年在位）被迫签署了保护国条约。颇具讽刺意味的是，它的确是保护国，因为柬埔寨正面临重蹈占婆覆辙、从地图上消失的危险。最初法国并没有过多地干涉柬埔寨的内部事务，它对柬埔寨的控制不过是在谋求对越南殖民利益过程中的一个插曲而已，这与一个世纪后美国的经历惊人地相似。法国的出现还帮助诺罗敦国王平定了他同父异母的兄弟发起的叛乱，保住了王位。

19世纪70年代，法国政府加强了对柬埔寨内部事务的控制。1884年，诺罗敦国王被迫与法国签订条约，柬埔寨进一步沦为法国的殖民地，最终导致了长达两年的起义，这也是“二战”前柬埔寨唯一一次主要的反法运动。最终国王劝说起义军放下武器恢复现状，起义以失败告终。

在接下来的几十年间，一些柬埔寨高官看到了臣服于法国的好处，于是直接向法国殖民者敞开大门，甘愿接受他们的统治。同时，法国政府也维持了诺罗敦王室的排场，其规模在吴哥全盛时期后十分罕见，以帮助他们强化象征性的君主地位。1907年，法国向泰国施压，迫使其将西北部的马德望、暹粒和柏威夏归还柬埔寨，作为回报法国将老挝的部分领土划归泰国，就是这样，在一百多年以来，柬埔寨首次收回了对吴哥的控制。

诺罗敦一世去世之后，西索瓦国王（Sisowath，1904~1927年在位）继位，之后莫尼旺国王（Monivong，1927~1941年在位）继位。莫尼旺国王死

法国殖民当局在柬埔寨很少扶植教育，到“二战”结束时为止，法国已对柬埔寨统治长达70年之久，而柬埔寨国内竟没有一所大学，只有一所高中。

美国对柬埔寨轰炸期间所投掷的炸弹比“二战”时各方投掷的炸弹总数还多。

柬埔寨国名的变迁

在最近的几十年间，由于局势的混乱，柬埔寨多次改名。对于柬埔寨人来说，他们的国家是柬埔寨（Kampuchea）。这个名字源于Kambuja一词，意思是“Kambu的子孙”，传说Kambu是柬埔寨的缔造者。这个名字可以追溯到10世纪。英语“Cambodia”源于葡萄牙语“Camboxa”和法语“Cambodge”，后两者都是由“Kambuja”改成的名字。

红色高棉坚持外界应称柬埔寨为Kampuchea。现在的金边政府将官方英语国名重新改为Cambodia，是一种象征性举动，以远离Kampuchea一词中的苦涩内涵。一提到Kampuchea，西方世界很容易就会联想到红色高棉政权。

1772年

柬埔寨夹在强大的越南和暹罗之间，后者将金边夷为平地，两国之间的紧张关系一直持续到今天。

1834年

在Minh Mang国王统治时期，越南控制了柬埔寨的大部分地区，并且开始了一场缓慢的革命，“将他们的风俗传授给野蛮人”。

1863年

法国人迫使诺罗敦一世签署了保护国条约，使柬埔寨避免了从地图上消失的命运，从此开始了法国人长达90年的统治。

1884年

一个赋予法国管理者广泛权利的条约导致柬埔寨爆发了反对法国殖民统治的斗争。这个条约是在湄公河上法国炮舰的虎视眈眈下签订的。

后，在已被日本控制的印度支那的法国总督让·德古（Jean Decoux）将19岁的诺罗敦·西哈努克（Norodom Sihanouk）王子扶上了王位。法国当局认为，年轻的西哈努克是一只驯服的绵羊，然而事实证明他们错了。

“二战”期间，日本入侵了亚洲许多国家，柬埔寨也未能幸免。当时法国被德国占领，而日本也乐于让他们的新盟友维希法国（Vichy France）继续控制柬埔寨的内部事务，代价是将马德望省和暹粒省再次割让给泰国（某种意义上也是日本的盟友），直到1947年，上述地区才被柬埔寨收回。1944年，法国国内发生了变化，政局混乱。1945年初，日本不得不直接统治柬埔寨。

“二战”后，法国人卷土重来，将柬埔寨作为法兰西联邦内的一个自治国，但保有实际上的控制权。“二战”后，柬埔寨国内各种政治力量相互争夺，而法国对越南和老挝的战争又波及柬埔寨，从而使柬埔寨国内形势更加不稳定。越南人民与“自由高棉”（Khmer Issarak）联合起来抗击法国，20年后，柬越再度携手抗击朗诺（Lon Nol）和美军。

西哈努克时期

独立后的柬埔寨迎来了和平与繁荣，这是一个黄金时期，是富有创造性和乐观精神的年代。金边的规模和声望都在与日俱增，吴哥寺庙更是东南亚重要的旅游目的地。西哈努克接待了来自世界各地有影响力的领导人。然而，好景不长，美国在越南的战争变成了一个黑洞，吞噬着邻国。

1952年年底，西哈努克国王解散了新议会，发布戒严令并发起了“皇家十字军东征”，他多方游走，为柬埔寨的独立争取国际社会的支持。1953年11月9日柬埔寨正式宣告独立，1954年5月在日内瓦会议上，柬埔寨的独立获得了国际社会的认可，从此法国结束了对柬埔寨的统治。1955年，由于担心陷入浮夸的王室礼仪中从而被边缘化，西哈努克退位。“皇家十字军战士”变成了“公民西哈努克”，他发誓永远不再担任国王。与此同时，他的父亲成为国王。这一举动使西哈努克同时获得了王室的权威和至高的政治权力。他新组建的政党——社会主义人民共同体（Sangkum Reastr Niyum）在1955年9月的大选中获得了全部国民议会议席，在之后的15年中，西哈努克一直控制着柬埔寨的政局。

要详细了解诺罗敦·西哈努克的传奇一生和他执政的年代，可以阅读米尔顿·奥斯本（Milton Osborne）写的传记《光明王子，黑暗王子》（*Prince of Light, Prince of Darkness*，1994年）。

虽然担心越南共产党，但与美国的两个盟友南越和泰国相比，西哈努克认为后者才是柬埔寨国家安全的最大隐患，它们甚至威胁到了柬埔寨

1907年

在法国当局的成功斡旋下，西北部的暹粒、马德望和柏威夏三省重归柬埔寨，自1794年以来，这3个省一直处于泰国的统治之下。

1941年

年仅19岁的年轻国王西哈努克登基，开启了其长达70多年的政治生涯。

1942年

日本军队占领柬埔寨，保留了法国维希政府在柬埔寨的行政机构，但在战争即将结束的时候，柬埔寨国内又燃起了独立的火焰。

1947年

在日本统治期间被泰国占领的马德望、暹粒和诗梳风三省被重新归还给柬埔寨。

的生存。为了避开危险，西哈努克宣布柬埔寨在国际事务中保持中立，并拒绝了美国的进一步援助，尽管这些援助在国家军费预算中占有相当大的比例。他还将一些产业收归国有，其中包括稻米贸易，这激起了很多柬埔寨华裔的不满。1965年，西哈努克确信美国正在策划反对他本人和他的家族，于是与美国断绝了外交关系，转而向北越和中国倾斜。此外，他还同意共产党利用柬埔寨的领土打击南越和美国。西哈努克的态度使其在这个动

西哈努克：最后的神王

长期以来，诺罗敦·西哈努克一直活跃在动荡的柬埔寨政坛上。他是一个极富魅力的人物，年轻时富有激情，经常改变政治立场，而且风流倜傥。成为王子后，他成功终结了法国殖民主义，带领柬埔寨进入黄金时期，也曾被红色高棉软禁，流亡国外，最后又回到国内担任国王。人们对他评价不一，但不管怎样，在残酷的政治斗争中，他是幸存者。

西哈努克生于1922年，他属于王室诺罗敦一支，并没有明显的争夺王位的意图。1941年登基时，他年仅19岁，还没有完成学业。1955年，西哈努克退位，将注意力转向了政治，当年，他所领导的政党在大选中获得了全部国民议会议席。到20世纪60年代中期，西哈努克在柬埔寨执政已达10年之久。

在柬埔寨有一句名言："西哈努克就是柬埔寨。"他的领导是柬埔寨获得成功的关键。然而，随着柬埔寨不可避免地卷入美国在越南的战争，以及军队对农村地区的左翼起义开展打击，西哈努克逐渐成为负累。

1970年3月18日，国民议会投票使西哈努克失去了国家元首的地位。西哈努克流亡北京，并与共产党人联合起来。1975年4月17日，红色高棉取得胜利，西哈努克作为新国家——民主柬埔寨的元首回到祖国，就任不到一年辞职，并被软禁在王宫，直到1979年初越南入侵前夕，他再次飞回北京。

西哈努克一直在为祖国各项事业的发展做出努力，他是一位国际政治家、将军、总统、电影导演、人民之子。1993年9月24日，在踏入政坛38年之后，他又重新登基成为国王。2004年10月7日，他再次退位，他的儿子西哈莫尼（Sihamoni）继承了王位。不管怎样，最后的神王西哈努克在史册上留下浓墨重彩的一笔。

诺罗敦·西哈努克于2012年10月15日在北京去世，几天之后，他的灵柩被空运回柬埔寨。100多万柬埔寨人从机场到王宫列道迎接遗体，100天的悼念仪式后，举行了隆重的国葬。

1953年

西哈努克的"皇家独立十字军"东征取得了胜利，11月9日，柬埔寨脱离法国获得独立，从此进入了一个乐观的新时期。

1955年

西哈努克国王退位，开始其政治生涯，他组建了社会主义人民共同体，并轻松赢得大选。

1962年

长期以来，柬埔寨和泰国一直对坐落在两国边境扁担山的柏威夏寺存有领土争端，在这一问题上国际法庭倾向于柬埔寨。

1963年

波尔布特和英萨利从金边逃往腊塔纳基里的丛林地带，开展反对西哈努克政府的游击战争。

荡的地区中处于一个危险的位置。

这些举措和他的社会主义经济政策引起了柬埔寨国内保守势力的反对，其中包括一些军队的高级将领和城市精英。同时，一些曾留学海外的左翼人士对当局不接纳不同政见而深感不满。此外，国内民众越来越无法容忍在各级政府内部普遍存在的腐败现象，其中甚至还涉及王室，这进一步激化了国内的矛盾。尽管西哈努克受到多数农民的尊敬和崇拜，但1967年在马德望省的Samlot还是爆发了农民反抗，这使西哈努克认识到左翼势力是他统治的最大威胁。迫于来自军队的压力，他实施了一系列压制左翼势力的政策。

1969年，随着越南人进一步在柬埔寨国内寻求避难所，军队和左翼叛乱者之间的冲突变得更加激烈，西哈努克也因沉迷于电影制作、荒废国家事务而处于越来越不利的政治地位。1970年3月，在西哈努克访问法国、苏联期间，朗诺将军和西哈努克的堂兄施里玛达（Sisowath Sirik Matak）王子在美国的默许下发动了政变。西哈努克在北京成立了流亡政府，与柬埔寨国内的一支革命力量联合起来，后者被西哈努克称为红色高棉（Khmer Rouge）。这是柬埔寨当代史中非常关键的时刻，红色高棉利用西哈努克的声望招募新成员，逐渐扩充自己的力量。许多前红色高棉的战士们强调，他们之所以加入这个组织，是为他们的国王而战。

陷入内战

柬埔寨进入了血腥的内战时期。新政府缺席宣判西哈努克死刑，在接下来的5年中排除了一切与其和解的可能。朗诺向越南共产党发出了最后通牒，限其在一周内撤出他们的军队，这实际上是向其宣战，因为越南人不愿回国面对美国人。

朗诺的军事新闻专员以花哨的，甚至是富于想象力的新闻简报而著称，这些简报过分地粉饰了日益糟糕的战况，像他们杜撰的安荣少校（Major Am Rong）这类英雄人物，很少有人会信以为真。

1970年4月30日，美国和南越军队大举入侵柬埔寨，目的是彻底消灭将柬埔寨作为军事基地进而推翻南越政府的越共和北越军队。入侵使越南共产党撤入了柬埔寨腹地，从而对朗诺政府造成了更大的威胁。柬埔寨弱小的军事力量没有任何优势，在几个月之内，越南和红色高棉的联盟军队控制了大约一半国土。1970年7月，越南人占领了吴哥寺庙，这对于朗诺政权来说是莫大的耻辱。

1969年，美国开始对柬埔寨国内的共产党大本营实施代号“操作菜单”的秘密轰炸行动。直到1973年8月，美国国会才决定停止轰炸。在这4年

1964年

在美国支持推翻南越总统吴庭艳（Diem）的政变之后，西哈努克的政治倾向转向左翼，与美国断绝了外交关系，并将稻米贸易收归国有，引起了华裔工商业界的不满。

1969年

美国总统尼克松授权秘密轰炸柬埔寨，从边境地区开始实施地毯式轰炸，后来范围扩大到全国，轰炸一直持续到1973年，25万柬埔寨人在轰炸中丧生。

1970年

西哈努克被施里玛达王子和军队指挥官朗诺推翻并在缺席审判的情况下被判处死刑，之后西哈努克与红色高棉结成联盟，这标志着柬埔寨五年内战的开始。

1971年

高棉共和国（Khmer Republic）领导人朗诺在对柬埔寨境内的越南共产党及其盟友红色高棉的战争中彻底失败。他后来身患中风，但仍然勉强维持领导地位，直到1975年。

中，美国的B-52轰炸机对柬埔寨东部的大片国土实施了地毯式的轰炸，成千上万的平民丧生，数十万人流离失所，沦为难民。轰炸使越来越多的农民失去亲人，红色高棉不断壮大。1973年上半年的轰炸最为猛烈，虽然金边避免了过早的失陷，但这种暴行也使许多红色高棉骨干分子的态度更加坚定，这也许就是造成其后来残暴统治的原因。

残酷的战争使柬埔寨支离破碎，满目疮痍，数百万人民流离失所，痛苦不堪，许多人都逃离农村来到金边和省会城市，这些地区相对安全一些。在1970年到1975年，数十万平民死于战乱。这一时期，红色高棉在推翻朗诺统治的斗争中起到了至关重要的作用。在越南的支持下，它的力量不断壮大，但在1975年以后，红色高棉的领导层却极力否认越南的支持。

20世纪60年代，红色高棉的领导人，包括曾留法的波尔布特（Pol Pot）和英萨利（Ieng Sary）等人，为了躲避西哈努克安全部队对左翼人士的镇压而逃到了农村地区。他们对武装斗争加强了控制，并在占领金边之前就开始了排除异己的行动。自1954年日内瓦会议以来，有许多柬埔寨共产党人以河内为基地，在越南受训。1973年，他们当中的许多人通过胡志明小道（Ho Chi Minh Trail）回到祖国加入了红色高棉。1975年，许多人被反越的波尔布特派杀害。同样，许多温和的西哈努克支持者们也成了被肃清的对象，他们当初加入红色高棉更多是出于对自己领袖的忠诚。这一系列排除异己的行动为之后的内部大清洗埋下了伏笔，大屠杀最终导致了红色高棉的垮台。

朗诺政府执政不久就因内部空前的贪婪和腐败而失去了民心。由于有美国的资金支持，政府和军队中的许多人认为这是发财的大好时机，他们编造虚假士兵名册吃空饷，甚至将武器卖给敌人。朗诺被普遍认为是一个昏庸无能的领导，醉心于迷信、算命者的谎话和圣战。自从1971年3月中风后，这种趋势愈演愈烈，在接下来的4年中，朗诺对现实显得软弱无力，而他兄弟Lon Non的权力则不断扩张。

尽管有美国在军事和经济上的大量援助，朗诺政府在对红色高棉的战争中却从未取得过主动权。红色高棉迅速占领了大部分国土，许多省会和金边的联系被切断。1975年4月初，朗诺逃往国外，国内事务交由施里玛达负责，后者始终拒绝撤离柬埔寨。在致美国大使约翰·巩特尔·迪安（John Gunther Dean）的信中，施里玛达尖锐地写道："我不能以这样懦弱的方式离开……我唯一犯下的错误就是相信你们美国人。"1975年4月

《地狱的尽头：一个在柬埔寨红色高棉统治时期幸存下来的女人》（*To the End of Hell: One Woman's Struggle to Survive Cambodia's Khmer Rouge*）是一部令人难以置信的回忆录，Denise Affonco记录了她作为在红色高棉革命时期唯一幸存的外国人的经历，她之所以能够幸免于难，是因为她的丈夫是红色高棉组织中的一位高级知识分子。

柬埔寨文献中心（Documentation Center of Cambodia）旨在收集红色高棉的罪证，为后代留下档案。它的网站收集了大量有关柬埔寨历史上最黑暗时期的信息。欲知详情，请登录www.dccam.org。

1973年

西哈努克和他的妻子莫尼列沿胡志明小道抵达吴哥附近的圣山——荔枝山，探访其盟友红色高棉，这对波尔布特来说是一个宣传上的胜利。

1975年

4月17日，红色高棉占领金边，并将这一年定为零年，清空首都，将整个国家变成一个没有围墙的监狱。

1977年

红色高棉的波尔布特派对东部地区发动了最为血腥的清洗，导致湄公河两岸爆发内战，越南人卷入战争。

1979年

1979年1月7日，在入侵柬埔寨两周之后，越南武装将柬埔寨从红色高棉的统治下解放出来，并在金边扶植了一个亲越政府。

17日，红色高棉占领了金边，两个星期后西贡（现在的胡志明市）也获得了解放。

红色高棉革命

红色高棉占领金边之后推行了一系列激进、野蛮的社会变革，目标是通过一场纯粹的革命将柬埔寨变成一个由农民控制的土地合作社。在红色高棉掌权后仅仅几天之内，金边和省会城市的所有人口，其中包括老弱病残，都被赶到了农村，像奴隶一样每天工作12~15个小时，稍有不从便会被立即处死。他们还把红色高棉的统治元年定为零年（Year Zero），废除货币，中断邮政服务。柬埔寨断绝了与外界的一切联系。

在波尔布特眼中，红色高棉并不是一个统一的组织，而是由许多派别组成的，所以需要进行彻底的清洗。他首先拿曾经在越南受训的红色高棉和西哈努克的支持者们开刀，但在执掌政权后，他将整肃目标对准前政权中的敌人。所有与朗诺有关联的军政要员，都在金边陷落后的几天之内被处死。之后清洗的范围又向金边以外扩张，全国被分成若干地理区域。最效忠的西南部地区武装力量在独腿将军切春（Ta Mok）的率领下被派往其他各个区域逐一进行大清洗，成千上万的人被处死。

当清洗进行到强大而独立的东部地区时，其血腥程度达到了顶点。人们普遍认为，思想上和地理上靠近越南的东部地区与红色高棉的其他派别相比更加温和。波尔布特派在巩固了全国的其他地区后，才从1977年开始把大清洗的矛头移向东部。成百上千的领导人还没来得及反抗就被处死了，这最终导致东部爆发叛乱并引发内战。东部的许多领导人逃往越南，构成了1979年1月由越南所扶植的政府的核心。东部的民众毫无防备、不被信任——他们被说成是“柬埔寨人的身子，越南人的脑袋”或“鸡头鸭屁股”——他们戴着崭新的蓝色围巾（kramas）被驱逐到西北部地区。如果没有越南的入侵，他们都难逃灭顶之灾，因为蓝色围巾是红色高棉的一种秘密标记，标明他们是来自东部的革命的敌人。

在红色高棉执政的3年8个月零20天里，柬埔寨国内究竟死了多少人，至今仍无确切数字。越南人声称当时有300万人丧生，而据国外专家的长期研究表明，死亡人数接近100万。据耶鲁大学研究人员从事的调查表明，死亡人数在200万左右。

红色高棉的领导层屠杀了数十万的柬埔寨人，此外还有数十万人死于

1980年

由于前些年局势混乱，水稻种植锐减，几乎绝收，柬埔寨遭遇了一场严重的饥荒，全世界范围内发起了“援助柬埔寨（Save Kampuchea）”运动。

1982年

西哈努克迫于压力加入红色高棉，担任民主柬埔寨联合政府（CGDK）首脑，这一军事战线反对金边的亲越政府。

1984年

越南大举入侵柬埔寨西部，红色高棉及其盟友被迫撤入泰国境内的难民营和根据地。

1985年

柬埔寨高层发生变化，洪森担任总理，今天洪森仍然是柬埔寨首相和柬埔寨人民党（CPP）领袖。

饥饿和疾病。在地里劳作了一整天的男女老幼们每天只能以两顿稀粥勉强充饥。在劳动营中疾病蔓延，疟疾和痢疾夺走了无数人的生命。对于许多生活在苦难中的人们来说，死亡倒是一种解脱。有些地区的情况也许会好一些，有些领导人可能更公平些，但大多数人都在无尽的不幸和痛苦中挣扎，在这座没有围墙的监狱里受尽煎熬。

随着越来越多的温和派被肃清，安卡（Angkar，革命组织）成了人民唯一需要的家人，谁稍有不从就会遭到灭顶之灾。红色高棉夺走了柬埔寨人民一切值得珍惜的东西，包括家人、食物、土地和信仰。即使是当初支持革命的农民也不再支持他们。到了1978年，红色高棉已经尽失人心，但人们已经没有一丝力气进行反抗了……除了越南人。

新闻记者亨利·卡姆（Henry Kamm）自20世纪70年代至90年代连续多年发表来自柬埔寨的报道，他的著作《柬埔寨：来自一块灾难深重的土地的报道》（*Cambodia: Report from a Stricken Land*）对近年来发生的事件有着深刻的洞察。

越南介入

柬埔寨与越南的关系自古就很紧张，越南人缓慢、稳步地向南扩张，蚕食柬埔寨的领土。尽管两国共产党曾像兄弟一样并肩作战，但紧张关系很快显现。

1976年到1978年，红色高棉在柬越边境制造了一系列摩擦，并声称湄公河三角洲曾经是高棉帝国的一部分。红色高棉侵入越南边境各省，造成数以百计的越南平民死亡。1978年12月25日，越南大举入侵柬埔寨，两周之后推翻了波尔布特政府。当越南人的坦克迫近金边之际，红色高棉逃往西部柬泰边境的丛林和山区，同时还掠走了大量的平民。

越南人扶植了由几个前红色高棉官员领导的新政府，其中包括现任首相洪森，他于1977年投靠越南。之后越南人对波尔布特和英萨利进行了公审，以大屠杀的罪名缺席宣判他们死刑。

饱受痛苦折磨的人们开始寻找幸存的亲人。数以百万的人背起行囊，不得不长途跋涉数百公里返回故乡。稻米仓库被捣毁，庄稼枯萎，水稻播种少得可怜，这一切导致了1979年和1980年的全国性饥荒。

随着柬埔寨国内冲突的升级，经中国斡旋，1982年，西哈努克同意领导一个反对金边政府的军事和政治统一战线，将各方抗越力量联合起来，其中包括忠于西哈努克国王的“争取柬埔寨独立、中立、和平与合作民族团结阵线”（奉辛比克党，其法语首字母缩写为Funcinpec），由前首相宋双（Son Sann）领导的非共产党组织——高棉人民民族解放阵线（Khmer People's National liberation Front），以及红色高棉（正式名称为柬埔寨

如果你对柬埔寨的历史感兴趣，想全面了解从史前经辉煌的吴哥王朝时期直到今天的历史，可以参阅大卫·钱德勒（David Chandler）写的《柬埔寨历史》（*The History of Cambodia*，1994年）。

1989年

由于戈尔巴乔夫的改革开始对社会主义阵营产生影响，越南受到节制，因此宣布从柬埔寨撤军。

1991年

签署《巴黎和平协议》（*Paris Peace Accords*），各方（包括红色高棉）同意在联合国的监督下参加自由、公平的选举。

1993年

支持西哈努克的保皇党奉辛比克党在拉纳烈（Ranariddh）王子的领导下赢得大选，但人民党以东部脱离柬埔寨相威胁，挤入政府。

1994年

红色高棉以外国游客为袭击对象，绑架并杀害乘出租车和火车去往南部海岸的游客，从而强化了柬埔寨是个危险国家的国际形象。

救灾政治

柬埔寨的饥荒成为冷战双方的一次新的交锋，华盛顿和莫斯科争相对这一事件施加影响。随着数十万柬埔寨难民涌进泰国，联合国实施了大规模的国际援助。国际社会希望通过波贝（Poipet）的一座陆桥向柬埔寨实施援助，而新成立的亲越金边政府则要求所有的供给都经过磅逊（西哈努克市）或湄公河运抵首都。双方都有其自己的理由——新政府不希望救援落入敌人红色高棉的手中，而国际社会则不相信新政府有能力分发救援物资——双方的想法都是正确的。

一些机构通过金边分发救援物资，进度缓慢；而另外一些机构则在泰国搭建了难民营。对于半数的柬埔寨人来说，难民营更具吸引力，因为许多人都担心红色高棉会卷土重来，还有人想在国外开始新的生活。泰国军方借此说服国际组织，通过他们的渠道分发所有救援物资，并利用这一机会帮助红色高棉重新建立自己的武装力量，从而有效地抵抗越南。泰国允许国际救援食物通过它的领土运抵柬埔寨，但作为条件，必须向驻扎在泰国边境的红色高棉武装营地提供食物。这些国际援助以及中国供给的武器成为红色高棉能够重新组建军事力量的关键因素，这使他们在以后的20年中得以继续战斗。

民主党——Party of Democratic Kampuchea）。在这三个组织中红色高棉实力最强，为了适应当时的现实政治，保证团结，红色高棉的罪行被放到一边。

在20世纪80年代的多数时间里，除了一些人道主义救援组织之外，柬埔寨仍然与西方世界隔绝。而其政府又被有效地控制在越南人手中，因此柬埔寨更像是处于东方阵营。这一时期的大部分时间，柬埔寨和越南一样都遭到了来自美国的禁运，国内经济濒于崩溃。

1984年，越南占领了柬埔寨境内所有的抗越阵地，红色高棉和他的盟友不得不撤入泰国境内。从那时起，红色高棉和另外两股抗越力量致力于开展游击战争打击越南武装。红色高棉的策略包括炮轰政府军控制的要塞，在农村埋设地雷，打击公路运输，炸毁桥梁，绑架村长和袭击平民。红色高棉还迫使处于其控制下的柬埔寨难民营的妇女儿童，穿越边境的地雷区，将军火和其他给养送入国内。

越南方面则埋设了世界上最长的地雷区K-5，从泰国湾（Gulf of Thailand）一直延伸到老挝边界，试图对游击队形成封锁。他们还派柬埔寨人进入靠近偏僻路段的林区砍伐树木，使游击队无法设埋伏。成千上万

在20世纪80年代的大部分时间里，在金边以外，柬埔寨人口最为集中的地方是位于泰国边境的考伊当（Khao-I-Dang）难民营。

1995年

人民党以诺罗敦·施里武亲王（Prince Norodom Sirivudh）图谋杀害洪森总理为由将其逮捕，并驱逐出境，从而又除去了一个潜在的对手。

1996年

在柬埔寨与排雷咨询组（MAG）一同工作的英国排雷人员克里斯托弗·霍伊斯（Christopher Howes）及其翻译胡恩·霍斯（Houn Hourth）被红色高棉绑架，随后被杀。

1997年

第二首相洪森发动军事政变，推翻了第一首相诺罗敦·拉纳烈，这在柬埔寨被称为“1997事件”。

1998年

4月15日，波尔布特去世，同时安隆汶被政府军占领，许多观察家质疑这是否只是巧合。

的人死于疾病和因地雷引起的伤害。虽然红色高棉已不再执政，但20世纪80年代的大部分时间还是和70年代一样艰难，人们在漫长的煎熬中挣扎度日。

联合国的到来

随着米哈伊尔·戈尔巴乔夫（Mikhail Gorbachev）入主克里姆林宫，冷战结束。苏联阵营首先瓦解，越南被国际社会孤立，经济陷入瘫痪。1989年9月，越南宣布从柬埔寨撤出全部军队。越南人离开后，仍由红色高棉控制的抵抗联盟发动了一系列攻势，迫使脆弱的政府回到谈判桌前。

1990年9月，在柬埔寨结束内战的问题上，经过多方的外交努力，成果终于显现出来。金边政权与民柬三方联合政府都接受了一项和平计划。根据计划，四方联合组成全国最高委员会（Supreme National Council，简称SNC），西哈努克任主席。同时，联合国柬埔寨过渡权力机构（UN Transitional Authority in Cambodia，Untac）在两年间负责监管柬埔寨政府，以保证选举自由公平地进行。

联合国柬埔寨过渡权力机构无疑取得了成功，但柬埔寨的"民主时代"是以高昂的代价换取的。在联合国柬埔寨过渡权力机构的努力下，柬埔寨通过了许多国际人权协议。它向一些非政府组织敞开了大门，最重要的是柬埔寨大选在1993年5月25日如期举行，选民投票率高达89.6%。选举结果出乎人们的预料，由诺罗敦·拉纳烈（Norodom Ranariddh）王子领导的奉辛比克党在国民议会中赢得了58个议席，代表前共产党政府的柬埔寨人民党（Cambodian People's Party，CPP）获得51个议席。柬埔寨人民党在大选中落败，但他的最高领导层威胁要将东部各省从柬埔寨分裂出去。最后的结果以产生两个首相告终：诺罗敦·拉纳烈为第一首相，洪森为第二首相。

直到今天，联合国柬埔寨过渡权力机构仍然被联合国视为一个成功范例。也有一种观点认为，这是一个考虑欠妥、执行不力的和平，因为各方势力想推进的议程各不相同。对于那些在20世纪70年代挣扎着幸存下来的柬埔寨人来说，红色高棉在犯下滔天罪行后还能参与竞选简直令人难以置信。

联合国的裁军计划使农村民兵失去了武器。长期以来民兵在政府抵抗

在红色高棉执政的民主柬埔寨时期，只有少数外国人被允许访问柬埔寨。美国记者伊丽莎白·贝克（Elizabeth Becker）曾在1978年年末去过柬埔寨，她将自己的所见所闻著成了《当战争结束之后》（*When the War Was Over*，1986年）一书。

1999年

在延时两年之后，柬埔寨终于加入了东盟，在东南亚的大家庭中占有一席之地，并且重新回归世界舞台。

2000年

"柬埔寨自由战士（CFF）"在金边发动了袭击，在美籍柬埔寨人不同政见者的支持下，袭击者拥有轻型武装，但缺乏训练和政治经验。

2002年

柬埔寨首次实行地方选举，这是在全国范围内消除原有的共产主义体系的控制，推行草根民主的尝试性举措。

2003年

人民党赢得大选，但政治内讧使新政府的形成推迟了将近一年，最后奉辛比克党与人民党联合组成新政府。

20世纪60年代，柬埔寨曾经是一片和平的绿洲，而邻国越南和老挝则处于战乱之中。到了20世纪70年代，一切都发生了变化。欲知详情，可阅读《花絮：基辛格、尼克松和柬埔寨的毁坏》(*Sideshow: Kissinger, Nixon and the Destruction of Cambodia*)，作者威廉·肖克劳斯(William Shawcross，1979年)。

红色高棉进攻的防御网络中扮演了中坚力量，裁军使全国各个地区变得不堪一击，而红色高棉则利用和平进程赋予他的合法性做掩护，在全国重新建立了游击队网络。自1979年以来直到1994年被政府宣布为非法，红色高棉时期毫无疑问是对柬埔寨的稳定造成最大威胁的时期。

联合国柬埔寨过渡权力机构的主要目标是"恢复和维护和平"和"促进国内和解"，就短期而言，这两个目标都没能实现。在联合国柬埔寨过渡权力机构的监管下，柬埔寨的确出现了自由和公平的选举，但后来柬埔寨的政客们又改变了这一切。这段时间联合国在废除由人民党建立的社会主义机构方面几乎无所作为，致使从前的共产主义者仍然控制着今天的行政部门、司法机关、军队和警察。

姗姗来迟的和平

1979年越南军队推翻波尔布特政府之后，红色高棉就转移到了丛林地带。1993年，它抵制柬埔寨大选，之后又拒绝旨在达成停火协议的和平对话。1994年，红色高棉采取了新的战略，将柬埔寨国内的外国游客作为袭击的对象。1994年，3名游客在乘出租车去往西哈努克市的路上被劫持，随后被枪杀。几个月后，又有3名外国人在驶往西哈努克市的火车中被劫持，劫匪勒索赎金，随后当军队将其包围后又将人质处死。

20世纪90年代中期，政府改变了方针，对红色高棉采取怀柔政策，以期结束战争。1996年，情况终于有了转机。波尔布特正式指控红色高棉的3号人物、前外交部部长英萨利贪污。随后，英萨利带领大批部队及随从在拜林(Pailin)地区向政府投诚。这在很大程度上决定了余留红色高棉势力失败的命运。拜林富产宝石和木材，长期以来，这里一直是红色高棉反政府武装的经济支柱。由于经济紧张，再加上目前政府军只有一个作战前线，物资非常集中，种种迹象表明内战结束指日可待。

1997年，柬政府两大联合执政党之间出现裂痕，还不成熟的民主政治再度陷入危机。红色高棉内部又发生了一件大事。波尔布特下令处死红色高棉执政时期的国防部长宋成(Son Sen)及其家人。这一行动在红色高棉领导层内部引发了政变，强硬派独腿将军切春(Ta Mok)控制了局势，并对波尔布特进行了"审判"。有消息称波尔布特将被押往金边接受国际审判，但很快人们关注的焦点又重新回到了首都金边。

在很长一段时间内，奉辛比克党(Funcinpec)和人民党都试图赢得

2004年

令观察员意想不到的是，西哈努克国王退位，他的儿子西哈莫尼继承王位。这是一个受欢迎的选择，因为西哈莫尼一向远离政治。

2005年

柬埔寨加入WTO，开放自由贸易市场，但许多评论员认为，这也许会适得其反，因为柬埔寨的经济体量太过弱小，而国内生产商也将失去保护伞。

2006年

在新柬埔寨，诉讼和反诉讼见证了政治领袖从冲突转向法庭。反对党领袖桑兰西(Sam Rainsy)回到祖国，而拉纳烈亲王却离开了。

2007年

面对冲突、阴谋和背叛，保皇党奉辛比克党继续瓦解，民主主义者加入了桑兰西的党派，保皇派加入了新的诺罗敦·拉纳烈党，还有一部分人加入了柬埔寨人民党。

柬埔寨北部残存的红色高棉强硬派的信任。拉纳烈急于在柬埔寨加入东盟（ASEAN）之前与丛林中的红色高棉达成协议，因为结束柬埔寨长期的内战无疑是加入东盟最好的砝码。结果第二首相洪森利用谋略最终击败了拉纳烈。1997年7月5日，分别效忠人民党和奉辛比克党的军队在金边街道上再度交火。机场和政府大楼周围战斗最为激烈。不久，尘埃落定，人民党再次控制了柬埔寨的局势。柬埔寨人委婉地称其为"1997事件"，而国际社会则谴责其为政变。

1998年，人民党宣布对其北部敌人采取全面攻势。4月，他们包围了红色高棉的要塞安隆汶（Anlong Veng）和柏威夏（Preah Vihear），正值双方激战之际，被前红色高棉战友俘虏的波尔布特于4月15日寿终正寝，从而逃避了人民的审判。4月，安隆汶陷落，5月，柏威夏失守，红色高棉的3个主要人物切春、乔森潘（Khieu Samphan）和农谢（Nuon Chea）被迫带领残存的部队逃入靠近柬泰边境的丛林当中。

1998年的选举结果表明人民党已经在柬埔寨的政治体系中占据了主导地位，12月25日，洪森收到了一份他期盼已久的圣诞礼物：乔森潘和农谢向政府投降。国际社会开始施加压力，要求成立战犯法庭对红色高棉剩余领导人进行审判。经过长时间的协商，各方终于在成立法庭对红色高棉剩余领导人进行审判的问题上达成了一致。人民党不信任由联合国主持审判，因为联合国曾经与由红色高棉领导的反政府联盟站在一起。人民党希望由他们决定谁该接受审判，以什么罪名进行审判。而联合国则有理由怀疑柬埔寨在组织这样重要的审判方面是否有足够的经验，并保证审判的公正性。最后，双方达成了一个妥协的解决方案——组成联合法庭。该法庭由3名联合国法官和4名柬埔寨法官组成，最后裁决必须得到2名联合国法官和3名柬埔寨法官投票形成绝对多数认可才能生效。了解更多柬埔寨的近期信息，见314页。

向民主迈进

2002年，柬埔寨首次实行地方选举，将选举产生村和乡镇的基层代表，这是在全国范围内推行民主政治的重要举措。自1993年柬埔寨首次选举以来，人民党一直掌握着对基层的绝对控制权，只有通过地方选举，才能打破这种政治上的垄断。2003年7月的选举结果显示了各党派力量的对比，人民党进一步巩固了自己的统治地位，桑兰西党超过奉辛比克党，成为

在西方势力包括美国和英国的支持下，直至1991年，红色高棉在纽约联合国大会中仍保有席位，那些本该对血腥屠杀负责的罪犯却在国际舞台上代表他们的受害者。

2008年

举行大选，人民党获得的选票增至58%，剩余选票由其他几个政党获得。

2009年

杜赫（Duch），原名康克由（Kaing Guek Eav），臭名昭著的S-21监狱监狱长，因其在红色高棉统治时期所犯下的罪行受审。

2010年

11月22日，一年一度的送水节渐近尾声，狂欢者蜂拥穿过一座窄桥时，大量拥挤的人群导致超过350人死亡。

2011年

酝酿已久的柏威夏寺之争终于演变成柬泰两国的边境冲突。在东盟轮值主席国印度尼西亚的主持下，两国达成了一项停火协议。

柬埔寨的第二大政党。这一趋势一直持续到2008年大选，人民党获得国民议会大多数席位。不过2013年的选举见证了局势的扭转，通过大选，反对派成功联合起来。流亡的柬埔寨救国党（CNRP）的领袖桑兰西回归，他的政党在与人民党（CPP）的博弈中几乎取得胜利。

2012年

柬埔寨担任东盟轮值主席国，举办了亚太经合组织会议（Asia-Pacific Economic Cooperation，简称APEC）。时任美国总统奥巴马飞往金边，但是没有会见首相洪森。

2013年

在柬埔寨第五次战后选举中，联合反对派柬埔寨救国党赢得国民议会的55个席位。救国党提出选举违规，但是人民党对于展开调查的呼吁不予理睬。

2014年

在引起纷争的选举结束之后的一年内，反对派柬埔寨救国党最终进入国会。

2015年

人民党和反对党救国党共同进行“文化对话”以避免紧张态势蔓延，但是柬越边境问题爆发。

波尔布特和红色高棉审判

红色高棉在柬埔寨执政3年8个月零20天，这段历史会被柬埔寨人民永远铭记。1979年1月7日，越南军队推翻了红色高棉政府，但随后柬埔寨的内战持续了20年，直到1999年才结束。终于，在红色高棉倒台20多年后，人们才开始认真讨论审判导致近200万柬埔寨人死亡的罪魁祸首。这些审判于2006年开始，延续至今。

红色高棉特别法庭

第一案

第一案，对杜赫（原名康克由）的审判始于2009年。杜赫被视为一个关键人物，他曾经是S-21监狱的头目，与红色高棉统治时犯下的罪行密切相关。2010年，杜赫被判处35年徒刑，减去他已经服刑的时间，并考虑到他配合调查的表现，最终刑期减少至19年。对于许多柬埔寨人来说这是一大打击，因为杜赫已经承认对1.7万人的死亡负有全部责任。转换成简单的数字，这相当于每桩罪行只获刑10小时。2012年2月3日，上诉判决宣布，他的刑期被延长，被处以终身监禁。

要想更加详细地了解红色高棉的起源和民主柬埔寨政权，不妨读一读《波尔布特是如何掌权的》（*How Pol Pot Came to Power*，1985年）和《波尔布特政权》（*The Pol Pot Regime*，1996年），这两本书的作者都是耶鲁大学的学者本基尔南（Ben Kiernan）。

第二案

第二案于2011年11月开始，涉及当时仍然健在的民主柬埔寨时期级别最高的官员：红色高棉二号人物农谢（Nuon Chea，84岁），三号人物——民主柬埔寨时期的外交部部长英萨利（Ieng Sary，83岁），以及民主柬埔寨时期的国家领导人乔森潘（Khieu Samphan，79岁）。不过伸张正义的过程非常艰难，法庭审理过程缓慢，被告们也行将就木。在2013年3月14日，英萨利去世，他的妻子、民主柬埔寨时期的社会事务部长英蒂迪（Ieng Thirith，78岁）由于老年痴呆发作不适合受审。农谢和乔森潘都在2014年8月因为反人类罪被判处终身监禁，但是目前也面对另外一些关于种族灭绝的指控。

第三案

以民主柬埔寨时期的海军头目梅阿穆（Meas Muth）和空军头目苏迈（Sou Met）为被告的第三案带有政治色彩。2011年，它甚至威胁到整个特别法庭的进程。2009年，由于来自柬埔寨政府的巨大压力，对这一案件的调查陷入了停顿，柬埔寨政府希望第二案结束后，对红色高棉的审判到此为止，首相洪森已经发表了几个公开声明，反对继续进行第三案的审判，后来的僵局引起了包括人权观察（Human Rights Watch）组织在内的多方批评。许多独立观察员呼吁至少替换两名柬埔寨法官，因为他们缺乏政治公正，德国法官Siegfried Blunk因未能对第三案展开全面调查迫于压力辞职。在这场战争中，哪一方能够获胜还有待观察，但许多观察员认为，审判的可靠性目前仍然受到威胁。尽管这两人的下落众所周知，但目前二人仍未被捕。

代价

迄今为止，一共花费2亿美元，柬埔寨方面被指控有腐败和管理不善等行为。一些柬埔寨人认为，审判释放出一个有关责任承担的重要政治信息，这与当今柬埔寨的许多领导人不谋而合。也有一些人认为，花费巨额资金的审判是浪费钱，因为针对健在的红色高棉高官的证据已经是压倒性的，一个真相和调停委员会或许能够为柬埔寨人提供更令人信服的答案，他们想要理解红色高棉一般干部的动机。

波尔布特和他的同志们

波尔布特：红色高棉头号人物

波尔布特，这个名字曾经令柬埔寨人和外国人胆战心惊。正是他在1975年至1979年的执政时期对柬埔寨实行了血腥、疯狂的统治，他所推行的一系列政策为数以百万计的柬埔寨人民带来的是不幸、痛苦和死亡。

波尔布特，原名桑洛沙（Saloth Sar），1925年出生在磅同附近的一个小村庄。年轻时他曾获得奖学金留学巴黎，并在那里接触到马克思主义和共产主义思想，后来他将这些思想转变为极端的形式。

1963年，在西哈努克的压制政策下，桑洛沙和他的同志们逃到了腊塔纳基里的丛林地区。从那时起他改名为波尔布特。1970年，朗诺发动政变，西哈努克流亡北京。在红色高棉与西哈努克结成联盟的这段时间，红色高棉的支持率猛涨，其领导人的面孔也渐为公众熟悉。但波尔布特仍然处于幕后，而乔森潘和英萨利则是“公开出面的人物”。

1975年4月17日，红色高棉占领金边后，几乎没人预料到之后的柬埔寨将陷入一场空前的灾难。波尔布特集团实行了人类历史上最激进和残酷的革命。他定1975年为零年，将柬埔寨带入了自我破坏的阶段，试图割断与历史的一切联系。

在被越南人抛弃之后，波尔布特在1976年年末访问北京归来才出现在革命的台前。他拒绝接受任何国外媒体的采访，只有在政府电视台制作的宣传片中才能看到他的身影。在执政的最后一年，他通过这种舆论控制大搞个人崇拜，赢得了光环和声望。

20世纪80年代，波尔布特的大部分时间都是在泰国度过的。在那里，他得以重新组建自己的武装力量，并再次威胁到柬埔寨的稳定。当国际媒体试图揭开波尔布特的庐山真面目时，关于他的谜团也越来越多了。在此期间，曾经多次传出他的死讯，1998年4月15日当他去世的时候，许多柬埔寨人都不相信这是真的，直到在电视或报纸上看到了他的遗体，这一消息才得以证实。尽管如此，关于他真正的死因还有许多猜测和谣传。据官方说法，他死于心脏病突发，但他的遗体未经检查就被放在一堆轮胎上草草火化了。

红色高棉统治时期是柬埔寨的政治敏感话题，所以直到2009年，这段种族灭绝的历史才出现在高中的教材中。

要想更加详细地了解波尔布特的生平和时代，不妨买一本有关他的传记：《头号人物》（*Brother Number One*），作者大卫·钱德勒（David Chandler），或《波尔布特：一段噩梦般的历史》（*Pol Pot: The History of a*

Nightmare)，作者菲利·肖特（Phillip Short），这两部传记都写得很好。

农谢：柬埔寨二号人物

长期以来，农谢一直被认为是红色高棉革命的主要理论家和缔造者，他曾在曼谷的Thammasat大学修读法律，后来加入泰国共产党。1960年，柬埔寨共产党秘密成立时，他被任命为副书记，并且在波尔布特执政期间一直是红色高棉的二号人物，全权负责内部安全。2014年，他被判处终身监禁，并且因为另外的关于种族灭绝的指控等待柬埔寨法院特别法庭（Extraordinary Chambers in the Courts of Cambodia，简称ECCC）的进一步审判，对他的审判是第二案的一部分。

英萨利：红色高棉三号人物

英萨利是波尔布特的亲信之一，1963年逃往腊塔纳基里丛林地区，并在那里与波尔布特一起在北越共产党军队的配合下，加强训练游击队。英萨利是红色高棉的公众人物之一，后来成为民主柬埔寨的外交部部长。他在临死前都一直坚称自己没有参与计划并实施大屠杀。然而，自从1975年以来，他的确邀请了许多知识分子、外交官和侨民回到柬埔寨，他们当中的绝大多数人后来都被关进S-21监狱，受尽折磨，并被处死。1996年，他率游击队向政府投降，从而加速了红色高棉的灭亡。

乔森潘：红色高棉九号人物

乔森潘曾在巴黎学习经济，他的自给自足理论后来成为红色高棉经济政策的核心。在20世纪60年代西哈努克执政时期，乔森潘曾为社会主义人民共同体政府工作过几年，并对他的那些比较温和的理论进行了测试。在1967年对左翼分子的镇压中，他逃往丛林地带，并加入波尔布特和英萨利一伙。在民主柬埔寨时期，从1976年到1979年，他一直是国家的首脑。他和农谢一起于2014年被判处终身监禁，并且因为关于种族灭绝的指控等待进一步受审，对他的审判是第二案的一部分。

杜赫：S-21监狱狱长

杜赫，原名康克由（Kang Guek Eav），1942年生于磅同。最初是一名教师，1967年加入红色高棉。在1970年至1975年的内战期间，他在豆蔻山脉的基地中，负责地区安全和政治监狱，他在那里完善了他的审讯技术。红色高棉掌权后，他被派往S-21监狱，负责审讯并处决数以千计的犯人。在越南军队包围金边后，他逃走了，此后一直下落不明，直到英国摄影记者Nic Dunlop发现他生活在马德望省。他是第一个受审的红色高棉高官，并在第一案中被宣判，在整个审理过程中杜赫一直很配合。2012年初他被判处终身监禁。

未来

正义的车轮是否能快速转动，使健在的红色高棉领导人得到应有的判决仍有待观察。不过，在审判杜赫时（还有至少在对二号和九号人物的部分审判中），正义已经得到伸张，对于某些受害者来说已是解脱。获取审判的最新进展，可访问Cambodian Tribunal Monitor的官网（www.cambodiatribunal.org）。

《人民公敌》（*Enemies of the People*，2010年）讲述了柬埔寨记者、大屠杀幸存者狄森巴（Thet Sambath）如何赢得红色高棉二号人物农谢的信任，并最终诱使他说出其在当年大屠杀中的真实情况。

乔森潘在他2004年出版的作品《柬埔寨最近的历史和我那些决定背后的原因》（*Cambodia's Recent History and the Reasons Behind the Decisions I Made*）中试图开脱自己的罪行。

《当云从天空降落》（*When Clouds Fell From the Sky*，2015年）作者罗伯特·卡迈克尔（Robert Carmichael），这本书讲述了一位柬埔寨外交官在1977年回到柬埔寨之后消失，全家人在之后30多年里寻求正义的过程。

人民和文化

动荡的历史，宝贵的建筑遗产、雕塑和舞蹈，现代艺术的场景，令人着迷的各民族人民以及信仰，这一切构成了柬埔寨丰富的民族性格。

国民心理

吴哥王朝全盛时期过后，柬埔寨在多次战争中都处于失败的境地，周围强大的邻国一直虎视眈眈地觊觎着这个小国。历史塑造了民众的态度。柬埔寨给人的第一印象是人民乐观、幸福，但如果你对这个国家有了更加深入的了解后就会发现，这里充满了矛盾。光明与黑暗、富有和贫穷、爱和恨、生和死——在你的旅程中，这一切随处可见，而令人印象最为深刻的则是过去的辉煌和近年来的不幸之间的强烈对比。

吴哥无处不在：国旗、国产啤酒、香烟、酒店和客栈——到处都能看到它的影子。它是国家的象征，是民族的骄傲，标志着无论情况曾变得多么糟糕，柬埔寨人始终是修建伟大吴哥窟的伟大民族，这是不争的事实。

与此相对比，在红色高棉的血腥统治时期，柬埔寨陷入了地狱般的深渊。波尔布特在柬埔寨是禁忌字眼，因为正是他给国家带来了死亡和痛苦。

阇耶跋摩七世（1181~1219年在位）信奉大乘佛教，他的信仰指导他实施了许多改善民生的举措，例如修建医院、大学、公路和避难所。

柬埔寨人对待邻国人的态度是复杂的。一些柬埔寨人不喜欢泰国人，认为泰国人不承认在文化上亏欠柬埔寨，还看不起他们这个穷邻居。柬埔寨人对待越南人的态度更加矛盾，存在某种程度的不信任，许多柬埔寨人感觉越南将对自己的国家实行殖民统治（一些高棉人仍然将失去的湄公河三角洲称为“下柬埔寨”）。这种不信任与对越南在1979年将柬埔寨从红色高棉的统治下解放出来而产生的勉强尊重相抵消。但当20世纪80年代解放变成了占领之后，这种关系再度恶化。

柬埔寨的人口

柬埔寨战后第二次人口普查是在2008年完成的，当时全国人口约1350万。据估计，目前人口总数接近1600万，按照每年大约2%的快速增长，预计到2025年，人口将达到2000万。

金边是全国最大的城市，人口大约200万。其他主要的人口聚集中心包括繁荣的暹粒、西哈努克市、马德望和波贝。

与1980年相比，如今柬埔寨人口中因连年内战造成的男女比例失衡问题已经有所好转，但仍然十分严重，男女比例为95:100，而1980年则达到86.1:100。另外，人口的年龄结构也极不平衡，16岁以下的人口超过了40%。

柬埔寨人的问候

合十礼(sompiah)是柬埔寨的传统礼节，人们见面打招呼要双手合十并行鞠躬礼，有点像泰国的"wai"。手的位置放得越高、腰弯得越低就表示越尊重对方——当你会见官员和长辈的时候一定要牢记这点。近年来，传统的合十礼有被握手取代之势，男人间可以互相握手，但女人与同性或异性打招呼通常还是行合十礼。外国人在柬埔寨无论与男人或女人握手都是可以被接受(或者说是可以被原谅)的。

柬埔寨人的生活方式

对于许多年长的柬埔寨人来说，生活的中心是家庭、信仰和食物，这种生活方式已经存在了几百年。柬埔寨的家庭与一般意义上的传统核心家庭不同，它的范围更大，甚至包括第三代的堂表兄妹和姑妈、姨妈等(只要有血缘关系，就是一家人)。家人互相支持，共同解决难题和分享资源，一起听长者的睿智教诲。大家庭成员有福同享、有难同当，他们聚集在一起欢度节日、庆祝成功、悼念亡者、分担痛苦。在柬埔寨，无论房屋面积大小，每家都住着很多人。

柬埔寨和老挝渊源颇深，因为最初老挝王国(Lao kingdom of Lan Xang，万象之邦)的创建者法昂(Fa Ngum)曾经得到过他高棉岳父的帮助。

长期以来，柬埔寨的大部分人口都住在农村，千百年来的惯例是：祖孙几代人住在同一个屋檐下，吃一样的食物，拥有同样的信仰。但在20世纪70年代和80年代那段黑暗的日子里，战争和意识形态打破了惯例。农民们被迫去打一场血腥的内战，后来又沦为奴隶。红色高棉组织安卡成为道德和社会的主宰，致使家庭破裂，父母儿女、兄弟姐妹反目成仇，人和人之间失去了信任。直到今天，这种信任危机仍然没有完全消除。

而那些在战后相对自由的环境中长大的年轻人，受音乐电视和肥皂剧的影响，其生活方式和他们的长辈完全不同。柬埔寨正经历自己的"摇摆六十年代"，年轻人要追求与众不同的生活方式，他们的父母也束手无策。在城市里，这两种生活方式的摩擦愈演愈烈。叛逆的年轻人穿自己喜欢的服装，和喜欢的人约会，整夜狂欢。最近，这种代际冲突也蔓延到政治领域，"Facebook一代"传播着令人震惊的消息，使占据主导地位的支持柬埔寨人民党(CPP)的大多数民众一分为二。

在今后的20年间，柬埔寨的人口结构将有重要变化。目前，城市人口仅占20%，与较发达的邻国马来西亚和泰国相比，差距悬殊。越来越多的年轻人更愿意移居到城市寻找机会，这将不断改变当代柬埔寨的社会面貌。目前柬埔寨社会与泰国和越南相比还相对保守，这一点值得游客注意。

多元文化

据官方统计，柬埔寨90%以上的人口是高棉族，是东南亚地区种族最单一的国家。但事实上，由于20世纪大量华人和越南人的涌入，这一比例已经缩小了。其他少数民族包括占族、老族和高地农村的原住民。

政府鼓励低地的高棉人移居柬埔寨东北部，因为那里有充足的土地。然而那里是少数民族的故乡，他们并没有财产权或土地所有权方面的概念，在不久的将来，他们的文化很可能会被逐渐边缘化。

高棉族

从有历史记载时开始(大约在2世纪)，高棉族就一直居住在柬埔寨，很多个世纪之后，泰国人和越南人才相继移居到这一地区。几百年中，高棉族与生活在柬埔寨的其他民族不断融合，这些民族包括爪哇和马来人(8

高棉克戎人

越南南部的高棉克戎人（Khmer Krom）是高棉人的一支，由于历史上越南曾经蚕食柬埔寨领土，致使高棉克戎人从柬埔寨分离出去。没人知道高棉克戎人的确切人数，根据不同机构的统计，这一数字在100万到700万之间变化。

长期以来，越南人向柬埔寨扩张领土是高棉人教科书上的主要内容。1623年，柬埔寨国王吉·哲塔二世（King Chey Chetha Ⅱ）为满足越南王后的愿望，允许越南人在柬埔寨城镇Prey Nokor定居，很显然，这是得寸进尺的开端。Prey Nokor就是今天的胡志明市。

独立后，越南政府实行强制同化政策，让高棉人起越南名字，并用越南语学习。按照Khmer Kampuchea Federation（KKF）所说，高棉克戎人继续遭受迫害，包括缺乏医疗服务，遭受宗教歧视和赤裸裸的种族歧视。近年来，一些僧侣因非暴力抵抗而被解除僧职，按照人权观察（Human Rights Watch）组织所说，柬埔寨政府甚至协助驱逐一些煽动者。

许多高棉克戎人希望柬埔寨能够出面斡旋，使他们在越南获得更大程度的自治以及少数族群的地位，但柬埔寨政府对其强大的邻国采取了非常温和的方式，这也许是两国之间的历史关系使然。

要想了解更多有关高棉克戎人的斗争现状，请登录www.khmerkrom.org。

世纪）、泰族（10~15世纪）、越南人（从17世纪初开始）和华裔（从18世纪开始）。

越南人

越南人是柬埔寨第二大族群。据官方统计，生活在柬埔寨的越南人将近10万。不过非官方观察员称真实数字可能在50万至100万。他们在柬埔寨的捕鱼业和建筑业中起着重要作用。尽管许多越南人生活在柬埔寨有好几代了，但高棉人和越南人之间仍然存有嫌隙。

华裔

柬埔寨政府称国内的华裔大约有5万人。但消息灵通的观察员认为，居住在城市地区的华裔可能在50万至100万。柬埔寨的许多华人世世代代生活在这里，已经接受了高棉人的文化、语言和身份。在1975年以前，华裔一直在柬埔寨的经济生活中起主导作用。近年来，由于海外华人在柬埔寨投资的增加，华裔再次成为一股强大的经济力量。

占族

据官方统计，柬埔寨的占族穆斯林（当地称高棉穆斯林）大约有20万人。非官方的统计数字则在50万人左右。占族居住在湄公河和洞里萨河沿岸的村落中，主要分布在磅湛、磅士卑和磅清扬各省。在1975年至1979年，占族受到了野蛮的迫害，大部分占族社区成为攻击的目标。目前，许多被红色高棉毁坏的占族清真寺已经被重新修建起来。

Friends of Khmer Culture（www.khmerculture.net）致力于支持柬埔寨的艺术和文化组织，Meta House是位于金边的一个展览空间，旨在促进柬埔寨的艺术和文化。

其他少数民族

柬埔寨的北高棉人（Khmer Leu）或少数民族（chunchiet）生活在山区，人数在10万左右。

这些部落主要分布在柬埔寨东北部的腊塔纳基里、蒙多基里、上丁和桔井等省。其中最大的一个部落是Tompuon（也有其他写法），人数在2万左右。其他部落包括普农族（Bunong）、Kreung、Kavet、Brau和嘉莱人（Jarai）。

生活在山区的柬埔寨部落长期与主流的高棉人社会相隔离，他们之间很难相互理解。他们从事迁移农业，很少会在一个地方长时间停留。村中的长者受神灵的启示，为村民们寻找新的住所。与泰国、老挝和越南的少数民族不同，这里的人们很少穿色彩鲜艳的传统服饰。

留意金边以南和以东各省散布在稻田中的华人和越南人墓地。高棉人并不埋葬尸体，他们实行火葬，骨灰会被埋在寺院的佛塔内。

宗教

佛教

佛教和印度教是同时被引入柬埔寨的，但直到13世纪和14世纪，佛教才成为柬埔寨的官方宗教。今天，多数柬埔寨人信仰小乘佛教（Theravada Buddhism）。在1975年到1979年，柬埔寨的许多佛教僧人被红色高棉杀害，全国几乎所有的寺庙（3000多座）都被不同程度地毁坏了。20世纪80年代末，佛教重新成为柬埔寨的国教，今天人们在全国各地都能看到年轻的僧侣。许多寺庙都得以重建或修复，今天在街头巷尾仍有许多为这项工作募捐的筹款活动。

在柬埔寨国民大会（National Assembly）的123个议席中，女性议员只有25位，仅占20%的比例。

小乘佛教的终极目标是涅槃，即“消灭”一切欲望和痛苦，达到生死轮回的最后阶段。佛教徒供养僧人，向寺庙捐款并定期拜神，希望能改善命运，获得更多的功德以减少轮回的次数。

每个男性佛教徒一生中必须有出家的经历，时间可长可短，最好是在完成学业之后、工作或结婚之前。男人或20岁以下的男孩可以进入sangha（修道会）成为新信徒。今天，男人们只出家15天就能增加功德。

印度教

公元1世纪到14世纪是印度教的繁荣时期。吴哥王朝之前，印度教崇拜哈雷哈拉神（Harihara，湿婆神和毗湿奴神的结合）。吴哥王朝统治时期，湿婆神受到王室的推崇，但到了12世纪他被毗湿奴所取代。如今印度教的影响依然存在，在生、葬、嫁、娶等一些重要仪式中都融入了一些印度教的元素。

泛灵论

在高棉人被“印度化”之前，泛灵论就已经存在了，而印度教和佛教都是从外邦逐渐传入柬埔寨的。本土信仰并不会轻而易举地消亡，它融入新的宗教当中，使其具有柬埔寨的特色。泛灵论认为，我们周围到处都是神圣的土地和灵魂，而“Neak Ta”的概念正是基于这种信仰。Neak Ta被视为大地母亲，是一种有能量的力量，将一个社区同周围的水土连接起来合为一体。Neak Ta可以表现为石头、树木和白蚁山等一切形式，象征着人与土地的联系。Neak Ta有时表现为生殖器崇拜，这也有助于理解印度教的盛行以及对于林伽（男性生殖器的象征）的崇拜。

柬埔寨的25省中，干丹省人口密度最大，每平方公里超过300人。蒙多基里人口最为稀少，每平方公里才4人。

伊斯兰教

柬埔寨的穆斯林是占族的后裔，1471年，占婆王国被越南彻底击败，之少数民族北高棉人信奉的是纯粹的泛灵论。虽然一些人已经皈依佛教，但多数人仍然敬拜大地和天空的神灵，以及他们祖先的灵魂。

后占族从现在的越南中部移居到柬埔寨。与柬埔寨的佛教徒一样，占族穆斯林以击鼓的方式召集信徒祈祷，而非宣礼员。

基督教

与邻国越南相比，基督教在柬埔寨发展有限。战前，柬埔寨曾经有一些教堂，但在红色高棉统治时期，许多教堂都被系统地毁坏了，其中包括金边的圣母玛利亚大教堂（Notre Dame Cathedral）。20世纪80年代，在泰国边境的难民营中基督教有了一定的恢复，当时，有许多“信仰换食品”型慈善团体开办的商店在提供食物时传道，许多柬埔寨人为了生存改变了信仰。但当他们离开难民营后，又重新皈依了佛教，因此，他们又被称为“米饭基督徒”。

著名的印度教史诗《罗摩衍那》（*Ramayana*），在柬埔寨的版本名为*Reamker*。Reyum出版社出版了精美的插图版*The Reamker*（1999年），讲述这个故事。

艺术

红色高棉对艺术的毁坏对于柬埔寨文化来说是一次致命的打击。事实上，在之后的许多年中，柬埔寨人普遍认为他们的文明已经不可弥补地遗失了。红色高棉不仅杀害了柬埔寨文明的传承者，还毁坏了大量的文化制品、雕像、乐器、书籍和记录着过去的一切，他们试图抹掉历史。吴哥寺庙是柬埔寨荣誉和王国的象征，幸免于难，但其他东西已经所剩无几了。尽管如此，柬埔寨人还是见证了传统艺术的复苏，而且对尝试现代艺术和跨文化的融合也越来越感兴趣。

建筑

柬埔寨的建筑在吴哥王朝时期（9世纪到14世纪）达到了高峰。这一时期建筑艺术最杰出的代表是吴哥窟和吴哥王城的建筑。

今天，多数生活在农村的柬埔寨人都将房屋建在高高的木桩之上（如果家庭经济条件允许的话），以茅草覆盖屋顶，用棕榈席做墙壁，地板是将编好的竹条铺在竹托梁上。房子下面的阴凉处被用来储藏杂物，或供人们午休。富人家的房子有木制的墙壁和砖瓦铺就的屋顶，但基本设计与普通房屋无异。

柬埔寨的一些漂亮别墅和新古典主义风格的政府建筑都保留着法国人的印记，无论是柱子还是很多其他方面都如此。在金边有许多杰出的建筑典范，而在其他多数省份的省会，也至少有一处至两处殖民地时期的建筑。马德望和贡布是两座保存最好的殖民地时期的城镇，有一排排漂亮的店铺和官员宅邸。

获取更多关于新高棉建筑的信息，可以阅读《建造柬埔寨：新高棉建筑1953~1970年》（*Building Cambodia: New Khmer Architecture 1953~1970*），作者为海伦·格兰特·罗斯（Helen Grant Ross）和达瑞尔·柯林斯（Darryl Collins）。

20世纪五六十年代是柬埔寨的黄金时期，一群年轻的柬埔寨设计师按照自己的想象打造他们首都，这就是我们今天所说的新高棉建筑（New Khmer Architecture）。Vann Molyvann是这一建筑流派中最著名的设计师，金边的许多著名的地标建筑就出自他的设计，例如奥林匹克体育场（Olympic Stadium）、Chatomuk剧院（Chatomuk Theatre）和独立纪念碑（Independence Monument）。白马的海滩度假村也是在那时重建的，当时越来越多的中产阶级涌向海滩，这座小城如今还保留着一些精美但失修的新高棉建筑。白马的精品旅馆Knai Bang Chatt和Villa Romonea都是经过修复的那个时期的建筑。

如果想看新高棉建筑的范例，可以登录Khmer Architecture Tours（www.ka-tours.org）的网站，或报名参加其组织的金边或马德望徒步游。登录该网站也可以下载打印每座城市的自助游资料。

电影

20世纪60年代，柬埔寨的电影业发展迅速。1960年至1975年，柬埔寨一共制作了300多部影片，其中一些输出到亚洲各国，包括很多由国家元首西哈努克制作的影片。然而随着红色高棉统治的到来，电影业一夜之间不复存在，在此后的25年一直没有恢复。

2000年随着影片《蟒蛇之子》(*Pos Keng Kong*)的上映，柬埔寨的电影业获得了新生。《蟒蛇之子》是柬埔寨20世纪60年代经典老片的重拍，讲述了蛇王和乡村妇女所生的、具有超能力的女儿的故事。尽管影片的特技镜头不够真实，但情节有趣，在整个地区获得了巨大的票房成功。

《蟒蛇之子》的成功预示着柬埔寨电影业的小规模复苏，如今当地导演一年可以拍几部影片。但多数是业余水平的恐怖片，缺乏艺术价值。

近年来，外籍柬埔寨导演潘礼德(Rithy Panh)声名鹊起，他执导的影片《稻田里的人们》(*People of the Rice Fields*)在1995年的戛纳电影节上获金棕榈大奖提名。这部影片描述了一个家庭在稻田里勉强维持生计的故事，片中对红色高棉一带而过。他执导的其他影片包括：《战后的一个夜晚》(*One Night After the War*, 1997年)，讲述了一个年轻的柬埔寨跆拳道运动员爱上了金边的一个酒吧女的故事。获奖影片《S-21监狱：红色高棉的杀人机器》(*S-21: The Khmer Rouge Killing Machine*, 2003年)是一部令人震撼的纪录片，片中监狱博物馆的幸存者被带回去与他们的看守对质。

《杀戮战场》(*The Killing Fields*, 1985年)是一部以柬埔寨为题材的佳片，讲述了美国记者西德尼·斯坎博格(Sydney Schanberg)和他的柬埔寨助手蒂斯·普兰(Dith Pran)的故事。由于这部影片拍摄于1984年，当时柬埔寨对西方世界实行封闭政策，因此影片的大部分镜头其实是在泰国拍摄的。

近年来，许多国际大片都将柬埔寨作为外景地，包括《古墓丽影》(*Tomb Raider*, 2001年)、《魅影危城》(*City of Ghosts*, 2002年)和《虎兄虎弟》(*Two Brothers*, 2004年)，在这些影片中都能找到美丽的柬埔寨背景。作为2012圣丹斯电影节开幕影片的澳大利亚独立电影《愿你在身

第一个在柬埔寨拍摄的重要国际故事电影是《吉姆老爷》(*Lord Jim*, 1964年)，由彼得·奥图尔(Peter O' Toole)主演。

潘礼德1996年执导的影片*Bophana*讲述了一个真实的故事，美丽的姑娘Hout Bophana与红色高棉地方领导人Ly Sitha相爱，最后两人因这一"罪行"而被处死。

潘礼德的《残缺影像》(*The Missing Picture*, 2013年)在2014年获得奥斯卡金像奖提名，是第一部获得奥斯卡最佳外语片提名的柬埔寨电影。

西哈努克和电影

在1965年到1969年，由西哈努克编剧、导演和制作的电影达9部之多，如此高的效率足以让好莱坞的全职导演们感到汗颜。西哈努克对待电影非常认真，他号召他的家人和政府官员们都为电影事业尽一份力量。在他拍摄的第一部影片《女神》(*Apsara*, 1965年)中，外交事务大臣出演男主角，他的女儿帕花黛薇(Bopha Devi)公主出演女主角。同样也是这部影片，有一场景需要展示军队的武器装备，西哈努克还动用了空军的直升机编队。

西哈努克还经常在影片中扮演主要角色。最值得一提的是他扮演的森林精灵和一位获胜的将军。由于西哈努克国王对电影的迷恋，柬埔寨的金边国际电影节(Phnom Penh International Film Festival)大有和戛纳一较高低的阵势。电影节举办过两次，分别在1968年和1969年。或许是不出所料，在这两次电影节上，西哈努克都赢得了大奖。西哈努克在晚年继续制作电影，在他非凡的电影生涯中，一共出品了30余部电影。登录www.norodomsihanouk.org，可查询有关西哈努克制作的电影的详细信息。

边》(*Wish You Were Here*)也有一部分是2011年在柬埔寨拍摄的。

要想了解更多有关柬埔寨影片和电影业的信息，不妨买一本由柬埔寨皇家大学传媒系出版的《柬埔寨电影业》(*Kon: The Cinema of Cambodia*, 2010年)。也可以关注每年12月在金边举办的柬埔寨国际电影节(www.cambodia-iff.com)。

舞蹈

与其他传统艺术相比，柬埔寨皇家芭蕾与强大的吴哥王朝之间的联系更加真实。它的传统连接着久远的过去，那时这种天国仙女(apsara)般的舞蹈专为神王而表演。西哈努克国王的第一任妻子就是皇家芭蕾舞团演员。

Amrita Performing Arts(www.amritaperformingarts.org)已经在柬埔寨创作了许多有创意的舞蹈和戏剧，包括与法国和日本的演员合作。

在波尔布特统治时期，舞蹈艺术遭到了史无前例的破坏，只有少数舞蹈演员和舞蹈教师幸存下来。1981年，在舞蹈教师有限的情况下，艺术大学(University of Fine Arts)重新开办，并着手培养舞蹈演员。

柬埔寨的宫廷舞蹈与印度和泰国的宫廷舞蹈相似(有相同的细致手部动作、闪亮服饰和华丽的佛塔头饰)，因为泰国在15世纪洗劫吴哥王朝之后，曾经向他们学习舞蹈。传统上，宫廷舞蹈全部由女演员表演(除了猴子

赢得当地人尊重的十条建议

花些时间了解一点儿柬埔寨的当地文化，这不仅可以使你避免无意间的冒犯，而且还能讨好东道主。以下建议有助于你入乡随俗。

着装规范 尊重当地人的着装标准，特别是在宗教场合。衣服以遮盖住手臂和膝盖以上部分为宜，尽管一些僧侣非常礼貌，并不强求。进入寺庙之前要脱鞋、脱帽。裸体日光浴是不能被接受的，即使是在海滩上。

捐赠 多数寺庙都是靠捐赠来维持的，参观寺庙的时候记得捐款。当你去拜访一个柬埔寨家庭的时候，象征性地准备一份礼物以示感谢是会被赞赏的。

会面和问候 学习柬埔寨的问候礼节，当向新朋友介绍你自己的时候应行合十礼。召唤某人的时候，要手掌向下，朝自己的方向摆动，而手掌向上，手指竖起有挑逗的暗示，会让人感到被冒犯。

与女性接触 僧侣不能触碰女性或被女性触碰。如果一位女士想要递东西给僧侣，应该将它放在僧侣伸手可及的地方，或放在僧侣的“接纳布”上。

保持冷静 无论你有多么激动，也不要大声喧哗或做出侵犯的手势，这会让你“丢脸”，也会令当地人难堪，从而使情况变得更糟而不是更好。

名片 在柬埔寨，即使是最小的交易或业务往来，交换商业名片也是非常重要的一部分。到达之前印好名片，然后像撒五彩纸屑一样分发出去，递名片时要用双手。

筷子的忌讳 将一双筷子垂直插在饭碗中看起来像是在为死人焚香，所以不要这样做。

卑贱的脚 柬埔寨人喜欢打扫房屋，进屋的时候通常要脱鞋。将脚底对着别人是无礼的表现。千万别用脚指着任何神圣的东西，例如佛像。

脱帽 在和长辈或受人尊敬的人，如僧侣，打招呼的时候，脱帽并低头行礼是尊重的表现。不要轻拍或触摸成年人的头。

牙签 剔牙的时候，出于礼貌，应该一手拿牙签，用另外一只手挡住嘴巴。

的角色），但目前越来越多的男演员开始在舞蹈中扮演角色。在柬埔寨，飞天舞（Apsara dance）和祝舞（Wishing dance）也被称为“robam preah reachtrop”，是最受欢迎的古典舞。

民族舞也是一个流行的舞蹈表演元素，在金边和暹粒有专门为游客表演的民族舞。民族舞的创作灵感源于农村的生活方式和文化传统。Robam kom arek是最流行的民族舞之一，以竹竿为道具，突出灵活的步法。以捕鱼和农耕为主题的舞蹈也很流行，其中包括男女演员之间的相互调情。

还有一些欢庆的舞蹈，只在特定的节日或一年中的特定时间表演。跳trot是柬埔寨新年的习俗，能够将恶鬼赶出家门或公司。舞者扮成鹿，被猎人追得四处逃窜，最后被宰杀。

每逢春节，在金边和柬埔寨的其他大城市，到处都能看到舞狮表演。

当代舞蹈，包括流行的romvong或圆圈舞，可能源于邻国老挝。舞者围成一圈，向前三步，后退两步。街舞和霹雳舞很快在城市年轻人中间流行起来，一般在户外活动中表演。

音乐

今天，高棉人的传统乐器与吴哥遗址浅浮雕中刻画的乐师和仙女手持的乐器非常相似，这说明柬埔寨很早就有了自己的音乐。

通常，音乐与重要的宗教仪式和表演密不可分。音乐学者们识别出6种类型的柬埔寨合奏音乐，每种音乐都用于不同的场合。其中最传统的是在婚礼上合奏的arekka，演奏arekka的一套乐器有三弦琴（trokhmae）、单弦琴（khsae muoy）和鼓（skor areak）等。Ahpea pipea也是一种婚礼音乐，是证婚仪式的伴奏曲，pin peat是芭蕾舞表演和皮影戏的背景音乐。

在波尔布特统治时期，柬埔寨许多战前黄金时期的音乐都遗失了。红色高棉以歌唱家为迫害目标，在其执政之初，伟大的Sinn Sisamouth、Ros Sereysothea和Pen Ron就消失了，他们是柬埔寨最著名的歌曲作者和表演者。

战后，许多柬埔寨人定居美国，在那里，柬埔寨流行音乐产业逐渐发展起来。这些音乐受美国音乐的影响，之后又回流到柬埔寨，很受欢迎。

新一代的海外高棉人在西方文化的影响下长大成人，创作他们自己的音乐。如今，柬埔寨人回到祖国，创作美国或法国说唱歌曲，许多艺术家取得了突破，例如由Sok ‘Cream’ Visal组建的Klap Ya Handz乐队。

流行音乐迅速发展，许多歌星在金边的露天音乐会上演出。全国各地有许多卡拉OK厅，你可以选择一家一展歌喉。Preap Sovath是柬埔寨当红偶像，如果你浏览柬埔寨的电视频道超过5分钟，就有可能听到他的歌声。Meas Soksophea是最受欢迎的女歌手，嗓音非常洪亮，可谓是柬埔寨的阿黛尔。流行音乐是一个变化很快的产业，随时都有新星诞生。

Dengue Fever是最好的fusion乐队，很快在美国和柬埔寨以外也赢得了声誉。柬埔寨歌手Chhom Nimol与5名美国摇滚歌手一起演绎迷幻音乐。Cambodian Space Project也是一支声名鹊起的fusion乐队，由柬埔寨人和侨民组成。他们通常在金边演出，如果你恰好也在城里的话，值得去看场演出。

作为一种独特的音乐形式，chapaye有“柬埔寨的布鲁斯”之称，它由一种木制的两弦琴伴奏，声音有点像没有扩音器的低音电吉他。如今，像

Yos Olarang是20世纪70年代最伟大的传奇人物之一，他有“柬埔寨的吉米·亨德里克斯（Jimi Hendrix）”之称，以其高亢的嗓音和娴熟的电吉他演奏而闻名。他的代表作“Jis Cyclo”绝对经典。

Kong Nay（柬埔寨的Ray Charles）这样尚在人世的早期音乐大师已所剩无几，但chapaye仍然是柬埔寨电视台晚间节目结束前播放频率最高的音乐。Kong Nay曾进行世界巡演，到过美国和澳大利亚，他甚至与彼得·加布里埃尔（Peter Gabriel）一起出现在英国WOMAD音乐节上。

要想更加详细地了解柬埔寨音乐，可以买一本由柬埔寨皇家大学传媒系出版的《Dontrey：柬埔寨音乐》（*Dontrey: The Music of Cambodia*，2011年）。还有一个很棒的摇滚纪录片叫作《别以为我忘了》（*Don't Think I've Forgotten*），描绘了柬埔寨已逝的摇滚时代，可在www.dtifcambodia.com观看。

即使是破坏成性的红色高棉对雄伟的吴哥窟也心存敬意，其国旗即是以血红色为背景衬托着3座黄色的塔形寺庙。

雕塑

吴哥时期的高棉王国产生了世界上最精美的雕刻。即使是在吴哥之前的扶南和真腊时期，柬埔寨的雕塑水平就已经达到了相当的高度。当时，柬埔寨的雕塑作品已经不仅仅局限于对印度雕塑形式的简单模仿了。一些学者认为，柬埔寨雕塑水平甚至超过了印度。

目前保存下来的最早的柬埔寨雕塑出自公元6世纪。雕塑大多刻画四臂或八臂毗湿奴神像。在金边的柬埔寨国家博物馆里陈列着一尊这一时期巨大的八臂毗湿奴神像。

此外，国家博物馆还陈列着一尊哈雷哈拉神像，这尊神像造于公元7世纪末，集毗湿奴和湿婆神的神韵于一体，它那铅笔状的胡须和细长的鼻子看上去非常具有埃及风格，这表明印度雕塑借鉴了希腊雕塑中的诸多元素，而希腊人的雕塑技艺又受到古埃及法老的影响。

吴哥王朝早期，高棉人的雕塑技艺有了进一步的发展，那时的高棉人能够建造独立式的雕塑作品，即印度神像的多条手臂无须再像早期作品那样使用石环作为支撑物。神像的面部表情呈安详之态，整体效果略欠生动。

10世纪末的女王宫风格被认为是东南亚艺术发展的一个高峰。国家博物馆陈列着一件这一时期的瑰宝：这尊砂石雕像刻画了湿婆神将坐在膝上的配偶女神Uma拥在怀中的场景。遗憾的是，在柬埔寨混乱的年代，配偶女神的头被盗了。11世纪的巴芳寺风格在某种程度上是受女王宫雕塑的启发，其中许多杰出的作品得以幸存至今。

登录www.tinytoones.org了解更多有关街舞团体的信息，他们致力于向柬埔寨青年传达一种健康的生活方式，远离毒品和艾滋病。可以关注他们在金边附近的演出。

吴哥窟时期的雕塑给人以一种保守和僵硬的感觉，缺乏早期作品的优雅。这一时期，艺术家们的才华更多地表现在吴哥窟的恢宏建筑和无与伦比的浅浮雕上。

吴哥雕塑艺术的最后一个高峰出现在公元12世纪末到13世纪初的巴戎

柬埔寨的体育

柬埔寨的国技是pradal serey（柬埔寨的自由搏击），类似于泰国的跆拳道（不要与泰拳相混淆），周末CTN和TV5都有固定的比赛时段。你也可以去电视拳赛的现场观看。

足球也是一项深受国民喜爱的体育运动，尽管柬埔寨队即使在亚洲也是弱队。许多柬埔寨人是英超联赛的忠实观众，并经常赌球。

法式掷球，又称滚木球（boules），在柬埔寨也很流行，在地区比赛中，柬埔寨队曾多次赢得奖牌。

寺时期。陈列在国家博物馆中的阇耶跋摩七世像代表了这一时期作品的最高水平，这尊雕塑凸显了这位君王至高无上的权力和庄严、宁静的一面。

13世纪至14世纪，国教在大乘佛教和印度教之间来回变换。当印度教兴起的时候，激进的印度教徒破坏了许多佛像和菩萨像。到了15世纪，在佛像原料的选择上，彩绘的木头逐渐取代了石材。国家博物馆内有一个漂亮的展厅，陈列着16世纪之后吴哥一带的佛像。

今天，柬埔寨雕塑家们再次有了用武之地，他们制作的吴哥时期著名雕塑和半身像的复制品在游客中间十分畅销。

饮食

众所周知，泰国和越南是世界美食之乡，而柬埔寨的菜肴也相当特别。与相邻的这两个烹饪大国相比，柬埔寨菜肴在国际上并不那么闻名，但这一切将会改变。如果说吴哥使柬埔寨成为重要的旅游目的地，那么amok（将鱼加上椰子、柠檬草和红辣椒裹在香蕉叶中一起烘烤）则会让柬埔寨在世界美食地图上占有一席之地。

除了喜欢吃臭名昭著的Skuon狼蛛，柬埔寨人还吃蟋蟀、甲壳虫、幼虫和蚂蚁。一些科学家建议开办昆虫农场作为一种解决未来食物紧缺问题的方法。从这一点来讲，柬埔寨也算是走在时代的前端了。

柬埔寨有各种各样具有民族特色的菜肴，有些口味与泰国菜和老挝菜相似，有些更像中国菜和越南菜，但所有菜肴都具有明显的柬埔寨特色。

由于洞里萨湖盛产鱼类，因此，淡水鱼在柬埔寨人的饮食中占有很大的比例。无论是巨大的湄公河鲶鱼还是极小的银鱼（油炸银鱼是佐酒佳品），人们的餐桌上总是少不了不同形状、不同大小的淡水鱼。在柬埔寨饮食中也留有法国人的印记，法国长棍面包已经被柬埔寨人民视为其民族食品，此外，柬埔寨厨师总是喜欢将肉做得很嫩。

柬埔寨处于亚洲的十字路口，伟大的印度文明和中国文明在此交会，对柬埔寨文化产生了一定的影响，在饮食方面也是如此。无论钟爱春卷还是咖喱，在柬埔寨你一定能找到喜欢的美食。此外，柬埔寨的各种蘸料和调味品使菜肴的口味更加丰富，这里的美食可以和亚洲任何地方相媲美。

主食和特色食品

无论你来自何处，只要来到柬埔寨就会发现这里的食物与众不同、奇怪甚至可能还有点儿“邪恶”，或让人感到不可思议。对于口味多样化的柬埔寨人来说，吃昆虫、海藻、动物内脏或鱼泡根本不足为奇。他们甚至吃毛鸭蛋、脑髓，或把一些蜘蛛作为小吃。他们把活青蛙扒皮后放在架子上用火烤，或为了壮阳而用蛇泡酒喝。

对于柬埔寨人来说，只要能够维持生命的东西，没有什么不能吃的。对于他们来说，食物不外乎分为有益于健康的或危害健康的、有营养的或没有营养的、好吃的或不好吃的。他们只关心这些。他们什么都乐于尝试，也不排斥尝个汉堡包。

大米、鱼和汤

柬埔寨河流众多，盛产鱼类，prahoc（发酵鱼酱）是柬埔寨烹饪的支柱。在此基础之上，还有各种各样口味丰富的美食：神秘的根茎、受欢迎的药草和芳香的块茎。这一切赋予沙拉、小吃、汤和炖菜以独特的口味，带有明显的柬埔寨特色。

产自柬埔寨葱翠稻田中的大米是柬埔寨人的主食，在高棉语中用“nyambai”一词来表达“吃饭”和“吃”，“nyambai”的字面意思就是“吃米饭”。许多柬埔寨人，特别是司机，如果没有米饭，就等于没有了工作的动

烹饪课程

如果你的确喜欢柬埔寨美食，就去报名参加一次烹饪课程，学习几个小窍门。你可以把在柬埔寨的经历通过美食介绍给你的朋友们。相信与看照片相比，绝大多数人更愿意品尝令人垂涎的美食。金边、暹粒、马德望和西哈努克市都开办烹饪课程，而且这一行业呈上升趋势，人们的选择会越来越多。

力。柬埔寨的很多其他食物中也有这种碳水化合物，但大米永远都是必不可少的。马德望省是柬埔寨的主要稻谷产地，出产全国最好的大米。

要想品尝柬埔寨的味道，不妨尝尝当地的米线汤（kyteow），吃一碗能维持一整天。这种既能吃饱，又有营养的食品在市场里只卖5000r，在当地餐馆里需要US$2。如果不喜欢米线，你还可以选择大米粥（bobor），这也是柬埔寨的一种主要食品，早餐、午餐和晚餐都离不开它，喝粥时佐以鲜鱼和姜汁味道更佳。

在柬埔寨，几乎每顿饭都有samlor（一种传统的汤），它和其他菜肴会同时出现在餐桌上。Samlor machou bunlay（用菠萝和各种调料烹制的酸辣鱼汤）很受欢迎。

柬埔寨人餐桌上的鱼多数是来自洞里萨湖和湄公河的淡水鱼。Trey ahng（烤鱼）是柬埔寨的特色菜肴（ahng是"烤"的意思，适用于许多菜肴）。传统吃法是将鱼裹在生菜和菠菜叶中，然后蘸着teuk trey吃。这是一种鱼味调料，与越南的nuoc mam非常相似，但teuk trey中还加了花生碎。

Teuk trey（鱼酱）是在柬埔寨烹饪中最受欢迎的调味品之一，属于有强烈气味或腐蚀性物品，所以不能被带上国际航班。

沙拉

柬埔寨的沙拉味道鲜美，久负盛名，它与西方的冷盘沙拉截然不同。Phlea sait kow是一种牛肉蔬菜沙拉，有香菜、薄荷和柠檬草的味道。这3种原料在柬埔寨的菜肴中极为常见。

甜品和水果

你可以在全国各地的夜市上品尝到便宜的甜品。冰激凌、三明治是值得一试的甜品。孩子们特别喜欢将厚厚的一片自制冰激凌放在一块蛋糕或面包上。

柬埔寨盛产热带水果，在你的旅行中一定不要忽略这一点。这里普通水果非常充足，有香蕉（chek）、菠萝（menoa）和椰子（duong）。在较大的水果中，菠萝蜜（khnau）非常常见，它们的重量通常会超过20公斤。榴莲（Tourain）通常无须介绍，在1公里之外你就能闻到它的味道，它的表皮是绿色的，有许多尖刺，果肉呈乳白色，非常柔软，中国人认为它有激发性欲的功效。

游客们最喜爱的水果是山竹（mongkut）和红毛丹（sao mao）。小小的山竹表皮是紫色的，果肉呈白色瓣状，味道非常鲜美。而红毛丹果肉类似荔枝，表皮上有柔软的红色和绿色毛刺。

在所有的水果当中最好吃的还是芒果（svay），尽管这种水果在全世界都很常见。柬埔寨本地芒果的上市季节是3月至5月，虽然其他品种的芒果全年都能尝到，但应季的芒果是最美味的。

一些柬埔寨夜总会允许客人租高级烈酒酒瓶，如Johnnie Walker蓝标，摆在桌上充面子，其实杯子里的酒是Johnnie Walker红标。

饮品

柬埔寨当地的饮品文化非常活跃，湿热的气候使人们不断寻找一切柬埔寨农村地区有一种甜棕榈酒，每天直接从树上提取汁液，再经过蒸馏而成，度数极高。小贩将酒装在竹筒里，放在自行车的后座上，走街串巷地兜售。这种酒味美而且价廉，但只有那些胃肠无比强健的人才能享用这种烈酒。

能够解渴的饮料。咖啡、茶、啤酒、酒、软饮料、新鲜果汁以及更具异域特色的烈酒（fire waters）无处不在。茶是国饮，但如今啤酒似乎比茶更受欢迎。

啤酒

柬埔寨啤酒随处可见，即使是在最偏远的村庄，通常也有出售啤酒的小摊。吴哥（Angkor）是一种本国的招牌啤酒，产自西哈努克市的一家大型啤酒厂，产量巨大。在多数餐馆和酒吧，一瓶660毫升的瓶啤售价在US$2~3。在主要的游客中心，吴哥生啤（Draught Angkor）的售价在US$0.50~1.50。其他当地著名品牌包括意在颠覆吴哥啤酒无上地位的Cambodia Beer和最受金边以外地区喜欢的Crown Lager。

产自邻国老挝的Beer Lao非常爽口，同时也是最便宜的浓啤酒。虎牌啤酒（Tiger Beer）产自当地，这种生啤在首都非常盛行。多数柬埔寨餐馆都有许多“啤酒女郎”，向客人推荐不同品牌的啤酒。她们通常非常友好，不会勉强你喝她们推荐的啤酒。

在柬埔寨喝啤酒的时候，有一点要注意。虽然这里有许多不错的啤酒，但在农村，很多地方没有冰箱。入乡随俗，你应该学会说“Somteukkoh”（请给我些冰块）。

酒和烈酒

柬埔寨当地酒通常是米酒，这种酒在东北部少数民族中非常盛行。有些酒度数极高，而且要经过数月的发酵。还有一些酒则更加新鲜，口味类似古怪的鸡尾酒。如果你应邀前往少数民族村庄参加活动，拒绝饮酒是不礼貌的表现。其他本地酒包括淡淡的甜棕榈酒和姜汁酒。

在金边和暹粒的超市里有低价出售的进口酒和烈酒，价格的高低取决于产地的远近。产自欧洲和澳洲的葡萄酒，最便宜的大约US$5，一些世界知名品牌的烈酒售价在US$5~15。

茶和咖啡

中国式的茶（tai）是柬埔寨的常用饮品，在多数柬埔寨餐馆和中餐馆中，客人一就座，就奉上免费茶水。在多数餐馆里都能买到咖啡（kaafey）。有黑咖啡，也有加了炼乳的牛奶咖啡——caféaulait。

水和软饮料

Friends是金边最著名的餐馆之一，它专门制作了许多小吃和饮料来帮助首都街头的流浪儿童。翻阅它的菜谱“The Best of Friends”，对于人们来说是一次视觉盛宴，它向人们展示了这里最美味的佳肴。

在柬埔寨一定不要直接饮用自来水，特别是在首都以外的地区，因为这里的自来水几乎没有经过净化，直接饮用可能会导致胃部并发症。在商店和货摊上都能买到当地产的矿泉水，每瓶大约1000r。

虽然应该避免直接饮用自来水，但在饮料里加冰一般还是可以的。在柬埔寨各地，teukkoh（冰）都是由当地的制冰厂用经过处理的水制造而成的，这种方法是法国人留下来的。

所有著名的软饮料在柬埔寨都能买到。瓶装饮料售价大约1000r，罐装饮料约2000r，在餐馆或酒吧消费，价格更高。

Teukkralohk在柬埔寨各地非常盛行，它们有点像水果沙冰，是佐餐绝配。

干杯

当柬埔寨人提议干杯的时候，他们通常会规定必须喝掉多少。如果他们有雅量，那么只喝ha-sip pea-roi（50%）就够了，但一般都要喝掉moi roi pea-roi（100%）。这就是他们为什么喜欢在啤酒里加冰的原因了，这样就可以放慢节奏，喝一晚上了。许多barang（外国人）在参加柬埔寨人的婚礼时，通常会醉得趴在桌子上，这就是他们与当地人拼酒时没有加冰的结果。

在外面就餐

在柬埔寨有许多吃饭的地方可供选择，有流动小贩、市场货摊、当地小餐馆，或者豪华饭店。无论你想吃什么都能得到满足。

在全国各地的市场和廉价餐馆里，很容易吃到柬埔寨的便宜菜肴。如果要去高级餐厅的话，金边和暹粒有全国最好的餐馆，这些餐馆提供一流的泰国菜、越南菜、中国菜、印度菜、法国菜和地中海菜肴。由于城市里居住着许多华人和越南人，因此中国菜和越南菜在各个城市都很常见。

除肯德基和汉堡王之外，金边目前还没有西方的快餐连锁店，却有一些当地餐馆模仿西方快餐店的模式。其中最成功的要数Lucky Burger和BB World了，两个品牌在金边开了多家分店。

通常吃饭的地方并不限制就餐时间，凭经验而谈，街摊一般从清晨一直营业到傍晚，也有一些摊档专门经营夜宵。多数餐馆全天开放，而一些高级餐馆只在午餐（通常11:00~14:30）和晚餐（通常17:00~22:00）时间开放。

你敢吃不?

蟋蟀 谁想吃蟋蟀?

毛鸭蛋 未出生的鸭子，带羽毛和完整的胚胎。

榴莲 一种闻起来令人生厌的水果，禁止被带上飞机。

Prahoc 发酵鱼酱，堪比生物武器了。

蜘蛛 就像它的发音一样，油炸狼蛛（tarantula）。

带孩子在外面就餐

在金边和暹粒都有适合孩子们的餐馆，柬埔寨的多数餐厅都考虑到了孩子们的需求。有一些国际风味的餐厅还有专门为儿童设计的菜单。只有国际风味的餐馆和快餐连锁店提供加高的座椅。柬埔寨的餐馆几乎没有专为婴儿准备的设施。你可以参考相关的目的地章节，来获取相关信息。

街摊

街摊对于柬埔寨人的日常生活来说非常重要。和许多东南亚国家的人一样，柬埔寨人非常喜欢小吃。无论是白天还是晚上，他们随时都可能去街摊吃各种各样难以识别的油炸食品。有些市场甚至经营品种丰富的菜肴，还有舒适的座位。在街摊吃饭既便宜又热闹，而且还能近距离接触柬埔寨烹饪。

以下是柬埔寨排名前五的小吃：

Banh chev 添加美味香草、豆芽和肉类或鱼肉的米饼。

Bobor 大米粥，里面有鱼干和鸡蛋，或者再加上红辣椒或黑胡椒。

Chek chien 炸香蕉，一天中任何时候都可以吃到的流行美食。

Loat 很小的白色面条，看上去就像豆芽，和牛肉一起炒制，美味无比。

Nam ben choc 很细的面条，添加红色鸡肉咖喱酱或鱼汤。

在加入WTO之前，柬埔寨人对知识产权保护几乎一无所知。那段时间，许多餐馆模仿国外知名快餐连锁店的名字，包括柬埔寨炸鸡（Khmer Fried Chicken）、Pizza Hot和Burger Queen等，现在这些餐馆已经全部关闭了。

在柬埔寨厨房

如果你进入柬埔寨人的厨房，就会发现原来这么美味的佳肴竟出自如此简单的设施。厨房的基本要素包括旺火、干净的水、基本的刀具、一个小毛鸭蛋是柬埔寨最著名的街边小吃之一。白色的蛋壳里有一个完整的鸭子胚胎，连羽毛都在。如果你不想尝试，就不要点kaun pong tier。

臼和杵，以及一两个烧黑了的炒锅。

柬埔寨人每天吃三顿饭。早餐通常吃米线汤或大米粥。无论早晚人们都能吃到法式长棍面包，和咖啡是绝配。

午饭开始的时间很早，大约在上午11点。传统上，午餐是和家人在一起进餐，但在城市里，许多工人如今都在当地餐馆和市场里就餐。

晚餐是家人团聚的时刻。盛米饭的大碗摆在饭桌中间，周围是菜盘，每个就餐者面前都放着一个小餐碗。就餐的程序很简单：在你的小碗里盛一些米饭，然后再夹些菜放在米饭上。

如果在餐馆里点了很多道菜，不用操心上菜的顺序。菜肴一经做好，就会被立刻端上来摆在桌子的中间。就餐者可以吃他想吃的每道菜，而不用考虑是谁点了这道菜。

餐桌礼节

在桌前落座，桌上摆放着碗碟，还有备用的筷子或叉子和勺子。有的柬埔寨人喜欢使用筷子，有人则喜欢使用叉子和勺子，通常餐桌上会备齐这些餐具。每个座位的右手边通常都有一个小碗用来盛放蘸料。

在从中间的饭碗里盛饭的时候要用公用的勺子，避免把你自己的筷子或勺子伸进食物里。吃饭时用左手端起碗放在嘴边，用勺子舀着吃。

一些注意事项：

- 要等主人先落座。
- 主人为你夹菜时不要拒绝。
- 不要将筷子呈V字形插在碗里，因为它象征着死亡。
- 在餐馆就餐要支付5%～10%的小费，因为这里的工资很低。
- 如果餐馆已经加收了服务费，就不用再付小费了。
- 当有人向你敬酒时不要拒绝。
- 如果整晚畅饮的话，要尽量保持清醒。

素食者和严格素食者

柬埔寨人几乎不理解严格的素食主义概念，许多商家为了取悦消费者而打着素食主义的招牌，而事实并非如此。如果你不是严格的素食主义者，能吃鱼酱之类，那么在点菜的时候就没有任何问题，而且如果在柬埔寨不吃鱼的话，在体验美食方面将会大打折扣。在主要的旅游中心，许多国际化餐馆都提供素食菜肴，但通常价格不菲。

在柬埔寨餐馆和中餐馆一般都可以找到素炒蔬菜和素炒米饭，但这些素食菜肴可能并不那么“可靠”，因为这些餐馆在烹制素食菜肴时并不使用单独的锅具，而是和鱼、肉类菜肴使用同一个炒锅。热门旅游中心的印度餐馆可以提供真正的素食菜肴，因为他们比酷爱鱼酱的柬埔寨人更懂得素食主义的原则。

要想了解柬埔寨的乡村烹饪，可以买一本由金边Romdeng餐馆制作的烹饪书《从蜘蛛到荷花》（*From Spiders to Waterlilies*，2009年）。

环境

柬埔寨的地形多样，既有豆蔻山脉这样的高海拔山地，也有洞里萨盆地等低洼地区，在保护区和国家公园中栖息着一些濒危物种。不过，非法砍伐、种植园和水电站大坝给这些物种和它们的栖息地带来了威胁。如何平衡经济发展、电力需求以及开发可持续的生态旅游业，是柬埔寨面临的巨大挑战。

土地

今天我们所了解的柬埔寨边境是历史上被挤压的结果。越南向南推进占据了湄公河三角洲，而泰国则向东扩张进入吴哥，柬埔寨的版图——吴哥时期从缅甸南部到西贡和老挝北部——越来越小。法国殖民者的到来使柬埔寨避免了像占族那样失去了自己的国家。从这个意义上说，法国殖民主义的"保护国"的确保护了柬埔寨。

今天的柬埔寨国土面积为181,035平方公里，大概是越南的一半，相当于英格兰与威尔士的面积之和。柬埔寨的西部和西北部毗邻泰国，东北部

柬埔寨的最高山是奥拉山（Aural），海拔1813米，位于菩萨省。

洞里萨湖：柬埔寨的脉动

东南亚最大的淡水湖洞里萨湖是一个不可思议的自然奇迹，盛产淡水鱼，同时也为柬埔寨近半数人口提供了灌溉用水。这一地区生活着9万人，多数是少数民族越南族，他们分布在170座水上村庄中。

100多公里长的洞里萨河将湄公河与洞里萨湖连接在一起。从6月到10月初，雨季的降水使湄公河的水位迅速上涨，河水倒灌进入洞里萨河，使其流向西北，汇入洞里萨湖。这段时间，洞里萨湖的湖面增加4～5倍，从2500~3000平方公里膨胀到10,000~16,000平方公里，它的深度从平均2米增加到10多米。湄公河丰水期20%的水量都被洞里萨湖吸收了，真是令人难以置信。10月，随着湄公河水位的回落，洞里萨河河水改变流向，湖水向湄公河流泻。

这一特别的过程使洞里萨湖成为水鸟、蛇和龟的理想栖息地，同时也是世界上最富饶的淡水鱼产地之一，因为被洪水淹没的森林为鱼儿提供了一个极好的产卵基地，而旱季又为捕鱼创造了理想的条件。专家们认为，洞里萨湖鱼群的洄游有助于丰富补充渔业资源，其影响甚至远达北面的中国。

2001年，这一独特的生态系统被联合国教科文组织列为生物圈保护区，但这并不足以保护它免受上游水坝和乱砍滥伐的双重威胁。湄公河在中国境内的上游河段，即澜沧江的水坝现已投入运行，湄公河中下游的第一座大坝，老挝境内的沙耶武里大坝正在建设之中。

如果想进一步了解洞里萨湖和它独特的生态系统，可以去参观暹粒附近的壁虎中心（Gecko Centre，见135页）。

洞里萨湖出产的鱼类为柬埔寨人提供了大量的蛋白质，柬埔寨人摄入的蛋白质70%都来自于鱼类。雨季时洞里萨湖的水量最多增长70倍。

与老挝相邻，东部和越南接壤，南部是泰国湾。

柬埔寨的两大地理特色是辽阔的湄公河与宽广的洞里萨湖。湄公河在金边分成三条水道：汇入并流出洞里萨湖的洞里萨河、上河（通常被简称为湄公河，越南语称Tien Giang）和下河（即巴萨克河，越南语称Hau Giang）。每年雨季水位上涨，河中肥沃的淤泥被冲到岸上，形成了柬埔寨富饶的中部平原。绝大多数柬埔寨人都和谐地生活在这片低洼的冲积平原上，按季节捕鱼、耕种。

柬埔寨西南部以山区为主：豆蔻山脉（Chuor Phnom Kravanh）横跨戈公、马德望、菩萨和拜林等省，如今正在发展生态旅游；东南方的象山山脉（Chuor Phnom Damrei）横跨磅士卑、戈公和贡布等省。

柬埔寨海岸线长435公里，对于那些寻找安静的热带海滩的游客来说极具吸引力。西哈努克市、白马和戈公的海岸附近有许多岛屿。

据调查者估计，蒙多基里省的大象有50~100头。在豆蔻山脉也栖息着相近数量的大象。

沿着柬埔寨北部与泰国交界的区域，平原和由砂岩构成的悬崖峭壁形成了强烈的反差，这些悬崖绵延300多公里，高出低地550米，这就是扁担山脉（Chuor Phnom Dangrek）。柏威夏寺（见270页）是欣赏这一地区风景的绝佳地点。

在柬埔寨的东北角，平原被东部高原所取代，这个林木繁茂的偏远山区向东伸入越南中部高原，向北进入老挝。荒凉的腊塔纳基里省和蒙多基里省居住着许多少数民族（山地部落），是柬埔寨的生态旅游热点。

野生动植物

20世纪90年代以前，柬埔寨的森林生态系统一直处于良好的状态，与其邻国相比，生境还比较健康。连年的战争虽然使一些物种遭到伤害，但那些存活在偏远的西南部和东北部丛林中的物种却非常繁茂。具有讽刺意味的是，在和平年代，随着大规模地砍伐原始森林和走私濒危物种的活动日益猖獗，给野生生物带来了更大的威胁。由于在过去的年代里难以进入相关的地区，科学家们直到最近才开始对柬埔寨的动植物进行研究和分类。

动物

据估计，柬埔寨有212种哺乳动物，包括老虎、大象、熊、豹和野牛。最富特色的是一些小型动物，有熊狸、戴帽长臂猿（世界最大的戴帽长臂猿种群就栖息在豆蔻山和蒙多基里的塞玛保护林）和终日挂在树上的懒猴。此外，柬埔寨还有种类繁多的蝴蝶。

柬埔寨的多数动物群在野外生存，极难看到。观赏精选物种最便捷的方式就是前往金边附近的他茅山野生动物救助中心（Phnom Tamao Wildlife Rescue Centre，见98页），那里是获救动物的家园，包括所有主要物种。

在柬埔寨，如今因为被蛇咬伤而被迫截肢的人，比因误踩地雷而截肢的人还多。许多被蛇咬伤的村民向当地巫医寻求治疗，最终导致伤口感染、腐烂甚至死亡。

柬埔寨的鸟类品种丰富，多达720种，这在很大程度上得益于它全年流淌的水资源。比较常见的鸟类有鸭子、秧鸡、鹤、苍鹭、白鹭、鸬鹚、鹈鹕、鹳和长尾小鹦鹉。在南部海岸入海口附近还能看到鹬鸻、鸻和燕鸥等迁徙岸禽。认真的鸟类学者应该考虑前往普列托尔鸟类保护区（Prek Toal Bird Sanctuary，见132页）、昂德罗本特莫保护区（非常珍稀的赤颈鹤的栖息地，在吴哥浅浮雕上能看到它们的身姿，见133页）或Tmatboey Ibis Project（在这里能够看到柬埔寨的国鸟，濒临灭绝的大朱鹭，见273页）。要想了

处于威胁中的老虎

20世纪90年代中期，柬埔寨每年被猎杀的老虎在100~200只，虎骨据说有壮阳功效，被销往亚洲各国，带来巨大利润。到1998年，全年偷猎老虎的数量已经降至85只，2005年只有两只老虎被猎杀。可悲的是，这很可能是因为老虎的数量急剧下降，而不是出于生态意识提高或更加有效的执法。

据专家们猜测，柬埔寨的野生老虎可能少于50只。数量如此之少，以至于近年来研究人员不懈努力，在老虎可能出没的地带设置摄像机，都没能拍下一只老虎，但老虎的足迹和其他痕迹却时有发现。众所周知，残存的老虎栖息在非常偏远的地区，密度极低，无论是偷猎者，还是科学家都难觅其踪，环保人士也很难对其进行保护。

目前，就我们所知，老虎栖息在两个区域：豆蔻山脉中部和蒙多基里省。此外，有人认为还有少量老虎生活在腊塔纳基里和柏威夏。

如果想了解有关柬埔寨老虎的信息、故事和链接，以及如何保护它们，可以登录Cat Action Treasury的网站www.felidae.org。

解观鸟详情，可在暹粒的Sam Veasna Center（见133页）咨询。

柬埔寨有将近240种爬行动物，包括9种剧毒蛇，比如说眼镜蛇和蝰蛇的家族成员。

濒危物种

非常遗憾，柬埔寨的一些物种已经到了濒临灭绝的边缘。早在20世纪60年代被西哈努克国王宣布为柬埔寨国兽的高棉牛（野牛）和从前被认为只存在于印度但2000年在柏威夏省被发现的印度游尾蝠都被列入了全球濒危物种清单，距离灭绝只有一步之遥。

在柬埔寨面临严重威胁的动物还有亚洲象、老虎、爪哇野牛、印度野牛、亚洲金猫、黑长臂猿、云豹、渔猫、石纹猫、马来熊、穿山甲、大朱鹭和暹罗鳄。

柬埔寨仅存的伊洛瓦底江豚（柬埔寨语称“treypisaut”）长着突出的前额和短喙，极易识别。在桔井附近的Kampi观赏江豚是一项很受欢迎的活动。

就鱼类的多样性而言，湄公河仅次于亚马孙河，但水坝工程威胁着洄游物种。重达300公斤的湄公河巨鲶由于失去栖息地和过度捕捞，已经濒临灭绝。

以下环保组织（在柬埔寨的员工主要是高棉人）在保护柬埔寨野生动物方面起着重要作用：

保护国际（Conservation International; www.conservation.org）

Fauna & Flora International（www.fauna-flora.org）

Maddox Jolie-Pitt Foundation（www.mjpasia.org）

Wildlife Alliance（以前名为Wild Aid; www.wildlifealliance.org）

国际野生生物保护学会（Wildlife Conservation Society; www.wcs.org）

WWF（www.worldwildlife.org）

植物

由于缺乏综合性的勘查，所以没人知道在柬埔寨到底有多少种植物，但据估计，全国有15,000种植物，其中三分之一以上是特有物种。

khting vor（螺旋角牛）是如此珍稀，以至于从来没有人见过活着的样本，人们曾经认为这一物种已经濒临灭绝，直到对它独特的牛角做了DNA分析才发现，这种生物根本就不存在，这些“牛角”竟是属于普通牛和水牛的！

要想在吴哥寺庙近距离地接触老虎，不妨看看让-雅克·阿诺（Jean-Jacques Annaud）在2004年执导的影片《虎兄虎弟》（*Two Brothers*），它讲述了殖民地时期两只失去父母的虎崽的故事。

2005年9月，3名与非政府组织Fauna & Flora International合作、阻止在豆蔻山脉非法狩猎和采伐的护林执法队队员在两起独立事件中被杀害，这两起暴行很明显是偷猎者所为。2012年，自然资源保护组织（Natural Resource Protection Group）的创立者、知名环保人士Chhut Vuthy在戈公省被枪杀。

在柬埔寨西南部地区，生长在雨水充足的南面山坡的雨林高达50米，甚至更高。海拔800米以上、气候比较凉爽的山区生长着茂盛的松林，而沿海地区则点缀着红树林。北部山区的常绿阔叶林树高30米，在这些参天大树的下面还生长着茂密的藤蔓、竹子、棕榈以及种类繁多的木本和草本植物。北部平原生长着旱地龙脑香林，而在洞里萨湖周围则生长着季节性被淹没的洪泛林。东部高原被草地和落叶林所覆盖。高原森林地带生长着很多种兰花。

糖棕树通常高耸于稻田之上，它的叶子可用来制造房屋的屋顶和墙壁，果实可以入药、酿造酒和醋。随着时间的推移，糖棕树越长越高，但树干却不见长粗，因此，由于战争留在树干上的弹痕会被长期保留下来。

国家公园

20世纪60年代末，柬埔寨有6个国家公园，占地2.2万平方公里（大约占国土面积的12%）。漫长的内战严重地毁坏了这一体系，直到1993年，才得以重新恢复。当时王室颁布法令，指定23个区域作为国家公园、野生动物保护区、风景保护区和多功能区。过去10年中，又有几片保护森林被列入保护清单，柬埔寨的保护区面积增加到4.3万平方公里，占国土面积的25%。

表面看来，这确实是一个令人振奋的消息，但事实上，当局除了在地图上勾勒出这些区域之外，并没有进行真正的保护。政府经费吃紧，连支付那些著名公园里的护林员的工资都很困难，就更别提雇用更多的人员保护偏远的保护区了。近年来，许多国际非政府组织一直在帮助培训并资助护林执法队。

占地4294平方公里的蒙多基里保护林（Mondulkiri Protected Forest）目前是柬埔寨最大的保护区，与越南的Yok Don国家公园（Yok Don National Park）毗邻。中豆蔻保护林（Central Cardamoms Protected Forest）占地4013平方公里，西部与松戈山野生动物保护区（Phnom Samkos Wildlife Sanctuary）接壤，东部与奥拉山野生动物保护区（Phnom Aural Wildlife Sanctuary）相连，形成了一个近1万平方公里的巨大保护区。不相邻的南豆蔻保护林（Southern Cardamoms Protected Forest，占地1443平方公里）沿戈公保护走廊延伸，其生态旅游潜力巨大。

柬埔寨是第一个建立国家公园的东南亚国家，早在1925年，柬埔寨就建立保护区保护吴哥寺庙群附近的森林。

柬埔寨最重要的国家公园

公园	面积	特色	活动	最佳旅游时间
波哥	1581平方公里	赌场、酒店、鬼镇、风景、瀑布	徒步、骑自行车、观赏野生动物	11月至次年5月
基里隆	350平方公里	瀑布、远景、松林	徒步、观赏野生动物	11月至次年6月
利阿	150平方公里	海滩、岛屿、红树林、海豚、猴子	划船、游泳、徒步、观赏野生动物	11月至次年5月
南豆蔻保护林	1443平方公里	河流、瀑布、丛林、大象	徒步、骑自行车、观赏野生动物	11月至次年6月
维拉差	3325平方公里	原始丛林、瀑布	徒步、探险、观赏野生动物	11月至次年4月

环境问题

伐木

采伐木材和烧毁树木改种经济作物是柬埔寨生态系统最大的威胁。在越南占领期间，为了防止红色高棉在公路两旁设埋伏，军队砍伐了大量森林。20世纪90年代，森林破坏越发严重，当时柬埔寨正向市场经济过渡，有背景的商人通过掠夺资源的手段获利。

根据全球森林监察（GFW；www.globalforestwatch.org）的报告，自2001年开始，柬埔寨的森林砍伐速度比世界上任何一个国家都要快。2010年，柬埔寨林木植被覆盖面积减少最多，达到2379平方公里。之后，这一数字有所下降，但是2014年仍然减少了1780平方公里。

由于国际上对木材的需求量巨大，加之泰国和越南等邻国开始执行更为严厉的树木砍伐条例，于是国外的伐木公司纷纷涌入柬埔寨。在20世纪90年代末的伐木高峰，柬埔寨的采伐面积高达70,000平方公里，约占地表面积的35%，相当于国家公园和保护区之外的所有森林。即使是在那些受保护的区域，非法采伐仍在继续。根据从事环境监督的**全球见证组织**（Global Witness；www.globalwitness.org）的报告，柬埔寨皇家军队（Royal Cambodian Armed Forces，RCAF）是近年来边远地区伐木活动的幕后主使。

就眼前来说，采伐森林使湄公河沿岸的洪水泛滥更为严重，而乱砍滥伐的长期影响则难以估量。如果山的表面没有树木覆盖，在未来的雨季，雨水将不可避免地带走大量表层土，这将对洞里萨湖造成严重的破坏。

自2002年来，情况已经有所好转。在捐赠人和国际机构的压力下，所有采伐合同都被有效冻结了，许多悬而未决的事宜还有待于与政府进一步协商。但小规模的非法伐木还在继续，包括采伐木材加工成木炭和刀耕火种式的开荒。

柬埔寨森林的最新威胁来自于“经济特许权”，允许建立橡胶、芒果、腰果和菠萝蜜等经济作物种植园，或进行农林间作，种植金合欢林和桉树林，为造纸业提供木屑。柬埔寨政府辩称种植园的存在对于经济发展是必要的，并且把它们算作重新造林，但实际上，这些种植园会给脆弱的生态系统带来无法弥补的损害。

污染与卫生

金边的空气没有曼谷那么差，但随着车辆的成倍增加，情况在变坏。在其他省份的城市和村庄，燃烧垃圾产生的浓烟会毁了你的晚餐，甚至让你呼吸困难或引发干咳。

在海滩上、瀑布周围、道路两边，以及城市、乡镇和村庄到处都是各种垃圾，尤其是塑料袋和瓶子。

柬埔寨城市地区的卫生系统极端落后，在乡村根本不存在卫生系统，只有少数人口使用特有的卫生设施。在这样恶劣的条件下，疾病不断滋生和蔓延。流行性腹泻在柬埔寨非常常见，它是儿童的第一杀手。

在湄公河上修筑水坝

4800公里长的湄公河发源于中国的青藏高原，最后穿过越南南部进入南海。其中柬埔寨境内的长度将近500公里，最宽处达5公里。由于整个地区对能源的需求量越来越大，对于像柬埔寨及其上游邻国这样的发展中国家来说，在湄公河及其支流筑坝发电极具诱惑力。

虽然拥有湄公河近20%的水量，但中国并不是湄公河委员会（Mekong River Commission，MRC）的成员，而且只是在2007年才开始和下游的湄公河委员会成员讨论其大范围的水坝建设。

环保人士担心，在湄公河主流筑坝会对河水的流动模式、鱼类的洄游

尽你的一份力量

每个到访柬埔寨的游客都应该为当地生态的可持续发展做点事情。

- 妥善处理好你的垃圾。
- 喝天然包装的新鲜椰汁，而非罐装或瓶装的软饮料。
- 选择那些尊重生态系统和生活在其中的人作为徒步向导。
- 不吃野生动物，例如蝙蝠、鹿和鱼翅。
- 浮潜或潜水的时候不要触摸活珊瑚，也不要买珊瑚纪念品。
- 如果你看到野生动物被猎杀、买卖或食用，记录下详细经过和地址，与**Wildlife Alliance**（☎012 500094；wildlifealliance@online.com.kh）联系，它是一个非政府组织，帮助管理政府的野生动物快速救援队（Wildlife Rapid Rescue Team）。被救援的动物或被放归野外，或被带到他茅山野生动物救助中心（见98页）。

20世纪60年代中期，柬埔寨保持完好的原始森林数量高达90%。今天，据估计这一数字只有25%。

模式、伊洛瓦底江豚的生存和洞里萨湖的生物带来灾难性的影响。目前，考虑中的项目包括三波大坝（Sambor Dam，位于桔井以北35公里处，发电量3300兆瓦）和Don Sahong（Siphandone）大坝（就在柬埔寨—老挝边境以北，最近已经启动了准备工作）。

也有人担心大坝对湄公河汛期的潜在影响，每年雨季，河水上涨，河中大量富含营养的淤泥被冲到岸上，形成了适于农耕的肥沃土壤。洞里萨湖雨季水位下降1米，就会导致被淹没的区域减少2000平方公里，这将对柬埔寨的农业造成灾难性的影响。

湄公河的开发计划由湄公河委员会（Mekong River Commission，MRC；www.mrcmekong.org）监督。该委员会由联合国开发计划署组建，成员国包括柬埔寨、泰国、老挝和越南，自称致力于可持续发展。

2007年，由英国环境监督机构Global Witness（www.globalwitness.org）出具的证据确凿的报告《柬埔寨的家庭树》（*Cambodia's Family Trees*）揭露了柬埔寨最有权势的非法采伐集团，这一报告在柬埔寨遭到了禁止。

采沙

在戈公省入海口，包括受保护的平夸索野生动物保护区（Peam Krasaop Wildlife Sanctuary），挖沙威胁到脆弱的红树林生态系统以及依赖它们的海洋生物。大部分沙子都被新加坡预订。详见Global Witness 2009年的报告《国家待售》（*Country for Sale*；www.globalwitness.org/reports/country-sale）。湄公河流域的采沙活动对当地社区有重大影响，近年来有很多关于堤坝倒塌的报道。

生存指南

出行指南

签证

多数前往柬埔寨的游客都需要办理一个月的旅游签证（US$30）。对于大多数国家的旅行者，从金边或者暹粒的机场以及部分陆路边境入境可以办理落地签，中国公民只要拥有往返机票和护照，即可办理落地签证（US$30）。如果想免除排队之苦，也可上网申请电子签证。签证费用需加付US$7手续费，有效期3个月，办理时间通常只需3个工作日。无论是落地签还是提前申请电子签证均可在柬埔寨停留30天。电子签证申请中文网址：https://www.evisa.gov.kh/?lang=ChiS。

如果想去柬埔寨工作，最好办理商务签证（US$35），因为这种签证可以延期很长时间，包含多次往返。但旅游签证只能延期一次，一次只能延期一个月，且只能单次入境。

旅行者在从泰国走陆路边境进入柬埔寨时，有时会被多收费，移民局会要求以泰铢形式支付，通常也会凑整。这类问题在老挝边境也会发生，但是在越南边境就不太常见。如果想避免，那就提前办好签证吧。

目前逾期停留每天收费US$5。

如果想从柬埔寨继续前往越南，一个月的单次入境签证需花费US$55，在金边办理需要两个工作日，或者在西哈努克市的越南领事馆办理，只需一日。大多数旅行者前往老挝可以办理落地签（US$30~42），且大多数旅行者前往泰国不需要签证。

签证延期

签证延期手续在金边国际机场对面那个很大的移民办公室办理。

办理签证延期非常简便，只需两三天时间便可办妥。费用：1个月US$45（旅游签和商务签），3个月US$75，6个月US$155，1年US$285（后三个价格仅针对商务签）。商务签可以无限次办理延期。一些旅行社和金边许多出租摩托车的店铺都可以帮忙办理签证延期，有时价格还能优惠。

保险

健康保险是必需的，确保所购买的险种可以偿付紧急情况下的医疗转运。这里有限的医疗设施意味着重伤或重大疾病需要乘飞机到曼谷治疗。

购买国际旅行保险，可登录www.lonelyplanet.com/travel-insurance，即便你已经出发上路，也可以随时在线购买、延期保险或申请理赔。

货币

柬埔寨的货币是瑞尔，在本指南中通常被缩写为“r”，紧跟在钱数的后面。柬埔寨的第二货币（有人可能会认为是第一货币）是美元，全国流通，但找零可能是瑞尔。在柬埔寨稍有破损的美元纸币都会被拒收，因此，当别人给你找钱的时候一定要看仔细，不要收破损的钞票。在柬埔寨西部，泰铢（B）也很常用。对游客们来说，三种货币可能有点儿混乱，出现这种情况可能是因为柬埔寨人对过去的一种弥补：在波尔布特统治时期，柬埔寨没有货币。红色高棉废除了货币，并炸毁了位于金边的国家银行大厦。

瑞尔有以下面值：100r、200r、500r、1000r、2000r、5000r、10,000r、20,000r、50,000r和100,000r。

商家报价所使用的货币通常是美元或瑞尔，但在西部地区有时候也会用泰铢。这似乎有些不一致，但这就是柬埔寨。你越快习惯瑞尔、美元或泰铢之间的换算，你的旅行也就会越轻松。

自动柜员机

大多数主要城市都有能接受信用卡（维萨卡、万事达卡、JCB卡和Cirrus卡）的自动柜员机。如果从泰国或越南经陆路进入柬埔寨，戈公（Cham Yeam）、波贝（Poipet）和巴域（Bavet）也设有自动柜员机。机器可以取出美元或瑞尔钞票。只要账户余额足够，最高可以提取US$2000。深夜用自动柜员机取钱时务必要当心。

澳新皇家银行（ANZ Royal Bank）的自动柜员机分布最广，加油站以及游客集中的酒店、餐馆和商铺都设有该行的自动柜员机。其次是加华银行（Canadia Bank）。Acleda Bank的分理处数量最多，在各省省会都设有多家分行，前往偏远地方的游客不必再遭受缺乏现金的苦恼。大多数情况下，从自动柜员机提取现金收取US$3~5的手续费，但是ABA银行免收手续费。

中国银联卡可以在当地的取款机提取美元现金，但每卡每天在境外取现不超过等值1万人民币的外币。支持银联卡取现的银行有加华银行（Canadia Bank）、柬埔寨亚洲银行（Cambodia Asia Bank）、湄江银行（Cambodia Mekong Bank）

讨价还价

在柬埔寨的当地市场里购物时一定要讲价，否则你就会"挨宰"（小贩之间的行话是"剃头"）。讲价是市场购物的原则，也是合乘出租车、搭便车和入住某些客栈的法则。高棉人并非爱财如命，因此只要你面带微笑，并友好地交谈几句，通常就足以讲到较合理的价位了。记住：你的目的不是最低的价格，而是一个你和对方都能够接受的价格。几百瑞尔对游客而言可能算不了什么，但在许多情况下，这点钱对需要养家糊口的小贩很重要。

付小费建议

在柬埔寨的一些餐馆，找零会放在一个夹子里拿给你。如果留零钱在夹子里，那么找零往往被餐馆老板纳入口袋。如果你想确保为你提供服务的侍者得到小费，就把小费放在桌上，或者直接交给为你服务的侍者。有的地方会设置一个公共的小费盒，小费会和所有员工共享。

现金

美元在柬埔寨占主导地位。如果你备有足够的美元现金的话，就没有必要去银行，因为你完全可以在酒店、餐馆和市场将少量美元兑换成瑞尔。为了方便起见，最好随身携带价值US$10左右的瑞尔，以便支付摩托车或机动三轮车（tuk tuks）的费用，或在市场买小东西。用美元买一件便宜的商品，就会找给你一些瑞尔。

另外一种有用的货币是泰铢（主要在柬埔寨西部地区）。在戈公、波贝和诗梳风等城市，通常以泰铢报价，即使是在马德望，泰铢也很常见。

为了使你的旅行更加方便，最好在到达柬埔寨之前准备好足够的美元。其他主要货币可以在金边和暹粒的银行和市场里兑换。但多数银行的非美元汇率都比较差，所以最好去货币兑换点——在每个主要市场周围都有货币兑换点。

西联和速汇金（Money Gram）在柬埔寨的代理机构都开办了快速汇款业务，但费用也更高。Acleda Bank是西联的代理，而加华银行是速汇金的代理。

信用卡

高级酒店、机票售票处、精品店和餐馆一般都接受主要的信用卡（维萨卡、万事达卡和JCB卡，有时也接受美国运通卡），但通常它们都将费用直接转嫁给消费者，这就意味着你要额外支付2%~3%的费用。

在金边、暹粒、西哈努克市、贡布、马德望和磅湛以及一些主要城镇，都能提供信用卡取现业务。加华银行免费提供这种业务，多数银行宣传只收取最低US$5的手续费。

金边和暹粒的几家旅行社和酒店也办理提现业务，收取大约5%的手续费。如果你恰好在周末手头吃紧的话，这些地方可以解燃眉之急。

小费

传统上，柬埔寨人并没有付小费的习惯，但由于这里非常贫穷，支付小费会大有帮助。柬埔寨的工资水平极低，但这里的服务热情周到。许多高级酒店收取10%的服务费，但这笔钱并不会落入工作人员

购物

优质的手工艺品，包括丝绸服装、配饰、木雕、石雕和银器随处可见，暹粒、金边和以特色工艺品出名的城镇都能买到。蒙多基里和腊塔纳基里的山地部落生产手织棉布，产量很低。在本书的“金边”和“暹粒”章节里，我们重点介绍了旨在振兴传统工艺、资助残疾人和弱势群体的商铺和组织。

的口袋。记得向为你整理房间的工作人员支付小费。也应该向司机和向导支付小费，因为他们为了陪你旅游而牺牲了陪伴家人的时间。

如果参观完一家寺庙，做点小捐献会比较合适，如果有僧人带你参观，则更应该如此。很多寺庙里都有捐献箱。

旅行支票

Acleda Bank的多家分行提供将旅行支票兑换成现金的服务，这使前往腊塔纳基里和蒙多基里等偏远省份的游客免遭缺乏现金之苦。最好使用美元旅行支票。兑换旅行支票通常要支付2%的手续费。

折扣卡

在柬埔寨，年长的游客和学生都不能享受优惠。

使领馆

目前许多国家在金边设有大使馆，但对于某些国家的游客来说，最近的大使馆在曼谷。你一定要弄清楚，如果遇到麻烦，大使馆能做什么，不能做什么。总体而言，如果是因为你自身的原因出了问题，他们是帮不上什么忙的。游客必须遵守所在国的法律。如果你因犯罪而被投入牢狱——即使你的行为在你的祖国是合法的，大使馆也是不会怜悯你的。

遇到真正的紧急情况时，大使馆或许可以帮助你，但前提是你已经没有其他的求助渠道了。如果你的钱和身份证件全部丢失，大使馆可以帮你办理新护照，但绝不可能借给你旅游的钱。

中国大使馆（☎023 720922；No.156, Mao Tse tung Blvd, Phnom Penh）

澳大利亚大使馆（见54页地图；☎023 213470；16 National Assembly St, Phnom Penh）

法国大使馆（见46页地图；☎023 430020；1 Monivong Blvd, Phnom Penh）

德国大使馆（见54页地图；☎023 216381；76-78 St 214, Phnom Penh）

印度大使馆（见46页地图；☎023 210912；5 St 466, Phnom Penh）

印度尼西亚大使馆（见46页地图；☎023 216148；1 St 466, Phnom Penh）

日本大使馆（见46页地图；☎023 217161；194 Norodom Blvd, Phnom Penh）

老挝大使馆（见66页地图；☎023 982632；15-17 Mao Tse Toung Blvd, Phnom Penh）

马来西亚大使馆（☎023 216177；220 Norodom Blvd, Phnom Penh）

缅甸大使馆（见54页地图；☎023 223761；181 Norodom

电源

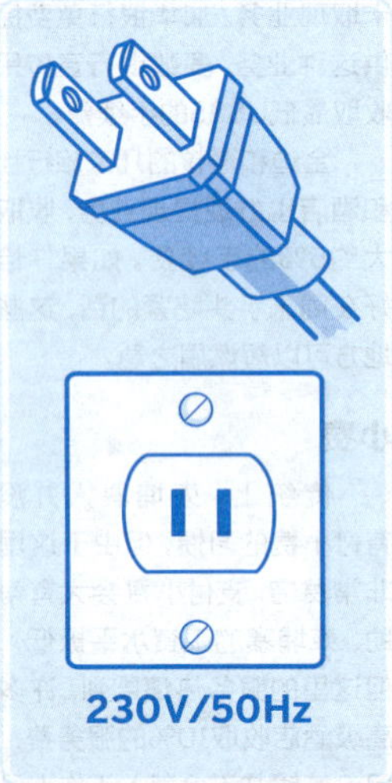

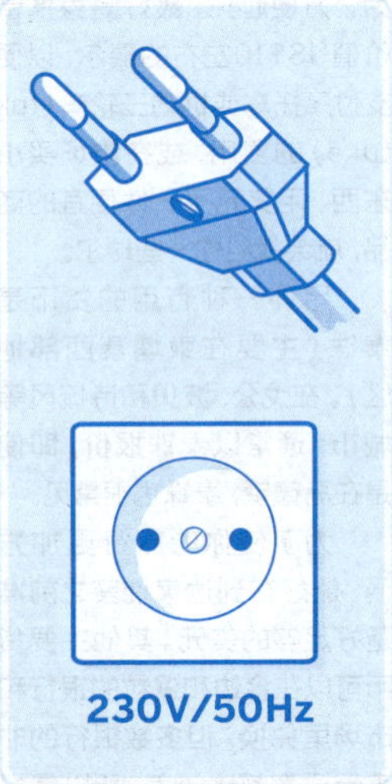

Blvd, Phnom Penh)

菲律宾大使馆(见66页地图; ☎023 222303; 15 St 422, Phnom Penh)

新加坡大使馆(见54页地图; ☎023 221875; 92 Norodom Blvd, Phnom Penh)

泰国大使馆(见46页地图; ☎023 726306; 196 Norodom Blvd, Phnom Penh)

英国大使馆(见46页地图; ☎023 427124; 27-29 St 75, Phnom Penh)

美国大使馆(见60页地图; ☎023 728000; 1 St 96, Phnom Penh)

越南大使馆(见66页地图; ☎023 726274; 436 Monivong Blvd, Phnom Penh); 驻马德望领事馆(见246页地图; ☎053 952894; St 3; ⏰周一至周五8:30~17:30)可一日内办理签证; 驻西哈努克市领事馆(见190页地图; ☎034 934039; 310 Ekareach St; ⏰周一至周六8:00至正午和14:00~16:00)可快速办理签证。

海关条例

柬埔寨的海关限额是模糊不清的。柬埔寨允许游客将"合理数量"的免税商品带入境内。乘坐飞机的旅客一定要记住,金边街头商店里的促销价比免税烟酒价格便宜很多——一条200支装的名牌香烟仅售US$13,进口烈性酒每升低至US$7!

和其他国家一样,柬埔寨不允许旅客携带武器、爆炸物或毒品入境。有人说,这个国家境内的已经够多的了。

将吴哥王朝时期的古代石雕携带出境是违法行为。

旅游信息

柬埔寨境内有一些旅游局办事处,但在金边或暹粒,这些办事处对自助游游客的帮助非常有限。而在其他各省,情况却大不相同。如果办事处碰巧开放,旅游局办事处的工作人员看到游客有时会很高兴,但他们能提供的小册子和宣传品很少。通常,其他旅行者、客栈、酒店和一些免费的当地杂志比旅游局办事处更有帮助。

柬埔寨没有在境外设立的官方旅游局办事处,而柬埔寨大使馆除了发签证之外(也可以落地签),对游客计划行程方面帮不了太大的忙。

营业时间

多数柬埔寨人都起得很早,如果你5:30才回到住处,嗯,就说才起床吧,看见人们出门或晨练,这是很正常的。

银行 各家银行营业时间不尽相同,但多数银行的主要营业时间都是周一至周五的8:00~15:30以及周六的上午。

酒吧 许多酒吧全天营业,但也有一些酒吧只在晚上开放,尤其是那些不提供食物的酒吧。

政府部门 周一至周五全天和周六上午办公,从理论上来讲,办公时间是从7:30开始,11:30~14:00为午休时间,17:00下班。博物馆等景点一般一周开放七天。

当地市场 每周开放七天,营业时间通常是日出而作、日落而息(6:30~17:30)。每逢柬埔寨新年(Chaul Chnam Khmer)、亡人节(P'chum Ben)和中国春节(Chaul Chnam Chen)等主要节日,市场里的店铺都会歇业几天。

餐馆 当地餐馆的营业时间一般是6:30~21:00,国际性的餐馆会营业到更晚,有时两餐之间会关门。

商店 商店的营业时间一般为8:00~18:00,而商场内的商店和超市一般营业到20:00。很多大城市有24小时营业的便利店。

节假日

节假日期间,银行、政府部门和大使馆都不工作,因此如果你打算在节假日期间游览柬埔寨,要提前做好计划。如果节假日恰逢周末,柬埔寨人会在周末之余多放一两天假。再加上他们还不时地过外国节日,这显然让柬埔寨比全世界任何一个国家的节日都多!

元旦 1月1日

胜利纪念日(Victory over the Genocide)1月7日

国际妇女节 3月8日

节日警告

在亡人节和柬埔寨新年等主要节日快到的时候,抢劫案件会剧增,尤其是在金边。柬埔寨人需要钱来为亲人买礼物或偿还债务,有些人觉得盗抢是来钱最快的招儿。在这段时间的晚上,一定要加倍小心,如无必要,不要随身带贵重物品。

国际劳动节 5月1日

国际儿童节 6月1日

国王诞辰 5月13日至15日

国母诞辰 6月18日

立宪节（Constitution Day）9月24日

国父悼念日（Commemoration Day）10月15日

独立日 11月9日

国际人权日 12月10日

住宿

在过去的10年间，柬埔寨的住宿条件有了明显改善，从临时落脚的普通旅馆到豪华酒店应有尽有。多数旅馆以美元报价，金边以外省份的某些住处以瑞尔报价，临近泰国边境的地方则以泰铢报价。

酒店和客栈

在金边、暹粒和南部海岸，游客流量非常稳定，如果你每晚花US$15以上，随着花费的提高，酒店住宿条件会有很大的提升。如果你入住US$20~50的酒店，条件更加舒适，有的甚至还有游泳池。在金边、暹粒、西哈努克市、白马和马德望等地有很多精品酒店，这些酒店有着迷人的情调，花费为US$50~100。在多数规模较小的省级城市，花US$10~20，就能住上舒适的空调房。

如今柬埔寨也有不少国际标准的酒店，金边和暹粒有几家，西哈努克市和白马也有一两家。对于多数酒店来说，如果未经预约直接入住的话，报价会很高，此外还收取10%的税金和10%的服务费。如果网上预订，价格要便宜一些，而且还包括税金和服务费。

金边、暹粒和西哈努克市的大型酒店都提供很低的淡季（4月至9月）房价。常见的是打五折，也有"住两晚、赠一晚"的优惠活动。促销或优惠详情见各酒店网站。

许多新建的时尚酒店都装有电梯，而老式酒店则没有，且其最便宜的房间往往在最顶层。

过去只有金边、暹粒和西哈努克市才有经济型客栈，但随着旅游业的兴旺，这种住处在很多省份的省会也开始出现。这类客栈的标准房价为US$5~10，通常带电扇、浴室和卫星电视。

柬埔寨的许多客栈都没有热水，但多数客栈会有几间较贵的房间，能提供热水。

青年旅舍

近年来，适合背包客的青年旅舍如雨后春笋般涌现，特别是在金边、暹粒和西哈努克市等热门旅游目的地。在人们的妥善经营下，青年旅舍很有生机，但性价比并不总是很高，通常和当地客栈的单间价格相当。然而，多数青年旅舍同样提供单间和一些附加设施，如游泳池。

家庭寄宿

有些省份开始出现家庭寄宿，游客可以更好地了解当地人和柬埔寨的生活方式。磅湛和磅同等省有专门安排游客下榻民居的机构，游客在柏威夏等偏远地方也可以住在非正式的家庭寄宿。参加"湄公河发现之路"（Mekong Discovery Trail）组织的游览，可以体验在桔井和老挝边境之间的几处家庭寄宿。在暹粒附近的女王宫地区也有几处家庭寄宿，为只去吴哥的游客提供一个方便的选择。

在线预订住宿

获得更多Lonely Planet作者提供的住宿评论，请登录http://lonelyplanet.com/hotels/。在那里，你可以看到很多独立的评价，也有最佳住处的推荐。最棒的是，你可以在网上预订。

住宿价格区间

以下价格区间划分参考的是旅游旺季时双人间的价格。金边和暹粒的住宿价格会更高一些。

$ 低于US$25

$$ US$2~80

$$$ 高于US$80

饮食

了解柬埔寨饮食的详细信息，请见346页。

就餐价格区间

下列价格区间的划分参考的是一般主菜的价格。除另行说明外，价格均含税。

$ 低于US$5

$$ US$5~15

$$$ 高于US$15

地图

Gecko出版的《柬埔寨道路图》(*Cambodia Road Map*)是柬埔寨最权威的地图。这幅地图的比例尺为1:750,000,细节翔实、地名准确。其他常用的折页地图包括:Nelles出版的《柬埔寨、老挝和越南地图》(*Cambodia,Laos and Vietnam Map*),比例尺为1:1,500,000,不是特别详细;Periplus出版的《柬埔寨旅游地图》(*Cambodia Travel Map*),比例尺为1:1,000,000,内有金边和暹粒的城市地图。

金边和暹粒的主要酒店、客栈、餐馆和酒吧也会提供许多由广告商赞助的免费地图。

邮局

鉴于柬埔寨的邮政非常随意,所以如果要寄贵重物品,最好通过快递公司或从其他国家寄送。在邮局柜台寄明信片和信件的时候,确保它们已被盖上"邮资已付"的邮戳。

寄往亚洲之外目的地的信件和包裹要花2~3周才能到达。要想速度快,就找快递。

EMS(☎023 723511;www.ems.com.kh;Main Post Office,St 13,Phnom Penh)在全国各主要邮局都设有柜台。在金边、暹粒和西哈努克市等主要城市有DHL和Fed Ex。

电话

柬埔寨的固定电话线在漫长的内战期间已被破坏殆尽,全国通信设施极度落后。移动电话的出现给柬埔寨带来了追赶其他邻国的机会,于是它一跃而起地快速投入技术革命中去。移动电话在柬埔寨随处可见,而连接主要城镇的固定电话通信电缆也在逐步铺设当中,目前,柬埔寨与外界联系比从前更加便捷了。本书中,固定电话区号位于城市标题下方,但在许多地区通话质量不一。

随着无线网络在大街小巷风靡,基本上所有客栈、酒店、咖啡厅和餐馆都可以使用Face Time、Skype和Viber。有的客栈和酒店在大厅里也有路由器,供宾客免费上网。

登录www.yp.com.kh可查找商业机构和政府办公室的通讯录。

手机

手机号码以01、06、07、08或09开头,老百姓和商务机构都青睐使用手机。

如果你带来一部已经开通国际漫游功能的手机,到达柬埔寨后选择一个运营商,就可以拨打电话了,但回家后等着支付巨额账单吧。记住:柬埔寨的漫游费高得惊人。

想在柬埔寨停留较长时间的人可以购买当地运营商的SIM卡。外国人需凭有效护照购买当地SIM卡,但是在金边和暹粒的国际机场到达大厅可以免费获取。

目前大多数手机公司提供便宜的网络电话(需加拨接入号码),每分钟话费在10美分以下。

中国移动、中国联通和中国电信都开通了在柬埔寨的手机漫游服务,其中收短信免费。

柬埔寨尚未普及3G,游客需要携带一部GSM协议手机,当地移动上网业务较不普及,习惯移动上网的用户需要做好准备。

上网

在柬埔寨上网很方便,但是随着无线网络的覆盖,如今网吧的数量比不过从前了。收费每小时1500r至US$2。如今许多酒店、客栈、餐馆和咖啡馆都提供免费Wi-Fi,即便是在最偏僻省份的省会城市。

时间

柬埔寨和老挝、越南以及泰国一样,比格林尼治标准时间(Greenwich Mean Time,GMT)或世界协调时间(Universal Time Coordinated,UTC)早7个小时。

柬埔寨与北京有1小时时差,柬埔寨正午12点时,北京时间是下午1点。

厕所

柬埔寨的厕所以坐式马桶为主,蹲式厕位偶有出现,主要是在各省的最廉价的经济型客栈里或是设置在餐馆的后院。

洗手间和如何处理卫生纸是一个受到关注的问题。一般,如果马桶旁边有废纸篓的话,就应该把卫生纸扔进纸篓里,因为许多污水处理系统都无法处理卫生纸。汽车站或其他公共建筑的卫生间很少提供卫生纸,所以旅行者需要随身携带。

许多西式洗手间里有带软管的喷水龙头,有人称之为"屁股枪",可以将其看作是一个灵活的坐浴盆,用来清洁、冲洗，也可以冲厕所。

在柬埔寨，公共洗手间非常罕见，金边河畔和吴哥寺庙周围是唯一能找到公共洗手间的地方。通常，公共洗手间收费500r，吴哥的则是免费使用。当地多数餐馆都有洗手间。

如果你在偏远的边境地区内急，千万不要碍于面子而钻入灌木丛：在靠近公路或小径的地方可能会有地雷。你可以在路边方便，或者干脆忍到下一个城镇再说。

旅行安全

如今的柬埔寨是个相当安全的旅游国度，但任何情况下都不要忘记这个黄金法则：在偏远地区，一定要走有标记的路线（因为有地雷）。

《柬埔寨日报》（*Cambodia Daily*; www.cambodiadaily.com）和《金边邮报》（*Phnom Penh Post*; www.phnompenhpost.com）都是获取突发新闻的好来源。出门前可以先查看一下这两家报纸的网站。

犯罪和暴力

与柬埔寨的枪支数量相比，这里持械抢劫案算是非常少了。但劫道和偷摩托车是你可能在金边和西哈努克市遇到的麻烦。不必望而却步，只要多加小心就够了。深夜里不要孤身一人步行或骑车，在偏远地区更是如此。

这几年金边有抢包事件，而且骑摩托车的盗贼不抢到东西不放手，有时会把乘客从摩的上拖下来，有可能危及生命。

万一不幸成为抢包贼的目标，要记住：要得到警方的协助，哪怕只是写份报告，你都得花钱。数额取决于你报失的金额，最常见的是向你索取US$5~50。

专门针对外国人的暴力案件非常罕见，但在金边的拥挤酒吧或夜店里应该多加小心。如果你在酒吧或夜店里跟高棉富有的年轻人起了冲突，务必放下自尊委曲求全。他们都带着枪，还有保镖随从。西哈努克市因为偶尔发生暴力事件而闻名，通常暴力都是源自外国商人之间的竞争。

地雷、迫击炮和炸弹

绝对不要碰任何火箭弹、弹壳、迫击炮、地雷、炸弹或你看到的其他战争武器。柬泰边境沿线是地雷埋放最多的地区，但柬埔寨许多地区都有没清除干净的地雷。总而言之：在任何情况下都不要偏离现成的道路。如果你打算步行，即使是在偏远的东北部等相对安全的地区，也务必带上一个导游，因为那里可能还有20世纪70年代初美国轰炸时期遗留的未爆炸弹药（unexploded ordnance, UXO）。

欺诈

绝大多数骗局都不会对游客造成重大伤害，通常都是出租车司机或摩的驾驶员收取一点儿佣金之类的事情，这种情况在暹粒尤为常见。

据说金边发生过一两起警察栽赃毒品的案件，虽然极为罕见，但一旦你成了骗局的受害者，你最好在到警察局有更多的警察介入之前就付清费用，因为插手的人越多，费用就会越高。

这一地区市面上出售大量假药。你要保护自己，只从可靠的药房或诊所购买处方药。

谨防菲律宾的二十一点扑克骗局，不要参与任何看似友好的菲律宾人设的赌局，不然就会损失大笔金钱。

金边和暹粒等地的乞丐会抱着婴儿索要奶粉。有些外国游客出于同情施舍，但是乞丐往往会要求特别贵的配方奶粉，之后再退回店里与店主平分钱财。

危险毒品简介

要小心Yaba，这是一种来自泰国的可怕毒品，柬埔寨语称之为yama（即印度教的“死神”）。它就是人们常说的冰毒或结晶状安非他明。它可不是药剂师调配的老式减肥药，而是源自实验室的一种自制的安非他明。在这种药丸中通常加入了汞、锂或制造者能找到的其他有毒物质。Yama是一种肮脏的毒品，虽然吸食者不愿承认，但它更容易致瘾，使人产生强烈的幻觉，能导致失眠和神经错乱。如果你不想使你的柬埔寨之行成为一次没有回程的旅行的话，最好远离毒品。

此外，一定要小心，不要在柬埔寨购买“可卡因”。毒贩通常会将纯海洛因当作可卡因出售，尤其在金边，这种毒品的强度非常大，比其他地方发现的毒品都要厉害。

法律事宜

在柬埔寨吸食大麻是非法的，警察开始对这种行为采取强硬措施。有几家外国人经营的酒吧和餐馆由于有人在内吸食大麻而遭遇警方的突然检查（也有一些是受到陷害）——在客栈随意吞云吐雾的日子已成历史。传统上，大麻会被用在某些高棉菜里，所以它还会继续存在很长一段时间。但如果你是吸食者，请保持谨慎。

其他毒品也是违法的，以上建议同样适用。从街边小贩处购买毒品一定要三思而后行，结局可能是你在昏迷中被洗劫一空。

旅行者应该注意，只要到了法定年龄，即使身处国外，也可以根据祖国法律被起诉。

儿童

在柬埔寨，孩子们会玩得很开心，因为他们是人们关注的中心，几乎所有人都乐于和孩子们一起玩耍。这对于那些带着婴幼儿的旅行者来说是个好消息，当他们狼吞虎咽地吃着面条时，总会有人帮着照顾孩子。如果想全面了解带孩子旅行的注意事项，可以参阅Lonely Planet出版的《带孩子旅行》（*Travel with children*），书中提出了很多实用建议。此外，该书还简要介绍了对孩子们应该事先采取的疾病预防措施，并向怀有身孕的旅行者提供了建议。

残障旅行者

破损的人行道、坑洼不平的公路、吴哥景点如梯子般陡峭的台阶，这一切都给行动不便的人们游览柬埔寨带来了很多的麻烦。柬埔寨的大多数建筑在设计之初都没有考虑到残疾人。只有一些新建项目，如金边和暹粒的国际机场以及高级宾馆才有轮椅专用坡道。各省内的交通工具通常人满为患，但出租车价格还算合理，应该是一个不错的选择。

积极的一面是柬埔寨人民非常乐于帮助外国人，此外，如果你需要有人全程陪伴的话，当地劳动力也非常廉价。多数客栈和小酒店都有一层的房间，进出比较方便。

最令人感到头痛的是柬埔寨的主要景区——吴哥寺庙群。崎岖的道路、随处可见的障碍物和陡峭的台阶甚至让身强体健的人都望而生畏。虽然一些主要寺庙开始修建残疾人坡道，但情况真正改善还要等上若干年时间。

乘坐轮椅的游客在游览柬埔寨之前需要做很多功课。如今，网络信息资源不断丰富，使你能够和曾经乘坐轮椅游览过柬埔寨的人们进行交流。可以尝试与以下机构取得联系：

Disability Rights UK（http://disabilityrightsuk.org）

Mobility International USA（www.miusa.org）

Society for Accessible Travel & Hospitality（SATH；www.sath.org）

Lonely Planet网站的"Thorn Tree（荆棘树）"论坛也是寻找其他游客的建议和忠告的好去处。

LGBT旅行者

尽管柬埔寨文化能够包容同性恋，但这里的男同或女同性恋现象和泰国完全不一样。前国王诺罗敦·西哈努克曾经强烈支持同性恋伴侣拥有同等的权利。这似乎鼓励了柬埔寨年轻人在这一问题上持有更加开放的态度。金边和暹粒都有几家对男同性恋友好的酒吧，但与亚洲的一些国家相比，这里的情形是比较低调的。

目前有大量男同或女同性恋伴侣入住柬埔寨全国各地的酒店，很少有人关注外国游客的相互关系。但明智之举是不要招摇你的性取向。因为即使是异性伴侣，在柬埔寨当众示爱也会被视为是失礼的。

推荐一些有助于帮助安排行程的网站：

Cambodia Gay（www.cambodia-gay.com）促进柬埔寨同性恋群体的发展。

Siem Reap Gay Guide（www.thesiemreapgayguide.com）制作免费的纸质指南。

Sticky Rice（www.stickyrice.ws）介绍柬埔寨和全亚洲的同性恋旅行指南。

Utopia（www.utopia-asia.com）提供同性恋旅游信息和联系方式，包括当地一些同性恋术语。

女性旅行者

女性旅行者发现在柬埔寨旅游很少会被骚扰，尽管有一些从事客栈行业的家伙不时会试着碰碰运气。外国女人很少成为当地男人的袭击对象，而且你会发现柬埔寨男人总是彬彬有礼。但也不能掉以轻心。和在世界上其他地方一样，在深夜独自行走或骑自行车都很危险。如果你打算去人迹罕至的地方，最好有人陪伴。

柬埔寨妇女衣着非常保守，所以最好入乡随俗，特别是在参观寺庙的时候。总之，应首选长袖衬衫、长裤或裙子。如果晚上乘坐摩的出门的话，最好穿长裤，而短裙则不太适合。

在主要城市和省会都能买到卫生棉条和卫生巾，但如果你要去偏远地区并在那里待上几天的话，就得自行携带。

摄影

金边和暹粒的多数网吧都能通过读卡器或者USB连接，将数码影像刻成CD或DVD。刻成DVD约US$2.50，刻成CD只需US$1.50。随处都能买到便宜的存储卡。由于关税低，在此购买数码相机非常划算，因此想买个新款相机的话，与其在曼谷或胡志明市买，不如考虑在金边购买。

应该准备好适合在柬埔寨使用的充电器、插头和变压器。小心一些客栈里的电源线，有些电源线可能极不规范。

给当地人拍照

一般的原则在这里也适用。在给当地人拍照的时候应该有礼貌，不要让照相机镜头过分靠近别人的面部，要尊重僧侣和正在祈祷的人们。通常柬埔寨人民非常友好，如果你有礼貌地请求拍照的话，他们大多会欣然同意。录像也是如此，要首先征得别人的同意。在农村，孩子们会不顾一切地挤到你的镜头前，然后在回放图片时，他们看着自己出现在液晶显示器上，惊讶不已。有些人期望着你给他们照相后支付一点钱——按下快门前一定要先搞清楚。

语言课程

目前，柬埔寨提供的唯一一种语言课程都是用柬埔

孤儿院旅游业之害

近年来，参观发展中国家（特别是柬埔寨）的孤儿院成为受欢迎的活动，但从长期来看，这对孩子们和国家是好是坏已成为一个尖锐的问题。“孤儿院旅游业”以及这个词的各种内涵，被认为是一种令人不安的发展方向，在对柬埔寨儿童的关爱之中，也掺杂有不择手段的牟利成分。有报道说，新开的孤儿院用商业模式运作，每个月迎接的客人要达到某个数额才行。在另一些案例中，那些孩子压根就不是“孤儿”，而是花钱从当地学校“借”来的。

Save the Children组织在2009年发布的一项报告中说，发展中国家孤儿院里的孩子大多并非失去双亲，他们的父亲或母亲至少一人仍在世。全球范围内超过800万儿童之所以住在孤儿院等机构里，是因为家人迫于贫困不得已而为之，并非是因为失去父母。许多孩子处于被照料者虐待或疏于照顾的危险之中，同时也遭受剥削和国际贩卖儿童的威胁（3岁以下的儿童最危险）。

Save the Children的报告指出：“人们常见的一大误解是，孩子们进入孤儿院是因为他们父母双亡。实情并非如此。大多数孩子进入孤儿院，只是因为父母无法提供吃穿和学费。”2005～2010年，柬埔寨的孤儿院数量从153所激增至269所，几乎翻了一番。在柬埔寨12,000名在院“孤儿”中，只有28%是父母双亡。

许多柬埔寨的孤儿院在困境中坚持做着好事。有些办得很好，达到国际标准，得到来自富有赞助人的经济支持，因此无须迎接游客。而另一些则艰难挣扎，需要各种帮助。但是，如果一个孤儿院正在推广孤儿院旅游，那就要谨慎行事了，因为那里的成人未必能把孩子的利益放在第一位。儿童福利专家建议与儿童相关的志愿活动应该包含至少为期3个月的时间承诺，因为陌生人进入孩子的生命里而后又离开的短期到访对儿童的情绪健康和发展都是不利的。

2011年，Friends International和联合国儿童基金会共同推出“Think Before Visiting”运动。可通过www.thinkchildsafe.org/thinkbeforevisiting了解详情，以免你无意中为这一问题推波助澜。

赛语（又称高棉语）教学，教授对象为金边的外国居民而不是游客。可以去**金边皇家大学**（Royal University of Phnom Penh；见46页地图；☎012 866826；www.rupp.edu.kh；Russian Blvd）的外语学院学习。一些热门客栈、餐馆和酒吧的告示板上也会贴出招生告示，常有私人教师提供1小时的课程。《金边邮报》和《柬埔寨日报》上也有语言课程班的分类信息。

志愿服务

人们可能认为在像柬埔寨这样的贫困国家，志愿活动一定很多，但事实却并非如此。部分原因是柬埔寨从事发展工作的专业人员很多，而且这已经成为一个获利行业。

柬埔寨国内有大量非政府组织，其中的一些有时确实需要志愿者。如果想了解究竟有哪些组织在柬埔寨有代表机构，可以访问位于金边的柬埔**寨合作委员会**（Cooperation Committee for Cambodia，CCC；☎023 214152；www.ccc-cambodia.org；9-11 St 476），通过该委员会可以轻松获得所有非政府组织的名录，包括柬埔寨本国的组织和国际组织，非常有用。

有几个总部位于暹粒的组织专门为志愿者提供帮助。**ConCERT**（见106页地图；☎063-963511；www.concertcambodia.org；560 Phum Stoueng Thmey；⏲周一至周五9:00～17:00）网站上有个“负责任的志愿服务（responsible volunteering）”板块，为准备成为志愿者的人提供合理的建议。**Globalteer**（☎063 761802；www.globalteer.org）与柬埔寨儿童项目（Cambodia Kids Project）合作，为志愿者提供各种类型的项目，但需要按周收费。

另外一个途径是通过自己本国的组织成为职业志愿者，通常这种情况要在柬埔寨驻扎一到两年。其中最大的一个组织是英国的Voluntary Service Overseas（www.vso.org.uk），其他国家也有类似的组织，包括澳大利亚的Australian Volunteers International（www.australianvolunteers.com）和新西兰的Volunteer Service Abroad（www.vsa.org.nz）。联合国也有它自己的志愿者项目，详情见www.unv.org。此外，一般的志愿者网站链接也很多，包括www.voluntourism.org和www.goabroad.com/volunteer-abroad。

工作

柬埔寨就业机会很多，但除了做英语教师或在客栈、酒吧和餐馆里打工外，其他多数工作都有专业要求，需要事先做好安排。在柬埔寨讲英语的人可以做英语教师，薪水直接与个人经验挂钩。拥有英语教学证书的要比那些没有证书的薪水高很多。

如果想要了解非政府组织的工作信息，可以联系金边的**柬埔寨合作委员会**（Cooperation Committee for Cambodia，简称CCC；☎023 214152；www.ccc-cambodia.org；9-11 St 476），那里的布告牌上列有空缺职位。如果你正打算申请为非政府组织工作的话，应该带上学历证书复印件和工作推荐信。但非政府组织的多数工作可能都是志愿性质的，专业职位多数是在本国或通过国际组织招募的。

了解工作信息的其他渠道包括《金边邮报》和《柬埔寨日报》的分类信息，以及金边一些客栈和餐馆内的布告栏。

交通指南

到达和离开

进入柬埔寨

坐飞机进入柬埔寨有两个门户——金边和暹粒。走陆路边境，从相邻的泰国、越南和老挝进入柬埔寨也是便利的选择。从柬埔寨国际机场进入柬埔寨比走陆路边境通常手续办理得更快捷，因为后者交通客流更大。陆上穿越边境相对容易，但不管是通过签证还是其他手段，移民局官员都可能会收取额外的现金。如果没有签证所需的照片，在机场需要交纳US$2左右，在泰国陆路边境需要交纳大约100B。

短期旅行的游客选择飞机的更多，因为从陆路进出柬埔寨会缩短其在柬埔寨国内停留的时间。长时间旅行的游客通常会选择由陆路进出柬埔寨，因为柬埔寨的道路和水上交通价格合理。

护照

不仅要有护照，而且需要护照至少还有6个月的有效期，否则柬埔寨入境机构不会发放签证。

需要确保护照上有足够的空白页，因为单单柬埔寨签证就需要占据一整页。

护照丢失并不会带来世界末日，但是会带来极度不便。如果你有护照照片页的复印件，办理新护照将会更快捷。

飞机

机场和航空公司

金边国际机场（សិប្បកម្មកសាងព្រះពុទ្ធរូបព្រះឃូវង្ស, Phnom Penh International Airport，代码PNH；☎023 890890；www.cambodia-airports.com）是通往柬埔寨首都的门户。

暹粒国际机场（Siem Reap International Airport；见138页地图；☎063 761261；www.cambodia-airports.com）为前往吴哥寺庙群的旅行者提供服务。这两个机场都有完善的服务设施，包括餐馆、酒吧、商店和自动柜员机。

西哈努克国际机场（Sihanoukville International Airport；☎012-333524；www.cambodia-airports.com）目前只有连接金边和暹粒的国内航班。

飞往柬埔寨的航班不断增加，但多数只到各地区的省会。近年来随着廉价航空公司的发展，机票价格正逐渐降低。

如果你准备前往柬埔寨度一个短暂的假期，并想最大限度地节省开支，选择泰国航空公司（Thai Airways）最为便捷。新加坡航空公司（Singapore Airlines）的地区支线胜安航空公司（Silk Air）和廉价航空公司捷星航空（Jetstar）每天至少有一班飞机往返于柬埔寨和新加坡。其他有航班飞往柬埔寨的地区中心有中国的上海、广州、香港、台北，以及胡志明市、河内、万象、琅勃拉邦、巴色、吉隆坡、首尔。另有一条航线前往中东的多哈。中国直飞柬埔寨的城市有北京、上海、广州、香港、昆明、重庆、台北等。柬埔寨当地航空公司吴哥航空也已开通直飞往返北京、上海、广州和香港的航班。吴哥航空网址：https://www.cambodiaangkorair.com/zh-cn/。

柬埔寨国内航空公司的经营状况不太稳定，所以最好选择乘坐国际航空公司的航班入境。

一些航空公司为进入金边和离开暹粒的游客提供缺口行程机票，以节省时间和开支。游客可以从航空公司或金边和暹粒的旅行社直接订票。

气候变化和旅行

任何使用碳基燃料的交通工具都会产生二氧化碳，这是人为导致气候变化的主要原因。空中旅行耗费的燃料以每公里人均计算或许比汽车少，但其行驶的距离却远很多。飞机在高空所排放的气体（包括二氧化碳）和颗粒同样对气候变化造成影响。许多网站提供“碳排量计算器”，以便人们估算个人旅行所产生的碳排量，并鼓励人们参与减缓全球变暖的旅行计划，以抵消个人旅行对环境所造成的影响。Lonely Planet会抵消其所有员工和作者旅行所产生的碳排放影响。

亚洲航空公司（Air Asia；www.airasia.com）每天有从金边和暹粒飞往吉隆坡和曼谷的经济航班。

韩亚航空公司（Asiana Airlines；www.asiana.co.kr）有金边和首尔之间的定期航班。

曼谷航空公司（Bangkok Airways；www.bangkokair.com）每天有从金边和暹粒飞往曼谷的航班。

柬埔寨吴哥航空公司（Cambodia Angkor Air；www.cambodiaangkorair.com）每天有从金边和暹粒飞往曼谷、胡志明市和中国广州的航班。也有从金边飞往万象和河内的航班。

宿务太平洋航空公司（Cebu Pacific；www.cebupacific.air.com）从暹粒至马尼拉之间每周有三次廉价航班。

中国东方航空公司（www.ceair.com）有从金边飞往中国上海的定期航班。

中国南方航空公司（www.csair.com）每日有航班从金边飞往中国广州。

港龙航空公司（Dragon Air；www.dragonair.com）每天有从金边飞往中国香港的航班。

长荣航空公司（Eva Air；www.evaair.com）每天有从金边飞往中国台北的航班。

捷星航空公司（Jetstar；www.jetstar.com）每天有从金边和暹粒飞往新加坡的航班。

大韩航空公司（Korean Air；www.koreanair.com）有从金边和暹粒飞往首尔和仁川的定期航班。

老挝航空公司（Lao Airlines；www.laoairlines.com）有从金边飞往万象，以及从暹粒飞往巴色和琅勃拉邦的定期航班。

马来西亚航空公司（Malaysia Airlines；www.malaysiaairlines.com）每天有从金边和暹粒飞往吉隆坡的航班。

卡塔尔航空公司（Qatar Airways；www.qatarairways.com）有从金边飞往胡志明市和多哈的定期航班。

胜安航空公司（Silk Air；www.silkair.com）每天有从金边和暹粒飞往新加坡的航班，另有暹粒和岘港之间往返的航班。

泰国国际航空公司（Thai Airways；www.thaiair.com）每天有往返于金边和曼谷之间的航班。

越南航空公司（Vietnam Airlines；www.vietnamair.com.vn）每天有从金边和暹粒飞往河内和胡志明市的航班，以及在金边和万象、暹粒和琅勃拉邦、岘港和富国岛之间往返的航班。

陆路

边境口岸

柬埔寨和老挝之间有1个边境口岸，与泰国之间有5个边境口岸，与越南之间有7个边境口岸，所有这些边境口岸都能签发柬埔寨签证。上述邻国签证中，老挝和泰国可以办理落地签，但只有部分国家的旅行者才能办理越南的落地签，所以在前往边境口岸前要核对自己的护照情况。多数边境都在7:00~17:00开放。但有些最热门的口岸晚上会延长开放时间，而一些比较偏远的口岸则在午餐时间关闭。

在比较偏远的边境口岸几乎没有合法的外汇兑换设施，因此一定要随身带一些小面额的美元。

在所有边境口岸办理旅行签证的费用是US$30，但是柬埔寨陆路边境口岸的移民局官员——尤其是在泰国边境——因敲诈而声名狼藉。有时游客会被要求交少量的“移民费”，或是办理派不上任何用场的健康证书，收费US$1。其他骗钱的借口包括签证时索要比实际所需数额多的泰铢和强迫游客以较差的汇率用美元兑换柬埔寨瑞尔。沉住气，保持立场，不要让此次经历影响了你对所有柬埔寨人的印象。

在进行长途旅行之前，要了解口岸的关闭时间、签证规定和一些交通方面的骗局。有关出入境的一些细节经常会有变化，所以应该及时向周围

Border Crossings 边境口岸

0 50 km
0 25 miles

人打听或查看Lonely Planet的“Thorn Tree（荆棘树）”论坛（lonelyplanet.com/thorntree）。

老挝

柬老边境非常偏僻，地处两国最荒凉的地区。只有一个边境口岸对外国人开放。

泰国

柬泰边境线长805公里，如今有5个合法的国际边境口岸，当地人还有更多选择。

越南

柬越边境线很长，有许多口岸，目前允许外国人过境的有7个。如今所有口岸都签发柬埔寨签证，但是2周有效期的越南落地签证只支持部分国籍。

小汽车和摩托车

小汽车和摩托车驾驶员必须持有注册文件、保险单据和国际驾照（尽管官方并没有正式承认它）才能带车进入柬埔寨。带一辆小汽车入境很麻烦，但带一辆摩托车则相对简单，只要有车辆通行证（carnet de passage）即可。这相当于临时的进口税减免书，在通关时能省去许多麻烦。

团队游

柬埔寨开放旅游业的早期，游客几乎必须参加旅行团。现在情况已经大为改善，独自旅行比过去容易得多。预算较低或者中等的旅行者尤其可以自助旅游，这样既方便又省钱。如果行程很紧，可以提前预订柬埔寨国内航空公司的机票，用飞行连接首都金边和暹粒的吴哥寺庙。在吴哥，导游和各种交通工具很多。

旅行者可以通过lonelyplanet.com/bookings预订航班和团队游。

预订旅行团之前多打听几家。由于旅行社多、竞争大，有些旅行社能提供更有趣的路线。以下是柬埔寨几家提供优质服务的公司：

热门边境口岸

老挝

如果前往老挝，取道Trapeang Kriel-Nong Nok Khiene口岸可以从柬埔寨的上丁前往老挝的东德岛（Don Det）。

泰国

边境口岸	柬埔寨城镇	连接城镇
Cham Yeam-Hat Lek	戈公市	达叻（Trat）
Choam-Chong Sa-Ngam	安隆汶	Phusing
O Smach-Chong Jom	三隆（Samraong）	素林（Surin）
波贝（Poipet）-亚兰（Aranya Prathet）	暹粒	曼谷
Psar Pruhm-Ban Pakard	拜林	尖竹汶（Chanthaburi）

越南

边境口岸	柬埔寨城镇	连接城镇
巴域（Bavet）-木牌（Moc Bai）	金边	胡志明市
Kaam Samnor-永昌（Vinh Xuong）	金边	朱笃（Chau Doc）
O Yadaw-Le Thanh	班隆（Ban Lung）	波来古（Pleiku），归仁（Quy Nhon），会安（Hoi An）
丹山（Phnom Den）-静边（Tinh Bien）	茶胶	朱笃
Prek Chak-Xi Xia	白马，贡布	河仙（Ha Tien），富国（Phu Quoc）
Trapeang Phlong-沙马（Xa Mat）	磅湛	西宁（Tay Ninh），胡志明市
Trapeang Sre-禄宁（Loc Ninh）	桔井，磅湛	平隆（Binh Long）

About Asia（☎063 760190；www.aboutasiatravel.com）小型定制行程旅游公司，专门组织暹粒游。所得利润用来帮助在柬埔寨建学校。

Hanuman（☎023 218396；www.hanuman.travel）一家长期当地经营、当地所有的公司，提供新颖的旅游项目，例如参观寺庙之旅（Temple Safari）。是负责任旅游倡议的重要支持者。

Journeys Within（☎063 964748；www.journeys-within.com）立足于暹粒的精品旅游公司，提供柬埔寨国内游和各种跨境游，它管理着一个慈善机构，为学校和社区提供帮助。

Sam Veasna Center（☎063 963710；www.samveasna.org）组织观鸟和参观偏僻寺庙的一日游。

在本章节（见372页）推荐了一些摩托车旅游公司，也有位于暹粒的组织游览吴哥及其他项目的专业旅游公司（见110页）。

当地交通

飞机

柬埔寨的航空公司

柬埔寨国内航班使游客可以在短时间内游览全国。问题是这些航空公司总是昙花一现，不断有旧的关门、新的开张。目前有3家国内航空公司，运营往返于金边和暹粒、暹粒和西哈努克市之间的航班。每天有大约7趟航班往返金边和暹粒之间，通常临时买票也来得及。旺季要提前订票。目前在旺季每天有3趟航班往返于暹粒和西哈努克市之间。

百善航空（Bassaka Air；☎023 217613；www.bassakaair.com）每天在金边和暹粒、暹粒和西哈努克市之间至少有一趟航班。

柬埔寨吴哥航空（Cambodia Angkor Air；☎023 212564；www.cambodiaangkorair.com）金边和暹粒之间每天有4趟航班，暹粒和西哈努克市之间每天有2趟航班。这家航空公司的价格高于竞争对手。

柬埔寨巴戎航空（Cambodia

Bayon Airlines；☎023 231555；www.bayonairlines.com）每天至少有一趟航班往返于金边和暹粒、暹粒和西哈努克市。

直升机

柬埔寨有两家私营的直升机公司，提供在吴哥寺庙群上空的观光飞行服务和包机航班服务。

Helicopters Cambodia（见106页地图；☎012 814500；www.helicopterscambodia.com）在金边和暹粒都设有办公室，附属于Helicopters New Zealand。

Helistar（见106页地图；☎088 8880016；www.helistarcambodia.com）是一家值得信赖的直升机公司，在金边和暹粒设有办公室。

自行车

柬埔寨是一个适合骑车探险的国家。由于路面坑洼不平，因此山地自行车是最佳选择。多数道路在路边都有一条未经铺设的平坦小道，这对骑行者来说非常实用。

柬埔寨大部分国土很平坦，丘陵都不高。但是新铺的路也未必安全，因为本地人开车非常快。自行车可以放在皮卡车车厢或小客车车顶部运输。

柬埔寨的酒店和客栈都出租自行车，租金每天约US$2，进口品牌如捷安特和崔克租金在US$7~15。

如今顶级自行车、安全装备和可靠的配件在金边都能买到，价格非常合理。

PEPY Ride（☎023 222804；www.pepyride.org）是一家自行车和志愿者旅游公司，所提供的线路遍及柬埔寨。PEPY提倡“冒险的生活、负责任的给予”，帮助在柬埔寨农村建学校并资助教育项目。

如果想了解更多关于在柬埔寨骑行的信息，参见“户外探险”章节（见28页）。

船

对于一般旅行者来说，柬埔寨1900公里可通航的水路并不像以前那么重要了，因为公路状况有了很大的改善。在金边以北的湄公河乘船前往桔井非常方便，但如今这条航线已经不再有定期的客运服务了，因为公共汽车已经抢走了全部的生意。暹粒和马德望之间有观光船往来，洞里萨湖全年通航，但是3月至7月只有小型船只可以航行。

传统上，外国人乘坐最多的航线是金边至暹粒之间的水路。快艇只需5个小时，但它并不是柬埔寨最有趣的水上旅行，因为洞里萨湖好似一望无际的海洋，景色单调。因此经平坦陆路坐公共汽车更受旅行者欢迎（也更省钱）。

乘坐小船往返于暹粒和马德望之间将有更大的收获，因为河上风光的确令人难忘，但因为多有延误，所需时间可能长达一天。

长途汽车

公路运输种类很多。在柏油公路上行驶的空调长途汽车是最佳选择。在其他地方，合乘出租车或小客车也比较可行。

近年来长途汽车服务发展迅速，随着更多公路的升级，情况越来越好。目前，乘坐长途汽车前往全国各地无疑是最安全的方式。外国人最常选择金边至暹粒、马德望、西哈努克市、磅湛和桔井的线路，以及从暹粒开往波贝的旅游巴士。

“快速小客车”连接金边和全国主要城市，与大型的长途汽车相比，这些小客车更快。一般使用的车辆是福特全顺（Ford Transits）和丰田海狮（Toyota HiAces），车上单人单座。旧一些的小客车更多用于省级线路，一般游客很少乘坐，它们价格便宜，但很拥挤，有的驾驶员非常疯狂，只有在没有选择的情况下才会考虑它们。

小汽车和摩托车

在柬埔寨，小汽车和摩托车租金相对便宜，许多游客为了更方便地游览偏远地区，通常租用汽车或摩托车，这样他们就可以在任何地方上下车。在柬埔寨，几乎所有出租的车辆都带司机，这对游客有利，因为很多公路路况不佳，缺少路标，而且有些司机对交通规则视若无睹。

驾照

标准驾照在柬埔寨基本无用武之地。理论上，持你家乡的汽车协会颁发的国际驾照才能开车，但柬埔寨目前还不是被认可的国家。对于大多数游客来说，驾照没什么用，除非你打算在柬埔寨生活和工作。

租赁摩托车根本用不着驾照。只要你能把摩托车开出车店，你就能把它开到任何地方去，大概就是这种逻辑。

燃油和配件

柬埔寨燃油相对其他生活物品较贵，每升4000~5000r（US$1~1.25）。在全国各地都能买到燃油，但在农村地区价格通常更高。即使是最偏僻的村庄也有人出售用芬达汽水瓶或尊尼获加（Johnnie Walker）酒瓶装着的汽油。有些卖家为了赚取暴利在燃油里混合煤油，非到紧急关头不要用这种油。

至于配件，柬埔寨充斥着中国、日本和韩国产的摩托车，因此可以很方便地买到本田（Honda）、雅马哈（Yamaha）和铃木（Suzuki）的配件，但很难买到宝马或哈雷（Harley）的配件。汽车配件也是如此——日本汽车配件很容易买到，但如果你开的是其他车辆，那么最好带足配件。

租车

小汽车

出租的汽车通常配一名司机，在游览金边和吴哥的时候非常有用。省际游览的时候，预算充足的游客还可以租用带司机的轿车或四轮驱动车。租用一辆配司机的汽车游览柬埔寨城镇及周边每天US$30~35；进入各省为每天至少US$50，油钱另算，具体视距离而定。根据车型不同和距离远近，四轮驱动车的租金每天US$60~120。自己驾车也可以，但我们不建议你这样做，因为路况很差，一旦发生事故个人要承担责任。

摩托车

在柬埔寨可以进行摩托车探险之旅，但仅限于经验丰富的越野老手，并且得驾驶越野摩托车上路。初学者应该骑小型半自动的轻便摩托。打算骑摩托远途旅行的人应该先骑车在金边转一天以便确定座驾车况良好。

对于越野摩托车骑行，柬埔寨有一些世界上最好的（也可以理解为最差的）路段，特别是在柏威夏省、蒙多基里省、腊塔纳基里省和豆蔻山脉地区。柬埔寨有一些专门组织骑越野摩托车旅行的公司。

小心驾驶，因为除金边、暹粒和马德望之外，其他地区的医疗设施和救护车都差强人意。如果你以前从来没骑过摩托车，那就别在柬埔寨尝试，不过离开城市之后情况稍好些。如果你不得不作为新手骑摩托车，那么一定要有懂驾驶的人在旁监督你。

在金边和其他省会城市都能租到摩托车。但在暹粒是禁止出租摩托车的（西哈努克市有时也是如此）。通常租一辆排量100cc的摩托车每天租金US$5~10，而排量250cc的越野摩托车则需要US$10~25。

Cambodia Expeditions（www.cambodiaexpeditions.com）自从1998年以来，这个团队一直组织摩托车骑行和拉力赛。它在柬埔寨北部有许多极好的路线，非常专业。

Dancing Roads（www.dancingroads.com）组织骑摩托车周游首都，以及远赴南部海岸地区，强度不大。公司总部在金边，驾驶员向导既有趣又热情。

Hidden Cambodia（www.hiddencambodia.com）公司设在暹粒，专门组织骑摩托车旅行，路线覆盖全国，包括偏远的柬埔寨北部寺庙甚至更远的地方。

Red Raid Cambodia（www.motorcycletourscambodia.com）由经验丰富的法国人经营，价格较高，路线覆盖全国，包括豆蔻山。

如果想了解更多关于柬埔寨越野摩托车骑行的信息，参见“户外探险”章节（见28页）。

保险

如果你乘坐的是一辆配有司机的旅游车辆，那么它通常是上了保险的。至于摩托车，许多租车行没有为车辆上保险，你得签一份合同，认可对车辆的估值，如果车辆被盗，你需要赔偿。一定要带上一个结实的车锁，尽量把车放在有人看守的停车场。

如果你愚蠢到在柬埔寨旅行却不买医疗保险的话，就别考虑租摩托车。严重事故的处理成本，尤其是如果需要紧急医疗空中转运的话，足以让经济型的旅行者破产。

> **交通安全**
>
> 每个月都有许多人因交通事故死亡或受伤，比地雷造成的伤害还大。这一方面要归功于地雷意识的普及和排雷工作的成绩，另一方面也是由于路上车辆的迅速增长和司机超速驾驶。靠自己旅游时更要非常警惕，尤其是穿越车流飞快的国道时更要格外小心。最好不要走夜路，因为夜晚是事故高发时段。这尤其适用于骑车旅行的游客，每年都有几个外国人死于摩托车事故。

路况和危险

在柬埔寨旅游或生活的人很容易错误地陷入一种虚假的安全感之中，认为乡村道路两边的每一个村庄都很友好。然而，即使红色高棉的统治已经结束，农村地区也偶有偷窃和抢劫的案件发生。在西哈努克市还发生过抢劫摩托车的事件。乘坐自己的交通工具旅行时，特别是在农村地区骑摩托车时，一定要在沿途的社区随时查看最新的安全信息。

在路上要特别当心儿童，有时你会发现一些孩子在公路干道中间逗留。路上的牲畜也是一个威胁，如果撞上一头牛，一定会两败俱伤。

骑摩托车旅行的游客应听从以下建议：

- 长途旅行或高速行驶时要戴质量好的头盔。
- 携带常用的修理工具包，包括轮胎撬杠、补胎工具和打气筒。
- 长途旅行时携带牵引绳以备万一。
- 前往偏远地区时多带几升水，因为你不知道什么时候水会用光。
- 跟随小型团队一起，不要单独行动，尽量紧跟团队的车辆。
- 别舍不得花钱买汽油——在农村地区用光燃油可能危及你的健康和安全，特别是当水也用光的时候。
- 吸大麻或饮酒后不要开车。
- 时刻看着道路，柬埔寨道路上的坑洼可能霎时让车倾覆。

交通规则

即使柬埔寨有交通规则，也不见得有人遵守，个子大的车占上风。如果你在柬埔寨开车或骑摩托车，最佳建议是不要对任何事情想当然。

柬埔寨是右侧通行。金边、暹粒和西哈努克市的交叉路口大都有红绿灯，在没有红绿灯的路口，大多数车辆都会向左进入对向车流，在错误车道上缓慢移动直到空隙大到足够过车。在不谙此道的人看来这简直就是场灾难，但柬埔寨人却司空见惯。外国人应该在十字路口停下，并养成时刻保持警惕的习惯。千万不要以为其他司机看到红灯会停车，多数柬埔寨人都不按灯行驶，尤其是在晚上。

在金边，尽管交通混乱，交通警察却对最轻微违章的外国人也大做文章。在竖着“禁止左转（no left turn）”牌子的路口一定不要左转，白天行驶千万别开车灯（但奇怪的是，柬埔寨人晚上行驶不开车灯却不算违章）。法律规定，摩托车必须有后视镜，司机（不包括乘客，甚至是儿童）要戴头盔，在全国范围内由渴望收缴违章罚款的交警强制执行。外国人是重点目标。

当地交通工具

公共汽车

目前柬埔寨没有本地公共汽车交通网络。金边如今推出少量的地方公交路线，深受当地学生欢迎，但游客尚未广泛用到。

三轮车

与越南和老挝一样，乘坐三轮车（载客三轮车）是游览城市地区的一种廉价的交通方式。金边的主要道路旁边都可招手停车，在市场周围和大型酒店附近也有三轮车夫的身影。从豪华酒店或热门餐馆或酒吧出来的客人坐三轮车的时候最好先跟车夫讲好价钱。车费为US$1~3。外省的三轮车不多，而在金边，三轮车已基本被摩的取代。

摩的

Moto又名motodup（摩的司机的意思），是一种小型摩托出租车，是城镇内部短途交通的快捷方式。根据路程和地点不同，费用从2000r到US$1.5不等，有时更多，具体视距离和城市而定。夜间可能要额外收费。过去乘坐摩的通常无须事先讲价，但随着游客数量的增加，许多司机已经养成了要高价的习惯。所以最好提前讲好价钱，尤其是在主要的游客中心、高级酒店附近，或在晚上出行时。

三轮摩的 VS 突突车

那些由摩托车后面拖着可爱小车厢的交通工具到底叫什么？人们对这个问题始终争论不休。在柬埔寨，它的正式名称为remork-motos，简称remork，即三轮摩的。在泰国，曼谷的三轮出租车被称为突突车（tuk-tuk），这一称谓越过边境，在柬埔寨广为流传。在柬埔寨，有些人抵制突突车这种叫法，所以我们暂且选择“三轮摩的”这一名称。

摩的造成的灼伤

乘坐摩的长途旅行时，不要把腿放在炽热的排气口附近。许多游客被灼伤，在湿热的天气条件下伤口需要很久才能愈合，有时还需要服用抗生素。

舢板

柬埔寨的舢板（发音为“out-boor”）相当于威尼斯的vaporetto，是当地的一种河上公共汽车或出租车。这种小型玻璃钢船遍及全国，引擎有15~40马力，最多可载6人，短途长途均可。它们很少有固定的发船时间，但当地人可以耐心地等待直到船装满乘客。你可以包整条船，马上出发。还有一种国际长尾快船，连接湄公河上游的小村庄。这种船速度很快，但安全性还有待论证。

三轮摩的

三轮摩的是一种由摩托车牵引的大拖车，基本上扮演了带“天然空调”的简易版本地公共汽车的角色。在柬埔寨农村地区很常见，用来载人和货，通常在城市边缘等候运载农民回乡下。

多数热门旅游目的地，包括金边、暹粒和南部海岸，都有各自版本的旅游观光三轮摩的，即用摩托车牵引着一个有篷的拖车。两人乘坐比较舒适，晚上可以多挤几个人。在柬埔寨旅行的外国人通常称其为“突突车”（tuk-tuk），乘坐这种车游览寺庙最合适不过了，既能挡风遮雨，又能享受凉风习习。

马车和牛车

(Rotei Ses）“Rotei”意为“车厢”或“车辆”，“ses”意为“马”，但该词可用来指代任何由动物拉的车。柬埔寨本土的“四轮驱动车”牛车通常由水牛或母牛拉车，在偏远地区很常见，因为在雨季时，只有牛才能走过黏稠的泥浆。目前一些当地社区旅游发展计划将乘坐牛车旅游纳入其中。

出租车

在城镇打车越来越方便，但打表的出租车不多，只有金边的少量公司这样做。客栈、酒店和旅行社可以为在城市及周边观光的游客安排出租车。

合乘出租车

近年来随着路况的提升，合乘出租车正被“快速小客车”所取代。选择合乘出租车，多人同行的一个好处就是：你可以多买几个座位，这样乘坐起来舒服一些。前座票买两张，后座票买四张。记住：每条线路的价钱不是固定的，所以你得讲价。如果去主要目的地，你可以独自包一辆，也可以买一个座位，等待其他乘客上车。客栈也可以帮你安排合乘出租车，当然是收费的。

火车

与过去的公路网络一样，柬埔寨的铁路系统堪称亚洲最差。目前没有客运服务，但一家私营公司已经对铁路进行了彻底检修，这一状况有望改变。最终柬埔寨的铁路网络将与泛亚铁路网（Trans-Asian Railway）连接，并将新加坡和中国连接起来，不过要经湄公河上的一座桥梁连接金边和胡志明市还要再等几年。

铁路网由645公里长的单向米轨铁路组成。西北部铁路修建于第二次世界大战之前，长385公里，将金边与菩萨和马德望连接起来。254公里长的西南地区铁路于1969年竣工，连接金边和茶胶、贡布及西哈努克市。其中茶胶经贡布到西哈努克市是风光最好的路段。

健康指南

与东南亚绝大多数国家相比，柬埔寨会让你的健康面临更大的风险，因为这里卫生条件较差，热带疾病流行，同时又缺乏有效的医疗设施。一旦到了农村地区，你就得自己照顾自己了，尽管多数城镇如今都有一个还算不错的诊所。

如果你感到特别不舒服的话，找一位医生比去医院更管用，因为农村地区的医院设施简陋，诊断混乱。如果在柬埔寨病情加重，就应该立即前往金边或暹粒，因为这些地方是全国有较好条件进行有效急救的地方。在大城市药房里的药品非常充足，无须处方就能购买所有药品，从抗生素到抗疟疾药，没有丝毫限制。而且价格也非常合理，但在购买前应该仔细查看有效日期，因为一些药品可能已经在货架上存放很长时间了。

虽然潜在危险看上去非常可怕，但事实上除了个别游客有肚子疼的经历之外，多数人都平安无事。不要因为这些警告而过度忧虑。

出发前

保险

去柬埔寨之前一定要买医疗保险。各省的医院条件极其简陋，即使在金边，医疗设施也远远无法达到国际标准。在柬埔寨伤势或病情严重，可能需要转到曼谷进行急救。一份保单的价格相当于每天一瓶啤酒的支出，但如果需要的话，可以得到免费转移。如果不上保险，转移的费用在US$10,000~20,000。在柬埔寨不要拿你的健康做赌注。

接种疫苗

提前有计划地接种疫苗，有些疫苗需要多次注射，而另外一些疫苗则不能同时接种。让你的医生出具一份国际疫苗证明书，并在上面记录下所有疫苗。去柬埔寨旅行时最好带上你的疫苗证明。

常备药品清单

以下是应该考虑携带的药品清单——向药剂师咨询你们本国能买到的品牌。

- 阿司匹林或扑热息痛——用于止痛或退烧
- 抗组胺剂——用于过敏性反应，蚊虫叮咬后的止痒
- 感冒和流感药、咽喉锭剂和缓解鼻腔充血剂
- 多种维生素——尤其在长途旅行过程中，饮食中的维生素含量可能不足时
- 洛哌丁胺或复方地芬诺酯片——用于止泻
- 补液合剂——防止因腹泻而导致的脱水
- 杀虫剂、防晒霜、润唇膏和眼药水
- 炉甘石液或芦荟提取液——缓解紫外线灼伤
- 抗真菌药膏或药粉——用于治疗真菌性皮肤感染和鹅口疮
- 抗菌剂（如聚维酮碘）——用于割伤或擦伤

日常保健

正常体温最高37℃（98.6℉），超过正常体温2℃（4℉）即为高烧。正常成年人的脉搏是每分钟跳60~100次（儿童80~100次，婴儿100~140次）。通常，人在发烧时，体温每升高1℃（2℉），脉搏每分钟就会加快20次左右。

推荐接种的疫苗

去柬埔寨之前，应该考虑接种如下疫苗，但事先一定要和你的医生进行充分讨论。

白喉和破伤风 这两种疫苗通常结合在一起。

甲型肝炎 这种疫苗能提供长期的免疫，第一阶段注射1针，之后在第6个月到第12个月之间再注射1针，以起到强化作用。甲型肝炎疫苗通常与乙型肝炎疫苗结合在一起——需要在6个月内注射3针。

乙型肝炎 接种这种疫苗需要注射3针，到第12个月时再注射一针，以起到强化作用。

脊髓灰质炎 每隔10年应该注射1针加强针以保持免疫力。

肺结核 建议孩子们和打算在柬埔寨居住3个月以上的年轻人接种肺结核疫苗（卡介苗）。

伤寒 打算在柬埔寨待两周以上的人应该接种这种疫苗。

- 绷带、创可贴和其他创伤敷料
- 水净化药片或碘
- 无菌包（密封的医用工具包，内有注射器和注射针）——因为柬埔寨存在医药卫生问题，所以强烈建议自备

在柬埔寨

医疗服务及费用

自行诊断和处理健康问题是有风险的，所以你应该寻求专业医生的帮助。

抗生素只能在医生的监督下才能使用。服药的剂量和时间间隔都应该遵照医嘱，并且应该按照完整的疗程服药，即使你看起来已经提前痊愈了。一旦有严重的反应，应该立即停药。

金边和暹粒有柬埔寨最好的诊所和医院。通常诊断费加药费为US$20~50。在其他地方，医疗设施非常简单，但私人诊所通常比政府医院更令人满意。如果有严重的外伤的话，最好去曼谷就医。

传染病

登革热

这种病毒性疾病是由蚊子传播的。一般它对旅客的威胁不大，除非是在疾病的流行期间。登革热的流行是季节性的，一般在雨季期间或雨季之后。

与传播疟疾的蚊子不同，传播登革热病毒的伊蚊白天最为活跃，而且主要存活在城市地区。

登革热的症状包括突然发高烧、头痛、关节和肌肉疼痛（它从前被称为“断骨热”），并伴有恶心和呕吐。在高烧发作的3天到4天之后皮肤上会出现许多小红斑。

如果你觉得有可能感染了登革热，应该立刻就医。验血能诊断出是否感染了这种疾病，但目前还没有特殊的治疗措施。应该避免使用阿司匹林，因为它会增加大出血的风险，但可以遵医嘱使用其他药物。

目前没有针对登革热的疫苗。最好的预防方法就是避免蚊子叮咬。

真菌感染

炎热的气候一般更容易导致真菌感染，发病部位通常是头皮、脚趾（脚气）或手指之间、腹股沟和身体上（癣）。癣（这是一种真菌感染而不是蠕虫感染）会通过感染真菌的人或动物传染。潮湿将助长真菌感染。

为了防止真菌感染应该穿宽松、舒适的服装，避免使用人造纤维制品，经常洗澡，并小心地擦干身体。

肝炎

有几种不同的病毒会导致肝炎，它们的传播途径各不相同。各种肝炎的症状基本相似，包括发烧、感到寒冷、头痛、疲劳、感觉虚弱和周身不适，随之而来的是食欲不振、恶心、呕吐、腹痛、尿色发暗、粪便颜色浅、皮肤发黄和眼白发黄。

被污染的食物和水能够传播甲型和戊型肝炎。一旦感染肝炎，应该听取医生的建议，但除了休息、多喝水、少吃东西和避免油腻食物之外，你所能做的非常有限。

全世界有近3亿慢性乙肝病毒携带者。这种病毒通过被感染的血液、血制品或体液进行传播。例如，性接触、使用未经消毒的注射针头和输血，或皮肤上的小伤口接触到了乙肝患者的血液都会感染乙肝。丙型肝炎和丁型肝炎的传播途径与乙肝相同，而且也能导致长期并发症。

艾滋病

感染人体免疫缺损病毒(human immunodeficiency virus, HIV)可能导致致命的获得性免疫缺损综合征(acquired immune deficiency syndrome, AIDS)。血液、血产品或体液都能传播这种疾病。

艾滋病一般通过性接触或受污染的针头传播，因此接种疫苗、针灸、文身、在身体上穿孔以及静脉注射毒品都有感染艾滋病的潜在危险。

肠虫病

这些寄生虫在柬埔寨农村最为常见。各种寄生虫通过不同渠道进入人体。有些虫可能是随食物进入体内的，如吃生肉(绦虫等)，有些则是通过皮肤直接进入人体的(如十二指肠虫)。回国之后最好做一个大便检测，看看是否感染了肠虫病，再做适当的治疗。

疟疾

这种严重而且有潜在致命性的疾病是由蚊子传播的。所以在旅行过程中避免蚊虫叮咬是至关重要的，一旦发现被感染，应该立即服药以防病情进一步恶化。疟疾在金边、暹粒和柬埔寨的绝大多数主要城市都已经绝迹了，所以只参观热点地区，进行短途旅行的游客无须服药。柬埔寨有许多自行检验疟疾的工具，但都不太可靠。

疟疾的主要症状表现为发热、发冷、出汗、头痛、关节痛、腹泻、胃痛，在此之前通常会感到周身不适。如果怀疑感染了疟疾，应立即就医，因为如果不接受治疗的话，病情将迅速恶化，甚至危及生命。

性病

淋病、疱疹和梅毒都属于性病。主要症状表现为生殖器周围剧烈疼痛，并出现水疱和皮疹，小便时流脓，或感到疼痛。一些性病，如wartvirus或chlamydia，症状可能不太明显或根本不被察觉，尤其在女性患者中间。柬埔寨的城市地区一般都能买到可靠的安全套。

伤寒

伤寒症是一种危险的肠道传染病，受污染的水和食物是导致感染的罪魁祸首。一旦患病必须就医。

在患病初期，患者可能认为自己得了重感冒或流感，因为伤寒的早期症状表现为头痛、浑身疼痛，发烧，而且每天体温都会略有升高，直到达到40℃(104℉)左右或者更高。此外，还会出现呕吐、腹痛、腹泻或便秘等症状。

在患病后的第二周，高烧现象仍在继续，身体上可能会出现粉红色的斑点，会有发抖、神志不清、虚弱、体重减轻和脱水等症状。

旅途腹泻

水土不服以及饮食和气候上的变化都能导致轻微腹泻，如果只是腹泻而没有其他症状的话，可能就不会有太大的问题。在游览柬埔寨的过程中，连续的长途旅行会使许多人产生轻微腹泻的症状。

腹泻的主要危险是脱水，儿童和老人尤其应该注意，因为脱水会在很短的时间内发生。无论在什么情况下，都要牢记补充液体是至关重要的。在恢复期间，坚持吃清淡的食物。市场上可买到的口服再水化盐非常有效，可以将它加入开水或瓶装水中。

肠麻痹类药物，如复方苯乙哌啶片(Lomotil)或易蒙停(Imodium)可以被用来缓解腹泻症状，但无法从根本上解决问题。只限于在不方便去厕所时(比如说在旅行过程中)使用。

环境引发的疾病和不适

食物危害

这里的格言说："只有经过烹制、煮沸或能够去皮的食物才能入口……否则千万不要吃。"虽然这有点儿极端，但许多游客认为安全总比后悔强。蔬菜和水果应该用经过净化的水清洗，如果可能的话应该去皮。一定要小心街上或其他地方出售的冰激凌，因为它们很可能是融化后又重新冻结了的。应避免食用贻贝、牡蛎和蛤等贝类，也不要吃火候不够的肉类，尤其是碎肉。

中暑衰竭

脱水和盐分缺失能够引起中暑衰竭。花时间去适应高温天气，多喝水，不要过度消耗体力。

盐分缺失的特征是疲劳、无精打采、头痛、眼花和肌肉痉挛。食盐片剂可能会缓解症状，但最好是在食物中多加盐。

如果人体的热调节机能失常，体温将上升到一个危险的水平，就会发生中暑。长时间、连续地暴露在高温之下，并且饮水不足的话，就很容易中暑。

昆虫叮咬

许多地方都有臭虫，尤其

隐形眼镜

戴隐形眼镜的人应该注意，柬埔寨到处都是尘土，这会对眼睛造成刺激。坐在汽车里还能够忍受，但如果乘坐摩托车或皮卡车最好别戴隐形眼镜。应该随身携带一副框架眼镜。

是在肮脏的床垫和被褥中。如果床单或墙上有血迹，就很可能有臭虫。臭虫叮咬过的地方会长出一片非常痒的疙瘩。炉甘石液或Stingose喷雾非常有效。

虱子会导致发痒和不适。它们通常会藏在人的头发里（头虱）、衣服上（体虱）或阴毛里（阴虱）。如果与被感染的人直接接触或和别人共用梳子、衣服和其他类似物品都会染上虱子。药粉和洗发精能够杀灭虱子，染上虱子的衣服应该用热肥皂水洗涤，并且在阳光下晒干。

水蛭一般出现在潮湿的热带雨林地区，它们通常吸附在皮肤上吸你的血。对于徒步旅行的人来说，水蛭经常吸附在他们的腿上或钻进靴子里。盐或一个点燃的烟蒂能够让它离开你的皮肤。

白蛉栖息于东南亚地区的沙滩上（特别是那些偏远的沙滩），被它们叮咬以后会出现强烈瘙痒而且很容易感染。可以用抗组胺剂来平息瘙痒。如果你必须抓挠，请用手掌心，而不是指甲，否则感染可能会接踵而至。

痱子

痱子是皮肤上起的一些小疹，很刺痒，由出汗过多黏结在皮肤上引起的。刚刚来到一个炎热的地方通常会长痱子。尽量待在凉快的地方，经常洗澡，使皮肤保持干爽，使用温和的滑石粉或痱子粉，或使用空调都会有效地防止出现痱子。

蛇

为了将被蛇咬的风险降到最低，在穿越蛇可能出没的丛林时一定要穿靴子、袜子和长裤。

饮水

用水的第一原则是小心使用水和冰，尽管它们多数都是在法国人留下的工厂里生产的。如果你不能确定水的安全性，应该做最坏的假设。著名品牌的瓶装水或软饮料一般可以安全饮用，但不要直接饮用自来水。只能喝存放在密封容器中的水。可以喝茶和咖啡，因为它们都是用沸水冲泡的。

传统医药

传统医药或thnam boran在柬埔寨农村非常流行。在全国多数地区都有kru Khmer（以传统医药为人治病的人），有些当地人对他们的信任甚至超过现代的医生和医院。他们相信将树皮、树根、药草和植物放在一起煮能治百病。但当遇到严重情况，例如被蛇咬伤的时候，使用这种疗法可能就适得其反了。

语言

柬埔寨国内有大约900万人说高棉语，邻国也有许多人懂得这种语言。金边人说的高棉语全国都能听懂，国内其他地方还有几种独特的方言。其中最值得注意的是茶胶省的居民，他们倾向改变或弱化硬辅音/元音组合，特别是那些带“r”的单词。例如bram（五）读作pe-am，sraa（酒精）读作se-aa，而baraang（外国人，特指法国人）读作be-ang。在暹粒，当地语言中有轻微的老挝语音。有些元音被改动，例如poan（千）读作peuan，kh'sia（烟斗）读作kh'seua。

虽然英语已经成为柬埔寨的第二语言，但柬埔寨人仍以法语发音标注罗马字母或大多数外语单词。这种方法有助于记忆，当他们大声拼读外语单词和名字时——“ay-bee-cee”念成“ah-bey-sey”，等等。

本章所涉及的发音指南适用于简单的交流，而非达到语言上的完美。像读英文一样读出这些发音，让人听懂应该没有问题。为了便于发音，有的辅音组合用一个撇号隔开，例如j'rook（猪）中的“j-r”和ch'ngain（美味）中的“ch-ng”。还要注意k读作“go”中的“g”；kh读作“kind”中的“k”；p的发音与“puppy”中后面的“p”相同；ph读作“pond”中的“p”；r的发音与“rum”中的“r”相同（有力、卷舌）；t读作“stand”中的“t”；th读作“two”中的“t”。

元音和以h结尾的元音组合发音时应该在结尾送气。元音发音如下：

- a和ah的发音比aa的发音更加短促、有力
- aa如“father”里的“a”
- ae如“cat”里的“a”
- ai如在“aisle”里的发音
- am如“glum”里的“um”
- av的发音类似于鼻音ao（“v”不发音）
- aw如“jaw”里的“aw”
- awh如“jaw”里的“aw”（短促有力）
- ay读作ai（略带鼻音）
- e如在“they”里的发音
- eh如“date”里的“a”（短促有力）
- eu发音类似于“oo”（嘴唇扁平）
- euh的发音与eu相同（短促有力）
- euv类似于鼻音eu（“v”不发音）
- ey如在“prey”里的发音
- i如在“kit”里的发音
- ia如“beer”里的“ee”（“r”不发音）
- ih如“teeth”里的“ee”（短促有力）
- ii如“feet”里的“ee”
- o如“cow”里的“ow”
- œ如“her”里的“er”（口型打开得更大一些）
- oh如“hose”里的“o”（短促有力）

想了解更多?

想要了解更多语言信息和常用短语，请查阅Lonely Planet出版的*Southeast Asia Phrasebook*。该书可登录**shop.lonelyplanet.com**找到，也可通过苹果应用商店购买Lonely Planet的iPhone短语手册。

➡ ohm如“home”里的“ome”

➡ ow如在“glow”里发音

➡ u如“flute”里的“u”（短促有力）

➡ ua如“tour”里的“ou”

➡ uah如“ua”（短促有力）

➡ uh如“but”里的“u”

➡ uu如“zoo”里的“oo”

基本会话

通过不同的人称代词和“礼貌用语”，高棉语能够反映出说话人和听者的社会地位。从句末男性使用baat、女性使用jaa表示“是”或“同意”，到非常古老正式、只对王室或高官才使用的Reachasahp（又称皇家语言，拥有自己的词汇表），差别很大。一些代词的使用取决于听者和说话人之间的年龄和性别关系。

外国人无须了解所有的模式。最简单、最常用的人称代词有niak（你）—任何性别、在大多数情况下都可使用。同龄或比你年长的男性可称为lowk（先生）；同龄或比你年长的女性可称为bawng srei（大姐），更正式的场合还可以用lowk srei（女士）。bawng是一个很好的非正式、中性的代词，适用于比你年长（或看上去如此）的男性或女性。至于第三人称，无论男女、单复数，尊称是koat，普通用词是ke。

你好。 ជម្រាបសួរ johm riab sua

再见。 លាសិនហើយ lia suhn hao-y

打扰一下。/对不起。 សូមទោស sohm toh

请。 សូម sohm

谢谢。 អរគុណ aw kohn

不客气。/欢迎。 អត់អីទេ/សូមអញ្ជើញ awt ei te/sohm onh-jernh

是。 បាទ/ចាស baat/jaa（男性使用/女性使用）

不是。 ទេ te

你好吗？
អ្នកសុខសប្បាយទេ? Niak sohk sabaay te

我很好。
ខ្ញុំសុខសប្បាយ kh'nyohm sohk sabaay

你叫什么名字。
អ្នកឈ្មោះអី? Niak ch'muah ei

我叫……
ខ្ញុំឈ្មោះ… kh'nyohm ch'muah…

有人会说英语吗？
ទីនេះមានអ្នកចេះភាសាអង់គ្លេសទេ? tii nih mian niak jeh Phiasa aawngle te

我不明白。
ខ្ញុំមិនយល់ទេ/ខ្ញុំស្តាប់មិនបាន kh'nyohm muhn yuhlte/kh'nyohms'dap muhn baan te

住宿

哪里有旅馆？
អូតែលនៅឯណា? Ohtail neuv ai naa

我想要 ខ្ញុំសុំបន្ទប់… kh'nyohm sohm bantohp…
一间……
单人间 សម្រាប់មួយនាក់ samruhp muy niak
双人间 សម្រាប់ពីរនាក់ samruhp pii niak
带浴室 ដែលមានបន្ទប់ទឹក dail mian bantohp tuhk
有风扇 ដែលមានកង្ហារ dail mian kawnghahl
有窗户 ដែលមានបង្អួច dail mian bawng uoch

一天多少钱？
តម្លៃមួយថ្ងៃប៉ុន្មាន? damlay muy th'ngay ponmaan

方位

……在哪儿？
…នៅឯណា? …Neuv ai naa

去……怎么走？
ផ្លូវណាទៅ…? Phleuv naa teuv…

直走。
ទៅត្រង់ teuv trawng

左转。
បត់ឆ្វេង bawt ch'weng

右转。
បត់ស្តាំ bawt s'dam

在拐角
នៅកាច់ជ្រុង neuv kaitj'rohng
在……后面
នៅខាងក្រោយ neuv khaang krao-y
在……前面
នៅខាងមុខ neuv khaang mohk
在……旁边
នៅជាប់ neuv joab
在……对面
នៅទល់មុខ neuv tohl mohk

餐饮

哪儿有……?	…នៅឯណា?	…neuv ai naa
食品摊	កន្លែងលក់ម្ហូប	kuhnlaing loak m'howp
市场	ផ្សារ	psar
餐馆	ភោជនីយដ្ឋាន	resturawn

你们有英文菜单吗?
មានម៉ឺនុយជា ភាសាអង់គ្លេសទេ? mien menui jea Piasaa awnglay te
这儿的特色菜是什么?
ទីនេះមានម្ហូប អីពិសេសទេ? tii nih mien m'howp Ei piseh te
我是素食者。
ខ្ញុំតមសាច់ kh'nyohm tawm sait
我对(花生)过敏。
កុំដាក់ (សណ្ដែកដី) kohm dak (sandaik dei)
请别太辣了。
សូមកុំធ្វើហឹរពេក sohm kohm twœ huhl pek
味道很好。
អានេះឆ្ងាញ់ណាស់ nih ch'ngain nah
请结账。
សូមគិតលុយ sohm kuht lui

水果和蔬菜

苹果	ផ្លែប៉ោម	phla i powm
香蕉	ចេក	chek
椰子	ដូង	duong
番荔枝	ទៀប	tiep
火龙果	ផ្លែស្រកានាគ	phlai srakaa neak
榴莲	ធូរេន	tourain
葡萄	ទំពាំងបាយជូរ	tompeang baai juu
番石榴	ត្របែក	trawbaik
木菠萝	ខ្នុរ	khnau
柠檬	ក្រូចឆ្មារ	krow-it ch'maa
龙眼	មៀន	mien
荔枝	ផ្លែគូលេន	phlai kuulain
柑橘	ក្រូចខ្វិច	krow-it khwait
芒果	ស្វាយ	svay
山竹	មង្ឃុត	mongkut
橙子	ក្រូចពោធិ៍សាត់	kroch pow saat
木瓜	ល្ហុង	l'howng
菠萝	ម្នាស់	menoa
柚子	ក្រូចថ្លុង	kroch th'lohng
红毛丹	សាវម៉ាវ	sao mao
杨桃	ស្ពឺ	speu
蔬菜	បន្លែ	buhn lai
西瓜	ឪឡឹក	euv luhk

肉类和鱼类

牛肉	សាច់គោ	sach kow
鸡肉	សាច់មាន់	sach moan
螃蟹	ក្ដាម	k'daam
鳝鱼	អន្ទង់	ahntohng
鱼	ត្រី	trey
青蛙	កង្កែប	kawng kaip
龙虾	បង្កង	bawng kawng
猪肉	សាច់ជ្រូក	sach j'ruuk
虾	បង្គា	bawngkia
蜗牛	ខ្យង	kh'jawng
鱿鱼	មឹក	meuk

其他

面包	នំប៉័ង	nohm paang
黄油	ប៊ឺរ	bœ
辣椒	ម្ទេស	m'teh

咖喱	ការី	karii
鱼酱	ទឹកត្រី	teuk trey
油炸	ចៀន/ឆា	jien/chaa
大蒜	ខ្ទឹមស	kh'tuhm saw
姜	ខ្ញី	kh'nyei
烧烤	អាំង	ahng
冰	ទឹកកក	teuk koh
柠檬草	ស្លឹកគ្រៃ	sluhk krey
面条（鸡蛋/米）	មី/គុយទាវ	mii/kyteow
胡椒	ម្រេច	m'rait
稻米	បាយ	bai
盐	អំបិល	uhmbuhl
汤	ស៊ុប	sup
酱油	ទឹកស៊ីអ៊ីវ	teuk sii iw
春卷（鲜/油炸）	ណែម/ឆាយ៉	naim/chaa yaw
蒸	ចំហុយ	jamhoi
糖	ស្ករ	skaw

饮品

啤酒	ប៊ីយែរ	bii-yœ
咖啡	កាហ្វេ	kaa fey
柠檬汁	ទឹកក្រូចឆ្មារ	teuk kroch ch'maa
橙汁	ទឹកក្រូចពោធិ៍សាត់	teuk kroch pow sat
茶	តែ	tai
水	ទឹក	teuk

紧急情况

救命！

ជួយខ្ញុំផង! Juay kh'nyohm phawng

叫警察！

ជួយហៅប៉ូលិសមក! Juay hav police mok

叫医生！

ជួយហៅគ្រូពេទ្យមក! juay hav Kruu paet mok

我被抢了。

ខ្ញុំត្រូវចោរប្លន់ kh'nyohm treuv jao plawn

我生病了。

ខ្ញុំឈឺ kh'nyohm cheu

我对（抗生素）过敏。

ខ្ញុំមិនត្រូវធាតុ (អង់ទីប៊ីយូទិក) kh'nyohm muhn treuv thiat (awntiibiowtik)

厕所在哪儿？

បង្គន់នៅឯណា? Bawngkohn neuv ai naa

购物和服务

我想看……

ខ្ញុំចង់ទៅមើល… kh'nyohm jawng teuv mœl…

几点钟开门？

វាបើកម៉ោងប៉ុន្មាន? Wia baok maong pohnmaan

几点钟关门？

វាបិទម៉ោងប៉ុន្មាន? Wia buht maong pohnmaan

我在找……	ខ្ញុំរក…	kh'nyohm rohk…
银行	ធនាគារ	th'niakia
邮局	ប្រៃសណីយ៍	praisuhnii
公用电话	ទូរស័ព្ទសាធារណៈ	turasahp saathiaranah
寺庙	វត្ត	wawt

多少钱？

នេះថ្លៃប៉ុន្មាន? Nih th'lay pohnmaan

太贵了。

ថ្លៃពេក th'lay pek

不超过……

មិនលើសពី… muhn lœh pii…

最低价多少？

អ្នកដាច់ប៉ុន្មាន? Niak dach pohnmaan

我要兑换美元。

ខ្ញុំចង់ដូរ kh'nyohm jawng dow

ដុល្លារអាមេរិក dolaa amerik

美元的汇率是多少?

មួយដុល្លារ muy dolaa

ដូរបានប៉ុន្មាន? Dow baan pohnmaan

时间和日期

现在几点?

ឥឡូវនេះម៉ោងប៉ុន្មាន? Eileuv nih maong pohnmaan

在上午	ពេលព្រឹក	pel pruhk
在下午	ពេលរសៀល	pel r'sial
在晚上	ពេលល្ងាច	pel l'ngiach
在夜里	ពេលយប់	pel yohp

昨天	ម្សិលមិញ	m'suhl mein
今天	ថ្ងៃនេះ	th'ngay nih
明天	ថ្ងៃស្អែក	th'ngay s'aik

周一	ថ្ងៃចន្ទ	th'ngay jahn
周二	ថ្ងៃអង្គារ	th'ngay ahngkia
周三	ថ្ងៃពុធ	h'ngay poht
周四	ថ្ងៃព្រហស្បត៍	th'ngay prohoah
周五	ថ្ងៃសុក្រ	th'ngay sohk
周六	ថ្ងៃសៅរ៍	th'ngay sav
周日	ថ្ងៃអាទិត្យ	th'ngay aatuht

交通

……在哪儿?	…នៅឯណា?	…neuv ai naa
机场	វាលយន្ត	wial yohn
	ហោះ	hawh
长途汽车站	ចំណត	jamnawt
	ឡានឈ្នួល	laan ch'nual
火车站	ស្ថានីយ	s'thaanii
	រថភ្លើង	roht plœng

数字

柬埔寨计数以5为单位。满5(bram)之后再从1开始计数，例如，“511”(brammuy)、“512”(brampii)等一直到10开始下一轮计数。例如，18被分为3个部分：10、5、3。

还有一种口语计数形式，将10~20之间的数字颠倒并在两个数位的数字之间加上duhn：piiduhndawp表示12，beiduhndawp表示13，依此类推。集市里常用这种数字表达法，因此要听清楚。

1	មួយ	muy
2	ពីរ	pii
3	បី	bei
4	បួន	buan
5	ប្រាំ	bram
6	ប្រាំមួយ	bram muy
7	ប្រាំពីរ	bram pii
8	ប្រាំបី	bram bei
9	ប្រាំបួន	bram buan
10	ដប់	dawp
11	ដប់មួយ	dawp muy
12	ដប់ពីរ	dawp pii
16	ដប់ប្រាំមួយ	dawp bram muy
20	ម្ភៃ	m'phei
21	ម្ភៃមួយ	m'phei muy
30	សាមសិប	saamsuhp
40	សែសិប	saisuhp
100	មួយរយ	muy roy
1000	មួយពាន់	muy poan
1,000,000	មួយលាន	muy lian

第一	ទីមួយ	tii muy
第二	ទីពីរ	tii pii
第三	ទីបី	tii bei
第四	ទីបួន	tii buan
第十	ទីដប់	tii dawp

……几点	…ចេញម៉ោង	…jeinh maong
出发?	ប៉ុន្មាន?	pohnmaan
船	ទូក	duk
长途汽车	ឡានឈ្នួល	laan ch'nual
火车	រថភ្លើង	roht plœng
飞机	យន្តហោះ	yohn hawh

最后一班长途汽车什么时候发车?

ឡានឈ្នួលចុងក្រោយ laan ch'nual johng krao-y

ចេញទៅម៉ោងប៉ុន្មាន? Jein teuv maong pohnmaan

我要(在这里)下车。

ខ្ញុំចង់ចុះ(ទីនេះ) kh'nyohm jawng joh (tii nih)

到……多少钱?

ទៅ...ថ្លៃប៉ុន្មាន? teuv...th'lay pohnmaan

请带我去(这个地址)。

សូមជូនខ្ញុំទៅ sohm juun kh'nyohm teuv

(អាសយដ្ឋាននេះ) (aasayathaan nih)

这里就好,谢谢。

ឈប់នៅទីនេះក៏បាន chohp neuv tii nih kaw baan

术语表

apsara——仙女或天使般的舞者，经常出现于高棉雕塑中

ASEAN——Association of Southeast Asian Nations，东南亚国家联盟

Avalokiteshvara——大慈大悲的观世音菩萨，受其灵感触发，阇耶跋摩七世修建了吴哥王城

baray——水库

boeng——湖

Chenla——真腊，前吴哥时期，6世纪到8世纪

chunchiet——少数民族

CNRP——柬埔寨救国党

CPP——柬埔寨人民党

cyclo——人力三轮车

devaraja——阇耶跋摩二世建立的神王崇拜，目的是使君主制拥有无上的权威

devadas——女神

EFEO——École Françaised' Extrême Orient，法国远东学院

essai——智者或采用传统医药方法治疗的医生

Funan——扶南，前吴哥时期，1世纪到5世纪

Funcinpec——奉辛比克，即“争取柬埔寨独立、中立、和平与合作民族团结阵线”，保皇党

garuda——揭路荼，神话中半人半鸟的生物

gopura——传统印度建筑入口处的亭子

Hun Sen——洪森，柬埔寨首相（1985年至今）

Jayavarman Ⅱ——阇耶跋摩二世（公元802~850年在位），建立神王崇拜的国王，开创了一个辉煌的建筑时代并修建了吴哥寺庙

Jayavarman Ⅶ——阇耶跋摩七世（公元1181~1219年在位），赶走占族入侵者之后着手修建了一个表明其雄心的建筑，包括吴哥王城

Kampuchea——柬埔寨人对其国家的称呼；对于非高棉人，该名字令人联想起红色高棉的血腥统治，1975~1979年红色高棉坚称外界承认其为“民主柬埔寨（Democratic Kampuchea）”

Khmer——柬埔寨裔通称；柬埔寨语

Khmer Krom——居住在越南的柬埔寨裔

Khmer Rouge——红色高棉，在1975年掌握政权的一个革命组织，实行残暴的社会调整模式，导致随后的近4年内数百万柬埔寨人受苦或死亡

karma——围巾

linga——男性生殖器象征

Mahayana——大乘佛教，字面意思是“大交通工具”，佛教的一个支派（又称“北派”），早期传播并发扬佛教。另见“Theravada（小乘佛教）”

moto——有驾驶员的小型摩托车，柬埔寨常见的交通工具

Mt Meru——须弥山，神话中印度教神湿婆的居住地

naga——神话中的蛇，通常为多头蛇，吴哥建筑中广泛应用的造像

nandi——神牛，湿婆的坐骑

NGO——非政府组织

NH——国家公路

Norodom Ranariddh, Prince——拉纳烈王子，西哈努克国王之子，前奉辛比克党领袖

Norodom Sihanouk, King——西哈努克国王，柬埔寨前国王，国家元首，电影导演，当代柬埔寨的杰出人物

Pali——巴利语，古印度语，与梵语同为现代高棉语的起源

phnom——山

Pol Pot——波尔布特，红色高棉前领导人，对柬埔寨数百万人的苦难或死亡负有责任，原名桑洛沙

prasat——具有宗教或皇室意义的殿堂，用石头或砖筑成

preah——神圣的

psar——市场

Ramayana——大约公元前300年创作的梵文史诗，主要描写守护之神毗湿奴的化身罗摩衍那

remork-moto——由摩托车牵引的拖车，通常被简称为remork

romvong——柬埔寨圆圈舞

Sangkum Reastr Niyum——People's Socialist Community，社会主义人民共同体，西哈努克国王领导的一项全国运动，于20世纪五六十年代推行

Sanskrit——古印度语，与巴利语同为现代高棉语的起源

stung——河

Suryavarman Ⅱ——苏利耶跋摩二世（公元1112~1152年在位），修建吴哥窟，扩张并统一

高棉王国

Theravada——小乘佛教，佛教的一个支派（又称“南派”或“Hinayana”），流行于缅甸、泰国、老挝和柬埔寨，该支派遵循佛教的早期教义。另见“Mahayana”

tonlé——大河

UNDP——UN Development Programme，联合国开发计划署

Unesco——联合国教科文组织

Untac——UN Transitional Authority in Cambodia，联合国柬埔寨过渡政府

vihara——庙中的圣所

WHO——世界卫生组织

Year Zero——零年，即1975年，红色高棉开始掌权的那一年

yoni——女性生育能力的象征

幕后

说出你的想法

我们很重视旅行者的反馈——你的评价将鼓励我们前行，把书做得更好。我们同样热爱旅行的团队会认真阅读你的来信，无论表扬还是批评都很欢迎。虽然很难一一回复，但我们保证将你的反馈信息及时交到相关作者手中，使下一版更完美。我们也会在下一版特别鸣谢来信读者。

请把你的想法发送到**china@lonelyplanet.com.au**，谢谢！

请注意：我们可能会将你的意见编辑、复制并整合到Lonely Planet的系列产品中，例如旅行指南、网站和数字产品。如果不希望书中出现自己的意见或不希望提及你的名字，请提前告知。请访问lonelyplanet.com/privacy了解我们的隐私政策。

声明

气候图表数据引用自Peel MC,Finlayson BL & McMahon TA (2007) 'Updated World Map of the Köppen-Geiger Climate Classification', Hydrology and Earth SystemSciences, 11, 163344。

封面图片：吴哥窟前的阿普莎拉舞者，Robert Harding World Imagery / Alamy。

本书部分地图由中国地图出版社提供，其他为原书地图，审图号GS (2017) 977号。

关于本书

这是Lonely Planet《柬埔寨》的第十版。本书的作者为尼克·雷、杰卡西·李。

本书为中文第三版，由以下人员制作完成：

项目负责 关媛媛
项目执行 丁立松
翻译统筹 肖斌斌 王玫珺
翻　　译 刘颖 陈旭 陈磊
内容策划 王玨（本土化内容） 郭瑶 涂识
视觉设计 李小棠 庹桢珍
协调调度 高原
责任编辑 林紫秋
地图编辑 马珊
制　　图 田越
流　　程 孙经纬
终　　审 朱萌
排　　版 北京锋尚制版有限公司

感谢张琳洁、杨玲、潘英、周喻、洪良、巫殷昕、张茜对本书的帮助。

索引

000 地图页码
000 图片页码

000 地图页码
000 图片页码

C

D

E

F

G

000 地图页码
000 图片页码

索引 M-P

000 地图页码
000 图片页码

地图图例

景点

- 海滩
- 鸟类保护区
- 佛教场所
- 城堡
- 基督教场所
- 孔庙
- 印度教场所
- 伊斯兰教场所
- 耆那教场所
- 犹太教场所
- 温泉
- 神道教场所
- 锡克教场所
- 道教场所
- 纪念碑
- 博物馆/美术馆/历史建筑
- 历史遗址
- 酒庄/葡萄园
- 动物园
- 其他景点

活动、课程和团队游

- 人体冲浪
- 潜水/浮潜
- 潜水
- 皮划艇
- 滑雪
- 冲浪
- 游泳/游泳池
- 徒步
- 帆板
- 其他活动

住宿

- 住宿场所
- 露营地

就餐

- 餐馆

饮品

- 酒吧
- 咖啡馆

娱乐

- 娱乐场所

购物

- 购物场所

实用信息

- 银行
- 使领馆
- 医院/医疗机构
- 网吧
- 警察局
- 邮局
- 电话
- 公厕
- 旅游信息
- 其他信息

地理

- 棚屋/栖身所
- 灯塔
- 瞭望台
- 山峰/火山
- 绿洲
- 公园
- 关隘
- 野餐区
- 瀑布

人口

- 首都、首府
- 一级行政中心
- 城市/大型城镇
- 镇/村

交通

- 机场
- 过境处
- 公共汽车
- 缆车/索道
- 自行车路线
- 轮渡
- 地铁
- 单轨铁路
- 停车场
- 加油站
- 出租车
- 铁路/火车站
- 有轨电车
- 其他交通方式

路线

- 收费公路
- 高速公路
- 一级公路
- 二级公路
- 三级公路
- 小路
- 未封闭道路
- 广场
- 台阶
- 隧道
- 步行天桥
- 步行游览路
- 步行游览支路
- 小路

境界

- 国界
- 一级政区界
- 未定国界
- 地区界
- 军事分界线
- 海洋公园
- 悬崖
- 墙

水文

- 河流、小溪
- 间歇河
- 沼泽/红树林
- 暗礁
- 运河
- 水域
- 干/盐/间歇湖
- 冰川
- 珊瑚礁

地区特征

- 海滩/沙漠
- 基督教墓地
- 其他墓地
- 公园/森林
- 运动场
- 一般景点(建筑物)
- 重要景点(建筑物)

注：并非所有图例都在此显示。

我们的故事

一辆破旧的老汽车，一点点钱，一份冒险的感觉——1972年，当托尼（Tony Wheeler）和莫琳（Maureen Wheeler）夫妇踏上那趟决定他们人生的旅程时，这就是全部的行头。他们穿越欧亚大陆，历时数月到达澳大利亚。旅途结束时，风尘仆仆的两人灵机一闪，在厨房的餐桌上制作完成了他们的第一本旅行指南——《便宜走亚洲》(*Across Asia on the Cheap*)。仅仅一周时间，销量就达到了1500本。Lonely Planet 从此诞生。

现在，Lonely Planet 在都柏林、富兰克林、伦敦、墨尔本、奥克兰、北京和德里都设有公司，有超过 600 名员工及作者。在中国，Lonely Planet 被称为“孤独星球”。我们恪守托尼的信条：“一本好的旅行指南应该做好三件事：有用、有意义和有趣。”

我们的作者

尼克·雷（Nick Ray）

统筹作者；金边、暹粒、吴哥寺庙和柬埔寨东部。尼克是个多面手，来自伦敦Watford——一个吸引游客的地方。他跟妻子Kulikar以及幼子Julian和Belle住在金边。他写了数本湄公河地区的旅行指南书籍，其中包括Lonely Planet的《越南、柬埔寨、老挝和泰国北部》《缅甸》《东南亚》。不写作的时候，尼克经常去柬埔寨的偏远地区考察，为电视节目和电影寻找外景地，他参与拍摄的作品有《古墓丽影》、*Top Gear*（英国BBC出品的一档汽车节目）等。骑摩托车是他的业余爱好，他已经骑车走遍了中南半岛的大部分地方。

想要了解更多有关尼克的信息，
可登录lonelyplanet.com/profiles/nickjray

杰西卡·李（Jessica Lee）

南部海岸和柬埔寨西北部。20世纪90年代末，杰西卡开始了她第一次的柬埔寨之旅，那时，她就迷上了这里如藤蔓般交织的庙宇和一望无际镶嵌着棕榈树的稻田。那之后，她便开始在这个国家穿梭，她到过坐落在柬埔寨最偏远角落的庙宇，也感受过南部海岸瞬息万变的美景。杰西卡还是我们Lonely Planet《土耳其》《埃及》《越南》这3本指南的作者。同时，她的游记也在www.roadessayes.wordpress.com网站上分享。

想要了解更多有关杰西卡的信息，
可登录lonelyplanet.com/profiles/jessicalee1

柬埔寨

中文第三版

书名原文：*Cambodia*（10th edition, Aug 2016）

本中文版由中国地图出版社出版

图书在版编目（CIP）数据

柬埔寨 / 澳大利亚 Lonely Planet 公司编；刘颖，陈旭，陈磊译．-- 3 版．-- 北京：中国地图出版社，2017.6（2019.5 重印）

书名原文：Cambodia
ISBN 978-7-5031-9926-4

Ⅰ．①柬… Ⅱ．①澳… ②刘… ③陈… ④陈… Ⅲ．①旅游指南－柬埔寨 Ⅳ．① K933.59

中国版本图书馆 CIP 数据核字（2017）第 116160 号

出版发行	中国地图出版社
社　　址	北京市白纸坊西街 3 号
邮政编码	100054
网　　址	www.sinomaps.com
印　　刷	北京华联印刷有限公司
经　　销	新华书店
成品规格	197mm × 128mm
印　　张	12.5
字　　数	680 千字
版　　次	2017 年 6 月第 3 版
印　　次	2019 年 5 月北京第 7 次印刷
定　　价	59.00 元
书　　号	ISBN 978-7-5031-9926-4
审 图 号	GS（2017）977 号
图　　字	01-2013-3113

如有印装质量问题，请与我社发行部（010-83543956）联系